# ジハード――イスラム主義の発展と衰退

ジル・ケペル
丸岡高弘 訳

産業図書

# 緒　言

『ジハード』のフランス語版初版は二〇〇〇年春に出版された。その後、二〇〇一年九月一一日のテロ事件やターリバーン政権崩壊、ビンラーディンのネットワークの追跡、パレスチナの第二次インティファーダ、サッダーム・フサインのイラクとの戦争などさまざまな大事件がおこっているが、本書の翻訳がだされるたびに、外国の出版社はそうした新しい事件を本書にくみこむよう求めてきた。世界はいま重大で劇的な局面をむかえており、そしてこの世界情勢のなかで中東は鍵となる存在である。この改訂新版はフランスの読者のために本書初版の内容を最新の世界情勢をくみこんだ形で書きなおしたものである。構成がより明確になるよう、全体を二部一五章にくみなおした。これは二〇〇二年にハーヴァード大学出版局からだされたアメリカ語版の構成を踏襲したものである。このアメリカ語版は幸い好評をえたようである。こうした構成によって、本書をめぐってなされた実りおおい議論を継続し、コメントや批判を考慮にいれながらも本書の基本的主張をいっそう力強く断言することが可能であるとわたしは判断した。初版出版後、本書があつかったテーマのさまざまな側面に関連して、そのすべてを網羅するには超人的努力が必要と思えるほど膨大な量の出版物があらわれるようになった。しかもその内容は玉石混淆である。しかし、改訂版を準備するにあたり、あらたに参照可能になった資料や二〇〇〇年春以降に出版された著作のなかで本書の内容を豊かにすると判断したもの、そしてわたしが実際に読むことができたものについてはできるだけそれを本書のなかに組みこんだ。

二〇〇三年一月、パリにて

# 目次

## 第一部　発展期

目　次

## 第二部　衰退期

# 序文

二〇〇一年九月一一日、アメリカの航空会社定期便二機がハイジャックされ、マンハッタンの世界貿易センタービルに数分の間隔をおいて衝突、ビルは崩壊し、三〇〇〇人以上の死者がでた。おなじ頃、もう一機、別の飛行機がハイジャックされ、国防総省に激突してばらばらになり、さらにホワイト・ハウスを標的としていたらしい第四の飛行機が野原に墜落した。アメリカ史上、これほど大規模なテロ事件が発生したことはかつてなかった。人々の記憶にのこるのは唯一、日本軍の真珠湾奇襲攻撃くらいだったが、真珠湾は軍事基地への攻撃だったし、それになんといっても太平洋上の遠い島での出来事にすぎなかった。それにたいして、九・一一の大量虐殺は意図的に市民を標的にし、アメリカの三重の権力、すなわち経済・軍事・政治それぞれの領域におけるアメリカの覇権を象徴する建物を襲ったのだ。政治的権力の象徴たるホワイト・ハウスへの攻撃は失敗したのだが、しかしこの事件によって帝国の弱点があからさまにされ、不敗無敵の神話がくずれ、二十世紀以来のアメリカ文明の勝利をささえた確信・信念にとつぜん疑問がつきつけられる。これははかり知れないほどおおきな影響力をもった一大天変地異とでも呼ぶべき事件であった。しかも、こうした事件が今後もくりかえされるのではないかと恐れた人もおおかったのである。

虐殺のおぞましさ、犠牲者とその近親者の苦しみ、国民の悲しみ、証券市場の大暴落、航空輸送の落ちこみ、世界経済への不安——こうした点はさしあたりおくとして、九・一一テロ事件が衝撃的だったのは、なによりそれがスペクタクル的要素をもっていたためである。飛行機がタワーに衝突し、高層ビルが内側から爆発するシーンはパニック映画さながらの荒々しさで世界中のひとびとの脳裡にふかく焼きつけられ、ながく記憶にのこるだろう。その光景は大衆メディアの映像提供システムにきわめて効率的にくみこまれ、どこにでもあるテレビをとおしてグローバル化した世界のいたる所におなじ形で配信され、もともとのインパクトを無限に増幅しながら、テロの衝撃波を瞬時にして世界中に伝播する。明確な意図をもって演出されたこのテロにはふたつの目的があった。第一のねらいは、当然、敵を恐怖におとしいれること、無辜の犠牲者の数のおおさによってひとびとを驚愕させることである。だれもが犠牲者に感情移入するからである。第二はテロ実行犯の主張に共感するひとびとを動員することである。つまり見事なまでに模範的に遂行されたテロでひとびとを刺激し、勝利が近いと感じさせて情動的な支持をあつめ、熱狂をかきたてようというのである。

わたしは本書で二〇〇一年九月一一日のテロ事件のこの第二の側面を解明したいとおもう。しかし、そのためには二〇世紀の最後の四半世紀におけるイスラム主義運動の進展を歴史的に展望し、そのなかに事件をおきなおしてかんがえる必要がある。何日かの逡巡のあと、アメリカの指導者たちはサウディアラビアの実業家ビンラーディンをテロ事件の首謀者と断定し、アフガニスタンのターリバーン政権をビンラーディンを匿っていると非難した。一〇月七日、ビンラーディンのメッセージがテレビ放映された。かれは自分がテロ事件の首謀者であると明言はしないものの、事件に言及して、「アメリカを破壊する前衛的ムスリム・グループ、イスラムの尖兵たちをアッラーは祝福されるであろう」と述べた。一方、大規模な反撃作戦が九月の末から開始された。アメリカとイギリスはアフガニスタン周辺に軍事部隊を展開し、アフガニスタン政権にビンラーディンひきわたしを要求し、さもなければ政権を壊滅させると通告した。それに対抗して「アフガニスタン・イスラム首長国」の「信者軍司令官」ムハンマド・ウマル師は本拠地カンダハールから全世界のイスラム教徒に呼びかけ、アメリカとその同盟国が攻撃を開始すれば即座にかれらにたいしてジハードをおこなうよう訴えかけた。アメリカの目的はビンラーディンとかれを庇護するものたちを孤立させ、根絶することであった。一方、ビンラーディン一派はそれと正反対に、イスラム世界を味方にして、かれらの熱意に火をつけ、アメリカの攻撃に一丸となって対抗することをもくろんでいた。

またアメリカは攻撃開始を前に同盟国をふやす努力をし、アラブ首長国連邦にカブール政権との外交・経済関係を断絶させることに成功した。これは重要な要素であった。というのもターリバーン政権の外国との通商・金融活動は主としてアラブ首長国連邦を経由しておこなわれていたからである。さらに、アメリカはウズベキスタンに軍隊を駐留させたが、これはこの旧ソ連内共和国として初めてのことであった。ロシアはこの点で譲歩することにより、チェチェンの蜂起についてホワイト・ハウスから介入されることなく自由にふるまえることになった。アメリカはパキスタン大統領ムシャッラフ将軍の支持もえた。パキスタンでは親米・反米の陣営の対立は鮮明で、しかもターリバーンとの連帯を主張するひとびとの方が圧倒的に多数であった。実際、カブールで権力をにぎる「神学生たち」はパキスタンの《デーオバンド》派系の宗教学校出身者であった。《デーオバンド》派は指導者に盲目的忠誠を誓う何十万人もの神学生を動員することができたし、またムハンマド・ウマル師のジハードへの呼びかけを全国にひろめる能力をもっていた。パキスタンの《デーオバンド》派がアフガニスタンへのアメリカの介入に抗議して組織したデモには多数の群衆があつまり、そこには決まってターバンをかぶった髭面の男たちが登場し、アメリカ国旗を焼き、ビンラーディンの肖像をふりかざしていた。こうした光景はテレビで放映され、ひとびとにこの組織の勢力の強さと過激さを印象づけた。そもそもパキスタンのシーア派教徒虐殺や東部カシュミールのインド軍にたいするゲリラ戦専門の軍事組織がうまれたのはこの運動からだった。しかしそうは言っても、かれらが本当にどれだけの大衆動員力をもっているかは疑問である。この国の一億六千万人の住民は内戦に疲弊しきっている。もしこの国がふたたび宗教的過激主義の破滅にむかって突進するとしたら、国家の一体性自体が危機に瀕することになるだろう。建国以来半世紀しか経過せず、それも混乱つづきだったパキスタンにとって、国が存続するためにはアメリカの支援は必須である。パキスタン大統領がアメリカの側についたのは主としてそのためであった。

アメリカ空軍は二〇〇一年一〇月末にはアフガニスタンの軍事目標を空爆し、壊滅させてしまっていた。九・一一事件の首謀者たちはアメリカのターリバーン政権への反撃をまるでチェスのプレイヤーのように予測していたのであろうか。実際、ニューヨークとワシントンへの攻撃の三日前に、反カブール陣営の指導者アフマド・シャー・マスウード司令官が北部の地元パンシェールでふたりのマグリブ系ベルギー人によって暗殺されている。ロンドンの過激イスラム主義系メディア発行の記者証を所有していたこのふたりの暗殺者はインタビューと称してマスウードに近づいたのだが、敵を暗殺するために「山の長老」に派遣されたかつての暗殺教団の信者たちとおなじように、ふたりとも爆弾入りカメラの爆発でマスウードと一緒に死んでしまった。マスウードは、もしアメリカがテロへの報復としてアフガニスタンを攻撃するとしたら、反ターリバーン政権勢力結集の要となるはずの人物だった。マスウードを暗殺することはアメリカによる反撃のもっとも強力な支援者を排除することを意味した。つまりこれがアメリカへのテロ攻撃の序章となったのである。しかしこの周到な準備もターリバーンに敵対する勢力の統一を少々遅らせただけで、それを完全に妨げることはできなかった。まもなくマスウードのながれをくんだひとびとがおおく参加した戦闘員の同盟が形成され、《北部同盟》と名づけられた。アメリカの支援で武装した《北部同盟》はウマル師のイスラム首長国にたいする地上攻撃の尖兵となったのである。

二〇〇一年九月一一日のテロ攻撃はまずなによりも、とてつもない規模でおこなわれた挑発だった。アメリカが報復としてきわめて大規模な攻撃をおこない、アフガニスタン民衆がその犠牲となる、そして、爆撃された同朋にたいして世界中のイスラム教徒が団結し、それを原動力にアメリカにたいするあらたな大規模な反撃が可能になる――こんなふうにテロの首謀者たちは期待したのである。第二幕、つまり九・一一の黙示録的挑発のあとのアメリカによる攻撃の局面、これこそが両当事者にとって正念場であった。ここでこれまでの役割が逆転する。テロ攻撃者が受身となり、追跡され、犠牲者の役割を演じる。一方、テロ攻撃の被害者は、今度は能動的になり、人殺しの役割を演じる。テロリストたちは一般民衆のなかに隠れ、それを人間の盾として利用しているが、もし攻撃側が標的の位置を正確に確定し、標的を孤立させ、一般民衆の被害を最小限にとどめながらそれを無力化することができれば第三幕がはじまることはない。逆に、攻撃が横滑りし、軍事用語で言われるところの「付随的損害《コラテラル・ダメージ》」（おぞましい婉曲語法である）で市民にたくさんの犠牲者がでた場合、罠がはたらき、第三幕、イスラム民衆の連帯という第三幕がはじまる。こうしてテロリストたちが触媒となって、「信仰の敵がイスラムの地を侵略し、イスラム教徒を虐殺する、だからジハードを！」というスローガンのもとに社会運動が誕生することになる。

したがって、アメリカとその反テロ同盟国にとって、第一の目標は一般民衆の被害を最小限にとどめながら、ビンラーディンの組織網を孤立させ、ターリバーン政権とともに破壊することであった。一方、ビンラーディン一派は自分たちにたいするアメリカの「反イスラム的」な攻撃を利用して世界中のイスラム教徒に連帯と反欧米的過激行動を呼びかけようとする。そうすれば、おおくの国でイスラム主義者が権力をにぎり、この一〇年間、失敗に失敗をかさねてきた趨勢を一挙に逆転することが可能になると期待したのである。実際、イスラム主義運動の勢力伸長について、欧米ジャーナリズムの一部で過度に悲観的な見方がひろまっていたり、狂信主義のシンパがナイーヴに熱狂的な論調で議論を展開している。しかし、イスラム主義は、最初一九七〇年代や一九八〇年代にはめざましい成功をおさめたにもかかわらず、その後、二〇世紀最後の一〇年間には具体的な成果をあげることができていない。本書で以下に論じるとおり、イスラム主義のなかの過激な分子がアメリカ帝国のまっただ中で派手で破壊的なテロをおこなったのは何故かというと、それはまさしくイスラム主義運動が権力掌握につながるような恒久的な政治的動員力をますますうしないつつあるからに他ならない。九・一一テロは衰退傾向を逆転させるための発作的試みにすぎないのである。

二〇世紀の最後の四半世紀はイスラム主義運動の勃興と衰退という、めざましく、かつ予想外の現象によって特徴づけられる。宗教を私的領域に限定するという態度（訳注：「政教分離主義」あるいは「世俗主義」とよばれるもの）は近代世界の規範になったようにおもえたのだが、イスラム国家樹立を標榜する政治グループがとつぜん勢力をのばすようになる。都市の近代化された民衆を運動家とするこのグループはコーランのみを尊重し、神のための聖戦（ジハード）を主張する。かれらの活発な活動のために宗教をめぐる近代の確信のおおくが不確かなものにみえるようになった。最初、ひとびとはそうしたイスラム主義運動をおぞましく感じ、拒絶した。欧米においてもイスラム世界においても、左翼知識人にとってそれはファシズムの宗教的変種にすぎないとおもわれたし、リベラルなひとびとは中世的な狂信主義の復活に他ならないとかんがえた。しかしこの運動が重要性をましていくにつれ、それを批判するひとびとのあいだにも困惑がひろがった。左翼のひとびとはこの運動が民衆を基盤にしていることに気がつきはじめた。新旧マルクス主義者たちはかれらに欠けていた大衆的基盤をそこに見出すことができると期待し、イスラム主義者を社会的な美徳で飾りたて、かれらとの政治的対話をもとめ、時にはイスラムへ改宗さえした。右翼のひとびとはかれらが道徳的秩序や神への服従、不信仰者――ひいては共産主義や社会主義の唯物論者――への敵意を説いていることに注目するようになった。かれらの活動は奨励され、必要な場合には気前よく助成金もあたえられるようになった。批判的な目は依然としておおかったが、イスラム主義運動を賞賛し、それが二一世紀の多文化主義的宇宙において本物の現代的イスラムを体現し、イスラム文明の究極の真理を具現していると主張する声は増加しつつあった。

かつて共産主義や国家社会主義についてそうだったように、イスラム主義運動についても、論駁にせよ擁護にせよ、賛否を鮮明にした著述がおおく発表されている。すくなくとも、イスラム主義運動をあつかった書籍や論文のなかで一番目につきやすいのはそうしたものである。通常、ひとびとがイスラム主義運動について自分の意見を形成するのはこうした著述をとおしてであるが、世論はこの問題にかんして性急に価値判断をくだし、知識をふかめる努力をしない。イスラム主義運動は、ながい年月のあいだに大量のテクスト、演説、パンフレット、ビラ、説教をうみだした。そうしたテクスト類の解読は簡単ではない。というのもそれを理解するためには、テクストがどんな状況でうみだされたかについて明確な知識をもっていなければならないし、またマレーシア、パキスタン、アルジェリア、エジプト、トルコ、イラン、ボスニアなどきわめて多様な国々の言語に精通していることが前提となる。一方、この主題についてきわめて質がたかい学術的専門書もおおく書かれている。そうした専門書では大量のデータがあつかわれ、貴重な解釈が提示されているのだが、しかしその影響力はかぎられたアカデミックなグループをこえてひろがることはない。

本書はこの四半世紀にわたる世界におけるイスラム主義運動という現象を総体として理解することをめざしている。イスラム主義運動の展開、そのさまざまな構成要素の作用、周辺との関係（直接の当事国のみならず欧米の社会や国家もふくめ）――こうしたものを観察したいとおもう。イスラム主義運動が最初にあらわれてから一世代に相当する時間が経過した今、本格的な決算書を作成することは可能だろう。運動の全貌をみるのに必要なだけの時間は経過しているし、十分多様で豊富な資料も参照可能である。新奇さゆえに生じた最初の間違った印象をただし、数すくないケース（それがどれだけ典型的であれ）の分析にのみ依拠した拡大解釈を修正することも今では可能だろう。特に時間的経過を考慮にいれ、最初のイデオロギーが政治的コンテクストや活動家の金銭や権力との関係の影響をうけて、時間的にどんな風に変化していったか観察することもできるだろう。さらに比較論的な視点をとって、哲学者が勧めているように「事物のあいだの類似性をよく観察し」、クアラルンプールからアルジェ、ペシャーワルからテヘランにいたる地域を比較検討することもできるだろう。これはとりわけ複雑かつ大規模で、ひろい地域に拡散した社会現象を分析・理解するためにはもっとも適切な方法である(1)。

時間的・空間的にひろい視野にたって、ある特定の経験から生じた疑問をつぎつぎといろんな状況に適用し、ふたつの状況を相互の光で照らしだし、ひとつの状況の分析だけではあきらかにならない事柄を解明するよう努力したい。本書執筆の発端には、非常に単純なひとつの疑問があった。すなわち、イスラム主義運動のうち、あるものは権力掌握に成功したが、他のものは（そしてそれが大多数なのだが）それに失敗した。それはなぜか。なぜホメイニーはイランで成功したのに、エジプトのサダトの暗殺者たちは大統領暗殺を革命にまでもっていくことができなかったのだろうか。このふたつの状況を比較すると当然つぎのようなことがわかってくる。どんな社会グループがイラン革命やエジプトでの宗教運動に参加していったのか、どんな風にして、一方ではひとびとがひとりの宗教指導者の旗印のもとに結集し、他方では集団が四分五裂していったか、――こうした事柄が状況の比較によって判明するだろう。現象の厚みと複雑さを考慮にいれて社会的分析をおこなえば、常識的な見解の無意味さがあきらかになる。常識的見解というものは性急な価値判断に依拠し、できあいのイメージを根拠もないのにイスラム主義運動に投影し、それを理想化したり、あるいは悪魔のように邪悪な存在とみなしたりする。しかしそれは実際にはなんの根拠もない幻想にすぎないのである。

そもそも二〇年前には本書でおこなおうとしている作業を実行しようとしても不可能だったが、今日、それは絶対必要なものとなった。実際、われわれは今、歴史のひとつのサイクルの終点にいる。本論でみるとおり、イスラム主義運動は衰退の局面にはいっており、その傾向は一九九〇年代の中頃から加速している。その原因をさぐり、影響力をはかり、それがどんな結果をもたらすか予想すること、それはイスラム世界の近未来を占うためにはきわめて重要な要素となる。なにしろイスラム教徒はこの二一世紀初頭の時点で一〇億人をこえており、いまやカトリック教徒より人口がおおいのである。イスラム諸国が独立をとげてから一世代に相当する時間がたったあと、イスラム主義の時代がはじまった。それは一九七〇年代初頭からはじまり、現在の二一世紀初頭にいたるのだが、ふりかえってみると、こうした時代がやってきたのは世界がはげしい大変動をした、その反映だったのだ。それは、ある意味ではその前の時代、つまりナショナリズムの時代の否定の時代と言える。イスラム主義のイデオロギーが弱体化し、動員力が枯渇しつつある西暦二〇〇〇年の今日、第三の時代、ナショナリズムとイスラム主義双方ののりこえの時代がはじまりつつある。二一世紀とともに開始されたこの局面において、おそらくイスラム世界は円滑に近代に参入するだろう。それもこれまで前例のなかった仕方で西洋世界と融合することによって。とりわけヨーロッパに在住するイスラム系移民が橋わたしとなって影響をあたえるだろうし、また通信技術や情報技術の進歩も融合にプラスに作用するだろう。しかし未来を正確に予測するためには過去の総決算をしなければならない。イスラム主義はナショナリズムのある種の特徴を保持しながら、それを凌駕した。ついでイスラム主義自体が凋落し、「イスラム教民主主義」到来の基礎が現在築かれつつある。こうしたことがいかにして、どんな手順でなされ、またなされつつあるのか、われわれはそれを理解しなければならないのである。

イスラム主義運動は一九六〇年代の終わり頃にパキスタンのマウドゥーディー、エジプトのクトゥブ、アーヤトッラー・ホメイニーなどの幾人かのイデオローグによって理論化されたのだが、それが社会に定着したのは七〇年代になってからだった。イスラム主義の時代が本当の意味ではじまるのは一九七三年一〇月の第四次中東戦争直後である。この戦争で勝利したのはサウディアラビアその他の石油輸出国である。この時、石油価格は異常な速さで高騰した。イスラム主義時代の第一局面、急展開の局面は一九七九年のイランのイスラム革命でクライマックスをむかえる。ホメイニーに指導されたイランはイスラム過激派を代表し、大衆を熱狂させ、貧しい民衆を動員して不公正な体制を打破しようとした。しかし他方では、メッカ、メディナの「二聖都の守護者」サウディアラビア王家は莫大な富を保守的社会観実現のために利用し、道徳的厳格主義を称揚して世界中のおなじような考え方をもったグループや政党に資金援助をおこなう。つまりイスラム主義運動といってもふたつあり、それがこの運動の解釈をむずかしくしているのである。イスラム主義運動の担い手は、まず第一に第三世界の人口爆発や農村から都市への大量の住民移動によって発生した都市の貧しい青年層である。かれら庶民階級出身の青年たちは都市への移住によって歴史上初めて教育をうける機会を得、それによってイスラム主義運動にも関心をもつようになる。しかしかれら都市貧困青年層ばかりではなく、ブルジョワジーや敬虔な中産階級もまた運動の中核的存在である。この社会グループの構成自体も複合的で、これは一方では旧来のバザール市場やスーク市場の商人の家系の末裔、他方では医師・技師・実業家などの新興ブルジョワジーによって構成されている。前者は脱植民地化のとき、軍人や王家が権力をにぎったために、権力の周辺においやられ、後者は保守的な産油国で仕事をして急速に富を蓄積したが、政治権力からは遠ざけられていた。こうした雑多な社会グループが、野心や世界観においてたがいに相容れない考え方をもっていたにもかかわらず、一世代のあいだ、さまざまな不満の共通な表現と雑多な希望の超越的な投影を、イスラム主義の政治的言語のなかに見出したのである。そしてこのイスラム主義の政治的言語を伝達する役割をになうのが青年インテリ階層である。かれらのおおくは理工系学部を卒業していたが、一九六〇年代のイデオローグから影響をうけ、その発言をそのままくりかえしたり、状況にあわせて変更をくわえたりして利用していた。

こうして一九七〇年代の終わり頃には大部分のイスラム諸国の政治の表舞台でイスラム主義運動の立役者たちが役を演じはじめる。一方、サウディアラビアと革命イランはイスラム主義にどんな意味をあたえるべきかという問題について主導権をにぎろうとして、中東地域を舞台に熾烈な戦いをはじめる。このふたつの極の狭間で、エジプトやパキスタンやマレーシアで、それぞれの政府はイスラム主義の活動家たちを厚遇する。まだ社会主義運動が活発な時代だったので、政府はイスラム主義をそれに対抗するための同盟者と評価していたからである。しかしイスラム主義運動が起爆剤となって爆発する民衆のエネルギーを政府はいつもコントロールできるとはかぎらない。ちょうど一九八一年、カイロでサダト大統領が《ジハード連合組織》に暗殺されたときのように。

一九八〇年代初頭、イスラム世界のいたるところでイスラム主義がひろまり、社会の未来にかんする議論の中心を占めるようになる。イスラム主義が発するメッセージにはあいまいさがあった。だから髭面の資本家も貧民街の住民もそこに自分たちの主張が代弁されていると感じることができ、そのために容易に社会に普及していった。この第二の時期はめざましい発展の時期であるとともに、矛盾が尖鋭化する時期でもあった。イスラム主義は宗教に依拠しているから、最終的に成果が問われるのは来世においてであり、現世で具体的になにを実現したかという問題にすぐさま責任を問われることがない。預言者がメディナに建設した原始イスラムの正義の社会を再建する——こんな約束をするイスラム主義はユートピアの体現者なのである。そしてそれは既存体制に批判的立場をとったために、ひとびとの心をいっそうひきつけた。汚職、経済的・道徳的破綻、権威主義、政治的自由の否定、こうしたものが当時のイスラム社会に一般的にみられる現象だったから、政権は独立後、間もないのにはやくも民衆の支持をうしなっていたのである。

地域のいかなる政権もイスラム主義のもつ強大な動員力をいかにコントロールするかという問題に無関心ではいられない。だから抑圧するにせよ、奨励するにせよ、すべての政権がイスラム主義運動に介入した。というのも、イラン革命が政権担当者をふかくかんがえこませたからである。イラン国王は宗教家たちを完全に疎外したために孤立し、社会のささえをすべてうしなってしまったのではないだろうか？バザール市場、貧民、世俗主義的中産階級（かれらはホメイニーを、カリスマ的だが体の自由がきかなくなった老人にすぎないとかんがえ、自由にあやつることができるとおもっていた）——こうした社会グループすべてを抗しがたい勢いで統一することができたからホメイニーは国王に勝利することができたのではないだろうか？……したがって一九八〇年代、地域の政権はイスラム主義運動を構成するさまざまな社会グループを分裂させ、敬虔なブルジョワジーに経済的保証をあたえて貧困層から切りはなすことに全力を傾注した。頻繁な、しかし今のところは散発的におわっている貧困層の暴動があらたなイスラム革命に転換することを政府は恐れていた。政権は文化的道徳的領域で譲歩をくりかえす。しかしそれは全体として反動的な色彩の再イスラム化を助長する結果になった。政府はきわめて反動的な宗教指導者が世俗主義的知識人や作家やその他の「欧米化したエリート層」を標的にするのを放置した。そうすれば宗教指導者が自分たちの権力維持を承認し、過激な分子の暴走をおさえてくれると期待したからである。このプロセスにおいてサウディアラビアが中心的な役割をはたす。サウディアラビアは気前よく資金をばらまき、宗教的情熱や忠誠心をそだて、さらに、当時整備されつつあったイスラム銀行システムが提供する金融サーヴィスのおかげで、敬虔な中産階級を「顧客化」することに成功するのである。

国際的な観点からすると、この一〇年間はサウディアラビア王家とホメイニーのイランの仮借なき戦いを中心として事態が進行してきたと言えるだろう。テヘランはフランス革命やロシア革命をモデルにしてイスラム革命を世界に輸出しようとする。一方、それに対抗してリヤードは冷戦時代アメリカがソ連にたいしておこなったような「封じこめ」政策をとる。たとえばサッダーム・フサインが一九八〇年にイランに仕かけた戦争をかんがえてみよう。湾岸諸国の祝福をうけ、欧米に歓迎されたこの戦争で、バグダードの盟主は世俗主義政党《バアス党》のリーダーであるにもかかわらず、宗教を味方につけ、敵国イランが宗教の独占的代弁者となるのを避けようとする。しかしテヘランもそれに対抗し、レバノンの《ヒズボラ》をとおしてテロ、欧米人の人質、メッカ巡礼妨害などでゆさぶりをかけ、状況を有利にしようとする。しかしこの対立の主要な舞台となるのはアフガニスタンである。アフガニスタンにおけるジハードの資金を提供したのはアラビア半島の産油君主国とＣＩＡであった。一九七九年一二月にカブールを占領したソ連にアメリカのベトナム戦争とおなじような屈辱を味わわせるためであった。そして実際、ソ連はこの戦争のために崩壊する。イスラムに問題を限定すると、これは、ホメイニーが煽動した大悪魔アメリカにたいする闘争から世界中の過激派の視線をそらさせ、それをソ連にむかわせるという機能があった。アフガニスタンのジハードは世界中のイスラム主義運動の展開にとってきわめておおきな重要性をもっている。それは穏健派、過激派をとわずすべてのイスラム主義者が一体となって支持する大義となったのである。アラブ人の心のなかでそれはパレスチナ問題よりも重要な問題となり、したがってアラブ世界がナショナリズムからイスラム主義へと転換する、その時代の変わり目を象徴する出来事とも言えるのである。アフガニスタンでジハードを戦ったのは現地出身のムジャーヒディーンばかりではない、エジプト、アルジェリア、アラビア半島、南アジア、東南アジアからも「ジハード主義者」がやってきて、イスラム主義運動の「国際旅団」を形成し、何万人もの志願兵がそれに参加する。きびしいゲリラ戦の訓練をうけ、閉鎖された空間のなかで生活するかれらは武装闘争と宗教上の極度な厳格主義とがむすびついたイスラム主義イデオロギーの一変種をつくりあげていく。一九八九年まで、サウディアラビア、パキスタン、そしてアメリカの情報機関は悪の帝国ソ連にたいする偉大な戦争に参加したこの「髭面の自由の戦士たち」を完全にコントロールし、狂信的なイスラム主義者たちにイラン革命とは別の選択肢を提供することに成功したと確信していた。その年、イスラム主義運動の発展は最高潮をむかえる。パレスチナ民衆の蜂起、いわゆるインティファーダで、ＰＬＯの主導権はくずれ、《ハマース》がそれにとってかわる。第三世界主義のパイオニアであるアルジェリアで《イスラム救済戦線》がうまれ、この国で独立以来初めておこなわれた自由選挙で圧倒的な勝利をおさめる。スーダンでは軍事クーデタがおこり、イスラムのイデオローグ、ハサン・トゥラービーが国の最高指導者となる。アフガニスタンでは赤軍が撤退し、ジハードとそのスポンサー、サウディアラビアの勝利が確定する。一方、ホメイニーはイラクとの休戦協定にサインし、イラン革命の輸出を断念せざるをえなくなるが、その代わりサルマン・ラシュディーを殺すべしというあの有名なファトワーを発する。これによってホメイニーはイスラム世界の空間すなわちイスラム共同体《ウンマ》を象徴的に欧米世界にまで拡張する。西ヨーロッパはその手始めだった。なにしろ、イランの最高宗教指導者によって宣言された死刑宣告がイギリス市民ラシュディーにたいして有効であると主張していることになるのだから。おなじ年、フランスでイスラム教徒の女子中学生がヴェールを着用して学校に登校したために国をあげての大論争がおこる。これは移民第二世代の青年層のあいだにイスラム主義運動が勢力をのばしていることを露にした事件である。おなじ頃、ベルリンの壁崩壊が共産主義システムの終焉の序章となる。これによりイスラム共同体《ウンマ》の世界が政治的に鉄のカーテンをこえてひろがることが可能になり、じょじょに中央アジアやコーカサス地方のイスラム系新独立国家、さらにはヨーロッパのまっただ中ボスニアまでがそのなかにふくまれるようになる。最後に、社会主義のメシアニスムが消滅したために、ユートピアの世界にひとつ空白ができ、その空白にイスラム主義がはいりこんで確固とした地位を占めるのではないかとひとびとは危惧した。当時、われわれはイスラム主義とそれを標榜するさまざまな運動組織が抗しがたいほどの勢いで発展しつつあるという印象をもった。しかしこの運動は実際にはきわめて脆弱な社会基盤に基礎をおいていたのである。知識人がイスラム主義の教義を構築して、都市の貧しい青年層と敬虔な中産階級を糾合するという構図には長期にわたる既存権力との対決をささえきるだけの力がなかった。貧しい青年層と中産階級はイスラム国家を樹立し、シャリーアを適用するという共通の意志をもっていたが、しかしそれは漠とした希望にすぎず、そのむこうになにを実現するかという具体的な問題についてはかれらの希求するところは対立していた。既存権力はその対立点をあきらかにすることによってイスラム主義運動を構成するふたつの社会階層を――時間がたつにつれて、ますます効果的に――離反させることに成功する。

ある者は期待をこめて、またある者は危惧をもって、八〇年代に萌芽としてみられたものが九〇年代に完成すると予想したのだが、その予想ははずれた。たしかに、現在まさに進行中の事件のためにアルジェリアのGIA、アフガニスタンのターリバーン、想像を絶する存在ウサーマ・ビンラーディン、こうしたグループや人物が国際政治の舞台の前面にで、パリやニューヨークがイスラム主義を標榜する活動家の大規模なテロの被害をうけているのは事実である。しかしさまざまな社会グループを共通のイデオロギーでむすぶ共同戦線としてのこの運動は今、凋落しつつあり、組織全体が崩壊しつつある。つまり暴力と組織の分裂が一九九〇年代の特徴なのである。

この解体へのプロセスのきっかけとなったのは一九九〇年八月のサッダーム・フサインの軍隊によるクウェート侵攻である。イランとの八年にわたる戦争で破産したイラクの盟主はクウェートの金庫から金をまきあげるために戦争を開始したのだが、かれはひとつの大義をかかげ、そしてその大義は石油君主国王家のメンバーたちのエゴイズムと贅沢な生活に反感をいだいていたおおくのアラブ人やイスラム教徒、とりわけ貧困層の支持をえる。クウェート侵攻に脅威を感じてアメリカ主導の多国籍軍の応援を仰がざるをえなくなったサウディアラビア王家にたいして、サッダーム・フサインはその宗教的正当性を疑問に付したのである。「異教徒」の軍隊を招きいれ、神聖とされる土地を汚させたのだから、イスラムの聖地を管理する資格はないというわけである。こうしてイラクのクウェート侵攻は、サウディアラビアがそのネットワークをつかって辛抱強く構築し、イラン革命の嵐にもかかわらず維持することに成功したイスラム主義運動内部のコンセンサスを一挙に雲散霧消させてしまう。運動内部のあらゆる過激派と、そして主としてそれに同調していた都市の貧困な青年層がサウディアラビア王家とそれがコントロールしていた国際ネットワークから離反する。ところで、このサウディ王家が構築した国際ネットワークの中核になっていたのはさまざまなイスラム諸国の敬虔な中産階級だったのであり、こうして都市貧困青年層と敬虔な中産階級が分離するのである。一九九一年からはサウディアラビア国内にさえアッラーの名のもとに王家に敵対する勢力が出現したが、イスラム主義運動複合体の解体はアフガニスタンに集結した「ジハード主義者」の逸脱的行為にもっとも顕著にあらわれる。ペシャーワルを基地としていたかれらはこれ以降あらゆるコントロールがきかなくなり、スポンサーだったアメリカやアラブ諸国の政府に反抗するようになる。ジハードに酔いしれたさまざまなグループが、独力でソ連を倒したのだと信じこみ、アフガニスタンの経験を全世界に輸出し、サウディアラビアなどのイスラム諸国を手始めに地球上のすべての「不信仰な」体制を崩壊させうると想像した。一九九二年四月、カブールがいくつかのムジャーヒディーン政党の手に落ちるとすぐに、かれらは解散して、主として三つの目的地、ボスニア、アルジェリア、エジプトにむかい、そしてそのそれぞれの国の国内紛争をみずからが指揮をとるジハードに変化させようとする。しかし、ボスニアではかれらは内戦の意味を「再イスラム化」することに成功せず、そして一九九五年一二月のデイトン合意でその挫折は決定的となる。アルジェリアではかれらがレジスタンスに参加することで、現地のイスラム主義集団は戦闘技術という点では能力をたかめることができたが、極端に過激なイデオロギーがひろめられ、残虐行為がおこなわれるようになったために、もともとはかれらに非常に好意的だった一般社会の支持をうしない、孤立する結果になる。エジプトでも、テロの暴力の派手さが、最初のうちはインパクトをあたえたのだが、やがて民衆はそうした行動様式やペシャーワル近辺のゲリラキャンプで練りあげられた教義に共感を感じられなくなり、支持をやめていく。こうして、三つの国すべてにおいて、一九九五年ころからかれらの失敗は明白となった。テロ活動が、たとえ軍事技術的に成功だったとしても、結局はテロの首謀者の政治的目論見に反する結果になったのである。アフガニスタンの「ジハード戦士」はゲリラキャンプを設営して、新規参加者に軍事訓練をほどこしたが、その影響はフランスにもあらわれる。一九九四年から一九九五年のフランスでの一連のテロ事件の後、逮捕された活動家のうちもっとも訓練されたひとびとは皆そうしたキャンプに参加していたのである。一九八〇年代、イスラム主義がコンスタントに発展しつづけることができたのは、それが民衆の社会的・政治的・文化的希求を反映していたからに他ならない。しかし「ジハード主義者」はこうしてじょじょに現実から切りはなされるようになり、そしてその過激主義は民衆の希求からかけはなれるようになった。これがイスラム主義運動にたいするとどめの一撃となるのである。

一九九六年にカブールにターリバーン政権ができるのはこうした状況のときであった。ターリバーンは女性抑圧政策をとり、「罪びと」を裁判なしに処刑した。本書で詳述するとおり、ターリバーンが勢力をのばしたのは最初アメリカが「寛容な黙認政策」をとっていたせいだった。というのも、一九九二年四月、カブールがムジャーヒディーンの手に落ちたあと、地方軍閥が中央の連合政権の各勢力のひとつと手をむすび、アフガニスタンは血なまぐさい破壊的な無政府状態になってしまっていたからである。パキスタンの情報機関から資金と武器を提供されたターリバーンが到来すると、政府が一元化されたおかげで最初のうちは国内に秩序がもたらされた。四年間、ムジャーヒディーンの諸分派が破壊・殺人・暴行・略奪のかぎりをつくした後、一九九六年にカブールに「神学生」がはいってきたとき、首都の民衆は――ほんのひと時、――安堵の吐息をもらした。イスラマバードやワシントンにとって、カブール新政権が、旧弊墨守的・硬直的できわめて反動的なタイプのイスラムにもとづき、人権や女性の権利が日常的に踏みにじられている体制であるということは特別、重要性をもたなかった。ともかく秩序がたもたれていることが重要だったのだ。それによってパキスタンは北東部国境に同盟国をもち、その方面の軍事的圧力が緩和された。さらに、アフガニスタンとイランの北の内陸部にあるトルクメニスタンの天然ガスを輸送するための大規模なパイプライン計画も存在していた。アメリカは敵対的イスラム共和国イランをとおってペルシア湾に達する最短コースに反対し、アフガニスタンをとおりパキスタンに達するパイプラインの計画を推しすすめた。この計画はアメリカのふたつの石油会社とアルゼンチンの会社が計画していたものだった。ターリバーンはこの点でも秩序を保証する存在だった。石油会社はどんなに反動的な政権でも、石油資源の円滑な流通を保証してくれさえすれば、共同で事業をすすめたり、資金援助したりすることはまったく平気だった。しかしこの計画自体は日の目をみない。当時、原油価格が非常にひくかったので、計画はさほど食指をそそるものではなかったし、またアメリカのフェミニストが大統領に圧力をかけて、女性から重要な基本的人権を剝奪する政権にたいしてなにかの措置を講じなければ、選挙で不利になるような行動をすると脅したからである。

しかしターリバーン政権は権力の座にとどまりつづけた。かれらは密輸と麻薬密売で財政をささえた。アフガニスタンは麻薬の世界第一の産出国となったのである(2)。またターリバーンはカブールにある人道支援のNGOに衛生問題・社会問題の管理をゆだねた(3)。ターリバーンにはそうした問題に対処する能力も関心もなかった。それでもターリバーン政権が存続できたのは、アフガニスタンがパキスタンにとって地政学的価値をもちつづけていたし、アメリカもながいあいだ寛容な態度をとりつづけたからである。さらに、アフガニスタンからソ連を追いだすために巨額の資金を拠出したサウディアラビアはカブールで政権についたグループに対してイデオロギー面で親近感をもっていた。こうした理由のために、九・一一テロ事件にたいするアメリカの報復攻撃をパキスタンやサウディアラビアが支持するという選択は、複雑できわめて錯綜したさまざまな利害関係を考慮した上でなされなければならない問題だったのである。

ウサーマ・ビンラーディンという人物をめぐる問題もこれとおなじくらい複雑である。かれの人物像はテレビ(まずアメリカの放送局、ついでカタールのアラブ諸国むけ衛星放送局アル＝ジャズィーラ)がつくりあげたその神話的イメージと不可分である。一九九六年の初め頃、スーダンのイスラム主義政権は自国にたいする国際的な圧力を緩和したいと願い、テロリストのカルロスをパリにひきわたした前例にならって、当時スーダンに逃げていたビンラーディンをアメリカにひき渡そうとした。しかしアメリカは告訴はしたものの十分な証拠がないので裁判が好ましくない結果におわる可能性があることを恐れ、ビンラーディンをサウディアラビアにむけて国外追放するようスーダン政府にはたらきかける。しかしサウディアラビア国王は国内に堅固な支持グループがいる被追放者を断頭の刑に処することをのぞまなかったので、この危険な贈り物のうけとりを拒否する。こうしてビンラーディンは、関係諸国すべてがおしつけあいをした結果、一九九六年五月一八日、スーダンをたってアフガニスタンに赴く(4)。一九九二年、アメリカはソマリアで「希望の復興」作戦を展開し、失敗したが、当時ビンラーディンはそれに一役買っていたのではないかとかんがえられていたし、また一九九五年六月、アディスアベバでエジプト大統領ムバーラク暗殺未遂事件があった時も、それに関与したのではないかと疑われていた。

しかしビンラーディンはまだアメリカの敵ナンバーワンとはみなされていなかった。アフガニスタンに遠ざければ、資源もなく通信手段もない国だから、自分の財産の処分もままならないだろうとひとびとはかんがえたのである。しかしそれが幻想にすぎなかったことはすぐに判明する。

何週間か後の八月二三日、ビンラーディンは最初の宣言文『二聖都の地を占領するアメリカにたいするジハード宣言』を発表し、九月にカブールを制圧したターリバーン政権と効果的なパートナーシップをむすび、王朝によって抑圧されたサウディアラビアの「大商人階級」(かれ自身その出身者であった)の擁護者となることをあきらかにした(5)。この一九九六年という年はアラブ・イスラム主義運動の展開にとって重要な年である。ペシャーワルのゲリラ基地でうまれた「ジハード主義的サラフィー主義」活動家たちが、アフガニスタンでの活動をおえた後、三つの前線であらたにジハードを開始したのだが、そのどれもが期待どおりにはいかなかった。一九九五年一二月のデイトン合意後、ボスニアは親欧米に軌道修正し、「ジハード主義者」たちを追放した。エジプトやアルジェリアでは暴力行為が脱線し、民衆を恐怖におとしいれた。民衆の一部は九〇年代初め頃、イスラム主義の主張に共感をもっていたのだが、暴力の先鋭化で民心ははなれ、軍事的にも政権側が敵に勝利をおさめつつあったのである。

イスラム主義運動の動員力は限界をみせはじめ、権力を掌握すべく結集したさまざまな社会グループの同盟は解体しつつある。そしてその後、この解体の中からイスラム主義のイデオローグ、知識人、指導者が声をあげはじめ、武装闘争との決別を説き、既存権力の権威主義に対抗してイスラムの文化的遺産と民主主義的価値の両立を模索するようになるだろう。もちろん穏健派が主張する民主主義的価値を容認しようとしない過激分子は存在するが、しかしかれらは政治的に袋小路にはいっている。そうしたグループが暴力的闘争のエネルギーをもう一度ふるいたたせようとして派手なテロ事件をおこすことになる。

実際、一九九七年の春頃から、イスラム主義複合体を構成する社会グループがゆきづまりを感じ、それを打開する手段を模索しているらしい兆候がいくつかみえてきた。イランではイスラム共和国の宗教指導者層の意志に反してハータミー大統領が選出されたが、これは革命以後にうまれた青年層と都市中産階級の圧倒的な支持をうけたためである。ハータミー大統領の当選は象徴的とも言える出来事であり、イスラム主義内部に確固とした変革の意志をもつグループが存在すること、そしてイスラム主義をめぐる趨勢が完全に逆転しつつあることをきわめて顕著な形で示している。おなじような例がかつてイスラム主義が強力だった他の大部分の国でもみられ、衰退しつつあるイデオロギーに固執することをやめ、その代わりにかつて蛇蝎のごとく忌み嫌われた世俗主義的中産階級とあたらしい社会契約をかわす可能性が模索されつつある。民主主義という言葉は欧米的な概念としてほんのすこし前までイスラム主義のあいだでは嫌悪の的だったが、こうしたあらたな動きのなかでは人権の尊重やイスラム的民主主義の希求といったテーマが中心となるのである。実際、インドネシアではイスラム主義知識人層とふかい親交のあったスハルト大統領独裁体制が崩壊した後、イスラム教徒だが世俗主義を標榜する大統領が選出された。アルジェリアではブーテフリカ大統領が世俗主義的政治活動家と穏健イスラム主義者を糾合することに成功した。パキスタンではイスラム主義運動の保護者ナワーズ・シャリーフ首相がアタテュルクをモデルにすると主張する将軍によって打倒され、スーダンでは別の将軍が体制の黒幕ハサン・トゥラービーを退場させた。このように、ひとつのイデオロギーが終焉し、それが結集していた連合が崩壊しつつあることをさまざまな兆候が一致して示している。そのためにイスラム主義運動過激派は袋小路に追いつめられている。敬虔な中産階級が支持するようになった民主主義的価値を依然として拒絶するかれらは、疲労し、疑問をもつようになった配下のひとびとの信頼をとりもどし、武装闘争をふたたび活発にするためには、とてつもなく破壊的で華々しいテロ行為を遂行する他ないとかんがえているのだ。

一九九〇年代のテロと二〇〇一年の九・一一テロのあいだにはいくつかの類似性はあるが、同時に顕著な差異もある。ビンラーディンとその副官が事件後の一〇月七日におこなった宣言を一九九六年、一九九八年の宣言とくらべると、イデオロギー的主張は同一の路線にもとづいている。かれの観点では、一九七九年にソ連赤軍がカブールにはいったときにソ連にたいするジハードが開始されたのとおなじように、アメリカが「二聖都の地を占領」(サウディアラビアに米軍基地が設置されたこと)してイスラムの地に侵入したのだから、アメリカにたいする防衛的ジハードは正当化される、ということになる。このアメリカにたいするジハードの正当性という論点が二〇〇一年の時点でもあいかわらず議論の中心を構成している。ビンラーディンのグループは民衆と具体的な接点をもたず、閉鎖的で孤立しているのだが、かれは「アメリカにたいするジハード」というスローガンによって自分のひきいるグループを中心として大衆を動員しようとする。しかし今回はこの議論にふたつのあたらしい補足的要素がつけくわわる。それはこの時の偶発的な政治状況が提供してくれた論拠である。すなわち、「われわれが語っている今この時も、イラクでは何百万人もの無辜の子供たちが殺され、死んでいく。(……)今日も、イスラエルの戦車がパレスチナを破壊しつくす……。」こうした悲劇はアメリカの責任とされるのだが、これに言及するのはイスラム主義運動のグループをこえて、ひとびとの共感を呼びおこすためである。ビンラーディンは中東におけるアメリカの政策を批判するひとびと全員を代弁するために武器をもって戦う人間という役割を自分にあたえようとするのである。

これがニューヨークとワシントンでおこされたテロ攻撃の目的だったようにおもわれる。正義の神聖なる戦いのなかでイスラムがひとつの局地戦に勝利したと信じさせ、イスラム民衆がその勝利に感情の高揚と一体感を感じることができればジハードというスローガンのもとにふたたび大衆を動員することができる、そして手始めにイスラム諸国で権力を掌握すれば最終的に運動の勝利はたしかなものになる、——こんな風にテロリストたちは期待したのである。しかし、本書全体をつうじてこのことを論証したいとおもっているのだが、二〇世紀の最後の一〇年間をふり返ってみると、イスラム主義運動は政治権力を掌握することに失敗したことがわかる。一九九〇年代の初め頃には運動は成功をおさめるだろうと支持者は期待し、敵対者は危惧していたが、そうした予想は完全にはずれてしまった。かれらの挫折は外的理由によるというより、むしろ活動家グループが内部分裂をおこし、そのために大義の力が弱まり、教義の求心力が弱体化したからである。その結果、一部のイデオローグたちは教義を再考し、それを民主主義の原則と両立しうるものにしなければならないとかんがえるようになった。かつて「民主主義」という言葉は、主権は民衆にではなく、イスラムの神にのみ属するという主張のもとに拒絶されていたのだが。

アメリカ本土でかくも華々しく破壊的なテロ行為が実行されたという事実は、イスラム諸国自体でイスラム主義運動が政治的動員力をうしないつつあるという状況と照らしあわせてかんがえられるべきである。つまりこのテロは、イスラム主義の衰退プロセスを破壊的な暴力の爆発によってせきとめようとする試みなのである。黙示録的光景をつくりだすことによってそれをイスラムの大義の勝利の予告とし、イスラム民衆の感情的高揚感・一体感をつくりだして、かれらを戦闘に参加させようとしたのだ。

アメリカにたいするテロ事件が発生したのは、イスラム世界で反米感情がこれまでなかったようなたかまりをみせつつあった時期だった。それは新聞の論説や衛星テレビ放送アル＝ジャズィーラでの討論、街頭デモなどをみれば一目瞭然だった。イラクにたいする一〇年つづいた禁輸措置と間歇的になされる空爆は逆効果だった。標的サッダーム・フサインがこれまで以上に元気にふるまい、むしろ立場を強化したようにみえ、その一方で、板ばさみになったイラク社会はひどい状況におちいっていたのだから、なおさらアメリカの措置は反感の的となった。さらに、アメリカ主導ですすめられた中東和平のプロセスはその前の一〇年間おおきな希望をうみだしたのだが、期待された経済への波及効果がなかったために希望のおおきさと同じだけおおきな失望をうみだした。

そしてイスラエルとパレスチナの交渉が中断されると、失望は怒りにかわり、二〇〇〇年九月、第二次インティファーダが開始される。これはエルサレムの大モスクの名をとって「アクサー・インティファーダ」と名づけられた。

戦闘の再開について両陣営がたがいに相手を非難する。しかし原因がなんであれ、またどちらに責任があるにせよ、紛争の再燃で、これまで以上に地域の緊張がたかまり、対立するそれぞれの立場は先鋭化し、無数の政治的・経済的・社会的要求と不満のはけぐちとなる。パレスチナ紛争がイスラム民衆の不満を結集させる触媒となるのである。たとえば、ガザ地区の子供ムハンマド・ドゥッラがイスラエル軍に銃撃され死亡したとき、映像がテレビで放映され、その死はパレスチナ人の抵抗運動の象徴のようにみなされた。こうしたパレスチナ人の抵抗運動を支持する気持ちが、イスラム世界においてはやがて自爆テロの映像に快哉する感情にかわり、テロでイスラエル市民が死亡しても、実行犯は民衆のあいだでむしろ好意的にむかえられる。そうした行為をヤセル・アラファトが非難しているにもかかわらず。自爆テロ攻撃にたいして、イスラエル軍は報復ないしは「予防攻撃」で遠隔操縦ミサイルを使用すること、そしてその電子技術兵器が非常に洗練されていて、イスラム世界のどの軍隊もそれと対等にわたりあうことはできないということを知らないものは誰もいない。この無力感、双方の力が決定的に均衡を欠いているという感情がやがてアメリカにたいして転移される。アメリカはイスラエルの圧倒的軍事的優位を保証し、その上、二〇〇一年一月にジョージ・W・ブッシュが大統領になって以来、シャロン氏にたいして「好意的黙認政策」をとり、世界の唯一の超大国に期待されている公平な態度を放棄している、アメリカが公平な態度をとらないかぎり、紛争の出口はみつからない——こんな風にイスラムのひとびとはアメリカを断罪するのである。九・一一同時多発テロ事件がイスラム世界のテレビに放映されたのはこうした状況においてだった。この事件は市民にたいする自爆テロというパレスチナでくりかえされた行為を三〇〇〇人以上の人間の大量虐殺という極限の形にまでおしすすめた行為と言える。しかしそれは同時に非常に高度な知性と技術的洗練、華々しい演出効果を発揮して、イスラエル軍がパレスチナで、アメリカ空軍が湾岸戦争で、それぞれおこなった電子技術戦争の防御不可能な攻撃や映像効果と競いあおうとしているかのようでもあった。

同時多発テロが普遍的な道徳の次元では人道にたいする罪を構成していることは明白である。しかし中東におけるアメリカの政策にはげしい敵意をいだいているイスラムのひとびとはそれを、ひかえめに言っても、絶対的な悪とはみなさなかった。何故そうだったのかは、以上のような時代状況に照らしあわせてかんがえてみると、その理由が理解できる。テロの首謀者はこうした要素を考慮にいれて決行時期を決めたのかもしれない。つまり、かれらが支持をえようとしている民衆が、激高した情念のゆえに普遍的道徳よりも政治的選択を優先し、市民の虐殺にたいする怒りが最小限になり、宿敵アメリカに手痛い打撃をあたえた実行犯に快哉を叫ぶ度合いが最大限になるような時期を意識的にえらんだとかんがえることもできる。

しかしだからと言って、イスラム世界の民衆が長期的にテロリストの目標を承認するとか(6)、アメリカのアフガニスタンへの圧力や攻撃にたいして民衆が当然テロリスト側にたって動員されることになると結論づけることはできない。そもそも、最初、テロの犯行声明がなかったために、アメリカも誰に報復してよいか途方にくれていたが、同時にイスラム社会にとっても実行犯を支持することはむずかしかった。というのも、アメリカがテロで被害をうけたことは事実だが、その意味がはっきりしなかったからである。テロの力は突発性と奇襲効果――つまり「来歴確認不可能性」――にあるのだが、期待した政治的利益を収穫しようとすると、それは弱点に変化する。この事件の場合、ウサーマ・ビンラーディンとそのネットワークが首謀者であることは一連の説得的な証拠によって立証された。しかし上流社会からドロップアウトしたサウディアラビアの億万長者は犯行声明を遅らせたために、大衆運動を組織・糾合してその先頭に立つ機会を逃してしまった。もし実際にイスラム世界で権力をにぎろうとするならそうしなければならなかったのだが、そうしなかったためにかれはシンボルにとどまってしまう。かれは一部青年のあいだで英雄視されるが、自分の秘密組織に属する活動家をとおしてしか現実との接触をもたない。それも作戦行動可能なときだけ。それにかれの秘密組織にしても、完全に地下にもぐっているために社会から切りはなされ、民衆に布教活動をしたり、民衆を組織・動員する手段をもたない。ビンラーディンはマスメディアというあてにならない通路をとおしてしか民衆とつながることができない。マスメディアはいたるところでかれの派手なテロ活動を報道するが、しかしせいぜいその場かぎりの情緒的な連帯感情やうつり気な熱狂を反応としてもたらすだけである。ビンラーディンとその仲間はこうした弱点をイスラム教徒の預言者表象をモデルにしたイメージをつくりあげることで補おうとした。預言者ムハンマドは西暦六二二年に偶像崇拝が支配的だったメッカから逃れてメディナに聖遷《ヒジュラ》することを余儀なくされる。そしてそこで八年にわたって大胆な政策をおこない、六三〇年にメッカに勝利の帰還をはたす。それとおなじようにビンラーディンも「偽善的な」サウディアラビアを逃れ、一種の聖遷《ヒジュラ》をおこなってアフガニスタンの荒涼とした山岳地帯にうつり、そこで神のみちびきにしたがってジハードを指導する。ビンラーディンのグループは初期のイスラム教徒、預言者の仲間やその後継者たちと自己を同一視することを好む。たしかに初期イスラム教徒を模範とする考え方はイスラム文化のなかで成長した者すべてにとって依然として生命力をもっている。しかしかれら小グループの戦闘員が時のふたつの強国にたいして挑む戦いは彼我の力の差があまりにも歴然としているために捨て身な《ヒロイック》行動という様相を呈してしまう。そのために、自己を初期イスラム教徒と同一視する傾向はいっそうつよくなってしまう。起源の時代のイスラム騎兵たちがサーサーン朝帝国を壊滅させたように、「ジハード主義者たち」は——かれらの解釈では——アフガニスタンで赤軍を敗走させてソ連帝国を破壊した。また、初期のカリフがビザンチン帝国の南部と東部の（シリアから北アフリカにいたる）すべての諸州を征服して帝国の野心を挫折させたように、今日、イスラム主義運動活動家はアメリカ帝国の基礎そのものをゆるがせ、世界に大変動をもたらした。しかしこうした連想はイデオロギーで歴史を恣意的に解釈して構成しているだけにすぎない。そんなものをいくらならべてみても、かれらの主張を社会にひろめる媒介機関がなければなにもならない。個人的な情熱を大衆の市民的不服従の行為に転換させるためには大衆に基盤をもった運動が絶対に必要なのだ。一九一七年のレーニン主義的前衛政党や一九七八年のイランの宗教指導者集団はたしかにそのような機能を確実にはたしていたのだ。

　正体が確認されたひとびとについて判断するかぎり、一九九〇年代のイスラム主義テロ組織メンバーと二〇〇一年のそれとのあいだにはもうひとつおおきな変化が観察できる。その変化のために、近年のテロ活動のインパクトはほかり知れないほどおおきなものになるが、しかしその代わりにそれはテログループの社会とのつながりを希薄にし、社会に自分たちの主張の中継点をみいだす能力を減少させる。たとえば、アルジェリアのＧＩＡメンバー・指導者のうち正体が判明したひとびとや一九九五年の一連のテロ事件の後フランスで逮捕された青年たち、さらには一九九三年の世界貿易センタービルのテロで裁判にかけられたひとびとは皆、都市の貧困な青年層に属していた。板金工、家禽商、失業移民、非行青年など、その社会的・文化的水準はかなりひくく、使用された爆弾も「手作り」で、相応の資金も装備ももたなかった。だからかれらのテロ行為はひくいレベルにとどまり、国家も最終的にはそれをどうにか完全に制圧できた。しかしその活動家の出身母体である貧困層は一触即発の状態にあり、いつでもかれらの後につづいて暴動をおこしかねない状態にあった。一九九三年から九五年にかけてアルジェリアでは実際にそうした形で暴動が大規模に発生したのである。

　一方、ニューヨークとワシントンの自爆テロ実行犯の身元について判明しているいくつかの情報から判断すると、かれらはどちらかというと恵まれた階層の出身者で、おおくの場合、高等教育をうけ、欧米社会の言語や文化的コードをマスターし、欧米で自由闊達にふるまえる、そういうひとびとであった。かれらのうちのかなりの部分がサウディアラビア出身者だったが(7)、さらに注目すべきことに、前の世代のテロ実行犯とは異なり、かれらがイスラム主義運動に参加していることを示す「外的なサイン」を入念にかくし、髭もたくわえてはいなかった。ある者はバーに姿をあらわし、アルコールを手にしたり、これ見よがしに女性をつれ歩いたりしていた。またイスラム主義の教宣活動をしたり、同調者をリクルートする場所になりがちだったモスク網とも完全にコンタクトを断っていたようである。かれらが社会と完全にコンタクトを断っていた様子はＦＢＩが自爆テロ実行犯の持ち物のなかにみつけた文書にきわめて如実にあらわれている。それは自殺志願者むけの「心がまえ」をまとめた一種の手引書のようなもので(8)、複数の専門家がそれを一読してセクト特有の文書であるとコメントしている。このグループは外にむかってひろがっていくことが不可能なグループだったのだ(9)。わたしが本書を執筆している現在、テロ事件がおこってまだ日も浅く、データや資料も少数しか存在していないので、不完全な仮説を立てるしかないのだが、この事件でもっとも困惑をおぼえる点は、この「暗殺教団団員」の偽装能力である。かれらはきわめて私的な要素にいたるまで欧米社会のあり方を完全にうけいれているかのようにみせかけながら、自分たちの極端な信念を完全無欠な状態にたもつことができたというのはなんともおどろきである。

これにたいするこたえのひとつはおそらくアフガニスタンのジハードにもとめるべきだろう。わたしはこのジハードという言葉を本書の題にもしたのだが、これは二〇世紀最後の四半世紀にイスラム主義運動が発展した原因ともなったもっとも重要な事件である。ペシャーワル近郊のゲリラ訓練基地で一九八〇年から一九九〇年にかけて何千人もの活動家が訓練をうけた。かれらは「サラフィー主義」と「ジハード主義」が渾然一体となった教義を教育され、宗教的な超厳格主義のイデオロギー的圧力をうけると同時に万能の解決策としての暴力に魅せられた。おそらくかれらのこうした経験が、同時多発テロ事件の実行犯の行動を解明する鍵となるだろう。

テロの「前衛」が大衆を動員し、世界秩序を持続的に混乱させ、イスラム世界の現存政権を転覆させるということが本当に可能なのだろうか。黙示録的テロをくりかえしてその廃墟の上に活動家が夢みるイスラム国家を樹立することができるのだろうか。こうした問題設定は現在のイスラム主義過激派の展開にのみ特有なものではない。二〇年前、共産主義イデオロギーが衰退期にはいり、労働者階級を代表すると言いながら、労働者から背をむけるようになったとき、いくつかの武装グループが出現したことを想起すればよい。なかでもイタリアの《赤色旅団》や《ドイツ赤軍》、あるいはカルロス・グループなどはきわめて過激な集団だったが、かれらは敵に華々しい損害をあたえるためにはテロが理想的手段だとかんがえ、それによって大衆の革命意識を刺激し、挑発―抑圧―連帯というお定まりのプロセスで自分たちと共同戦線をとるべく大衆を動員できるという虚しい期待をいだいた。今日のイスラム主義とかつての共産主義とではその性質も運動の規模も異なる。しかしテロリズムの横行はかならずしもその運動に勢いがあることの証明ではないし、九・一一同時多発テロのようにそれがもたらす損害がいかに膨大であろうと、それ自体が政治的勝利となって、渇望する権力を掌握できるようになるというわけではない。破壊的暴力の暴発がひとびとを動転させ、感情的な反応をうんでいる現在、この事実を確認しておくことは無駄ではないだろう。

いずれにせよ、ビンラーディンとりわけウマル師はアメリカがアフガニスタンで泥沼におちいり、イスラム世界が蜂起して欧米にたいする全世界的なジハードが開始されると期待したのだが、そうした期待はすぐさま失望にかわった。アメリカ空軍の爆撃に先導されて、《北部同盟》が地上攻撃を開始し、ターリバーンの防衛線は崩壊した。そして一一月一三日、同時多発テロから二ヶ月と二日後、カブールは陥落した。解放軍の車にのって到着したテレビ局CNNは民衆が歓喜する光景を放映した。なかでも再開されたばかりの床屋の店の前で列をつくって順番を待つひとびとの姿はわれわれの想像力を刺激した。髭剃りクリームで頬を真っ白にした男たちが嬉しそうに髭を剃らせている。ターリバーンは髭をたくわえることを男性の義務とし、違反したものには棒たたきの刑を課したのであった。また別の者は古いテレビを修理させ、アフガニスタン・テレビの放送再開にそなえた。これも映像を禁じる宗教的規則のために禁止されていたものだった。クンドゥズやカンダハールの要塞はなお何日か抵抗をつづけたが、このふたつの町には死ぬまで戦うことを決意したアラブ人のジハード主義者がいたからだ。かれらは自分たちが許されることも情けをかけられることもないと知っていた。アラブ人がアフガニスタン人によってアメリカ兵に売り飛ばされて捕虜になる。パキスタンやその他の国からジハードのためにやってきた志願兵が、アフガニスタンのひとびとをたすけに来たはずなのに、その当のアフガニスタン人によって鉄線で縛られ、平手打ちをくらい、殴打され、さらには殺される。こうした光景がテレビを通じて世界中にながされた。アフガニスタンにアメリカが空爆をはじめて以来すべてのイスラム主義者は世界中のすべてのイスラム教徒が団結して欧米にたいして聖なる戦いをいどむよう訴えたが、そうした壮麗な宣言が主張した全イスラム教徒の永遠の連帯など影も形もなかった。

こうしてターリバーン政権は姿をあらわすのとおなじくらい速く崩壊した。ウマル師やウサーマ・ビンラーディンは追跡を逃れ、行方は杳として知れない。一九九四年、ターリバーン政権はパキスタンの意志によって樹立され、アメリカの祝福をうけた。そして二〇〇一年一二月六日、政権はアメリカの力によって打倒され、パキスタンもそれに大いに安堵した。スンナ派イスラム世界で政権の座にあった最後の過激イスラム主義運動はこうして消滅してしまったのである。

その間、アメリカの同盟軍はアフガニスタンとパキスタンの国境にあるトラ・ボラの山岳地帯で《アル＝カーイダ》のネットワークに属する戦闘員たちを追跡したが、主要人物を逮捕するという点にかんしてはさしたる成果もあげることはできなかった。ただ最終的に三〇〇人程度の容疑者が逮捕され、グアンタナモのアメリカ海軍軍事基地に尋問のために移送された。九・一一直後、ビンラーディンは勝ち誇った態度を示したが、その後は完全に沈黙した。さまざまなエピゴーネンたちがアメリカ、そしてとりわけユダヤ人にたいする脅しと敵意にみちたカセット・テープをアル＝ジャズィーラに定期的におくりつけてくるくらいだった。欧米世界にたいする巨大な挑発はこうして不発におわった。イスラム主義活動家たちはイスラム大衆がウマル師の呼びかけにこたえて蜂起すると期待していた。しかし民衆はイスラム主義過激派の血なまぐさいユートピアが崩壊するのを傍観するばかりだった。この聖なる戦争はあたらしい千年紀のはじまりの年の出来事として永遠に記憶にのこるであろう。二〇〇一年の秋、世界は暴力の発作にとらわれたイスラム主義の勃興と転落の歴史が縮図として示されるのを観察したのである。イスラム主義運動は二〇世紀の最後の四半世紀にながい混乱にみちた歴史的変遷をたどったのであり、アフガニスタンにおけるイスラム主義活動家の敗戦もそのなかに位置づけるべき問題であろう。わたしは本書でこのようなイスラム主義の飛躍的発展から衰退へとむかう歴史的プロセスを解読してみようとおもうのだ。

## 表記、注、地図にかんする注

イスラム地域の諸言語（アラビア語、ペルシア語、トルコ語、ウルドゥー語、マレーシア語など）に由来する単語は、たとえその語源がアラビア語であっても、それぞれの言語の通常の発音にしたがい、またラテン文字で書かれた著作で一般的な慣習にしたがい、転記した。（たとえば「説教」を意味するda'waはマレーシアではdakwahとなり、協会を意味するjama'aはエジプトではgama'aと発音される）。

注はすべて巻末に記載した。そこでは特に本文にあつかわれたテーマを専門家むけにさらに展開して論じた。また利用された文献もすべて注に記載されている。

地図を参照していただければ、本文で言及した地名の大部分の位置を知ることができる。

# 第一部　発展期

# 第一章　文化革命

一九六六年八月二九日、ナセル治下エジプトで近代イスラム主義の思想家サイイド・クトゥブが絞首刑に処せられる。この出来事は世界の報道機関から地味なあつかいしかうけず、すぐに忘れさられた。ただ《ムスリム同胞団》のシンパや旧メンバーがこれにつよく抗議したが、《同胞団》組織はすでにその一二年前に解散させられており、当時、ジャーナリズムや在エジプト外交機関からは過去の存在にすぎないとみなされていた。しかしこの処刑はナセルが体現したアラブ・ナショナリズムとクトゥブがうみだしたイスラム主義の対立を激化させる結果になる。当初は社会主義を加味したナセル風ナショナリズムがアラブ世界で優勢だったのだが、その後、七〇年代末になるとこのふたつのイデオロギーの力関係は逆転し、イスラム主義がひとびとの心をうごかすあたらしいユートピアとなる。熱狂的に歓迎するにせよ、あるいは運命とあきらめるにせよ、おおくの人たちがイスラム主義のユートピアこそイスラム世界の未来だと信じるようになる。クトゥブは、他のふたりの重要人物、パキスタンのマウドゥーディー（一九〇三〜一九七九）、イランのホメイニー（一九〇二〜一九八九）とともにイスラム主義の展開に重要な役割をはたすことになるだろう。マウドゥーディーとクトゥブは思想的にも接触があったが、両者とも影響をあたえたのはスンナ派の世界にたいしてである。一方、それとは別の文脈でイデオロギーを形成していったホメイニーはまずなによりシーア派の世界で力をもつことになる。この三人は主として政治的な観点からイスラムをかんがえるという共通点があり、また全員がイスラム国家の樹立をよびかけていた。そうした意味で、かれらは一九六〇年代に支配的だった世俗主義的ナショナリズムのみならず、政治闘争を第一の優先課題とはしない伝統的イスラム観とも対立していた。しかし、こうした共通点があるとはいうものの、かれらはまた同時にそれぞれ異なった三つの感受性を代表しているという点も指摘しておかなければならない。まず、クトゥブは既成権力との過激な断絶を主張し、そのために高学歴層・貧困層をとわず青年層の一部はかれの思想にひきつけられたが、宗教指導者層や中産階級の大部分はそれを敬遠することになる。一方、イスラム国家樹立が段階的になされるべきだとかんがえるマウドゥーディーは中産階級の一部の支持をうけるが、しかしパキスタンの一般大衆を説得するにはいたらない。それにたいしてホメイニーは貧困層と中産階級、急進派知識人と宗教指導者の両方をまとめることに成功する。これがイスラム革命がイランでしか成功しなかった理由のひとつである。

イスラム主義運動が具体的な形をとって社会に姿を現すようになるのは一九七〇年代であるが、その前の六〇年代にイスラム主義は知的に形成されつつあった。本章ではまず現代イスラム主義の三人のイデオローグがそれぞれ一九六〇年代の政治的・宗教的環境においてどのような態度をとったかを検証したい。そのために最初に、かれらが当時、支配的だったナショナリズム・イデオロギーをどのように批判したかをみてみよう。次に教団の民衆的イスラムや宗教指導者・イスラム法学者の学識に裏づけられた宗教など、当時のイスラムの一般的な状況を検討しよう。イスラム主義者たちはそうした当時の状況との関連において自己の立場を定義することを余儀なくされるからである。実際、イスラム主義のイデオロギーは虚空のなかにとつぜんあらわれたものではない。それは、対立的な形でではあるが、伝統のなかに位置づけられるものであり、伝統のいくつかの要素をとりいれて過激化したり、放棄したりする。それがうまくいくかどうかは国や状況によってさまざまである。

イスラム主義が戦闘を開始するのはまずひろい意味での文化の領域においてであり、社会や政治に関与するのはその後である。かれらはひとつの世界観（すなわち「意味の共同体」）に代えて別の世界観を流布させるためにナショナリズムに戦いを挑む。イスラム主義による文化革命は一九六〇年代の終わり頃、少数の活動家・知識人グループによっておこなわれたのだが、当時はほとんどだれの関心もひかなかった。しかしこの文化革命は一〇年後にイスラム社会のおおきなトラウマとなるであろういくつかの出来事をそれなりに予測し、それにたいして答えをあたえる準備をしていたのである。

一九七〇年の初め頃まで、大半のイスラム諸国においてナショナリズム・イデオロギーが支配的であった。それはイスラム諸国の現地エリートによってつくりあげられ、ヨーロッパの植民地主義と戦って勝利する。トルコのアタテュルクの試みはやくも一九二〇年代におこなわれているが、このようにナショナリズムはヨーロッパによる支配を回避したり、第二次大戦以降のおおくの国におけるように国を独立にみちびくことに成功するのである。

かつて信仰を共有するイスラム世界（イスラムの家《ダール・アル＝イスラーム》）は一体のものとかんがえられていたのだが、アラブ、トルコ、イラン、パキスタン、マレーシア、インドネシアその他どの国でも、ナショナリストたちが登場すると、かれらはそれを分割する。つまり近代的出版語（印刷・書籍・国営ラジオ放送の言語）が使用され、普及している地域ごとに区分けして、それをそれぞれ異なった「意味の共同体」とするのである(1)。かれらは自分たちの近代的出版語を利用して、ヨーロッパの言語から翻訳された理想を現地むけに修正しながら普及させ、ヨーロッパ啓蒙哲学の自由と平等という概念をかざして植民地主義者・帝国主義者に反撃する。植民地解放運動は「国民的言語」をとおして遂行されたわけだが、しかしそれは同時に国民的言語を創造するという側面もあった。さらに、国民的言語の創出をとおしてナショナリストたちは宗教指導者層の影響力を排除することにも成功する。というのもウラマー（訳注：イスラム諸学を修めた知識人）たちは伝統的に知的な書き言葉を独占し、社会的価値を宗教的な形で表現する際の媒体としてそれをもちいていたからである。

ナショナリスト知識人の大部分はイスラム世界につくられたヨーロッパ式学校の出身者だった。しかし現地人はたとえ十分な資格をそなえていても、植民地政府が統括していた役所の中級・上級職につくことはできなかった。植民地政府は本国の言語を公式の言語としていたからである。したがって、政治的独立を実現するためのかれらの戦いは同時に、現地の近代的出版語を公式の国民語に昇格させ、国民語の使用によって独立国家の国民のあらたなアイデンティティを確立することをめざしてもいた。権力をにぎったナショナリスト・エリートたちは、書き言葉を宗教から切りはなして世俗化した後、それを占有し、かれらがかんがえる国民・国家・近代性の価値を表現するためにもちいた。権威主義的指導者層はメディアや書籍にたいして一般的にきびしい検閲をおこなったから、年を経過するにつれ、新独立国家の近代的出版語は権力に自由にあやつられ、プロパガンダの道具となり、権力による社会支配を政治的に正当化する手段となってしまった。

サイイド・クトゥブやマウドゥーディーがあらわれたのはこのような時であった。かれらもまた著作をあらわすことにより国民語を占有し、それを固有の価値観を表現する手段としようとする。ただしその価値は国民国家にもとづいた価値ではない。イスラムを規範とする宗教的態度を再活性化させ、イスラムを唯一の文化的・社会的・政治的アイデンティティの準拠点とする、そのような価値観なのである。

こうした文化闘争の最初の前線となったのは歴史と時間にかかわる問題である。新国家樹立宣言とともにナショナリストたちは過去と完全にそして決然と決別し、あらたな「歴史」のはじまりを宣言し、今後はみずからがそのなかで能動的行為者の役割をはたすことをのぞむ。トルコはもはやオスマン帝国ではない。アラブ諸国はもはやヨーロッパの植民地ではない。いまやパキスタンはインドから分離した。だからあたらしい時代がはじまるのだ――とナショナリストたちはかんがえた。しかしサイイド・クトゥブ(2)やその競争相手にとって独立以来のイスラム諸国の近代史は模範としての価値をもたない。それはむしろ価値をおとしめられ、コーラン出典のアラビア語「ジャーヒリーヤ」という概念をもちいて断罪される。ジャーヒリーヤという単語は「無明」の状態を示す言葉で、西暦七世紀初め預言者ムハンマドにイスラムが啓示される以前、アラブ人たちはその状態に生きていたとされる。クトゥブによれば、ナショナリズム時代のムスリムは啓示以前のジャーヒリーヤ時代の異教徒アラブ人とおなじようにイスラムについて無知である。かつての異教徒アラブ人たちが石の偶像を崇拝していたように、クトゥブの同時代人たちは、国民国家や党や社会主義など象徴的偶像を崇拝しているのだ。こんなふうにナショナリストの歴史創設の主張を否定し、かれらを啓示以前の闇の時代になげこむことによって、クトゥブは文化革命をおこなう。クトゥブは一九六〇年代、いくつかの主著を書くが、後年、それはすべてのイスラム諸国でベストセラーとなる。(コーランの注釈書『コーランの影で』、イスラム主義運動方針『道標』など)。そうした著作においてクトゥブは「コーランのあたらしい世代」が出現し、ナショナリズムを破壊して、その廃墟の上にイスラム的なあたらしい「意味の共同体」を現代世界に建設することを期待する。ちょうど預言者とその同世代人たちが、異教時代のアラブ社会を破壊し、その廃墟のうえに信者の共同体を建設したように。

「あたらしい世代に期待する」クトゥブは自己の主張をまさしく時代のなかに位置づける。独立のとき、土地をはなれた植民者から押収した財産がみんなにわけられ、大いなる社会的再分配がおこなわれたのだが、独立以降にうまれた青年たちはその利益にあずかってはいない。クトゥブはこの独立以降にうまれた青年たちに呼びかける。かれらを説得するためにはかれらが教育をうけた言語をもちいながら、それを秩序破壊的に使用して表現しなければならない。こうしてクトゥブはあたらしいイスラム的な書き言葉のスタイルをつくる。それは単純・素朴で、伝統への言及や注釈を満載したウラマーたちの複雑なレトリックとは似ても似つかぬものであった。ウラマーたちが遠くにある真理を表現するのに適した古めかしいスタイルでイスラムの価値を表現したのにたいして、クトゥブは近代的な書き言葉という政治的コミュニケーション手段をもちい、それを説教の道具としてどんな読者にも近づきやすい発言を心がける。

ナショナリズムに理想としての価値がないことを論証するために、クトゥブはマウドゥーディーが提唱した一組の対概念を援用する。それは「主権《ハーキミーヤ》」と「崇拝《ウブーディーヤ》」という概念で(3)、かれはそれをイスラムと非イスラム、善と悪、正義と不正義を区別する基準とする。すなわち、イスラムにおいて主権をもっているのはアッラーだけであり、神だけが人間の崇拝の対象となる。したがってアッラーが啓示した仕方にしたがって統治する指導者のみがただしい。逆に、主権が偶像(国家、党、軍隊、民衆など)によってにぎられ、民衆がその偶像を「崇拝」するとき、悪と不正義と偽り、すなわち反イスラム的無明《ジャーヒリーヤ》が支配する。実際、権威主義的政治体制はプロパガンダの力で民衆を偶像崇拝にみちびく技術に長けているのである。

七〇年代の青年たちはクトゥブに非常につよくひきつけられたのだが、クトゥブの論証の力、それはかれが近代ナショナリズムとの徹底的な絶縁状態を想像力のなかでつくりあげることに成功しているからである。かれはナショナリズムという古いユートピアが独裁主義的権力のシステムとなったとして全面否定する。ちょうど、預言者が異教の偶像を破壊し、そのかわりにイスラムのユートピアをあたえたように。そのイスラムのユートピアを改めて定義したり、プログラムを明確化する必要はない。というのもイスラムはすでに到来しているのだから。だから、預言者とその追随者のもともとの経験を参考にし、そこから霊感をうけるだけで十分である。——とはいえ、この論証には弱点がある。それはイスラム誕生時の経験とはなんなのか、そしてそれを二〇世紀に再現するためにはどうすればよいのかという問題について解釈に幅があるという点である。クトゥブはこの点について自分のかんがえを明確化する前に死んでしまった。そしてかれの真意をあきらかにすると称するひとびとの意見は実にさまざまであり、クトゥブは社会全体を不信仰として非難したのだと主張する神がかり的なセクト集団もあれば、既存権力のみが批判の対象になったのだとする活動家もいる。こうした混乱した状況が最終的にイスラム主義運動全体にとって好ましくないことはあきらかである。

クトゥブはエジプト特有の経験をもとに思想を形成したのだが、イスラム世界全体におけるスンナ派イスラム主義の発生を解明するためにはかれの思想を理解することが重要である。《ムスリム同胞団》の伝統の後継者であるクトゥブは同時代のパキスタン人マウドゥーディーの著作から発想の一部を借り、《ムスリム同胞団》の伝統に変更をくわえ、両者を独自な形で総合して、積極行動主義的で急進的な性格をもった思想をつくりあげたのである。

## 近代イスラム主義の母胎としての《ムスリム同胞団》

クトゥブが、その死後、近代イスラム主義のもっとも影響力のあるイデオローグとなったのは一九六〇年代前半に書かれた著作のゆえであるが、その頃、かれは《ムスリム同胞団》メンバーだったためにナセル政権により牢獄にいれられていた(4)。植民地時代の一九二八年に創設され、一九五四年に誕生したばかりのナセル政府により弾圧され、解散させられた《ムスリム同胞団》はその創設者ハサン・バンナー（一九〇六〜一九四九）の著作と大衆組織活動をとおして二〇世紀におけるイスラム主義運動の思想と活動のモデルとなっていった。クトゥブは最初はバンナーの影響をうけたが、晩年にはこの運動の失敗の原因を総括し、植民地主義の終焉と運動に敵対的な独立国家の到来というあたらしい状況に対応しようと努力していた。

回顧的にかんがえてみると、《ムスリム同胞団》の歴史がクトゥブとそのおおくの弟子たちの思想へつながっていくそのながれは理解できる。しかし現代イスラム主義にもそれほど過激ではない潮流があり、そのなかにはやはり《ムスリム同胞団》との関係を強調しながら、この運動の意味について別な風な解釈をしているものもいる。

一九二〇年代終わり頃、《同胞団》がつくられたとき、イスラム世界は極度の混乱状態にあった。実際、この時期はヨーロッパ植民地主義の絶頂期だったばかりではなく、オスマン帝国のカリフ制が消滅した時代でもある。一九二四年、アタテュルクがカリフ制を廃止してしまったのだ。したがって、イスラム世界はキリスト教系の強国によって切り裂かれると同時に、内部からもゆさぶられていたことになる。世界中の信者の統一を象徴するカリフ国家が国民主義的で世俗主義的なトルコ共和国にとってかわられた。《ムスリム同胞団》の創設はこうした混乱にたいするこたえのひとつであった。《同胞団》はイスラムの政治的側面を自分のなかにくみこみ、消滅したカリフ制の代役をつとめようとしたのだ。当時のエジプトのナショナリスト諸政党は独立とイギリス占領軍の撤退、民主主義憲法の制定を要求していたが、《同胞団》は今でもイスラム主義者のあいだでよくつかわれている「コーランがわれらの憲法」というスローガンをかかげてそれに対抗した。つまりかれらはこう言いたかったのだ——「イスラムは完全でトータルなシステムである」（これもまたかれらのスローガンのひとつである）と。社会秩序の基礎を外来のヨーロッパ的価値にもとめる必要はない。なぜならすべてはコーランのなかにみいだせるからだ。ヨーロッパ的価値というのはそれ自体、ひとつの個別的な価値にすぎない。かれらによれば、真に普遍的なのはコーランなのだ。こうした教義は、どんな流派に属していようと、イスラム主義系のグループに共通なものである。イスラム教徒が遭遇する可能性のあるすべての政治的問題の解決策はイスラム国家樹立にある。つまり、伝統にしたがってカリフがおこなったようにシャリーア（イスラムの聖典からひきだされた法）を国法とするような国家を樹立すればすべての問題が解決するのだ……。

《ムスリム同胞団》は数年のうちに大衆運動となり、とりわけ都市の小市民層のあいだに支持をのばした。かれらはもともとは貧しい階層の出身者で、ようやく近年になって教育をうけるようになったが、いまだに宗教的な世界観を保有していた。バンナーとその弟子たちはこうした宗教感情を政治化する術を知っていた。都市小市民層の宗教感情は伝統的社会の規範・規則を表現するものだったが、バンナーたちはそれを植民地時代の都市社会にふさわしいものに変えていった。《同胞団》のイスラムは敬虔主義や信仰のみに閉じこもることを拒否したが、それはヨーロッパ的な近代をうけいれるということではなくて、「イスラム的」近代をそれに対置するためだった。しかし「イスラム的近代」という表現の意味がはっきりと明確化されることはなかった。そしてそれは曖昧だったからこそ、その旗印のもとにさまざまな社会グループ、さまざまな希求をもった集団が結集したと言うこともできる。実際、もし「近代」とは社会的領域、政治的領域、宗教的領域、文化的領域等々の相互分離であると定義するとすれば、一九三〇年代の《ムスリム同胞団》も、また現代におけるその後継者たちも、近代とは対極的なものを目ざしているということになるだろう。というのもイスラムはひとつの「トータルで完璧な」総体のなかに社会、国家、文化、宗教を融合し、そしてそれがすべての源となるからである。かれらが希求する社会秩序にはいっさいの矛盾がなく、政党は警戒心をもってみられる。政党は信仰共同体の統一性を破壊し、イスラムの敵を前にしてそれを弱体化するからである。こうして《ムスリム同胞団》は、特に政治的に疎外され、権力の周辺に追いやられて不満をもった社会グループ（都市の小市民、下層官僚、教員など）を支持基盤とするのだが、同時にエジプト国王ファールーク周辺のひとびとと良好な関係をむすぶ。《同胞団》は世俗主義的ナショナリストと対抗するために利用可能な勢力だと国王側はかんがえたからである。《同胞団》は権力にたいしても、また権力から排除されたグループにたいしても、信者は一致団結しなければならないと語り、そして自分たちのメッセージは政治的ではなく道徳的・宗教的性格をもっているのだと強調する。

こうした曖昧さは現代のイスラム主義運動のおおくにもみられる。この点はとりわけ世俗主義的な左翼系アラブ知識人によってはやくから注目され、さまざまな相矛盾する解釈をあたえられてきた。左翼系知識人は伝統的に《同胞団》を、大衆をとりこむ民衆迎合的運動で、大衆の階級意識を漠然とした宗教感情のなかに希薄化し、その結果、既成秩序を利する、とかんがえていた。時には《同胞団》が誕生したのとおなじ一九三〇年代にヨーロッパに出現したファシズムをひきあいにだす分析さえあった。しかし一九八〇年頃からかつての《同胞団》のイデオロギーについて、それを「進歩主義的」に解釈し、さらに現代のイスラム主義運動もその延長線上で評価する立場があらわれてきた。《同胞団》の進歩主義的解釈とはこうである、「ヨーロッパ化されたエリートの文化を消化できない社会グループが存在するが、《同胞団》はそうしたグループが近代社会に統合されることを可能にし、それによって民主主義のプロセスを促進した。つまりかれらのおかげで民衆はイスラム的文化という経路をたどって権力に参加できるようになった」。こうした議論は今日でもつづいているが(5)、以上紹介したふたつの解釈のどちらもイスラム主義についてせまい考え方をしていて、まるでそれがただひとつの社会グループの利益しか代表していないようにみなしている。そのために、一方が《同胞団》を民衆迎合的運動をあやつる反動主義者とかんがえ、他方がそれを本物の文化(とかんがえられているもの)をとおして理想化される民衆そのものとみなしているのだ。

しかし大戦間時代以降の《同胞団》の歴史をみれば、二〇世紀最初のイスラム主義運動が社会的にきわめて曖昧な性格をもっていたことがあきらかになる。その曖昧さはこの運動がもっとも発展した一九八〇年代にもまったくおなじ形で出現するだろう。イスラム主義運動は、イスラムを文化的準拠点とし、分裂した社会を和解させるというスローガンのもと、そうでなければ対立していたであろうさまざまな社会グループ(都市貧民、農民、学生、王宮のとりまきなど)を結集することに成功したとき、強力な存在となる。しかしグループ内のさまざまな構成要素が対立し、文化的・宗教的アイデンティティだけでは一体性を保持することが困難になったとき、運動は衰退する。エジプト王朝(ムハンマド・アリー朝)末期、政治的暴力が一般化し、激化するが、そうした状況のなかで一九四九年、運動の創設者バンナーが暗殺され、組織の一体性は危機に瀕する。しかし《同胞団》も、その他の政党とおなじく、こうした暴力の激化に一斑の責任があった。その軍事部門が秘密組織となってテロ活動をおこなっていたのである。《同胞団》のイデオロギーが「ファシスト」的要素をふくんでいると解釈するひとびとは、この時期のテロ活動をとりあげて、それが自分たちのテーゼがただしいことの証明であると主張する。一方、《同胞団》を進歩主義者の集団とかんがえるひとびとはこの暴力への依拠を相対化し、運動のなかの少数派グループの行為にすぎないとする。

ナセルとその仲間の《自由将校団》が一九五二年七月に旧体制を転覆させ、国家権力をにぎったとき、《同胞団》はみずからの社会的基盤とイデオロギーの相克に悩まされることになる。最初、かれらはメンバーの大部分とおなじ庶民階級の出身者が権力をにぎったことに好感をもった。また政党というものは信者共同体を分裂させる制度だとかんがえていたから、それが解散させられたことを歓迎した。イスラム的な社会秩序構築によって亀裂なき社会が実現されることを願っていた《同胞団》はナセルのエジプトがそうした社会を実現するための好機であるとかんがえた。しかしナセル大統領のナショナリスト的国家建設はすぐに《同胞団》のイスラム主義と競合するようになる。両者ともおなじ社会グループ（都市の小市民層）を基盤としてその支持をきそい、またおなじような（分派の存在を許容しない）社会的一体性《ユナニミスム》の主張をもっていた。並行するふたつの世界観の対立は一九五四年秋のナセル暗殺未遂事件をきっかけとして血なまぐさい結末をむかえる。暗殺未遂が《同胞団》の仕業であるとされたのである。組織には解散命令がだされ、メンバーのおおくが逮捕されたり亡命を余儀なくされ、指導者が何人も絞首刑に処せられる。当時、おおくのひとびとがこんな風にかんがえた、――《ムスリム同胞団》は歴史的に決定的な敗北をこうむった、《同胞団》は過去の植民地時代の遺物にすぎない、権威主義的ナショナリズムは社会主義やソ連との同盟にむかいつつあり、社会はその旗印のもとに足並みをそろえて近代化へとつきすすんでいる、そうした社会に《同胞団》がはいりこむ余地はない……。しかし実際には、指導部をうしなった《同胞団》はエジプトでは二〇年にわたって苦難の時代をおくることになるが、しかしかえってそのためにひろく外国に影響力をひろげる機会をえる。また、ナセル主義と対決して挫折した《同胞団》はその経験を総括し、それによってあらたな活力を蓄積する。どんな風に総括し、どのような展望をえがくかはひとによってさまざまであった。そしてその違いが現存するおおくのイスラム主義運動の傾向の多様性となってあらわれている。イスラム主義運動は過激な組織からきわめて穏健なものまで実に多様であるが、みなサイイド・クトゥブの立場にたいしてどのようなスタンスをとるかで自己の位置を決定する。《同胞団》がナセルとの対立に敗北したのは、ナセルの政治的策動が功を奏したという面はあるにしても、その真の原因は社会的な面にもとめるべきであろう。すなわち、誕生しつつあったナセル主義は権力を掌握すると同時に、都市の小市民層と学生、さらに農民（これはまさしく《同胞団》のメンバーや共鳴者がおおくいた層である）をひきつけ、目にみえる形で社会的上昇や社会への統合を実現するための展望を提示することに成功したのである。イデオロギーの吸引力（とその限界）は、それが社会的実践とどのように接合していくかにかかっている。二〇世紀におけるイスラム主義、現在にまでいたる《ムスリム同胞団》の成功と挫折はその好例である。目的論的な解釈、すなわち、善きにつけ悪しきにつけ、この運動はイスラム世界の歴史における必然的到達点であるとする解釈よりも、こうした社会との関連においてイスラム主義を考察すべきであろう。

## サイイド・クトゥブ、後継者あらそい

《ムスリム同胞団》が成功したのはそのプログラムのもとにさまざまな社会グループを結集し、《同胞団》が管理するモスクの周辺に診療所や工場や学校を建設して強力な慈善活動を展開するとともに布教活動を推進していったからである。《同胞団》が急速に発展した時代、かれらは自分たちがなによりもエジプト民衆の代表であるとかんがえ、理想のイスラム社会へむけた民衆の歩みに同行することが自分たちの使命であるとしていた。しかしその一方で、植民地主義支配をはげしく批判しつつも、植民地政府の言いなりになっていたエジプト王朝には配慮を示していた。《同胞団》は国王ファールークの側近たちと持続的な関係をきずいていたし、またバンナーは国王から謁見を許されもした。

ナセルの弾圧はこうした状況をとつぜん一変させる。《同胞団》が解散させられる。国家から迫害された活動家たちはそれにはげしい敵意をいだき、民衆からも隔絶する。指導層が亡命したり投獄されたりしていたから物理的な意味ではもちろんだったが、精神的な意味でもそうだった。プロパガンダや強制という側面はあるにせよ、《同胞団》の仲間を虐殺した張本人ナセルをエジプト国民は圧倒的多数で信任したのだ。クトゥブがジャーヒリーヤ（すなわち前イスラム期の野蛮時代）という概念を構築したのはこうした時代的文脈においてであった。クトゥブはイスラム国家と自称する国もふくめ、当時の世界全体が無明時代《ジャーヒリーヤ》の状態にあると主張する。だから預言者ムハンマドが最初の無明時代《ジャーヒリーヤ》を破壊し、その廃墟の上にイスラム国家を建設したように、現代の無明時代《ジャーヒリーヤ》を打破しなければならない。かつて《同胞団》は社会に密着し、国王にたいしてもふかい敵意をもつことはなかった。しかしクトゥブの無明時代《ジャーヒリーヤ》という観念は《同胞団》のそうした旧来の行動と完全に異なるものだった。それは現代の社会のメンバーをイスラム教徒とはみなさないということを意味していた。つまりイスラムの教義ではきわめて重大な断罪、タクフィール（＝不信仰者宣告）ということになる。クフル（＝不信仰）の派生語であるこのタクフィールという言葉がつかわれるのは、イスラム教徒である（あるいはそれを自称する）人間にたいして、かれが不信仰であると宣言し、破門して信者共同体《ウンマ》から追放するときである。イスラム法を文字どおり厳格主義的に解釈するひとびとにとって、不信仰者宣告《タクフィール》をされた人間はもはやいかなる法的保護もうけることはない。慣用表現をもちいれば、「その血をながしても合法」であり、死刑に処されるにふさわしいのである。

不信仰者宣告《タクフィール》はいわば究極の手段である。イスラム法学者であるウラマーだけが、法学的に十分に注意をはらった上でそれを宣告する権限を原則として有しているが、しかしいつの時代でも、かれらは実際にそれを宣告することをおおいにためらった。というのも不適切に乱用されると、信者のあいだに不和と混乱をもたらし、完全に思慮をうしなってたがいを破門しあい、信者共同体《ウンマ》を破滅させかねないからである。しかしクトゥブは真意を明確にする前に死んでしまった。そのために無明時代《ジャーヒリーヤ》やその帰結である不信仰者宣告《タクフィール》という言葉をかれがどんな意味でつかっているのかについて解釈の余地をのこし、おもいがけない結果をもたらしてしまった。

　囚人キャンプやその周辺でクトゥブを参考にし、その思想を議論していたひとびとのあいだにはおおきく言って三つのタイプの解釈があった。もっとも極端なひとびとは、ほんの一握りの本物の信者をのぞき、いたるところで不信仰《クフル》が支配的であるとかんがえる。かれらは世界全体にたいして不信仰者宣告《タクフィール》し、囚人仲間さえその例外ではない。第二のタイプは不信仰者宣告《タクフィール》を政府指導者に限定し、一般大衆の信者は除外される。政府指導者は聖典に書かれた命令にしたがって統治していないから不信仰《クフル》なのである。最後に第三のタイプは投獄された後、釈放されたり、エジプト国外に逃げた《同胞団》メンバーにおもにみられるものである。かれらはバンナーをついで《同胞団》最高指導者になったハサン・フダイビーの思想に共感をおぼえ、クトゥブの著作の非常に異論のおおい部分についてアレゴリックな解釈をするよう提案する。すなわち、社会との決裂、無明時代《ジャーヒリーヤ》は物理的な意味ではなく、霊的な意味で理解されるべきである。何と言っても、《同胞団》は宗教の教師たらんとしているのであり、裁判官ではない。だから社会を不信仰のゆえに断罪するのではなく、宗教を説いて信仰をふかめさせるようみちびくべきである。

　一九六〇年代の終わり頃、この三つの傾向は地下にもぐったイスラム主義グループの内部であらわれただけだった。青年層は国家と全面的に対立し、不信仰な国家を受動的に容認する社会までも罰したいとかんがえていたが、《同胞団》指導層の生きのこりはそうした青年層の過激さに反対した。かれらはサウディアラビアやヨルダンにしっかりとした足場をきずいていたこともあって(6)、そうした過激主義に恐れをなし、国家と対決するよりも、可能ならば政治的妥協をするほうを好んだ。というのもエジプトにおける一九五四年の弾圧がかれらにふかい精神的傷跡をのこしていたからである。《同胞団》指導部は時が来るのを待つ。こうして一九六七年六月、第三次中東戦争（六日戦争）がおこり、アラブ諸国の軍隊がイスラエルに壊滅的な敗北をこうむる。それはアラブ・ナショナリズムからうまれた国々に痛烈な打撃をあたえ、ナセルを動揺させる。ナセルは辞表を提出するが、ドラマティックな状況のなかでそれを撤回する。ナショナリスト的価値は独立以来支配的であり、そしてそれこそが政権の正当性の基礎となっていたのだが、コンセンサスが揺らぎはじめる。クトゥブによって再検討され修正された形でのイスラム主義思想が、他の反体制的イデオロギーとともに、急速に勢力をのばすのは、アラブ世界がこのような文化的亀裂のまっただ中にある時期だった。ところで、このイスラム主義思想は一九七〇年代初頭にはもはやアラブ世界の文脈だけで理解することは不可能になっていた。それはインド亜大陸がもたらした寄与によりあたらしい生命力を注入されていた。マウドゥーディーである。

## マウドゥーディー、イスラム主義の老練な政治家

アラビアはイスラム教が啓示された場所であり、アラビア語はコーランの言葉である。そのためにイスラム世界はしばしばアラブ世界と同一視され、その他は「周辺的」イスラムとされ、本来のイスラム圏にたいして「従属的な関係にある」とされることがおおい。しかし二〇世紀末の時点でアラブ人は全世界で一〇億人いるイスラム教徒の五分の一弱しか占めていない。世界のムスリム人口の重心はむしろインド亜大陸や東南アジアに位置している。おなじような単純化した見方が現代イスラム主義を論じる場合にもしばしばみられる。イスラム主義はアラブ世界や中東に限定されるわけではなく、インドやパキスタンにふかい根をはっている。マウドゥーディーやあまりよく知られていない団体（ターリバーンを育てた《デーオバンド》派などがそうである）をとおしてウルドゥー語テクストは、アラビア語や英語に大々的に翻訳され、二〇世紀を通じて国際的イスラム主義の世界的な展開におおきな影響をあたえている。

一九五四年にナセルの弾圧で《同胞団》が壊滅し、植民地時代と現代のあいだに中断時期があるエジプトと

は異なって、インド亜大陸のイスラム主義は一九三〇年から現在まで連続的に発展しつづけてきた。そしてカイロでイスラム主義弾圧がつづいていた何十年間かのあいだ、《同胞団》のあとをついで理論や概念を練りあげていったのはパキスタンのマウドゥーディー（一九〇三～一九七九）であった。かれはパキスタンという「反宗教的な」独立国家の誕生で生じたあたらしい政治状況にイスラム主義イデオロギーを適応させるべく努力していた(7)。実際、マウドゥーディーは非常にはやくからイスラム国家という概念の文化的基礎をつくりあげていた。というのも、かれは一九四七年にパキスタン誕生の母胎となった「ムスリム・ナショナリズム」に対抗する形でイスラム国家を定義しようとしていたのである。

アラブのイスラム主義者以上に、マウドゥーディーはその活動をまず包括的な意味での文化の領域に位置づけた。かれはインド北部のイスラム教徒の書き言葉であるウルドゥー語を重視する。かれ自身、ジャーナリストとしてまた作家としてウルドゥー語で豊かな著述活動をおこなっている。ウルドゥー語はサンスクリットから派生したもので、それにアラビア語、トルコ語、ペルシア語などから大量の語彙が流入し、文字はアラビア文字を使用する。インド亜大陸を征服したさまざまなイスラム系支配者が形成した複合的な言語であるウルドゥー語(8)は一九四七年、パキスタンが建国されたときその国語の地位を獲得し、ヒンディー語を採用したインドに対抗してパキスタン・ナショナリズムの政治的アイデンティティを象徴するものとなった。しかしパキスタン・ナショナリズムはイスラムとは曖昧な関係をもっていた。それを推進したひとびとはパキスタンをインド亜大陸における「イスラム教徒の国家」にしたいと願っていたが、「イスラム国家」にしようとはかんがえていなかった。（それはちょうどその翌年一九四八年に建国されたイスラエルが「ユダヤ教国家」ではなく「ユダヤ教徒の国家」として世俗主義的シオニズムによって構想されたのと同様である。）かれらは限定された地域に「社会学的」基礎にもとづいて（つまり宗教的実践の度合いは考慮にいれずに）亜大陸のイスラム教徒をあつめ、それを近代国家の市民にしようとした。国家の制度もおおむねイギリスをモデルにしたものであった。このように人為的につくられた国家の創設には相当な数の住民のいれかえが必要であり、その際、大量の人間が殺害されるということもおこった。国は二〇〇〇キロ近くもはなれたふたつの地域で構成された。現在のパキスタン（当時「西パキスタン」と呼ばれた）と将来バングラデシュと呼ばれる地域（当時「東パキスタン」）である。バングラデシュは一九七一年に分離して独立国家となるが、これは国民的絆のかわりに宗教的帰属のみを建国原理とする国家の脆弱性を示すものである。ウルドゥー語はデリー地域のイスラム教徒の文化的言語で、あたらしい国家を形成する地域の住民が使用していたわけではなかった。しかし以上に述べたような状況のなかで、ウルドゥー語は国家の統一された書き言葉として採用され、なによりも権力エリートのナショナリズムを媒介する手段となったのである。

　マウドゥーディーは最初の著書『イスラムにおけるジハード』を一九二〇年代の末頃に出版した。それはバンナーがエジプトで《ムスリム同胞団》を創設したのとおなじ頃だった。かれは最初から地域的に限定された「イスラム教徒の国家」という構想に反対し、インド全域にわたるイスラム国家樹立のために活動した。「イスラム教徒の国家」という考え方は結局、ナショナリスト・エリートに権力をわたすだけにすぎないとかんがえたからである。かれにとってすべてのナショナリズムは不信仰《クフル》である。とりわけ国民国家《ナション》という概念自体がヨーロッパ起源のものだからなおさらである。また、かれはウラマーたちにもつよい警戒心をもっていた。イギリスの占領軍が一八五七年にインドを征服して以来、かれらが非イスラムの政府と妥協をくりかえしたことをマウドゥーディーは非難したのである。マウドゥーディーは、アッラーの名のもとに国家主権の行使がおこなわれ、シャリーアを適用する国家を樹立して、「上から」のイスラム化を推進することを主張し、「政治はイスラム信仰と不可分な要素であり、イスラム教徒が政治活動をおこなって建設しようとしている『イスラム国家』はすべての問題にたいする万能の解決策である」と宣言した(9)。かれにとって伝統的な「イスラムの五つの柱」（信仰告白、礼拝、ラマダーンの断食、巡礼、喜捨）はジハード——神によって創造されたのに神の主権を簒奪した者たちにたいする戦い――のための鍛錬・準備にすぎない(10)。かれの著述のなかで宗教は政治闘争のためのイデオロギーに変貌する。かれはジハードを遂行するために一九四一年、「イスラム革命の前衛」となる《ジャマーアテ・イスラーミー》という名の党を創設する。その組織はレーニン主義政党とおおくの類似点をもっていたが、かれが実際に言及する先例は初期イスラム教徒の「前衛」である。六二二年、聖遷《ヒジュラ》のとき、預言者ムハンマドのまわりにあつまったイスラム教の前衛たちは偶像崇拝のメッカ住民たちと袂をわかち、メディナにイスラム国家を建設するために移住する。マウドゥーディーの党もそれとおなじような役割をはたすだろう。こうしてマウドゥーディーは、二〇世紀では初めて、イスラム教の起源になる「決裂の神話」を政治的に理論化し、それを行動のための戦略に転換した。実際行動をおこなう党の組織については、かれは一九三〇年代のヨーロッパの「前衛」政党を参考にした。クトゥブとその後継者たちもマウドゥーディーとおなじ方向で行動することになるだろう。しかしクトゥブの後継者たちが地下の秘密組織を形成し、不信仰な社会と断絶して、しばしばそれと暴力的な形で対決したのにたいして、マウドゥーディーの党は、創設者やおおくの指導者が何度も投獄を経験したとはいうものの、その歴史のほとんどの期間、合法的な存在でありつづけ、現在にいたっている。イスラム国家建設のためのジハードはパキスタンの政治システムに参加することにより実践されているのである。

一九三〇年代から一九五〇年代のエジプトの《ムスリム同胞団》と異なり、またトルコの《繁栄党》やアルジェリアの《イスラム救済戦線》など二〇世紀末のイスラム主義政党とも違って、《ジャマーアテ・イスラーミー》は一般大衆の支持をえるにはいたらず、選挙結果は低調なものにとどまっている。党の支持基盤は依然として教育をうけた下層中産階級に限定されており、最貧層に訴えかける力をもたない。そもそも貧困層においてウルドゥー語の使用は一般的ではないのに、マウドゥーディーとその弟子たちはウルドゥー語をもちいて布教活動をしているのである。とりわけ党の社会政策のプログラムは曖昧である。党は原理的に資本主義にも社会主義にも反対するが、しかしとりわけはげしい批判の的になるのは社会主義である。現代イスラム主義誕生にあたってマウドゥーディーは先駆者的な貢献をしたのだが、それはかれが「ムスリム・ナショナリズム」とイスラム法学者の世界の両方にたいして決別を宣言し、先行する文化との断絶をはじめて理論化したからである。また、当時、おおくのアラブ系イスラム主義組織が弾圧され解散を余儀なくされていたのにたいして、かれの党が存続しつづけていたこともおおきな意味をもっていた。勝ち誇るナショナリズムに対抗するためにイデオロギーを構築しなおそうとしていたアラブ系イスラム主義者はマウドゥーディーからおおきな影響をうけたのである。

スンナ派イスラム世界において、一九六〇年代の終わり頃、クトゥブとマウドゥーディーの影響力が交差するなかであたらしいイスラム主義運動が出現し、それが七〇年代になって活発な活動を開始する。クトゥブは中東出身で、そこではイスラムが一四世紀も前から支配的であり、ヨーロッパの植民地主義もイスラムがその地に根づよく定着しているという事実自体をどうすることもできなかった。それにたいしてマウドゥーディーの場合はインド亜大陸出身で、そこでは、一〇世紀ほどのイスラムの政治的支配にもかかわらず、住民の大多数がヒンドゥー教徒でありつづけた。一八五七年に大英植民地帝国がイスラム政権を打破したとき、その地のイスラム教徒は危機感をもち、そうした危機感から一部のひとびとが迫害妄想的なイデオロギーをもつようになる。マウドゥーディーによれば、イスラム国家は存在を脅かされたイスラム教徒にとって唯一の存在保証である。しかしかれのこのような文化的断絶というスローガンは社会革命の主張とむすびつかない。かれは《ジャマーアテ・イスラーミー》がパキスタンの政治体制に政治的に参加することを奨励する。イスラム前衛が社会と切りはなされて存在するという主張は社会との断絶とか、ゲリラ戦、蜂起、レジスタンスなどを意味するわけではない。ところが、サイイド・クトゥブはマウドゥーディーからイスラム国家という概念を借りながら、はるかに急進的な行動プログラムをつくりあげる。イスラムの前衛は不信仰な国家を破壊し、即座にそれと断絶し、いかなる期待ももてない政治システムとかかわりあってはならない。クトゥブはマウドゥーディーにはなかった権力掌握のための革命主義的概念の基礎をきずき、過激化した青年層のあいだにその追随者がおおくあらわれる。とはいえクトゥブもマウドゥーディーも社会問題について明確な主張を示そうとはしない。たしかにクトゥブはイスラムを社会的正義の到達点であるとかんがえ、そのようにえがくのだが、しかし明確な形でみずからを「恵まれぬひとびと」の代弁者とすることはない。この点はシーア派の革命家たちと異なる点である。クトゥブはイスラムと無明時代《ジャーヒリーヤ》のあいだに社会の最大の亀裂をみるのだが、イラン革命が主張したような「被抑圧者」と「抑圧者」、「恵まれぬひとびと」と「傲慢なひとびと」のあいだに根本的な対立が存在しているという理論をかれのテクストのなかからひきだすことはできない。

## ホメイニー、革命的宗教指導者の誕生

一九七一年、イラン国王モハンマド・レザー・パフラヴィーは世界中の一流有名人や貴族を招待してペルセポリスの遺跡で壮大な祭典を催した。当時、権力の絶頂にあった国王はイラン王朝創設二五〇〇周年を祝ったのだ。かれは実際には一九二一年に軍事クーデターで権力をにぎり、一九二五年に王位についた士官の息子にすぎなかったが、自分をイラン古代王朝の子孫に擬していた。国王は何千年もの時をこえてキュロス大王の魂を復活させ、永遠のイランというあらたな国民的アイデンティティを創出し、それによってみずからの王朝の正統性を確立するとともに、イランのイスラム的伝統が歴史のひとつの偶発事にすぎないことをひとびとに説得しようとしたのである。この祭典の最中に、その八年後、国全体をまきこみ、世界中のひとびとを震撼させるイスラム革命がおき、ひとりのターバンをまいた老人が権力をにぎることになるなどと予言したら招待されたひとびとは大笑いしたことであろう。しかし、その頃、アーヤトッラー・ホメイニーはイラクにあるシーア派の聖地ナジャフで『イスラム統治体制(11)』という題の書物を編纂していた。それまでおこなった講演をまとめたものだが、そこには一九七九年以来イラン・イスラム共和国でとられることになるであろう措置の大部分が述べられていた。

この著作は、出版当初はほとんど注目されなかったが、当時のスンナ派イスラム教徒のあいだでは非常におおきな知的革命をひきおこしていた。なにしろシーア派の高位宗教指導者が現代イスラム主義知識人の思想をとりいれ、法学者としてそれを承認したのである。ホメイニーとは違って、マウドゥーディーもクトゥブも宗教指導者となるための正式な教育はうけておらず、その思想はウラマーたちから批判をうけ、かれらのほうでもウラマーを容赦なく批判していた。つまりスンナ派のイスラム主義運動は一九七〇年代中頃から社会的にひろがりのある運動になっていたが、ウラマーと対立するという点でハンディキャップを負っており、それが運動の発展を阻害していた。それにたいして、イランでは七〇年代の初めから宗教指導者であるホメイニー自身が既存権力との決裂という戦略を主張していた。かれはそれによって、近代教育をうけた知識人よりもずっと有効に、共鳴者や自分の弟子たちのネットワークを動員することができた。イランではイスラム革命がスンナ派のアラブ世界にはくらべるものがないおおきな成功をおさめることになるが、これがその原因のひとつである。

一九六〇年代、エジプトでサイイド・クトゥブが投獄され絞首刑に処せられた頃、イランでイスラム主義がふたつの極を中心にして誕生する。すなわち、一方で、若い活動家たちがマルクス主義や第三世界主義から発想をえて、革命主義的な展望のなかでシーア派の教義を再解釈する。他方、宗教指導者の一部はホメイニーを旗頭に、反近代主義的な観点から国王に対立する。アーヤトッラー・ホメイニーの政治的直感のすばらしさは若い活動家たちの希求を自分の主張のなかにとりこんだ点にある。その結果、かれは教育をうけた近代的な都市中産階級にまで支持者を拡大することに成功する。ホメイニーは都市中産階級のひとびとからあまりにも伝統主義的で反動的でさえあるとかんがえられていたので、ホメイニーの側からのこうした積極的なはたらきかけがなければ中産階級がかれを支持することはなかったであろう。

こうした若いイスラム主義活動家のなかでももっとも注目すべき知識人はアリー・シャリーアティー（一九三三〜一九七七）である。宗教指導者の家系にうまれたシャリーアティーはパリで高等教育をうけるために留学し、そこでアルジェリア独立運動の活動家と交流をもつ。かれはサルトルからゲバラ、フランツ・ファノンにいたる左翼知識人や第三世界主義者の理想をシーア派教義体系のなかにとりいれる。そのためにかれは宗教教義を再検討し、宗教指導者層の解釈を反動的として論駁する。シーア派の第三代イマームのフサインは第四代正統カリフ・アリーの息子で預言者ムハンマドの孫でもあるが、このフサインが殉教したことを記念する行事がシーア派の教義の軸のひとつとなっている(12)。フサインは六八〇年、現在のイラクの南部にあるカルバラーでダマスカスのスンナ派カリフの軍隊に敗れ、処刑される。シーア派はアリーの血統を支持し、スンナ派カリフを簒奪者とみなしていたのでフサイン殉教記念行事がおこなわれるのだが、この行事にともなって伝統的にシーア派の「痛苦主義」と呼ばれるものが実践される。信者は儀式の一環として自分を鞭でうち、フサインとその家族の殉教を想起しておおいに涙をながし、かれらを救助できなかった自分を責める。歴史をつうじて、宗教指導者層はフサインの殉教を世界からの、とりわけ邪で穢れた権力や政治の世界からの隠遁の象徴とする。さらにシーア派の多数派の見解によると、アリーの子孫である第一二代イマーム、ムハンマド・マフディーは八七四年に世界から隠遁し、歴史のおわりのときにしかもどってこないとされているので、この「世界からの隠遁」という概念はいっそう重要なものとなる。マフディー（＝救世主）の「お隠れ」のあいだ、世界は闇と不正にみち、「救世主《マフディー》」の再臨のときにしか、光と正義はもどってこない。政治的な次元では、こうした解釈は結果として「静寂主義的」な態度につながる。信者は権力を悪とみなすが、表面的には従順な態度をとり（これはタキーヤと呼ばれる）、それに反抗することをしない。かれらは宗教指導者のみを崇敬し、愛着をいだく。シーア派において、宗教指導者は聖典を解釈する権限をもつ高位指導者を頂点としたヒエラルキー構造をもっている。そしてかれらの独立性はザカート、すなわち信者がかれらに直接支払う法的布施により保証されている。

至福千年主義的性格をもち、イマーム殉教の服喪・記念行事を中心に構成されるシーア派教義のこのような政治と宗教の均衡はシャリーアティーの批判の的となる。というのもそうした態度をもっていると、「救世主《マフディー》」の再臨と来世で報われることのみを期待し、現世の不正な権力に妥協してしまうからだ。しかしこうした批判をした後、かれのマルクス主義の友人たちならば人民の麻薬としてシーア派宗教全体を放棄してしまうのだろうが、シャリーアティーはその批判を「反動的宗教指導者層」に限定する。そしてかれらに対抗して、自己鞭打や静寂主義、「救世主《マフディー》」再臨待望に還元されない本当のシーア派教義の解釈を提示すると主張する。シャリーアティーは、不正な権力にたいするアリーやフサインの戦いの継続を中心にすえるべきだとかんがえるのだ。だからかれらの運命を嘆くにはあたらない。むしろかれらに倣って現代の不正な君主イラン国王にたいして武器をとるべきである。ちょうどアリーやフサインが簒奪者であるスンナ派君主にたいしてかれらの時代におこなったように。こうした思想はクトゥブのそれを想起させる。クトゥブも弟子たちに預言者ムハンマドの行為を再現し、ムハンマドが偶像崇拝のメッカを破壊したように不信仰な国家を打倒すべきだと主張する。どちらのケースにおいても宗教の「基本となるメッセージ」に回帰することが主張され、歴史のなかで形成されたさまざまな教義を妥協として否定し、既存権力との過激な断絶が主張されるのである。

　クトゥブは本質的にイスラムの教義に由来する語彙をもちいて思想を表現するのだが、それとは対極的にシャリーアティーはその著述や会話においてマルクス主義の影響、とりわけ階級闘争という概念の影響を示している。すべての敬虔なイスラム教徒は「慈悲深く慈愛あまねき神の名によって」という言葉で演説をはじめるのだが、かれはそうした伝統的表現のかわりに「被抑圧者の神の名によって[13]」という表現をもちいることをためらわない。こうした言いかえは伝統主義的なグループのあいだでは冒涜的であるとさえかんがえられているにもかかわらず。実際、フランツ・ファノンの『地の呪われたるものたち』をペルシア語に翻訳した際、かれは「抑圧者」と「被抑圧者」という対概念をコーランにでてくる「ムスタクビリーン」（「傲慢なる者」という意味）と「モスタズアフィーン」（「弱き者」さらには「抑圧された者」という意味になる）という言葉で翻訳し、階級闘争の理論をイスラムの語彙におきかえ、通常理解されている形でのイスラムの教義には存在しなかったような中心的役割を階級闘争理論にあたえている。

シャリーアティーは心からのふかい信仰をもっていたから、かれの態度は信念にもとづくものであったが、しかしそれは同時に状況にあわせるためでもあった。かれによれば、一般的に無神論だった進歩的運動が一九六〇年から一九七〇年にかけてイスラム世界で大衆を動員し権力を掌握することに失敗したのは、かれらがはたらきかけようとした民衆が極度に宗教的な思想カテゴリーを通じて世界を認識し、進歩的知識人とは文化的にとおい位置にいたからである。しかしシャリーアティーのイスラム思想の表現は奇妙な混合物であり、そのままの形ではかれが動員したいとのぞんでいる大衆を説得するにはいたらない。かれの直接的・間接的影響はせいぜいのところ、イランのイスラム＝マルクス主義運動、とりわけイラン国王体制に武装闘争をおこなった《モジャーヘディーネ・ハルク（＝人民聖戦隊）(14)》にみられるくらいである。《モジャーヘディーネ・ハルク》の参加者は主に学生であり、派手な行動をおこすが民衆のあいだに支持を定着させるにはいたらない。シャリーアティー自身も、その講演は成功をおさめたが、比較的孤立した知識人でありつづけ、一九七七年、イラン革命がはじまる直前に亡命先のロンドンで死亡した時もほとんど話題にもならなかった。革命後、著作のおおくが再出版されることをみてもわかるとおり、シャリーアティーは死後おおきな評価をうけるようになるが、それはかれの思想を、あるいはすくなくともかれの思想のうちのある部分をアーヤトッラー・ホメイニーが「再利用」し、それを伝統的思想体系と結合させたからである。シャリーアティーと異なりアーヤトッラー・ホメイニーは聖典解釈の権威であり、それは一般大衆のだれもが認めるところであった。

一九〇二年、マウドゥーディーより一年、クトゥブより四年はやくうまれたホメイニーは一九六二年以降、シーア派の高位宗教指導者のなかの少数派のリーダーとなった。大部分の宗教指導者が静寂主義的な態度をとっていたのにたいして、ホメイニーのグループはパフラヴィー王朝にたいして敵対する立場をとったのである。かれはそのときまで、シーア派の聖地のひとつコムで教師生活をおくり、政治的混乱から身を遠ざけて、保守的な教義論文を執筆していた。そんなホメイニーが少数派グループのリーダーになったのは国王の「白色革命」がきっかけであった。「白色革命」のプログラムでは、農地改革（それは大土地所有者である宗教指導者層の利益を害するものだった）は別としても、女性への投票権付与、議員がコーラン以外の聖典にたいしても忠誠宣言をすることができるようになったこと、そしてそうした措置を承認するための国民投票などがうたわれていた。とりわけこうした点を批判したホメイニーの宣言に野党勢力が活気づく。一九六三年六月、フサイン殉教記念行事は反政府デモにかわる。次の年、ホメイニーは国王がイランに滞在するアメリカ人軍事顧問に不逮捕特権をあたえたことをはげしく批判し、金のために国を売ったと国王を非難したために国外退去処分にされ、イラクのシーア派聖地ナジャフに一九七八年一〇月まで滞在、その後、パリ近郊のノフル・ル・シャトーにうつる。かれがそこからテヘランに凱旋帰還するのは一九七九年二月一日のことである(15)。

一九七〇年まではホメイニーの国王にたいする対立はとりわけ道徳や固有に宗教的な領域に限定され(16)、イスラムの名のもとに政権を打倒するように呼びかけるといった革命的なメッセージはなかった。しかし一九七〇年、後に『法学者統治のもとにあるイスラム統治体制』（『イスラム統治体制』と省略して呼ばれる）という本にまとめられることになる一連の講演でホメイニーはシーア派的静寂主義の政治的論理一般のみならず、これまでの自分の立場と決定的に決別する。かれはそこで王朝を打倒し、その廃墟のうえにイスラム主義政府を樹立してシーア派の法学者がその最高指導者となるべきであると主張する。こうしてかれは救世主を待望し、宗教的指導者に従属しながら悪しき国王にたいして妥協するあらゆる知的構築物に終止符をうち、宗教的指導者による実際的な権力の掌握を主張するのである。つまり、シーア派の支配的伝統が根底から変更されたのだ。ホメイニーのこうした主張には、明言されることはないが、シャリーアティーを代表とするイスラム＝革命主義的青年知識人のイスラム教義再解釈が反映している。どちらの場合も、目標は不正な君主を追放した後、権力をにぎるということである。しかしシャリーアティーが反動的な宗教指導者層を痛烈に批判し、自分とおなじような「開明的な」知識人を未来の革命の指導者としたのにたいして、ホメイニーはこの役割を宗教指導者（ファキーフ）に付与する。この「革命を指導する宗教指導者」がホメイニー自身を指していたことは後のイスラム共和国の歴史が示しているとおりである。

このような行動的知識人の思想の「再利用」は一九七〇年以降のホメイニーの演説における「モスタズアフィーン」（被抑圧者）と「ムスタクビリーン」（傲慢なる者）という対概念のシステマティックな用法のなかにもみられる。これは以前のホメイニーの語彙にはなかったものである(17)。このように「被抑圧者」（この概念自体、きわめて曖昧で、イラン国王に反対するバザール市場の商人までもが最後にはそれにふくまれてしまうことになる）の代弁者になることで、ナジャフのアーヤトッラー・ホメイニーはその演説によって、当時のスンナ派世界において誰もなしえなかったことを実現することになる。地方や都会の伝統的社会はもともと権威ある宗教指導者の意見に従順だったが、それにくわえて中高生や大学生、中産階級サラリーマン、ホワイトカラーやブルーカラーなど都会の近代的な社会グループの支持をも獲得することに成功したのである。イラン国王と宮廷をとりまくひとびとは「傲慢な」抑圧者にすぎない、それにたいして中産階級は真に未来をになう社会グループである――こんな風に述べるホメイニーの言葉に中産階級は好意的に反応した。

しかし一九七〇年代の最初、そのような思想はいまだ萌芽の段階にあった。スンナ派であれシーア派であれ、イスラム教徒のあいだで、イスラム主義思想の影響力は活動家サークルにかぎられ、都市の知識人にはほとんど知られていなかった。都市知識人にとって準拠すべき政治的言語は依然としてナショナリズムだったのだ。そしてもし、かれらが既存の権力と対立することがあるとすると、それは主に当時流行していたマルクス主義のいくつかある変種のうちのひとつを武器とすることによってだった。権力側でもイスラム主義の脅威を真剣にとってはいなかった。政府はむしろヨーロッパやアメリカの一九六八年頃の運動から出てきた「秩序破壊的」思想がキャンパスにひろまることを警戒していた。さらに、萌芽状態にあったホメイニーのイスラム主義はイスラム陣営の内部そのもので勢力をのばすことに悪戦苦闘していた。というのもイスラム宗教界は社会的に保守的な宗教指導者や神秘主義的・敬虔主義的グループによって支配されていたからである。保守的指導者は宗教の役割は良心の教導であるとかんがえ、たとえ権力を検閲する場合があるとしても、宗教が権力を転覆させたり、それにとってかわろうとするなど論外だとかんがえていた。他方、神秘主義的・敬虔主義的グループは明確な政治的目標をまったくもたなかった。しかし一九七〇年代以降、イスラム主義運動は社会に根づきはじめ、イスラムがなにを意味するかという問題にかんしてヘゲモニーをにぎり、自分固有の価値をおしつけるようになる。そして、イスラムについての別の解釈をマージナル化し、価値をおとしめるよう努力する。さらに、イスラム主義は宗教指導者層や敬虔主義運動の一部とも同盟をくむことになるだろう。しかしそうしたグループとの力関係は複雑でさまざまに変化していく。その進展を理解するためにはまず、イスラム主義の黎明期において、どんな人間が活動家であったのか、また活動家が根をおろそうとしていた宗教的世界の全般的な状況はいかなるものであったのか、こうした問題について理解する必要がある。

# 第二章　一九六〇年代末の世界におけるイスラム教圏の状況

　一九六〇年代末、モロッコからインドネシア、トルコからナイジェリアまでひろがるイスラム世界は雑多な国々の集合で、共通の信仰をもっているという事実は政治的にさほどの重要性をもたなかった。権力エリートにとって、ナショナリズム――ローカルなものであれ、アラブ民族主義のような国家をこえた地域的なものであれ、――を核として構築された「意味の共同体」に帰属しているという意識やヤルタ条約の結果うまれた東西二大陣営のどちらに属しているかという問題のほうがずっとおおきな重要性をもっていた。とはいうものの、この地域には依然としてさまざまなイスラム組織、教育機関、教団、密にはりめぐらされたモスク・礼拝所網などが存在し、社会にイスラム世界特有の性格をもたらしつづけていた。またイスラム諸国のあいだでは人間や思想や資金がさかんに往来し、国をまたいでさまざまな絆ができていた。こうした地域内の交流が宗教の教義に影響をあたえて、その結果ある解釈がすたれて、別の解釈が流行するといったことがおこっていた。どの国も国境をこえた交流という現象に無関心ではいられなかったし、またたとえ自分たちのコントロールのおよばないところでおこった事件でも、それが自国に不利になったり、ライバル国に有利になったりしないよう注意をはらっていた。そして最後に、当時、いくつもの宗教運動組織が社会活動を継続し、発展させていた。その活動の規模も一国の国内だけではなく、国をこえた地域さらにはイスラム圏全体にまでひろがっていた組織も存在した。そうした宗教運動組織は当時はまだ政治の分野でめだった動きはしていなかった。しかし、一九七〇年代にはいると、イスラム主義運動が出現し、それがもたらす大混乱に既存の宗教運動組織すべてが影響をうけることになる。イスラム主義活動家は社会に確固とした支持基盤を確立しようと努力し、既存宗教運動組織はそれにたいしてかならずしも明確な反応を示さない。しかし、既存組織がイスラム主義にたいするスタンスを明確にする場合、それはしばしば運動の成否を決定する重要な要因になるだろう。

## 下からのイスラム化

すでに述べたとおり、一九二四年のアタテュルクによるカリフ制廃止は二〇世紀初頭のイスラム世界がうけた最大の精神的ショックのひとつであった。たしかに、当時、トルコのカリフはイスラム世界全体になんらかの実効的な政治的権力を行使していたわけではなかった。しかし、ヨーロッパ植民地帝国によってばらばらにひきさかれたイスラム世界において、カリフの存在は信徒の精神的一体性という理想を形だけでも維持する役にはたっていた(1)。第一次世界大戦のとき、オスマン帝国はプロシアやオーストリア＝ハンガリー帝国と同盟をむすんだので、トルコのスルタン＝カリフは「信徒たちの長」として大英帝国やフランス、ロシアの支配下にあるイスラム教徒に植民地政府にたいするジハードを呼びかけた。この呼びかけにはさしたる効果はなかったようである。しかし連合国側の軍隊の参謀本部はこれにそれなりの危惧を感じ、そのために塹壕でおくられて戦い――そして死んでいった――植民地出身騎兵や狙撃兵がイスラム信仰を容易に実践できるよう配慮するようになった。フランスでは戦後の一九二六年七月、パリに大モスクが建設された。これも「フランスのイスラム」形成を推進することが好ましいというフランス当局の自覚の反映と言えるだろう(2)。宗教運動が国の枠をこえて反植民地主義運動を展開し、フランス植民地帝国内のイスラム教徒に圧倒的な影響力をおよぼす――そんな事態が発生することをフランスは警戒していた。また、パリのモスク建設は教団や民衆的信仰などの伝統的イスラムを監視し、コントロールするという目的ももっていた。

ところで、エジプトの《ムスリム同胞団》創設の一年前、そしてマウドゥーディーが最初の本を出版する二年前の一九二七年、インドである運動が発展しはじめ、これが後、二〇世紀末には世界的規模をもった組織となり、再イスラム化を推進する運動のなかでももっとも重要なものとなる。《タブリーギー・ジャマーアト》すなわちイスラム教の《信仰布教協会》である(3)。《タブリーグ》と略称で呼ばれることもあるこの協会は政治とはかかわらないことをモットーとしていた。もともとこの組織はムハンマド・イリヤースによって、インドのイスラム教徒に集中的な宗教実践をおこなわせ、信仰にひきもどすことを目的として創立された。周囲のヒンドゥー文化の圧倒的な影響力にさらされたインドのイスラム教徒は、イスラムへの帰属について漠然とした自覚しかもっておらず、「道を踏みはずしている」とかんがえたからである。そのために、イリヤースはイスラム的美徳を体現した預言者ムハンマドを模範とし、それを文字どおり細心に模倣することを推奨した。日常生活には厳格な意味でのイスラムに違反する習俗や習慣が存在するが、預言者の行動を厳密に模倣することによって信者はそうしたものと決別することができる。たとえば旅行に出発する前には預言者ムハンマドが旅行するときにおこなった祈りを唱えなければならず、ムハンマドが右わき腹を下にして、メッカの方向をむき、片方の手を頬の下におき、直接地面に寝たと伝承は伝えているから、できるかぎりそうした仕方で眠らなければならず、またできるだけ白い長衣を着用しなければならない……。信奉者をまわりの環境から切りはなし、厳格な規律をもった信者共同体に組織しようとした《タブリーグ》は最初、イスラムが少数派であった地域で成功をおさめるが、やがて世界中にひろまるようになる。近代化にともなって、イスラム教徒が農村から都市に流入したり、まったくあたらしい場所に移住したりするが、その結果、かれらは伝統的な生活環境から外に出て、世俗化された生活様式が支配的な都市空間に居住し、先祖伝来の文化的安定性を完全に喪失してしまう。《タブリーグ》はそうした環境にいるイスラム教徒のあいだでたくさんの信者を獲得する。この宗教運動はひとびとに生活環境の変化を克服してかつてもっていた確信を回復させ、不動の準拠規範を提供する。つまり《タブリーグ》は生きているという実感と安心をあたえる「意味の共同体」をもたらしてくれるのである。

《タブリーグ》は教団や神秘主義などの伝統的イスラムに反対し、たとえば民間信仰で頻繁にみられた墓所崇拝を偶像崇拝としてはげしく非難したが、その一方でマウドゥーディーやクトゥブ、ホメイニー、その後継者たちが実践したイスラムの「政治化」にも反対していた。《タブリーグ》の創始者たちは、社会にイスラム信仰を実践させるために、国家になにかを期待できるとはかんがえなかった。他のひとびとを改宗させるべく自分自身が努力することによってしかそれは実現できない、とかんがえたのである。この運動は世界中イスラム教徒が存在するところならどこにでも存在しているが、《タブリーグ》がこんなふうにめざましい発展をとげたのはその信仰箇条のひとつが原動力になっている。《タブリーグ》は信者にたいして世界中を駆けめぐるように命じ、この団体を（イリヤースの言葉をかりれば）同時に「うごく学校、移動修道院、真理と模範の灯台」とせよと教えるのである。《タブリーグ》のメンバーの移動は預言者ムハンマドの例にならってできるかぎり徒歩でおこなわれる。こうしてかれらは七〇年にわたって、細心に、世界のいたるところに、他に例をみないような中継点・連絡点のネットワークを構築し、そこからさらにあたらしい活動家が旅立っていく。一九六〇年代、《タブリーグ》は活動拠点をインドのデリーからパキスタンのラホール近郊のラーイウィンドにうつした。当時、すでに《タブリーグ》はイスラム社会で重要な役割をはたしていた。《タブリーグ》の信奉者は世界中に移動し、遍歴の途中小さなモスクで夜をすごし、一般信者のグループに説教をして、厳格主義的で統一志向的なイスラム宗教観、中東アラブ世界ではなくインド亜大陸起源のイスラム観をひろめていた。しかし、一九七〇年代から、《タブリーグ》は、その意図に反して、政治的イスラム主義に道をひらく斥候役のような役割をはたすことにもなってしまう。政治的イスラム主義が自分自身の目標を実現するためにその中継点やネットワーク、昔の支持者などを巧みに利用するようになるのだ。しかし当時、このグループの動向に格別注意をはらうものはほとんどいなかった。《タブリーグ》は目立たず、潜行するように活動を展開し、人目につくことや政治への介入を避けていたからである。

《タブリーグ》は流動的で不定形な組織だったが、国家の枠をこえてひろがりをみせたイスラム運動のなかでももっとも成功した例で、すでに一九六〇年代の終わり頃には非常におおきな組織網を構築していた。しかしこの時期のイスラム圏にはその他にもおおくのグループが存在していた。その大部分は政治的目標をもたず、文化活動や時には社会活動をおこなうだけだった。しかし信者の数が一定のおおきさに達すると、そうしたグループも事実上、権力と民衆とのあいだの仲介役をはたすことになる。したがって国家はそうしたグループをコントロールし、もし協力関係をむすべるようなら制度のなかにとりこもうとするが、敵対的だったり協力の意志がなければおさえこみ、抑圧しようとする。

## 国家とイスラム――統制と抑圧のあいだで

独立が二〇年遅れたソ連内イスラム系共和国とボスニアをのぞき、この頃、イスラム諸国の大部分が独立をとげる。イスラムとの関係のとり方を基準にすると、そうした新独立国家の国家体制を大雑把にふたつに分類できる。それは、完全にというわけではないが、当時の東西二大陣営のどちらに属し、同盟をむすんでいるかという問題とかさなっていた。つまり一方にはモスクワと継続的な関係をもった「進歩主義的」国家が存在する。たとえばナセル時代のエジプト、《バアス党》支配のシリアとイラク、カダフィーのリビア、ベン・ベラついでブーメディエンのアルジェリア、南イエメン、以上がアラブ世界だが、これにスカルノ時代のインドネシアをくわえなければならない。かれらは伝統的なイスラム制度を反動的とかんがえ、その社会的機能の自立性を大幅に制限し、厳格に統制して、政権の社会主義的イデオロギーを宗教的領域において伝達するための道具にしようとした。他方では、西側陣営と同盟をむすんだ国々が存在するが、そうした国々のなかでは、イスラムにたいする政府の立場はさまざまで、世俗主義を多少ともたかくかかげる国家（トルコ、またそれほど徹底していたわけではないがブルギバ時代のチュニジア）からイスラムをひたすら体制の正当性の根拠として利用する国家（特にサウディアラビア）まで種々雑多であった。

部族指導者や土地所有者、市場《バザール》の商人など伝統的支配階級が独立後も主導的な地位をたもち、国家が君主制的な性格をもつとき、宗教指導者は社会の日の当たる場所にいつづけることができた。しかし近代的な都市市民階級が権力を掌握し、旧体制支配層や名士階級を追放し、共和制や、さらにはある種の社会主義を主張する場合、一般的にイスラムの高位宗教指導者は粛清され、社会の表舞台から追放された。国有化政策もかれらに打撃をあたえた。ワクフやハブス(4)と呼ばれる贈与財産、すなわち、信者により「神に寄付」された土地・不動産は、伝統的に宗教関連施設の維持費となり、それを管理するウラマーの経済的独立性を保証していたが、相当な規模にのぼるこの財産が国家によって没収されてしまう。たしかにその代わりに宗教指導者は公務員になり、給料をうけるようになるのだが、しかしその結果、かれらの独立性はおおきな制限をうけるようになったのである。

このように一九六〇年代終わり頃の政治権力とイスラムの関係はサウディアラビア的な癒着からトルコの政教分離まで非常に多様性に富んだものであった。しかしトルコの政教分離にしても、たしかにイスラム世界では例外的なものであったが、それはフランスのように権力が宗教にたいして中立的であるとか、宗教活動に関心をもたないということを意味しなかった。国家は宗教にたいして限定された活動空間しかあたえなかったのだが、しかもそのなかでも非常にきびしい統制をおこなっていた。教団や憲法の政教分離的性格を危うくする政党などは禁止されていた。しかし、その一方でイスラム宗教教育が公的機関によっておこなわれ、政府にとって「容認しうる」宗教理解を普及させようとしていた。アタテュルクによって創設された共和国の世俗性はオーギュスト・コントの実証主義の衣鉢をつぐものであったが、それはまたオスマン帝国によるイスラムの国有化の伝統をひきついでもいた(5)。オスマン帝国では「イスラムの長老《シェイヒュル・イスラーム》」がスルタン・カリフによって選ばれ、宗教指導者や説教師が熱狂的な信仰のあまりスルタン・カリフを批判することのないように監視していた。同様に、「アラブ社会主義」の国々においても体制の正当性を確立するために宗教が細心な形で利用されていた。もちろん公的な場所で政権の宗教的正当性などが議論されたわけではまったくなく、むしろ議論の中心は反帝国主義闘争とか反シオニズム闘争だったのだが、しかしたとえば一九六〇年代のエジプトやシリア、イラクの学校教科書は、社会主義とはただしく理解されたイスラム教に他ならないと子供たちに教えこもうとしていたし、イスラムには社会主義的性格がもともとあると主張するパンフレットは枚挙に暇がなかった(6)。しかし社会主義と矛盾しないはずのこのようなイスラムを、権力側は監視のもとにおこうとしたのである。

「発展主義」は近代化進行の度合いを世俗化のそれで測れるとするが、この「発展主義」の理論家たちのあいだで当時一般的にかんがえられたのとはまったく逆に、イスラムは民衆文化や社会生活、政治秩序から消滅してしまったわけではまったくなかった。それは体制によって異なったあらわれ方をしたが、独立時どの社会階級が権力を掌握したかによって事情はことなるにせよ、さまざまな仕方でナショナリズムとむすびついていたのである。

一九六〇年代末、ひろい意味でのイスラム的宗教圏はふたつの極のあいだに位置づけられていた。民衆的イスラムは信心深さや感情的な要素を重要視し、一般的に「救済の達人」を媒介にして神との関係をもっていた。「救済の達人」とはすでに死亡しているにせよ、生存しているにせよ、聖者、つまり神秘主義教団の創始者や指導者（スーフィー）のことである。一方、博学なイスラムは、聖典研究を専門とする宗教指導者、つまりウラマーによる聖典の読解や釈義にもとづいて、知的な形で神と関係をもつことを優先した。ウラマーという言葉は複数形でフランス語になった（単数形はアーリム）が、これは宗教学校や宗教大学で専門的な教育をうけ、学位をとり、コーランやハディース（預言者ムハンマドにかんする伝承集）、さらにはウラマーによるイスラム法判例の総体について知識をもっていることが社会的に認められている人々のことである。民衆的イスラムと博学なイスラムという二項対立はイスラムの歴史を通じてみられるものだが、しかしこの対立はかならずしも絶対的ではないし、また両者は相互排除的であるわけでもない。キリスト教やユダヤ教においてもそうだが、偉大な神秘主義者のなかにもふかい教養をもった人はいたし、学識のある宗教指導者のなかにも教団出身者はいた。しかし、総体的には、こうした二項対立を考慮にいれると、イスラム教徒であるあり方の多様性をどんな風に分類すればよいか考えることが可能になるし、また一九七〇年代以降、イスラム主義が勃興して、イスラムを単に政治的な次元に還元する傾向がつよまったために忘れられがちになっているイスラムの多様性をもう一度かんがえなおすきっかけにもなるだろう。

## 生き残る教団

一九六〇年代末になっても教団を中心とした民衆的イスラムは農村地帯や都市の庶民階級に根づよい影響力をもちつづけていた。七〇年代になると人口構成におおきな変化がおこり、イスラム社会の重心は都市とその郊外に居住する教育をうけた民衆へおおきく傾いていくのだが、そうした人口の都市集中化現象がおこる以前の六〇年代当時、依然として文盲の農民がイスラム諸国の民衆の大多数をしめていた。民衆的イスラム信仰は、しばしば前イスラム期に起源をもつ伝統的信仰の遺産とイスラムの知的文化の橋わたし役として重要な役割をはたしている。たとえば上エジプトのある教団の儀式は古代エジプト王朝時代に死者を葬儀用の船にのせてナイル川をわたらせた儀式を想起させるし(7)、インド亜大陸やインドネシア列島のイスラム聖者の墓は、壮大な階段、ワニを飼った湖、シヴァ神の彫像のように無数のマリー・ゴールドの花の輪で墓を飾るなど、ヒンドゥー教信仰の特徴をおおくもっている(8)。またブラック・アフリカの大聖者《マラブー》は呪物崇拝の名残である。こうした民衆的信仰は身近で親しみやすい聖者にたいする信仰を軸に組織され、聖者は信者と預言者のあいだの仲介者となり、信者にバラカ（「ご利益《りやく》」、「祝福」）をあたえるとされる。民衆的イスラムの存在はいくつかの領域で重要な影響力をもっている。まずそれは大量の資金や商品のながれをつくりだす。というのもそれは寄付金をあつめるだけではなく、広大な農地を管理したり、信者が世界中に散らばっていることを利用して教団自体が商業的ネットワークになったりするからである。セネガルの《ムリーディー教団》(9)はそれを極端にまでおしすすめたものといえるだろう。また教団は雇用を確保し、補助金を配分し、さらには結婚斡旋をして民衆の社会的統合を実現するという役割ももっているし、さらに、教団の社会における中心的役割、土地財産の尊重、課税免除などを国家に認めさせるかわりに信者の国家への従順を保証して、既存権力に一種の政治的安定を提供するという機能をはたすこともある。

ヨーロッパの植民地政府ははやくから教団を仲介者として利用できることに気がついた。最初は戦闘があったが、やがて両者は協定をむすぶようになる。北アフリカやフランス領ブラック・アフリカの聖者《マラブー》がケープ《バーヌース》や長衣《ブーブー》にレジョン・ドヌール勲章をつけた写真は植民地時代のおさだまりの映像のひとつであった(10)。独立の際、こうしたイスラム民間宗教団体がどんな政治的運命をたどったかはいくつもの要素に依存する。植民地政府にどれだけ妥協したか、教団の指導者がどれだけ独立闘争に参加したか、どれだけ勢力があるか、あたらしい政治体制とどれだけ協力する気があるか、新政権が教団にたいしイデオロギー的にどういうスタンスであるのか、こうしたことがらが関係してくる。たとえばアルジェリアでは教団のおおくの指導者のあいだで親フランス感情がつよく存在し（そのためにかれらは「フランスの茶坊主《ベニ・ウィ・ウィ》」と呼ばれた）、また一九五四年から一九六二年の《民族解放戦線》（ＦＬＮ）主導の独立戦争にほとんど参加するものがいなかったために、軍事力を独占し、武器をとってレジスタンスをしたというオーラをまとった新政権に抵抗することはできなかった。新政権の指導者は「反動的」宗教家たちの「迷信」や「偶像崇拝」にまったく共感をもたず、むしろ独立をとげたアルジェリアが社会主義にむかう妨げになるだけだとかんがえた。そのため教団は解散させられ、土地財産を没収され、農地改革が実行された。中期的にはこうした措置はアルジェリアの宗教界に制度的な空白をつくることになる。一九六〇年代の末頃には体制はこうした状況を別段不都合なものとはおもわなかったが、この空白が一九八〇年代後半のアルジェリアでイスラム主義運動が急速にまた大々的に発展する原因になったという点は後でみることにしよう。世俗主義を国是としたトルコ共和国のような国では教団の根絶が一九二五年からおこなわれたのだが、しかし第二次世界大戦直後から特に農村地帯で教団が復活し、その指導者が信者の票をあたらしくつくられた政党と交渉するための取引材料にするようになった(11)。

しかし大部分のイスラム諸国において、独立の際、新政権は民衆的イスラムが社会安定に貢献するとかんがえ、それを転覆させることは樹立されたばかりの秩序にとって利益があるどころか不都合を生じさせるだけだと判断して、妥協的な態度をとった。信者にとって通常、社会の最高の権威者は教団の長である。それは地域によってシャイフとか、マラブー、ピールと呼ばれるが、信者はそうした教団の長に絶対的な従属を誓う。こうした傾向は庶民階級のなかではよりいっそう顕著である。しかし、教団は一般的に政治の世界からは非常に遠いところにいるので、日常的に権力がおこなう立法や政策に注文をつけることはまずない。この点は、政府の行為が聖典の命令に合致しているかどうかをウラマーが原則として監視することになっている博学なイスラムと異なる点である。

たとえばエジプトでナセルは教団を味方にひきいれて、《ムスリム同胞団》やその他のイスラム主義グループと対抗しようとした。しかしエジプトの急速な都市化のために教団の影響力はじょじょに低下していく。教団は教育をうけた青年大衆を組織化するのに適していなかったからである。「教団の天国」と呼ばれるセネガルでは逆に、教団は農村部と都市部の両方をコントロールすることに成功し、セネガル人の大部分が自分を《ムリーディー教団》や《ティジャーニー教団》の「教団長」の弟子であるとかんがえている。教団長は農業や商業の収入を自由に処分することができ、またフランス人が出ていった後は政治的影響力の鍵をすべてにぎっている。一九七〇年代、セネガルでもイラン革命を賞賛する学生や中東アラブ諸国の大学からもどってきた学生が中心となってイスラム主義が誕生しかけたが、それはすぐさまマラブーの権力とぶつかることになる。マラブーはイスラム主義が自分たちの利益を害さないかぎりにおいてしか発展することを許さず、危険が生じたときにはすぐさまそれを潰してしまったのである。

## サウディアラビアのモデル

一九六〇年代のイスラム国家の大部分が教団の民衆的イスラムにかなり妥協的な態度をとったのにたいして、教団が現在にいたるまで世俗主義のトルコやアルジェリア（禁止令は解除された）以上にきびしく禁止されている国がひとつ存在する。サウディアラビアである。この国ではウラマーの博学なイスラムが宗教的言説を独占し、それが宗教のみならず社会や政治的秩序の中心的価値について国内で許される唯一の表現であるとされ、神秘主義と世俗主義的知識人の両方がおなじように批判の対象となる。実際、サウディアラビアの王朝は一七四五年、族長ムハンマド・イブン・サウードと厳格主義的な宗教改革者ムハンマド・イブン・アブドゥルワッハーブ（一七〇三～一七九二）が同盟をむすんだことに起源をもち、また国家建設初期の軍事的成功の理由もそこにある。アブドゥルワッハーブは厳格主義の宗教改革者で、原初のイスラムを変質させたものをすべて「迷信」としてきびしく批判した。そこから誕生したワッハーブ主義はクトゥブやマウドゥーディーの思想のながれをうけた現代スンナ派イスラム主義を理解するためにはきわめて重要である。というのも両者には重要な教義上の共通点があるからである。とりわけ教義を人間が恣意的に解釈することをやめてイスラムの基本にもどらなければならないとする点や、法的・道徳的・私的領域等々において聖典に書かれたすべての命令・禁止を厳格に適用しなければならないとする点で両者は一致する。しかしワッハーブ主義が排他的な社会的保守主義をもっているのにたいして、イスラム主義には保守的な立場の人にも革命主義的な社会グループにも主張されうるような幅がある。

両者のこの近さはスンナ派イスラム主義の展開にとって決定的な重要性をもった。一九五〇年代の中頃、ナセルに追放された《ムスリム同胞団》メンバーのおおくがサウディアラビアに亡命した。その頃、莫大な石油収入を獲得するようになったサウディアラビアは《同胞団》メンバーの亡命のおかげで当時の自国の国民の大部分よりもすぐれた教育をうけた幹部層、知識人層を獲得することになる。かれらは一九六一年に完成されたメディナ大学で重要な役割をはたす。その結果、この大学で全イスラム世界からきた学生に《ムスリム同胞団》の思想が教えられて、その普及が促進される。またおおくのものが富をきずき、その一部はナセルが一九七〇年に死亡した後、エジプトに投資されてイスラム銀行創設に利用される。イスラム主義活動家たちはこのイスラム銀行から活動資金をうけることになるだろう。こうして、一九七〇年代にあたらしいイスラム主義運動が本格的に出現する以前からワッハーブ派ウラマーと《ムスリム同胞団》のイスラム主義知識人が合流したグループが形成される。後に「石油イスラム主義」と呼ばれることになるこのグループは政治・道徳・文化等々の領域におけるイスラム法すなわちシャリーアの厳格な適用を主張するが、社会問題に関心をもたず、ましてや革命主義的な志向ももたなかった。この「石油イスラム主義」を揶揄するためにひとびとはアラブ独特のユーモアを発揮して、語呂あわせで「サルワ（富）のイスラム主義」と「サウラ（革命）のイスラム主義」とを対比的に表現する。サイイド・クトゥブは革命によって権力を掌握することを主張し、当時の世界全体（アラビア半島の国々もふくめて）

が反イスラム的で、現代の無明時代《ジャーヒリーヤ》であると形容したわけだが、石油イスラム主義のひとびとはクトゥブがこのような思想をもつにいたったのは、ナセル時代に《同胞団》が投獄され拷問をうけたため過激になったにすぎないとかんがえた。しかしクトゥブの著作自体はサウディアラビアでもたかく評価され、サウディアラビア在住のかれの兄弟ムハンマド・クトゥブによって編纂され注釈つきで出版されもしている。

こうして一九六〇年代の終わり頃からすでにひとつの流動的な知的グループが形成されていた。それはサウディアラビアに基礎をおき、どちらかというと保守的で、過激な思想と距離をおいていたが、それと敵対的であるわけでもなく、過激思想と対立するというよりはその乱暴な部分を無難にみせかけるよう努力していた。冷戦という当時の地政学的コンテクストのなかで、親米のサウディアラビア王朝の庇護のもとで繁栄し、ナセルやアラブ社会主義者を仇敵とかんがえていたこのワッハーブ派イスラム主義は、西側陣営にとって好ましくない存在ではなかった。イスラム世界の政府も一九七〇年頃、極左学生の政府批判がたかまったとき、大学に秩序をとりもどすために、髭面の学生たちの活動を優遇した。そうした学生たちは保守的なワッハーブ派イスラム主義の統制下にあるとかんがえられていたのだが、しかしかれらのなかから、一九七〇年代に既存秩序への異議申し立ての中心勢力となるひとびとがでてくるとは当時だれも予想しなかった。

実際その頃は、サウディアラビア王家がこの流動的なイスラム主義グループをコントロールし、自国の国際戦略にうまく利用しているようにみえた。一九六二年、メッカで《イスラム世界連盟》が創設された。それは非政府組織だが、資金はサウディアラビアからでていた。《イスラム世界連盟》は世界中のイスラムを《ワッハーブ主義》に転換させ(12)、エジプトのナセルの影響力に対抗することを狙いとした最初の機関で、一貫し、整備された組織をそなえていた。連盟は宣教団を派遣したり、この系列に連なる思想家（特にイブン・タイミーヤとイブン・アブドゥルワッハーブ(13)）の著作を寄贈したり、モスク建設費用やイスラム協会活動支援金のための資金提供をおこなったりしていた。また連盟は寄付をうけたい人間をみつけだし、サウディアラビアに来させて「推薦状」をあたえ、王家・王族・実業家など気前のよい個人からの寄付の斡旋もおこなっていた。連盟はサウディアラビアの宗教エスタブリッシュメントのメンバーによって運営されていたが、《ムスリム同胞団》メンバーや《同胞団》に近いアラブ人、さらには《デーオバンド》派やマウドゥーディーの党に近いインド亜大陸のウラマーも協力していた。

## 衰退と持続のはざまにあるウラマー

一九六〇年代末、社会の中心的価値にかんする公的ディスクールをウラマーが独占した国はサウディアラビアの他にはどこにも存在しなくなっていた。ウラマーはかつては伝統的に政治権力にたいして独立性をもっていたのだが、それを大幅にうしなって国家公務員となる。そして国家はおおくの場合、かれらにファトワー、すなわち権威ある宗教的見解をださせ、その政治的選択を承認させることに成功する。もちろん、ウラマーも時には政府の決定を「非イスラム的」であると判断して抵抗する場合もある(14)。しかし、近代になってウラマーたちは世俗的な教育をうけた知識人と知的権威を共有しなければならなくなり、そのために弱体化してしまっていた。ヨーロッパの啓蒙哲学の伝統はイスラム諸国のそれぞれの現地の言葉に翻訳され、根づいていったが、世俗的知識人はそうした啓蒙哲学の伝統に由来する基準にもとづいて社会システムを評価する。かれらが判断基準とするのは超越的真理ではなく、人間的理性を基礎とする規範（民主主義、自由、進歩、社会主義など）である。それにたいしてウラマーは、社会組織がイスラムの聖典にふくまれる規定に合致しているかどうかで判断をおこなう。かれらは、自分たちがうけた特有な教育によって、ウラマー組織は全体としてこの領域における知の独占権を有しているとかんがえ、免状を有する学者でもないのに聖典解釈をおこなうものをきびしく批判する。理性のみを基準にコーランのアレゴリックな解釈をおこなう世俗的知識人は呪詛の対象になるが、さらにドグマのある点について合意のある解釈をくつがえして、聖典を冒涜的に読みなおそうとするウラマーはその地位を追われ、きわめてきびしい批判にさらされる。二〇世紀をつうじて、そうした「不遜なるひとびと」はきびしい検閲をうけてきた。そしていくつかの極端なケースでは知識人は著作を禁書指定されるだけではなく、狂信者の銃弾の犠牲になったり、脅迫をうけて亡命を余儀なくされたりする。しかし一九六〇年代の末ごろにはイスラム世界の世俗的知識人の大部分が宗教問題を論じることをやめる。というのもそれは社会の組織にとって中心的な役割を演じているようにはみえなくなってきたからである。知識人はもうウラマーたちと「イスラムの番人」の役割をあらそったりはしない。もはやイスラムは社会にとって本質的な重要性をもたないようにおもわれたのである。

エジプトのアズハル学院は一〇〇〇年以上の伝統をもつ教育機関で、世界中から学生がやってきてウラマーとして育成されていた。アズハル学院の名声はたかく、エジプトの誇りともなっていたのだが、ナセル政権はこの教育機関について大改革を企て、一九六一年にそれが実行にうつされた(15)。この改革によって学院は国家の直接管理のもとにおかれ、教授や学生は組織化され、イスラムとナセル流社会主義が矛盾しないと証明することがその使命となった。学院の学生が軍服を着て、士官の指揮のもと歩調をあわせて行進する光景さえみられた。学生や教授団の一部はこの改革を支持するが、その他のウラマーたちは強権的な政府にあからさまに反抗できないので、消極的な抵抗をおこなった。ナセルの敵たちはこの改革の重要性を深刻にかんがえた。すでにみたように、サウディアラビアがその翌年、《イスラム世界連盟》を組織するのはそれに対抗するためだった。しかしアズハル学院があまりにも直接的に政府とむすびつけられてしまったために、学院は民衆にたいして信用をなくしてしまい、一九六〇年代終わり頃には学院のウラマー集団はもはや国家と民衆のあいだの仲介役という伝統的役割をはたせなくなってしまっていた。かつてウラマーは民衆に国家への服従の義務を教えながら、政府を批判する自由をもち、政府に軌道修正したり、正義を実現するよう要求できたのだが、そうした伝統的役割をかれらはもうもてなくなってしまった。ウラマーは政治的指導者にあまりにも従属しているようにみえ、その結果、空白が生じた。そしてその空白につけこむひとびとが出現する。かれらはウラマー教育をうけている場合もあり、うけてない場合もあったが、いずれにせよ体制に自由にものを言い、自分なりに理解したイスラムの理想の名のもとに体制を批判すると主張するのである。

エジプト以外のアラブ諸国で、一〇〇〇年以上の歴史のある宗教知識人養成機関をもっていたのは、後ふたつ、七三四年に創設されたザイトゥーナという機関をもつチュニジアと、八五九年に創設されたフェズのカラウィーイーン学院をもつモロッコだけだった。しかしこの二国において独立後成立した政権がウラマーたちにたいしてとった政策は同一ではなかった。チュニジアのブルギバは、政教分離主義をかかげるフランス第三共和制のもとで教育をうけた人物で、近代的都市中産階級を支持基盤としていた。かれは長い間、フランスにたいする反植民地主義闘争をおこない、非常につよい政治的正当性を獲得していたから、宗教指導者たちの祝福など必要がなかった。ブルギバは学院からウラマー団を排除してイスラム教育機関としてのザイトゥーナの機能を実質的に消滅させる。また社会の世俗化を印象づけるために、ラマダーンの断食期間中にレモネードを飲んでいるところをテレビの実況中継に放送させたり、大祭（あるいは犠牲祭、すなわちアブラハムの犠牲を記念する祭）の際に羊を生贄にささげることを禁止するなど、きわめて象徴性のたかい行動をあえておこなう。しかしかれは自分の政策を宗教的に正当化することにも腐心する。たとえば、経済発展はジハードであり、アッラーの道をたどるための聖なる戦闘なのだから、その成功を危うくするような宗教儀礼の義務は免除されるとした。アズハル学院の改革の目的はウラマー集団をよりよくコントロールし利用することにあったのだが、こうした方策をとったエジプトとは異なり、ブルギバのチュニジアはウラマー集団を舞台から消滅させる。その結果、「至高の戦士」ブルギバは自分が必要なときにイスラムを利用することが可能になった。しかし、一九七〇年代に《イスラム志向運動》（ＭＴＩ）がとつぜん宗教界を席巻した時、ウラマー集団の消滅の影響が如実にあらわれる。弱体化した伝統的宗教指導者層は新興組織にたいしてはかばかしく抵抗ができず、そのため政府はこのイスラム主義組織をおさえるために主として弾圧策をとることを強いられるのである。

モロッコでは、フランス保護領時代がおわった後の一九五七年、国王ムハンマド五世の忠実な支え手であったウラマーは皆、国王にイスラムの正当性をあたえることに同意する。国王はこのウラマーの支持を都市中産階級の異議申し立てにたいするみずからの権力の切り札のひとつとした。モロッコ国王は、チュニジアとは異なり、ウラマーに栄誉や特権をあたえた。しかし、かれはウラマーが自立的な意見表明をする可能性をもたないよう注意をした。そうした自由な意見表明は国王にたいして批判的なものになりかねないからである(16)。ムハンマド五世の息子のハサン二世は一九六一年に即位し、イスラムにかんすることがらについてはすべてが自分の権威のもとにあるとした。かれは自分が預言者ムハンマドの子孫であると称し（そこからかれの「シャリーフ」君主という称号がでてくる）（訳注：「シャリーフ」は預言者ムハンマドの直系子孫への尊称）、また「信徒たちの長」（アミール・アル＝ムウミニーン）という称号も名のって、その人格は神聖化される。こうした称号を帯びた存在として国王はウラマーや預言者の子孫、王朝のメンバーなどから臣従の誓《バイア》いをうける。ただしこの臣従の誓いは、国王の観点からすると、契約的な性格をまったくもたない。このようにモロッコのウラマーは国家体制のなかで一定の役割を演じているが、最終的に「信徒たちの長」たる国王が決定した措置を追認することしかできない。信仰にかんしては国王が最終的な権威なのである。一九六〇年代末、モロッコにおいて宗教の権威がおよぶ範囲はきわめて広大で、またその役割の正当性はひろく認められていたのだが、しかしそれ自体は国王の権威のコントロール下にあった。こうした事情のために、一九七〇年代にイスラム主義活動家たちが出現しはじめた頃、かれらは政府から警戒されることなく、勝手知ったる世界のなかで自由に活動することができた。そのためにかれらの社会への定着は容易になったが、しかし既存権力との全面的対決戦略をとると国王の神聖性を否定するというタブーを冒すことになるため、そうした戦略をとることは困難だった。一般大衆のつよい反発が予想されたからである。

アルジェリアではウラマー教育を国内で大規模におこなうという伝統はなく、昔からウラマーの養成はチュニスのザイトゥーナかフェズのカラウィーイーンでおこなわれていた。一方、一九三一年、アブドゥルハミード・イブン・バーディースはコンスタンティーヌに《アルジェリア・イスラム・ウラマー協会》を創設した(17)。それは《ムスリム同胞団》創設の三年後のことであったが、両者はさまざまな点でおなじような傾向をもっていた。しかしイブン・バーディースの組織の影響力は都市知識人サークルに限定され、ハサン・バンナーのそれとは異なり、一般大衆のひろい支持を獲得するにはいたらなかった。かれらはFLNの独立運動活動家たちの信仰心に疑問を感じていたので、最初は慎重な態度をとり、武装独立運動に合流したのは一九五六年、蜂起がはじまって二年後のことであった。かれらは独立戦争をイスラム教の観点から正当化することに貢献する。独立戦争の戦闘員はムジャーヒディーン(逐語訳をすれば「ジハードの戦士」)と呼ばれ、犠牲者はシュハダー(シャヒードの複数形で「信仰の殉教者」の意味)と形容される(18)。一九六二年の独立の際、このグループはベン・ベラ大統領によって権力の中枢から排除される。当時、社会主義者だったベン・ベラはかれらを他の宗教運動活動家、教団、マラブーなどとひとくくりにして反動的なひとびとだとかんがえていたのである。一九六六年、《キヤム協会》(キヤムは「価値」という意味)と名づけられた団体が、エジプトのクトゥブの絞首刑に抗議したために、解散させられる。一九六〇年代、そして一九七〇年代、唯一政党FLNの内部に保守的なイスラム運動が組織される(このイスラム運動はアルジェリア特有なユーモアで「髭面FLN」と呼ばれた)。しかし宗教界には有名なウラマーはいなかった。その結果、一九八〇年代の初め頃にイスラム主義運動が出現しはじめた頃(これは他のほとんどの国にくらべると一〇年遅かった)、政府はこの運動の進出をおさえるために、エジプトからウラマーを招待して、あらたにつくられたコンスタンティーヌのイスラム大学の幹部にするしかないとかんがえた。国内で必要な人材をみつけることができなかったのである。一方、FISの知識人たちも容易にこの領域に進出することができた。法学者や聖典の知識・注釈に精通し、FIS流のイスラム解釈とは違った解釈を提示してそれに対抗する能力をもった学者が存在しなかったからである。

このように一九六〇年代、サウディアラビアをのぞき、アラブ世界のどこででもウラマーの勢力の弱体化はみられたが、ちょっとした違いはあるものの同様な現象がアラブ以外のイスラム世界でも確認できる。とはいえ、おおくの場合、ウラマーは、その重要性は国によって異なるとはいうものの、制度内である種の地位をたもちつづける。まずトルコでは、オスマン帝国時代にウラマーを養成していた伝統的宗教学校マドラサがアタテュルクによる共和制宣言ののち廃止される。一九二〇年代にとられた権威主義的な政教分離政策の一環としてである。これはしかし一九五〇年代、六〇年代には逆に政府によってイマームや説教師養成のための高校が創設される。これは二〇世紀のおわりにいたるまで、かなりのひろがりをみせることになる(19)。アタテュルクの政府は、農村地帯に時代遅れで反共和主義的なイスラムがあいかわらず根づよく存在しつづけているのをみて、新世代の「近代的な」説教師を養成しようとかんがえたのである。このあたらしい宗教高校では宗教科目と世俗科目の両方が教育され、さらにいくつかの原理を教えこんで、ただしく理解されたイスラムとトルコの政教分離主義原則とは完全に共存可能であると理解させることがめざされた。こうした措置は、ナセル政府が一九六一年、アズハル学院を改革したのと同様に、政治的に信頼できるウラマーを養成したいという意図なのだが、成果は限定的で、トルコの場合もエジプトの場合も、目的は本当の意味では達成されなかった。説教師養成のための高校はかなりの成功をおさめたが、それはこれまで政教分離原則にもとづく高校を敬遠していた農村青年に大幅に教育機会があたえられたという意味においてである。地方青年にとって意識の世俗化という代償をはらわずに社会的上昇を実現することが可能になった。つまり共和国の宗教学校の教育をうけたものは、国家がさだめた目標よりも自分の出発点となっている文化のほうを優先させたのである。そしてかれらは一九七〇年代からエルバカン氏が党首となり、何度も党名を変更することになる政党の支持基盤を形成することになる。

イスラム世界のもうひとつの端インドネシアにおいて、一九四五年の独立宣言のとき国家の基礎について議論があり、ふたつの勢力が対立した。すなわち、一方で一九二六年創設の団体《ナフダトゥル・ウラマ(20)》に結集したウラマーやその他のさまざまなイスラム活動家グループが存在し、他方ではスカルノを代表とする世俗主義ナショナリスト・グループが存在して、両者がするどく対立した。スカルノはアタテュルクへの賞賛をかくさなかった(21)。その結果、国家はイスラムではなく、ナショナリズムや唯一の神への信仰などの項目をふくんだ「五大原則《パンチャシラ》」に基礎をおくことになった。こうした妥協は、全人口の約一〇パーセントをしめる非イスラム・マイノリティー、中国人、キリスト教徒、ヒンドゥー教徒などにたいして配慮をしめした結果だが、これは同時にインドネシアにおけるイスラムの流動的性格を考慮にいれたものでもあった。国内でもっとも人口のおおいジャワ島ではイスラム渡来以前のヒンドゥー教がひろく実践・信仰されており、インドネシアのイスラム教はこうしたヒンドゥー教の実践・信仰とむすびついた諸教混交的な伝統によって特徴づけられていたからである(22)。しかしイスラム国家樹立を主張する急進派は《ダルル・イスラーム》に結集し、一九四九年からジャワ島でゲリラ戦をはじめた。このゲリラは一九六二年になってやっと軍隊により鎮圧された(23)。軍隊の若い将校たちはこの宗教的性格をもった蜂起の鎮圧作戦をとおして実戦経験をつんだ。一方、ウラマー運動組織やその他の政党に組織された活動的イスラム・グループは一九六五年のインドネシア共産党にたいする血なまぐさい弾圧に積極的に参加し、スハルト将軍が一九六七年にはじめた「新秩序」を好意的にむかえた。しかしスハルトは宗教組織がおおきな役割をもちすぎると国家の安定を脅かすとかんがえ、国家のコントロールを軍隊にゆだね、宗教組織を国家中枢から排除した。したがって、一九七〇年初頭、当時、人口が一億五〇〇〇万人をこえるインドネシアで何百万人もの支持者を影響下においていたにもかかわらず、イスラムを法の源泉とするべく活動していたウラマーその他のグループは政治的にはよわい立場にいた。しかし、権力側の妨害にもかかわらず、かれらは教育組織、相互扶助組織、網の目のように全国にはりめぐらされたコーラン学校やモスクを存続させることに成功した。こうした組織は一九七〇年代末、インドネシア青年のあいだにイスラム主義運動が出現すると、ふたたび政治的に中心的な役割をはたすことになる。

## 例外としてのパキスタン

一九四七年、パキスタンは「ムスリム・ナショナリズム」という原理を基礎に建国されたのだが、この「ムスリム・ナショナリズム」がなにを意味するのか、その定義についてイギリス風の教育をうけた近代化推進論のエリートとさまざまな宗教運動のあいだで対立があり、そのためにウラマーは他のおおくの国におけるよりもより重要な役割をはたすことになった。パキスタンのウラマーはよく組織され、伝統的な宗教学校のネットワークにささえられ、その生徒や卒業生が強力な支持基盤となっていた。

一八五七年、大英帝国はデリーの国王を退位させ、これがイスラム王朝最後の王となった。このときのインド亜大陸特有の状況にたいする反動としてイスラムの宗教運動がうまれた。現代パキスタンのイスラムはこの運動の後継者である。植民地主義の支配下にはいったその他の世界のイスラム教徒同様、インドのイスラム教徒もその時、政治権力をうしなったが、しかしそればかりではなく、それまでの一〇世紀のあいだ、支配下においていたヒンドゥー教徒にたいして大幅にマイノリティー（ほぼ一対三の割合）の地位に落とされたのである。こうした状況にたいしてイスラム的価値を再確認しようとする運動がおおくおこる。《デーオバンド》と呼ばれる運動はそのなかでもっとも重要なものだった。これは一八六七年にデリーの北にあるデーオバンド(24)という町で創設され、この町から名前がとられたのである。《デーオバンド》運動は、日常生活のすべての側面について信者の行動が厳格主義的・純粋主義的・保守的な方向で解釈されたイスラムの規定に合致しているか否かを判定し、ファトワー（権威ある法的見解）をだすことができるウラマーを養成することを目的としていた。かれらのかんがえるイスラムはサウディアラビアのワッハーブ派とかなり近いものだった。厳格な規則の総体が明示されたおかげでイスラム教徒たちは非イスラムの社会で宗教に反するという恐れなしに生活しつづけることができた。《デーオバンド》の伝統的宗教学校《マドラサ》は当時のインド北西部全域に建設され、後にパキスタンとなる地域を確固とした地盤にしたが、一世紀あまりのあいだに何十万ものファトワーを出したとかんがえられている。今日でもまだ、ある程度の規模をもった伝統的宗教学校はそれぞれ「ファトワー・センター」をもち、地面に直接すわったウラマーたちが、イスラム文献を手元におき、口頭・手紙・電話でなされた質問、すなわちこれこれの行為がイスラムの観点から合法かどうかについての質問にこたえるために、一日中文章を書いている(25)。こうした実践をシステム化することで《デーオバンド》たちは自律的な精神世界を構築し、そのおかげでその支持者たちは政治的あるいは社会的環境がどんな風に変化しても「イスラムに合致した」生活をすることが可能になった。しかし政治を敬遠する《タブリーグ》の信奉者たちとは異なり、《デーオバンド》は可能な場合には、権力に圧力をくわえ、かれら流に理解されたイスラムが社会にひろまり、立法化されるようはたらきかける。宗教学校は主として農村や都市の伝統的家庭の子弟を教育する。そうした家庭は貧しいためか、あるいは宗教的な理由で、国立の学校には子供をやらない。《デーオバンド》派はこうした宗教学校をバックボーンにしていたので、建国当初から、政府と交渉できるだけの力をもっていた。実際、かれらは学校への財政支援の金額を増加させるよう常に要求し（学生寮の寮費が無料で、これが《デーオバンド》が民衆に人気がある理由のひとつであった）、国家が卒業生に雇用を保証するよう要請する。しかしその学校の卒業生の知識はきわめて古典的な仕方で教えられた宗教にかぎられている。だからかれらは法律や行政や銀行システムなどをイスラム化するよう運動する。そうすれば学生の能力が利用でき、かれらに職を保証し、最後には権力の座につかせることができるからである。

パキスタンの独立当初からさまざまな宗教政党が国をイスラム化するために圧力をかけていた。すでに述べたように一九四一年に創設されたマウドゥーディーの《ジャマーアテ・イスラーミー》は政治権力掌握とイスラム国家樹立を最終的目標としていたが、その他にもウラマーの政党が複数ある。これはイスラム世界でも特異な現象であるが、ウラマー政党はウラマーという社会＝職能集団およびその生徒に固有な政治的利害を表現し、そのために行政組織、政府組織のイスラム化を要求するもので、かれら自身が政党として実質的な権力を掌握することをのぞんでいるわけではない。そのなかで主要なものをふたつあげるとすると、《デーオバンド》派のながれをくむ《イスラム・ウラマー協会》（ＪＵＩ）と《パキスタン・ウラマー協会》（ＪＵＰ）である。ＪＵＰは《デーオバンド》派が嫌悪する神秘主義や聖者信仰により寛容なウラマー、いわゆる《バレールヴィー》派が組織した団体である(26)。

一九六〇年代に権力の座にあった軍人や欧化されたエリートたちはさまざまな宗教運動の影響力を減少させるべく政治をおこなっていた。しかしかれらはそれに部分的にそして一時的にしか成功しなかった。それはたとえば同時期のナセルとは好対照である。実際ナセルはエジプトの国民国家としてのアイデンティティの力を強化するなどさまざまな領域にはたらきかけて、《ムスリム同胞団》やアズハル学院のウラマーが準拠するイスラム的規範を相対化しコントロールすることに成功していたが、それにたいしてパキスタンの指導者たちは国の建国原理たる「ムスリム・ナショナリズム」という概念自体の曖昧さにつまずかざるをえなかった。イスラムなしにはパキスタンは存在しない。イスラムという要素がなければパキスタンがインドから分離して存在する理由はないし、またパキスタンを構成しているさまざまな民族を統一する原理も存在しない。パシュトゥーン人とスィンド人、パンジャーブ人とバルーチ人、インドから来た避難民（ムハージル）やさらには一九七一年に分離独立したベンガル人……。国民的アイデンティティがイスラム的アイデンティティの本質と直接にかかわっているために、イスラムとはなにか定義することのできる者は同時に国民的一体性を維持することに貢献するとかんがえられ、有利な位置を占めることになる。こうした理由で、一九六〇年代、エジプトの《ムスリム同胞団》が弾圧で解体されたのにたいして、パキスタンではマウドゥーディーとその党ばかりではなくその他のウラマー・グループも、かれらを規制するためにとられた措置に抵抗することができたのである。

一九六〇年代がおわったとき、イスラムの一般的状況は当時の支配的論調からわれわれが想像する以上に多様性のあるものだった。当時、ひとびとは主として独立直後に権力をにぎったナショナリスト・近代化推進論者にのみ注意をはらっていた。たしかに、古い習慣や教育から解放され、自分の世界観を欧米から獲得した知識をもとに形成した知識人が力をえるにしたがって、伝統的イスラム世界は弱体化していく。しかしそれは攻撃によって完全に消滅させられたわけではなかった。イスラムはとりわけ都市や農村部の貧困層に特権的な支持基盤をもっていた。そうした階層は独立後の変革にもふかいところで影響をうけなかったからである。変革の受益者は都市の中産階級と小市民層で、そうした人たちはナショナリズムと完全に一体化していた。一九六〇年代の末ごろまで、貧困層は政治の表舞台にでることはなく、社会的にはかなり安定した状態にあった。こうした状況は次の一九七〇年代には一変する。一九六〇年代、貧困層のあいだで爆発的な人口増加がはじまっていたが、七〇年代、子供たちが成年に達する頃、それが問題として顕在化する。貧困層の子弟たちは教団やウラマーなどの伝統的宗教的環境のなかで自分たちの世界観を形成していた。それは皮相的であったり、ウラマーの期待にかならずしもこたえられるものではなかったかも知れないが、ともかく宗教がその世界観の基底になっていた。だからかれらにはイスラム主義イデオロギーにもとづく主張をうけいれやすい素地があった。イスラム主義はイスラムの語彙を使用しながら、それを変形し、人口爆発や地方の過疎化、石油価格の高騰などによって大混乱した現実社会を正面からあつかって論じていたからである。イスラム主義の主張はクトゥブやマウドゥーディー、ホメイニーによって練りあげられたものである。しかしそれが具体的にどんな形をとって表現されるかは、どんな社会集団にたいして語りかけるか、それぞれの国でどんな特有な政治的・社会的状況があるか、宗教界がどのように構築されているかによって異なるであろう。

# 第三章　アラブ・ナショナリズムの廃墟の上に繁栄する石油イスラム主義

一九七〇年代、大部分のイスラム諸国において戦闘的イスラム主義運動が急速に発展し、その動きは一九七九年二月のイラン革命の勝利で最高潮をむかえる。イラン革命は国王の支配する「不信仰な」国家を打破して、その廃墟の上にイスラム共和国を樹立し、七〇年代初頭にアーヤトッラー・ホメイニーが明確化した規則を実際に適用する。イランでの出来事はイスラム全体について一般のひとびとがいだくイメージを一変させる。どちらかというと保守的・復古的で、政治や社会への影響力は近代化が進行するにつれ減少するとかんがえられてきたものが突然、みんなの注目をあび、あらゆる希望と恐怖の対象となる。イスラム主義運動も、それまではその存在すら注目されることがなかったのに、この後は、得体の知れない反欧米的で過激なイラン革命とむすびつけてかんがえられるようになる。

たしかにイラン革命はきわめて華々しいケースではあった。しかし、一九七〇年代、イスラムが政治化した例はそれが初めてではなかった。すでにその五年前、一九七三年一〇月の戦争でサウディアラビアはその圧倒的な経済力を確立し、それを利用して厳格主義的で社会的には保守的なワッハーブ派イスラム主義運動を世界中にひろめ、イスラムをめぐる国際的な舞台で優位に立ったのである。それはホメイニーのイラン革命ほどは目立たないが、よりふかい衝撃をあたえ、時間的にも反響がながく鳴り響く事件だった。六〇年代の進歩主義的ナショナリズムの勝利から一変して、七〇年代にはワッハーブ運動が優位にたち、影響下にある団体やウラマーを優遇し、イスラム関係の活動に大量の資金を注入して宗教界を再編成し、支配領域を拡大する。それはイスラム文明の美徳と欧米的腐敗を好んで対立させる。しかし、この運動の資金の大半の出所であるサウディアラビアはソ連陣営に対抗する西側欧米諸国のもっとも重要な同盟国のひとつであった。一九七九年初頭には「アメリカ打倒」を叫ぶテヘランのイスラム革命がおこり、年の末にはソ連軍がアフガニスタンに侵入する。その結果、アフガニスタンのジハード戦士にCIAが大々的に援助をはじめることになる。アメリカとサウディアラビアのムジャーヒディーンにたいする援助の大部分はズィヤーウル・ハック将軍のパキスタンを経過する。かれはマウドゥーディーの熱烈な賞賛者で、当時、マウドゥーディーの何人かの協力者が、イスラマバードの政府の大臣になっていた。

したがって一九七〇年代に勃興したイスラム主義運動を、巧みな宗教的スローガンで貧困な一般大衆を動員する革命主義的あるいは反帝国主義的運動にすぎないと単純化してはならないし、また逆に、アメリカとサウディアラビアに支援された単なる反共産主義同盟とかんがえてもならない。この現象の全貌をとらえるためには、その多様な側面をひとつひとつ確認し、発生の局面、ネットワーク、組織、派閥、そこで形成される思想など（これらについては以上で検討してきたわけだが）を七〇年代特有の人口学的・文化的・経済的・社会的大混乱と関係づけてかんがえなければならない。そうして初めてどんなグループがイスラム主義運動に参加したのか、どんな風にして権力を掌握するために同盟をむすんだり、民衆のひろい層を結集することに成功したのか、あるいは成功しなかったのか、またかれらと戦ったのはどういうひとびとであったのか、こうしたことを観察することができるだろう。さらにある種の運動は既成体制に打破され、別の運動はその構成要素のなかのもっとも穏健な部分が政府と協力関係をむすんだために分裂し、さらに別のグループは革命に成功するわけだが、そうした違いはどのようにして、また何故できたのかを理解することもできるだろう。

## アラブ・ナショナリズムの危機

アラブ・ナショナリズムはイスラム主義同様、複数の異質な社会階級を結集することをめざしていた。前者は理想化された「アラブの統一」というスローガンのもとに諸階級を融合させようとし、後者はそれをヴァーチャルな信者共同体に一体化させようとしていたのである。しかしナショナリズムは時が経つにつれ、ふたつの対立する陣営に分裂した。すなわち一方にナセルのエジプト、《バアス党》のシリアとイラクなど「進歩主義的」ナショナリズム、他方にアラビア半島君主国やヨルダンなどの「保守的」ナショナリズムがあり、いわば「アラブの冷戦」状態が存在していた。そうしたなかでイスラエルとの対決はアラブ諸国がコンセンサスをはかれる唯一の問題だった。しかし、それも一九六七年六月の六日戦争の敗北でおおきな打撃をうける。この敗戦でもっとも打撃をうけたのは進歩陣営であり、とりわけ戦争のイニシアティヴをとり、最悪の軍事的屈辱をこうむったナセルであった。ナセルは敗北の夜、劇的な辞任を発表する。かれはすぐさまその辞任を撤回し、この機会を利用してライバルを排除するのだが、しかしこの敗戦は象徴的な領域においてきわめておおきな断絶を画する事件であった。いつかはシオニストの国家に勝利するという公約が一九六七年の破局により反古となったのである。当時、アラブ知識人たちはこれにおおきなショックをうけ、過去にたいするふかい反省をおこなう。シリアの哲学者サーディク・ジャラール・アズムの著作『敗北のあとの自己批判』は世俗主義的観点からおこなわれた自己批判のもっとも典型的な例である(1)。後になって、イスラム主義や親サウディアラビアのひとびとのあいだでは一九六七年は宗教を忘却したアラブ人にたいする神の懲罰と解釈されることになる。かれらは一九六七年の敗戦を一九七三年の戦争と比較した。敗北した一九六七年の戦争でエジプトの兵士たちは戦闘に突入するとき「大地よ！　空よ！　海よ！」と叫んだのにたいして、一九七三年の戦争では兵士たちは「アッラーは偉大なり！」と叫び、その結果、戦いはアラブ側に有利に展開したのである。

しかし、どう解釈するにせよ、敗戦はナショナリズムのイデオロギー的基礎をくずし、空白をうむ。その結果、数年後、社会にあたらしいイスラム主義思想が進出する。それはクトゥブの著作からうまれた思想だったが、それまではそうした思想が《ムスリム同胞団》の一部グループや牢獄や徒刑場の外にまでひろがることはなかった。このイデオロギーの普及に主要な役割をはたすのはエジプトの学生グループである。権力にたいする抵抗の最前線にいた学生たちのあいだでは最初は社会主義的左翼が主導的であった。かれらはイスラエルとの戦闘の再開を主張し、敗戦は将軍や軍事体制寄生者のうらぎりのせいだとかんがえていた。一九六八年二月、カイロ近郊の産業都市ヘルワンの労働者の支持をうけて、学生たちが反乱をおこす。秋、ナイル・デルタ地帯やアレクサンドリアでふたたび一連の騒擾事件がおこる。当時、《ムスリム同胞団》系の学生はまだきわめて少数だったが、デモにはそうした学生たちが参加していた(2)。当時のナセル政権は、自分たちよりも左側にイデオロギー的極が成立することは進歩主義の代表としての政権の正当性を脅かし、おおきな危険をはらんでいるとかんがえていた。アラブ諸国はナショナリズムに血肉をあたえるためにパレスチナの大義を利用していたのだが、一九六九年、ヤセル・アラファトがＰＬＯのリーダーになり、パレスチナ組織が自律性を獲得する。このように六〇年代末にパレスチナの大義が自分たちの手からはなれたために左翼勢力の存在が政権の正当性をおびやかすという危険性はいっそうおおきく感じられた。

アラファトのＰＬＯ議長就任とともにパレスチナ人はみずからの運命の主体となり、アラブ諸国が軍事的敗北をこうむった後の対イスラエル抵抗運動を体現する存在となる。ナセル主義はすでにナショナリズム的な希求を鼓舞する力をうしなっていた。そうしたなかでパレスチナ人は、とりわけ学生のあいだで、アラブ・ナショナリズムのシンボルとなったのである。しかしヨルダンの難民キャンプに基地をおいたパレスチナ組織とフサイン国王とのあいだの緊張がたかまり、やがてそれは血なまぐさい対決となる。一九七〇年九月の「黒い九月」と呼ばれる事件だが、この時、パレスチナ人はその短い歴史のなかでももっとも手ひどい損害をこうむる(3)。イスラエルではなくアラブの一国家がアラブ・ナショナリズムのあらたな旗手を攻撃したのである。これはおなじ頃、ナセルが死去し、カリスマ的人物をうしなった時期でもあっただけに、アラブ・ナショナリズムにとってあらたな打撃であった。

一九七〇年のこの年、ナショナリズムの危機は一見、左翼運動の発展に好都合なようにおもわれた。パレスチナ抵抗運動をシンボルにかかげた左翼運動は、学生が中心となって活動をにない、労働運動の支援もうけていた。しかし左翼運動の繁栄はながくはつづかなかった。アラブ諸国は、「進歩主義陣営」と自称する政権さえ、左翼運動を脅威と感じ、それをおさえるためにあらゆる手段をつくした。欧米における一九六八年の一連の出来事のあと時代の潮流は極左「騒乱」を生起しやすい状況にあると政府は判断していたからである。また左翼も学生や都市の知識人、そして「労働者階級」(その数は限られていた)をこえて支持基盤をひろげることができなかった。その過激な主張は中産階級に恐怖を感じさせ、一般大衆には理解されなかった。というのもかれらは一般大衆の世界観とはあまりにもかけはなれたヨーロッパ起源のマルクス主義的概念や表現をもちいていたからである。

逆説的だが、イスラム主義が成功したのは中産階級の左翼にたいする恐怖心と左翼のひとびとの挫折にたいする失望がくみあわさった結果である。サウディアラビアの保守的イスラムを通じてイスラム主義をかんがえていた各国政府は、大学内の極左学生を粉砕するためにかれらを優遇した。また一部の急進派学生や左翼知識人は、大衆への左翼思想普及に失敗したことを反省し、イスラム教のほうがより本物のイデオロギーとなりうるとかんがえ、宗教の方に傾いていった。

アンマンでおこったパレスチナの「黒い九月」事件は、権威主義的で戦争にも敗北した政権にたいして、左翼勢力に動員された民衆がおおきな不満をもち、その不満が爆発的なまでたかまっていることを示すものだった。それにたいして、この時、ヨルダンの《ムスリム同胞団》はフサイン国王を支持する(4)。他のアラブ諸国の指導者たちはこの時の教訓を忘れないだろう。こうしてナセルの後継者サダトは一九七一年五月一五日の「再建革命」で親ソ・ナセル派を逮捕して権力を安定させた後、《ムスリム同胞団》メンバーの思想犯全員をじょじょに解放する(5)。そしてまもなく、大学がイスラム主義の一番の支持基盤となる。一九七二年度の新学期、イスラエルとの戦争を再開しようとする動きがたえずあったし、また学生問題が国内政治の中心的な課題にもなっていたのだが、ちょうどその頃、カイロ大学理工学部に最初のイスラム主義グループが組織される。それはまだマルクス主義者にくらべてほとんどインパクトをもたなかったが、しかしすでに自分たちの旗印を鮮明にしていた。また、メンバーのなかにはそれに反対するものもいたが、秘密情報機関の援助もうけていた。

サダトの前任者ナセルの時代には国家がイデオロギーにかんして独占権をもち、宗教を完全にコントロールしたのだが、サダトはこうした手法と決別して、イスラム主義運動を援助する。ナセル政府はナショナリズムによって大衆を動員し、あらゆる分派的思想を抑圧した。それにたいしてサダトは、宗教活動家に自由に発言させ、それによって体制のドクトリン面での弱さをカバーし、左翼の力を中和しようとする。依然として固有に政治的な領域は厳格にコントロールされるのだが、その一方で宗教が相対的な自由を獲得する。エジプトには本当の意味での出版の自由は存在せず、意見が自由に交換される場もない。ただ、モスクの内部で、宗教にかんする発言という形でのみ意見表明が許され、イスラム主義者はそれをうまく利用する。エジプトとおなじような現象が他のイスラム諸国、とりわけチュニジアやアルジェリア、モロッコなどでもみられる。そうした国々において、当時、左翼系学生の大半がフランス語使用者で、それにたいしてイスラム主義者はアラビア語を日常言語とするグループだった。こうして左翼学生とイスラム主義者の対立はフランス語系グループとアラビア語系グループの対立ともかさなっていく。そして後者、アラビア語系イスラム主義者はカルチエ・ラタンではなくサウディアラビアで出版された書物に自分たちのモデルを見出だそうとするのである。

## 戦闘的イスラム主義運動の勃興

一九七〇年代、イスラム世界の大部分の国において、独立後誕生した最初の世代が成年に達する。政権をになうナショナリストは反植民地主義解放闘争をおこなったことを体制の正当性の根拠とするのだが、あたらしい世代は当然そうした過去について直接の記憶をもっていない。実際、この新世代のひとびとは政権エリートとある種のズレがあることを感じる。人口爆発のためにこの世代は数が非常におおい。また親の世代や先行世代は、独立で植民者が本国に帰り、その財産の分配をうけたおかげで社会のなかで安定した地位を占め、さらには社会的地位を例外的なまで上昇させることさえできたのだが、かれらにはそうした可能性は閉ざされていた。一九五五年から一九七〇年のあいだ、イスラム世界における人口増加は著しく、国によっては四〇パーセントから五〇パーセントもの増加をとげた。一九七五年の時点で、二四才以下の人口がどこでも住民の六〇パーセント以上を占め、都市化と識字率の割合が大幅に上昇した(6)。イスラム世界はもともと大部分が農村地帯で、かぎられた数の都市エリートだけが識字能力をもち、社会を支配していた。しかし独立後、農村から大量の人口が移住して都会に定着し、やがて庶民階級としては書き言葉をあやつる最初の世代となる青年層が大量に出現した結果、社会は大混乱を経験することになる。この新参者たちはあらゆる種類の困難に直面することになるが、大部分が文盲であった親たちからうけついだ知識ではそうした問題に対処することはできない。このふたつの世代のあいだの文化的社会的相違はおおきく、イスラム世界が誕生して以来、類例のないものであった。しかもこの七〇年代の世代は社会にきちんとした地位を占めることに成功していない。都市生活者になったといっても、それはしばしば都市の周辺のバラック密集地帯におしこめられているということでしかなかった（マグリブの貧民街、中東のアシュワイーヤ、トルコのゲジェコンドゥなど(7)）。かれらの親や年長者は永遠に変わらない社会的役割に甘んじることができたが、それはかれらがそれ以外のものを知らず、農村のせまいかぎられた宇宙に住んでいたからである。それにたいしてあたらしい世代は国語で公立のマスプロ教育をうけ、知識を獲得した。だから社会的地位を獲得し、社会で上昇したいという願いをつよくもっていた。

変化はまず都市部における中等教育、さらには（割合はすくないが）高等教育の一般化によって顕著になる。それは単に書き言葉の文化に受動的に接近できる（たとえば新聞購読）といったことだけを意味するのではなく、文章を書く能動的な行為への道をひらき、情報源を選択し、それを比較し、公共の場で正式に意見表明をし、権力の座にあるナショナリスト・エリートと議論し、知的に互角であると感じる、こうしたことすべてを可能にするのである。しかしこんなふうに文化的に飛躍したのに、それが期待された社会的地位の上昇にはつながらない。そして、このフラストレーションのためにエリートにたいする怨念がうまれる。つまり、エリートが国家を独占し、知識を獲得するために努力した自分たち青年層から権力と富を不当にうばっていると感じるのである。

こうした社会的・政治的不満が文化的領域において表現されることになり、既存体制のナショナリスト・イデオロギーが否定されて、その代わりにイスラム主義イデオロギーが採用される。こうしたプロセスはまず学生のあいだでおこる。そして一九七〇年代を境に、左翼グループに支配されていた大学キャンパスがイスラム主義運動のコントロールするところとなる。クトゥブやマウドゥーディー、ホメイニーが練りあげた思想を普及させるのはこうしたキャンパス内のイスラム主義運動である。イスラム主義思想はそれまでは一般大衆の耳にとどくことはなかった。というのも既存社会との断絶を支持するだけおおきな不満をもち、同時に、近代的な国語の書き言葉で十分な教育をうけて、それを理解し、自分のものとする力がある、そういうひとびとはあまり数がいなかったし、またイスラム主義思想と大衆とを媒介する人間も十分には存在しなかったからである。

イスラム主義インテリ層の出現はこの運動が誕生するための第一の条件である。そうしたインテリ層はエジプトやマレーシア、パキスタンのキャンパスに一九七〇年代初頭から出現していた。そして一九七三年一〇月の戦争でワッハーブ派が資金力をもち、地方拠点を拡大していくと、それを利用してイスラム世界全体に勢力を拡大していった。どこの国においても、イスラム主義インテリ層はナショナリズムにとってかわり、その代わりに別のイデオロギーをかかげて存在感をましていった。

イスラム主義インテリ層は当時の学生のあいだで形成された。それは社会的に同質で、はっきりと定義された目標をもつグループを構成しているわけではなかった。かれらは文化の領域においてナショナリズムと決別し、それと対決しながら、イスラム主義を政治的へゲモニー獲得のための戦闘に転換させる。その結果、イスラム主義運動は、階級的利害がかならずしも一致するわけではないさまざまな社会集団のなかに支持者を獲得する。

イスラム主義運動の核になるのは学生イデオローグだったが、その他にとりわけふたつの社会集団がイスラム主義のはたらきかけに影響をうけやすかった。それは貧困な都市青年層と敬虔なブルジョワジーである。前者は人口爆発と農村から都市への移住で大量に出現するようになった社会グループであり、社会から排除された庶民層を形成していた。アルジェリアの無為な時間をすごすことを強いられた「ヒーティスト(8)」がその典型である。一方、後者は政治権力への通路をたたれ、軍事政権や君主体制によって経済的に不利なあつかいをうけていた中産階級である。後でみるとおり、このふたつのグループは一致してシャリーアの適用とイスラム国家の樹立を要求するのだが、その内容についておなじようなイメージをもっているわけではない。すなわち、貧困な都市青年層は社会問題にかんして革命的な内容をふくめてかんがえているのだが、敬虔なブルジョワジーは社会のヒエラルキーをこわす意図はなく、単に自分たちが現在のエリートにとってかわる機会をイスラム主義運動にみているだけである。こうした曖昧さが現代イスラム主義運動の基礎に存在している。インテリ層によってひろめられたこのイデオロギーの特徴はまさしくふたつの主要な構成要素の利害対立を隠蔽し、文化的・政治的ダイナミズムのなかにそれをなげいれて、権力奪取という共通の目標にむかわせることで対立を融和させる点にある。

こうした社会的な二重性はイスラム主義運動に特有のものである。それはその本質そのものを構成している。イスラム主義運動が宗教の道徳的・文化的側面に焦点をあてようとするのも、そこから説明できる。道徳に重点をおいたイデオロギーと曖昧な社会的プログラムを発表するだけにとどめておけば、貧困な都市青年層と敬虔なブルジョワジーの両方を動員することができ、もっとも広範な支持基盤を獲得することになるだろう。そうすればイランのように権力掌握まで可能かもしれない。宗教的言語の特徴である多義性のために、運動の構成要素のそれぞれが自分の好きなように運動を理解し、解釈することができるのだ。

逆に、都市貧困青年層と敬虔なブルジョワジーが分裂するとき、イスラム主義運動は権力をうばうことが不可能になる。イデオロギーは統合する力をうしない、イスラム主義内部に競合する複数の主張がうまれ、たがいに相手を排除するようになる。「急進派」と呼ばれる潮流は都市貧困青年層特有の要求を反映し、「穏健派」と呼ばれる潮流は敬虔なブルジョワジーの観点を反映させる。一九九二年から九八年のアルジェリア内戦では「過激派」のGIAと「穏健派」のAISが対立し(9)、いま述べたような状況が極端にまでおしすすめられたのだが、こうしたケースにおいて、インテリ層はあまりにも弱体なので、運動の二構成要素を統合させるような動員力のあるイデオロギーをうみだすことができない。一般的に、こうした状況になると権力エリート層は、一部の急進派がテロにはしるのを利用して、敬虔なブルジョワジーに恐怖をいだくようにさせ、長期にわたってイスラム主義陣営を分裂させることができるようになる。というのも都市貧困青年層が社会的不公正に怒り、暴動をおこした場合、もしそれを鎮圧する国家の抑圧装置が機能しなければ、最初に犠牲になるのはブルジョワジーだからである。アルジェリアをもう一度例にとると、一九九四〜五年、イスラム主義の名士たちが過激派グループから恐喝をうけていたことなどは典型的な例と言えるだろう。エジプトでは観光客にたいするテロのために観光業で生活している地方の中産階級・庶民層が打撃をうけ、国はそれを利用して国民が運動全体から離反するようにさしむけ、そしてそれに成功する。とどめの一撃になったのは一九九七年秋のルクソールの虐殺だった(10)。イスラム世界のおおくの国がこうした陣営内部の対立を利用してイスラム主義インテリ層や敬虔なブルジョワジーの一部を権力側にとりこむことに成功している。そのために日常生活をイスラム化する派手なジェスチャーはくりかえすのだが、それに反して社会のヒエラルキー構造自体にはいっさい手をつけない。後にみる一九七〇年代末以来のパキスタンやマレーシアなどはこの好例である。

イスラム主義の主張は表面上は一体性をたもっているが、都市貧困青年層とブルジョワジーのあいだで目的に矛盾がある。この点を考慮すると、イスラム主義運動が、特定の国においても、また国際的にも、さまざまな勢力や利害グループからはたらきかけをうけ、右翼と左翼の両方から秋波をおくられるのは何故かが理解できる。典型的な「反動的」君主国家であるサウディアラビアが運動を大々的に支援し、アメリカがイスラム主義運動の勢力伸長を促進する。それはシャリーアの適用と社会革命を同一視している都市貧困青年層を権力の座につけたいがためではない。リヤードもワシントンも、敬虔なブルジョワジーを支援しようとしているのである。ナショナリスト・エリートではもう危険な階級をおさえることはできない。その正当性は疲弊し、その主たる武器であった強制と弾圧は効果をうしなった(11)。だからアメリカやサウディ政府は敬虔なブルジョワジーなら、宗教的な言葉やシンボルで「危険な階級」を眩惑して無力化することができるだろうとかんがえ、かれらに期待するのである。逆に、イラン共産党（《トゥーデ》）や旧ソ連がイラン革命を支援し、イスラム世界のどこでもみられたことだが、元マルクス主義者だった人々が大挙してイスラム主義運動に参加し、さらにはフランスの共産党市政が郊外のイスラム主義運動の青年団体を支援する。それは左翼のひとびとがこんな風にかんがえるからである──「大衆」がこの運動に参加しているのだから、その「進歩主義的」で民衆的な性格を強調すべきである、そしてイスラム主義を反帝国主義・反資本主義の運動に転換させ(12)、敬虔なブルジョワジーがかれらを篭絡したり、その革命的可能性を無力化したりしないようにしなければならない……。これが左翼によるイスラム主義支持の理由なのだ。

## 石油イスラムの勝利とワッハーブ派の勢力拡大

一九七三年一〇月の戦争はこうしたプロセスを急激に加速する。一九六七年の屈辱をそそぎ、権威主義的体制の正当性をたてなおすためにエジプトとシリアのイニシアティヴではじめられたこの戦争で、両国の軍隊はスエズ運河とゴラン高原の両方面においてイスラエルの前線を破り、攻撃に成功したが、やがてイスラエル軍の強力な反撃にあう。それにたいしてアラブ石油輸出国がイスラエルを支持する欧米諸国にたいして石油禁輸を宣言し、イスラエルは進軍をやめる。スエズとカイロをむすぶ国道上を進んでいたイスラエル軍は首都カイロまで一〇一キロの地点にまで到達していたが、そこで休戦条約がむすばれる。戦争に参加したアラブ諸国はシンボリックな次元で勝利をえた。この戦争によってサダトとシリア大統領アサド（アラビア語で「ライオン」という意味）はそれぞれ「渡河の英雄」（つまりスエズ運河の）、「一〇月のライオン」と自称することができた(13)。しかしこの戦争の真の勝者は石油輸出国であり、とりわけサウディアラビアであった。禁輸措置は政治的に成功しただけではなく、供給を減少させることにより石油価格を高騰させる結果になった(14)。こうしてとつぜん莫大な収入をえた石油産出国はイスラム世界で支配的な地位を獲得するようになったのである。

これによってサウディアラビアは長年の野心を実現するための手段を無尽蔵にもつことになる。かれらはウンマ、つまり世界中の信者共同体にたいしてイスラム解釈のヘゲモニーをにぎることをずっと熱望していたのである。一九六〇年代、ナショナリズムに活力があった時代には宗教の政治的重要性は相対的に小さかったが、一九七三年の戦争はそうした状況を一変させた。もともとワッハーブ派の教義はアラビア半島の外ではあまり評価されていなかった。ただ、ひとつの国をこえて国際的に活動すると主張する統一性を欠いた厳格主義グループ（「サラフィー主義者」）が存在し、それはワッハーブ派に親近感を感じていた。アラブ系《ムスリム同胞団》やインド・パキスタンのグループ、さらにはメッカ巡礼をおこなった経験のあるブラック・アフリカやアジアのイスラム教徒などがそうしたグループにふくまれていた。メッカ巡礼をおこなったもののなかにはワッハーブ派に影響をうけて国に帰ってから「アラブ風」の教義を説くようになり、イスラムから「迷信」を排除すると主張するひとびとがいた。こうしたグループをのぞけば、一九七三年以前には民衆の信仰に根づいた国民的・地域的イスラム信仰の伝統や、イスラム世界に広範に定着したスンナ派やシーア派のさまざまな法学派の聖職者（トルコや南アジアではハナフィー学派、アフリカではマーリク学派、東南アジアではシャーフィイー学派など(15)）がいまだに世界中で優越的地位をたもっていた。かれらはサウディアラビア起源の厳格主義に警戒心をもち、そのセクト的な性格を批判していた。しかし一九七三年以降、ワッハーブ派組織は規模を一挙に拡大し、スンナ派世界で大規模な布教活動を開始する。（シーア派は異端とされていたので、この運動の外におかれていた。）かれらの目的はイスラムを国際社会の表舞台にだし、敗北したナショナリズムにとってかわることであり、さらには現状では複数あるイスラムの表現様式を統一して、メッカの守護者の信仰に一元化することであった。かれらの布教の熱意は世界全体をおおい、伝統的なイスラム地域をこえて、欧米にまでのびる。欧米のイスラム系移民がサウディアラビアの布教活動の格好の目標となるのである(16)。

しかし布教だけがリヤードの指導者たちの唯一の目標だったわけではない。宗教的なつながりは世界のイスラム教徒に援助や助成金を配分するための鍵となり、配分された助成金はサウディアラビアの優越性を正当化し、アフリカやアジアの貧しい同宗者大衆が王国の富にたいしてむけるであろう羨望のまなざしを緩和する手段となる。サウディアラビアの繁栄は預言者ムハンマドが啓示をうけたアラビア半島にもたらされたのだから、神がイスラム教徒にあたえてくださった賜物であるとかんがえられている。だからリヤードの政権は社会活動・慈善活動の大帝国の管理者となることによって、みずからの繁栄を正当化しようとする。こんなふうに対外的に慈善活動や宗教活動をとおしてみずからの存在を売りこみ、それによって脆弱な君主制の体制が擁護される。王国の国防は最終的にはアメリカの軍事力に依拠しており、ウラマーが不信仰者や欧米を口をきわめて非難しているのに、当の政府が実はアメリカにたいしてつよい従属関係にある。慈善活動・宗教活動はこうした不都合な事実を忘れさせる効果ももっている。このような戦略は石油がサウディアラビアをおおいに潤したながい年月のあいだサウード王家を保護しつづけたのだが、それも一九九〇~九一年の湾岸戦争でバランスがこわれ、安定の時代に終止符がうたれる。

サウディアラビアは国家をこえた「システム」をつくり、布教活動網を形成し、助成金を分配する。またその資金力にひきよせられて移民労働者があつまり、国境をこえた人のながれもできる。こうしたことによって、イスラム諸国の大部分においてサウディアラビアの超国家的システムが社会と国家のあいだに人知れずもぐりこんでいくことになる。個人に資金を提供すると、そうしたひとびとは権力の座にあるナショナリスト・エリートにたいして従属的な関係をもたなくてすむようになる。しかし一九七〇年代、ナショナリスト・エリートたちは産油国から間接的にもたらされた収入を僥倖と感じていた。というのもそれは一時的にであれ、人口爆発により脅かされた政権の不安定さを緩和する効果があったからである。七〇年代の中頃には若い学卒者も経験をつんだ大学人も、職人も農民も国をはなれて産油国にむかう。スーダンから、エジプトから、パレスチナから、レバノン、シリア、ヨルダン、パキスタン、インド、東南アジア等々から。一九七五年には湾岸諸国には一二〇万人の移民労働者がいた(その六〇・五パーセントがアラブ系)が、一九八五年には五一五万人になり、そのうち三〇・一パーセントがアラブ人、四三パーセントがインド亜大陸出身者である(ただしその大部分がイスラム教徒)。パキスタンでは一九八三年に湾岸諸国の出稼ぎ労働者からの仕送りが三〇億ドルにのぼっていた。この国がうけている外国からの援助金の総額が七億三五〇〇万ドルであるのとくらべると、そのおおきさがわかる(17)。

この移住労働者の社会的・経済的インパクトはきわめておおきい。まずそれは失業問題、とりわけ高学歴層のあいだの失業問題を緩和する。イスラム諸国では独立後、人口爆発と農村からの都市への人口流入と教育の一般化のために高学歴青年層が大量にうまれることになる。湾岸諸国が移民労働者をうけいれたのは、その高学歴青年層の第一世代が労働市場に流入する時期にあたっていた。そして、社会的な不満をとりわけいだきやすいのはまさしくこの世代だったのである。次に出稼ぎ労働者は国にのこった家族に送金することで、国の経済に資金を提供することになり、こうして国家のコントロールをうけない富・財・サービスの循環というあたらしいながれがうまれる。最後に、出稼ぎにでた労働者の大部分は急激な社会的上昇に成功し、出発前よりも社会的地位をあげて帰国する。以前は安月給の下級公務員だった者が外国車にのって帰ってき、郊外の住宅地に家を新築し、貯えを有効に運用したり、ブローカーの仕事をしたりして、国の世話にならずに生活をする。国はそうしたものをひとつとして提供できない。

石油黄金郷からもどってきた出稼ぎ労働者のおおくは、社会的上昇を実現するとともに宗教的実践に熱心になる。ひとつ前の世代のブルジョワ女性は召使からフランス式に「マダム」と呼ばれることを好んでいたのだが、いまやおしゃれな夫人はシックな被り物《ヒジャーブ》をかぶり、女中から「ハッジャ」というメッカ巡礼をおこなった女性にあたえられる称号で呼ばれる(18)。アラビア半島の石油君主国に滞在し、サラフィー主義やワッハーブ主義の環境のなかで財をきずいていった人たちのおおくは、自分たちが物質的繁栄をとげられたのは霊的な次元でかんがえればそうした宗教的環境のおかげだとおもっていた。

一九七〇年代のおわりから八〇年代、九〇年代にかけて、出稼ぎから帰ってきたひとびとのなかで、サウディアラビア風の宗教実践をおこなうものの存在がだんだんと目立ってきた。都市郊外に「国際パキスタン風」と呼ばれるスタイルのモスク（ふんだんに使用される大理石と緑のネオンが特徴）が建設され、そのまわりに新興住宅街がつくられ、そうした地域に居をかまえる人間もおおくなっている。「国際パキスタン風」モスクというのは産油国の資金でモスクが建築されるときの「標準型」建築様式である。こうして地域特有のイスラム建築の伝統が放棄され、標準型モスクが建築されるようになったという現象もまた、都市部における教義面でのワッハーブ主義の国際的ひろがりのあらわれである。また、湾岸諸国の生活様式に準拠した市民文化も出現しつつある。ヴェールをかぶった女性のためのショッピングセンターができている。これはアメリカ風消費生活と性の分離の要請とが結合したサウディアラビアのショッピングモールをまねたものである(19)。最後に、このあたらしい社会・文化的カテゴリーに属する人々の貯金のかなりの部分がイスラム金融システムに投資されている。一〇月戦争(第四次中東戦争)以降さかんになったイスラム銀行は利息にかんするイスラムの禁止令(すなわち固定利率の利息の禁止)を遵守するとうたって、出稼ぎ者が石油産出国で稼いだ金の大部分を預金として獲得しようとしている。(この点については後で検討する。)湾岸出稼ぎ者は「敬虔なブルジョワジー」の構成要素のひとつとなったが、このあたらしい社会グループは独立以後権力の座にあるナショナリスト・エリートからなんの恩恵もうけていないとかんがえている。

こうした社会的変化と平行して、一九七三年の戦争の後、世界全体にサウディアラビアがコントロールする宗教宣伝機関のネットワークができることになった。ワッハーブ派宣教活動はサウディアラビアの潤沢な資金を自由につかえるようになったからである。《イスラム世界連盟》は一九六二年、宗教界へのナセル主義のプロパガンダに対抗するためにつくられたが、その危険がなくなると、イスラム教徒がいる地球上のすべての地域に事務局を開設し、イスラム団体やモスクや宗教関係プロジェクトの存在を調査し、世界におけるイスラム布教の先兵の役割をはたしはじめる。サウディアラビア宗教大臣は世界中のモスクにむけて何百万部ものコーランやワッハーブ派の教義を記したテクストを大量に印刷し、無料で配布する、アフリカのサバンナからインドネシアの稲作地帯、さらにはヨーロッパの都市郊外の公団住宅にいたるまで。イスラム世界の一四世紀にわたる歴史のなかで初めて、信者共同体の隅から隅までおなじ流通経路をとおって、おなじ本、おなじカセットが配られ、唯一の教義体系がおなじ形で提示される。しかし、本の種類はきわめてかぎられており、おなじひとつの宗派に属するものだけで、かつてイスラムの多様性をつくっていた他の思想潮流はすべて排除される。ワッハーブ派著述家リストのトップにいるのはイブン・タイミーヤ（一二六三〜一三二八）である。かれはあらゆる傾向をふくめてスンナ派のイスラム主義運動では第一に名前があげられる思想家である。かれの著作はリヤードの保守的政権の布教機関によって大々的に配布されたのだが、しかしその思想は同時にきわめて急進的な潮流によっても利用される。イブン・タイミーヤは一九八一年のサダトの暗殺を正当化するために大量に引用されたし、さらに一九九〇年代の中頃にはサウディアラビアの指導者層を糾弾し、それを転覆させるよう呼びかけるためにも引用された。

教義を統一しようとするこうした努力と平行して、モスクを建設するために助成金が提供される。この半世紀のあいだにサウディアラビアの国庫からの資金提供だけで国外に一五〇〇以上のモスクが建設されている(20)。こうして一九七〇年代中頃からモスクの数が急激に増加する。これは急速に都市化するイスラム世界の光景のなかでももっとも顕著な変化のひとつである。湾岸諸国の寄付がモスク建設増加の最大の要因なのだが、とはいえその後、他の政治的・経済的アクターも相当の資金をそこに投入することになる。あつまった群衆や群衆がモスクで聞く説教をコントロールすることが重要であるとかんがえられるようになり、いかなる機関も（ましてや国家ならなおさら）そうした要素を無視できなくなったからである。

湾岸諸国へのモスク建設資金援助要請はたいていの場合、私的な機関のイニシアティヴでおこなわれる。すなわち、モスクを建設するために特別に団体がつくられ、現地での信者の信仰上の必要性を強調して建設計画の書類を準備する。そして、団体は《イスラム世界連盟》の支局にサウディアラビア王国やその近辺のどこかの首長国の気前のよい寄付者にあてた「推薦状」を依頼するのである。このやり方は年を経るにつれおおくの批判をあびるようになった。寄付で払いこまれる金額の一部がその本来の目的からはなれた使途にもちいられているからである(21)。しかしともかくこのシステムは需要をうみだし、受益者にモスク建設をおもいたたせるきっかけになっている。サウディアラビアの指導者はこうした寄付金の受益者をみんなワッハーブ主義の同調者・支援者にしたいとのぞんでいた。事実、次の章でみるとおり、一九七九年のイラン革命のためにイスラム世界におけるサウディアラビアのヘゲモニーが危機に瀕したのだが、サウディアラビアはこうした政策のおかげで被害を最小限にすることができた。しかしその一方で、一九九〇~九一年の湾岸戦争の際、サッダーム・フサインがサウディアラビアと欧米の同盟を批判したとき、イスラム世界にまきおこったフサインへの熱狂的な支持をサウディアラビアはおさえることに成功しなかった。ここにサウディアラビアの布教政策の限界がみてとれる。王国が資金を気前よくばらまくことで獲得した支持は心からのものであるというよりは下心のある支持である。だからサウディが普及させたいとかんがえている「ワッハーブ主義」も石油の一バリルあたりの価格の変化とともに浮沈せざるをえない。しかしサウディアラビアは国外に影響を行使する手段としてイスラムの布教をえらんだかぎりは、もう選択の余地はない。イスラムを標榜するものすべてに資金援助することにより、サウディはリヤードの君主制に敵意をもつ革命グループに助成金をあたえる危険すらあるのだ。

移民とワッハーブ主義のイスラム世界席捲にくわえ、一九七三年の戦争の第三の帰結は、アラブ・イスラム諸国間の力関係が石油産出国に有利な方向に変化したことである。これによって、サウディアラビアの主導権のもとに世界のイスラムがひとつの「意味の空間(22)」を形成することが可能になる。かつてナショナリズムのためにアラブ人、トルコ人、アフリカ人、アジア人が分裂していたが、そうした国の国民の誰もがあたらしいタイプのアイデンティティ――言語や民族や国籍を相対化し、イスラムという共通の性質を前面におしだしたアイデンティティを自分のものとして採用することが可能になる。こうしたあたらしいアイデンティティの可能性が提供されたのはかならずしも関係する人間すべてのあいだにすでに需要があって、それにこたえる必要があったからというわけではない。むしろ供給が需要を刺激したと言う方がよいかもしれない。そうした意識をもてば個人が社会的上昇や経済的・政治的成功をとげるのに有利になるという事情もあった。さらに、人口爆発と農村からの人口流出、国境をこえた移住、大衆教育、問題のある都市化など、さまざまな問題のために大混乱をきたしていた一九七〇年代において、イスラムへの帰属意識は安定した基準点を提供してくれるという利点もあった。

制度的な面で言うと、現代イスラムの単一の「意味の空間」のはじまりはアラブ・ナショナリズムが危機のまっただ中にあった一九六九年の《イスラム諸国会議機構》創設にさかのぼる。これは同年九月、二年前からイスラエルに占領されていたエルサレムの大神殿前広場にあるアクサー・モスクがオーストラリア出身の過激派男性により放火未遂されたことをうけて、ラバトで開催されたイスラム首脳会談で決定されたものである。このあたらしい組織は、イスラエルとアラブの紛争の中の一事件をアラブ諸国のみならず、イスラム一般にたいする攻撃とみなして、イスラム諸国すべてを動員するために創設されたのである。創設当時二九ヶ国だったメンバーは一九九七年一一月テヘランでひらかれた第八回首脳会議では五五ヶ国に増加した(23)。サウディアラビアのジェッダに本部事務局がおかれているが、これはサウディアラビアの《機構》への関与の度合いを示している。憲章によれば、《機構》は「メンバー国間のイスラム的連帯を促進し」、あらゆる領域での協力を強化し、とりわけ「聖地の保護とパレスチナ人民の戦いを支援し、パレスチナ人民がその権利を回復し、土地を解放することを援助するための努力を調整し」、そして「すべてのイスラム民衆の戦いを強化し、その尊厳と独立と国民的権利を擁護する」ことを使命としている。

世界にたいする《イスラム諸国会議機構》のインパクトは小さかった。それはメンバーのあいだで対立があったためだし、また湾岸産油国とマレーシア以外のほとんどの国が拠出金を支払わなかったせいでもある。しかし《機構》は問題のありかを確定し、それにイスラム的な意味をあたえるための議論の場として機能する。たとえばパレスチナ問題だが、これはそれまでアラブ・ナショナリズム的なアイデンティティを結晶させるだけだったが、《機構》はそれをイスラムの問題としてとらえた。一九七四年、《機構》はPLOをメンバー国として認め、一九七九年にはイスラエルと和平条約をむすんだエジプトを、一九八〇年にはソ連のコントロール下にはいったアフガニスタンを除名する。こうしたケースのそれぞれにおいて（また一九八〇年代に《機構》がとったイランへの批判的な立場について）、《機構》はサウディアラビアの見解をもとにえられたコンセンサスを制度化する。一九七三年一二月、石油価格が高騰しているまさにその時、《機構》はイスラム開発銀行を開設し、本社をジェッダにおくことを決定する。銀行は一九七五年一〇月から開業するが(24)、イスラムの最貧国の開発プロジェクトに融資し、イスラム銀行システムの枠内でとりわけ湾岸諸国からながれてくる資金を活用する(25)。

《イスラム諸国会議機構》という公的な枠組みのほかに、サウディアラビアが影響力を行使できるおおきな要素がもうひとつ他にある。それはハッジと呼ばれるメッカへの巡礼のコントロールである。メッカへの巡礼は世界中のイスラム信仰共同体《ウンマ》の統一性を儀礼という形で具体化したものに他ならない。すべての敬虔なイスラム教徒はメッカへ巡礼すれば魂の救済がえられると信じているが、近年、航空運賃が安くなるまでは一般信者にとって巡礼は困難で、かなりまれにしか実現できないものであった。かつて、巡礼は比類のない威光につつまれた行為であったが、その実現が困難な場合、かわりに副次的だがもっと実現が容易な巡礼がおこなわれることがあった。あちこちに散らばった聖者の墓や民間信仰の対象となった呪物への巡礼である。アブドゥルアズィーズ・イブン・サウード国王がハーシム家を追放して一九二四〜二五年にメッカとメディナの支配権を完全に掌握して以来、かれは巡礼をもっと機能的にし、もっとたくさんの巡礼者をあつめようとした。巡礼がもたらす収入は、石油資源が開発される以前には、王国の国家収入のもっとも重要な部分だった。巡礼者は一九二六年には九万人にすぎなかったが、一九七九年には二〇〇万人をこえ、それ以来、一年あたり一五〇万人から二〇〇万人で推移している(26)。巡礼者がこのようにめざましく増加したおかげで、世界中の多数のイスラム教徒が巡礼の理想とその具体的な実現を一致させることができるようになった。しかしこれは同時に巡礼という儀礼がワッハーブ化したということも意味しているのである。

聖地の支配者となるや否や、ワッハーブ派の人々はイマームや預言者の娘ファーティマの墓廟を破壊した。シーア派はそうした墓廟を崇拝の対象としていたが、ワッハーブ派はそれを許容しがたい偶像崇拝とかんがえていた。ついで、ワッハーブ派は自分たちの儀礼規則にしたがって巡礼を組織した。巡礼のうけいれや組織の決定は全面的にサウディアラビアの君主の権限であるとされた。サウディ国王は一九八六年から「二聖都の守護者」という称号をもつようになったが、これは地球上のイスラム教徒がもっとも多数参集する機会であり、またもっとも神聖な儀式でもあるこの巡礼にたいするワッハーブ派の支配をより明確にするためであった。これはイスラム的な「意味の空間」にたいするヘゲモニーを確保するための重要な手段となる。サウディ王家による巡礼支配にたいして暴力をもちいた抗議もおこなわれるようになっている。まず、イスラム暦一五世紀にはいった直後の一九七九年一一月、メッカの大モスクがサウディアラビアの反体制派による攻撃をうける。また一九八〇年代にはホメイニー体制下のイランが何度も巡礼を利用して暴力をともなったデモをおこなっている(27)。そして最後に、一九九〇～九一年の湾岸戦争の後はサッダーム・フサインとサウディアラビアの反体制的「過激派」が批判者の列にくわわるようになった。

## イスラム銀行システムの役割

サウディアラビアはアフガニスタンのジハードの公式スポンサーとなることによって、イスラム主義運動のなかのもっとも過激なグループ、学生や知識人あるいは何らかの形の革命を夢みている都市の貧困青年層を無力化しようとした。その一方で、世界のイスラムにおけるみずからの優越性を確立するためには、サウディ政府は敬虔なブルジョワ層や中産階級と特別な絆を維持しつづける必要があった。

一九七三年以降、石油資源のおかげで莫大な富をもつようになったサウディアラビアにおいて、そうした富や権力に与かれるかどうかは血統やうまれによって決まる。サウディアラビアのこうした王朝的・部族的体制は当然、「うまれのよくない」社会グループの批判の的になっていた。リヤードの指導者と対立関係にあったイスラム主義グループのなかでは、サウディの王族たちは怠惰で、無能力で、贅沢・放蕩その他宗教が禁じているあらゆる不道徳な行為（泥酔、色欲など）のかぎりをつくし、宗教を偽善的に利用している、そんな人間であるとかんがえられていた。ブルジョワジーが王侯貴族を極悪人と批判するのはどんな文明にもひろまっている古典的テーマだが、ここで最終的に依拠される道徳的基準はコーランの聖なる規範である。

イスラム銀行・金融システムは「神の賜物」である石油収入を独占するアラビア半島の部族的貴族階級とイスラム世界の敬虔な中産階級をむすびつける特別な絆になっている。それによって両者のあいだに経済的なパートナーとしてむすびつきがうまれるとともに、宗教活動のための資金のながれも発生することになる。それは信者共同体にたいするサウディアラビアのリーダーシップを強化し、イスラム諸国の敬虔なブルジョワジーをワッハーブ派王朝とむすびつけてその政治的立場をつよめる。イスラム金融システムはザカート（すなわちイスラム法で規定された喜捨(28)）を再配分し、通常の銀行システムを利用できない小企業・農業・商業に融資することによって社会的・慈善的側面を強調するが、さらに社会的連帯・団結を実現するための一要素にもなろうとする。つまり、敬虔なブルジョワジーが道徳的正当性を帯びてひとびとの幸福に貢献している社会という理想化されたイメージを普及させる役割の一端をになおうとするのだ。最後に、こうしたタイプの金融システムの出現はおなじ頃にうまれたイスラム系人道主義組織と不可分である。イスラム銀行は「合法《ハラール》ではない」収入を慈善活動にふりむけることになっているが(29)、イスラム系人道主義組織はそうした資金の主要なうけいれ先となる。これによってイスラム銀行は「シャリーアに合致して」機能することができ、したがって敬虔な預金者にたいして自己を正当化することができる。

教義上、イスラム金融システムは固定利率の利息の禁止という基本原則を遵守すると主張する。これはコーランで禁止されたリバー（利子）に相当するとかんがえられているからである(30)。しかし利子《リバー》は自分の母親との性交よりも重大な罪とされ(31)、すべてのウラマーがそれは禁止されているとかんがえる点では一致しているものの、それが通常の固定利率の利息と同一であるかどうかについて完全なコンセンサスがあるわけではない。すぐれた高位聖職者のファトワーのなかには両者を区別して、ある種の条件下であれば忠実な信者にも通常の銀行業務は可能であるとするものもある。一番最近ではアズハル学院総長もそのようなファトワーをだしている(32)。利息の禁止は、教義上では安直に利子《リバー》の禁止にもとづいて主張されているが、本当は別な種類のかんがえをその哲学的根拠としてもっている。すなわち、あらかじめ利率を決定しておくと、人は未来の不確実さにそなえることになり、これは神の意志の絶対性——アラブの決まり文句イン・シャー・アッラー（「アッラーがお望みであれば」）がこれを典型的に表現している——に背くことになる。事故や災害にそなえる保険が禁止されているのもこれとおなじような発想からである。神はお望みになったときに、事故や災害をおこされるのである(33)。

近代経済は利率や保険を基礎にして機能する。それは生産的な投資の条件なのであるから、おおくのイスラム法学者が教義上の至上命令をねじまげているという印象をあたえることなく、利率や保険を利用することを可能にする「工夫」（潜脱手段《ヒヤル》）をみつけだすことに苦心していた(34)。こうした議論は、イスラム世界の諸国家が世界経済にくみこまれていくにつれ、ますます重要になっていく。信者は、固定利率の投資は地獄行きに直結すると恐れていた。そうした信者の貯蓄を銀行にひきつけるために政府はウラマーにファトワーをだすよう要請していたのである。

一九七〇年代までは、時代にあわせようとするこうしたアプローチ方法が優勢だったが、そのころ、別の方法がはじまるようになる。それは利息の絶対的な禁止をふたたび厳格化し、近代経済の方をシャリーアの規範にあわせるよう努力するという選択である。これはおなじ頃、政治や文化の領域ではじまった再イスラム化の傾向の反映であった。技術的な観点からすると、「厳格主義的な」イスラム金融システムはひとつの基本的な原則にもとづいている。それは「すべての固定金利の利息は禁止されている、利益（あるいは損失）は冒すリスクのおおきさに依存すべきである(35)」というものである。銀行システムが世界化するなかで、こうした禁止条項はウラマーがメンバーになった監査委員会（シャリーア評議会）によって監視される(36)。シャリーア評議会が業務の合法的性格を審査し、利息のついた業務を決算書から除外し、決算書から除外された収入を人道支援団体活動や宗教活動にわりあてるのである。

イスラム金融システム揺籃期の一九六〇年代、ふたつの平行した展開があった。この両者は後にあたらしいダイナミズムのなかで融合することになる。まず、理論的な面で、イラクのシーア派アーヤトッラー、バキール・サドル（後に、一九八〇年四月、サッダーム・フサイン政権に暗殺される）が一九六一年に『イスラム経済論』という題の著書を刊行し、イスラムの原理にのみ基礎をおいた近代的な経済システムの構築を主張する。当時、イスラム諸国は世界の資本主義のなかにくみこまれるか、あるいは、一部の国にかんしては、ソ連の庇護のもとに社会主義システムに参加していて、イスラム特有の経済を主張する国は存在しなかった。しかしサドルは、イスラム経済をイスラム国家樹立のための一要素とかんがえた。サドルもイスラム国家建築をめざしており、そうした意味でかれはサイイド・クトゥブやホメイニーの政治的主張を経済の領域でひきついだということになる。非イスラム世界の経済との断絶としてとらえられたイスラム経済はこうして固有のイデオローグをもつことになった(37)。しかし、政治におけると同様、その実施は客観的条件がそろうまでは延期されるとされた。そうした条件が実際にそろうのは一九七三年以降、石油資金が潤沢にながれるようになってからである。他方、エジプトの経済学者アフマド・ナッガールはある実験をおこなう。それはイデオロギー的性格をもたず、ただ政府管理の銀行を信頼できない一般大衆が自宅にたくわえていた貯金を経済のながれのなかに呼びもどす方法をさがそうとするものであった。こうしてナッガールは一九六三年にナイルのデルタ地帯にあるミート・ガマルに地方貯蓄金庫を創設する。この金庫はイスラムの経済原理を適用していたが、ナセルの怒りをこうむらないよう、それを派手に標榜することはひかえていた。ナッガールはかれの企図の社会的性格を強調した。かれは利息を設定しなかったので、これまで国有化された公的な銀行網の外にあった庶民層全体を顧客とすることに成功する。ナッガールは庶民から貯蓄をあつめ、そして庶民の事業に融資してその社会的上昇をうながす。かれの銀行は困窮したひとびとには利息なしの当座預金の口座を開設すれば無利子で融資をうけられるようにする。一方で、多額の預金をもち投資をのぞむ顧客には、企業の事業への金庫の融資に参加し、事業のリスクに応じて利益をうけたり、損失をこうむったりするという手段を選択できるようにする(38)。最後に、金庫はザカートを資本の二・五パーセントに定め、資金を蓄積して困窮者への生活援助にあてる(39)。

この実験は一九六八年、政府によって停止させられた。大量の資金があつまったのだが、運営上の問題があったからである。しかし、自分たちの活動の社会的・民衆的な性格を是非とも強調したいとかんがえるイスラム銀行家たちはこのナッガールの実験のことをいまだに話題にする。一九七二年、サダトは《ムスリム同胞団》の指導者を牢獄から解放した後、ナセル社会銀行を創設した。この銀行も利息なしの融資をおこない、喜捨をあつめ、それを困窮者に配分した。イスラムにもとづくと標榜するどころか、ナセルの名をつけさえしたこの銀行は、しかし実際にはイスラム銀行で、その運営主体である国家はこれによって慈善や宗教の領域に介入することが可能になる。イスラム主義運動は慈善事業を優先活動領域のひとつとし、さらにそこで同調者や活動家をあつめるのだが、ナセル社会銀行はそうした分野をイスラム運動の手から政府がとりもどすのに貢献したのである(40)。

しかし現代イスラム金融システムがいかに社会的・宗教的理想を標榜するにせよ、それが大きな飛躍をとげたのはそれとはまったく別の要因、すなわち大量のオイルマネーが金融システムにながれこんだおかげである。

一九七三年一〇月の戦争の後、石油価格が高騰し石油輸出国は巨額の資金を獲得する(41)。そして、その後数年間、石油輸出国に出稼ぎをしたひとびともそのおかげで多額の現金を手にすることになる。このような資金のながれはこれまでなかった現象で、これによってあたらしい、国家をこえたイスラム中産階級が誕生する。そしてそのなかの多くのものが石油産出君主国での滞在期間中、経済的に豊かになるにつれて、信仰にもめざめるようになる。かれらは故国の公的な銀行機関——それが政府にコントロールされている場合は特にそうだが、——は財産没収とか国有化とか差し押さえとか、いろんな悪事を企てているに違いないと信じこんでいる。だから自分たちの貯えがそうした危険に脅かされないですむような投資先をさがしているのだ。またおおくのものは消費の欲求を満たした後、たとえリスクがあってもリターンの非常におおきい投資をしたいとかんがえている。そして最後に、かれらは国境をこえた私有の銀行システムに抵抗を感じない。そうしたあり方は、出身国と富を形成した国とのあいだで拡大されたかれら自身の社会的アイデンティティと合致しているからである。イスラム銀行はこのような先例のない金融上の要請にこたえるだろう。そして同時に貯蓄者で構成されたあたらしい社会グループを強固なものとし、サウディアラビアの国益に忠実で、それに従属する敬虔な中産階級とするだろう。

イスラム金融システムは、おなじ精神にもとづいてはいるが区別できるふたつの領域からなっている。最初の領域は、《イスラム諸国会議機構》のメンバー国相互間でオイルマネーを部分的に再配分するためのメカニズムである。これは一九七五年から開業したイスラム開発銀行をとおしておこなわれるのだが、これがアフリカやアジアの貧しいメンバー国と豊かな石油輸出国のあいだのイスラム的団結（と従属）をいかに強化しているかについては前にみたとおりである(42)。第二は私的な投資家・貯蓄者の領域である。それは、エジプトでいくつかの実験的試みがおこなわれた後、イスラム開発銀行とおなじ年の一九七五年、ドバイで初めて日の目をみたイスラム商業銀行の開設につながる。さらに多国籍持ち株会社の設立でこの方向にむかってさらに一歩、歩みがすすめられる。すなわち一九八一年六月、サウディアラビアの故ファイサル国王（一九七五年暗殺）の息子ムハンマド・ファイサル・サウードとバラカ・グループ（一九八二年、サウディアラビアのシャイフで億万長者サーリフ・アブドゥッラー・カーミル設立）によってＤＭＩ（イスラム金融会社）の設立が発表される。持ち株会社は銀行業務関係のみならず、投資会社もふくんでいた。実際、一九八〇年代はイスラム金融システムが本格的に飛躍する年だったが、またその投資先の多様化の時代でもあった。実際、パキスタン、イラン、スーダンの三国では銀行が国家の手で強制的にイスラム化された。（ちなみにイランでは銀行はすでに国営だった。）その他の国では、主として個人的なイニシアティヴでイスラム銀行が開設された。一九九五年の時点で、世界全体で一四四のイスラム金融機関が存在しており(43)、そのうちの三三が政府関係銀行で、四〇が私営銀行、そして七一が投資会社であった。

パキスタン、マレーシア、ヨルダンさらにはトルコやチュニジアのような世俗主義的な国家においても、イスラム銀行がいたるところで開設され(44)、開設の際にはしばしば税にかんして優遇措置もとられた。エジプトやスーダンの例はすでに述べたが、こうしたイスラム銀行の開設は国際関係と国内問題が交差するところで実現された。サウディアラビアや湾岸の石油産出君主国の政治・金融界にとって、イスラム銀行は国内の敬虔なブルジョワジーとの絆をふかくする好機であったし、それ以外の国においてもかれらをひきよせ、過激なイスラム主義運動に参加しないよう説得するための手段となった。一方、過激なイスラム主義運動はそれを利用して権力のコントロールをうけずに闘争資金をつくり、政府転覆の資金にできるとかんがえた。このようにイスラム銀行は一九八〇年代のイスラムの伸長のもっとも重要なファクターのひとつとなったのである。敬虔な中産階級はイスラム銀行がどんな風に展開していくかで、その政治的立場を変化させていった。かれらがとる態度は各国に固有な状況に応じてさまざまであった。しかしかれらはなによりもまず、この銀行システムの出現を利用して自分たちをひとつの特有な社会的・文化的グループとして形成し、独自の主張ができる自律的集団になることをのぞんだのである。その結果、イスラム主義に準拠する態度の可視性が増すと同時にイスラム主義の社会的評価も向上した。イスラム主義は八〇年代のあいだにかなりな程度ブルジョワ化していった。しかしこのあたらしいブルジョワジーがその宗教運動家としての情熱を優先するのか、純粋に経済的な利害を優先するのかはまだはっきりとはしなかった。

# 第四章　スンナ派イスラム主義の誕生――エジプト、マレーシア、パキスタン

一九七三年以降、サウディアラビアが信者共同体《ウンマ》にたいするヘゲモニーを確立したが、おなじ頃、イスラム主義運動が大部分のイスラム諸国で出現しはじめた。スンナ派の世界ではエジプト、マレーシア、パキスタンのそれぞれの国でさまざまな組織が活動を展開する。それがスンナ派世界でのもっとも強力な三つのイスラム主義運動ということになるのだが、しかしその結果は対照的であった。もっとも華々しく活動したのはナイル渓谷を地盤にした組織であった。サダト大統領を暗殺したのはこの組織である。しかしかれらも権力を掌握し、イスラム国家を樹立するにはいたらない。マレーシアではかれらは独裁的指導者マハティール・モハメッドによっていちはやく権力にとりこまれる。イスラム主義運動はマハティールにテクノロジーと伝統、宗教と近代性を両立させるイデオロギーを提供する。しかしマハティールはイスラム主義が用済みになると、すぐさまその中心的指導者を同性愛の罪で投獄する。最後にパキスタンでは、イスラム主義者たちは軍事独裁者ズィヤーウル・ハック将軍に宗教的な正当性をあたえ、大統領となった将軍はそれを後ろ盾にして公的自由を制限する。しかしかれらも権力の中枢にながくとどまることはできない。この三国すべてにおいて、イスラム主義運動は最終的に失敗におわ

る。これは一九七九年のイラン革命の勝利とは対照的なのだが、失敗の原因はその力の源泉である複数の異質な社会グループをイスラム主義運動が持続的に動員することができなかったからである。

## エジプトのパラダイム

一九七三年、一〇月戦争直前の夏、学生のあいだで《イスラム団》という団体がうまれ、メンバーのための最初の夏の合宿がおこなわれた。その合宿で運動の共鳴者や活動家は「イスラム的な純粋な生活」の手ほどきをうける。毎日の規則ただしい祈り、イデオロギー教育、説教の仕方や布教のテクニックの習得、グループ固有の集団的行動様式、等々。そこで指導者のネットワークがつくられ、その結果《イスラム団》はキャンパス内で主導的な運動となる。サダトは一九七四年、極左学生運動の危険は完全になくなったとかんがえて、《エジプト学生連合》の選挙手順を民主化するが、《イスラム団》は一九七七年、その選挙に勝利し、多数派を占める。

この運動の成功の原因はまず第一に、当時のエジプト大学界が直面していた社会的危機にたいして「イスラム的解決策」を提示することに成功した点にある。エジプトでは七〇年代のあいだに学生数が二倍以上になって、五十万人にも達したのに、そのためのインフラ整備がおいつかない。その結果、教育環境が一般的に悪化し、この世代——一般的には家族のなかで大学にまで進学した最初の世代である——の文化的希求と就職の現実とのあいだにズレが生じる。こうした現実のために、教育で教えられた近代的・世俗主義的価値に疑問が呈されるようになる。《イスラム団》は近代主義・世俗主義が欺瞞的なディスクールであり、社会の現実を反映していないと批判する。そしてそのかわりにイスラム的な見解を提出し、それが世界を解釈し、さらには変革する力をもった「トータルで完璧なシステム」を構成していると主張する。

学生生活の具体的な側面にかんしても、《イスラム団》は現実に適合したサービスの提供と道徳的規範の宣伝・普及とをむすびつけ、「イスラム的秩序」樹立という文化的主張のために社会活動を利用する。たとえば女子学生たちは男女の別なく利用する公共交通機関や大教室が満員になって混雑するといろいろと不愉快な経験をするし、また女子学生のなかでも裕福でないものは服の流行にあわせなければならないことに経済的負担を感じているものもおおい。《イスラム団》はこうした女子学生たちの個別的な状況を改善するための努力をおこなう。公共交通機関の不十分さにたいして、カイロのイスラム団体は、気前のよい寄付者が提供してくれる資金をつかって、女子学生専用のミニバスを運行させる。このサービスは魅力的で、需要が供給を上まわるので、やがてヴェール（ヒジャーブ）を着用しているものにだけ利用が許可されるようになる。こうして私的な交通機関の運用は特定の社会問題を「イスラム」的に解決する方法とみなされるようになる。大教室でも、《イスラム団》は男女が別々の場所に着席するよう要求する。それは最初のうちは若い女性たちに歓迎されるが、やがて人々の行動にたいする抑圧的な規範となり、キャンパスにたいする《イスラム団》の精神的コントロールのシンボルとなる。服装についても同様である。費用がどこから出ているのかははっきりしないが、「イスラム的な服装」（ヴェール、ながくゆったりとしたマント、手袋）が非常に廉価で女子学生たちに提供される。これも流行の服の高価さという社会問題にたいする解決策だとされる。しかしこれは社会の不平等を減少させるための戦いなのではなく、均一な服装という方法で表面的な平等を誇示するにすぎない。そればかりかこれもまたキャンパスにおけるイスラム主義の文化的支配の表現のひとつなのである。《イスラム団》のイデオローグのひとり、青年医師イッサーム・アルヤーンが一九八〇年に発表した論文で書いているように、「ヴェールを着用する女子学生の数が増加すると、それは西欧文明にたいするレジスタンスの印、イスラムへの厳格な従順のはじまりとなる。」男子学生の髭や白い長衣着用、年二度の祭りの際の集団礼拝への参加などとともに、ヴェール着用は強力なイスラム主義運動の存在の証である。とりわけ年二度の祭り、断食明けの祭と犠牲祭は《イスラム団》にとって、エジプトのすべての大都市で何千人もの信者をあつめてみずからの力を誇示する絶好の機会なのである。

サダトがエルサレムを訪問した一九七七年まで、エジプト政府と《イスラム団》はまさしく蜜月時代にあった。政府の御用新聞は《イスラム団》に賛辞を惜しまなかった。「信仰あつき大統領」は「科学と信仰」の支配を樹立したいと願い、イスラム主義の学生インテリ層を利用すれば要求のつよい青年層をコントロールできるとかんがえていた。要求も宗教的な用語で文化的・道徳的通路をとおって表明されればそれが不満のはけ口になるし、実際に政府もそうした手段をふんだんにつかってきたのだ。一方、サダトは、ナセルに追放され、サウディアラビアで財をなした《ムスリム同胞団》のメンバーの帰国を認める。そして《同胞団》メンバーは一九七五年からおこなわれた経済開放、すなわち一九六〇年代にソ連の指導でつくられた国有経済を解体し、民間部門にイニシアティヴをあたえる政策の実現に貢献するようになる。一九七三年以降、湾岸諸国にむけて出稼ぎに出ていったおおくのひとびとにとって帰国した《同胞団》メンバーは経済的成功のお手本であり、まねるべき存在であった。湾岸諸国への出稼ぎ者は資金力や石油産出君主国での人脈をもっている。だから政権にとってかれらは敬意をはらうべきパートナーであり、みずからの陣営にとりこむべき存在であった。敬虔なブルジョワジーは《ムスリム同胞団》内部の「穏健派」を自分たちの代弁者であるとかんがえていた。実際、《同胞団》穏健派のひとびとはサイイド・クトゥブの「過激すぎる」著作を参考にすることなどほとんどなかった。当時、《同胞団》穏健派のリーダーだったのはティリムサーニー氏で、ナセル政権時代に投獄され、一九七一年にサダトにより釈放された人物だったが、ジャーナリズムの活動にさまざまな制約が課されていたなかで、かれは一九七六年以来、月刊誌『ダアワ（イスラムへの呼びかけ）』を自由に発行することを許されていた。

サダトのとったこうした政策を、この後イスラム世界のおおくの国家元首が模倣することになるのだが、かれの狙いはこうである。イスラム主義運動のなかで社会的に保守的な潮流の発生をうながし、インテリ層にはそれなりに文化的・イデオロギー的自立性を保証し、敬虔なブルジョワジーには私有化された経済部門に参加しやすくする。そしてこうした優遇措置とひきかえにかれらの政治的支持を期待する。つまり、政権に厚遇されたイスラム主義者には社会秩序を転覆させようとする過激グループの突出をふせぐ使命があたえられるのである。

こうした紳士協定は一九七七年に終焉をむかえる。この年の初頭、経済開放政策に抗議して暴動がおこる。民衆は経済開放政策が社会に不安定さをもたらすと予感したのである。ついで、過激イスラム主義グループ、《ムスリム集団》（警察はこれに《タクフィール・ワ・ヒジュラ》、すなわち「不信仰者宣告《タクフィール》と離反《ヒジュラ》」というあだ名をつけた）が政府と正面衝突し、ウラマーを人質にとって、殺害する。最後に、一〇月、《ムスリム集団》の裁判の翌月、サダトはエルサレムに行き、イスラエルと和平をむすぶ。これによってかれがこれまで構築してきたイスラム主義インテリ層や敬虔なブルジョワジーとの関係は一挙に崩壊する。

《ムスリム集団》が政治の表舞台にとつぜん登場してきたという事実は、イスラム主義運動が政権に優遇された「穏健派」のみに還元できないこと、穏健派には過激分子をとりこんでコントロールする力がなかったことを示している。その後、過激なグループはますます増加し、やがてテロにはしるようになる。このグループはその過激さゆえにエジプトのみならずイスラム世界全体のひとびとにつよい印象をあたえた。そして「タクフィーリー（他のイスラム教徒に対して不信仰者宣告をする人）」という言葉はアラブの日常の語彙にはいり、イスラム主義運動のなかでももっともセクト的性格をもつグループを指すようになった。そもそもこのグループは、ナセル政権下、一九六五年の一斉検挙の際に逮捕され、流刑キャンプに収容されていた学生たちのあいだで六〇年代末に形成されたもので、一九七七年には若い農業技師シュクリー・ムスタファーがリーダーだった。シュクリーは、一九六六年に処刑され、自分の思想を未完のままにのこしたクトゥブの思想を極端にまでおしすすめた。

かれによれば現代の世界が無明時代《ジャーヒリーヤ》（＝非イスラム的社会）ということは、かれの弟子以外、誰一人として本当のイスラム教徒は存在しないということを意味している。シュクリーはまるで啓示をうけた人間のように聖典を自分の好きなように解釈し、社会全体に不信仰者宣告《タクフィール》をする。自分の支持者をのぞき、すべての人間にカーフィル（「不信仰者」、「非イスラム教徒」）、イスラムの教義では殺害してもよいことになっている「不信仰者《カーフィル》」

であると宣告をくだすのである。また、クトゥブは無明時代との「決別」を主張していたのだが、それが単なる精神的な意味での決別を言っているのか、それとも社会との完全な「断絶」を意味するのかは明白ではない。それにもかかわらずシュクリーはクトゥブの主張を拡大解釈し、自分の信奉者を不信仰な世界から完全に分離し、上エジプトにある洞窟や共同体主義的アパルトマンに閉じこめ、聖遷《ヒジュラ》（＝社会からの離反）をおこなった預言者の行為を文字どおりに模倣しようとした。預言者ムハンマドは生命の危険を感じて偶像崇拝のメッカから逃れ、メディナに避難所をもとめたのだが、この聖遷はすなわち非イスラム的世界との決別であり、これによってイスラムが成立した起源となる行為なのである。国内亡命を信者に強制するシュクリーはいつの日か、自分のグループが十分に強力になったあかつきには、亡命場所を出てエジプト征服に出発し、無明時代的社会を打破して真のイスラムを樹立する、とかんがえていた。ちょうど預言者が、逃亡後八年でメッカを征服し、勝利者として帰還したように。

このセクトのメンバーはサダト時代に経済的自由主義政策の恩恵をうけなかった貧しい階層の出身者だった。セクトは支持者にエジプトの無明時代的社会でむすばれたあらゆる絆（とりわけ婚姻関係）を断ち切り、グループだけで閉鎖された共同体を形成して生活することを提案した。シュクリーは気のむくままにカップルのくみあわせを変え、そのために娘や姉妹や妻を「奪われた」家族は告訴したが、運動がマージナルでさしせまった政治的危険をはらんでいるわけではなかったので国家はそれを取り締まろうとはしなかった。シュクリーは信奉者に不信仰な国家の公務員になることを禁じていたので、メンバーは細々と生計をたてていくしかなかった。なかには湾岸諸国に出稼ぎにおくられ、そこからグループに仕送りをさせられるものもいた。このセクトの社会的実践のすべてが貧しいひとびとのその場しのぎの生き残り策といったものを連想させる。それはナセル後のエジプト、経済開放をおこなったエジプトでひとびとが直面した社会的緊張にたいするかれらなりの反応だったのである。

宗教的権威者はシュクリーの思想を否定した。宗教指導者のひとり、アズハル学院のウラマーであるザハビー師はシュクリーの思想をハワーリジュ派の一種であるとした。ハワーリジュ派とはイスラムのごく初期に出現した教義で、罪を犯したイスラム教徒すべてにたいして不信仰者宣告《タクフィール》したグループである。やがて、《ムスリム集団》とこのグループから信者を奪おうとした別の過激イスラム主義グループが武器をとって対決するようになる。シュクリーはセクトから離脱したものはすべて事実上イスラムを放棄したこととおなじであり、背教者のうけるべき罰、つまり死に値するとかんがえたからである。そこで警察は公秩序壊乱の罪で一部の信奉者を逮捕する。シュクリーはその解放を要求して、ザハビー師を人質にとる。当局が交渉を拒否したので、ウラマーは殺害され、シュクリーは逮捕、裁判をうけて、処刑される。

サダト政権とイスラム主義運動との関係はさまざまな変遷をとげるが、《ムスリム集団》の裁判は政権側の戦略の挫折を意味する。政府は《イスラム団》の学生インテリ層と《ムスリム同胞団》の敬虔なブルジョワジーをとりこんで、都市の貧困青年層の暴走をおさえようとしていたのである。裁判で、軍事検察官は、シュクリーのみならず、すべてのイスラム主義者を、さらには宗教機関アズハル学院までをも批判する。アズハル学院はこの事件で自分たちのメンバーの一人を殺害されさえしているのだが、しかし検察官によれば学院は青年たちに「真のイスラム」を教えることができず、結果としてシュクリーのような「詐欺師」の影響下にかれらを放置した責任があるのだ。この事件はすべてのイスラム主義運動と政権との絶縁の序章となる。裁判の翌月、サダトはエルサレムに行く。イスラム主義者は大統領のこの行動を「ユダヤ人との恥ずべき和平」と形容するが、大統領は自分の政策が批判されることを容認できない。その結果、《エジプト学生連合》は解散させられ、《イスラム団》の財産は没収、夏のキャンプは警察により閉鎖される。さらに警告のため、《ムスリム同胞団》の月刊誌もきびしい検閲の対象となる。

しかし政権とイスラム主義者のあいだの緊張がたかまるにつれ、イスラム主義側も一枚岩ではないことがあきらかになってくる。過激派とは異なり、ティリムサーニー氏とその支持者は政権にたいする「敬意をもった」反対派たらんとする。かれらの月刊誌の広告欄には湾岸諸国での亡命時代に財をなした《同胞団》メンバーの会社の広告が満載されていたが、同時に国家資本の会社の宣伝も数おおくあった。敬虔なブルジョワジーと権力のあいだの妥協、その相互補完性は政治状況の変化によっても否定されることはなく、敬虔なブルジョワジーが政権を暴力的に転覆させる戦略に転換することもありえなかった。しかしその一方で、政権にたいして妥協なき対立的態度をとらないから、かれらは学生や都市の貧困青年層出身の急進派活動家たちとのコンタクトをうしなってしまう。そして急進的なグループはみずからのイニシアティヴでサダトとの対決を選択していくのである。

一九七七年以降、反体制的イスラム主義が過激化していくが、それはまず《イスラム団》の末端活動家の運動方針転換としてあらわれてくる。すなわちキャンパスでの布教活動が放棄され、エジプトの人口密集地（カイロ、アレクサンドリア、そして上エジプトの大都市アスユート、メニア）周辺の貧困な地域での地下活動が優先される。実際、一九八一年一〇月のサダトの暗殺とアスユートの蜂起の際、逮捕された容疑者の大部分はそうした地域の出身者だった。一九七七年以降のイスラム主義の過激化の動きのなかで、活動家たちのなかでもっとも政治志向のつよいものが複数のグループの漠然とした集合体《ジハード団》に結集する。そしてひとりの若い電気技師アブドゥッサラーム・ファラジュが小冊子を書き、グループの理論家とみなされるようになる。小冊子の題『ファリーダ・アル＝ガイバ』は『隠蔽された義務』あるいは『守られぬ義務』という意味で、ウラマーが本来はたすべきなのにはたしていない義務にたいする言及である。すなわち、ファラジュによれば、たとえイスラムを自称していても真のイスラムを実践していないすべての政府にたいしてウラマーはジハードを宣言しなければならない。ファラジュは、宗教指導者たちがイスラムをうらぎったと述べる。だから、かれ、電気技師の学位をもちイブン・タイミーヤの著作（ファラジュはサウディアラビアにより大規模に普及させられた版でその著作を引用する）に精神を養われたファラジュがウラマーの代わりとなって、「帝国主義とシオニズムに買収された背教者」サダトにたいするジハードを宣言する。この小冊子の主張は実行にうつされ、大統領暗殺につながったのだが、クトゥブの系列につらなるこうした思想はイスラム主義インテリ層内部の亀裂を表現し、エジプトのイスラム主義運動が克服しがたいハンディキャップをもっていたことをあきらかにしている。ファラジュは「不信仰」な権力を弾劾し、それを転覆させるために暴力的行動をおこなうようひとびとに訴えた。のみならず、かれはさらにウラマーのうらぎりを告発し、イスラム主義運動内部の「穏健派」にたいしてさえも仮借なき批判をおこなっていたのである。

ファラジュによれば、合法的手段の範囲内で政権と対立しようとした《ムスリム同胞団》は政権の根本的に不信仰な性格を過小評価しているのであり、システムに参加することでそれを強化していることになる。だから、イスラム国家を樹立するため、ファラジュ一党は強攻策にでる。一九八一年一〇月六日、スエズ運河渡河記念の軍事パレードの最中にかれらはサダトを暗殺する。かれらの頭のなかでは、サダト暗殺で「大衆」の蜂起がおこり、「民衆革命」がはじまるはずだった。逮捕後の尋問で容疑者たちは革命が成功したイランに言及しながら、そんな期待を述べていたのだが、しかしイランのイスラム主義者たちは、イラン国内で、宗教指導者アーヤトッラー・ホメイニーの指揮のもと、都市の貧困青年層とバザールの商人、さらには世俗主義的な中産階級を肩をならべて動員することに成功したのである。逆に、ファラジュとその仲間たちはエジプトの敬虔なブルジョワジーと関係を断ち、宗教指導者を糾弾し、小冊子『守られぬ義務』でウラマーに非難の集中砲火をあびせていた。暗殺されたとき、サダトは穏健派もふくめあらゆる政治的傾向のひとびとを牢獄に送っていたために、不人気は最高潮に達していた。そのためにサダトはほとんどパラノイアめいた孤独におちいっていたのである。しかしそれにもかかわらずファラジュたちはサダト暗殺というテロ行為を起爆剤としてイスラムの名のもとに全国民を蜂起させ、「不信仰」な政権にたいする反対者を糾合することに成功しなかった。そして副大統領ムバーラクがサダトの後継者となり、アスユートでの《ジハード連合組織》（訳注：《ジハード連合組織》は《ジハード団》が一時的に《イスラム団》と合同してできた組織で、このグループがサダト大統領暗殺に成功。《ジハード団》と《イスラム団》はその後、ふたたび分裂した）の蜂起はパラシュート部隊に鎮圧され、貧困地域に捜査の手がのびて過激活動家が追いつめられていった。アズハル学院の高位宗教指導者たちはその後、多大な努力をはらって、ファラジュやその同調者の思想は「逸脱」しており、イブン・タイミーヤの思想を踏襲しているという主張は根拠がないということを証明しようとする。急進的活動家たちにはげしく批判されたウラマーたちは、たとえ電子工学の学位があろうともイスラムの伝統の重要なテクストは「無知な人間」の理解できるところではなく、自分たちだけがそれを解釈する権限があると反論したのである。しかし、ワッハーブ派宗教指導者が好むそうした作品を大量に普及させ、学校教育をうけた過激な青年層の手の届くところにおいたのはサウディアラビアの政策であった。たしかに貧困青年層はそれらのテクストについて、道徳の分野にかんしてはワッハーブ派宗教指導者とおなじくらい保守的な読み方をした。しかし同時に社会体制にかんしては既存秩序を不安定化するような読解をしたのである。

一九七〇年代末のエジプトのケースは、三つの構成要素が分裂しているときにはイスラム主義運動は政治的に失敗するということを最初に示した例である。しかしそれはまた政権がはいりこんだ袋小路をあらわしてもいる。政権は社会秩序の維持を期待して、「穏健な」イスラム主義インテリ層には道徳と文化にかんして主導権をあたえ、敬虔なブルジョワジーには民営化された経済で活動する可能性を保証して、両者と同盟をむすび、利用しようとした。しかしそれは失敗した。というのも、サダトのエルサレム訪問とイスラエルとの和平締結の結果、エジプト政府のとった方向性は、たとえイスラム主義の穏健派であれ、この運動の枢軸的な価値――ユダヤ人一般とりわけイスラエル国家にたいする敵意――に反するものだったからである。政府当局はこうして自分自身がしかけた罠にみずからはまってしまった。イスラム主義のインテリの主張は、左翼を攻撃しているかぎり歓迎すべきものだったが、いまや政権に敵対するひとびとを結集し過激化する不安定要因になってしまった。運動内部のブルジョワジー自身は政府との対決の道を選択しないとしても、ジハードを支持する都市の貧困青年層と学生をもはやコントロールすることはできない。

エジプトにおいて、イスラム主義運動は最初の挫折を経験したのだが、同時にそれは先駆者の役割もはたした。エジプトのイスラム主義者の行動は先例として参考にされ、サハラ以南のアフリカや中央アジアにいたるまで、競ってかれらにならおうとする活動家たちが出現する。《ムスリム同胞団》が創設され、サイイド・クトゥブがうまれた国であるというエジプトの威光はイスラム主義運動にとってはなんといっても輝かしいものだったのである。

## マレーシアのイスラム主義——ビジネスと民族的緊張のはざまで

一九七〇年代の初め頃、マレーシアはとつぜんイスラム的「意味の空間」のなかに出現する。イスラム世界の辺境にあるとかんがえられてきたこの国をこの頃、訪問したひとは、それまで東南アジアの色彩鮮やかな伝統的筒型腰布《サロン》を着ていた若い女性たちのおおくが、とつぜんエジプトのキャンパスで《イスラム団》の学生が流行させたのとおなじ「イスラム服」を着用するようになったのをみておどろかざるをえない(1)。クアラルンプールの街角ではモスクにスピーカーがそなえられ、それをとおして金曜日の説教師の演説が鳴りひびく。それは信者に「よりよいイスラム教徒」になるよう勧告し、マウドゥーディーをしきりに引用する。強力なイスラム主義運動が出現したのだ。《ダクワ運動》(ダクワはアラビア語のダアワに相当し、「イスラムへの呼びかけ、布教」を意味する)という名前で知られたこの運動は一九六九年五月一三日の暴動というトラウマ的な事件をきっかけにしてうまれた。一九六〇年代末のエジプトでアラブ・ナショナリズムが色あせ、それにとってかわってイスラム主義的主張が出現しはじめたが、それとおなじように、マレーシアにおいて一九六九年のショックはこの国のナショナリズムの未来が暗いことをあきらかにし、宗教が政治の領域で自己主張する端緒となった。それは、ここマレーシアでは、民族対立や「先住」マレー人と華僑のあいだの富の不公平な分配といった問題と密接にからみあうことになる。

インド洋と太平洋をわかつ海峡という戦略的な場所に位置するマレーシアは一九五七年に独立をとげた若い国家だが、この国に大量のインド人と、さらにおおくの中国人がやってきたのは独立前の植民地時代だった。インド人はゴム農園ではたらき、中国系住民は商業、とりわけ海上貿易で富をきずいていった。植民地時代、マレーシアの一部だったシンガポールはその中心地だった。独立時、住民の三分の一強を占めていた中国人が富の大半を支配していた。中国系住民の大多数はイスラム教徒ではなかった。一方、ブミプトラと呼ばれる先住マレー人は一四世紀にオマーンやインドの商人の船にのってこの海峡地帯に伝来したイスラムを信仰するようになっていた。人口数では新国家の国民の半数をすこしこえるくらいだったかれらは近代化からおおきくとりのこされ、大部分が農村共同体《カンプン》に住んでいた。のこりの一五パーセント程度をしめているのはインド系で、その一部はイスラム教徒であった。

独立国家が最初に直面した難問はデリケートな民族間のバランスをとることであった。ブミプトラは、数を頼みに、富の再配分を要求する。植民地時代末期の力関係を基礎に三つの共同体のエリートが連合してできた政権は先住マレー人の青年たちの圧力にさらされていた。大挙して都市に移住したマレー人青年は農作物依存型経済の農村の無文字・伝統社会から、一挙に、外向的で海外とのネットワークを豊かにもち、文字文化の伝統にやしなわれた中国系住民が多数をしめる都市社会へと移行したのである。一九六九年の暴動がおこったのはこのような状況のなかであった。それは中国系住民を標的にしたポグロムになり、商店が略奪された。マレー国家が多民族社会を管理する能力そのものが脅かされたのである。

都会で教育をうける若いブミプトラたちは英語の優越性のために文化的に不利な位置にあった。だから、マレー語（中国系住民の大部分はこれを自由にあやつることができない）の使用を義務化するための戦いがかれらの要求の核をなしていた(2)。暴動の直後、政府はこの点でかれらに妥協して、システマティックな「アファーマティヴ・アクション」政策への道をひらき、マレー人たちは国立大学入学や公務員・政府高官のポスト就任にかんして中国系住民よりも優先されるようになる。こうして一九七〇年代頃から民族間にあたらしいバランスが構築され、中国系住民がもっていた富の一部がブミプトラの手にわたり、その一部エリートが政府の許認可権をにぎり、取締役会をコントロールするようになった。中国系住民は経済的発展に努力し、――そしてそれをブミプトラにわけあたえるよう促されている。

　しかし一九七〇年代、一般青年大衆は、マレー人出身であっても、こうした政治によってもたらされた恩恵に浴してはいなかった。農村から都市への人口の大移動、人口爆発、文字文化社会への突然の移行など急速でドラマチックな変化に直面したかれらは、中国系住民と対抗して自分自身のアイデンティティを構築し、国家の主導権要求を正当化する必要があった。しかし洗練された中国の都市文化を前にして農村共同体《カンプン》の牧歌的理想はいかにも無力であった。だから中国文化に対抗するという機能をはたすのはイスラム、しかも戦闘的な形でのイスラムしかなかった。エジプトやその他の地域同様、マレーシアのイスラム主義は支持者たちに希望をあたえる力をもっていた、――七〇年代の構造的大変化にこたえ、権力をにぎって、その変化の影響を受動的にうけるのではなく、主体的にコントロールするのだという希望を。そこに、マレーシアの場合には、民族問題という特殊性がつけくわわる。イスラムの文化的アイデンティティの激化は農村の若いブミプトラに都市社会で生きる力をあたえ、昔から都市に住みついていた他の民族のひとびとと対等にわたりあう自信をあたえる。マレーシアのイスラム主義に参加したものにとって、宗教はなによりも自分を他者から区別する文化的アイデンティティのマーカーなのであった。マレーシアにおいてイスラム主義がなぜそんなに成功したか、なぜ中東より時期もはやく発生し、規模もおおきかったのか、以上のことをかんがえればその理由が理解できる。

　そのなかで一番重要な運動《マレーシア・イスラム青年隊》（ＡＢＩＭ）は一九七一年から、青年たちを「よりよきイスラム教徒」にすることを目標として活動をはじめていた。マレーシアの土俗的イスラム信仰にはマレー半島に古くから定着していたヒンドゥー教的諸教混交の要素がふくまれていた。《マレーシア・イスラム青年隊》はそうした諸教混交的要素をイスラム信仰から排除するよう促すと同時に、ブミプトラのイスラム青年たちを「都市化」することもめざしていた。この組織に属するイスラム主義知識人たちは、おおくは学生運動から出てきたのだが、新規加入者たちに文字テクスト（とりわけマウドゥーディーのマレー語訳）にもとづく都会的宗教を提供する。かれらはこれまでの文化とは断絶するような主張をおこない、理想のイスラム社会について輪郭のはっきりしない概念を提出する。だからさまざまな社会グループがそこに自分たちの利益をみることができた。つまり信奉者たちは既存秩序転覆からその擁護まで、実にさまざまな政治的行動を志向する可能性があったのである。

一九七〇年代、ひとびとの不満が鬱積する。マレー人の農村社会はとりのこされたと感じる。農村の低学歴の青年たちは、あたらしくできた日本・台湾・韓国の製品の下請け工場に職をえて、貧しい生計を維持していた。そうした工場を建設するのは中国系マレーシア人で、現地労働力の低賃金を利用して利益をえていたのだ。一九七四年、プロレタリアート化した農村青年たちによるはげしいデモが北部の都市バリンでおこった。住む家がなく空き家を不法占拠することを余儀なくされたひとびとが都市周縁部での劣悪な生活環境に抗議しておこしたものだったが、学生たちもそれに同調して行動した。《マレーシア・イスラム青年隊》はこのデモを支持したが、その指導者で当時二七歳、大学を卒業したばかりのアヌワール・イブラヒムはそのために二年間投獄された。政府はこれによって学生運動出身のイスラム主義知識人がこえてはならない限界を示したのだ。説教をおこなったり、学校を開設したり、モスク網を中心に慈善活動団体をつくり、農村出身の貧しい青年層が都市の近代的・資本主義的社会に流入する際の同伴者となり、それを援助する——こうした活動をかれらがおこなってもよろしい。しかしその不満に宗教的な表現をあたえて既存秩序を転覆させる手助けをしてはならないのだ。

《マレーシア・イスラム青年隊》のほかにもマレーシアには《ムスリム同胞団》に相当する団体から武装過激グループやセクトにいたるまでさまざまな傾向・色彩のイスラム主義運動が存在する。中でも、《汎マレーシア・イスラム党》（ＰＡＳ）は議会に議席をもち、しばしば連立政権の一翼をにない、クランタン州を地盤にし、党首は頻繁にこの州の第一首相に選ばれる。要するにマレーシアの政治システムにくみこまれ、合法的・限定的な反政府勢力という役回りを演じている政党である。一九五一年に創設されたこの古参政党は、国家のイスラム化の競りあげ競争をたえずおこない、政府もその競争にひきずりこまれざるをえない。でなければ不信仰とみなされてしまうからである。こうした無謀な競争はマレーシア政界の儀式のようなものになっており、カーフィル・メンガフィル（《たがいに相手を不信仰者《カーフィル》あつかいする》）と呼ばれている。その結果、社会をイスラム化するためにますますおおくの公金がつかわれ、イスラム教徒の公務員の労働時間を祈りやラマダーンの時間にあわせる政令を発し、ヴェールの着用を法制化し、食品産業にたいしてハラール食品を消費者に提供するよう義務づける……。しかし一九七〇年代には都市の青年層のあいだで学生によるダクワ運動がさかんになり、《汎マレーシア・イスラム党》は都市青年層にほとんど影響力をもたなかった。

この頃、イスラム主義運動のもうひとつの極に、役割が曖昧なあるセクトが出現した。《ダルル・アルカム(3)》と名づけられたこの組織は、一九六八年に神がかり的な説教師アシャアリ・ムハマドによって創設されたのだが、一種の純粋なイスラム的隠遁地の建設に専心していた。その信者はアラブ風の白か緑の長衣をまとい、額にはたっぷりとした黒いターバンを巻いていた。信者にはテーブルも椅子もテレビも使用することが禁止されていた。《ダルル・アルカム》はマレーシアや周辺国に四〇ほどの「イスラム的」生活共同体、二〇〇以上の学校、慈善団体、特に若い薬物中毒者をイスラムによって救済することを専門にした診療所、さらに合法食品《ハラール》の製造と販売拠点を建設した。このグループはエジプトの《ムスリム集団》のような過激主義にはしることはなかったが、日常的に「不信仰」な社会と決別することを主張し、信者を閉鎖された環境のなかで集団生活させていた。

それが建設すべき真のイスラム国家の原型であるとされたのである。《ダルル・アルカム》の他にも、イラン革命やそのほか中東地域での事件に刺激されたり、外国からもどってきた活動家に影響をうけたりした過激派グループも出現している。かれらはジハードを説き、殉教を称揚し、不信仰のシンボルであるヒンドゥー寺院襲撃でテロの小手調べをする。こうしたグループのなかで一番注目すべき人物は《汎マレーシア・イスラム党》の若いはねっかえり運動員である。かれはリビアに留学をしてその影響をうけ、帰国してからは「イブラヒム・リビア」と呼ばれるようになった。この人物は一九八五年、警察により銃殺された。

一九六九年の暴動の後の一九七〇年代、マレーシア政府は先住マレー人政党《統一マレー人国民組織》（UMNO）を中心として三つの民族代表政党が連合政権を構成していた。政府はイスラム化を促進し、イスラム教徒に象徴的な分野で分け前をあたえ、宗教的な誇りをもたせようしたが、しかし同時に民衆の四〇パーセントをしめる他の民族集団の支持をうしなうようなこともできない。民族的マイノリティーのなかにはマレーシアの金の卵である中国系実業家もふくまれていたからである。だから政府は《ダクワ運動》が民族的マイノリティーに圧力をかけすぎることがないように注意しなければならなかった。こうして政府は何度もマレーシアという国家が世俗主義国家であることを再確認し、「イスラム法」が非イスラム市民に強制されるようなことがあってはならないと述べ、急進的な説教師が過激なイニシアティヴをとるとしても非イスラム市民は政府によってそうした攻撃から保護されていると強調した。つまり、「世俗主義」国家が社会のイスラム化を管理するという逆説をはらんだ問題がこの国の中心的な課題だったのである。

一九七〇年代後半、《汎マレーシア・イスラム党》は連合政権に参加する。先住マレー人共同体内部でいっそうイスラム化をすすめるという約束とひきかえに、かれらは信者内部での秩序の確保に貢献する。しかしその地盤は農村地帯にかぎられていたので、社会的危機が固着して膿となった主要地域、すなわち都市周縁地域やキャンパスに影響力を行使することができない。だから政権のために仲介者の役割をはたすことができず、一九七八年に連合政権から排除される。《汎マレーシア・イスラム党》の政権参加は、マレーシアでもエジプトとおなじ政策がとられたことを示している。すなわち、政権はイスラム主義運動内部に「穏健派」のパートナーをみつけだし、道徳的分野でイスラム化政策を推進して、社会的ヒエラルキーの転覆を回避しようとしたのである。

《汎マレーシア・イスラム党》が政権を離脱した後、政府は《マレーシア・イスラム青年隊》の若き指導者アヌワール・イブラヒムをイスラム主義問題解決の切り札としてえらぶ。アヌワールは政界に彗星のごとく登場するが、その後、恥辱にみちた転落をすることになるだろう。ともあれ、一九七五年、かれは牢獄から釈放される。かれの指導のもと、イスラム主義運動は新都市住民、中高生、大学生のあいだでおどろくべき人気を誇るようになり、かれのカリスマ性のために改宗者が続出する。一九八二年、誰もがおどろく中、アヌワールは首相マハティール・モハマッドの要請で政府与党《統一マレー人国民組織》に入党する(4)。マハティールはアヌワールをとりこんで、《マレーシア・イスラム青年隊》の支持をえようとしたのだが、一方アヌワールの方でもこれを機会に自分の腹心を重要な地位につけ、権力システムのなかにはいりこんで、国家を内部からイスラム化しようとした。マハティールは一九七〇年代にすでに大臣を経験しており、その時、国家によるイスラム化政策に中心的な役割をはたしていた。かれはコントロールのきかない《ダクワ運動》グループが社会のイスラム化問題を独占するという事態が発生しないように気をつけていた。そのためにかれは壮大なモスクを建設し、コーラン朗誦コンクールを組織して、気前よく賞金をばらまき、メッカへの巡礼を全面的に管理し、宗教諸学やシャリーアを専攻する学部をたくさんつくった。アヌワールの政権参加で国家の手によるイスラム化は加速する。イスラム教徒の生徒・学生は皆、イスラムの講義を受講することが義務になる。同時に、これによって、先に創設されていたシャリーア専攻学部の学位をもったものに職が提供されることになる。一九八三年、国際イスラム大学がクアラルンプールに開設される。アヌワールが理事長になり、エジプト出身のサウディアラビアの大学人(5)が学長になったこの大学は前に述べた「ワッハーブ派イスラム主義」運動の系列につらなり、授業を英語とアラビア語でおこなって国際的なイスラム主義運動エリートの養成をめざしていた。しかしこの大学では同時に「知のイスラム化」という思想をひろめようともしていた。つまり、厳密科学であれ、人間科学であれ、すべての科学の目的はイスラムによって崇高な形で実現された神の啓示を賛美することであるというかんがえが教育の基礎とされたのである。湾岸諸国から潤沢な奨学金を提供されているこの大学の卒業生は、国際的な保守的イスラム主義エスタブリッシュメントを再生産すべく養成され、イスラム銀行、《イスラム諸国会議機構》あるいはイスラム系NGOの幹部として職をえることになるだろう。

マレーシアでもイスラム銀行システムが一九八三年に開始される(6)。それはアヌワールが財務大臣だったときで、この年、イスラム銀行が創設され、マハティール首相が第一号の口座を開設する。その頃、一九六九年の暴動後とられた「新経済政策」で中国系住民の富が相当量、一部のマレー系住民に移ったので、農村から都市に移住し、《ダクワ運動》のイデオロギーの影響をうけたマレー系住民ブミプトラのなかにも裕福な中産階級が形成されつつあった。マレーシア政府はそうしたブミプトラのサラリーマンや中産階級の貯蓄をイスラム銀行にひきよせようとかんがえたのである。マレー系住民たちは合法《ハラール》な金融商品を購入し、それによって同時に政府への支持を表明することになる。資金は敬虔な金融ブルジョワジーの精華である若き「ムスリム銀行家」によって運用される。これはまたイスラム諸学を研究して学位をとったひとびとに職をあたえることにもつながる。「シャリーア評議会」で売買や投資が利息——利子《リバー》と同一視され、イスラム主義のイデオロギーでは禁止されている——によって運用されていないか監視する必要があるからである。

アヌワール・イブラヒムはこうして権力の中枢に、自分だけではなくマレー系イスラム主義の学生エリートたちをも招きいれ、かれらのために権力のある地位、影響力のあるポストを獲得してやる。この政策の受益者たちは当然、イスラム主義イデオロギーを革命主義的に解釈する立場を支持する気にはならないだろう。恩恵をうけている既成秩序を根底から再検討することになるからである。しかしマレーシアのイスラム主義運動のなかには、体制に敵対的だけれど地盤が特定の地域に限定されていた《汎マレーシア・イスラム党》の他にも、政府の懐柔策になびかないグループがいくつか存在していた。セクト的集団《ダルル・アルカム》もそのひとつだった。マハティール・モハメッドの警察はこの集団に警戒心をもっていたが、それは一部の政府高官がそれに属していたからである。メンバーのおおくは都市の貧困青年層だったのだが、《ダルル・アルカム》は権力機構にはいりこんで、最終的にそれを征服することを狙っているのではないかとかんがえられていた。一九九〇年代中頃、《ダルル・アルカム》には一万人の信奉者がおり、一〇万から二〇万の支持者がいるとされていたし、商業活動でえられた資金も一億二〇〇〇万ドルにのぼると推定されていた。リーダーは一九八八年から亡命生活を送っていたが、政権の腐敗にたいしてイスラムの名のもとに政府攻撃をおこなっていた。

都市青年をコントロールし、敬虔なブルジョワジーを優遇し、その支持を確保するためにイスラム経済やイスラム銀行推進政策などの措置をとっていた政府にとって、セクトの批判はうけいれがたいものだった。というのもそれは政権の宗教的正当性自体を否定するものだったからである。しかしイスラムにかかわる事柄はすべて微妙な問題をふくんでいるために、この運動を壊滅させるためには息のながいプロセスを踏まなければならなかった。一九八六年にアシャアリ・ムハマドのある著作が禁書処分にされた。著者はそこで預言者に出会ったと主張し、信者たちを救世主《マフディー》の到来にそなえさせていると述べていた。信者たちのなかにはアシャアリ自身を救世主だとかんがえているものもいた。一九九四年の夏、《マレーシア全国ファトワー会議》が見解をだし、最終的にアシャアリのセクトはイスラムを「逸脱し」、その活動はイスラム法に合致していないと宣言した。セクトの創設者は亡命先のタイから、強制送還され、テレビで公に改悛の意を表明した。一方、警察はグループの教育機関・慈善団体・商業施設を解体し、生活共同体を閉鎖する。エジプト同様、マレーシア政府はイスラム主義運動が道徳を説き、混乱をひきおこしそうな民衆をコントロールしているかぎり相当な程度、自由な行動をゆるす。しかしグループが対抗権力になり、政権とおなじように宗教的正当性を主張して政権を脅かす存在になることは絶対に許さない。《ダルル・アルカム》について一九九四年におこったことは、その四年後におこる別な種類の、しかし重要性という点ではずっと重大な対立のさきがけでしかない。四年後の事件の犠牲者、それはアヌワール・イブラヒムである。

マレーシア政府がこうした措置をとったのは、農村出身だが都市で教育をうけたあたらしい中産階級を強化し、組織化するためであった。その試みは一九九〇年代末までは成功していた。発展期の絶頂にあったアジア資本主義の成長の波にうまくのることができたからである。このマレーシア資本主義の発達をになったのは主として中国系の実業家たちである。かれらは自分たちに不利なマレー人優遇策をさほど反発せずにうけいれた。国の経済の外国への開放策の立役者であると同時にその受益者でもあったからである。それにくらべれば、社会のイスラム化の費用などさほどの負担にもならなかった。マレー人優遇策のために中国系青年が国内の大学に入学しにくくなったが、かれらはその代わり、民族の連帯意識のおかげで、オーストラリアや欧米に留学し、国内で教育されたイスラムの同国人より上級の学位を取得することができた。

一九九〇年代の「アジアの奇跡」に自信をもったマハティールは、マレーシアの成功は厳格なイスラムと近代資本主義の結合の産物であると主張する。そのシンボルはモスクの尖塔のような形をした国有石油会社所有のツインタワーである。一九九七年にクアラルンプールで完成式がおこなわれたこのビルは世界で一番高層の建物で、政権がおおいに誇りとするところであった。マハティールは湾岸アラブ諸国に対抗してイスラム的な「意味の空間」におけるヘゲモニーを獲得したいとかんがえていた。湾岸諸国の繁栄といっても、石油の収益に全面的に依存しているだけではないか――マハティールはこうかんがえたのである。だからかれは徹底してイスラムの大義と第三世界主義の擁護者としてふるまい、「欧米的価値は欧米的価値でしかないが、イスラムの価値は普遍的価値である」と主張する。かれは一九九二年には社会のイスラム化についてマレーシアのモデルを世界中に普及させるために「イスラム理解のための研究所」（ＩＫＩＭ）を創設する。この研究所はマレーシア・モデルの「近代性」と市場との調和、民族間の関係などを強調し、とくに欧米諸国でシンポジウムやセミナーを数おおく開催している。

しかしあまりにも外需に依存し、獲得された外貨をひたすら国内社会のイスラム化とアファーマティヴ・アクションの資金にあてていたために、マレーシアは一九九八年のアジア経済危機の影響をまともにうけてしまう。この経済的破綻の一番注目すべき犠牲者はイスラム知識人アヌワール・イブラヒムである。かれはマハティールによってその後継者に指名され、再イスラム化された青年層を体制支持にまわらせるためのキーとなっていたのだが、首相を排除しようとしていると疑われて職務を解任され、投獄され、拘留中殴打され、政権の御用新聞から同性愛者であると公然と非難をうける(7)。私的な道徳問題でアヌワールを攻撃した政権はイスラム主義インテリ層のイデオロギー装置の痛いところをついたのだ。イスラム主義は社会的な関係を道徳的規範として規定しようとするからである。アヌワールを弁護しようとするものはマレーシア青年層に数おおくいたが、かれらは非難にたいして中傷だと反論することしかできない。というのもイスラム主義の教義ではすべての「逸脱的」行為は罪とされているからである。この意味でかれらは自分自身で仕掛けた罠にかかったと言える。かれらには個人の私生活の擁護などという主張はできない。かれらは社会について道徳的で全体主義的な観念をもっており、私生活といえどもそれに規制されてしまうことを容認していたからである。しかしこうした側面は今おくとして、アヌワールの粛清はイスラム主義インテリ層と権力とのあいだの関係についてきわめて示唆的である。マハティール首相は《マレーシア・イスラム青年隊》の元リーダーを簡単に厄介払いすることができた。それは都市青年層がイスラムとその道徳により完全に社会化されており、暴発の危険性はないとかんがえたからである。のみならずそうした青年層の一部はある程度の社会的地位の上昇を経験して現在の政治システムと自己を一体化さえしている。たしかにアヌワールを支援するキャンペーンが広汎に展開されたが、それも効果はなかった。アヌワールとその同志がこんなふうに政治的に無力になってしまったのは、政権によってとりこまれたために、イスラム主義インテリ層が大衆動員力をうしなってしまっていたからである。かれらは権威主義的政権によってみずからの矛盾をつかれた。かれらは結局、政権を強化することしかできなかったのだ。そして政権は、アヌワールぬきでイスラム化政策を継続し、経済不況のなかで道徳的な禁止条項を全体主義的に解釈し、それを強化していく。一九九九年一月、首相官房は、今後、イスラム教徒の夫婦は結婚していることを証明する電子チップつきのカードをあたえられると発表する。それは異性のふたりの人物が一緒にいるのがみつかったとき、イスラム警察が電子カードリーダーでふたりが結婚しているかどうかをたしかめ、さもなければハルワすなわち違法な「男女の一定以上の接近」の罪で逮捕するためである(8)。政権の独裁的な性格は一九九九年一一月のきびしい統制のなかでおこなわれた選挙で強化されたが、政権はイスラム道徳を普及させることで、みずからの弱さをイデオロギー的に補強しようとする。しかしその重箱の隅をつつくようなコントロールはいくつものスキャンダルをひきおこし、おおきな反響を呼んでいる(9)。その反動として、かつて権力にちやほやされ、政府の政策に手放しで賛成していたイスラム知識人のあいだでさえ、意識の変化がおこりつつある。アヌワールの同性愛の相手とされたアネス氏は国際的な圧力のおかげで牢獄から解放され、アメリカにわたったが、そこでこれまでとはまったくトーンがことなる宣言をした。アネス氏はパキスタン出身の知識人で、みずから創刊した雑誌のコラムでつねに不信仰な欧米を糾弾していたが、アメリカでの宣言において、かれはこれまでの自分の道のりとマハティール・モハメッドの牢獄での悪夢のような日々を総決算しようとする。「わたしは大人になってからずっと、イスラム世界の他のおおくのひとびととおなじように、欧米の陰謀がいたるところに張りめぐらされ、ひたすらわれわれを苦しめようとしているのだと信じていました。しかし今回の経験で理解しました。欧米の友人たちはわたしをたすけようと努力してそれに成功し、イスラム教徒のマハティールはわたしを破滅させるためにあらゆる手をうとうとしたのです。(……)イスラム教徒を自称しているけれど、マハティールは、心に一片の惻隠の情ももっていないことを露呈しました。専制政治はかれの主張する「アジア的価値」という概念の帰結であると同時に、挫折の証拠でもあります。イスラム教徒たちは欧米と世界における欧米の役割を評価するとき、わたしとアヌワールの悲劇のことを十分にかんがえてみるべきです。二一世紀にむけてイスラム教徒としてわれわれの共通の未来を構築しようとしている今、いかなる価値がわれわれにとってもっとも有益なのか、かんがえてみるべきです。マハティールのそれなのか、それともジェファーソンのそれなのか。わたしについて言えば、どちらをえらぶべきかを、マハティールがもう十分にわたしに教えてくれました(10)。」一部イスラム主義知識人のこうした考え方の変化は二〇世紀もおわろうとしている今、他のおおくのイスラム系国家においてもみられることである。かれらは権威主義的な政権に道具として利用されておおきなディレンマにおちいっているのだが、それから脱却しようと努力し、その過程で民主主義を発見していく。(こうした問題については本書第二部でみることにしよう。)一九七〇年以降のマレーシアにかんして言うと、政府が戦闘的イスラムの語彙をとりこんで、マレー系の都市貧困青年層をコントロールして無力化し、宗教的感情を高揚させて、社会システムと一体化しているような感じをもたせ、イデオロギー的に統合していく――こうした方策がずっととられてきたのだが、一部知識人の変化はこうしたながいプロセスのはてにあらわれてきたものである。問題は、戦闘的イスラム主義が体制にとりこまれたために、社会的な不満も政治的な反対意見も、イスラム的な用語で表現することができなくなってしまったことである。そうしようと試みるグループも出現するのだが、しかしそうしたグループは《ダルル・アルカム》のように粉砕される。再イスラム化した青年層のリーダー、アヌワール・イブラヒムも政権に参加したけれど、かといってイスラム国家を樹立できたわけでもないし、またその支持者がのぞんだような社会正義のシャリーアを適用させることができたわけでもない。アヌワールは政府機関、銀行、ジャーナリズム、教育システムにイスラム主義の幹部をおくりこんだ。そしてその結果、敬虔なブルジョワジーの層の厚みはました。しかしかれらも既存の社会的ヒエラルキーを脅かすまでにはいたらなかった。というよりむしろ結果はまったく逆だった。アヌワールが、国際金融エスタブリッシュメントや一部欧米指導者から好感をいだかれていることに意をつよくして(11)、ついに自分の時代がやってきたとかんがえたとき、独裁的な首相マハティール・モハメッドは地位が脅かされていると感じ、なんのためらいもなくアヌワールを排除する。権力にたいして距離をたもてなかったために、マレーシアのイスラム主義インテリ層は、試練に直面した時、かれらの後について決起してくれる貧困青年層の支持をうしなってしまった。イスラム主義知識人たちは、将来、価値にかんするあらたな主張を構築できるのだろうか、その時、かれらのなかでイスラムはどのような位置を占めているのだろうか、——こうした問題について答えをだすのはまだ時期尚早である(12)。

## 軍事独裁の補完勢力となったパキスタンのイスラム主義運動

権威主義的政権が権力のサークル内にイスラム主義知識人を招きいれることによって、微妙な社会の過渡期をのりきり、脆弱な民族的バランスを維持し、社会秩序に危険をおよぼすことなく国内資本主義を世界市場に統合していく——マレーシアはこうしたメカニズムの好例なのだが、パキスタンもこれとかなり類似したケースである。ただし、ズィヤーウル・ハック将軍によるイスラム化政策はよりおおくの暴力をともなったし、さらにそうした暴力的傾向は、将軍が権力の座をはなれた後も継続された。一九七七年七月、クーデタでアリー・ブットー首相の政権を転覆させたズィヤーウル・ハック将軍はシャリーア適用を一一年におよぶ独裁政権の第一優先課題とした。当時、反欧米的傾向のつよいイスラム革命が進行しつつあったイランに世界の注意がむけられている中、パキスタンは一九七九年、ホメイニーがテヘランに帰還したその年に、国家と社会のイスラム化のための大規模な一連の措置を実施する。それは革命主義的な意図はまったくなく、既成秩序を強化しようとするものだったから、アメリカや湾岸諸国はパキスタンのそうした方向性を支持した。アメリカのパキスタン支持は、パキスタンの外交的選択によっていっそう強化された。すなわち、ズィヤーウル・ハック将軍は、イラン革命や同年末のソ連赤軍のアフガニスタン侵攻に際して、マウドゥーディーやその弟子たちの勧告にしたがって、パキスタンがこの地域でのアメリカの国際戦略をささえる中心的拠点となることを選択する。ワシントンはアフガニスタンのソ連軍にたいするジハードの遂行のために決定的とも言える援助をおこなったが、パキスタンはその援助の中継点となったのである。

ホメイニーとズィヤーウル・ハック将軍はともにおなじように自国をイスラム化すると主張するのだが、かれらはそれにそれぞれ異なった意味をもたせている(13)。ズィヤーウル・ハック将軍はパキスタンはイスラム国家へ漸進的に変化をとげたという点を強調し、イランにおけるイスラム革命の急激な展開と好んで対比的に語る。実際、そもそもこのふたつの現象の社会的側面も非常に異なっていた。イランでは国王時代の指導層エリートが暴力的に排除され、敬虔なブルジョワジーにとってかわられたのだが、この交代は（後でみるとおり）都市の貧困青年層を動員する形でおこなわれた。その結果、イランのイスラム主義インテリ層は「貧困なひとびと」の代弁者を自称することになった。それにたいしてパキスタンでは、イスラム化は既存体制が敬虔なブルジョワジーやイスラム主義インテリ層と連合を組むことを意味していた。そうした既存体制内で軍事階級を代表とする旧来の指導的エリート層は無傷のままのこった。一方、一般大衆にとっては、社会がイスラム化されているためにアッラーの名のもとに秩序に反抗をくわだてる道は完全に閉ざされていたのである(14)。

パキスタンは地理的にも、また人口比重の面から言ってもイスラム世界の中心に位置するのだが、しかし一九七〇年まで周縁的な役割しかもっていなかった。インドとのいつ果てるともない紛争のためにパキスタンはインド亜大陸特有の政治環境から外にでることができなかった。しかし一九七〇年代以降、いくつかの要因のためにパキスタンは国際的なイスラム世界のなかで第一級の役割をはたすようになる。一九七一年、バングラデシュの分離独立でのこった部分（西側）はより中東に、特に湾岸諸国へ顔をむけるようになる。特に一九七三年以降、何百万人というパキスタン人が石油産出国に出稼ぎに出かけ、送金で多額の資金がそこからながれこんでくるようになる(15)。パキスタンでは人口が急激に増加し、一九七〇年から一九九〇年のあいだに六五〇〇万人から一億二一〇〇万人になったのだが、これはインドネシア（一九九〇年の時点で一億八三〇〇万人）についでイスラム世界第二の人口で、アラブ最大のエジプト（同時期、五六〇〇万人）や隣国イラン（五九〇〇万人）をはるかにしのぐ人口大国となった。さらにズィヤーウル・ハック将軍のもとで遂行された国家によるイスラム化政策は国際的なイスラムの「意味の共同体」のなかにパキスタンをいっそうふかく位置づけることになる。そのもっとも強烈なシンボルは、一九八〇年、将軍のイニシアティヴでイスラマバードに創設されたイスラム国際大学であろう。これはクアラルンプールのそれとおなじようなもので、ワッハーブ派および《ムスリム同胞団》系統のイスラム主義運動の大立者たちが教授陣として顔を並べていた(16)。

アラブ諸国やマレーシアとおなじようにパキスタンのナショナリズムも一九七〇年代を転機に深刻な危機を経験した。バングラデシュ分離独立問題である。これによって一九四七年に建国された国家はふたつに分裂する。この時、パキスタンはインドから軍事攻勢をうけ、国軍が大敗北するという屈辱も味わったのだが、これは一九六七年のイスラエルにたいするアラブ軍の敗退に比肩する深刻な破局だった。そして中東におけると同様、国家の挫折の責任者たるナショナリスト・エリートの責任が問われ、それはまず社会主義思想の勢力拡大としてあらわれ、ついでイスラム主義的反動がおこり、それが表舞台をしめる。パキスタンではこの社会主義的局面というのは一九七〇年から一九七七年のアリー・ブットーの権力掌握の時期に相当する(17)。ブットーは大土地所有者の家系出身だったが、《パキスタン人民党》（ＰＰＰ）のリーダーとなっていた。この党のモットーは「社会主義とイスラムと民主主義」で、支持者の大部分は都会や農村の貧困な一般庶民だった。ブットー時代は国有化と農地改革ではじまる。しかしその結果が芳しくなかったことや腐敗や恣意的な政策のために、《パキスタン国民同盟》（ＰＮＡ）に結集した敵対者グループの勢力伸長をもたらしてしまった。《パキスタン国民同盟》の先兵となったのがマウドゥーディーの創設した《ジャマーアテ・イスラーミー》（ＪＩ）であった。マウドゥーディーやウラマー政党《パキスタン・ウラマー協会》（ＪＵＰ）の勧めにより《パキスタン国民同盟》はスローガンとして「ニザーム・エ・ムスタファー」（「預言者の（社会的）秩序」）という言葉を採択する。つまりイスラム国家樹立とシャリーア適用がうたわれたのである。この危機を回避するためにブットーはかれ自身のプログラムをイスラム化の方向に修正し、社会主義のかわりに「ムサーワート・ムハンマディ」（「預言者の平等主義」）をうたい、日曜日のかわりに金曜日を休日にし、――さらに一九七七年三月の選挙で不正をおこなう。ブットーの政党は勝利するが、その選挙結果にだれも納得しない。そのために《パキスタン人民党》と《パキスタン国民同盟》の支持者のあいだで暴力事件がくりかえされる中、ブットーはアルコール、競馬、ナイトクラブを禁止するという最後の手段をとり、四月には六ヶ月後にシャリーアが適用されると予告する(18)。しかしそれを実施するのは一九七七年七月にブットー政権を転覆させ、一九七九年四月にかれを絞首刑にする人物、ブットーの幕僚長ズィヤーウル・ハック将軍である。

ズィヤーウル・ハック将軍独裁は、パキスタンが独立以来経験した三度の軍事独裁のなかでもっともながくつづいたが、昔からのマウドゥーディー崇拝者であった将軍は政権の安定化のためにイスラム化を国家のイデオロギーとする。かれは《パキスタン国民同盟》のスローガン「ニザーム・エ・ムスタファー」をそのまま採用する。それは戒厳令にもとづいた国家をイスラムの権威によって正当化し、イスラムを宗教的保証として利用するためである。しかしそれに成功するためには、イスラム主義インテリ層の協力が必要となるが、それを《ジャマーアテ・イスラーミー》が提供する。このグループが体制イデオローグの役割を熱心にはたすことになるのである。また、かれらはいくつかの大臣のポストをわりあてられ、国家機構や高級官僚の仲間にはいりこむ。さらに、アメリカやサウディアラビアがアフガニスタンのムジャーヒディーンにたいしておこなっていた多額の資金援助のなかにはかれらを媒介としてながれていたものもあったが、その一部はこのグループ自体の資金になったのである(19)。

ズィヤーウル・ハック将軍はマウドゥーディー（一九七九年秋に死亡）やその弟子を重用し、イスラム国家を樹立するためと称して、民主主義の復活を拒否し、戒厳令を継続した。そしてイスラム主義政党を支持する敬虔な中産階級もこの独裁から利益をうけていた。湾岸諸国への出稼ぎ労働者（かれら自身パキスタンにもどってくる時には豊かになっているだけではなく、信心深くなっていた）の送金、アフガニスタンのジハードにたいするアメリカとサウディアラビアの資金援助、パキスタンとアフガニスタン間の非常に利益のあがる密貿易、——こうしたものがパキスタンに経済的繁栄をもたらし、そのおかげで中産階級は魅力的な金脈をあたえられたような状態になっていた(20)。イスラム主義に近い思想をもった管理職やホワイトカラーも、政府に《ジャマーアテ・イスラーミー》の大臣がいることで、高級官僚のポストの階段をすばやく駆け登ることができた。こんな状態だったから、敬虔なブルジョワジーは貧困な青年層と連合して、国の支配エリート層を転覆させるなどという誘惑にかられることはいっさいなかった。支配層はかれらにも日の当たる場所をとっておいてくれたからである。ズィヤーウル・ハック将軍は《パキスタン人民党》を粉砕して「社会主義」の脅威を一掃し、中産階級に配慮し、マウドゥーディーを指導者と仰ぐイスラム主義インテリ層を籠絡することに成功した。イスラム主義者たちは軍人階級の出身母体である国家支配階層への従属をうけいれたのである。

ズィヤーウル・ハックの政策は一九七九年のイスラム化のための一連の措置によって具体化される(21)。既存の法律がシャリーアに合致しているかどうかの吟味、イスラム刑法と体刑、つまりハッド刑（窃盗犯の手足の切断、姦通した既婚女性への石うち刑、飲酒者の鞭打ち刑など）の導入、教育や経済のイスラム化……。しかしこうした領域のそれぞれについて、政府は、「イスラムにもとづく」判決が軍事階級のコントロールからはずれたり、既存の社会秩序に対立したりすることがないよう、あらゆる予防措置をとっていた。たとえば、法律がイスラムの教えに合致しているかどうかの確認要求がたくさん出されるが、それは一九八〇年からはシャリーア連邦裁判所の手をとおることになり、そこで行きすぎがないよう要求申請がフィルターにかけられていた。イスラム刑法にかんしては、パキスタンだけではなくどこでもそうなのだが、何件かのみせしめ的な刑を執行して、それによって政権はみずからの道徳性にかんしてお墨付きをえるといった性格のものであった。たしかに、これによって個人の自由が、とりわけ女性のそれが侵害されるという側面はあったのではあるが……。

それにたいして、教育のイスラム化とイスラム税徴収はもっと重要な問題をはらんでいた。たしかに、政権はそうした措置をとることで、宗教界をより密接にコントロールし、ザカート（＝定めの喜捨）を利用して貧困層への配慮を誇大にみせかけようとしていた。しかし政権の政治的計算といった問題をこえて、この措置は長期的により重要な影響をおよぼすことになる。貧窮者に「定めの喜捨《ザカート》」をあたえるという掟は「イスラムの五行」のひとつだが、現在、イスラム諸国の大部分においてそれは個人の自発性にまかされている。しかしズィヤーウル・ハック政権はラマダーンの月に預金残高の二・五パーセントを定めの喜捨《ザカート》として銀行口座から天引きするという決定をおこなう。これは実際的であるというよりは、「教義を重視した」税であり、軍事政権が信仰ぶかく、社会正義を重視しているというポーズをみせるためのものである。なにしろ、都市の中産・上流階級（銀行口座をもつのはかれらだけである）にだけ（少額だが）課税する制度であり、恩恵をうけるのは貧窮者なのである……。しかし実際にはパキスタンに何千万人もいる貧窮者はそのおかげで生活水準が向上したと感じることは決してない(22)。しかしその一方で、定めの喜捨《ザカート》の徴収は結果としてパキスタンの宗教界に深刻な影響をあたえることになる。この措置はズィヤーウル・ハック政権時代だけでなく、今日にいたるまで、宗教界を分裂させ、暴力の激化をもたらしたのである。まず、人口の一五～二〇パーセントをしめるシーア派マイノリティーは、すでに自発的に、自分たちのアーヤトッラーに定めの喜捨《ザカート》を支払っていると主張して、国家が自分たちの宗教の管理に介入することを拒否する。政権は後退し、シーア派については徴収を免除する。しかしそれにたいして今度はシーア派におおきな反感をいだく保守的なスンナ派のウラマーたちが不満をもつ。かれらは、徴税を逃れるためにパキスタン人のおおくがシーア派だと言いだしはしないか、恐れたのである。これは本書の第二部でみるように八〇年代のあいだずっと、ふたつの宗派の活動家たちを対立させ、血なまぐさい抗争をさせる原因のひとつになる。

ところで、喜捨であつまった金はウラマーによりコントロールされ、大部分が《デーオバンド》派に属するマドラサ・ディーニーと呼ばれる伝統的な宗教学校の資金となった(23)。この教育機関のネットワークをコントロールすることはきわめて重要な問題になる。宗教学校は寄付金で運営されており、貧困層の子弟たちに教育と住居と食事を保証する。その過密な住環境や規律のきびしさはしばしば人権擁護団体の批判の的になっているが(24)、パキスタンの宗教学校は伝統的できわめて厳格主義的な観点からの宗教的知識を習得させるべく生徒たちを教育し、それに応じた世界観をあたえている。ズィヤーウル・ハックのイスラム国家にとって、喜捨を貧しい生徒にあたえて宗教学校を運営することにより、潜在的な危険性をはらんだ年齢層・社会層にたいするコントロール手段の一端を確保することができる。それと同時に、宗教教育と国家による教育のあいだに橋わたしがされることにもなる。さらにイスラム教育がすべての生徒・学生に必修となり、そのおかげで宗教学校の修了者のおおくが教職に就くことができるようになる。また宗教学校のプログラムを近代化すれば国の発行する学位と同等の資格が認定される。このようにウラマーの生徒にたいしても公務員になる可能性がひらかれたので、宗教学校の魅力や評価はたかまった。その結果、喜捨の資金や当時の人口爆発という状況ともあいまって、一九八〇年代には宗教学校の数は驚異的なまでに増加する(25)。これはウラマーたち、とりわけもっとも厳格主義的な《デーオバンド》のウラマーたちのパキスタン貧困青年層にたいする影響力をつよめる結果になる。パキスタンだけではない、アフガニスタンもである。というのも、パキスタンの宗教学校はアフガニスタン難民の子供たちも非常に多数ひきうけていたからである。こうしてパキスタンでターリバーンが教育されていくのだが、ターリバーンという名前自体「宗教学校の生徒たち」という意味なのである。

喜捨を原資とした助成金とひきかえに国家は宗教学校に介入しようとしたのだが、それにたいして大規模な宗教学校の校長のなかには自前の資金だけで学校を運営することを選択したものもいる。かれらは自分で十分な資金源をもっていたので、ズィヤーウル・ハックからなにも恩恵をうけずに独力で学校運営をおこなうことができた。将軍がいかにイスラム化に熱心な態度を示しているにせよ、政府から自分たちの独立性を脅かされることがないようにすることは好ましいことだった。それによって《デーオバンド》のウラマーたちはその政治的影響力を無傷でたもつことができた。かれらは社会平和のための鍵をにぎっており、都会や農村の貧困青年層を学校で組織化し、おもいのままに動員できたから、政府に膝を屈する必要がなかった。それればかりではなく、アフガニスタン内戦で実証されたように、かれらは生徒たちを、教えこまれた大義のために人を殺し、みずからも死ぬことのできるジハードの戦士に変身させることもできたのである。かれらはもっとも不安定で、軍事政権には手のだしようのない社会グループをコントロールしていた。だからかれらがズィヤーウル・ハックを必要とする以上に、ズィヤーウル・ハックがかれらを必要としていたのである。

ウラマーたちとは対照的にマウドゥーディーの弟子たちにとって独裁者ズィヤーウル・ハックの危険な誘いに抵抗することは容易ではなかった。かれらの支持層を構成していた敬虔な中産階級のかなりの部分が最終的に体制と一体化し、そのもとで繁栄していた。そのために《ジャマーアテ・イスラーミー》はやがてかれらの利益を代表するという存在意義をなくしてしまう。その結果、一九八〇年代の中頃から、運動内部で緊張が生じる。党の影響力が減少していることに危機感を感じたひとびととズィヤーウル・ハックとの継続的な協力関係維持を支持するひとびととが対立したのである(26)。《ジャマーアテ・イスラーミー》はウラマー政党と支持者獲得競争をしなければならなくなっていた。当時、宗教学校の数は拡大の一途をたどっていたから、宗教学校出身の青年を確固とした支持基盤にしていたウラマー政党は有利な位置にあった。こうしたジレンマのために、イスラム主義インテリ層のなかのもっとも戦闘的な分子、《イスラム学生連盟》（ＩＪＴ）にあつまったマウドゥーディー派学生たちは加速度的に過激化していく。発足後、二年間、ズィヤーウル・ハックと蜜月の関係にあったかれらは「暴力的に」キャンパスの左翼を排除していった。それはエジプトのかれらの同志がサダトのためにおこなったのとおなじことだった。しかし、やがて良好な関係がおわり、かれらはイスラム主義運動が政権と距離をとるべきだと主張するようになる。しかし一九八五年以降、選挙での支持率低落を考慮して、《ジャマーアテ・イスラーミー》がついに政権と距離をおく決心をしたとき、政権にたいするまともな野党の基礎を構築するにはもう遅すぎた。何しろかれらは政権の寛容なイデオローグという役割をずっと演じていたのだ。一九八八年八月、ズィヤーウル・ハックの死をうけておこなわれた選挙で党は手きびしい敗北をこうむる。その時勝利したのはベーナズィール・ブットーの《民主主義復興運動》だった。ベーナズィール・ブットーは一九七九年四月、マウドゥーディーとその弟子の勧めで絞首刑に処せられたブットーの娘その人である。

ズィヤーウル・ハックは、政権についていたあいだ、《ジャマーアテ・イスラーミー》の協力をうけ、宗教を利用して弾圧策と権力を正当化していた。またかれが政権の社会的基盤を敬虔な中産階級・ブルジョワジーにまでひろげることができたのも《ジャマーアテ・イスラーミー》のおかげだった。かれらは政権に加担すると同時に、そこから経済的利益をえたが、ズィヤーウル・ハック政権もそのおかげで著しい長期政権を維持することができたのである。たしかに将軍は《ジャマーアテ・イスラーミー》の学生部門にはさほど人気がなかったが、しかし学生は暴力を潜在させているとは言え、政治的にはあまりおおきな危険性を内包していなかった。一方、貧困な青年大衆は、そのかなりな部分が宗教学校のウラマーたちにコントロールされ、喜捨を配分されたり、あたらしい雇用機会を享受していた。ズィヤーウル・ハックはマウドゥーディーやその弟子ほどにはウラマーたちをとりこむことはできなかったが、かれらに中立的立場を守らせることには成功した。かれは伝統的宗教指導者と近代的なイスラム主義者の対立を利用し、たがいを反目させ、宗教界の分裂をうながして、それを巧妙に支配していた。

したがって、総体的には独裁者にとってイスラム化政策は成功で、ズィヤーウル・ハックはそれを利用してさまざまな社会グループの支持をあつめていた。都市の世俗主義的中産階級やブットーの《パキスタン人民党》に投票した貧しい庶民はカリスマ的指導者が絞首刑に処された後は、ズィヤーウル・ハックの前に無力であった。ズィヤーウル・ハックは自分の権力にたいする批判をイスラムへの攻撃とみなし、容赦なくそれを抑圧した。しかし独裁権力の行きすぎのために、ベーナズィール・ブットーをリーダーとする野党グループが力をつけていく。そうした状況が一九八八年八月のズィヤーウル・ハック将軍暗殺事件へとつながるのである(27)。この暗殺事件の真相は依然として解明されてはいないが、独裁者の死で体制が変化する。しかしズィヤーウル・ハックのイスラム化政策の影響はこの後もつづくだろう。アフガニスタンのジハードの延長で九〇年代のパキスタン宗教界は大混乱状態を呈することになるのだが、パキスタンの状況がなぜこんなに暴力的性格をもっているか、また各派がなぜあんなに主張を過激化していくのか、――こうした問題はズィヤーウル・ハックのイスラム化政策を考慮にいれずには説明できない。

# 第五章　イラン革命とホメイニーの遺産

ズィヤーウル・ハック将軍がパキスタンのイスラム化を宣言した一九七九年はとりわけイランにおける革命の勝利とイスラム共和国の宣言の年として歴史に記録されることになるだろう。現代イスラム世界のすべての出来事のなかでも、この事件はもっともおおくの分析の対象となっている(1)。当事者をふくめ誰も予想できなかった現象の原因を回顧的にであれ解明しようと皆が努力しているのである。実際、イラン王国は石油価格上昇のおかげで、革命に先だつ数年間、おおきな繁栄期をむかえていた。当時、イランはサウディアラビアについで第二の石油輸出国だった。王国は非常に強力な軍隊を擁しており、アメリカから高度な軍事装備を提供してもらっていた。湾岸の「憲兵」としてイランはソ連が暖かい海にむかって進出するのをブロックする役目があったからである。そうした武器の維持・管理のために国内に多数のアメリカ人軍事技術協力者が駐留する必要があった。しかしかれらが治外法権をもつことがホメイニーの怒りを誘い、ホメイニーは一九六四年、はげしい非難声明をだし、国王が国家主権を放棄したと批判した。そのためにかれはほぼ一五年にわたって亡命生活を余儀なくされる。亡命のあいだ、かれは未来のイスラム共和国の政治神学を構築する。そして一九七九年二月、革命の勝利により、亡命先からイランに勝利にみちた帰還をはたすのである。

国王の賛美者たちはイランの近代化を賞賛していたが、その輝かしい表面の下にはほころびがかくされていた。君主制は独裁的な性格をもっていたし、政治警察サーヴァークがいたるところで目を光らせていたので、体制のすすむべき道についての議論は全面的に禁止されていた。逆説的なことではあるが、隣国よりも質のよい教育システムのおかげで王制下、都市中産階級は発展をとげたが(2)、政治の場に代表をおくる可能性は完全に閉ざされていた。運がよければ、中産階級のメンバーは公務員や国王体制の管理者になることもできたし、また個人的に国王につかえて石油のもたらす資金を運用する立場にたつこともありえた。しかし表現の自由が完全に認められていなかったために、こうした中産階級のあいだに民主主義の文化が育つことはなかった。国王が絶対権力をもつことができたのは一九五三年にCIAが糸をひいたクーデタでモサッデクが首相を解任されたためであるが、リベラル派や社会主義的傾向のインテリたちはモサッデクの《国民戦線》の記憶をいつまでもひきずっていた。かれらはクラブを形成していたが、その指導者たちがおおいに尊敬されていたにもかかわらず、クラブ自体は影響力をほとんどもたなかった。

こうした民主主義の空白のために、とりわけ学生たちのあいだに、急進的な政治理論がうまれることになる。一九七七年、学生の数は一七万五〇〇〇人程度で、六万七〇〇〇人程度が外国留学をしており、その大半がアメリカにいた。学生の急進的政治思想の発想源は主としてふたつだった。ひとつはさまざまな形のマルクス主義で、もうひとつは「社会主義的シーア派」であった。イランのマルクス主義者には毛派からトロツキスト、さらには親ソ正統派の《トゥーデ（「大衆」）党》まで、あらゆる傾向の国際共産主義運動がふくまれていたが、かれらはペルシア社会の現実よりも書物からえた国際プロレタリアート運動の文化の知識に通暁していた。国内では政治警察《サーヴァーク》に徹底的に弾圧されたために、主要メンバーはほとんどが亡命してしまった。一九七〇年代前半に《人民の挺身者《フェダーイーヤーネ・ハルク》(3)》というマルクス・レーニン主義グループがゲバラや毛沢東のゲリラ戦略をイランで実践して武装闘争を開始した。これはヒロイックな行動ではあったが、政治的には完全な失敗におわった。七〇年代初頭のイランの状況は他のイスラム世界とおなじで、ヨーロッパ文化に触れた学生たちのあいだにマルクス主義がさかんになるが、大衆にそれは浸透せず、大衆はそうした思想のカテゴリーには無縁のままだった。

　民衆のあいだに左翼思想を浸透させることの困難さを自覚した一部の青年知識人たちはシーア派の教義を革命主義的に解釈し、そのなかに共産主義や第三世界主義のメシアニズム的希求をこめようとした。スンナ派イスラム世界でこれに相当するのはすでにその業績を分析したアリー・シャリーアティーであるが、かれは名声という点でも影響力のおおきさという点でもそのもっとも代表的かつ比類なき思想家である。この「社会主義的シーア派思想」は階級闘争を宗教理解の鍵とし、スンナ派ウマイヤ朝のカリフにより抑圧され、殺された第三代イマーム・フサインを国王によって抑圧される民衆の象徴とする。そのもっとも戦闘的な形は《人民聖戦隊《モジャーヘディーネ・ハルク》(4)》のゲリラ運動であるが、これは一九七〇年代初頭の《人民の挺身者《フェダーイーヤーネ・ハルク》》とおなじような武力行動をおこなったものだった。この運動も、そのヒロイズムのゆえに政権にたいする反対派の共感を勝ちえはしたのだが、王制権力にとって危険な存在とはなりえず、徹底的に弾圧されてしまった。かれらは高校生や大学生の枠をこえて支持者の輪をひろげることができなかった。近代的な中産階級は暴力的・急進的な戦いに違和感を感じたのである。しかし、宗教的なディスクールとは無縁だった《人民の挺身者《フェダーイーヤーネ・ハルク》》とは異なり、《人民聖戦隊《モジャーヘディーネ・ハルク》》は一〇年後、革命的シーア派思想にながれこんで、イスラム共和国の初期にその組織を再建することになる。そしてかれらはイスラム共和国にとってもっとも危険な敵のひとつとなるのだが、その後、容赦なく殲滅されることになる。

　一九七三年一〇月の戦争の後の石油価格高騰のおかげでオイルドラーが国内経済に流入し、国は急速に近代化をとげた。しかしその結果、文化的に不安定な位置に追いやられたふたつの社会グループ内部に混乱がおこった。それはバザールに象徴される伝統的中産階級と農村から移住した庶民階級出身の青年たちである。農村出身の青年たちは都市の黄金郷にひかれてやってきたのだが、自然発生的にできたバラック街やテヘラン下町の貧民街につめこまれるようにして生活することを余儀なくされる(5)。このふたつのグループは経済発展の恩恵を部分的にしかうけていなかった。バザール商人は商業・流通部門をになっていたから、財や商品の流通が増加し、そこから利益をうけはした。しかしかれらのマーケット占有率は王室とむすびついたあたらしい近代的商業エリートとくらべると減少した。後者のみが武器や石油など利益がおおきい事業に関係することができたのだ。一方、「農民ではなくなった農民(6)」や都市庶民階級について言うと、かれらはたしかに農村にいた時よりは収入がおおくなったが、大部分のひとびとにとって将来への不安やきびしい生活環境のために、都会での暮らしは輝かしいものというには程遠かった。

文化的にはこのふたつのグループは権力が普及させようとした近代的で世俗主義的なイデオロギーとは無縁だった。かれらはシーア派の精神的なカテゴリーを宗教指導者に教えこまれ、それをとおして世界を認識し、そのなかで自分の位置をとらえていた。バザールの伝統的な空間組織はモスクや聖人《イマーム・ザーデ》の墓を中心に構成されていた。聖者信仰はシーア派信仰ではひんぱんにみられるものである。都市の周縁部はいきあたりばったりに建築され、乱雑をきわめた様相をみせていたが、この空間にすこしばかりの秩序をつくっているのはシーア派の礼拝所で、そこには子供たちがターバンをまいた宗教指導者のもとでコーランやイマームたちの英雄的行為を学習する(7)。礼拝所では宗教は教義として重要であるだけではなく、社会を統率し、安定化させるためにも中心的な役割をはたしており、バザール商人たちの繁栄を祝福し、喜捨を再分配し、父親や年長の兄弟が生活の糧をかせぐために町中を走りまわっているあいだ子供たちを教育する。しかし、王権とこうした宗教のネットワークとのあいだの関係は悪かった。国は宗教指導者たちをその服装の色から「黒い」反動家たちと嘲弄し、マドラサ、つまり国家の支配をうけない宗教学校の数を減少させ、国家管理の近代的教育機関を創設しようとしていた。(ホメイニーは国のそうした政策を亡命先からはげしく批判していた。) シーア派では位階制度のある宗教指導者の組織が存在し、アーヤトッラーたちの権威のもとにあった。そのなかでもっとも尊敬されているものは「模倣の鑑《マルジャア・アッ＝タクリード》」と呼ばれる大アーヤトッラーだった。かれらは信者から喜捨をうけていたので、政治権力にたいして（とりわけ経済的に）非常におおきな独立性を維持し、表面的な忠誠を誓っているにすぎなかった。この点はスンナ派イスラムと違う点である。スンナ派では政府は通常、高名なウラマーたちと密接な関係をたもち、かれらをさまざまな役職に任命し、俸給をあたえ、それとひきかえに祝福をうける。それにたいしてシーア派は伝統的に権力と距離をたもっていたのだが、それにくわえてモハンマド・レザー・パフラヴィーの時代、国王が宗教指導者たちにたいしてこれ見よがしに軽蔑的な態度を示していたために、宗教指導者たちも権力にたいして特有な敵意をもつようになった。こうして一九七〇年代の中頃、イランには、バザールや下町に、敬虔なブルジョワジーと貧困な都市青年層というはっきりとした輪郭をもったふたつの社会グループが存在していた。かれらは文化的に国家のイデオロギーと無縁で、政府からも無視されていた。かれらはシーア派宗教指導者たちによって強力に組織されていたが、宗教指導者たちは政権にたいして無関心であるか、さらには敵意をもっていたし、一方、政権のほうでも宗教界に信頼できる仲介者をもたなかった。これはほとんどのスンナ派の国の状況とは対照的であった。

とはいえ宗教指導者たちの大多数がホメイニーの革命主義的な思想を一枚岩で支持していたというわけではない。ホメイニーはパフラヴィー王制を神聖政治（法学者の統治《ヴェラーヤテ・ファキーフ》）に変え、「ファキーフ」が最高権力をにぎる体制にしたいと願っていた。ファキーフとはイスラム法を専門とした宗教者のことだが、ホメイニー自身がそれに擬せられていることは周知であった。しかし大アーヤトッラー・シャリーアトマダーリーをはじめ、宗教指導者のおおくはそれに反対していた。かれらは最大限可能なかぎりの自立性、すなわち自分たちの学校や社会活動、財源を自分たちで管理し、国家の容喙をうけないことを要求するだけで満足していた。「隠れイマーム」が救世主として出現し、闇と不正でつつまれた世界を光と正義で満たすまでは、神学的観点からして権力は不純とかんがえられていたので、それをコントロールする野心をまったくもたなかったのである。

政治にたいする不満やフラストレーションは存在した。しかし王制システムは一九七五年の石油収入の減少（一二・二%）までおおきな脅威を感じることもなく機能しつづけた。石油収入の減少自体は一時的なものだったが、しかしそれにつづいて経済成長率が低下し、そのために経済的・社会的緊張が発生する。それにたいして政権は大規模な「投機的行為撲滅キャンペーン」で対処しようとし、これがバザールにおおきな打撃をあたえる。有名な商人たちが投獄され、公開の場ではずかしめをうける。こうして、バザール商人たちは国王にたいする積極的な反対派に転じるようになり、かれらのギルドが国王を打倒するために人間・資金を動員する恐るべき回路となる。同時に、国王は企業にたいして資本の一部を従業員に売却することを義務化し、穏健なブルジョワジーにも不安をあたえる。しかもこの政策は、かといって労働者の心をとらえたというわけでもない。このように権力と一般大衆をつなぐ媒介となるべき社会グループから政権が孤立しつつあったちょうどその時期に、国王は国外からの権力の重要な支柱をうしなう。ジミー・カーターが一九七六年一一月、大統領に選ばれたのである。アメリカ新大統領は政治警察《サーヴァーク》の暴力行為をその人権政策の標的のひとつとし、政治を自由化するよう圧力をかけた。中産階級はそれをアメリカによる国王政権への無条件支援のおわりととらえた。一九七七年にはリベラル派による反政府集会やデモが頻繁におこなわれる。それまでのながい期間、そうした集会やデモは弾圧されてきたのだが、この時はそうした政府側の弾圧はない。「テヘランの春」である。しかし宗教指導者たちはこれにほとんど参加していない(8)。

世俗的中産階級は政治的無気力状態から最初に脱却したのだが、しかしやがて国王にたいする抵抗運動のリーダーとしては力不足であることを露呈する。一般庶民や、農村からの都市移住者、バザール商人など大衆を動員するためには、かれらに理解可能なスローガンをかかげる政党が必要だった。しかし中産階級にはそうした政党が存在しなかった。《国民戦線》にはカリスマ性が欠けていて他の社会階級を糾合する力がなかった。マルクス主義政党は弾圧で壊滅状態になり、のこったものも亡命して国外にいたために、あまりにも弱体だった。こうした状態であったために、ホメイニーにひきいられた宗教指導者グループが自由に行動する余地がうまれたのである。

国王の国外逃亡とイスラム共和国成立をもたらしたのは、革命のプロセスが継続している間ずっと、イスラム主義知識人と敬虔なブルジョワジーと都市の貧困青年層のあいだにゆるぎのない連帯関係が成立していたからである。同時期のエジプトとは逆に、一九七八年のイランにおいてイスラム主義運動は急速にホメイニーによって統一され、内部の分裂は最小限に、あるいは完全に、おさえられていた。サダト政権末期のエジプトでは髭をはやした青年技師・医師たちはアズハル学院のウラマーたちと対立したのだが、イランではアーヤトッラー・ホメイニーのもとに集結したのである。ホメイニーは自分たちが「被抑圧者《モスタズアフィーン》」であると主張して、シャリーアティーの社会主義的シーア主義のレトリックをうまく「とりこむ」。しかし実際にはホメイニーの言う「被抑圧者《モスタズアフィーン》」の内実はきわめて曖昧で、国王とそのとりまきをのぞき、誰もが自分たちの姿をそこにみることができたのである。

若いイスラム主義知識人と革命的宗教指導者の（後者の指揮のもとでの）団結は動員力のあるイデオロギーをうみだし、そのスローガンはバザール商人と庶民層の両方を結集する力をもった。かれらはともにイスラム共和国を樹立し、社会にシャリーアを適用するという点で共通の目標をもっていた。そして実際に革命がおこるまではそうした共通のスローガンの背後に隠れたそれぞれの階級の利益の違いによる社会観の相違はあきらかにはあらわれてこなかった。ホメイニーの指導のもとにあった敬虔なブルジョワジーと都市の貧困青年層の同盟関係のエネルギーが世俗主義的な都市中産階級をもまきこんでいった。世俗主義的中産階級は独自の文化的アイデンティティをそのなかで主張することができず、革命の荒波を行く船にのりこむために支配的なイスラム主義的ディスクールに自分たちの代弁をしてもらうしか手段をもたなかった。

イラン革命の独自性は、権力を奪取するまでさまざまな対立する複数の社会階級を集結させ、他の競合するイデオロギーを排除してイスラム主義的な政治ディスクールを動員のための唯一の手段とすることに成功した点にある。社会的亀裂があらわれるのは、旧体制が転覆させられた後になってからである。そして、最終的な勝利者になるのは敬虔なブルジョワジーである。かれらは革命が成就した後、昨日まで同盟者だったものたちをつぎつぎと打破していくのである。

反国王のちょっとした騒擾事件が革命運動に転換し、さらにその革命運動がイスラム主義の指揮権のもとでおこなわれるようになったのは、ある偶然の出来事がきっかけでひとびとの熱狂が一挙にたかまったせいである。一九七八年一月、テヘランのある日刊紙で、当時イラクのナジャフに亡命していたホメイニーにたいする侮辱的な記事が発表される。その時、すべての反政府派が、世俗主義的中産階級も、また法学者の統治《ヴェラーヤテ・ファキーフ》の教義に反対していた宗教家たちも、アーヤトッラー・ホメイニーを全面的に支持する。それをみたアーヤトッラー・ホメイニーは戦闘開始を決意する。バザールは閉鎖され、聖都コムでデモがおこなわれ、多数の死者をだす。このデモの死者を悼んで四〇日後(9)にタブリーズ（イラン西部アゼルバイジャン州都）でおこなわれたデモでふたたび死者がでる。これがあらたな挑発と弾圧と団結の連鎖をうみだし、最終的に国王の国外脱出につながっていく。こうした間断ないデモによってホメイニーとその信者たちは革命運動の主導者の地位を獲得していく。かれらは宗教的ディスクールを利用して、宗教学校の生徒と都市の貧困青年層の両方を肩をならべて街をデモ行進させることに成功する。デモに参加した青年たちは警官の銃弾にたおれて殉教者となるが、バザールのギルドはその犠牲者や家族に生活資金を提供する。運動が過激化するにつれて、ホメイニー支持派はモスクやイマーム殉教記念所《タキーイエ》や地域宗教団体《ヘヤット》(10)のネットワークを動員することができるようになる。以前、ホメイニーの教義に冷淡だったモスクの宗教指導者たちの大部分が、ホメイニーを支持するようになったからである。

全国で二万以上の拠点をもつこのネットワークをとおして、集会がおこなわれたり、指令が伝達されたりした。一方、世俗主義的反政権派や、「シーア派社会主義者」はこうしたネットワークに類するものをまったくもたなかった。かれらは宗教指導者層から独立しようとのぞんでいたが、結局はこのネットワークを利用せざるをえず、その結果、運動継続のための物理的な手段のほとんどを独占していたアーヤトッラーたちの指揮に服さざるをえなかった。こうして革命の語彙もその象徴体系もますます「イスラム的」になっていく。貧困青年層は映画館やアルコールを売る店を略奪し、宗教指導者たちが「不信仰」であると指示したものを標的とするようになる。

　ホメイニーは一九七八年のあいだ、自分の政治的ディスクールを修正して、弟子以外の人間をも結集できるようにする。かれはもはや法学者の統治《ヴェラーヤテ・ファキーフ》という教義に言及しようとはしない。その教義は宗教指導者たちのあいだでさえ議論の的になったのだが、ましてや世俗主義的中産階級がそれを知り、その帰結を推し量ることになれば、脅威を感じるに違いなかった。逆に、かれは頻繁に「被抑圧者《モスタズアフィーン》」に言及するようになる。これは一九七〇年代以前のかれの語彙にはなかった表現だが[11]、もともとはシャリーアティー（一九七七年六月、亡命先で死亡）の用語で、「シーア派社会主義者」（かれらは宗教指導者たちにたいして比較的警戒心をいだいていた）の若い学生層のあいだでスローガンのひとつとなっていたものである。ホメイニーはおおくの宗教指導者の慫慂にもかかわらず、シャリーアティーの生前、かれを断罪することをずっとさしひかえていたが[12]、シャリーアティーの用語をもちいることでホメイニーは近代的教育をうけたイスラム主義知識人、若い医師・技師、髭面の法学者など、おおくのひとびとのかれにたいする微温的な態度を克服することに成功する。ホメイニーは一九七八年一〇月、イラクをはなれてパリ郊外のノフル・ル・シャトーにむかう。これがかれの最後の亡命先となるのだが、かれはそこで近代派グループの複数の中心人物の共感をえることに成功する。その結果、ホメイニーと近代派グループのむすびつきはいっそう強化される。ホメイニーが接触をもった近代派グループの中心人物のなかには将来の（しかし短命におわった）イスラム共和国大統領バニー・サドルもふくまれていた。

　その結果、イスラム主義の主張は旧体制が転覆させられるまで、一枚岩でありつづけ、ひろく一般の支持をあつめることができた。一九七八年一一月、リベラル政党《国民戦線》の指導者のひとりカリーム・サンジャビがノフル・ル・シャトーを訪問し、アーヤトッラー・ホメイニーの指揮下にはいることを決定する。イラン共産党《トゥーデ》のリーダーもおなじ頃、ホメイニーを指導者と認める。その頃、ホメイニーは、革命の目的は「イランの独立と民主主義（傍点筆者）を擁護するイスラム共和国」を樹立することであると宣言している。ホメイニーはここで民主主義という言葉をもちいているが、数ヵ月後、共和国の名称が議論になったとき、民主主義はイスラムとは無縁なものであるとそれを否定している。国内のすべての勢力がイスラム主義の文化的ヘゲモニーに従属していくことになるが、それが最高潮に達するのは一九七八年一二月一〇日と一一日の両日におこなわれた華々しい反政権デモの際だった。この一二月一〇日、一一日はそれぞれイスラム暦一月《ムハッラム》の九日目《タースーアー》と一〇日目《アーシューラー》にあたり、シーア派信徒が第三代イマーム・フサインの殉教を記念する日だった。この二日間、消灯令が出される中、何十万人ものイラン人が、ホメイニーの指示で、テヘランの建物のテラスに出て、夜中、「アッラーは偉大なり《アッラーフ・アクバル》」と叫びつづける。これは革命の進行をイスラム文化が支配したことを示す事件であった。そしてその一ヶ月と五日の後、国王は国を追われる。

イスラム主義的なディスクールがこのように勝利をおさめることができたのはホメイニーが、世俗主義もふくめ、さまざまな宗教的傾向の運動をひとつにまとめる注目すべき能力をもっていたからである。運動の共通点は最初は国王とその政権にたいする嫌悪だけであり、各人はその運動に自分自身の固有の政治的幻想を投影していた。しかしそれが幻想であるということを教えてくれるものは誰もいない、――権力の奪取がおわって、粛清の時がくるまでは。これとは正反対の例として、本書の第二部で、その一〇年後、アルジェリアでおこった出来事を検討することになるだろう。唯一政党FLNが独占した国家にたいして、アルジェリアでもイランとおなじくらいおおきな大衆動員がおこなわれたが、アルジェリアのイスラム主義者たちは、持続的な統一的ディスクールをつくりあげることができなかった。このために世俗主義的中産階級ははやくに運動から離脱し、ついで敬虔なブルジョワジーと都市の貧困青年層の同盟が分裂し、そのためにＦＩＳの挫折が急速にやってくる。それにたいしてイランでは、ホメイニーは非常にはやくから社会の中のもっとも近代的でもっとも生産性のたかい分野に注意をはらっていた。そうした分野に属する社会グループはもとからのかれの支持者層というわけではなかった。しかしかれらが一挙にホメイニー支持にまわったことが国王政権の転覆に決定的な役割をはたした。たとえば一九七八年一〇月、石油産業労働者がストをおこなうが、それは国王政府の生命線を切断し、その転落をはやめた。かれらはイスラム主義運動の影響下にあった社会グループではなかった。しかし、ホメイニーに非常に近かったバザールはかれらに給料がはらわれなくなるとすぐさま経済支援をおこなう。一九八八年頃のアルジェリアでは逆に、石油部門はいかなる騒動にも関係しなかった。世俗主義的中産階級は「フランスの子」と嘲弄され、特別ＦＬＮを支持しているわけではなかったけれど、もしＦＩＳが権力をにぎったら、イラン革命で革命の生贄になったイラン中産階級とおなじような運命になるのではないかとすぐに危惧をもつようになった。

一九七九年二月一日、テヘランにもどったホメイニーが直面したのは、熱狂的にかれをむかえた巨大な群衆がそれぞれ相矛盾する欲求をもっているという事実だった。そのためにかれはまずかつての自分の同盟者をつぎつぎに排除して、神政政治を実現しようとする。かれは臨時政府を任命して、フランスで教育をうけた敬虔な技師メヘディ・バーザルカーンを首班にする。この政府には、《国民戦線》出身の中産階級代表者と、宗教指導者が肩をならべていた。《国民戦線》は当時のホメイニーの支持者のなかで国家を機能させる能力をもっていた唯一の存在だったからである。しかし実際の権力は秘密委員会の《イスラム革命評議会》にあった。これはホメイニー支持のウラマーが多数を占めた機関で、《国民戦線》はメンバーから除外されていた。さらに一九七九年二月、《イスラム共和党》が創設されたが、これはウラマーの指導のもとにイスラム主義インテリ層が結集した組織で、あたらしい公式のイデオロギーをつくりだすことを目ざしていた。

革命で庶民層は重要な役割をはたした(13)。というのも、自立的に自己の意志を表明する手段をもたなかったとはいえ、一九七八年のデモの中核をなしていたのはかれらだったからである(14)。かつて社会的抑圧をうけたかれらは都会の大通りや大学など公共の場所から排除されていたのだが、革命に際してそうした場所を自分たちの身体で占拠した。一般民衆は国王政府が崩壊して自分たちの切実な欲求がすぐさま満たされると期待した。生活水準の改善、賃上げ、「腐敗した人間たち」の住居や土地の占拠、バラック密集地域の住環境改善、不法占拠住宅の合法化、公共サービスの無料化……。ホメイニー派宗教指導者たちは《革命委員会《コミテ》》をつうじてかれらをコントロールしていた。《革命委員会》はイラン版公安委員会（訳注：「公安委員会」はフランス革命を主導した委員会。恐怖政治の中心として機能）のようなもので、その大部分が本部をモスクやイマーム殉教記念所においていた。聖職者たちは大衆の要求がイスラム主義的な言語で表明されるよう監視していた。やがて《革命委員会》は《イスラム共和党》民兵《革命防衛隊《パスダラーン》》（一九七九年創設）、革命裁判所、イスラム主義財団（《被抑圧者財団》、《復興のためのジハード財団》）などとともに影の権力の中心的存在となる。イスラム主義財団というのは、パフラヴィー財団が保有していた膨大な資金や逃亡したり、絞首刑・銃殺刑にされた「悪魔たち」やその他の「この世の腐敗した者たち」の財産をひきついでつくられたものである。バーザルカーン臨時政府は《革命委員会》をまったくコントロールできない。政府は秩序を回復しようとしたが、都市貧困青年層はそれが自分たちに敵対的であるとかんがえていたので、政府はかれらの攻撃の的となった。一方、左翼系運動組織は《革命委員会》をソヴィエトのようなものだとかんがえ、そこに合流する。

世俗主義的中産階級やリベラル派は民衆の支持をえることができず、敗北するが、それは数ヶ月後、法的・政治的次元で明確化される。三月、イスラム共和国という名称が国民投票にかけられて採択された。これはイスラム主義の支配があたらしい国名という形で表現されたものだと言える。また八月には専門家議会が選出され、ウラマーや《イスラム共和党》が多数派をしめたこの議会で、憲法が起草される。この憲法の眼目は法学者の統治《ヴェラーヤテ・ファキーフ》の制度を規定した条項で、これにより最高指導者ホメイニーに国家の最高権力があたえられた。リベラル派、左翼の一部、少数民族クルド人（スンナ派）そして一部の宗教指導者はこれをアーヤトッラーのターバンをかぶったあたらしい独裁制とかんがえ、たちあがって抗議した。反対派がこのように連合したのをみて、国王が癌治療のためアメリカ入国を許可されたことを口実に、一九七九年一一月四日、五〇〇人の「ホメイニー支持学生」が《イスラム共和党》の幹部に指揮されてアメリカ大使館を襲撃、一九八一年一月までアメリカの外交官を人質にとる。バーザルカーンは権威を完全に喪失し、辞職する。これによって世俗主義的中産階級がすでに街頭でこうむっていた敗北が政治的にも確認されたことになる。ついで、法学者の統治《ヴェラーヤテ・ファキーフ》制度に反対していたウラマーのリーダーだったシャリーアトマダーリー師が自宅に軟禁される。軟禁はかれが死ぬ一九八六年までつづく。

　こうして一九七九年末には、イラン政治の舞台にはイスラム主義知識人と都市貧困青年層と敬虔なブルジョワジーしかのこっていなかった。人質事件につづいて革命のプロセスは加速化され、アメリカの「スパイの巣窟」包囲に喜んだ「急進派」宗教指導者やイスラム左派活動家の指揮のもとで、庶民層出身青年たちが中心となって活動する政治組織が出現する。さらに、アメリカ大使館の秘密文書が公開され、大使館がおおくのリベラル派ブルジョワジーと接触していたことがあきらかにされ、あらたな略式裁判、処刑、財産没収がおこなわれ、単なる政治体制の変更にとどまらない、社会階級制度自体の転覆へと事態が進行していく。もしこのプロセスがゆきすぎて、都市の貧困青年層が自律性を獲得し、イスラム主義イデオロギーから自由になると（それはまさしく《革命委員会》にもぐりこんでいたマルクス主義者や《人民聖戦隊《モジャーヘディーネ・ハルク》》がすすめようとしてきたことなのだが）、宗教指導者権力にきわめてつよい圧力がはたらき、敬虔なブルジョワジーの利益が脅かされることになるだろう。バザール商人たちは、亡命したり、投獄・処刑された「不信仰な」資本家のマーケットを自分たちのものにして、国王政権時代末期にうしなった経済的地位をとりもどしていたから、革命のゆきすぎはこうした敬虔なブルジョワジーの利益に反するものだった。

　ホメイニーは一九七八年初頭から「被抑圧者《モスタズアフィーン》」の代表であると主張してシャリーアティーの思想的遺産を自分

のものにし、イスラム主義の知的言説を統一することに成功した。ホメイニーにコントロールされたこうしたイスラム主義的言説の統一性を打破することができるとしたら、それは都市貧困青年層に支持基盤をもった知識人グループのみであったが、その代表はイスラム主義左派と「社会主義シーア派」であった。かれらを排除するためにホメイニーがとった戦略はバーザルカーンとリベラル派を失脚させるために利用されたものと同一だった。すなわちかれらを権力の座につけ、次に《革命委員会》、《革命防衛隊》その他ホメイニー派ネットワークにコントロールされた機関によって権力の基盤を弱体化させる。こうしてイスラム左派を代表するバニー・サドルが一九八〇年一月、ホメイニーの支持をうけて、共和国大統領に選出される。しかし四月になると、キャンパスを支配していた左翼グループと《人民聖戦隊》は《革命防衛隊》にそこを追われる。大学はイスラム文化革命の名のもとに左派勢力が完全に排除されるまで閉鎖される。五月、あたらしい議会が選挙され、《イスラム共和党》が多数派を占め、真の権力の中心となり、メンバーを首相にする。消耗戦に敗れた大統領は一九八一年六月、《人民聖戦隊》のたすけでイランをはなれる。一九八二年末、《人民聖戦隊》が蜂起し、華々しいテロ事件をおこす。この事件でバニー・サドルの後任大統領や《イスラム共和党》幹部が殺害され、革命中もっとも血なまぐさい事件となるが、政権はこの鎮圧に成功する。一九八三年初頭、共産党《トゥーデ》の幹部が左翼粛清キャンペーンの最後の逮捕者となって、モスクワでの裁判をおもわせるような演出のなかで、テレビでソ連のスパイであったと告白し、マルクス主義よりもイスラムのほうがすぐれていると認める……。

ホメイニーは「一枚岩のディスクール」というスローガンのもとに言論統制を理論化したが、イスラム左派が壊滅したために、イスラム主義知識人内部で反対意見の表明がまったく不可能になった。そのために都市貧困青年層の利益を宗教的言葉によってではなく社会的な言葉で表現する代弁者がまったくいなくなってしまった。もしそうした存在がいれば、都市貧困青年層は敬虔なブルジョワジーと対立し、イスラム主義運動の統一はこわれてしまったであろうし、またエジプトや後のアルジェリアにおけるように、イスラム主義運動は政治的に挫折してしまったであろう。しかし知的表現手段をもたないまま、イランの庶民層は日常的要求が満たされることを期待して革命へ参加しつづけた。かれらは国王政権を転覆させるためにデモをし、リベラル派や世俗主義派排除に手を貸し、ホメイニーを支持しつづける。一九八〇年九月二二日、サッダーム・フサインの軍隊がイランに進軍する。これはホメイニー政権にとって民衆をもう一度動員し、その政治的エネルギーを枯渇させて、殉教に身をささげさせる絶好の機会となった。十分な訓練をうけていない義勇軍の部隊はイラク軍の格好のえじきとなる。きわめて活動的で意欲のあるイラン版「サンキュロット」たちが何十万人もそうした軍隊に志願し、祖国と革命のために命をささげて前線で死んでいく。その他に、塹壕にうずくまっていることを強いられた兵士も何百万人もいたのである。イスラム共和国の「共和暦二年の兵士たち」（訳注：本来はフランス革命時代の祖国防衛義勇軍を指し示す表現）はこうして国内の政治の舞台から消え、都市貧困青年にとって独自の政治行動をおこなう能力は完全にうばわれてしまう。

多数の青年が戦場で死んでいったのだが、これは同時に集団的政治的主体としての都市貧困青年グループの消滅の象徴でもあった。これはふたつの次元であらわれる。まず、青年層自身にとって、シーア派を政治的に利用することの意味が変化する。そもそもシーア派で伝統的に支配的だったのは、アーシューラー儀式において集団的に自分を鞭でうつ行為に典型的にみられるように、喪と悲嘆にむかう傾向だった。しかし、シャリーアティーの影響下にあった時代、さらに革命期になっても、カルバラーでのイマーム・フサインの殉教を記念する行為は現実の国王体制をかつての抑圧者カリフの現代における具現者とみて、それにたいする戦いを挑む契機となっていた。宗教的エネルギーは外部にむかい、世界を変革することを目的としていた。しかし、果てがないようにみえる（八年つづいた）イラクとの戦争で莫大な数の兵士が死亡したが、これは以前の殉教の伝統への回帰だったのだ。つまり貧困青年層はアーシューラー儀式の自分への鞭打ち行為を極限化して、それを戦死という自己犠牲にまでおしすすめたのだ。問題になっているのはもはや世界の変革ではない。革命はすでにおこなわれたが、青年の期待にこたえるものではなかった。戦場でみいだされたのは死への、自己消滅への希求である。それは革命的ユートピアの挫折を最終的に確認する行為に他ならない。前線での義勇軍の犠牲はこの「自殺願望的シーア派思想」が大衆をまきこんで大規模に実践されたものといえるだろう。家族にあてた手紙や遺書で志願兵たちはシーア派の殉教思想の言葉をもちいて、なまなましく、詳細に、自分は死をのぞむと述べているが、それはこうした精神状態を雄弁に物語っている。一九八〇年代、イランの都市貧困青年層は政治的自殺をとげた。志願兵の手紙にはそうした政治的自殺にあたっての心境が宗教的概念をもちいてえがかれているのである。

政権側は青年たちの殉教をさまざまな形で賞賛した。政権はそれを自分たちの正当性の主たる根拠とした。それは一九九〇年代の末になってもなお存在する「ハイパーリアリスト」な壁画をみてもわかる。イランの大都市の壁には執拗なまでに殉教者の肖像画がえがかれている。そうした壁には、たとえばテヘラン第一の墓地の「血の泉」のように、血でどろどろするような気分がする名前がつけられている。イスラム共和国はイマーム・フサインの先蹤を立派についで、祖国のために死んだ「被抑圧者たち」の名において統治する。しかしその若き「被抑圧者たち」自身はもはや組織だった政治的勢力としては存在しない。だから政権はかれらの名において、かれらの代わりに語ることができるのである。しかし都市青年大衆は肉体的に消滅したわけではない。それどころか世界でもっとも急速な人口増加をとげた社会グループでさえあるのだ。したがって政府はこの何千万人もの若いひとびとの支持を強化するような政策をとることを強いられる。その政策は道徳の分野と経済の分野を結合した形でとられた。

まず最初に、最後の左翼運動が壊滅させられた直後、ヴェール着用と「イスラム的正装」が一九八三年四月の法律によって義務化される。《革命委員会》のメンバーはもう「無神論的極左分子」を追求する必要がなくなったので、今度はその活動を風俗警察の分野にうつし、「スカーフをきちんと着用していない女性」をみつけだし、裁判所にひきたてる。この時にはじまったスカーフ着用の基準は現在でも有効で、イランの公共の場所に掲示されているが、それには女性の服装のながさ、形態、色までが指定されている。この「スカーフをきちんと着用しない」可能性がある女性というのは特に世俗化された、どちらかというと知識人に属する中産階級であり、一方、《革命委員会》は庶民出身の人間がメンバーだった。つまり《革命委員会》メンバーはイスラム共和国の価値を体現し、それを擁護する役割をあたえられ、その資格において中産階級を抑圧する。中産階級は革命後もどうにかしてその社会的ステイタスと文化的資本を保持しつづけてきたのだが、これによって社会のスケープゴートの役割をになわされてしまう。貧窮者に道徳の分野で報酬があたえられ、宗教の名において文化の面で社会を抑圧する仕事が委託される。それがかれらの政治の世界からの排除の代償なのである。

第二に、革命を遂行し、イラクとの戦争の前線で死んでいく都市貧困青年層を政府から恩恵をうける被保護者に変身させるために、イスラム共和国は物質的でもあり象徴的でもある報奨システムをつくりあげる。すなわち、殉教者をだした家族は入学試験なしに子供を大学におくることができ、宗教指導者によって運営された大財団から奨学金、住居、食料品への補助金などが潤沢に提供される。したがって受益者にとって政権の永続が自分たちの利益になる。かれらはホメイニー派宗教指導者やその影響下にあるイスラム主義知識人がにぎる権力が永続するために戦うことも厭わないだろう。しかしその政府は基本的に貧困層ではなく、バザールの敬虔なブルジョワジーの利益を代表しているのである。バザール商人たちはいまや経済活動のすべての領域を独占し、補助金と宗教的厳格主義の結合によって社会平和を維持しようとする。しかし、第二部でみるように、バザール商人による経済運営は体制を破産へとむかわせ、おおきな社会的緊張をうみだす。そしてそれはイスラム共和国を危機におとしいれ、「ポスト・イスラム主義」的社会の誕生をもたらすことになる。

イランにおけるイスラム革命の勝利は一九七〇年代の大混乱をもっとも顕著に示すシンボルである。一九六〇年代末にはイスラム主義運動はまだマージナルな存在で、その影響力は一部の無名の知識人にかぎられていたのだが、それにくらべれば七〇年代はおおきく様変わりした。七〇年代にはイスラム主義はイスラム社会において一大勢力となり、政治的なシナリオに大混乱をもたらした。しかし、当時、世界のメディアで一般的にひろまっていたイメージでは、この運動は狂信主義と同一視され、手に機関銃をもち、ターバンをまいて行進する宗教指導者の写真でこの運動のすべてがつくされているようにおもわれていた。しかし実際にはこの運動は非常に多様な現実をそのなかにふくんでいる。宗教を旗印にするという点で一見してその一体性がたもたれるようにみえるのだが、本当はさまざまな社会グループが一時的でよわい同盟関係をむすんでいるにすぎなかった。とりわけ、当時出現しつつあった世界のイスラムの「意味の空間」は、その頃のソ連陣営がまだそうであったような一枚岩のブロックを構成していたわけではない。それはむしろへゲモニーをにぎるために覇権候補国がたがいに対立しあう紛争の空間にすぎなかった。一九八〇年代をつうじて、運動はあたらしい社会に定着し、その前進は阻みがたいものにみえたのだが、しかし勢力が増大するにつれてその矛盾も拡大していったのである。

## イラン革命の波及効果

最初、イスラム世界のどの地域においても権威主義的体制に抵抗していたひとびとのあいだでイランのイスラム革命は非常におおきな共感をもってむかえられた。たしかに、イラン革命も最終的には「革命」の名のもとに粛清や処刑やさまざまな残虐行為がおこなわれて、イメージは低下した。しかしそうなる以前はイラン革命は大衆運動の可能性の実証のようにかんがえられた。なにしろ、社会の広汎な層からでた運動がアメリカに支持された強大な政府を打倒することができたのである。その結果、イスラムについて知識や関心がほとんどないひとびとのあいだでさえ、イスラムが内包する革命の潜在能力を真剣にとらえるべきだとかんがえるひとがおおくなってきた。かつて民衆は国民国家や社会的帰属などをとおして定義されていたが、いまやイスラムが民衆の政治的・社会的・文化的アイデンティティの主要なファクターになった——こうした感情を、イラン革命以後、おおくの観察者や政治指導者がもつようになった。問題はホメイニー個人をこえていたのである。一九七〇年代の混乱はかぎられた階層にしか影響をおよぼさなかったが、一九七九年以降、イスラム世界でも、またその外側でも、イスラム主義がひろがりつつあるということを知らないものはいなくなった。イスラム主義は無数のシンポジウム、著作、国際的大財団の助成をうけた研究プロジェクトの対象となり、ジャーナリズムはそれを特別あつかいして報道し、好んでそのもっとも華々しい側面、もっとも暴力的な要素、あるいはもっとも矛盾にみちた点を強調しようとする。既存権力は、イスラム的な語彙を採用して、ひとびとの不満を糾合し、政府を転覆しかねないような社会的要求にたいして注意をはらうようになる。イスラム世界の大部分の政権はイラン国王の例を他山の石として、十分に宗教に配慮していることをこれ見よがしに示そうとする。それは「黒衣の男たち」にたいする軽蔑をかくさなかった君主がたどった運命を自分は逃れたいとかんがえていたからである。ナショナリズムの時代にはおおくの嫌がらせをうけていたウラマーたちは今度は丁重にあつかわれるようになる。ウラマーたちから自分の権力にたいする宗教のお墨付きをあたえてほしいからである。それとひきかえに、かれらは政府に風俗や文化にたいする規制を強化するよう要求する。ライバルである世俗主義的知識人にたいする報復である。国家がウラマーの要求でおこなう脅迫や検閲のために世俗主義的知識人の影響力は大幅に減少する。また権力は、ウラマーをとおして、敬虔な中産階級を懐柔しようとする。権力は都市の貧困青年層を煽動する過激なイスラム主義知識人を抑圧する必要に迫られるときがあるが、その時に、かれらの同意をではなくても、すくなくとも中立的態度をえたいと欲するからである。政権と宗教の交渉というのはなかなかむずかしい問題である。というのも双方が自分の立場を強化して、相手に自分の条件をおしつけようとするからである。しかし総体的には、後にみるように、この交渉を通じて立場を強化するのはウラマーの側である。一般社会において、規範と価値の提供者としてウラマーの役割がおおきくなる。また一九七〇年代にはウラマーなどにはすこしも敬意をはらうことがなかった髭面の技師・情報技術者・医学生がスンナ派急進グループを指揮していたのだが、この後はイスラム主義運動内部でも、ウラマーが主導権をとりもどす。

一九六九年の《イスラム諸国会議機構》創設と一九七三年一〇月の戦争における「石油イスラム」主義の勝利以来、近代イスラム世界はサウディアラビアのヘゲモニーのもとにあったのだが、一九七九年、イランでホメイニーが勝利したことが、こうした状況におおきな混乱をもたらす。イランのあたらしい指導層は、シーア派という特殊性をこえて、自分たちこそがイスラムを体現しているとかんがえる。かれらにとってリヤードの支配層は単なる権力の簒奪者にすぎず、これ見よがしの宗教的厳格主義の背後には欧米世界への石油供給者という役割が見え隠れしている。しかもこの反動的で、社会的に保守的な君主国家は石油とひきかえに欧米から軍事的保護をうけているのだ。一九七八年から七九年のパリ亡命時代にすでに、ホメイニーの側近はアラブ世界のジャーナリストにつぎのような予言をしていた。「もうすこし待っていなさい……。われわれがイランにもどって六ヶ月後には、サウディアラビアでどんなことがおこるかわかるでしょう(15)。」実際、ホメイニーのイラン帰還から九ヶ月後、ヒジュラ暦で第一五世紀の第一日目にあたる一九七九年一一月二〇日、メッカの大モスクが数百人のサウディ反体制派に襲撃された。襲撃者の制圧には二週間にもおよぶ攻囲戦が必要だった(16)。しかしワッハーブ主義のなかでももっとも過激な分派を名のったこの一団がテヘランと接触があったという痕跡はなにもない。それにたいして大モスク占拠がまだつづいている間にサウディアラビア東部にある主要石油産出地ハサーのシーア派マイノリティーのあいだで騒動がおこっている。これは大モスク占拠ほど重大ではなかったものの、テヘランの影響は明白である(17)。サウディアラビア指導層にとってこれは、かれらが一〇年間にわたって営々と築きあげてきたバランスが脅かされていることを意味した。イスラム教にもとづく政権の正当性にたいして、自分たちの国のなかで異議の声があがり、さらにもっとも神聖なイスラムの聖地の治安を確保する能力も十分ではなかったことが露呈されたのだ。イラン革命のプロパガンダは民衆の信仰心に直接呼びかけて、指導者がコーランやシャリーアを標榜していても実際に不信仰であれば、それを攻撃するよう煽動していた。ところで、サウディアラビアの政策は、《イスラム世界連盟》のような組織を通じてイスラム主義を世界にひろめるための資金援助をおこない、それによってイスラム主義運動をよりよくコントロールし、社会の階級秩序を転覆させようとするグループが運動のイニシアティヴをとらないようにすることだった。したがって「イスラム」と「革命」というこのふたつの単語の結合はサウディアラビアにとって危険の最たるものであった。しかしその革命が、イスラム世界のなかでもよりによってシーア派という、サウディアラビアの宗教界の大部分から異端とみなされた宗派の影響圏、ワッハーブ派の布教活動があえて足を踏みいれたことがなく、いかなる中継点ももたない地域で発生してしまったのである。

一九七九年から、イラン革命のために政治情勢が活発化したイスラム世界において、これを支配するためのふたつの戦略が対立するようになった。ひとつは、テヘランのもので、サウディアラビアの覇権のかわりにホメイニーの権威を樹立しようとする。そのためにシーア派色をうすめて、八〇パーセント以上がスンナ派であるイスラム世界でもよりよくうけいれられるよう努力する。それはとりわけ若いイスラム主義知識人層のなかでも過激なグループに影響をあたえることになる。もうひとつの戦略は、サウディアラビアを中心としたもので、《イスラム世界連盟》や《イスラム諸国会議機構》などを核として七〇年代につくられたイスラム布教システムをホメイニーの勢力拡大をおさえるために総動員しようとする。しかし、ワッハーブ派の布教活動が展開されたまさにその地域でイランでの出来事が好意的にむかえられていただけに、この作戦の成否は微妙であった。たとえばエジプトのイスラム主義系ジャーナリズムはイスラム国家を樹立し、親米独裁者を転覆させた革命にたいして共感を表明していた(18)。イラン封じこめは非常にはやくからふたつの面でおこなわれた。スンナ派世界でイランとの一体感を感じることがむずかしくなるようにイラン革命がシーア派によるものであるという特殊性を強調する方法と、もうひとつは（時期的には後になるが）それをペルシア・ナショナリズムの一変形にすぎないとする方法である。後者はイラクが一九八〇年九月、イスラム共和国にたいして戦争をはじめたとき、大々的に利用する戦略である。この戦争にはいくつかの動機があった。サッダーム・フサインは革命の混乱を利用して、容易に勝利できる（とかんがえた）戦争をしかけ、一九七五年のアルジェ協定以来二国が分有していたシャトル・アラブ川河口の水域をコントロールして、イラクのペルシア湾岸へ通じるせまい地域を拡大したいとかんがえていた。またこの攻撃により、フサインは社会を軍事化し、最近掌握したばかりの権力を強化し(19)、イラク国内でわずかに多数派を占めるシーア派がイラン革命の勢いにのって政権打倒にうごきだすことがないようにしようとしていた。最後に、そしてこれは特に重要なことなのだが、中東地域に限定しても、また国際的にも、イランの出来事に不安を感じ、それが激流のように他国にひろがることを恐れていた国々はこの戦争を歓迎していた。イラン革命に最初に脅威を感じたアラビア半島の豊かなアラブ系君主国家は非アラブのイランにたいする近代アラブ・ナショナリズムの戦争を支持し、財政的にも大々的に支援する。テヘランにたいしてアラブ諸国はバグダードを一丸として支援する。（ただし、伝統的にイラクのライバルであるシリアは例外だった。）サッダーム・フサインは八〇年代にはアメリカや湾岸アラブ諸国の主たる敵となるのだが、この当時はイラン革命に不安を感じていた欧米の外交的支援をうけ、フランスからは軍事援助さえうけて、戦闘爆撃機シュペール・エタンダールを供与してもらっていたのである。

戦争のあいだずっと、両者とも自分たちの大義をイスラムによって正当化すると同時に相手が宗教的衣装をまとっておこなう主張を打破しようとやっきになっていた。サッダームの賞賛者たちはイスラム創世期の六三六年、アラブ民族がカーディスィーヤでサーサーン朝ペルシアと戦って勝利した事件をひきあいにだし、それをイラクの軍事攻勢の作戦名とする(20)。テヘランも負けてはいない。かれらは《バアス党》は世俗主義政党であるがゆえにイスラムの「背教者」であると断じ、そのリーダーであるサッダーム・フサインの「不信仰」を批判し、その政権にはイスラムを標榜する権利はまったくないと主張する。こうしてイランの軍事作戦には、イスラム信仰を棄てたアラブの種族にたいして第一代カリフであるアブー・バクルがおこなった戦争「背教者との戦い《フルーブ・アル＝リッダ》」という名前がつけられる(21)。

双方が自分のイスラムが本物のイスラムであると主張し、相手側の宗教的主張を否認する。イスラム的なレトリックをコントロールし、その語彙を占有することが権力とその正当性主張のための中心的課題となる。これは、イスラム的「意味の空間」がいまや権力のすぐれて象徴的な場所になったことを示すものである。聖典に根拠をもとめ、歴史的事件をひきあいにだす――こうしたイデオロギー的・教義的領域での競いあいが現実の戦争の延長となる。

## パレスチナとレバノンへのインパクト

中東アラブ世界において、イラン革命がひきおこした革命の熱狂は主としてふたつの紛争をじょじょにイスラム化する結果をもたらした。パレスチナ紛争とレバノン紛争である。両者ともそれまでは、それぞれのやり方でアラブ・ナショナリズムの大義を具現化し、宗教的なイデオロギーに影響されることはすくなかったのだが、イラン革命が状況を一変させる。パレスチナ問題のイスラム化の間接的原因のひとつは《イスラム・ジハード運動》という過激でマイナーな運動がホメイニーを賞賛していたことにある。この運動はさまざまな襲撃事件をくりかえし、それが最終的に一九八七年一二月にはじまる「石による蜂起」、インティファーダの起爆剤となった。それにたいしてレバノンでは、テヘランはマイノリティーのシーア派をとおして直接的な介入政策をとり、その影響下で《ヒズボラ》という政党が創設された。

パレスチナではＰＬＯは伝統的にナショナリスト的な主張をし、イスラム教徒もキリスト教徒もそれに一体感を感じることができた(22)。それはなによりも「アラブの大義」を体現していたのである。しかし一九八〇年前後、PLOは困難な時代をむかえる。一九七七年のサダトのエルサレム訪問と一九七九年のイスラエル＝エジプト和平条約調印でPLOはエジプトとの関係を断たれ、一九七〇年の「黒い九月」で決定的な打撃をうけてヨルダンでは活動が不可能になり、そしてイスラエル占領地では容赦なく弾圧されていた。このためPLOは活動の舞台の中心をレバノンにうつすようになる。レバノンでは主としてマロン派のキリスト教右派と「イスラム進歩派」が対立して内戦がおこなわれていたが、PLOは後者に加担して一九七五年からこの内戦に参加した。「イスラム進歩派」という表現の「イスラム」はイスラム主義を言うのではない。当時、レバノンの政治の舞台にイスラム主義者はほとんどいなかった(23)。ここで「イスラム」という形容がもちいられるのは、フランス委任統治時代(一九二〇〜一九四六)以来のマロン派エリートによる政治的支配に対抗したひとびとのおおくがイスラム信仰をもっていたという事実を示すためにすぎない(24)。かれらを結集させていたのは信仰よりもむしろアラブ・ナショナリズムと、さらにパレスチナ問題などそこから派生するさまざまな大義であった。

レバノン内戦では残虐行為、犯罪行為が多発し、同盟の離合集散がくりかえされて、急速に原理の明快さがうしなわれ、なんのために戦争をしているのかはっきりしなくなってしまった。その上、PLOはこの内戦にかかわっている間、その本来の存在理由である反イスラエル闘争が不活発になってしまった。PLOのおかれた状況はその後、さらに悪化する。一九八二年、レバノン南部にイスラエルが電撃戦をしかけ、軍事拠点を破壊し、組織は本部をベイルートからチュニスにうつさざるをえなくなった。つぎに一九八三年一二月、シリアの攻勢でヤセル・アラファトとその支持者はトリポリを追われる(25)。こうしてパレスチナ難民組織指導部は本来の活動地域から遠くはなれざるをえなくなった。これはパレスチナの大義そのものが弱体化し、かつてのようにひとびとを動員する力がなくなったことを象徴的に示す事件だった。実際、アフガニスタンにおけるジハードのために、一九八〇年代のアラブの若い世代のあいだでは上の世代のナショナリズムの大義が放棄され、イスラム主義的な理想がひろまりつつあった。

そもそもパレスチナには主として《ムスリム同胞団》メンバーを中心として古くから現場に密着した活動をおこなっていたイスラム主義運動が存在していた。かれらは特に慈善活動や敬虔主義的な布教活動をおこない、イスラエルからも好意的なあつかいをうけていた。イスラム主義運動は占領下のパレスチナ民衆のフラストレーションに非政治的なはけ口をあたえてくれるとイスラエル政府はかんがえ、攻撃的ではないこの宗教運動がPLOの戦闘的なナショナリズムに代わって大衆の支持をうけることをのぞんでいた。《同胞団》はガザ地域にしっかりとした基盤をもっていたが、まずなによりもPLOの世俗主義的なナショナリズムに対抗して民衆を再イスラム化することに専心していた。イスラエルの軍事的優位は絶対的だから、反シオニズム闘争を正面からはじめるのは時期尚早であるとかれらはかんがえていた。かれらはまずなによりパレスチナ社会内部における力関係を自分たちに有利なように変化させていくことが先決だとかんがえたのである(26)。

このようにパレスチナが政治的無力状態にあったその時、イラン革命の嵐が吹き荒れて、一九八七年のインティファーダ勃発にむかうあたらしい精神の萌芽がうまれることになる。これによってイスラム主義者たちは第一線の政治的アクターとなり、ガザやヨルダン川西岸の青年たちのあいだでPLOのヘゲモニーを脅かす存在となる。実際、下エジプトのザガジグ大学に在学していたパレスチナ出身学生のあいだでは、《同胞団》の静寂主義的態度にもPLOの「無神論」にも満足できない活動家グループがイランの出来事に熱狂的に反応している。その先頭にたっていたファトヒー・シカーキー博士は『イスラムにもとづくもうひとつの選択肢としてのホメイニー』という小冊子を書いているが、この小冊子は一九七九年頃からすでに、カイロの露天書籍商のどの店頭にでもみられるほどよく普及した。《ムスリム同胞団》創設者「イマームにして殉教者ハサン・バンナー」と「革命的イマーム、ルーフッラー・ホメイニー」という「今世紀の二人の偉人」にささげられたこの本は《同胞団》周辺から出された中でもっとも明確なイラン・イスラム革命指導者礼賛の書である(27)。シカーキーとその仲間たちはイランを論拠としてPLOのナショナリズムとパレスチナの《同胞団》の慎重さの両方を批判する。PLOは現地のパレスチナ人のために具体的なことをなにも実現できなかったし、《同胞団》も布教や社会活動に安住してイスラエルにたいする政治的闘争を犠牲にしてしまった。しかしイランにおけるイスラム革命の勝利は、たとえ国王のような強力な敵を相手にするのであっても、決然とした活動家がジハードを遂行すればあらゆる困難を克服して勝利をおさめることができることを示している。パレスチナ解放の道筋はこうであるべきだ。すなわち、武装闘争と社会のイスラム化の双方を遂行し、両者をひとつのジハードに融合しなければならない。こうした戦略が《イスラム・ジハード運動》という運動組織の形成につながる(28)。これはイスラエルに打撃をあたえ、パレスチナにおいてイスラム国家を樹立する道をひらく力をもった活動的・戦闘的前衛となるべく構想された。《同胞団》の社会活動専念も、遠いチュニスに追いやられて弱体化したPLOの外交戦略も袋小路におちいっていたが、《イスラム・ジハード運動》はそうした二重のゆきづまりから脱却する手段となるはずだった。こうしてジハードというひとつの旗印のもとにさまざまな自律的なグループが結集する運動体が結成され(29)、その中の一部の活動家たちは一九八三年から、いくつかの派手な実力行使をおこない、その決意のほどをあきらかにする。かれらはメディアにとりあげられるような暴力事件をおこし(たとえば一九八六年一〇月、エルサレムの嘆きの壁で宣誓をおこなうイスラエル・エリート部隊新兵にたいする手榴弾攻撃など)、イスラエルが無敵であるという感覚を打破して、むしろ相手側に恐怖を感じさせようとする。そうした意味でこの運動はインティファーダ、すなわち一九八七年末にはじまったパレスチナ蜂起の起爆剤の役割をはたしたと言える。しかし、後でみるように、それはパレスチナにおける政治運動全体を主導するにはいたらない。イスラエルは《イスラム・ジハード運動》にうまく「的を絞って」鎮圧することに成功する。その結果、蜂起はすぐにPLOや《ムスリム同胞団》などより強力な組織に支配されることになる。しかし、一九八〇年代前半のパレスチナ解放運動沈滞の時期に、イランの例にならって組織された《イスラム・ジハード運動》はパレスチナ闘争をイスラム化し、それによって運動を再活性化するのに重要な役割をはたした。こうして解放運動はあたらしい意味をもつようになる。それまでは単なるアラブのナショナリズム運動だったものにイスラム主義的な息吹がつよく吹きこまれたのである。

たしかにパレスチナではイスラム革命の影響をうけて《イスラム・ジハード運動》という組織がうまれたのだが、中東においてその衝撃がもっともおおきかったのはパレスチナよりもむしろ隣国レバノンである。レバノンは一見して革命を輸出するのにきわめて好適な条件をそなえていた。一九七五年六月以来、一〇年近くつづいた内戦のために国家の権威は完全に消滅していた。政府はもはやキリスト教徒とイスラム教徒のあいだのバランスを保障し、調停するという憲法で定められた役割をはたすことができなくなっていた。また一九七六年六月以来、シリアが治安回復という口実で領土の一部を占領したために、レバノンは事実上シリアの保護国化していた。そして最後にイスラエルが一九八二年に国内に侵入する。イスラエル軍は一九八三年に撤退するが、その後、両国国境地帯に「安全地帯」を設置し、そこをイスラエルに資金提供された民兵、《南レバノン軍》が警備する。そのためレバノン南部におけるパレスチナの軍事的影響力は完全に消滅し、両者の力関係のバランスがくずれてしまう。こうしてうまれた空虚のなかに、《ヒズボラ》という親ホメイニーのシーア派運動がはいりこんできたのである。

一九八二年以前、シーア派社会はレバノンの宗教グループ内で冷遇されていた。かれらは伝統的に南部のジャベル・アーミルという不毛な山地や、内陸のレバノン山脈とアンティレバノン山脈にはさまれたバルバクを中心としたベカー渓谷地帯に集中して生活していたが、一九四三年の「国民協約」の際、きわめて小さい政治的ポストしか割りあてられなかった。その時、共和国大統領はマロン派キリスト教徒、首相のポストはスンナ派が占めることになったのにたいして、シーア派は国民議会の議長職で満足しなければならなかったのである。議会の議長にはおおきな権限はなく、それに就任するのもシーア派大衆の生活から文化的に切りはなされたいくつかの名士の家系のメンバーにすぎなかった。マロン派やスンナ派のエリートは近代化され、たかい教育をうけるようになり、ベイルートはアラブ世界の知的首都とでも言うべき地位を占めるようになったが、主として農村地帯に居住していたシーア派民衆は全体としてそうした近代化の波の外にいた。シーア派社会では宗教的権威者が重要な社会的影響力をもちつづけていた。村落社会の伝統がつよい影響力をもっていたし、また貧困のせいもあって、出生率は他の宗派のひとびとより高かった。その結果、一九七〇年には、政治的ポストわりふりがおこなわれた時点にくらべ人口比でシーア派がたかい割合を占めるようになっていたのだが、しかしポストわりふりが見なおされることはなかった。さらに、シーア派民衆の新世代の一部は困窮して農地では生活できなくなり、首都の南部郊外に移住することを余儀なくされ、そこで貧困な都市青年層を形成することになる。その数は非常におおかったのだが、かれらは自分たちのおかれた状況に不満を感じ、レバノンという国との一体感をほとんど感じることができない(30)。こうした現象は他の宗派のひとびとにもみられたが、シーア派の場合にはとりわけつよくあらわれていた。前章でみたとおり一九七〇年代以来イスラム主義運動が出現したのは社会的大変動がおこったからなのだが、レバノンのシーア派社会にはそうした社会的大変動の主要な特質が激化した形で、しかし同時に独特な形で、あらわれているのをみることができる。人口爆発がおこり、農村から人口が流出し、都市（つまり書き言葉文化の世界）の周縁部に人口が急激に集中する……。こうした状況の中、一九五九年にイランからやってきた宗教指導者イマームのムーサー・サドル(31)が一九七四年《被抑圧者の運動》を結成する。この運動はその軍事組織《アマル》（「希望」）の名の方がよく知られているが、シーア派社会の恵まれぬ環境にある青年層の社会的地位を向上させることを目的としていた。シーア派のなかでもホメイニーの主張は宗教的に過激であったが、そうした過激化の道をとりはしなかったものの、ムーサー・サドルのこの運動はイランのシャリーアティーがもたらしたのとおなじようなメンタリティーの変化をレバノンのシーア派社会にもたらした。すなわちシーア派はもともと、六八〇年、カルバラーでスンナ派の悪カリフ・ヤズィードの命により殺されたフサインの殉教を嘆く受動的で痛苦主義的な態度をもっていたのだが、サドルの運動はそうした傾向を放棄し、要求的な運動へと転換するようはたらきかける。これにより宗教的シンボル体系の意味自体が変化する。つまり宗教は社会の不正に抗議してひとびとを動員するための教義上の基礎となり、軽侮されていたレバノンのシーア派信徒は人間的尊厳の感情をもてるようになり、初めて完全な政治的主体の地位にあげられる。こうして翌年、内戦がはじまったとき、サドル自身は共産主義や社会主義への反感をかくしはしなかったが(32)、《アマル》は「イスラム進歩主義」の陣営に伍するようになる。そしておおくの若いシーア派教徒が内線に参加し、戦死していった。一九七八年八月、リビア滞在中、イマーム・サドルは謎めいた失踪をとげる。おおくのものが、かれがカダフィー大佐の命令で殺されたとかんがえているが、もしそうだとしてもその理由は不明である。しかし熱烈な支持者のなかには、シーア派伝説で語られるあの救世主《マフディー》「隠れイマーム」のように、サドルが姿を消したのは世のおわりにふたたび姿を現すためであると信じている(33)。かれの跡をついで《アマル》のリーダーとなったのはカリスマ性のない世俗的政治家ナビーフ・ビッリーだった。同年三月、イスラエルは「リタニ」と呼ばれる軍事作戦を遂行し、PLOの軍事基地を弱体化させる目的でレバノン南部に侵攻する。その結果、おおくのシーア派教徒がベイルート郊外に避難することになり、このために貧困都市青年層の数はいっそう増大する。この間、イランでは、ホメイニー派の宗教指導者グループが革命運動のヘゲモニーをにぎり、そしてやがて国王政権を転覆させる。

　レバノンの貧しいシーア派青年たちは社会制度に不満をもっていたし、また一九七九年二月のイラン革命の勝利を熱狂的に歓迎していたのだが、《アマル》もシーア派実力者たちもイランの出来事に直接影響をうけないという態度をとっていた。サドルが失踪して以来、宗教指導者のあいだに運動の象徴となるような人物はいなかった。決然とホメイニーを支持していたのはイラクのナジャフの宗教学校で数年間勉強して帰ってきたばかりのまだ無名の若い宗教家たちくらいのものだった。ナジャフ帰りの青年たちはそこで《法学者の統治《ヴェラーヤテ・ファキーフ》》のイデオロギーに親しみ、かつての同級生たちがテヘランで指導的な役割についたのをみて、かれらもレバノンにイスラム共和国を樹立することを夢みていた。しかし多宗教社会であるレバノンではそれは実現しようもないユートピアにおもえたし、また《アマル》のネットワークに囲いこまれたシーア派社会自体もイランにならってイデオロギー的実験をするよりも、レバノンの社会的状況の具体的改善のほうにより関心をもっていた。そのため、ホメイニーに影響された若い宗教家たちの影響力は一九八二年にいたるまできわめて小さいものにとどまった。しかしその年の七月、イスラエルはレバノン南部のパレスチナ軍事施設を壊滅させるべく「ガリラヤの平和」作戦を開始する。そうした軍事施設から発射されたロケット弾がガリラヤ地方北部のユダヤ人集落に被害をあたえていたからである。イスラエル軍はPLOを追って、ベイルート近郊まで侵攻する。イスラエル軍も最初はシーア派民衆から歓迎されていた。民衆は、まるでレバノン南部の主人であるかのようにふるまう戦士《フィダーイー》たちの存在を煩わしくおもい、PLOが南部から追いだされたことに安堵したのだ。しかしイスラエルの占領状態が長びくにつれ、地域の力関係がくずれてくる。それはベイルートで親欧米政権の樹立をうながす。PLOから解放され、イスラエルに支持されて、シリアとも対抗することが可能になったマロン派指導部はイスラエルと和平条約をむすぶ。

シリア政府にはレバノンでイスラエル軍と正規戦を戦う兵力はなかった。そこでシーア派の過激グループ出現をうながし、それをレバノン政情のながれを逆転させるための攻勢の先兵としようとした。またシリアは当時、自軍の管理下にあったベカー高原に数百人のイラン《革命防衛隊》が展開するのを許可し、イラン・イスラム共和国がレバノン政情に直接関与することを可能にした。これによってイランは革命の輸出を成功させる唯一無二の好機をえたのである。またおなじ頃、《アマル》の内部でも分裂騒ぎがおこる。組織のスポークスマンであったハサン・ムーサーウィーが《イスラム・アマル》を結成し、ホメイニー路線を主張する。一九八二年後半、シリア駐在イラン大使アーヤトッラー・モフタシェミがベカー高原、レバノン南部、ベイルート近郊のシーア派のさまざまなグループや宗教指導者でホメイニー寄りのひとびとを糾合し、統一組織を結成させた。この組織はイランのホメイニー系政党にならって《ヒズボラ》(「神の党(34)」)と名づけられた。一二月、バルバクでレバノン・イスラム共和国樹立が宣言される。「イスラム共和国」は切手まで発行しているのだが、現実の裏づけはなく、単なる象徴的な意味あいしかもたない行動であった。この「共和国」は宗派の民兵によってレバノン領土の一部を支配下においていた、ちょうどマロン派民兵、ドゥルーズ派民兵がそれぞれの山岳地帯を支配し、シリア軍やイスラエル軍がレバノン東部や南部を支配しているのとおなじことだった。しかしこれは同時にイスラム革命をイランの国境をこえてひろめようとする意志を示すものでもあり、地域の反対勢力にとっては危険信号でもあった。

その後、一九八〇年代のあいだ、レバノンの《ヒズボラ》は二重の機能をはたす。つまりシーア派社会をますます過激化させる立役者となると同時に、イランの対外政策遂行の道具としての役割もはたすのである。シーア派社会内部では、《ヒズボラ》はイランの大々的な物資補給や財政支援をえて大規模な慈善活動をおこない、党に所属する宗教指導者のネットワークをとおして貧しい青年たちに物資や生活資金をくばる(35)。《アマル》も《ヒズボラ》とおなじく貧困青年層をターゲットにしていたが、《アマル》はイデオロギー的というよりむしろ社会的・共同体的な観点から青年たちを動員しようとしていた。一方、急進的知識人は若い宗教指導者グループを核としてあつまり、演説や戦闘的イデオロギーによって一般支持者をふるいたたせ、国の現実とは大幅にかけはなれた理想的イスラム国家というユートピア的夢想にひたらせていた。《ヒズボラ》はこうした貧困青年層と過激派知識人という、現代イスラム主義運動を構成するふたつの社会グループを連合させることに成功するのである。しかしかれらはシーア派の敬虔な中産階級をひきつけることには失敗する。ナビーフ・ビッリーが指導する《アマル》もそうだったが、シーア派社会の有力者たちはレバノン社会の現実的なバランスに注意をはらいつづけていた。またシーア派の伝統的指導者たちもテヘランにたいして距離をおいていた。《ヒズボラ》が創設された最初の数年間、組織の内部には敬虔なブルジョワジーは存在しなかった。だからそうした人間が運動を指導して、組織に社会的に穏健な見解を採用させるということもなかった。《ヒズボラ》は財政的には外国の支援をうけ、資金の大半はイランから来ていたので、国内的な拘束のために政治的リアリズムにひきずられることがなく、抑制のきかない過激主義に夢中になっていた。かれらは貧困層の社会的暴力性とホメイニー派説教師たちの説教がひろめる殉教志向とシリア・イランの利害とを渾然一体とさせていた。シリアやイランは《ヒズボラ》活動家のテロ活動を自国の目的のために利用していた。シリアはレバノンからイスラエルや欧米の影響力を排除したいとおもっていた。イランは欧米市民の人質を盾にとって欧米諸国政府に圧力をかけるために利用していた。それによって、サッダーム・フサインが一九八〇年九月にイランにたいしてしかけた戦争がつづいた八年間、ヨーロッパやアメリカがイラクを支援するのを牽制したのである。《ヒズボラ》はすでに《アマル》が利用していた民衆動員方法をみずから採用し、それを「ホメイニー」的な方向で利用した。《アマル》はイマーム・フサインの殉教記念祭を共同体の一体感をつよめる機会としていたが、《ヒズボラ》はそれを「イスラムの敵」にたいするはげしい抗議デモをおこなうために利用する。また《ヒズボラ》は一部の地域を支配し、そこには政府の権限も及ばなくなっていたから、そうした地域のなかにある土地や建物を占拠して本来の所有者からとりあげ、それを自派の信者にわけあたえる。その結果、《ヒズボラ》は貧困青年層から熱烈に支持されるようになり、そしてかれらのあいだから殉教をも厭わない活動家たちがあらわれてくる。ちょうどイラク前線で死を志願するイランの義勇軍のように。こうして《ヒズボラ》は他の民兵組織とはくらべようもない攻撃力をもつことになる。そのような宗教的熱情にささえられた軍事行動をおこなえる民兵組織は他には存在しなかったからである。

一九八三年、《ヒズボラ》は二度の衝撃的な事件をおこし、地政学の舞台で主役の座におどりでる。イスラエル軍侵攻後の一九八二年九月一五日と一六日、キリスト教民兵が首都近郊にあるサブラとシャティラのパレスチナ難民キャンプで虐殺をおこなう。これを現場にいたイスラエル軍が黙認していたというので、国際的なスキャンダルがまきこおこった。こうした残虐行為が二度とくりかえされないよう、アメリカ、フランス、イタリアの多国籍軍がレバノンに派遣された。しかしシリアやイラン、そしてその現地の同盟者たちはこれをレバノンにおける欧米の影響力の強化であると感じた。こうして一九八三年一〇月二三日、《ヒズボラ》は多国籍軍に参加したフランス兵、アメリカ兵にたいして華々しい自爆攻撃をしかけ、多数の死者をだす(36)。また一一月四日にはティールに駐留していたイスラエル占領軍司令部にも攻撃がしかけられる。その損害があまりにも甚大だったので、三国は軍隊を撤退させる。その結果レバノンの親欧米路線は終焉し、シリアがヘゲモニーをにぎり、それが現在にまでいたることになる。こうして、イランに支援され（シリアに激励された）民衆運動である《ヒズボラ》は強力な欧米国家やイスラエルに相当な軍事的損害をあたえ、さらに政治的敗北を喫させる能力があることを実証したのである。《ヒズボラ》はそのために、シーア派内部をこえて、レバノンにおけるイスラエルや欧米の存在に反対する勢力一般からたかい評価をうけるようになる。

イラン・イスラム共和国固有の利益を実現する道具でもあった《ヒズボラ》は、一九八二年夏からダミー・グループをとおして人質誘拐にのりだす。それは特に一九八四年から一九八八年にピークをむかえるが、ターゲットとなったのはテヘランが圧力をかけたいとかんがえる国の出身者であった。なかには金目当てだったり、現地の特殊事情が原因だったものもあるが、しかし大部分はイランの計画を《ヒズボラ》が下請けとして実行したものであった。だから《ヒズボラ》が「公式に」そうした行為をおこなったとみずから認めたことはない。犯行声明はいろんなグループ名でだされ、そうしたグループが身代金を要求したり、人質を処刑すると脅したり、「死刑執行」を告知したりする(37)。《ヒズボラ》はただ問題解決をたすける仲介者のふりをしたり、「孤児と貧しいひとびと」に払われた身代金をうけとるだけである。その金は《ヒズボラ》の慈善団体が管理するのである。

この人質事件は一九八〇年中頃のイスラム共和国とその敵の対立を間接的に、しかし暴力的な形で表現している。イランはイラクとの戦争やアラブ・欧米諸国の敵意を圧力と感じていたが、その圧力を人質誘拐によって緩和しようとする。すなわちアラブ・欧米諸国に、なにか敵対的な行動をおこせばテロによる報復があると警告したのである。またさまざまな国でシーア派イスラム主義活動家は爆破事件や暗殺事件をおこし、投獄されていたが、人質誘拐はそうした活動家たちの解放や恩赦を要求するためにもおこなわれていた。たとえばクウェートでは、レバノン人をふくむホメイニー派活動家が一九八三年一二月の米・仏大使館襲撃事件等のために逮捕され、死刑を宣告されていた(38)。フランスでは、レバノンのシーア派でイラン上層部ともふかい関係があった革命主義的知識人アニス・ナッカーシュが国王時代の最後の首相でイスラム共和国に敵対してパリに亡命していたシャープール・バフティヤール暗殺未遂で投獄されていた。またドイツやスイスでも活動家たちがテロ事件で逮捕されていた。さらに、誘拐事件はイランのイラクにたいする戦争継続の努力と直接にかかわりをもっていた。フランスはかつてこの国に最新鋭戦闘爆撃機を提供していたし、また国王時代に契約されたヨーロッパ核プログラム(ユーロディフ)関連の借款の支払いを拒否していた(39)。アメリカは一九七九年一一月四日のテヘランのアメリカ大使館占拠事件にたいする報復で全イラン資産の凍結をおこなっていたし、またイラン軍の装備はアメリカ製だったので、軍隊への部品補給の鍵をにぎっていた。人質事件は、関係国の世論に作用し、その内政に影響をあたえた。フランスについては、テロリストやその黒幕は一九八六年、一九八八年という重大な選挙が予定された時期を活用した。アメリカではジミー・カーターが、最初の、そしてもっとも派手な人質事件、つまりテヘラン駐在外交官の人質事件をすぐに解決できず、四四一日も長びかせてしまい、そのためにロナルド・レーガンに選挙で負けてしまった。このカーターの先例は誰の記憶にも鮮明にのこっていた。そのために一九八五年、レバノンでのアメリカ人人質解放とひきかえに、必要な武器や補給部品をイラン軍に提供するための秘密交渉がおこなわれた。この交渉は、それに反対していたイランの一部勢力(40)によって一九八六年暴露された。そのために交渉は決裂し、「イランゲート」と呼ばれるスキャンダルをひきおこした。ロナルド・レーガンは大統領であった間ずっとこのスキャンダルに足をひっぱられることになる。

レバノンのシーア派社会における《ヒズボラ》の勢力伸長はイスラム革命の輸出の真の意味での唯一の成功例

である。イランが手をまわしてレバノンでイスラム主義運動を創設させ、その運動に参加した下級宗教指導者がイランとおなじテーマやスローガンや活動で貧困青年層を動員し、さらにはかれらを利用してテロを実行させ、敵対国家に脅しをかけることにも成功する。しかしその成果は、時間的にも空間的にも限定されたものだった。実際、イスラム世界の他のどの場所においても、ホメイニー路線に直接影響をうけたレバノンの《ヒズボラ》のような運動がひろがることはなかった。国土の崩壊、国土が細分化され、それぞれの地域を敵対する民兵が支配するようになったという事情、外国勢力の存在、こうしたものが《ヒズボラ》のような組織が発展するのに好都合な要素としてはたらいた。一方、スンナ派の世界では、一部の小グループの活動家たちは教義上の亀裂をのりこえようと努力していたのだが、しかしシーア派的な象徴体系にあまりにもつよく特徴づけられたイデオロギーにたいして、活動的イスラム主義の政治的文化はそれをうけいれることができなかった。またパキスタンやインドや湾岸アラブ諸国のシーア派社会はレバノンのシーア派のような人口学的・社会的特質をもたなかった。レバノンでは一九八〇年代、都市に移住し、教育をうけるようになったばかりの貧困青年層が、他の宗派よりもシーア派のなかに、数的にもかなりおおく存在していたし、またそうした層が社会的にも恵まれていなかったという事情もあったのである。

## 革命の輸出

ブラック・アフリカでは、若い知識人たち、しかもそのおおくが近代的な教育をうけた知識人たちがイラン革命を期待をもって見まもっていた。教団の伝統的イスラム信仰を革新する好機だとかんがえたのである。かれらはヨーロッパの近代主義を植民地主義・帝国主義とむすびつけてかんがえ、それに距離をもって接していたが、同時に教団の信仰を息がつまるような窮屈なものと感じていた。たとえば、一九八〇年代初頭のセネガルでイスラム主義運動が急激にさかんになる。これはイランから帰ってきた若い知識人が直接もたらしたものであるが、そのなかでもっとも中心的な役割をはたしたのは《ティジャーニー教団》から出たマラブーの家系のニアス家傍系のひとびとであった。その内の一人が一九八四年一月にフランス語の機関誌を発刊する。ウォロフ語でつけられたその題『ワル・ファジュリ』（アラビア語のファジュルから来ており、『曙により』を意味する）は「預言者ムハンマドの死以来、世界を支配する闇のながい夜の後、輝かしい曙が来ることを力づよく断言するスローガンである。（……）四年前から状況は急激に変化した。神に栄光あれ。世界の様相は変化した。イスラム社会樹立の企図が実現可能であるばかりではなく、とりわけ社会の他の企図にたいするあらたな選択肢となりうることが判明した。それ以来、人類のよってたつ基盤そのものが揺りうごかされたのだ(41)。」この雑誌にはホメイニーの著作のながい抜粋やイラクと戦っているイランの立場の擁護、シーア派とスンナ派の統合にかんする宣言、サウディアラビアや《イスラム諸国会議機構》にたいする痛烈な攻撃などがみられる。（たとえば「《イスラム諸国会議機構》がエジプト加入を認めた、まるでゴミ箱がゴミをうけいれたみたいに」などという題の記事もみられる(42)。）創刊者の兄弟はダカール南東部のカオラックの町に居住していたが、熱狂的な説教のために「カオラックのアーヤトッラー」と名づけられていた。かれはフランス帝国主義を批判し、公の場で三色旗を焼きはらうと同時に、伝統的イスラムもその共犯者として批判していた(43)。しかしこうした活動はすぐに親サウディアラビア・ネットワークや国家当局の敵対的な反応を誘発し(44)、さらにマラブーたちの利益を脅かして、それと正面衝突することになる。教団は弟子たちに従順さとひきかえに生活手段や生活費をも提供して、かれらが社会生活を営むことを可能にしている。それにたいしてイスラム主義団体にはそれにかわるような具体的な代替物を提供することができない。こうした過激な団体の一部はイランから資金援助をうけてはいるのだが、かれらは当初は青年の熱狂的な支持をうけても、その支持をながくたもつことはできない。その結果、運動の指導者やそれを支持していた知識人たちのうち、ある者はかつて自分たちが批判していた教団に吸収されたり、イスラム既存体制に復帰したりし、またある者は政治的活動組織を競争力のある営利企業にすることに成功する。たとえば、過激イスラム主義の雑誌だった『ワル・ファジュリ』は一九九四年からリベラルな傾向の立派な日刊紙になり、ラジオ局を併設し、インターネット・サービスをそなえ、さらに今では民放テレビ局開設の計画さえもっている(45)。

これに類したイラン革命の影響は一九八〇年代初頭の大部分のイスラム諸国にみられる。マレーシアやインドネシアではシーア派の伝統は存在しないが、一九七九年、革命熱に浮かされた若い知識人たちがテヘランから帰国する。しかしかれらの大部分はすでに存在したスンナ派のイスラム主義グループで活動することを選択する。たとえば《マレーシア・イスラム青年隊》がそうである。この団体の指導者アヌワール・イブラヒムもホメイニーに心酔し、かれに会いに行ったことさえある(46)。政府も制御不可能なくらいイスラム主義運動がさかんになることは避けたいとかんがえていた。こうしたこともあって、イラン革命の影響はイスラム主義運動全体のなかで薄められ、サウディアラビアや、そしてもっと強力な《ムスリム同胞団》の影響とまざりあって作用していった(47)。

イランが欧米をターゲットにした一連のテロ活動に関与するようになったのは、こうした革命の輸出がかならずしも成功しなかったという事情と無関係ではない。とりわけ一九七五年以降の内戦で荒廃し、国土の一部をシリアやイスラエルに占領されていたレバノンで、テヘランは一九八二年、人口の三分の一を占めていたシーア派社会に《ヒズボラ》という政党＝民兵組織を創設し、テロ活動をさかんにおこなわせたのである。

実際、イランはイスラム世界全体に革命をひろめたいとのぞんでいたが、しかし本当の意味での革命の熱狂的支持者を相当数確保できたのはアラブ世界やインド亜大陸の一部のシーア派においてのみだったし、重要な活動組織をコントロール下におけたのも国家が崩壊したレバノンにおいてだけだった。イラクではサッダーム・フサインが一九八〇年四月、シーア派重鎮でホメイニーの例にならうことを主張していたアーヤトッラー・バーキル・サドル(48)を殺害し、活動家となる可能性のある者すべてにたいして激しい弾圧をおこなった。そしてフサインはその五ヶ月後にイランにたいする戦争をはじめるのである。

一九七九年、東南アジアからブラック・アフリカ、さらには一部社会主義国のイスラム系住民や西欧へのイスラム系移民など、イスラム世界のあらゆる所から来た若い活動家がテヘランに旅行をする(49)。シーア派に改宗して全面的なホメイニー支持になったのは少数で、大部分のものは、もともとのスンナ派の教義への信仰からそれることはなかったようである。しかしかれらは「行動の時が来た、各国固有の状況にあわせて修正すればイランを例にならうことができる」という感情をもって帰ってきた。

フランス革命やボリシェヴィキ革命がそれぞれの時代にそうであったように、イラン革命もその目標に共感する外国人にとってはおおきな希望の象徴だった。学習サークルや布教グループのまわりに活動家があつまり、それが小規模なネットワークとして形成されていく。こうしたグループの発生は親サウディアラビア的で保守的なイスラム既存体制や伝統的イスラム社会やさらには西欧の政権を不安にさせた。とりわけヨーロッパに移住したイスラム系住民をつうじて自国内部でその活動が展開される場合にはその不安は特におおきくなった。

しかしこうした前衛の直接的インパクトはよわいままであった。たとえばフランスにはメンバーの大部分がイラン人の組織《イマーム支持学生》が存在した。かれらは一九八〇年代にマグリブ系移民労働者にはたらきかけ、自動車産業の労働争議をジハードに変化させて、アーヤトッラー・ホメイニーとともに欧米のサタンと戦うよう呼びかけたが、成功しなかった。かれらはマグリブ系移民と共通の文化をもたなかったし、またもともと労働界に基盤をもっていなかったので、活動はスト中の工場の入り口で数度ビラ配りをおこなう程度でおわった。そして一九八三年一二月、亡命イラン人社会内部で暴力が蔓延し、さまざまなグループが路上やパリの地下鉄のホームで喧嘩をするといった状況のなかで、主要な活動家たちが国外退去処分になってしまう。しかしこのイラン革命宣伝活動は予期せざるおおきな波及効果をもった。すなわち、世論や一部政界指導者が、イスラム信仰の表明一般をイラン革命の騒乱と同一視するようになったことである。こうしてフランス政府はうまく分析できない現象を前に途方にくれて、一九八二年秋、国内に在住する二〇〇万人のマグリブ系住民のあいだで発展しつづけるイスラムの管理と監視をアルジェリア政府にまかせることにする。パリの大モスクの監督権がアルジェリアにゆだねられたのである(50)。

イギリスでは、パキスタン出身者のあいだで急進的な親イラン知識人グループが形成される。その中心人物はムスリム研究所創設者でジャーナリストのカリーム・スィッディーキーだが、かれは過激な行動をとって、ジャーナリズムの注目をあびる。特に一九八九年のラシュディー事件の際、かれはイギリス《ムスリム国民議会》を創設し、ウェストミンスターのそれに対抗しようとした。しかしここでも結果はやはりおなじで、参加者は過激化した数人の知識人にかぎられていた。イギリスにあったイスラム機関はパキスタンの宗教学校出身者が多数派だったが、スィッディーキーの運動はかれらから胡散臭くみられ、ひろい基盤をもたない脆弱なものでおわった。だから、流行や物珍しさがなくなると、それなりの支持者をあつめることすらできないまま消えてしまった(51)。

しかし一九八〇年代の初頭、イランのイスラム革命の成功に仰天した世界中の国際情勢観察者や政治指導者は、その力や弱点を客観的に評価することができず、しばしば実力を過大評価し、弱点を過小評価していた。しかしテヘランの指導者たちははやくからそれについてただしい自覚をもっていたようである。かれらが組織した国際会議は実際、マージナルなイスラム主義知識人や一部の若いウラマーしかひきよせることができず、そのなかで自国の宗教界で影響力のある地位についている者は非常に少数であった(52)。プロパガンダの手段であるさまざまな言語で発行される雑誌の規模は革命の理想とは不釣りあいな小さなもので、サウディアラビアの重量級宣伝装置にはとうてい対抗できなかった。イランが、敵の弱点であると同時に宗教的正当性の頂点でもある年に一度のメッカ巡礼の組織にエネルギーを集中させるようになるのはこうした理由のためである。これはイランの従来のイスラム的民衆動員戦略の延長でもあった。テヘランの指導者たちは群衆デモを指導して、それをイスラム革命の勝利にまで導いたという自負をもっていたので、巡礼にあつまった二〇〇万人の群衆のなかでデモ隊を組織して、群衆を煽動することなどお手の物だとかんがえていた。

イマームや預言者の家族の墓廟(イラクのナジャフやカルバラー、イランのマシュハドやコム)さらにはサイイダ・ザイナブ廟(シリアのダマスカス)などシーア派信者には特有な聖地があり、おおくの者がそうした聖地を巡礼する。しかしメッカへの巡礼はシーア派の伝統においても特別重要視されていた。のみならず、シーア派の革命思想家たちは巡礼の政治的意義にも注目した。つまり地球上のイスラム教徒がもっとも多数集合するこの巡礼という機会が特別な政治的重要性をもちうることをあきらかにしたのである。アリー・シャリーアティーもこの問題に著作を一冊費やして、「被抑圧者」がイスラムの敵と戦うにあたって、巡礼は自分たちの数と力を示す機会になりうるという点を強調していた。イラン革命後の最初の巡礼は一九七九年九月におこなわれた。その時は、イランの巡礼者たちはその機会を利用して自分たちの見解を述べるだけで満足し、まだサウディアラビアの指導者にたいして公然と戦いを挑むということはなかった。イランはサウディアラビアにたいしてふたつの重要な点で不満をもっていた。まず、ワッハーブ派の巡礼についての考え方はシーア派信仰に敵対的であるとかんがえられていた。というのもメッカの支配者たちは(前章でみたとおり)メディナのイマームの墓廟をとり壊してしまったので、たかい壁で囲まれた墓地のなかに何とも判別しがたい廃墟がのこっているだけだった(53)。また、イラン指導部は巡礼を革命精神高揚のために利用しようとしていたから、巡礼でいかなる混乱も避けたいとかんがえていたサウディアラビアの配慮はイランの意図に正面から衝突するものだった。

最初の重大な事件は一九八一年の巡礼の際におこった。メッカ政府の警告やテヘランとの予めの交渉にもかかわらず、七万五〇〇〇人のイラン人巡礼者の一部がホメイニーの肖像をかかげ、反米・反イスラエルのスローガンをとなえた。巡礼は世界のイスラム社会にたいするサウディアラビア王国の威信と優越性を確保するための装置のひとつなのだが、イラン人のデモはそうした国家の威信確保のための装置のまっただ中で王国にたいして挑戦状をなげつける行為に他ならなかった。その一年前、イランはイラク軍に国土を侵入され、アラブ諸国はそれを暗黙のうちに支持していた。こうした状況のなかで、イランにとって巡礼は対決姿勢を示す好機であり、それをひかえめにしなければならない理由はなにもなかった。翌年、サウディアラビア当局はふたたび事件がおこって威信がいっそう傷つくことを恐れ、予め、巡礼問題についてホメイニーの代理となったイスラム導師《ホージャトゥル・イスラーム》ホイニハと交渉することになった。ホイニハは特に過激な宗教指導者で、学生にテヘランのアメリカ大使館を占拠するよう煽動した人物でもある。こうした予備交渉にもかかわらず、デモが組織され、警官との衝突事件がおこり、数十人の負傷者と数百人の逮捕者がでた。逮捕された者のなかにはホイニハ自身もふくまれていた。

一九八三年から一九八六年のあいだ、両者は妥協に達するが、それはサウディアラビアの立場の弱さを示すものだった。サウディアラビアは自分たちのイメージに致命的な打撃をあたえる恐れがあるから、どうしても巡礼中の事件は避けたかったからである。イランは「過激な行動はとらない」と約束し、その見返りにサウディアラビアはイランの巡礼者数の大幅増加をうけいれる。こうしてイランの年あたりの巡礼者は一五万人になり(54)、その集団は巡礼中一団となって革命を称揚し、イスラム世界内外の革命の敵を罵倒することが許されたのである。リヤードの王国政府はこうして体面だけはたもったのだが、そのためにそれまでは自分たちの主権に属するとかんがえていた領域で妥協をしなければならなかった(55)。この頃、イラン・イラク戦争もテヘランに有利な方向に展開していた。サウディアラビアがイランに慎重な姿勢をとったのもそうした事情と無関係ではない。

それにたいして一九八七年の巡礼は悲劇的な展開となった。デモが許可されていたにもかかわらず、その最後に大モスクを占拠するつもりだと疑惑をうけて、七月三一日、イランの巡礼団は警察にブロックされ、警察と衝突して四〇〇人以上の死者をだす。これはイスラム世界を震撼させた。その正確な状況はまだ十分には解明されておらず、当事者双方がたがいに相手に責任があると主張しているが、この事件で四年におよぶ部分的妥協の時代がおわる。イランは一一月、メッカを「サウディアラビアの毒牙」から解放するための会議を招集するが、海外から参加したのはイスラム革命支持の常連ばかりだった。イスラム世界の他の重要な政治的アクターのだれもテヘランの主張を支持することはなかった。一方、その前の月、《イスラム世界連盟》の特別総会がひらかれ、サウディアラビアの主張を支持するものが全員参加した。対決の政治的決算書は王国に有利な方向に展開した。サウディアラビアはイスラム世界の同意をえて、秩序を再建し、巡礼をふたたび完全にコントロールすることに成功する。翌年、サウディアラビアは《イスラム諸国会議機構》の会議で一〇〇〇人の住民にたいして一人という割合で各イスラム国に巡礼者をわりあてる案をだし、それを承認させる。イランはこれによって三分の二もわりあてが削減され、さらにいかなるデモも禁止されたので、巡礼をボイコットするしか選択肢はなかった。イランは巡礼ボイコットに先だって両国の外交関係を断絶した(56)。同時に、軍事的な前線ではイラクが攻勢を再開する。そしてついに、一九八八年七月一八日、イランは停戦を受諾し、これによって八年におよぶ戦争が終結される。アーヤトッラー・ホメイニーは革命をまもるために苦渋の選択をすることを余儀なくされ、「攻撃者を罰し」、サッダーム・フサインを追放するという目標を断念しなければならなかった。サウディアラビア政権はテヘランの弱体化を利用して優位をひろげ、メッカ巡礼のコントロールを完全にとりもどそうとする。一九八九年にも、イランは巡礼をボイコットし、この方面でイニシアティヴを完全にうしなったことを露呈する。しかしイランは二月一四日ホメイニーによって発せられたファトワーでサルマン・ラシュディーに死刑宣告をし、別の方面でイニシアティヴをとる。イスラム世界の内部でも外部でもイスラム革命に敵対する勢力はそれを封じこめることに一旦は成功した。しかしイランはこのあらたな華々しい行動によって革命の封じこめに対抗しようとしたのである。

# 第六章　アフガニスタンのジハードとパレスチナのインティファーダ

## イラン革命封じこめとソ連の「ベトナム戦争」

イスラム革命はアメリカ指導部や、サウディアラビアを筆頭とするアメリカの同盟国アラブ保守派諸国に恐れを感じさせ、その恐れは時とともに増大していった。革命のはげしい反欧米的スローガンはアメリカに不安を感じさせたが、それでもアメリカは最初のあいだはメヘディ・バーザルカーンの政府とコンタクトをたもっていた。しかし一九七九年末の事件で革命のとらえ方は完全に変化し、意味あいを一変させる。一一月四日、テヘランのアメリカ大使館が占拠され、外交官が人質となる。さらにその後、一二月末にはソ連赤軍がアフガニスタンに侵攻する。まだ二極構造をしていた世界情勢のなかで、ワシントンを弱体化する事件はすべてモスクワにとっては好都合とされていたから、このふたつの大事件が間髪をいれずにおこったために、地域的混乱が世界全体の注目をあび、ヤルタ協定以来の地政学上の中心的問題となってしまった。イスラム革命は予測不可能であるとともに、突拍子もない宗教的用語がもちいられたために欧米やイスラム世界における欧米の同盟国を不安にさせたが、一一月二〇日のメッカの大モスク占拠事件は混乱にさらに拍車をかけた。しかし革命の影響はそれだけではなかった。地球の第一の石油生産地域でアメリカの主要な軍事同盟国のひとつが革命によって不安定化したために、ソ連のその地域への接近がより容易になったのである。だからソ連は苦境におちいったアフガニスタンの共産党政権を援助するという火中の栗をひろうような行為にでた。こうしてイスラム主義の問題が米ソ対立というビッグゲームにくみこまれていく。しかし、逆説的なことにそれがこのビッグゲームの終焉をはやめる結果になるだろう。一九七九年一二月、ソ連は順風満帆のようにみえた。赤軍はカブールに進軍し、一方、アメリカはテヘランでこれまでにない屈辱をうけた。しかし一〇年後、崩壊したのは共産党体制であった。アフガニスタンでの敗北がその崩壊をはやめた主要要因のひとつとなったのである。

アメリカ政府が「熊（ソ連）を罠にかける(1)」ために実施した封じこめ戦略の鍵はアフガニスタンのレジスタンス勢力に大量の援助をおこなうことにあった。ところでこのアフガニスタンのレジスタンス勢力は大部分がイスラム主義運動の影響圏のなかにあり、すべての聖戦士《ムジャーヒディーン》が濃淡は様々ながら最初からイスラム教徒としてのアイデンティティを主張していた。サウディアラビアや湾岸の裕福な保守的君主国はアフガニスタンのジハードへの資金援助にきわめて気前よく応じていた。こうした国々はアメリカを先頭にたてて、自分たちの国の国境からソ連を遠ざける企ての一端をになっていた。またアフガニスタンのジハードはスンナ派のイスラム主義を信念としてもちながらもホメイニーの例に発奮して、不信仰なものたちを打倒することを夢みるようになったすべての活動家たちに、イラン革命とおなじくらい過激な、しかしそれとはまったく別な、エネルギーのはけ口を提供した。アフガニスタンにおけるジハードを一九八〇年の活動の中心課題とすることで、サウディアラビア政権はみずからの重要な同盟国であり、かつジハードの支援者の一人でもあるアメリカをスンナ派活動家の断罪の対象からはずし、そのかわりにソ連をスケープゴートとしたのである。

サウディアラビアやペルシア湾岸君主国はテヘランの激烈な批判に対抗して、みずからの威信と宗教的正当性をふたたびたかめたいとかんがえていた。しかしそのためには予測不可能な相手を同盟者としなければならなかった。まずアフガニスタンの聖戦士《ムジャーヒディーン》だが、そのなかでワッハーブ派はほんの一部分にすぎなかった。それから世界のイスラム主義者のなかのもっとも過激なグループ、武装ジハードの支持者たちである。三〇〇万人におよぶ難民の大半はパキスタン北西辺境州に避難したのだが(2)、州都ペシャーワル周辺に点在するキャンプや訓練基地で国際イスラム主義の温床が形成され、そこでアラブ人やその他の世界中のいたる所からやってきたイスラム教徒がアフガニスタン人とまじわり、異なった思想や伝統をもったひとびとがおなじ場所で交流をもつようになる。この小さな世界ではひとびとはどんなものにでも影響をうけやすくなる。アラブ諸国からくる資金、アメリカがながす武器、麻薬密売、こうしたものが交叉するなかに、パキスタンの情報機関ＩＳＩ(3)やとりわけアメリカのＣＩＡなど各国の情報機関がはいりこみ、さらにパキスタンの大規模なイスラム組織、特にマウドゥーディーが創設した《ジャマーアテ・イスラーミー》や《デーオバンド》の宗教学校のネットワークなどが接触してくる。こうしてパキスタンのイスラム組織は単なる地元に根ざしたグループであることをやめ、世界中のイスラム教徒にはたらきかける運動となる。そこで思想の移植や混交によりおもいがけないあたらしい思想がうまれてくる。こうしたグループは、それを後押しした国々（アメリカ、サウディアラビア、湾岸諸国、パキスタン）の期待に十分にこたえる活動をする。それはソ連の衰退に重要な役割をはたし、世界中の「ジハード主義者(4)」に不満のはけ口を提供し、イラン革命の代わりに熱中できる目標をかれらにあたえた。しかしそれは同時に、固有の論理を発展させ、一九九〇年代の初頭からは、もともとは自分たちの後援者であったものたちにたいして反旗を翻すことになる。

一九七九年一二月、アフガニスタンに侵攻した赤軍は、まず苦境におちいった同盟政権を援助しようとしたのである。それはちょうど「プラハの春」に終止符をうった一九六八年八月のソ連のチェコスロヴァキア侵攻とおなじような軍事行動だった。アフガニスタンでは共産党が一九七八年四月二七日、党を支持する士官の支援でクーデタに成功する(5)。共産党員は《人民派《ハルク》》と《旗派《パルチャム》》の二派にわかれていたが、仇敵のイスラム主義活動家たちと同様、都市の欧米風近代教育機関で教育をうけた最初の世代に属していた(6)。ソ連はアフガニスタンと良好な関係をもっていたのだがそのアフガニスタンがアメリカのふたつの同盟国(王朝時代のイランとズィヤーウル・ハックのパキスタン)と接近しつつあったことにソ連は懸念を感じてクーデタを承認する。アフガニスタン新政権は早速一九七八年一二月、ソ連と友好条約を調印する。かれらは農地改革、識字教育、社会主義建設などで急進的な政策をとるが、それにくわえて何千人もの人間が逮捕されたり処刑されたりしたために、一般大衆は政権から離反するようになる。やがて、より急進的な《人民派《ハルク》》が《旗派《パルチャム》》を粛清し、《旗派《パルチャム》》の指導者はモスクワに亡命する。この粛清では《人民派《ハルク》》の指導者の一部までが対象になった(7)。権力闘争の混乱のなかで、一九七九年四月から、方々で蜂起があいつぎ、一二月になると共産党はもはや都市部しかコントロールできず、レジスタンスが国中にひろがる。党幹部でさえテロやパージを避けて国外に亡命するようになってしまうのである。一二月二七日のソ連の介入はなにより政権のこうした自己破滅的で無謀な行動に終止符をうつことを意図していた。それは「社会主義建設」の基礎そのものを脅かすものだったからである(8)。こうして《人民派《ハルク》》のリーダーは粛清され、《旗派《パルチャム》》のリーダー、バブラック・カルマルが赤軍の軍用車にのって帰国し、後継となる。しかし国際社会ではこの事件はもっと深刻な形でうけとめられた。地政学的に言えば、ロシア軍のカブール入りは一九世紀のロシアとイギリスのあいだで演じられた「ビッグ・ゲーム」(不凍港をもとめて南下しようとするロシアとそれを阻止せんとするイギリス)の継続と解釈された。そして、一九四五年以降にかぎって言えば、それはヤルタ協定で成立した世界のパワー・バランスの明確な侵害であり、欧米の安全にとっての脅威であった。そしてその脅威はアフガニスタンが湾岸油田地帯に近く、イランに大混乱がおこっていただけによりいっそう重大なものと感じられた。一方、イスラム世界の指導者たちはこの事件をどんな風に解釈すべきか、どんな風に対応すべきかについて意見がわかれていた。一九七九年の時点で、ソ連は依然としてアラブ世界におおくの友好国（シリア、南イエメン、PLO、アルジェリアなどソ連の支援に依存していた国々）をもち、そうした国々はモスクワを困惑させたくはなかった。そのために一九八一年一月、サウディアラビアのターイフでひらかれた《イスラム諸国会議機構》首脳会議で「エルサレムとパレスチナ解放のためのジハード(9)」という表現にかんしてはコンセンサスがえられ、これが推奨されたのだが、アフガニスタンについて同様の決議をおこなうことは否定された。会議はただ、アフガニスタン民衆にとって好ましくない状況に終止符をうつため国連事務総長と協力するようイスラム諸国に呼びかけるにとどまった(10)。

アフガニスタンにおけるジハードへの呼びかけとその具体的な実行はイスラム諸国が国家としてイニシアティヴをとっておこなったというより、超国家的イスラムの宗教的ネットワークがおこなった仕事であった。何人かのウラマーたちのまわりにひとびとがあつまってネットワークが形成され、《イスラム世界連盟》などの既存の組織やそのために特別につくられた組織――サウディアラビアのワッハーブ主義や《ムスリム同胞団》にちかいひろい意味での保守的「サラフィー主義」の圏内にある組織――が支援機関として利用される。かれらはこの戦いを、競争相手のホメイニーのメッセージが民衆のイスラムを称揚したように、民衆の熱狂をかきたてる社会解放のためのジハードにしようとした。そのためにはまず、公認された権威をもつウラマーがソ連の介入を異教徒によるイスラムの家《ダール・アル＝イスラーム》への侵入とするファトワーを発しなければならない。そうすれば、伝統的な法学の教義にしたがって、信者共同体《ウンマ》全体にジハードを宣言することができる。特にこの場合には、防衛のジハード(11)となるために、シャリーアの規則によれば、ジハード遂行はすべてのイスラム教徒一人一人がはたすべき個人義務《ファルド・アイン》となる。これはきわめてデリケートな問題だった。というのもファトワーは信者にひとつの大義のために身をささげるように誘うわけだが、こうしたタイプの国家のレベルをこえるファトワーの場合（たとえばアフガニスタンのジハード）、その内容に国家自体は反対であるかも知れない（たとえばソ連と関係があるため、など(12)）。とするとこれは社会の秩序を不安定化させる危険を内包していることになる。さらに、イスラムの宗教界の特色である流動性、内部に権威ある聖職者位階制度が存在しないこと（これはたとえばカトリックとは対極的である）、こうしたことのために、アフガニスタンのジハードが危険な前例となる可能性もあった。つまり、もっと強硬なウラマーたちがそれを論拠として、他の場所でジハードを宣言するファトワーを発し、制御不可能な悪循環におちいってしまうかも知れない。（後でみるように、そうした事態が実際一九八〇年代の末に生じた。）したがって、世界中のイスラム教徒にたいするアフガニスタンのジハードへの呼びかけは十分に流布されねばならないが（それは競争相手のイランに勝つためである）、同時に、いつの日かそれを推進した者に跳ね返ってくることがないように、入念にコントロールされなければならない。この作業を推進したサウディアラビア人にとって、それはとりわけ危険のおおい困難な道だったのである。

最初、一九八〇年代の中頃までは、国際的なイスラムの連帯は主として財政支援という形でおこなわれていた。それはアフガニスタンのムジャーヒディーンにたいするアメリカの軍事支援を補完していた。またパキスタンのさまざまな機関も支援をアフガニスタン・ゲリラ側に届けるという形で協力をしていた。しかし一九八四〜八五年になると、外国の、特にアラブ人の「ジハード主義者」が現地に——最初はペシャーワルの周辺に、ついでアフガニスタンの戦場に——あらわれるようになり、その数はますます増加していく。

アフガニスタンのムジャーヒディーンと一口に言っても実際にはさまざまな異質な組織に属したひとびとの集合体で、共通してイスラムへの信仰を旗印にしているが、それはまずなにより一九七八年四月のクーデタで「上から」おしつけられた共産主義の拒否を表現しているのであり、その実際の信仰の内容は多種多様である。神秘主義的（スーフィー）教団、伝統的教団からサウディアラビアのワッハーブ派に連なるグループ、さらには《ムスリム同胞団》系統のグループ……。社会的・民族的・政治的・軍事的側面から言っても、ムジャーヒディーン組織はさまざまなファクターのくみあわせの結果である。最初の分類軸は主として都市の学生に指導されたイスラム主義運動と農村地帯や部族社会に基盤をもった伝統的宗教グループである。前者はエジプトの《ムスリム同胞団》をモデルとして活動をしてきた。実際、アフガニスタンのイスラム主義運動を創設した最初の世代はカイロのアズハル学院で教育をうけた学生たちである。一九五八年、カブール大学神学部で結成されたこの運動は一九六〇年代の間ゆっくりと成長しつづけるが、そのあいだ、サイイド・クトゥブやマウドゥーディーの著書が翻訳されていく。一九六八年、《青年ムスリム協会》が結成され、一九七〇年に学生選挙で勝利する(13)。他の国でもそうだが、応用科学部門の学部（理工学部、工学部など）がおおくの活動家をだし、組織の基盤になる。しかし、このおなじ頃エジプトやイランのイスラム主義知識人たちは都市の貧困青年層を動員しようと努力していたのだが、アフガニスタンでは少々事情が異なった。というのも一九七〇年半ばでも人口の八五パーセント以上がいまだに農村部に居住していたからである。つまり農村から都市への人口の大量移動はまだおこなわれておらず、青年の大半が農村部に居住し、教団のネットワークや部族社会のなかにとりこまれていた。おなじように学生や都市住民層出身だった共産主義者たちが組織的に軍部に浸透して一九七八年のクーデタを実現したように、イスラム主義運動活動家たちも民衆的基盤の弱さを補うために実力行使によって権力を掌握しようとする。こうして一九七五年夏、イスラム主義者による蜂起がおこなわれるが、それはすぐさま鎮圧され、生きのこった活動家たちはペシャーワルに亡命する。ここで運動はその最初の重要な分裂を経験することになる(14)。

この分裂には民族問題と政治問題の両方がからんでいる。まず《イスラム協会》という組織があり、そのリーダー、B・ラッバーニーはアズハル学院で学位をとり、ペルシア語系のひとびと(15)のあいだに支持をひろげていた。ラッバーニー派は部族社会やイスラム主義外の反共産主義知識人とも了解点をみいだそうと努力していた。だから、このグループは後に穏健イスラム主義の方向に転じ、そのためにアフガニスタン・ゲリラを支持する欧米人のあいだで人気がたかまるが、反面、サウディアラビアとは疎遠になる。それとは逆に、元カブール大学工学部の学生運動家G・ヘクマトヤルにひきいられた《ヘズベ・エスラーミー》は主としてパシュトゥーン人を支持基盤にしていたが、かれらは政治的妥協を嫌い、イスラム主義正統派の厳格な教義を主張する。そのためにかれらは《ムスリム同胞団》やマウドゥーディーの《ジャマーアテ・イスラーミー》やサウディアラビアのネットワーク周辺のひとびとがこのんで交渉する相手となる。

一九七八年四月の共産党によるクーデタの時、アフガニスタンのイスラム主義知識人たちは孤立していた。かれらは社会に基盤をもたず、亡命の道をえらぶしかなかった。しかしカブールの新政権がとった政策は社会を強制的に社会主義の方向へとすすませようとして、逆に宗教を旗印にした大規模な民衆蜂起を招く結果になった(16)。それは当初、共産党によって企てられた脱伝統文化政策にたいする伝統的アイデンティティ擁護の反応とかんがえられた。共産党のこうした政策のために、イスラム主義者は時には抵抗のリーダーとなり、以前にはなかった社会的基盤をみいだすことができるようになった。しかし、ソ連介入の前年には、蜂起の大半は依然として部族や伝統的宗教組織によって組織されていた。イスラム主義者の陣営では、B・ラッバーニーの《イスラム協会》が存在感を示していたが、それはとりわけマスウード司令官の軍功のおかげであった(17)。

赤軍による侵攻は状況を根底から変化させる。これによってアフガニスタン大衆は大挙してレジスタンスに参加するようになる。それは完全に自発的になされた場合もあるし、またソ連軍の爆撃で村・農作物・家畜の群れが破壊され、国外脱出を余儀なくされて、その結果、農民がムジャーヒディーンになり、国境近くの基地から作戦行動をするようになったという場合もある。それに、いまや欧米からは自由世界の「自由のための戦士」とみなされ、リヤードからは信者共同体とジハードの前衛とみなされるようになったムジャーヒディーンたちには、外国からの大量の資金援助がながれこみ、法外なほどの戦争遂行手段をあたえられることになる。そのために戦争の性質自体も、部分的にではあるが、変化することになるだろう。

ペシャーワルに本部をおいたレジスタンスはパキスタン当局から「公認」された七つの政党の連合で構成されていた。パキスタン当局はその七つの政党にたいしてある一定の配分比率で武器・弾薬その他の援助物資を提供していたが、その配分比率はワッハーブ派や《ムスリム同胞団》に近いグループほど有利なようになっていた

(18)。こうした政策はズィヤーウル・ハック将軍の政府がおこなったものだった。ズィヤーウル・ハック将軍は一九七九年、パキスタンにシャリーアを適用し、マウドゥーディーの創設した政党《ジャマーアテ・イスラーミー》にささえられていた。アラブ諸国はレジスタンにたいする支援金を配分する窓口として好んでこの《ジャマーアテ・イスラーミー》を利用し、そして《ジャマーアテ・イスラーミー》も資金配分に際して自分に一番近いグループ、G・ヘクマトヤルの《ヘズベ・エスラーミー》を優遇していた(19)。一九八〇年にほとんど実体がないあるイスラム主義政党が創設されたのもサウディアラビアから提供される資金目当てであった。その政党のリーダー、アブドゥッラッブ・サヤーフ(20)はアラビア語を駆使するきわめて雄弁な人物で、完璧なワッハーブ主義を公言し、それにふさわしい資金援助をうけていた。こうして三つの「伝統的」政党と四つの「イスラム主義」政党からなる七つの政党(21)がイデオロギー的基準にしたがって運営資金をあたえられる。中でもヘクマトヤルとサヤーフが優遇される。お覚えめでたくないラッバーニー教授の《イスラム協会》にも曲がりなりにも資金があたえられたのはマスウード司令官がソ連にたいして軍事的成功をおさめていたからにすぎない。それによってジハードの戦果を主張することができるのだから。

イスラム主義政党がアフガニスタンをはなれて、パキスタンで三〇〇万人の難民を相手に活動するようになったことは、その思想の普及にとって好都合な条件となった。というのも競争相手である伝統的イスラムは象徴的な場所とか、大地の儀礼とか、農村の部族社会固有のヒエラルキーなどと密接につながった宗教だったからである。都市化され識字能力をもったアフガニスタン人が大量に出現した最初の世代、それはペシャーワルの難民社会のなかでうまれたのである。就学はとりわけヘクマトヤルの党がコントロールするネットワークを通じておこなわれた。かれはアラブ諸国の援助でえた大量の資金を利用して若い世代のあいだに支持をひろげるための基盤を構築する(22)。いまや青年たちは難民生活のために「脱部族化」し、イスラム主義イデオロギーに染まりやすい「貧困都市青年層」となる。しかしまた就学はパキスタン全土に散在する《デーオバンド》の宗教学校を通じても大量におこなわれた。アフガニスタン難民の子供たちは宗教学校の寄宿生となり、家族や伝統的環境や「民衆《カウム》」(23)から切りはなされ、さまざまな民族（かれらとおなじパシュトゥーン人や、パンジャーブ人、ズィンディー人、バルーチ人）のパキスタン人青年たちとまじわる。教育はアラビア語やウルドゥー語でおこなわれ、《デーオバンド》のイデオロギーを中心に構成された「普遍的イスラム的人格」形成をおこなう。それは難民青年大衆によく合致したものだった。というのもかれらには国家自体が存在せず、したがって国家がシャリーア（イスラム法）を適用してくれることをもうあてにはできなくなっていたからである。かれらは、シャリーアを実践するということは《デーオバンド》の宗教学校でだされたファトワー（法的見解）に従うことだと教えられる。もちろん、そうしたファトワーは厳格主義的保守的精神にのっとっているのである。ジハードの精神に養われた若いアフガニスタン人たちが、それまではジハードなどにすこしも関心をもっていなかった学校で教育されることによって、ひとつの異種交配的な運動がうまれてくる。すなわち、こうした青年たちが成人に達する九〇年代に、アフガニスタンのターリバーンやパキスタンのスンナ派過激活動家が出現してくるのである。後者は《パキスタン預言者教友団《スィパーエ・サハーバ》》を結成し、シーア派信者たちを虐殺し、カシュミールでジハードをおこなう。ヘクマトヤルの党のイスラム主義者たちは「近代をイスラム化」することをのぞみ、欧米の技術や知識をマスターして、それをイスラム国家に役だてようとしていたが、それとは対照的に《デーオバンド》のネットワークからでてきた「原理主義者たち」はそうしたものを拒絶する。そもそも、一九四七年のパキスタンの建国以来、一九八〇年代にジハードの精神に感染する以前は、《デーオバンド》の社会建設のプロジェクトはいかなる政治的な暴力とも無関係であった(24)。《デーオバンド》が暴力戦術を採用するようになったのは、八〇年代に西南アジアで醸成されつつあったイスラム主義の温床の予期せぬ産物のひとつであった。

　一九七九年三月、アリー・ブットーを絞首刑に付して以来、欧米で評判が悪かったズィヤーウル・ハックのパキスタンにとって、アフガニスタンという不満のはけ口が出現したことは体制の強化にとって願ってもないことだった。混沌としたイラン情勢で混乱したこの地域において、「純粋な信仰者たちの国家」を自称するパキスタンはアメリカにとって戦略的にきわめて重要な足場となり(25)、アメリカ議会が承認した海外援助額でも世界第四位となった。さらに、パキスタンはアフガニスタン・ゲリラへの資金援助の必須の中継点でもあった。一九八二年にアメリカからゲリラにわたった援助の額は年間六億ドルと推定されており、湾岸諸国からもほぼ同額がながれていたとかんがえられる(26)。こうした莫大な資金のながれは経済活動を活発化させ、ズィヤーウル・ハック体制をささえる強力な基盤となった。同時に、資金援助を食い物にする犯罪も爆発的に多発したが、ロシア人がアフガニスタンにいるあいだは誰もがそれに目をつぶった。しかしそれは惨憺たる結果をもたらし、八〇年代の終わり頃にはあらゆる種類の逸脱行為が横行するようになった。たとえば、膨大な量の軽火器がＣＩＡからおくられ、カラチ港に陸揚げされるが、本来の宛先にむけて陸送されるまえにおおくが現地のマーケットに横流しされる(その結果、カラチは世界でもっとも暴力が横行する街になる)。復路でトラックはアフガニスタンやパキスタンの国境地帯の「部族支配地域(27)」で栽培されたケシから抽出されたヘロインを積んでカラチまで運ぶ。アメリカやアラブ諸国のレジスタンスへの援助物資が不正に横流しされ、それがひとびとの欲望をあおり、莫大な利益をうんでいたが、そのことにまずアメリカが、ついでソ連撤退後はアラブ諸国も、おおきな懸念を感じるようになる。そうした不当利得をえたグループが武器を豊富にたくわえ、現地の密輸で資金的にもうるおって援助国のコントロールをはなれ、自分で勝手に判断して地球上のいたる所にジハードの戦線をひろげるようになるからである。

アラブ諸国からの援助は公的・私的をふくめきわめて多様な資金源からきていたが、資金のながれにアメリカほどには国や法律の規制がなかった。世界のイスラム圏でホメイニーのイランが勢力をのばすのを阻止するための宣伝効果が主眼だったとはいえ、それでもやはりアフガニスタン・ゲリラへの援助をどんな風にコーディネイトし、どの組織にそれを提供するかというデリケートな問題は解決しなければならなかった。そのために、サウディアラビアにかんしては三つの機関が存在した。トゥルキー・ファイサル王子ひきいる情報機関、リヤード州知事サルマーン王子が指揮する特別につくられた支援委員会、そして《イスラム世界連盟》、この三つが資金のながれの主要なルートとなった(28)。しかし横領や不正取引が横行するこの地域で、もっとも贈与者の利益にかなう相手に資金を確実にとどけるために、うごく金額のおおきさをかんがえれば、現地に信頼できる人間がいることが必要であった。それまではまったく未知の地域だったパキスタンやアフガニスタンに最初のアラブ人ヴォランティアがやってきたのはこうした事情のためだった。かれらはまずそこでサウディアラビア赤三日月社や、その頃欧米の人道支援NGOをまねてつくられるようになったイスラム系人道支援組織の現地駐在員として活動した。それから八〇年代の中頃からじょじょに、ジハードの戦士になるためと称してやってくる人間もあらわれる。ソ連兵と銃火をまみえることはないにしても、すくなくとも武器の操作の訓練くらいはうけるようになるのである。

一九八〇年代、後に「アフガニスタンのアラブ人」と呼ばれるひとびとをつなぐ接点の役割をはたしたのはアブドゥッラー・アッザームというパレスチナ出身の大学人だった。《ムスリム同胞団》のメンバーだったかれはこの運動とサウディアラビアやワッハーブ派の利害とをつなぐ役割をはたし、アフガニスタンの大義とパレスチナの大義を教義の上でむすびつける作業をおこなう。一九八七年一二月、占領地域でのパレスチナ住民の蜂起、インティファーダが吹き荒れる中、パレスチナ問題がイスラムの問題としてとらえられるようになったが、アッザームの主張はこれに知的な面で影響をあたえている。最後に、かれは、現代のもっとも代表的なジハード推進者で、イスラム社会実現のための武装闘争という概念をひろめた人物である。一九九〇年代にはかれの後をうけて急進的活動家たちがこの武装闘争の理論をさらに発展させることになる。アルジェリアのGIAはそのもっとも過激なあらわれである。

一九四一年、パレスチナ北部のジェニン近くでうまれたアブドゥッラー・アッザームは一九五九年から一九六六年、ダマスカス大学でシャリーアを研究する(29)。かれはそこで一八才の時、《ムスリム同胞団》メンバーとなり、一九六〇年、大学の《同胞団》代表となる。一九六七年の第三次中東戦争に参戦した後、パレスチナの《同胞団》が慈善事業、社会活動に専念して過激行動には参加しない中、かれはイスラエルとの武装闘争にふかく関与する数すくないイスラム主義者のひとりとなる。一九七〇年、ヨルダンでPLOの「黒い九月」事件がおこると、かれは《パレスチナ解放戦線》がイスラエルとの戦いよりもフサイン国王との戦いに力を傾注していると批判して、組織と関係を断つ(30)。かれはアズハル学院で勉学をつづけ、一九七三年にそこで博士号を取得、ヨルダン大学でシャリーアの教授となり、同時に《ムスリム同胞団》青年部の活動もつづける。数年後、ヨルダン大学から追われた(31)アッザームはサウディアラビアに行き、ジェッダのアブドゥルアズィーズ国王大学で教鞭をとる。その学生のなかに、後に偉大なる運命をたどることになるウサーマ・ビンラーディン青年がいた。同時にかれは《イスラム世界連盟》に参加し、教育部門の責任者となる。暗殺後に書かれたある伝記（ほとんど聖者伝の趣がある）によればかれは一九八〇年にメッカでアフガニスタンから来た巡礼たちに出会い、その話に感動する。「かれは自分がずっと前からさがしていた大義、パレスチナ人であるアブドゥッラー・アッザームはまさしくアラブの大義そのものとされるパレスチナ問題への関心を骨肉化しているはずだったからである。しかし、一九八〇年代を転機として、「パレスチナの大義」という概念は、とりわけイスラム主義活動家の目には、魅力をうしなう。かれはアフガニスタン人とともに敬虔なるジハードを戦うという迂回路を経過した後で初めて、あたらしい展望のなかでパレスチナ闘争を再考することができるようになるのである。別の情報によると、アッザームは《イスラム世界連盟》によってイスラマバードに派遣され、一九八〇年に開設された国際イスラム大学(32)で教鞭をとった。この大学は《連盟》が一部資金を提供し、管理運営は《ムスリム同胞団》によっておこなわれていた。一九八四年、アッザームはペシャーワルに居を定め、一九八五年、「イスラム調整委員会」の創設に参加する。アフガニスタン・ゲリラを支援する二〇ほどのアラブ系の「イスラム人道支援」団体(33)をあつめてサウディやクウェートの赤三日月社の傘下においたものだった。なにしろサウディやクウェートの赤三日月社はアラブ諸国からゲリラに提供される年間六億ドルにものぼる資金援助の大半をだしていたのだから。アッザームはサウディアラビア上層部にとって信頼できる相手だったし、またかれの権威ある態度は八〇年代中頃、中東からアフガニスタンに殺到しはじめた多少とも行動が予測不可能な「ジハード主義者」たちにつよい影響をあたえていた。実際、かれは一九八四年に《ムジャーヒディーン支援事務局》を設立して、「ジハード主義者」たちをむかえいれ、コントロールし、組織する仕事も実践していた(34)。この年の一二月、かれが編集長をつとめる雑誌『ジハード』の第一号が出版される。アラビア語で書かれたこの雑誌はドルやサウディアラビアの通貨リャールでも購読できたが、アラブ世界でジハードへの支持を高揚させるのにおおいに貢献した。雑誌には前線のニュースばかりではなく、アブドゥッラー・アッザームの教義を説くテクストや論説も掲載された。アッザームのそうしたテクストは後で小冊子にまとめられアラビア語圏全体に配本され、さらに一部分は現地の言葉や英語に翻訳され、インターネットのサイトに掲載され(35)、国際イスラム主義運動全体に著者の思想がひろめられたのである。

アブドゥッラー・アッザームにとってまず大事なことはアフガニスタンのジハードがそれぞれのイスラム教徒にとって個人義務《ファルド・アイン》であると示すことであった。そしてそれがかれの一番有名な小冊子『イスラム教徒の地を防衛することは各人のもっとも重要な義務である』のテーマである(36)。そのためにアッザームはそうした方向でファトワーを発した八人のウラマーの権威を援用する。まず後にサウディアラビアのムフティーとなるイブン・バーズ師、そしてシリア人のサイード・ハウワーやエジプトのサラーフ・アブー・イスマーイールなどワッハーブ派や《ムスリム同胞団》系のウラマーたち。かれらによると、ジハードは個人義務なのだから、各イスラム教徒は精神的にせよ、金銭的にせよ、それに参加する義務がある(37)。実際、「敵がイスラム教徒の地に侵入してきたら、ジハードは個人義務《ファルド・アイン》になる。これは法の博士たち、聖典の注釈者たち、伝承家たち（預言者の言行を採集したひとびと）すべての一致した見解である(38)。」それにたいしてジハードを「連帯義務《ファルド・キファーヤ》」とかんがえるものは、それを遂行する責任があるのは政治指導者だけだと主張して、イスラム教徒がアフガニスタンに行くことに反対し、「今日、教育をうけることはジハードを遂行するよりも価値のあることだ」とする。アブドゥッラー・アッザームはそうした者たちと完全に対立するのである(39)。

　したがってすべての信者はアフガニスタンのジハードに精神的にせよ金銭的にせよ参加する義務があり、そうしなければ重罪となる(40)。またジハードを遂行することが可能だとかんがえるイスラム教徒は誰でも武器をとってそれに参加する権利があり、誰の許可もえる必要はない、たとえ「『信徒たちの長』などというものが現在存在するとしても、その許可さええる必要はない(41)」。ましてや、一部イスラム諸国の「不信仰な」指導者などそれに反対するいかなる権利ももたない。さらにアフガニスタンは異教徒にうばわれ、ジハードによってうばいかえすことが絶対に必要な土地の最初の例にすぎない。「ジハードの義務はアフガニスタンの勝利ではおわらない。かつてイスラムの地であったすべての土地が我々の手にもどり、イスラムがふたたび君臨するまではジハードは我々の個人義務でありつづける。我々の現前にはパレスチナ、ブハラ、レバノン、チャド、エリトリア、ソマリア、フィリピン、ビルマ、南イエメン、さらにタシュケント、アンダルシア等々がある(42)。」「我々は今アフガニスタンにいる、これはジハードの義務の遂行であり、我々の戦いへの献身を示すものである。しかしそれは我々がパレスチナを忘れたということを意味しない。パレスチナは我々の心臓そのものである。それは我々の精神、心、感情、信仰においてアフガニスタンに先だって存在しているのだ(43)。」

　アブドゥッラー・アッザームのこうした発言はイスラムにおけるジハードの教義の伝統のなかに位置づけられ、中世以来、とりわけハンバル派の著者たちによって定着させられた見解である。なかでもジハードにかんするイブン・タイミーヤの文章がしばしば引用されることは周知のとおりである。したがってそこには内容的にあたらしいものはなにもない。ただかれはそれをあたらしいコンテクストのなかにおいた。かれ以前にもおなじようにジハードを呼びかけた現代イスラム主義の著述家は存在した。しかしそれは単なるレトリックにすぎなかった。というのもジハードを実践する組織された信者大衆など存在しなかったからである。たとえば「エルサレム解放のためのジハード」というのはイスラエルとの戦争状態に宗教的衣装をまとわせただけである。戦争はあくまでもそれに参加したアラブ諸国（そして程度は小さいがPLO）がそれぞれの政治的・国家的必要性に応じて方向性をコントロールしながらおこなっているだけで、民衆がたちあがって戦争に参加するなどということは（一九八七年一二月のインティファーダまでは）まったくなかった。それにたいしてアブドゥッラー・アッザームの説教はこれとはまったく異なったコンテクストのなかでなされた。というのもかれの説教には現実にそれにこたえるひとびとが存在したのである。かれは世界中のイスラム地域からきた活動家たちに語りかける。その大部分はアラブ人で（推定によれば八〇〇〇人から二万五〇〇〇人(44)）、みずからの意志でアフガニスタンまでやってきたのであり、国家から派遣されたわけではない。かれらは武器を手にし、訓練キャンプにはいる。アッザームのまわりにはおおくのひとびとがあつまった。かれはしばしばウマル・アブドゥッラフマーン師と一緒にいるところを目撃されている。ウマル・アブドゥッラフマーン師は一九八五年以来、ペシャーワルを定期的に訪れているが、アッザームはかれを傍におき、CIAやサウディアラビア外交官の激励をうけながら、アラブ人戦士を発奮させ、ジハードを説いていたのである(45)。

アラブ人は実際には赤軍との戦闘にはあまり参加しなかったようである(46)。かれらの実戦への参加はとりわけ一九八九年二月のソ連軍撤退以降であり、しかもその行為は論議の的となった。たとえばソ連軍撤退の翌月、ジャララバードの街の攻囲戦で一人のアラブ兵が「無神論者」のアフガニスタン人捕虜をばらばらに切り刻み、箱づめにして有名になった。この行為にアフガニスタンのムジャーヒディーンたちは仰天してしまった(47)。これら国際的「ジハード主義者」たちにとってペシャーワルへの旅はイスラム主義ネットワークへのイニシエーション、お目見えの儀式であった。しかしそのなかの一部の者はサウディアラビアの保護者たちよりも「急進的な」活動家の側で生活をすることによってみずからも過激化していく。一九八〇年の中頃、サウディアラビアの富裕な青年たちは「ジハード・ツアー」をおこない、数週間をサマーキャンプですごし、国境のむこうに遠足をしたり、現地で写真をとったりする。かれらはそこで時にヨーロッパの人道支援団体から派遣された者にであうこともあるが、そうした人間にたいしてはつよい反発を感じる。ついで庶民階級出身の若いイスラム主義活動家の番だ。それは東洋人だったり、マグリブ出身者、さらにはフランス郊外の「アラブ系移民《ブール》」である場合もあるが(48)、かれらは何週間かジハードを経験し、イスラム主義への信念を強化し、戦闘的な精神を養成される。ジハードを経験して帰国したかれらをひとびとは尊敬のまなざしで見、かれらも国の不信仰な指導者たちと機会さえあればいつでも戦うつもりでいる(49)。最後に戦闘的な活動家たちがペシャーワルにあつまりはじめる。なかには国で投獄されていた経験をもつものもいる。（たとえば一九八一年一〇月のサダト大統領暗殺で有罪判決をうけ、刑をおえた後、一九八四年頃から釈放されはじめたかなりの数のエジプトのイスラム主義者がそこにはふくまれていた。）かれらに好意的なアラブの慈善家たちが個人の資格でそのパキスタン行きに便宜をはかっていたし、それにかつてかれらに有罪判決を下した国の政府もかれらが国をはなれてアフガニスタンの山奥に行くのを歓迎していないわけではなかった。なかには英語を完璧に話し、パソコンをつかえ、教養もある人間もいたので、パキスタンやアメリカの情報機関の貴重な対話相手となるものもいた。サウディアラビアや湾岸諸国の公共事業専門大手建築業者の御曹司だった若きウサーマ・ビンラーディンはサウディアラビアの宮廷周辺からでてきた「ジハード主義者」の象徴的人物だった。サウディ王家もアメリカ情報機関もかれの宗教的熱情に不安を感じることはなかった。実際、かれはサウディ王家とビジネス上の関係をもっていたし、アメリカ情報機関にとってもこの育ちのいい青年は共産主義と戦う同盟者だったのだ。

しかし、一九八九年二月のソ連軍のアフガニスタン撤退とともに、アメリカはゲリラへの援助を削減する。カブールでは一九八七年一一月から元アフガニスタン情報局局長ムハンマド・ナジブッラーが政権を指揮していたが、アフガニスタン・ゲリラにはそれを転覆させる力がなかった。一方、ソ連軍撤退とおなじ年、東欧の人民共和国で相ついで共産党支配が崩壊し、一九九一年一二月にはソ連が消滅し、共産主義の敗北は決定的となった。そのためにアフガニスタン問題はアメリカの国際戦略の重要課題ではなくなった。サウディアラビアにとっても世界のイスラム圏でのイランとの競争関係は八〇年代最初のような危険をはらんだものではなくなった。一九八八年七月、アーヤトッラー・ホメイニーは国力の疲弊のためイラクとの戦争終結を決断しなければならなかった。また人数わりあてを拒否したため、イラン国民はメッカへの巡礼ができなくなっていた。ワシントンからみて、ペシャーワルにはもう価値のある「自由の戦士」はいなくなった。アメリカ議会のメンバーは麻薬密売が大規模になってきたことやそれにムジャーヒディーンのリーダーが関与していることに懸念を表明する。ヘクマトヤルやサヤーフはナジブッラーとおなじような「過激派」とみなされるようになり、アメリカの武器供与が停止される。アラブ諸国のあいだでもカブールが制御不可能なイスラム主義グループに征服されたことに不安を表明する声がたかまった。しかもジハードの国に亡命したアラブ諸国出身の活動家たちがアフガニスタンのイスラム主義グループと同盟を組み、そうした危険な活動家たちが勢力をのばしている。このようにゲリラ・グループのおかれた状況の困難さがまし、内部対立も生じるなかで、一一月二四日、テロ事件がおこり(その犯人はまだみつかっていない)、アブドゥッラー・アッザームがそれにまきこまれて命を落とす。かつてアッザームを支持していたイスラム世界のひとびとの内の一部が、ロシア人が撤退したから戦闘はおわりだと主張しはじめたまさにその時にジハードの先導者は消えていったのである。

しかしサウディアラビアやパキスタン情報機関はヘクマトヤルへの援助を強化する。ズィヤーウル・ハック将軍が一九八八年八月に死亡した後、権力の座についたブットー夫人の政府にとってマウドゥーディーが創設した《ジャマーアテ・イスラーミー》は政敵だったし、そのアフガニスタンにおける同盟者ヘクマトヤルにたいしても反感をもっていたが、かれにたいする援助を停止させるにはいたらない。しかしムジャーヒディーンの分裂、マスウード司令官がアフガニスタン北東部に確固とした地歩をきずき、ヘクマトヤルのライバルとなったこと、ナジブッラーの抵抗、こうしたもののために《ヘズベ・エスラーミー》のリーダーはカブールを占領することができない。親サウディアラビアでパキスタンの庇護のもとにおかれたイスラム国家が樹立されることをひとびとは期待していたのだが、その期待はなかなか実現されない。そればかりか、アフガニスタンの国土はいくつものゾーンに分割され、軍閥に支配される。軍閥は形の上ではなにかの政党に所属しているのだが、実際には民族的・部族的基盤に密接にむすびついており、その内のおおくのものがケシの栽培や麻薬・武器密輸を生業としている。一九九〇年にはジハードは日一日、「フィトナ」、すなわち信者共同体内部の紛争に姿を変えていった。こうした混乱した状況のなかでサッダーム・フサインが八月二日、クウェートに侵攻し、湾岸地帯における第二の戦争へとつながるプロセスが開始される。それはサウディアラビアにとって世界のイスラムにたいする自国の優位性を脅かしかねないものであり、イランの挑戦以上に深刻な危険であった。ヘクマトヤルとその軍隊は、アラブの「ジハード主義者」の大部分同様、リヤードに反旗をひるがえす。そのもっとも卓越した保護者に背をむけたのである。これは最終的にはアフガニスタンにおける「近代的」イスラム主義者の時代の終焉を告げる鐘の音となる。こうしてアフガニスタンにターリバーンが出現し、世界中でアラブ「ジハード主義者」が跳梁する時代にわれわれは突入していくことになるのだ。

## 第一次インティファーダとパレスチナの大義のイスラム化

一九八〇年代、イスラム世界ではイランとサウディアラビアのライバル関係が中心的な課題となってしまったために、少々、中東地域がなおざりにされてしまった。イスラム世界の中心が東の方に移動し、イラン・イラク戦争のあいだは両国の前線に、ジハードの数年間はアフガニスタンとパキスタンに関心が集中してしまったのである。かつてパレスチナの大義はアラブのアイデンティティを結晶化し、それにもっとも明確な意味をあたえていたのだが、それが魅力をうしない、活動家を動員する力をなくしてしまっていた。PLOは占領地域でイスラエルに徹底的におさえつけられて弱体化し、迷宮のようなレバノン内戦に栄光なき参戦をしてその政治的メッセージの明確さを喪失し、さらに一九八二年のイスラエル侵攻直後、レバノンから軍事的に排除されてしまう。そして最後に一九八三年一二月、アラファトとかれに忠実なひとびとは、敵対グループを支持したシリアの攻勢でレバノンのトリポリをはなれることさえ余儀なくされる。反アラファト・グループはPLOが挫折をかさねるごとに勢力をのばし、大胆な行動をとるようになる。

しかし、一九八七年代末にはじまったインティファーダのおかげで、パレスチナの大義は八〇年代初頭からうしなっていたかつての威信をとりもどす。アラビア語で「蜂起」を意味する「インティファーダ」は「石による抵抗」で人気を博したのだが、これはパレスチナの青年を武器なしに丸腰でイスラエル占領軍にたちむかわせるものだった。そのためにイスラエル政府とその国際的イメージ、精神的アイデンティティはおおきなダメージをうけ、その結果、イスラエル政府指導層はPLO承認の可能性をかんがえることを余儀なくされる。それは一九九〇〜九一年の湾岸戦争後、具体化し、一九九三年九月、イスラエル・パレスチナ「原則宣言(50)」が発表され、さらに一九九四年七月、ヤセル・アラファトにひきいられたパレスチナ自治政府がガザに設置される。

しかしパレスチナの大義はインティファーダで威信をとりもどしはするのだが、同時にそのイメージが部分的に変化してしまう。かつてパレスチナはアラブ・ナショナリズムを体現し、さらに国際的には第三世界主義運動や社会主義運動の一環という意味あいももっていた。要するに、それは出現しつつあったイスラム的な「意味の空間」の外にあった。いかに雄弁なスポークスマンであろうとパレスチナ問題をイスラム的用語でうまく表現することはできなかった。この領域では、パレスチナ闘争ではなくアフガニスタンのジハードがアラブ青年を結集させる極となり、そして実際におおくのアラブ青年がアフガニスタンの戦場に飛びこんでいったのである。たしかにアブドゥッラー・アッザームはその著書で、アフガニスタン同様、パレスチナも「敵によって奪われた土地」だから、そこで戦うことはおなじようにめいめいの個人に課せられた義務（個人義務《ファルド・アイン》）であると主張してはいた。しかしレバノンのパレスチナ・キャンプは一九七〇年代にもっていた重要性をうしない、八〇年代のひとびとの想念のなかではペシャーワルの「ジハード主義者」のキャンプがそれにとってかわっていた。アラブの石油産出国の資金援助の優先順位にもそのことは反映されていた。PLOの指導者の一人はそれを嘆き、「アフガニスタンのムジャーヒディーンに行く援助のたとえ一〇パーセントでもいいからうけとりたいものだ」と述べていたほどである(51)。しかし、インティファーダの勃発はこうした見方を一挙に変化させる。インティファーダのおかげでイスラム主義者は全占領地域で、とりわけガザ地区で、おおきな存在感を示すことができるようになる。PLOはパレスチナ人を代表する象徴という役割を独占できなくなる。だから今後は闘争内部でのヘゲモニーを維持するために懸命に努力しなければならなくなる。

《イスラム・ジハード運動》という非常に意欲のある、しかし少数のメンバーしかいない活動家グループについては先にも言及した。かれらはイラン革命から刺激をうけ、戦闘的だが非宗教的なPLOにも、敬虔だがイスラエルにたいして直接行動をしない《ムスリム同胞団》にも反対し、実践のなかでイスラム主義的主張と反イスラエル闘争とを結合させた。このグループはイスラエル兵暗殺など派手な活動で注目されたが、大衆的な基盤をもつことはできなかったし、民衆のあいだにふかい連帯のネットワークを構築することもできなかった。インティファーダをきっかけとして強力なイスラム主義運動が出現したのは、主として《ムスリム同胞団》が伝統的な静寂主義的立場を放棄し、占領軍にたいするジハード遂行の立場に変化したことによる。そのために《同胞団》は蜂起開始の数日後、《ハマース》という組織を創設するのである。

蜂起は一九八七年一二月八日にはじまったとされる。この日、イスラエル人の運転するトラックがパレスチナ人が運転する二台のタクシーと衝突し、四名の死者をだす。その前日、ひとりのイスラエル人がガザで刺殺されていたので、難民キャンプのパレスチナ青年たちはこの衝突が単なる交通事故ではなく、意図的な報復であるとかんがえて、怒りを表明するためにデモをおこない、多数の群衆をあつめる(52)。騒ぎはすぐに収まるどころか、持続的な蜂起になり、この騒ぎの外にいたPLOや《ムスリム同胞団》の幹部たちをおどろかせる。インティファーダは一九七〇年代のエジプトのイスラム主義出現を想起させるようなひとつの包括的な社会的・政治的コンテクストのなかでおこったのだが、これにパレスチナ特有の事情がつけくわわる。エジプトにイスラム主義運動が急速に展開したのは、ナセルが一九五二年に権力を掌握して二〇年後、つまり植民地時代を知らない世代が成人に達し、当時の政権にその成果を問うようになった時期であった。それとおなじようにインティファーダも一九六七年六月のイスラエル軍によるパレスチナ占領の二〇年後におこっている。一九八七年の青年たちは二〇年にわたる占領状態とPLOエリートによるレジスタンス指導しか知らない。PLOの組織は海外在住者や石油産出君主国から資金をあつめ、それを占領地域に配分することでパレスチナ社会と特権的な関係を維持していたが、軍事的・政治的にはイスラエルに支配され、はげしい変動を経験した青年たちを袋小路から脱出させるための手段をもたなかった。まず、人口問題にかんして言うと、占領地域は世界でも記録的な出生率・出産率で(53)、人口の半数近くが一五才以下であり、七〇パーセント程度が三〇才以下であった。教育は一般化し、一九八四年～八五年には地域内あるいは外国で勉学する大学生が三万人いた。しかし中等教育ないしは高等教育をうけた人間のうち二〇パーセントしか卒業時に職をみつけることができない。高等教育機関のうち、一九七八年に創設され、《同胞団》が運営するガザ・イスラム大学には五〇〇〇人ほどの学生がおり、それにヘブロンやエルサレムのイスラム学院がつけくわわるが(54)、学生のおおくは貧しい階層の出身であった。マスプロ教育をうけた最初の世代に属するこれら高等教育機関の卒業生たちは大部分が失業状態にあったり、あるいはイスラエルで日雇い労働をおこなっていた。このような緊張した状況のなかで社会の不満が爆発しないですんだのは、国際的な援助や、アラブ石油産出国への出稼ぎ、そしてそうした出稼ぎ労働者の仕送りがあったからである。しかし一九八六年の石油市場反転で潤沢な資金のながれは制限され、その一方でロシアからのイスラエルへの移民が増加したために占領地域へのユダヤ人の入植がひろがる。さらにイスラエル政府はパレスチナが一体性をもった社会として自己主張することを恐れ、経済発展や地域への投資を妨げるような措置を数おおくとっていた(55)。

こうしたことすべては青年が自律的な政治的主体として登場するのに格好な状況であった。インティファーダの端緒にはなにか深刻なことがおこっているという兆候はなにもなかったので、パレスチナの指導者のなかで事件がはじまると予想していたものはどの陣営でも誰もいなかった。最初の日からデモ隊の行動が過激だったのは一番困窮していたガザの難民キャンプだった(56)。他の社会集団――農民（そのおおくはイスラエルで日雇い労働をしていた）や商店主――もやがて蜂起に参加するようになったが、それは一九八八年初頭になってからで、インティファーダが長びき、それに参加するよりも参加しない方が自分たちの経済的・政治的利益が脅かされるであろうことが明白になってからである(57)。しかし蜂起がつづいた四、五年のあいだずっと(58)、青年たちは中心的役割をはたしつづけた。いかに暴力的なものになろうと、イスラエル軍との対立でうしなうものはなにもないと確信していたからである。

やがてすぐに、ＰＬＯと《ハマース》のあいだにインティファーダをめぐって主導権争いがおこる。双方が青年層を自分の側にとりこんで、都合のよいようにコントロールし、ライバル側につくことがないようにしようとした。青年層がどちらにつくかで運動の意味が完全に変わってしまう可能性があった。《ハマース》はおおきな切り札をもっていた。先に述べたように、一九八七年の被占領地域では社会的・人口学的緊張が激化し、それは他の地域でイスラム主義運動の勃興をもたらした状況とよく似ていたのである。しかしＰＬＯは、国民の信頼をうしなった他のアラブ諸国と異なり、実際に国を統治していたわけではないから、青年たちにとって不満をぶちまける相手というわけではなかった。ＰＬＯは一九八〇年代に組織が弱体化し、失敗をかさねたが、しかし依然として占領軍にたいするレジスタンスと来るべき独立の象徴そのものでありつづけたし、またアラファトはパレスチナ民衆のあいだで、地域の他のどのアラブ諸国元首よりもおおきな政治的正統性を帯びた存在として意識されていた。だから蜂起はなによりイスラエル占領軍にたいしてなされたのである(59)。とはいえ、イスラム主義運動組織がしかけた競争はこのパレスチナ・ナショナリズム運動組織にとってきびしいものだった。

一九八七年一二月九日、アフマド・ヤースィーン師をリーダーとする《ムスリム同胞団》メンバーが集会をひらき、一四日、ビラを配布して、《イスラム抵抗運動》の名で蜂起の強化を呼びかける(60)。しかし、この《イスラム抵抗運動》が自分たちの組織であることを《同胞団》が認めるのは一九八八年二月になってからである。ところで、《イスラム抵抗運動》のアラビア語表記をイニシャルだけとってならべるとHMSとなり、そこから《ハマース》(HAMAS＝「熱意」)という呼称がつくられたのだが、パレスチナ・イスラム主義運動はこの名前で世界中に知られることになるだろう。正体を明かすことを逡巡していた最初の数ヶ月間、《同胞団》は、正体を明かせばイスラエルの弾圧で蜂起のみならず、《同胞団》の組織自体も壊滅させられてしまうのではないかという危惧と、正体を明かさなければ貧困青年層が自分たちから逃げていき、他のグループ、《イスラム・ジハード運動》やPLOに合流していくのではないかという懸念のあいだで揺れ動いていた。最初、《同胞団》が《ハマース》に自律的活動機関という体裁をあたえたのはこうした理由のためだった。しかしこの逡巡は、貧しい青年層が自発的におこした暴力的な行動にたいして《同胞団》が不安感をもっていたことの反映でもあった。《同胞団》は宗教指導者、医師、薬剤師、技師、教員など敬虔なブルジョワ階級出身の知識人によって主導された組織であったからである。《同胞団》は自分たちが《ハマース》の母体であることを一九八八年二月にあきらかにするのだが、これは商店主たちがインティファーダに参加した時期と一致する。最初は青年層に強制されていた商店主たちも、この頃からストの指令に応じて、商店を閉めてイスラエル警察と対決するようになったのである。商店主層は伝統的にイスラム主義運動に近い社会グループである。敬虔な中産階級や商店街が大挙して蜂起に参加するようになってからは、有力なイスラム主義運動が強力な活動を展開する可能性がひらかれた。《ムスリム同胞団》はもう貧しい青年層を予測不可能な行動をする懸念すべき政治的アクターとはかんがえない。むしろ布教活動をすべき対象なのだ。一九八八年三月に《イスラム・ジハード運動》の細胞がイスラエルの弾圧で破壊され、政治的・宗教的空間から急進的なライバルがなくなったからなおさらであった。《ハマース》は青年層の雑多で予測不可能な社会的怒りを誘導し、それを《同胞団》特有の社会的プロジェクトを実現するための敬虔な「熱意」に変化させようとする。かれらは、個人的・社会的・政治的という三つのレベルで青年たちにはたらきかける。そのメッセージにつよい道徳的内容をこめることによって、《ハマース》は指針をうしなった青年たちを本物のイスラム信仰の保有者とし、中産階級・ブルジョワ階級の「悪徳」を罰する役割を付与する。中産階級・ブルジョワ階級にみられる風俗の自由化や欧米化は「ユダヤ的退廃」の結果として非難される。したがって世俗的中産階級は社会的にはエリートであっても、倫理的な意味ではエリートとは言えないということになる。酒類販売など「反イスラム的」文化行動にたいする攻撃や、さらにはヴェールを着用しない女性（一般的に中産階級出身者である）に塩酸をかけたりする行為はこうした論理からでてくる。世俗主義的エリートは道徳的に断罪され、イスラム信仰にたちもどった庶民階級はそうした世俗主義的エリートに対抗して、なによりも社会の価値を代表する存在とされる。こうした現象はイラン革命で宗教指導者が民衆運動をコントロールすることに成功した一九七八年にも観察されたことであったし、また数年後、武装イスラム主義グループが勢力を拡大するようになったアルジェリアでもみられたことである。道徳に言及することで、貧困層は「腐敗した」世俗主義的エリートと対比的に、真の民衆、純粋で誠実な信者共同体《ウンマ》そのものとなる。こうして貧困な庶民層が敬虔なブルジョワジーと同盟関係をむすぶことになるのである。

　ＰＬＯもやはりインティファーダのなりゆきには意表をつかれ、自分の政治的ヘゲモニーが脅かされていると感じた。青年層が自発的に運動をはじめて、組織に属する年長の既存政治家を蚊帳の外におこうとしているのだとかんがえたのである。しかし、一九八八年一月頃からガザ、西岸地域、エルサレムのナショナリズム運動の若い指導者たち（《ファタハ》、FPLP、FDLP、《共産党》などPLO内のさまざまな組織のメンバー）とチュニス亡命中のPLO指導部のあいだに微妙なバランスが成立する。アラファトに代表される国外在住の司令部は主導権をとりもどそうとして躍起になるが、かれらと国内にいる貧困階層出身青年層のあいだに妥協が成立し、《国民統一司令部》（CNU）が樹立される。ここで青年たちは初めて責任あるポストに就任するのである(61)。《国民統一司令部》（CNU）のリーダーたちはさまざまなことに挑戦しなければならなかった。かれらはイスラエルの弾圧にたいして戦わなければならなかったが、同時に《ハマース》の勢力拡大に歯止めをかけ、さらにはチュニスのPLO本部の専横に抵抗しなければならなかった。その解決策は青年層を動員する能力をたかめることであった。しかも、その行動をはっきりと定義して反イスラエル運動という政治目標にむけて方向づけ、逸脱をゆるさない。それによってライバルが提供しようとするイスラム主義的アイデンティティとは異なったナショナリスト的なアイデンティティを青年たちに提供する……。

《ハマース》とCNUは一九八八年夏からインティファーダの実行者である青年たちを自分の陣営にとりこもうと白日のもとで競いあう。ストが義務の日とそうではない日が予め日程表で決められていたが、双方が異なった日程表を発表する。その結果、いざこざがおこり、事態はイスラム主義組織に有利な方向に展開したのでCNUもイスラム主義組織が独自の日程表を発表するのを放置するしかなかった。これはパレスチナのイスラム主義運動の歴史のなかで、自分たちの意志をナショナリストにたいしておし通すことに成功した最初の例だった。イスラム主義運動の現場でのこのような勢力拡大はイデオロギーの面でもみられた。《ハマース》は八月一八日に憲章を発表した。それはこれまで唯一絶対だったPLOの憲章と際だった違いをみせていた。それはペシャーワルでアブドゥッラー・アッザームがアフガニスタン（とパレスチナ）についておこなった宣言のこだまのような響きをもっていた。敵により占領されたイスラムの地であるパレスチナを解放するためのジハードは個々人に課せられた宗教的義務（個人義務《ファルド・アイン》）であると述べていたのである。「パレスチナ問題の解決策はジハードしかない。国際社会のイニシアティヴや提案や会議など時間の無駄、無益な行為でしかない(62)。」これはPLOの「議会」にあたる《パレスチナ国民評議会》が一一月一五日、アルジェで会議を開催した際にイスラエルの存在をうけいれた上でパレスチナ国家の独立を宣言、イスラエルとの交渉のプロセスを開始したことにたいして、それに明確に反対を表明したものだった。

これ以後、イスラム主義者とナショナリストはスピード競争をはじめる。《ハマース》は、PLOは「ユダヤ人の二枚舌」に騙されているのだと主張して、外交交渉に反対し、それを自派の勢力拡大に利用しようとする。だからイスラエルとの対立の激化は《ハマース》の戦略にとって好都合になる。一方、PLOにとって、インティファーダの継続はイスラエルへの圧力をつよめ、パレスチナ側に有利な条件で交渉をすすめられるという利点がある。このふたつのかんがえ方が対立する中で、もっとも重要なのは地区や難民キャンプや村ごとにできた「人民委員会」を自分の側にひきよせることだった。というのも、日常の闘争を組織し、みはり番の順番を決め、イスラエル兵にこわされた商店のシャッターや錠を修理し、そしてなによりも、生きのこりのための戦術を実際におこなっているのはこの委員会だったのだ。なにしろボイコットやストが恒常的になり、パレスチナの公務員や警官が辞職したために、物資が欠乏し、収入はなくなり、経済は窒息状態にあったからである(63)。

一九八九年、増加する一方の生活上の困難さに政治的ゆきづまりがつけくわわる。アルジェ総会の後PLOが提案した交渉をイスラエルが拒絶したのである。これは住民を過激化させ、イスラム主義者の影響力を増大させる。《ハマース》はモスクや《ムスリム同胞団》の慈善団体のネットワークを有効な中継点として利用し、また《同胞団》のそうした活動はイスラエル側から厚遇されていた。しかし九月、イスラエルはイスラム主義運動の勢力拡大に不安を感じ、戦略を変更して、初めて抑圧策をとり、アフマド・ヤースィーン師をはじめ主だった活動家二〇〇人以上を逮捕し、投獄する。サダトが大学の左翼を牽制するために《イスラム団》を優遇し、後に抑圧策に転じたように、イスラエルもイスラム主義運動弾圧に転じたのである。イスラム主義運動はたしかにＣＮＵのナショナリストの勢力をそいだのだが、大挙して《ハマース》に合流した青年の圧力でそれ自体がイスラエル政府の恐るべき敵に成長してしまった。しかし、この段階になっての抑圧は被占領地域住民の目にイスラム主義運動の正当性をいっそうたかめただけだった。しかも、投獄された指導者のかわりにより若く、政治的にも経験があさい世代が運動を指揮するようになり、その熱意が無秩序な暴力的事件を誘発する。ナショナリストの陣営でもおなじようなことがおこる。その指導層はイスラエルによって、ずっと以前から、もっと大規模に弾圧されていたからである。

　インティファーダの三年目、一九九〇年には、それまでＰＬＯ支持者のコントロール下にあったさまざまな職業組合で《ハマース》の影響力がつよまる。イスラム主義者が職業組合の選挙で勝利したのはその時が初めてだったが、これは中産階級サラリーマン層でかれらが勢力をのばしてきたことを示していた(64)。同時に、かれらはアラブ湾岸諸国の資金援助のうちのかなりの部分を独占するようになっていた。一九九〇年、クウェートはＰＬＯにたいして二七〇〇万ドルしか提供していないのにたいして、《ハマース》には六〇〇〇万ドルを提供している(65)。こうしてパレスチナのイスラム主義運動は同時に敬虔なブルジョワ層と貧困青年層（特に難民キャンプ在住の）の両方を動員できる組織となったのである。難民キャンプの青年たちはイスラエルにたいするアラファトの和平提案が具体的な成果をあげていないことにいらだちを募らせていた。《ハマース》のこうした挑戦にたいして、ＰＬＯは一九九〇年四月、《ハマース》に《パレスチナ国民評議会》に参加するよう要請する。《ハマース》を少数野党勢力に変え、ＦＰＬＰ、ＦＤＬＰ、共産党などとおなじように多数決の原則にしたがわせて、よりよくコントロールしようとしたのである。しかし《ハマース》は《国民評議会》の半数近くの議席と、イスラエル打倒の原則の再確認、そしてパレスチナ解放にはジハードという手段しかないことを宣言するよう要求した(66)。もしそれをうけいれれば、《ハマース》は《国民評議会》で支配的な地位を占め、一九八八年一二月のアルジェ決議の結果とられた外交的努力のすべてが灰燼に帰することになる。《ハマース》の提案はPLOにより拒否され、このふたつの勢力の活動家のあいだの小競りあいが現場で増加する。《ハマース》は自分が有利な立場にいるとかんがえていた。一九九〇～九一年の湾岸戦争（これについては第二部であつかう）でPLO指導部がクウェートやサウディアラビアに反対してイランを支持したため組織は大打撃をうけていた。そうした時期の後だけに、《ハマース》の勢いはとどめがたいものにおもわれた。パレスチナ中央組織の弱体化のために、現場で暴発的な暴力事件が多発し、実際にそうなのか単に嫌疑をかけられただけなのかわからないが何百人もの「イスラエル協力者」が暗殺され、CNUのストの呼びかけに参加するものがすくなくなり、CNUはもう蜂起を「維持」できなくなる。世界の他の地域同様、イスラム主義者がパレスチナでもナショナリストを圧倒し、当時アフガニスタンで下火になりつつあったジハードが被占領地域で継続され、パレスチナの大義の象徴的意味あいが完全に変化してしまう、そうした条件が整ったかにみえた。

湾岸戦争が勃発した一九九〇年、パレスチナのイスラム主義はインティファーダを利用し、貧困青年層と敬虔な中産階級の両方を動員し、PLOとヘゲモニーをあらそうまでになった。アラブ・ナショナリズムの最後にのこった大義が象徴的意味あいを変え、イスラム的な「意味の空間」のなかにはいりつつあるかにおもわれた。アフガニスタンにひきつづき、そしてアルジェリアとボスニアに先駆けて……。

# 第七章　失敗した革命と成功したクーデタ——アルジェリアとスーダンにおけるイスラム主義

## ＦＩＳの時代

インティファーダ開始から一年もたたない頃、かつてアラブ主義、第三世界主義、反帝国主義の象徴のような存在だったもうひとつの国が政治的イスラムの渦中にまきこまれる。一九八八年一〇月、アルジェリアに一九六二年の独立以来もっとも深刻な暴動が勃発する。アルジェリアでは軍上層部が《国民解放戦線》（ＦＬＮ）をとおして権力をコントロールし、都市の貧困青年層は権力の場から排除されていた。その都市の貧困青年層が街頭を占拠し、今後、自分たちが政治の世界で一人前の役割をはたすことを宣言したのだ。このような事件が、現存する体制以外の体制を知らない第一世代が成人に達した時期におこったという点では、事情はエジプトやパレスチナとまったく同一である。エジプトやパレスチナと同様、アルジェリアでもまた、人口爆発のために農村の子供たちが都市やその周辺に殺到し、劣悪な生活環境のなかで生きることを強いられていた。エジプトやパレスチナと同様、ここでもまた大量の青年たちが歴史上初めて教育をうける機会を獲得していた。それはおおきな期待の源であったのだが、大変な努力の結果獲得した学位が労働市場で価値がないと判明したとき、耐えがたいフラストレーションを発生させてもいた。一九八九年、二四〇〇万人のアルジェリア国民のうち四〇パーセントが一五才以下で、都市人口は五〇パーセントをこえ、出生率は三・一パーセント、六一パーセントの青年が中等教育に就学していた。失業率は「公式発表」では就業人口の一八・一パーセント（おそらく実際にははるかにもっとたかい）だったが、それが一九九五年には二八パーセントにまで上昇した(1)。

アルジェリアの都市の貧困青年層にはヒーティストという渾名がつけられていた。これはアラビア語の「ヒート」（壁）にフランス語の接尾語（イスト）をつけた造語である(2)。この表現はアルジェリア流ユーモアの社会学的・政治的傑作と言えるが、一日中、壁にもたれかかって仕事をしない青年たちを指している。社会主義国では建前ではみなが職についているとされるから、「ヒーティスト」も仕事についている、その仕事とは壁がくずれ落ちないように「壁をささえる」ことである、と示唆しているのである。イランにおいて宗教運動が被抑圧者《モスタズアフィーン》を賞賛し、かれらを動員して歴史と啓示の意味をになう存在にまでたかめていったのだが、「ヒーティスト」という嘲笑的な表現はアルジェリア青年がイランの被抑圧者《モスタズアフィーン》とは異なって社会的に受動的な存在で、自分たちの運命を自分たちの手にとりもどすことができない状態に追いこまれていたことを示す。

一九八八年一〇月の事件はまた八〇年代末のアルジェリアの特有な状況を反映してもいる。当時アルジェリアでは石油が輸出額の九五パーセント強、政府歳入の六〇パーセント強を占めていた。ベン・ベラ大統領（一九六二〜六五年）、ブーメディエン大統領（一九六五〜七八年）のもとで、アルジェリアはいわば石油人民民主主義体制をつくりあげていた。政府が石油収入を独占していたから、それをつかって輸入された消費財の費用を負担して社会平和を確保し、そのかわりに民衆には政治的受動性を強いていた。ソ連をモデルにした政権はあらゆる反対意見の表明を禁止し、政党は《国民解放戦線》（ＦＬＮ）だけが認められていた。ＦＬＮは一九五四年から一九六二年の対仏独立戦争を主導し、疑問の余地のない正当性をもっていると自負していた(3)。しかし実際には、社会主義やFLNを中心とした「革命的家族の一体性」という美辞麗句のもと、権力の実質は国の東部のアラビア語を話すひとびとによって独占されていた(4)。軍の上層部や党の指導層はその地域の出身者で占められ、国の中央部、西部そして独立戦争でおおきな犠牲をだしたベルベル人は権力の場から排除されていた。

社会主義と助成金、抑圧と公式イデオロギーによってつくられた力のバランスは主として石油価格の高騰によってかろうじて維持されていた経済的安定に依存していた。しかし一九八六年、石油市場の価格が反転し、その結果、国家の歳入が半分になり、財政は破綻する。さらに、人口爆発で食料にかんしても、都市のインフラ・住居・雇用にかんしても、需要は増大する。それなのに計画経済がもたらす機能不全で物資は大幅に欠乏し、汚職がはびこり、投機的な価格で取引される闇のマーケット（トラベンド）がひろがる(5)。とりわけ住宅市場は需要に比して大幅に整備が遅れ、雑居状態・過密状態をうみだし(6)、社会への不満を蓄積させ、一触即発の状態をつくりだす。

社会状態がこのように悪化し、ストも頻発する中で、一九八八年一〇月四日の夜、暴動がおこり、アルジェリアの貧しい青年たちが国家の象徴や公共サービス機関（バス、道路標識、アルジェリア航空事務所）、さらには高級車やリヤード・アル＝ファトフ・ショッピング・センターを襲撃する。リヤード・アル＝ファトフは「勝利の庭」を意味するが、首都の高台にあるこのショッピング・センターには贅沢品がならび、「チチ」と呼ばれる金持ち青年たちがあつまる場所だった。これにたいして警察はきびしい対応をし、数百人の死者をだしたが、そのためにかれらはデモに参加した青年たちから「ユダヤ人！」という野次をあびせられた。青年たちは毎晩、国営テレビでイスラエル軍に弾圧されるインティファーダの様子をみていたからである。政府はブラウン管をとおして自分たちがおこなってきた反ユダヤ宣伝がこんな風に自分たちに返ってくるとは想像だにしなかったにちがいない。一〇月の暴動はまったく自然発生的におこったもので、そこには社会の不公正にたいする怒りや権力のイデオロギーにたいする嘲笑の印がふんだんに表現されていた。リヤード・アル＝ファトフ・ショッピング・

センターの近くで掲揚されていたアルジェリア国旗がおろされ、代わりに空になったクスクスの袋がかかげられた。しかし数日つづいた暴動は単なる「クスクスの乱」だったわけではないし、またコメンテーターや政府代表が解説したように「学生のバカ騒ぎが大騒動になっただけ(7)」というわけでもない。それは都市の貧困青年層が自律的な社会的アクターとして出現したことを示していたのである。軽蔑の対象だった「ヒーティスト」がかれらを排除していた体制をいまや根底からゆさぶる力をもち、体制の正当性を否定するようになったのである。

しかし、体制への反感はまだ組織だった政治的運動として表現されていたわけではなかった。都市の貧困青年層は孤立し、みずからの要求を主張する能力をまだもっていなかった。社会主義の語彙は、政府がそれを利用していたからまったく信用をなくしていたし、アルジェリアの左翼は蜂起を指導し、継続するには力不足であることを露呈していた。それにたいして、イスラム主義運動はすぐさまこの社会的爆発に注目し、自分たちに有利なように事態を展開させるための絶好の機会が到来したとかんがえた。

サラフィー主義は古くからアルジェリアに基盤をもっていた。先に記したとおり、エジプトに《ムスリム同胞団》が設立される三年前の一九三一年、コンスタンティーヌでアブドゥルハミード・イブン・バーディースによって《アルジェリア・イスラム・ウラマー協会》が設立されているが、これは《同胞団》とおなじような宗教についての厳格主義的な考え方をもっており、宗教を私生活と社会組織両方の軸にすえていた。しかしかれらはイスラム国家とかナショナリズムにもとづく独立闘争といったかんがえを前面におしだすことはなかった。英領時代のインドの《デーオバンド》運動やインティファーダ前のイスラエル占領下のパレスチナ《ムスリム同胞団》同様、イブン・バーディースとその仲間は勝ち誇る植民地主義――協会設立の前年、フランスはアルジェリア征服百周年の記念行事を壮大におこなっていた――と対決するのは危険で無駄なことだとかんがえていた。その一方で、かれらはアルジェリアをフランスに同化させようとするあらゆる試みに反対していた。それはイスラム的なアイデンティティを変質させるとかんがえたのである。かれらはイスラム的アイデンティティの保証人・

擁護者となろうとした。そのために世俗主義とも、またマラブーの「迷信」とも対立した。かれらは社会主義やヨーロッパの思想に影響されたナショナリストにも警戒心をいだいていた。だからFLNが一九五四年に蜂起をはじめたときも、すぐにはそれに参加せず、参加したのはやっと二年後のことであった。

FLN自体も、イスラム社会の大部分のナショナリスト政党がそうであったように、イスラムにたいしてどんな態度をとるべきかについて内部で意見がわかれていた。組織のリーダーたちは欧米式の教育をうけたエリートだったが、近代的な言語を理解しない民衆、とりわけ農民たちを結集するためには宗教が有効だとかんがえていた。また、キリスト教徒である植民者との違いを明確にして独自のアイデンティティを確立するためにもイスラムは有益だった。たとえば一九五四年一一月の蜂起は「アッラーの名において」宣言されたのだが、だからといってFLNが宗教運動であったわけではなかった。一九六二年の独立の際、宗教系組織は権力の中枢からはずされた。ベン・ベラ政権は当時はメッカよりもモスクワやキューバに顔をむけていたのである(8)。イスラム教聖者《マラブー》やその教団、そしてスーフィーの修道場《ザーウィヤ》は広大な土地を所有していたが、国有化で所有地を没収されてしまった。それは農地改革のためであったが、同時に植民地主義にたいしてあまりにも協力的だったと判断され、それにたいする懲罰という意味もあった。ウラマーたちにたいしては、遅ればせながら独立闘争へ参加していたので、政府のあつかいはまだましだったが、しかし自律的な意見表明をしようとすると、政府部内のマルクス主義派から手ひどい攻撃をうけ、一九六四年には「悪のウラマーたち」とかれらを形容する新聞さえあった。一九六三年、知識人や党内部の宗教系メンバーが《キヤム協会》という名前の組織を創設し、「欧米化」に対抗し、イスラム国家の樹立を目ざそうとする。かれらにとってイスラム国家は独立戦争の必然的結果なのである。この点でかれらはサイイド・クトゥブに近かったのだが、実際、かれらは一九六六年八月、クトゥブが処刑される数日前、ナセルに書簡をおくり、恩赦を嘆願している。そのため協会は解散させられたが、しかしその影響力は権力内部でも拡大する。一九六五年六月、ブーメディエンによりベン・ベラが退陣させられると、アラビア語使用推進とイスラム化のキャンペーンがおこなわれ、そのためイスラム主義運動は教育・文化の分野を大々的にコントロールするようになる。学校システムをアラビア語化し、フランス語を排除するためにやとわれたエジプトの協力者のなかにはナセルの弾圧を逃れた《ムスリム同胞団》メンバーが数おおくいた。かれらはアラビア語を話す小学校教員を養成したのだが、この新世代の教員たちは《同胞団》の思想に大々的に感化されていく。かれらは後に《イスラム救済戦線》(ＦＩＳ)を組織するイスラム主義知識人の基礎を形成することになる。「ＦＩＳのナンバー・ツー」となる教員アリー・ベンハーッジュはその象徴的な人物となるだろう。

アルジェリアのイスラム主義運動は単一政党の外部で独自の組織をもつことは公式には許されていなかったが、権力の内側でひとつの勢力となっていた。しかし、その活動領域は文化面にかぎられ、政治的な選択に本当に影響力を行使する可能性はなかった。この勢力が政権に対立する形で自己の存在を主張しはじめるのは中東のイスラム主義台頭に遅れること一〇年、一九八二年のことである(9)。そしてそれと同時に、ふたつのおおきな傾向がそこにあらわれ、あとになってもそれは存続しつづける。すなわち、一方でゲリラ戦をおこない、武装闘争を主張する急進派グループ、他方で社会秩序を転覆させることなく政府の決定に影響をおよぼそうとする改革主義的傾向をもったひとびと、このふたつである。

急進派はムスタファー・ブー・ヤアリーという人物にひきいられていた(10)。かれは元独立戦争の闘士で、一九四〇年うまれ。独立後は政権を「不信仰者」と呼び、それと関係を断っていた。雄弁かつ熱狂的な説教師で、武装ジハードによってシャリーアを適用し、イスラム国家を樹立することを主張し、一九七〇年代中頃に少人数だが断固とした決意をもった活動家のグループを結成した。そのメンバーはサイイド・クトゥブの熱心な読者で、行動は当時のエジプトにおけるクトゥブの弟子たちと似かよっていた。治安警察に追われたかれは一九八二年四月地下にもぐり、《アルジェリア武装イスラム運動》(ＭＩＡ)を結成する。これは実体も判然としないミニ集団にすぎないが、かれはその司令官を自称した。かれの信奉者のおおくが後にＦＩＳのメンバーとなり、さらに一九九二年以降は武装イスラム主義運動に参加している。アリー・ベンハーッジュはその一人である。ブー・ヤアリーの一党は大胆な活動をおこない、FLN権力にたいして本格的な挑戦をおこなった最初のグループとなる。かれらは五年間、ゲリラ戦を継続するが、一九八七年、ブー・ヤアリーが殺害され、活動もおわる。一九八八年一〇月の蜂起の前年のことであった。ブー・ヤアリーの武勇伝はこれまでのさまざまな経験の交差点に位置するもので、当時の国際イスラム主義運動の夢と近代アルジェリア史の雑多な要素が合流した結果、生じたものなのである。

ブー・ヤアリーがミティジャでジハードを開始したとき、アフガニスタンのムジャーヒディーンはもう二年以上前からサウディアラビアに援助されながら赤軍と戦い、イスラム世界の英雄となっていた。ところで、ソ連はアルジェリア政府の親しい同盟国であり、軍隊の装備のほとんどを提供している国でもあった。だから、急進派イスラム主義者にとって、ソ連とアルジェリア政府というふたつの敵の一方にたいする戦いはもう一方の敵にたいする戦いの序章にすぎなかった。実際、何百人ものイスラム主義者がペシャーワルのゲリラ・キャンプにむけて出発することになるだろう。その内の一人、アブドゥッラー・アナスはアブドゥッラー・アッザームの娘婿となり、一九八九年一一月にかれが暗殺された後、その後継者となった。そもそもMIAは独立戦争の時のFLNとおなじ場所で地下潜伏活動をはじめたのだから、このグループはある意味でFLNの衣鉢をついだとかんがえることもできる。つまり、MIAは象徴的にFLNの闘争を継続しているのであり、そしてそうすることで、闘争を継続する自分たちにとって、今権力をにぎるFLNもかつてのフランス植民地政府と何らかかわるところがない、という意見表明をしていることになる。当時、ブー・ヤアリーの事件はさほど重要ではないようにおもわれた。しかし一九九〇年代のアルジェリア内戦を経験し、《イスラム救済軍》（AIS）や《武装イスラム集団》（GIA）がもっと大規模な形で地下潜伏ゲリラ活動を展開したのをみた我々にとって、ブー・ヤアリーとその一党の行動の意義はよりわかりやすいものになったと言えるだろう。すなわち、ブー・ヤアリーの軍事行動はふたつのアルジェリア戦争（独立戦争とイスラム主義による内戦）をつなぐハイフンのような存在なのである。このふたつの戦争はおなじ戦術をもちいており、その意味で両者には連続性がある。しかし同時に、そのよってたつイデオロギーはナショナリズムからイスラム主義に転換している。ブー・ヤアリーの活動はこのふたつの戦争のイデオロギー的対称性の要であり、その転換点となっているのである。

ブー・ヤアリーが地下にもぐったのとおなじ一九八二年、もうひとつ別の活動家グループが出現する。かれらはブー・ヤアリーと異なり武装闘争ではなく、平和的手段でイスラム化を推進するために政府に圧力をかけようとする。一一月、アルジェ大学でフランス語系マルクス主義学生とアラビア語系イスラム主義学生が衝突し、前者の側に一名の死者がでる。事件の発端はアラビア語系学生が就職状況が悪いことに抗議して、開始したストである。アラビア語教育は政府が宣伝をし、強制的な措置さえとって推進したものであるにもかかわらず、フランス語の知識を前提にした職がほとんどで、そのためにフランス語系学生の方が給料のたかい職を独占していた。そうした状況に抗議するため、何千人もの人間をあつめた集団礼拝の後、元FLNメンバーで、すでに党を離党していた大学教員アッバースィー・マダニーが一四項目の要求をだした。そのなかには、立法の際のシャリーア尊重、政府機関からの「宗教に敵対的な分子」排除、男女同席禁止などがふくまれていた。非暴力的なイスラム反体制派が単一政党の枠の外で公式に、組織だって意見表明をおこなったのはこれが初めてのことだった。それにたいしてすぐさま弾圧の手がのびる。マダニーは二年間、投獄され、身元がわかっていたメンバーの大部分が一斉検挙で逮捕される。といっても運動のメンバーはまだ数名の説教師と大学関係者にすぎなかったのだが(11)。しかしこの時のメンバーが一九八八年以降、貧困都市青年層と敬虔なブルジョワジーを結集させる知識人グループの中核となるだろう。

こうした宗教に基礎をおいた政府への反対運動を根絶するために、アルジェリア政府はみずからのイスラム的正当性を拡大しようとする。一九八四年、全国人民会議（FLNにコントロールされた「議会」）は家族法を採択する。これはきわめて厳格主義的宗教観にもとづいたもので、女性の権利を制限するものだった。また国の支出でモスクを建設し、宗教大臣が監督する説教師にそのモスクを主宰させる政策がとられた。「無認可」の小さな礼拝所がふえて、そこで誰のコントロールもうけない説教師が自由に活動するのを阻むためだった。最後に、一九八五年、コンスタンティーヌで大モスクを併設したアミール・アブドゥルカーディル・イスラム大学の落成式がおこなわれる。アルジェリアにすぐれたイマームを養成するセンターができたのだ(12)。一九七九年、ブーメディエンにかわってシャドリ・ベンジャディードが政権についたが、政府を祝福してくれる高名なウラマーが国内にいないので、イスラム世界でも高名な二人のイスラム学者《シャイフ》をエジプトから相ついで招聘した。ムハンマド・ガザーリーとユースフ・カラダーウィーである。両名とも《ムスリム同胞団》に近く、またアラビア半島石油産出国の宮廷とも良好な関係をたもっていた人物であった(13)。この二人のイマームの招聘はアルジェリアのイスラム宗教界に人がいないという事実を示していただけではない。特にこの二人が選ばれたということは、政権がＦＬＮの国民主義的イデオロギーの宗教的側面を強化したいという意志をもっていたことを示している。ＦＬＮは若い世代や一般民衆を納得させることに困難を感じ、青年・民衆の方でも、もはや政府が自分たちを代弁しているとはとうていかんがえられなくなっていた。しかしこの二人の説教師が政府の正当性を認めるのは口先だけで、それよりも社会で進行中の「イスラムの覚醒」を熱心に奨励していた。こうして一九八八年一〇月、暴動が勃発したとき、アルジェリアには学生と教師によって構成されたイスラム主義インテリ層が存在していた。かれらは庶民の街で説教をしていた。それにたいして、たとえばエジプトなどとは異なり、アルジェリア政府は自分に近い、信用できるウラマーを手なづけて、イスラム主義に対抗させることもできなかった。ムバーラク大統領はアズハル学院の主要な高位聖職者を味方につけて、サダト暗殺関係者を批判させた。それによって、一〇〇〇年以上もつづく学院の法の博士たちに満腔の敬意をはらっていたエジプトの民衆に急進的なイスラム主義がひろがるのをおさえることができたのである。

つまり、一九八〇年代末のアルジェリアのイスラム主義者たちにとって国内の宗教的空間にはライバルがまったく存在しなかった。単一政党内部の宗教派――アルジェリアのユーモアで「髭面ＦＬＮ」と呼ばれていた――はイスラム主義とおおいに親近性があったので、そのメンバーのおおくは一九八九年からＦＩＳに合流したり、共同歩調をとったりしていた。伝統的教団は独立時代に解体されてしまっていた。そして、政府が活動家に対抗させることができるような重量級のウラマーなどみつかりはしなかった。こうして、イスラム主義活動家たちは、暴動がはじまってすぐ貧困都市青年層と合体し、もともと説教師の周囲にあつまった数人のサークルがいくつかあったにすぎなかったのに、それが数ヶ月で津波のようにすべてを巻きこんだ大衆運動に変化してしまったのである。

一〇月の事件がどうしてはじまったか、その理由は今日でもまだ解明されていない。原因は政府部内の内部抗争だった、つまり国が直面した社会危機にたいするシャドリ大統領の政治的・経済的選択に不満な勢力が煽動分子をおくりこんでシャドリにゆさぶりをかけようとしたのだ、という噂もアルジェではながれていた(14)。しかし最初のきっかけがなんであったにせよ、「ヒーティスト」のみならず青年一般の大多数がおどろくべき速さで熱狂にまきこまれていく。首都で大規模におこなわれた略奪の光景を前にして、イスラム主義説教師たちがあつまり、「危機対応委員会」をひらく。元《イスラム・ウラマー協会》のメンバーで政権批判強硬派の代表的存在だった八一才の説教師サフヌーン師が一〇月六日の夜、「沈静化の呼びかけ」をするが、効果はない。しかしイスラム知識人はこうして「反乱をおこす社会」と権力とのあいだのかけがえのない仲介者という役割をもつようになる。一〇月一〇日、アリー・ベンハーッジュがカブール・モスク（アフガニスタンの「ジハード主義者」によってベルクール街に建設されたモスク）に陣どってデモを指揮していたが、このデモにあつまった膨大な数の群衆に一発の銃弾が撃ちこまれ、それにおどろいた群衆がパニックをおこし、逃げまどう群衆のあいだに数十人の死者がでる。この時、ベンハーッジュは民衆の主張を政治的イスラム主義の言葉で表現したアピールを発表する。こうしてイスラム主義知識人は貧困都市青年層の代弁者となる。数ヶ月後の一九八九年三月、《イスラム救済戦線》（ＦＩＳ）(15)が設立され、イスラム主義知識人と貧困都市青年層の同盟関係が制度として形をとる。

一〇月一〇日の夜、シャドリ大統領は体制の改革を予告し、サフヌーン、ベンハーッジュ、アルジェリアにおける《ムスリム同胞団》代表マフフーズ・ナフナーフ(16)を招いて会談する。かれらイスラム主義者はこれによって政府の立派な交渉相手として認められたことになる。この会談の結果、蜂起は終結した。何人かの責任者を解任した後、大統領は一二月に国家元首に再任され、一九八九年二月、憲法を採択させる。この憲法によって単独政党体制に終止符がうたれるのだが、シャドリは強力な大統領制をしき、さまざまな政党（ナショナリスト、イスラム主義、マルクス主義、ベルベル派）を自分の意のままに連合させて、一九六二年以来の既存体制の本質的な部分は温存することをねらっていた。かれは一〇月にイスラム主義がどれほど強力な運動を展開したのか本当の意味では理解していなかったのだ。そのために政権は危機におちいり、やがて国全体が内戦状態になってしまう。

一九八九年三月一〇日、ＦＩＳ設立がアルジェのイブン・バーディース・モスクで宣言される。一五名の設立メンバーにはアリー・ベンハーッジュのように武装闘争の支持者でブー・ヤアリーの仲間だったものから、アッバースィー・マダニーのように元ＦＬＮメンバーで社会の根本的均衡を変更することなしに体制をイスラム化しようとするものまで、さまざまな傾向の持ち主が共存していた。しかしこれに参加しなかった運動もある。個人的な好悪や序列争いのために、《ムスリム同胞団》のナフナーフ、コンスタンチーヌ出身のイスラム主義者アブドゥッラー・ジャバッラー(17)、老イスラム学者サフヌーン、「ジャザリスト(18)」リーダーのムハンマド・サイードなどが党に参加しなかった。政権は後に、ＦＩＳの勢力拡大をおさえるため、こうしたイスラム主義者たちの一部を利用することになるだろう。しかしＦＩＳは創設当初からめざましい発展をとげ、一九七八年のテヘランをおもいおこさせるような展開と速さでさまざまな異なる社会グループを糾合していく。

実際、イランにおける展開とおなじように、イスラム主義者たちはデモを多発させ、それによって永続的大衆動員の雰囲気を維持する。そうした中で、体制にたいする自然にわき上がる怒りといった次元をこえて、失業青年たちは初めてあるひとつの社会建設プログラムへの支持を表明する。それを実現するためには革命的とも言える変化が必要なのだが、しかし、四半世紀にわたる停滞の後、そうした変化さえ今にも手に届きそうな所にあるようにみえる。この社会変革のプログラムは一九八九年以降、「イスラム国家《ダウラ・イスラーミーヤ》」というスローガンで語られるようになり、FISの知識人たちは演説でしきりにその価値を主張していた。複数政党主義が採用された結果、五〇ほどの政党が出現したが、FISのみが全国各地に説教師とモスク組織のネットワークをもち、それによって国家＝FLNを嫌悪する大衆運動を組織化する力をもっていた。かつての単一政党は党組織が堅固なことと、指導部にいるひとびとがすでに国や社会の重要なポストについているために、かろうじて生きながらえてはいたが、党はいまだかってない精神的危機をむかえていた。一方、FLNを拒絶しながら非宗教的な政治観を主張する「民主主義」政党は支持者が特定の民族・地域に限定されていたり（カビリアの地方政党であるアイト・アフマドの《社会主義勢力戦線》など）、フランス語を話す中産階級という限定された社会階層にしか基盤がなかったりした（サアディー博士の《文化と民主主義のための連合》など）。

一九九〇年六月と一九九一年一二月、アルジェリア独立以来初めて実施された二度の自由な選挙でFISは勝利をおさめる。FISがこのように運動として成功した理由は、十年前のホメイニーとおなじように、この組織が活動的なイスラム主義知識人を媒体として貧困都市青年層と敬虔なブルジョワジーの両方を結集できたことにある。イスラム主義知識人はこのふたつの社会グループの双方がそのなかに自己の利益をみいだすことができるイデオロギーを形成し、さらにナショナリスト的なディスクールの一部を換骨奪胎して自己の主張のなかにとりいれ、ナショナリズムをFLNの独占物ではなくしてしまう。一九九一年六月、「蜂起的性格をもったスト」がおこるまで、運動は最初の勢いをたもち、政権も不意をつかれて反撃体制を整えることができない。ところでF

ＩＳは同時に二人のリーダーを表看板にしており、この最初の時期にはそれが党勢拡大の原動力になっていた。ひとりはブー・ヤアリーの元同志でジハードの信奉者だった小学校教師アリー・ベンハーッジュである。かれは一九八九年には三三才で、好んで小型オートバイにのっていた。アルジェリア方言やモスクのアラビア語を巧みにあやつるベンハーッジュは演説家として比類のない才能をもち、意のままに「ヒーティスト」の群衆を感動させ、泣かせたり笑わせたり、熱狂させたり鎮めたりすることができる人物だった(19)。もうひとりのリーダー、アッバースィー・マダニーは元ＦＬＮメンバー、大学人でありかつ老練な政治家でもあった。かれはベンハーッジュより四半世紀も年長で、高級ベンツ車（噂ではアラビア半島君主国の贈り物だということだ）を好んでいたが、商店主や商人さらには「軍部出身企業家(20)」にも語りかける術を知っていた。かれは「軍部出身企業家」を政権と区別し、ＦＩＳに投資することが事業の将来の保証になるとかれらを説得した。しかし、一九九一年六月のストの失敗の後、政権側がＦＩＳにたいする弾圧を開始すると、このような党の二面性の相乗的な効果はまったく逆の結果をもたらすようになる。ＦＩＳが約束する変革に期待をもった商人や企業家はその本当の計画がなにか、不安に感じるようになり、また党の内部での勢力バランスに懸念をもち、ベンハーッジュの周辺のひとびとの主張が過激化するのに危惧をいだくようになる。そうした主張の背後にかれらは「ヒーティスト」の制御不能な社会的復讐の危険を感じとり、自分たちがその犠牲者になるのではないかと恐れたのである。党上層部の二重性はこの時、弱点となる。イランではホメイニーが最後まで非抑圧者《モスタズアフィーン》を夢中にさせると同時にバザール商人たちに安心感をあたえることに成功していたのだが、アルジェリアのイスラム主義運動は貧困都市青年層と敬虔なブルジョワジーの両方を自分の陣営にとどめておくことに成功しなかったのだ。これは後の内戦の際、ＧＩＡとＡＩＳというふたつの分派が誕生したという事実に如実にあらわれる。このふたつはＦＩＳを構成するふたつの社会グループをそれぞれ代表する組織だったのである。

　ＦＩＳは一九八九年九月から合法的な存在になったが、すぐに勢力を誇示するような態度を頻繁に示すようになる。党の週刊機関誌『ムンキズ』（救済者）創刊号は一〇月に出て、二〇万部印刷されたが、「不信仰者」による裁判で投獄されたブー・ヤアリー・グループの元メンバーたちの解放を要求した。政府にたいする要求のバーは最初からたかいところにおかれていたのである。この月のおわり、地震がティパサ県を襲った。政府の無策と対照的に、FISは党のマークをつけた救急車で医師・看護婦・救助隊を派遣したが、かれらの能率のよさと献身さは際だっていた(21)。FISは創設一ヶ月にしてすでに、弱体化し腐敗した政府の代役ができることを示したのであり、また党のメンバーがしめした慈愛《ラフマ》の心は民衆にふかい印象をあたえ、直接利益をこうむった人ばかりではなくひろく国民からもたかい名声をえることになった。一九九〇年の最初の六ヶ月間、党は行進や集会をくりかえし、政府にたえず圧力をくわえ、立法議会選挙を前倒しする約束をひきだす。そして六月一二日、FISは市議会選挙、地方選挙で勝利をえる。党の活動家が全国の市町村の大半をコントロールすることになったのである。貧困都市青年層は大挙して投票所にむかい、第一世代のFIS名望家たちを選挙でえらぶ。市長や市議会議員になったのはもちろん党幹部のイスラム主義知識人、特に小学校教師だったが、獲得された議席数が非常におおかったので、敬虔な中産階級代表者もたくさんいた。旧FLNの同調者をのぞけば、地方で名士となり、支持者を獲得した商人や小企業主が政治的に責任あるポストに就任するのは初めてのことだった。それまでは、そうしたポストは単一政党の幹部から選ばれた体制賛美者にのみ割りあてられていたのである。社会的な観点だけから言うと、一九九〇年六月の市会議員選挙におけるFISの勝利はアルジェリアの政治システムを「近代化」した。というのも、それは「法律上の国家」を「現実の国家」に近づけたからである。また政治的次元では、それはイスラム主義運動圏内にいる三つの社会グループ〈イスラム主義知識人〉、〈貧困都市青年層〉、〈敬虔なブルジョワジー〉の同盟関係を強固にした。それは「イスラム市政」の予算による貧窮者への福祉サービスの増大という形であらわれる。FISは市の予算のおかげで大規模な慈善活動を展開し、貧困都市青年層に来たるべきイスラム国家の予感をあたえ、かれらをその目的のために動員しつづける。当時、運動の同調者たちのあいだでは幸福な高揚感がみなぎっていた。そうした雰囲気のなかで、それまでの政治の腐敗、浪費、権威主義、非効率とは対照的に、ＦＩＳの議員たちが正義・公正・秩序・清潔さなど市民的美徳のすべてを発揮していたとおおくのひとびとが証言している(22)。こうした美徳はシャリーアの命令の厳格な遵守にもとづく宗教的廉潔さの発露であるとされ、そしてそれは「イスラム的道徳」の実践の要求につながっていった。こうして市役所ではたらく女性はヴェールをかぶらなければならなくなり、酒類の販売、ビデオ・ショップ、その他「不道徳な」商売は店をたたむよう説得され、ふしだらな（あるいはそうおもわれている）女性(23)は非難の対象となり、沿岸地帯の市では海水浴場を男女別々にし、「慎みのない」服装は禁止される……。イスラム主義運動が急激に発展した他の国でもみられたように、道徳的禁忌がおおくなるとまず最初に、伝統的タブーから解放され、欧米化した中産階級が民衆の呪詛の的となる。かれらは近代的価値の所有者として正当性を否定され、社会のエリートとしての役割を敬虔なブルジョワジーにうばわれる。それはまた貧しく、おとしめられ、せまい住居に多人数で住んでいるために禁欲や性的貧困状態を強いられてきた青年たちを美徳のヒーローに変身させ、かれらが所有しないものすべてを悪徳として追求する役割をあたえる。

このように社会的・政治的対立が道徳の次元に転換されて表現されるのだが、アルジェリアにおいてはこれにさらにマグリブ特有の「社会階級のマーカーとしての言語」という問題がかさなってくる。すなわち、きわめて卑小化されたイスラム主義のプロパガンダにおいては、フランス語にたいする闘争が一種のジハードの様相を帯びてきたのである。フランス語は欧米がもたらした最悪の卑劣な産物――すなわち啓蒙精神と、そしてとりわけ世俗主義――の媒体そのものとみられていた(24)。たとえばアリー・ベンハーッジュは「アルジェリアからフランスを知的に、そしてイデオロギー的に追放し、その毒にみちた乳を飲んで育った同調者とともにフランスを根絶する」ことに専心すると宣言している(25)。市議会選挙におけるＦＩＳの勝利の後におこなわれたベンハーッジュのこうした発言やそれに類したその他のおおくのものは「ヒーティスト」やアラビア語系の中等教育・高等教育学位取得者の溜飲をさげるものであった。かれらは条件のよい仕事をさがすにあたって、フランス語を話す同年代のひとたちよりも不利な状況におかれていたからである。しかしそれは都市の中産階級を不安にさせずにはいなかった。かれらはＦＬＮにたいする嫌悪感から一九九〇年六月の選挙でＦＩＳを支持したのだが、それでもやはり衛星テレビで中継されるフランスのテレビ局の夜八時のニュースを愛好していたからである。イスラム主義運動家たちは「衛星《パラボリック》」テレビを「悪魔《パラディアボリック》」テレビと呼んで、各家庭にあった衛星テレビ用アンテナを破壊しようとしていたが、最後にはそれをサウディアラビアの放送をながしているアラブサットの衛星の方角にむけるだけで満足した。イランでは世俗化した都市のプチ・ブルジョワたちは大挙してホメイニー支持にまわった。それはホメイニーが、権力を掌握するまでは、社会全体を革命の企図に参加させるという開放的な主張をおこない、攻撃の対象はただ一人の敵、イラン国王に限定していたからである。それとは対照的にアルジェリアではＦＩＳが市議会選挙の勝利で地方自治体の大半をコントロールするとすぐに、貧困都市青年層にたいして演説をする説教師たちはただ「不信仰な」政府を痛烈に批判するだけにとどめず、社会の一部にまで攻撃の対象をひろげ、「フランス化」しているという理由でひとびとの断罪をはじめた。しかし「フランス化」というのは輪郭の曖昧な概念で、こうしたレッテルがはられれば都市中産階級のかなりな部分が「ヒーティスト」の社会的怒りの対象となり、脅威をうける可能性がある。実際、イスラム主義政党勢力拡大の頂点は、選挙における得票という点から言えば、一九九〇年六月の市議会選挙であった。一年後、一九九一年一二月の立法議会選挙第一回投票で、ＦＩＳは一〇〇万票近くの票をうしなうことになる（とはいえそれでも他を圧倒的にひきはなして一位だったが）。これはＦＩＳが社会の一部に不安を感じさせ、ひとびとがその政権奪取に懸念をいだきはじめたからに他ならない。それにたいしてホメイニーは国王が逃亡し、自分がテヘランに帰るまではどの社会グループも怖がらせることはなかった。さらに、アーヤトッラー・ホメイニーは攻撃を君主制に集中させ、それと完全に断絶することを提案したが、これによって国王政権を孤立させることができた。一方、アルジェリアにおいてはＦＩＳ

指導部はFLNのイデオロギーと絶縁することをしなかった。それどころか逆に、FISはみずからをFLNの「真の(26)」後継者と主張し、FLNの理想が「フランスの息子たち」の不吉な影響によって堕落させられ、その本来のながれから逸脱させられたと批判した。FISはその刊行物のなかで自分たちが独立戦争の正統的な後継者であると主張する。歴史を再解釈するかれらの目からすれば、独立戦争とは実はイスラム国家を樹立するためのジハードだったのである。それをフランス語系の共産主義者たちがうらぎり、一九六二年の独立時に不当に権力を簒奪した……(27)。このような歴史観のおかげで、マダニーのように社会政策面ではきわめて保守的な指導者も旧単一政党内部のアラビア語系で宗教を重視する勢力と密接な関係を維持することができたし、またシャドリ大統領にとってもFISの指導部と接触をたもっておくことが可能であった。シャドリ大統領は時がくればFISを連合政権にとりこんでしまうというかんがえをいつまでももっていた。イランの場合にはイスラム主義運動は社会を結集し、政権を孤立させることにより権力掌握に成功したのだが、それとは逆に、FISは一九九〇年の中頃からすでに、（もっとも急進的な分派の圧力で）都市中産階級の一部の支持をうしなってしまっていた。マダニーが代表する指導部はFLNと政治的妥協をおこない、FLNを「矯正」し、その政権の正当性という資本を自分たちのものにしたいというかんがえにとらわれすぎていた。このようにFISは一方で性急に社会を純化したいという欲求をもちながら、他方で政権と明確に関係を断つことができなかった。これがFISの最終的な政治的挫折のおおきな原因となる。

しかし、一九九〇年六月の市議会選挙の勝利の翌年、アルジェリア政府はじょじょに状況をコントロールする力をうしない、イスラム主義政党がとる行動に反応するだけで満足しているという印象をあたえるようになった。FISは自分たちが支配する市町村で行進・集会その他さまざまな活動をおこない、現場をおさえていた。アルジェリアに革命期特有の「二重権力」状態がうまれたようにおもわれた。こうした中で、一九九一年一月、湾岸戦争がおこり、アメリカが主導し、サウディアラビアに支援された多国籍軍がイラクを攻撃する。湾岸戦争勃発はバグダード支持を訴える大規模なデモの口実となり、そしてデモはFISにとって街頭を占拠し、政権を圧倒する好機となった。ある時、こうしたデモの先頭にアフガン服に身をつつんだペシャーワル帰りの「ジハード主義者」が行進し、その締めくくりで、迷彩服を着たアリー・ベンハーッジュが国防省の前で参加者にたいして演説して、サッダーム・フサインの側で戦う志願兵部隊の結成を主張した。この出来事の象徴的意味はふたつある。ひとつは、軍隊の専権領域へのこうした侵犯は軍上層部にとって侮辱であり、軍の一体性にとって危険な信号である。そして、これが軍の幕僚にイスラム主義運動を壊滅させる決心をさせることになるだろう。もうひとつは、イラク問題がFISの内部をはしる断層線を露わにしたということである。マダニーはFISに多大な財政的支援をしてくれた石油君主国に感謝の念をもっていたので、最初は親サウディアラビア的な立場を表明していた。しかしかれはイラクを支持するベンハーッジュを前にして、ひきさがらざるをえなかった。というのもベンハーッジュはサッダーム・フサインに好意的な民衆の熱情をうまくとらえていたからである。これは、貧困都市青年層が党にたいしてみずからの意志と情熱をおしつける力をもつようになってきたという兆候であり、党指導部が都市青年層をあやつりきれているわけではないという印象をいっそうつよめるものであった。「ヒーティスト」の復讐を恐れる中産階級にとって、これはあらたな心配の種であった。

権力とFISのあいだの緊張関係とFIS内部の矛盾は五月末、次の月に予定されていた立法議会選挙の選挙区区割り案が発表されたとき、さらなる段階をむかえる。その案はうまく「区割り」をしてFISの獲得議席を最小限におさえようとするものだった。うらぎられたと感じたマダニーは政府に案を撤回させるため無期限ゼネストを呼びかける。しかしデモはすぐに貧困都市青年層が中心となった治安当局との暴力的な衝突になる。政府はアルジェの一番おおきな広場のひとつをFISに譲りわたさざるをえなくなり、FISはそこで一週間近くも座りこみをつづける。この時、軍参謀部が直接介入し、反乱につながりかねない二重権力状態に終止符をうとうとする。六月三日の夜、戒厳令がしかれ、戦車がデモ参加者を蹴ちらし、軍がスィド・アフマド・ゴザリをあたらしい首相に任命する。ゴザリは議会選挙を一二月に延期することを発表する。ついで軍隊はＦＩＳ権力の地域的基盤解体にとりかかり、前年の選挙でＦＩＳが支配権をにぎった市町村役場から「イスラム地方自治体」という看板をとりはずさせる。ベンハーッジュは蜂起を訴え、マダニーは軍隊が駐屯地にもどらなければジハードを宣告すると脅す。しかし軍隊が展開された今となっては、そうした宣言も手遅れであった。ＦＩＳは六月の間、とるべき方針を決定できず逡巡をくりかえしていた。そのためにＦＩＳを支持していた一般民衆はすっかり面くらっていた。六月三〇日、ＦＩＳは主導権をうしない、軍の幕僚がそれをにぎってしまった。そしてこの後は軍が国を直接統治する。ベンハーッジュとマダニーは蜂起を呼びかけたために逮捕され、その後、事態が進行し、内戦がつづく間ずっと牢獄にとどまることになる。

「蜂起的スト」がこのような展開をした結果、イスラム主義運動内部で分裂が加速され、マダニーとベンハーッジュの役割分担による二頭制の後に、たくさんの小粒のリーダーが主導権をあらそう分裂状態が来る。ブー・ヤアリー・グループの生きのこりやアフガニスタンの元ジハード戦士のまわりにあつまった武装闘争の支持者は地下にもぐりはじめ、選挙は欺瞞にすぎないとしてそれへの参加を拒み、直接行動にうつる準備をする。かれらの最初の派手な行動は血なまぐさい国境監視所襲撃で、一九九一年一一月二八日、「アフガニスタン帰り《アフガン》」がゲマルの国境監視所の新兵たちの頭を切りおとす。一一月二八日という日付はペシャーワルでアブドゥッラー・アッザームが殉教した事件の二周年（四日違いだが）を記念するために選ばれたのである。これはアルジェリア国内でのジハードの開始の合図となる。このジハードを語るための言葉をアフガニスタンにおける経験や事件が提供してくれるだろう。しかしこれはまた独立戦争の方法と伝統の再開という意味ももたされるだろう。ムスタファー・ブー・ヤアリーの武勇伝が独立戦争の物語を現代のイスラム主義的状況によみがえらせたのである。

党は無数にある武装グループをほとんどコントロールできない。また、創設メンバーのなかでもマダニーの「政治屋」的手法を批判する「急進派」が党から離脱していったが、その一方で、党の弱体化につけこんで、組織を乗っ取ろうとする「ジャザリスト」のテクノクラートが党に参加する。一九九一年七月二五日と二六日にバトナでひらかれた総会でマダニー路線の継承を主張する若い技師アブドゥルカーディル・ハシャーニーが党を支配する。かれは「ジャザリスト」を優遇しながら、さまざまな派閥の妥協を成立させる。六月に逮捕された指導者たちは投獄されたままだったし、政治的主導権をふたたびにぎった軍隊がハシャーニーをはじめとする指導者を投獄し、その後、釈放するなど圧力をかけつづけるが、そうした妨害にもかかわらず、ハシャーニーは一二月二六日に第一回投票が予定された立法議会選挙に参加することを決定する。FISは政府と接触のあるふたつの政党、アブドゥッラー・ジャバッラーの《ナフダ党》やマフフーズ・ナフナーフの《ハマース》と国民の支持を競うことになるが、このふたつの政党はFISの本来の支持層の一部から票をうばう。敬虔なブルジョワジーが、国の危機的状況に恐怖をいだきはじめたからである。その一方で、選挙に期待がもてなくなった若い急進派のおおくは投票に行かない。実際、FISは一九九〇年六月の市議会選挙にくらべ一〇〇万票以上（得票のほぼ四分の一）の票をうしなう(28)。しかしそれでも他をおおきくひきはなして一位となり、第一回投票から一一八の議席を獲得し（FLNは一六議席）、四七パーセント以上の得票率をえる。

FISが疑問の余地のない勝利をおさめたために、イスラム主義エリートの一部を連合政権にとりこんで、それをおもいのままにあやつるというシャドリ大統領のもくろみは完全にはずれてしまった。第二次投票の予想ではFISは絶対過半数をゆうに確保できる見通しだった。一九九二年一月一一日、軍隊はシャドリ大統領を「辞職」させ、一三日の立法議会選挙の第二回投票をとりやめ、三月四日にFISを解散させる。そのあいだ、FISの組織はずたずたにされ、何千人という党の運動員や地方議員がサハラのキャンプに収容され、モスクが軍の監視下におかれる。

こうして一九九〇年代の間ずっとつづく内戦が開始される。（これについては本書第二部で論じることにしよう。）しかし大衆イスラム主義政党としての《イスラム救済戦線》の役割はおわった。党は一月のクーデターに反撃を組織することもできず、壊滅状態となる。イスラム主義知識人のはたらきかけで成立した貧困都市青年層と敬虔なブルジョワジーとの連合は、イランの場合と異なり、権力奪取にまで行くことはできなかった。イランではたった一人のカリスマ的人物のおかげで組織は支持者が属するさまざまな社会グループ間の矛盾をのりこえて、社会の全体を自分たちにひきよせ、体制を孤立させて革命へとみちびくことができた。ＦＩＳは解散させられた時、アルジェリア国内で、他をはるかに凌駕する第一の選挙勢力だったのだが、その絶頂期はもうすぎていた。絶頂期は市議会選挙を制した一九九〇年六月だったのである。たしかに市議会選挙の勝利のおかげで、ＦＩＳは党のもともとの支持層での基盤を強化することができたが、しかし同時に「フランスの子供たち」と批判された世俗的中産階級を離反させる結果になった。世俗的中産階級は今後は自分たちが「ヒーティスト」の怒りの対象となり、最初のスケープゴートになるだろうと確信するようになったのである。それにたいしてイランでは、世俗化した階級やさらには共産党でさえ、ホメイニーと同盟をくんだ。そして宗教的イデオロギーの影響に左右されることがほとんどなかった石油産業労働者たちの時限ストが王政にとどめの一撃をさした。一方、アルジェリアでは政権はさまざまな社会グループの支持をかきあつめることに成功する。そうした社会グループはそれぞれは少数派なのだが、そうしたグループが政府を支持し、ＦＩＳに抵抗したことが、最終的には決定的な役割をはたすことになる。政権は軍隊にしっかりとした足場をもちつづけ、軍の幕僚も一枚岩をたもっていた。ＦＩＳの指導者は軍の幹部に生きのびる保証をなにもあたえなかったから、軍はイスラム主義運動が権力をにぎることを恐れていた。だから、ベンハーッジュが一九九一年に上官への反抗を呼びかけたけれど、イランとは違って、軍隊がイスラム主義の陣営に殺到するということはなかった。さらに、政権は「革命的家族」という伝統的な支持基盤を保持しつづけた。（「革命的家族」というのは独立戦争の時の兵士で一九六二年の独立時に植民者の財産を自分のものにしたひとびとである。かれらは自分たちも暴力を行使して豊かになったので、おなじような暴力が今度は自分たちにたいして行使されるのではないかと恐れていた。）王政時代のイランには、その特権が君主制の存続と直接むすびついているために体制維持を決然と支持するこのような社会グループは存在しなかった。最後に、そしてとりわけ、都市の世俗化した中産階級である。かれらは既存体制の受益者ではなかったし、むしろその苛酷さや腐敗や縁故主義に苦しみ、かなり劣悪な生活環境のなかで生きていた。しかしかれらも変化に懸念をもちはじめていた。かれらはその文化的あるいは衣服・食事にかんする習慣のためにイスラム主義運動の標的になるのではないかと恐れるようになったのである。少数派だが国の社会・行政機関で責任あるポストや管理職についていたこうした社会グループは、否応なしにクーデタを支持する他なかった(29)。それにたいして、イランではこのおなじ階層が一斉に国王政権打倒にまわったのである。

イスラム主義にたいする警戒心でむすばれたこうした同盟を前にして、イスラム主義者たちは戦いの終盤で、最初はまさしくその強みであった事情のために弱体化していくことになる。すなわち、アルジェリアの宗教界に十分な力をもったライバルが存在しなかったということである。だから若い急進的な説教師たちはそれを簡単に征服してしまう。エジプトにおいてかれらの仲間はサダト暗殺の時、アズハル学院のウラマーたちと衝突した。イランではシーア派宗教指導者たちがシャリーアティーの革命思想を自分たちの利益になるようにとりこんでいった。こうした国々とは異なりアルジェリアではイスラム主義者たちは一九八八年から一九九二年のあいだ、イスラムにかんする言説を独占し、ＦＩＳのプロパガンダを主導してきた。しかしかれらの若さ、熱狂、はげしさ、政治的未成熟さに世俗的中産階級は恐れをなす。だからイスラム主義者は「ヒーティスト」や敬虔なブルジョワジーにくわえて、世俗的中産階級の支持を獲得できなかったのである。内戦に突入するとイスラム主義を核としてむすばれた同盟関係の弱体化はいっそう進行する。今度は敬虔な名望家たちがＦＩＳをはなれ、そしてプロレタリアート化した若い「ジハード支持者」集団がかれらを標的にするようになるのである。

## スーダンのイスラム主義者の軍事クーデタ

一九八九年は世界のイスラム主義運動の発展にとって転機となった年だが、この年、イスラム主義を基礎とした持続性のある政権が樹立される。しかしそれはアルジェリアにおいてではない。ＦＩＳの当初の成功にもかかわらず、イスラム主義のおおきな勝利を実現したのは意外にも、アルジェリアではなく、ハサン・トゥラービーひきいるスーダンであったが、しかもそれは民衆のエネルギーによってではなく、軍事クーデタによってもたらされたのである。勃興する敬虔なブルジョワジーとむすんだイスラム主義知識人が国家機構、軍隊、金融システムにながい時間をかけて潜入していった結果、イスラム主義による国家支配が実現されたのだ。

スーダンで《ムスリム同胞団》がうまれたのは一九四四年のことで、ハサン・バンナーによってエジプトで組織が創設されてから一五年以上もたってからのことであった(30)。エジプトの《ムスリム同胞団》ははやくから中産階級に支持をのばしたが、スーダンの《同胞団》は一九六〇年代中頃まで高学歴者や知識人に限定された運動でありつづけた。他のブラック・アフリカの国々とおなじように、スーダンではイスラム教社会は教団によって強力にコントロールされていた(31)。《ムスリム同胞団》は社会や国家のイスラム化のために活動していたのだが、そうした《同胞団》の都会的で厳格主義的な宗教観に伝統的な教団は共感できず、教団にコントロールされたスーダン社会に《同胞団》の思想がつけいる隙はほとんどなかった。スーダンの教団には大別してふたつの系統が存在し、それぞれが政党とむすびついている。第一は《アンサール教団》で、これは「マフディー」（つまり一八八一年にイギリス植民地政府にたいしてジハードを宣言した「救世主」）の後継者を自称する団体である(32)。かれらは政界とのパイプとして一九五六年の独立以降、《ウンマ》という名前の政党をもっていた。もうひとつの《ハトミー教団》は伝統的にエジプトとのつながりがよりふかく、政界では《民主統一党》によって代表されている。この両方の教団とも伝統的な政治のしくみを重視する。すなわち運動員が指導者に個人的に忠誠を誓うという形だが、これは弟子がスーフィーの師を崇拝し、師はそのかわりに信者にご利益《バラカ》をあたえ、保護するという関係を再生産したものである。《アンサール教団》は農村地帯に基盤のあるマフディー家によって指揮され、スーダンの農業経済におおきな影響力をもっていた。《ハトミー教団》はミールガニー家の指揮下にあり、市場《スーク》や商業網に非常に影響力があった。一九六〇年代にはまだ少数だった都市の高学歴層への浸透という点では、イスラム主義は共産党との競合を強いられた。アラブ世界でもっとも勢力が強かったスーダン共産党はとりわけ大学で勢力をもち、植民地主義の遺産でながい鉄道網をもったこの国の鉄道員たちのあいだにも支持基盤をもっていた。地域の他の国同様、スーダンにおいてもアラブ・ナショナリズムを主張するひとたちもいた。しかしスーダンは完全なアラブ国家ではなかった[33]。主としてアニミストやキリスト教系住民が住んでいる南部はほとんどアラブ化されておらず、アラブ主義（そして後にはイスラム教）を軸につくられたいかなる国民構想にも反対した。かれらはそれが自分たちを犠牲にする形で実現され、自分たちのブラック・アフリカ系住民としての独自性を消し去ってしまうのではないかと恐れたのである。

　一九八九年の軍事クーデタによってスーダンのイスラム主義者を勝利にみちびくカリスマ指導者が出現するのはこうした制約をともなった状況のなかでであった。ハサン・トゥラービーは一九三二年、ご利益《バラカ》の保持者で、小マフディーの子孫である高位宗教指導者の家系にうまれた。かれはまず伝統的なコーラン教育をうけてから、ハルトゥーム大学で法学を学び、弁護士となって卒業する。かれは更にロンドンの修士課程で勉学をつづけ（一九五七年）、一九六四年、パリで博士号を取得する[34]。同年、ハルトゥームにもどったトゥラービーは法学部長になる。一〇月、一九五八年以来、国を支配してきた軍事独裁制がたおれ、文民政府がそれにとって代わるが、そこでは社会主義的な思想が優勢であった。

　何ヶ国語もあやつるこの知識人は伝統と近代性という二重の正当性を自分がそなえていると主張する。かれはこの二重性を見事に駆使し、西欧的教育を活用し、《ムスリム同胞団》を母胎として三一才のとき、《イスラム憲章戦線》（ＦＣＩ）という独自のイスラム政治運動組織を創設する。トゥラービーはとりわけかれのライバルだったスーダン共産党をまねて党を組織し、また何よりも布教活動に専心した《ムスリム同胞団》の論理とは違った論理を採用する(35)。しかし一九六五年四月の立法議会選挙では、ＦＣＩは七議席しか獲得できない（そのうち二議席は高学歴者のみが選出される選挙区だった。この選挙区ののこりの一一議席は左翼がとった(36)）。一方、同年の学生選挙で、ＦＣＩは四〇パーセントの票を獲得し、四五パーセントをえた左翼に迫った。大学での教宣活動が実ったのだ(37)。議会では七六議席を獲得した《ウンマ党》が主導的地位を占め、八〇パーセント以上が農村部であったこの国において依然として教団出身政治家が支配的であることを示した。首相に任命されたのは《ウンマ党》の党首サーディク・マフディーだった。トゥラービーは後にサーディクの義兄弟になるのだが、この時ＦＣＩは《ウンマ党》と連合をくむ。この連合で《同胞団》のメンバーたちは憲法起草委員会に参加する資格をえる。この委員会はイスラムが国教であり、シャリーアは主要な法源であるという憲法案を提案する。こうして一九六五年の選挙をきっかけとしてトゥラービーの少数派知識人政党はマフディー運動の伝統に刻印された支配的教団と一体化し、マフディー運動を復活させ、一九世紀のマフディー国家のように現代スーダンにふたたびシャリーアを適用することを要求する。こうした戦術によって、トゥラービーは政治権力の中枢に自分の影響下にある人間をおくりこむことに成功したのである。しかし、シャリーアがスーダン的アイデンティティの中核におかれたために、非イスラムである国民の三〇パーセントの人間（主として南部在住）が中央政府から離反する結果になる。こうして国は極度の緊張状態におちいり、南部で内戦がおこり、そしてついに一九六九年六月、クーデタがおこり、共産党の支持、ナセル・エジプトと《ハトミー教団》の支援でヌマイリー将軍が権力をにぎる。ＦＣＩは解散させられ、トゥラービーは七年間、拘禁生活をおくることになる。

スーダンのイスラム主義者は一般民衆に影響力をもつことができなかった。おおきなふたつの教団とそれを代表する政党が民衆の支持を独占していたからである。だからイスラム主義者たちは学生、将来の知識人、敬虔な近代的中産階級の卵を支持者にするため、忍耐づよい努力をつづける。牢獄でトゥラービーは『イスラムにおける女性の地位』というパンフレットを書き、ヴェール着用は義務であると強調しながらも、女性が公的生活に参加することを奨励する。このためにトゥラービーは伝統主義的なひとびとからは反感を買う。しかし、これによっておおくの女子学生がかれの運動の支持者となる。それまで女子学生の解放への希求を考慮にいれた世界観を提供できたのは世俗主義や共産主義の左翼政党だけだったのである。ちょうどその頃、ヌマイリーの政権奪取を支援した共産党が独裁者の不興をこうむり、組織が解体され、二度と立ちあがれないほどのおおきなダメージをうける。その結果、それまで共産党が優勢だった知識人エリートの世界にイスラム主義が支持をひろげることがより容易になる。一九七七年、経済政策の失敗や南部への軍隊の攻勢が停滞し、政権への支持が低下して、政権維持が危うくなると、ヌマイリーは「国民的和解」を宣言し、投獄されていた反対派を釈放し、国外追放者に帰国を許す。トゥラービーとその信奉者たちは「国民的和解」に重要な役割をはたす。かれらのおおくは欧米で知的な教育をうけた人たちであったから、高級官僚として政権にはいりこみ、国家機関を運営するためにかかせない存在となっていく。スーダン・イスラム主義運動のこのような「プラグマティズム」はトゥラービーによって「必要の法学《フィクフ・アル＝ダルーラ》」という名前で理論化された。つまり、トゥラービーはメンバーに手の届くところにあるならいかなる重要ポストにも就任するよう勧告したのだが、これはかれの組織のメンバーがエリートに限定されていたためだった。エジプトの《ムスリム同胞団》やアルジェリア・パレスチナ・イランのイスラム主義者たちが最初は一般民衆を布教の対象としたのにたいして、トゥラービーとその仲間たちは「上から」の社会のイスラム化の信奉者で、この点ではマウドゥーディーやパキスタンの《ジャマーアテ・イスラーミー》、マレーシアのアヌワール・イブラヒムや《マレーシア・イスラム青年隊》により近い。つまり「開明的な」エリートによる国家機関掌握によってイスラム国家樹立が実現できるとかんがえるのである。

この目的を実現するためにかれらはスーダンとサウディアラビアの仲介役を買ってでる。一九七三年一〇月の戦争（第四次中東戦争）後、経済力絶頂期にあったサウディアラビアは、紅海の沿岸国で移民労働者の大供給国でもある(38)この隣国との関係を密接にすることを望んでいた。サウディアラビアにとってスーダンから共産主義の影響力を排除することは重要な意味をもっていた。スーダン政府の方でも、アフリカのすべての貧しいイスラム国家がそうであるように、湾岸アラブ諸国の資本を自国にとりこみたいとのぞんでいた。

一九七七年、ヌマイリー大統領はスーダンでのファイサル・イスラム銀行開設を許可する。折しもヌマイリーは「国民的和解」政策を推進して政権の孤立を打開しようとしていたが、和解の対象には《ムスリム同胞団》もはいっていた。権力にとって、イスラム銀行開設はサウディアラビアの資本をひきいれる好機で、実際、サウディアラビアは銀行の発足時、資本金の六〇パーセントを負担していた(39)。しかし銀行の経営陣は《同胞団》メンバーによって構成されていた。経営に参加した《同胞団》メンバーのなかにはヌマイリーが一九七〇年初頭にイスラム主義者を国外追放したとき、サウディアラビアに亡命してファイサル国王にむかえいれられたひとびともいた。また、この銀行の経営陣のひとりが一九八九年以降、トゥラービー体制の首脳陣にくわわることになるだろう(40)。このすぐ後に設立されたバラカ銀行同様、イスラム銀行は学位をもった若い活動家におおくの職を提供し、かれらがこのネットワークをとおして社会的地位向上を実現するための手段になったばかりではなく、国外のスーダン人や市場《スーク》の商人たちの資金をあつめることにも貢献した。エジプトやアルジェリアの《同胞団》と異なり、民衆的基盤をもたず、支持者のほとんどが高学歴の若いエリートだったスーダンのイスラム主義運動にとってこうした銀行は頼りにできる地盤のひとつとかんがえられた。そこではトゥラービーの側近が大部分のポストを独占し、学生組織で活動した大卒者に職と富を提供した。これはマレーシアのイスラム銀行システムでみられたのとおなじような現象である(41)。この銀行システムの存在が敬虔な小市民層形成に重要な役割をはたすのである。そしてこの敬虔な小市民層は、時期が到来したとき、イスラム主義知識人や軍隊の将校とむすんでクーデタにより一九八九年に政権を奪取することになる。もう一度、確認しておこう、スーダンでおこるのはクーデタであり、革命ではない。というのも貧困都市青年層はうごかなかったからである。

またこれらイスラム銀行はイスラム主義運動に関係した投資家や企業家に非常に有利な条件で貸しつけをおこなう。こうして、政治的なコネやイデオロギーのおかげで経済的成功をおさめる敬虔なブルジョワジーの出現がうながされる。最後に、イスラム銀行は潜在的な預金者開拓に成功する。特に現地の商人たちは外国に顔がむいた通常の銀行とはなかなか取引ができないので、すすんでイスラム銀行の商売上の顧客となるのだが、それと同時にイスラム主義運動の政治的支持者ともなっていく。こうした動きは非常にさかんになり、ファイサル銀行は一九八〇年代中頃には預金総額でスーダン第二位の銀行となっていた。イスラム銀行の成功をみるとスーダンのイスラム主義者にたいしてサウディアラビアがどれだけ経済的支援をしてきたかがわかるが、この銀行の営業活動をとおしてトゥラービーの運動はこれまでの大学や知識人などの限定された階層をこえて支持をひろげることに成功する。勃興しつつある敬虔で高学歴のブルジョワジーは非宗教政党（共産主義、ナショナリズムなど）にも伝統的教団にも魅力を感じることがなかったが、かれらがトゥラービーの組織を自分たちの代弁者とかんがえるようになったのである。サウディアラビアとスーダンの関係はアフリカ・イスラム・センターの活動をとおしてもあらわれる。このセンターは湾岸諸国から潤沢に資金を提供され、一九七九年からはイスラム主義活動家に運営されていた。仏語圏・英語圏のアフリカ諸国から説教師や若いエリートがセンターにやって来て教育をうけ、サラフィー主義的なイスラム観を吹きこまれる。センターはキリスト教伝道師と対抗し、教団に打ち勝つために能力をもった人間を養成することをめざしていたのである(42)。

ヌマイリー政権の最後の八年のあいだ、トゥラービー側近の影響力は増大していく。独裁者自身の地位を脅かさないかぎり、かれらは国家の諸機関に自由に影響力を拡大していくことができた。民衆は政権の腐敗と非効率にうんざりしていた。だから、ヌマイリーはイスラム主義者たちが主張した法律のイスラム化によって民衆をよりきびしくコントロールし、社会的葛藤を宗教問題にすりかえようとした。こうした中で、一九八三年九月、政令によってシャリーアが法律として適用されることになる。窃盗犯の手が切断され、姦通罪のカップルに石打の刑が課され、アルコールが追放され、銀行システムのイスラム化が推進される。一九八五年一月、イスラムの教義のいくつかの点を再考しようとした知識人マフムード・ムハンマド・ターハーが公開で絞首刑になる(43)。三月、ヌマイリーはトゥラービーとその側近が影響力を拡大したことに懸念をいだき、かれらを「悪魔の《同胞団》」と呼んで、短期間、投獄するが、その翌月、かれの政権が崩壊する。

ヌマイリーの転落から一九八九年六月のクーデタまでの四年間、民主主義の時代がつづくが、この間、スーダン・イスラム主義運動はその立場を強化し、一九八五年、《国民イスラム戦線》（ＦＮＩ）を創設する。これは一九八六年四月の議会選挙で五一の議席（総議席数二六四）を獲得する。そのうち「高学歴者用」議席が二一だったが、「高学歴者用」議席の総数は二八だったから、一九六五年の選挙にくらべ、トゥラービーの党が高学歴中産階級の選挙民のあいだに圧倒的な支持を獲得していることがわかる。とはいえ、社会全体での支持率は、アルジェリアのイスラム主義者とは異なり、党が一般大衆にまで支持をひろげるにはいたっていないことを示している。しかしこの四年間に党は軍上層部に浸透する努力をおこなっていた（アルジェリアのイスラム主義者はこの点は成功しなかった）。ＦＮＩは軍隊が国の南部のアニミストやキリスト教徒にたいしておこなっている戦争にジハードの色彩をくわえ、それにイデオロギー的正当性をあたえた。しかしこの戦争は失敗におわり、その結果、政府は南部の反乱勢力と交渉しなければならなくなった。そして一九八九年六月三〇日、国民和解実現の第一歩として、イスラム法の適用の一時停止をおこなう(44)。

しかし同日、イスラム主義士官に支持されたウマル・バシール将軍のクーデタがおこり、この計画は中止になる(45)。トゥラービーも他の政治指導者同様、しばらくのあいだ、自宅軟禁されていたが、これは目くらましで、実はトゥラービーが新政権の「黒幕」であることがクーデタの進行のなかであきらかになる。パキスタンで一九七七年にズィヤーウル・ハック将軍がアリー・ブットーを倒し、マウドゥーディーの思想に影響されて「イスラム国家」を宣言した。それとおなじようにスーダンでもイスラム主義知識人やそれに影響された敬虔なブルジョワジーが、民衆の支持や動員なしに権力を掌握することに成功したのである。パキスタンの場合も、スーダンの場合も、軍上層部の一部がイスラム主義イデオロギーを採用し、貧困都市青年層に依拠することなしにイスラム主義運動を勝利させる。貧困都市青年層の社会的要求は常に既存秩序にとって制御不能な混乱を生じさせる可能性をふくんでいるのである。どちらの国においても、イスラム主義イデオロギーは軍の参謀部に容易に接近することができたのだが、それはパキスタンの《ジャマーアテ・イスラーミー》もスーダンのＦＮＩも軍隊がさしたる成果もなくおこなっていた戦争に十分な宗教的正当性をあたえていたからである。パキスタンの場合、それは一九七一年のバングラデシュ分離派にたいする戦争だったわけだし、スーダンの場合は南部アニミスト・キリスト教徒にたいする戦争だった。最後に、イスラム軍事独裁政権が樹立されると、最初の数年間は世俗化された中産階級にたいする苛酷な弾圧政策がおこなわれる。パキスタンの場合、一九七九年のアリー・ブットーの絞首刑執行がその象徴的事件である。スーダンにおいては、伝統的に政治風土は温和で、指導層エリート間で結婚や部族間同盟などがおこなわれ、一時的に権力の座から遠ざけられたものも身の危険を感じることはなかったのだが、一九八九年の政権はスーダンでこれまでなかったような暴力的な対応をはじめる。まず士官群にたいして粛清や死刑執行がおこなわれ、文民官僚・軍事官僚はイスラム的な世界観を学ぶため「再教育」される。逮捕され、ゴースト・ハウス（治安機関が使用する亡霊別荘）に連行されたひとびとにたいする拷問は日常茶飯事となる。国際機関はこれを非難するが(46)、トゥラービーはその深刻さを過小視し、それは「スーダン人の感受性があまりにも強すぎるためである(47)」と述べる。独立系の団体、政党、新聞は禁止され、責任者たちは拘禁される。

最初の数年間、「革命的」暴力を実践したＦＮＩはイスラム知識人や敬虔な中産階級出身の配下をいたる所に配置して、国家機関を完全に支配する。その目的は教団とむすびついた大政党出身の伝統的支配グループの権力を破壊し、それをあたらしい「近代的」エリートにおきかえることだった(48)。同時に、非イスラムの知識人や中産階級メンバーはさらにいっそう苛酷に迫害され、そうした階層が対抗勢力にならないよう、きわめて多数の人間が国外追放になった。最後に、FNIは民衆的基盤が脆弱だったので、それを補うためにアフリカ西部から来た民族集団フェッラータを優遇した(49)。かれらはもともと外来者であったために社会から排除されていたのだが、イスラム主義運動に恩恵をこうむり、権力構造の変化があると地位をうしなうかも知れないことを恐れていたので、運動の忠実な支持者となり、さらには汚い仕事もひきうける存在となった。

こうした政策によりトゥラービーとその仲間は国家機関を征服し、一〇年の間そこに居座ることに成功した。そのためこのカリスマ的指導者はアラブ世界の他のイスラム主義運動組織の大部分から賞賛をうけた。とりわけチュニジアの《イスラム志向運動》（MTI）やパレスチナの《ハマース》はスーダンを模範とした(50)。また地域のナショナリストやさらには左翼運動家も、ハルトゥームで仲間がうけている弾圧よりもトゥラービーの演説の反帝国主義的要素を重視して、かれに共感をよせた。おなじようにクーデタで成立したパキスタンのズィヤーウル・ハック将軍の政権が、アフガニスタンにおけるソ連軍との戦いでアメリカから莫大な支援をうけたのとは反対に、スーダン政権はアメリカの怒りをこうむり、さらにはそれを煽るような行動をとる。南部におけるいつおわるとも知れぬ戦闘の過程で軍隊や民兵が数々の残虐行為をおこなっていたから、プロテスタント、カトリックを問わず数おおくのキリスト教団体が政権の敵にまわり、ワシントンやヨーロッパのさまざまな首都にはたらきかけていた。また「イスラムとキリスト教の対話」をめざすさまざまなフォーラムがあり、そうしたフォーラムのおかげで、他の国々のイスラム主義運動は欧米政府関係者とコンタクトをもつことができたのだが、残虐行為のせいでスーダンの指導者はそれに参加することもできない。そうした意味で、FNIはクーデタによって成立し、そのおおくが英米で教育をうけたエリートによって指導されていたにもかかわらず、スーダンとおなじくテロ支援国家の烙印をうけていたホメイニーのイランにたいする態度をおもわせるような敵対的な態度をアメリカからうけていた。しかしイランにおいて、政権はアメリカの敵対的な態度とそれに関連する一連の制裁を正当性の源泉とすることに成功したように、スーダンもそれを利用して過去一〇年間の経済的破局(51)の責任をアメリカに転嫁し、神聖同盟を呼びかけた。また、トゥラービーは一九九〇〜九一年の湾岸戦争でサッダーム・フサインを支持する。そのためにかれは一時的にサウディアラビアの支持をうしなったのだが、イスラム主義運動をこえた国際的な支援をあつめ、地球の最貧国のひとつであるにもかかわらず、スーダンを帝国主義への抵抗のシンボルとすることに成功する。一九九一年四月、ハルトゥームで《アラブ・イスラム民衆会議》がひらかれ、アラブ中東諸国やマグリブ諸国、イラン、アフガニスタン、パキスタンから来た国際イスラム主義運動の名士たちの他、ヤセル・アラファトやエジプトのナセル主義者たちがあつまる。参加者はイラクへの連帯をくりかえし表明し、サウディアラビアの影響下にある《イスラム諸国会議機構》に代わって、自分たちがその本来の役目をはたすのだと主張する。しかしこの会議が《イスラム諸国会議機構》のような財政的基盤をまったくもっていないことは言うまでもない。これについで一九九三年一二月に第二回会議が、更に一九九五年三月〜四月に第三回会議がおなじような目的で開催される(52)。こうした会議でトゥラービーは見事に世界のメディアを手玉にとり(53)、それを通じて国際舞台で発言し、自国での自分の影響力を更に強化する。こうして政権はクーデタによって成立したこと、民衆的基盤がきわめてよわいことをうまく隠蔽し、世界中のムスリム大衆や進歩主義者を代弁する革命的政権であるというイメージをあたえることに成功する。かれがこうしたポーズをとることができたのは、一九八九年以来、かれがスンナ派のイスラム世界で唯一、国家を支配することに成功したイスラム主義者であるという事実のためばかりではない。ハルトゥームのクーデタは六月の末におこったのだが、そのおなじ六月、ホメイニーが死んでいる。トゥラービーはこのホメイニーの死で生じた空白をうまく利用したのだ。

# 第八章　イスラムの地としてのヨーロッパ——ヴェールとファトワー

一九八九年六月三日、ホメイニーが死去する。世界のイスラム教徒に『悪魔の詩』の作者を殺害するよう呼びかけて三ヶ月すこしたった頃だった。ひとびとを唖然とさせたこのファトワーはホメイニーの政治的遺書とも言うべきものであり、また一九七九年のテヘランでの権力掌握にはじまる一〇年間、イスラム主義運動が経験した上昇局面がこの一九八九年におわりをむかえたことを示す事件でもあった。ホメイニーのファトワーはふたつの象徴的な領域の交点に位置づけられる。テヘランは一九八〇年から一九八八年までつづいたながい戦争に終止符をうち、サッダーム・フサインを放逐する希望をやむなく放棄した。一方、サウディアラビアは、イランのゆさぶりにもかかわらず、イスラム信仰のあり方にかんしてヘゲモニーをたもちつづけていた。こうした状況のなかで、ファトワーは第一に、信仰という領域で主導権をとりもどす試みであった。ラシュディーの小説はムスリムの名誉と宗教と文化を侵害したと判断され、ホメイニーはこの小説によって侮辱をうけた世界のイスラム教徒たち全員の代表という役まわりをひきうけようとするのだ。それに比して、リヤードもその息のかかった組織もこの本の出版を妨げることすらできない……。第二の象徴的な意味、それは一九八九年二月一四日に発せられたこのファトワーがイスラム主義の異議申し立ての対象となる境界線をおおきく移動させたということである。すなわち、イスラム世界の境界線は、一九八〇年代には南西アジアに位置していた。それが伝統的に信者共同体の歴史的境界とされる場所の外にうつり、サルマン・ラシュディーが生活し、その国籍も有している西ヨーロッパの内部に移動したのである。ホメイニーのファトワーは突然「イスラムの家《ダール・アル＝イスラーム》」という観念を地球全体に投影する。他の地に移住していてももともとがイスラム教徒であればすべての人間が「イスラムの家《ダール・アル＝イスラーム》」にくみこまれてしまう。世界のイスラム的「意味の空間」を支配するために複数の力が対立し戦っていたのだが、いまやヨーロッパのイスラム教徒は、まずその戦いの人質になったのであり、ついでやがては自身がその戦闘員になるだろう。ヨーロッパは一九九〇年代のあいだ、あらたな戦場となるのである。

一九八九年二月一五日はサウディアラビアとアメリカの支援によるアフガニスタンのジハードが勝利した日として注目される日となるはずだった。その日、ゴルバチョフの決断で決まった撤退をソ連軍が完了させた。ペシャーワルに基地をもち、サウディアラビアとパキスタンの影響下にある複数のムジャーヒディーン政党による連合政権がすぐにでもカブールに成立するだろうと誰もが予想した。実際には、アフガニスタンの首都がムジャーヒディーンの手に落ちるのはそれから三年以上も先のことになるが、しかしひとびとは、これによってサウディアラビアは世界のイスラムの長としてのみずからの立場をいっそう強固にすることになると確信した。アフガニスタンにもシーア派政党はあったのだが、戦争に勝った連合勢力にくわわっていなかったからなおさらであった。ところが、ソ連軍撤退完了のニュースは各メディアの編集室でほとんど注目されずにおわった。すべてのメディアが報道したのは前日ホメイニーが出したファトワーだった。これによってイランはふたたび、イスラムの政治的表現とそのコントロールをめぐるすべての問題の中心の位置を占めることになる。ファトワーは『悪魔の詩』の作者と出版者に「死刑を宣告」し、「すべての熱意あるイスラム教徒にかれらがどこにいようと即刻処刑」するよう呼びかけていた。この短いテクストと同時にパキスタンのイスラマバードにあるアメリカ文化センター襲撃事件の写真も報道された。これは二月一二日におこった事件で、死者五人、負傷者数十名をだし、負傷者のなかには《デーオバンド》系の《イスラム・ウラマー協会》のリーダー、モウラーナー・ファズル・ラフマーンもいた。アメリカがアフガニスタンのジハードにたいして支援をおこなったのだが、それはサルマン・ラシュディーの小説に怒り狂った民衆によってアメリカの政府機関のひとつが襲撃されるのを防ぐ役にはたたなかったのである。（しかもラシュディーはアメリカとはなんの関係もなかった。）またファトワー特集を組んだテレビ番組には一月前、ヨークシャーのブラッドフォードで撮影された光景もながされた。パキスタン出身の住民を数おおく抱えるこの町の《モスク協議会》の発案で小説の焚書が広場でおこなわれているシーンだった。

フィクションの作品にたいしてこんな風に暴力が荒れ狂ったのをみて、欧米諸国は唖然とし、反感を感じた。それはかつてのスペインの異端審問の狂信主義やナチスの焚書を想起させたからである。一方、ブラッドフォードのイスラム活動家たちは、預言者ムハンマドの妻たちと特定できる人物を娼婦としてえがいたこの小説はイスラムの名誉を汚し、その信仰を愚弄するものであると主張した。ラシュディーが書きたかったのは単なる虚構であり、二〇世紀最後の四半世紀にヨーロッパにイスラム教徒が大挙して移住し、定住したことから生じた世界観や道徳規準の混乱がそのテーマであった、などということはかれらにはどうでもよいことであった。ラシュディーの罪状は、かれがイスラム圏出身者であったことでいっそう重大なものになった。かれの敵対者からみればラシュディーは単なる冒涜者であるだけではなく、背教者であり、したがってシャリーアによれば、もし改悛しなければ死刑に処せられるべき犯罪人だったのである。

ラシュディー事件の最初の数ヶ月、つまり一九八八年九月の小説の出版から一九八九年一月一四日のブラッドフォードでの焚書にいたる期間はマウドゥーディーの弟子たちが主導的だった。かれらはインドやパキスタンで抗議運動をしたり、イギリスでの出先機関《連合王国イスラム伝道団》を通じて活動していた(1)。かれらはサウディアラビアのネットワークをうごかし、ロンドン政府に圧力をかけて小説の出版を禁止させようとしたが、やがてそれは効果がないことが判明する。第二期、すなわち焚書とファトワーのあいだの期間、《デーオバンド》系や《バレールヴィー》系の協会が前面にでる。大衆運動に警戒心をもっていたリヤードは外交ルートを利用して対応しようとしていたが、リヤードのそうした論理とは反対に、かれらは一般民衆にはたらきかけ、小説とその作者に抗議する街頭活動をもりあげようとしていた。最後の第三の局面は二月一四日にホメイニーがあたえた衝撃とともにはじまるのだが、この時期には民衆動員と外交交渉とテロの脅迫がないまぜになっている。このように各段階でそれぞれ異なったイスラム主義勢力が反ラシュディー・キャンペーンを主導し、他の勢力を排除しようとしていたのである。ところで、一九八〇年代には、一方でワッハーブ派、パキスタンの《ジャマーアテ・イスラーミー》そして《ムスリム同胞団》、他方にイランがいて、たがいに勢力を競っていたのだが、このふたつのライバルに第三の競争相手、つまりインドとパキスタンのウラマー、とりわけ《デーオバンド》・グループがくわわる。この第三の勢力のイスラム社会国際状況への影響力は一九九〇年代には増大しつづける。例のターリバーンはこのグループから出てくるのである。

一九八八年一〇月三日、『悪魔の詩』が出版されて一週間ほどたった頃、マウドゥーディーの精神的後継者たちによって運営されていたレスターの《イスラミック・ファンデーション》がイギリス全国のモスクやイスラム系協会に通達をおくり、小説の抜粋を引用して、その発禁、販売停止さらに著者の公開の場での謝罪を要求する請願キャンペーンに参加するよう要請する。《イスラミック・ファンデーション》のメンバー自身、インドのマドラスにある《ジャマーアテ・イスラーミー》の「同胞」によってこの運動をおこなうよう勧められた。インドのイスラム系政治家がラシュディーがうまれた国(インド)に小説がもちこまれるのを禁止するために活動しているが、マドラスの《ジャマーアテ・イスラーミー》はその活動を支持している。当時のインド首相ラジーヴ・ガンディーはむずかしい選挙戦中で、イスラム票を必要としていたために(一〇億人のインド国民のほぼ一五パーセント)、一〇月五日、イスラム系政治家の要請をうけいれる。それにたいしてラシュディーははげしい抗議をおこなう。次の週、急ごしらえでつくられた《イスラム行動委員会》のメンバーがロンドン駐在のサウディアラビア外交官宅にあつまり、冒涜を禁止したイギリスの法律（それは英国国教会にかんしてのみ適用されるのだが）が他の宗教にも適用される可能性があり、そうすれば小説の発禁は可能になると示唆して、キャンペーンをいっそう強化する。しかしイギリスで表現の自由が法によって保証されているためにこうした請願も効果はなかった。それにたいして、イスラム諸国の大部分は国内に本がもちこまれることを禁止した。《イスラム諸国会議機構》もサウディアラビアが中心になって一一月五日の集会で小説にたいして非難決議をだしていた。しかし反対運動の第一期はさほど強力に展開されたわけではなかった。イギリスにいたマウドゥーディーの弟子たちは非常によく組織された知識人たちであったが、大部分が労働者で失業に苦しんでいたイスラム系住民のあいだにほとんど基盤をもっていなかった。そうした階層では《デーオバンド》や《バレールヴィー》が優勢であった。マウドゥーディーの弟子たちは反ラシュディー・キャンペーンでイスラムの名誉をまもるために活動して、影響力を拡大させ、現在の自分たちには欠けている道徳的・政治的支配権を確立しようとしていた。実際、このキャンペーンでかれらはパキスタン系移民出身の貧困都市青年層に支持基盤をひろげることに成功する。英語を話せず、文盲であったかれらの親の世代とは異なり、若い世代はイギリスの学校に通い、英語で出版されたこの本がどんな意味をもちうるかについて関心をもつことができたからである。しかしマウドゥーディー派は同時に、自分たちがこれまで大切に育ててきたイギリスの諸機関とのさまざまなコンタクトを断ち切りたくはなかったし、またイギリスの側でもかれらをイスラムとの重要な接点とかんがえていた。したがってかれらは、暴力的な行動よりも、外交的圧力を行使することの方を好んだ。それにサウディアラビアの財政的な重みがくわわれば、いっそう効果的になるだろうとかれらは期待したのである。実際、八〇年代の初め、リヤードはＢＢＣ製作の『ある皇女の死』というテレビ映画の放映を妨害してスキャンダルをおこしている。それはサウディアラビアの王家でどんな風にして姦通事件が処理されたかをえがいたものだった。しかし『悪魔の詩』はサウディアラビアの外交装置を活動させたり、ロンドンに通商上の制裁措置を発動させるると脅す必要があるほど重要な問題とはかんがえられなかった。一九八八年一二月末、イギリスの検事総長は、小説は訴追の対象とならないと宣言した。

このように抗議キャンペーンの第一局面が失敗におわったために《デーオバンド》や《バレールヴィー》系イスラム協会の民衆を動員したデモが開始される。メンバーたちは英語で書かれた小説に特別の関心をもっていたわけではなかった。そうしたものはかれらが通常、意識する世界の外にあった。またかれらには地政学的考慮など無縁であった。かれらはまず、イスラムにたいする侮辱とかんがえたものにたいして反応したのである。かれらにとってイスラムとは、宗教学校で教えられた厳格主義的で単純な意味でとらえられた教義であり、日常生活の行動規範であった。協会のリーダーにとって、信者が教義の不可侵性・不変性を全面的に信じることが自分たちの権威の源泉であったから、特に欧米の影響をうけやすい若い世代のひとびとの精神に疑問をふきこむようなテクストは危険なものだった。イギリスにおいてそれはなおさらだった。宗教指導者《モッラー》はイスラム社会とイギリスの行政当局とのあいだの仲介者という役割をはたしていたが、その権力は信者とまわりの社会をわかち、直接の交流を妨げる精神的・言語的・文化的垣根の高さとむすびついていた。『悪魔の詩』の「冒涜」は、反撃しておかなければ、インド・パキスタンの青年たちに、小説の主人公とおなじように、伝統的思考図式や《デーオバンド》や《バレールヴィー》の宗教指導者への従順・従属の規則をうちこわすようにしむける危険があった。反ラシュディー・キャンペーンはかれらにとって既得権益擁護という意味ももっていた。だからかれらはあれほどのはげしさでメンバーを動員して、ブラッドフォードで小説を焚書し、イスラマバードのアメリカ文化センターを焼きうちしようとしたのである。しかし庶民層を大量にあつめたデモがどれだけ（象徴的レベルであれ、あるいは現実のそれであれ）暴力的であろうと、それは直接、政治の次元に反映されることはなかったし、また権力者によってかれらの要求がとりあげられることもなかった。この点が、マウドゥーディー派のキャンペーンと対照的だった所である。マウドゥーディー派の主張はすぐにサウディアラビア関係機関の上層部でとりあげられたが、その一方で街頭でかれらを代弁する勢力は存在しなかったのである。

イスラマバードの事件直後にファトワーを発することによって、ホメイニーはこうした民衆の自発的行動を自分の側にとりこみ、欠けていた政治的ひろがりをそれにあたえる。そしてそれはすぐに世界的な反響を呼ぶことになる。それまで、時にラシュディーの死を要求するようなスローガンがあったにしても、キャンペーンは小説自体にたいしてむけられていた。しかしこの後は、英国市民で、しかもイランといかなる関係もない作者の処刑を訴えたために、反対運動は性格を変えてしまう。本の出版を止められなかったサウディアラビアのネットワークは不意をつかれ、リヤードの臆病さに比してテヘランの最高指導者は侮辱されたイスラムの疑問の余地なき代弁者となる。二月一五日のソ連軍撤退はいわばアフガニスタンのジハードの勝利を公式に認定した出来事で、サウディアラビアはこのジハードの成功から象徴的な次元で利益をえることを当てこんでいた。しかしそれも無に帰してしまう。最後に、ホメイニーのファトワーはイスラム世界の伝統的境界線を無視したという点で重要な意味をもつ。実際、法学説ではファトワーは「イスラムの家《ダール・アル＝イスラーム》」の外では有効性をもたない。「イスラムの家《ダール・アル＝イスラーム》」とはイスラム系の君主によって統治された世界のことを言い、原則的にシャリーアが適用されるのはそこにおいてだけである。しかしこのファトワーという派手な一撃でホメイニーは世界全体を自分の法の管轄地域としてしまう。かれはイランの領土をこえて、シーア派にもスンナ派にも象徴的に自分の権威をおしつけるばかりか、ヨーロッパに移住した住民も自分の権威の下にいると判断し、かれらを一挙に「イスラム圏」のなかに統合してしまう。この二重の大混乱はイスラム世界内部の力関係にも、またイスラム世界と欧米の相互の認識の仕方にも重大な影響をもつ。

イスラム的な「意味の空間」のなかでホメイニーは状況をたてなおすことに成功する。国内的には、イラクにたいする栄光なき戦争がおわった後、国会議長ハーシェミー・ラフサンジャーニーひきいる「現実主義路線」

派は欧米との関係を修復する方法を模索していたが、それに対抗してホメイニーは政治的な語彙をふたたび過激化する。国内では敬虔なブルジョワジーや宗教指導者にむすびついた市場《バザール》が大いに豊かになる一方、大衆はますます貧困化していた。ホメイニーはこうした事態に失望し、運動への参加意欲をなくしていた「被抑圧者」を熱狂させ、常軌を逸した道徳的・宗教的戦いをかれらに提供して、社会への不満からかれらの目を逸らさせる。一方、国外との関係では、かれはサウディアラビアとその同盟者を困惑させ、分裂させ、そしてその立場を弱体化させる。そのプロセスは翌年の湾岸戦争勃発とともに完成する。アフガニスタンのジハードに参加し、リヤードが自分たちの味方につけ、イラン版の反米主義的過激主義から遠ざけたとかんがえていた活動家たちの一部（たとえば一九九三年のニューヨークの世界貿易センタービルへのテロで有名になったエジプトのウマル・アブドゥッラフマーン師など）がホメイニーへの支持をあきらかにするようになる。三月一六日の《イスラム諸国会議機構》の外相会議の結果、サウディアラビアと「穏健派」諸国は『悪魔の詩』の作者が背教者であると宣言するコミュニケに同意せざるをえなくなる。これはラシュディーの「冒瀆行為」をイスラム法のカテゴリーによって断罪したわけだから、ホメイニーのファトワーに教義上の正当性をあたえたのとほとんどおなじことになる(2)。ただイギリスで生活するイギリス国民に明確に死刑を宣告するという挑発的な行為は避けたのではあるが。死の直前の最後の派手な政治的行為によって、ホメイニーは敵を罠にかけることに成功したのだ。当時のイラン大統領で後にホメイニーの後継者となるハーメネイーが述べているように、「ホメイニーはイスラム共同体とイスラム教徒の最高指導者である。かれはイラン国民の最高指導者であるばかりでなく、世界中のすべてのイスラム教徒が心によってかれとむすばれている。イスラム信者共同体《ウンマ》の最高指導者として、かれは信者全体の権利を擁護しなければならない(3)。」

この最高指導者があたらしく自己の権威を認めさせようとしている「信者共同体」とは西欧に移住した移民たちであった。ムスリム民衆の人口移動は場合によれば二〇世紀の初頭にまで遡るのだが、動機は仕事探しである(4)。

ヨーロッパの産業はコストのひくい単純労働者をもとめていたし、移民は現金収入をえて、それを出身国にもって帰りたいとおもっていた。この人口移動には「イスラム」特有のものはなにもなかったし、信仰や布教ともかかわりはなかった。おなじようなことは南ヨーロッパのキリスト教住民にもおこっていて、かれらも北の国々に仕事をもとめて移住していた。第二次大戦後、イスラム諸国の大部分が独立したとき、この動きは拡大する。それはヨーロッパが戦後復興とマーシャル・プランで労働力を大量に必要としていたためでもあるし、また第三世界で人口増加がおこったためでもある。一九七〇年代の中ごろまで、当時「移民労働者」と呼ばれていたひとびとはそのほとんどが男性で、職をもっていた。うけいれ国でも失業率は非常にひくかった。またそうしたひとびとが定住するプロセスもまだはじまってはいなかった。関係者（とヨーロッパ諸国の政府当局）はかれらが単なる「出稼ぎ労働者」（つまり「移民」ではなく）で、当初の目的をはたせば故国に帰り、その代わりにまたあたらしい出稼ぎ労働者がやって来て、「ピストン運動」のように一定のリズムで人の交換がおこなわれるとかんがえていた。フランスとイギリスはとりわけ旧植民地帝国の出身者をうけいれていた。フランスの場合はマグリブや西アフリカだったわけだし、イギリスの場合はインド亜大陸だった。一方、ドイツではイスラム系移民のおおくはトルコからやってきた。一九七三年一〇月、イスラエルとアラブ諸国のあいだで戦われたヨームキップール戦争（ラマダーン戦争とも呼ばれる第四次中東戦争）の終結以前は、すでにみたように、第三世界の国々でイスラムはまだ重要な要素とはみなされず、むしろさまざまな形のナショナリズム・イデオロギーの方が支配的だった。移民はまずなによりも出身国の国籍を自分のアイデンティティとした。アルジェリアのように独立直後で、それもながい戦争の後にやっと独立をとげたような国ではなおさらそうだった。一方、世界を宗教的なカテゴリーでかんがえるひとびとは西ヨーロッパを「不信仰者の家《ダール・アル＝クフル》」とみなしていた。すなわち非イスラム教徒に統治された世界で、「イスラムの家《ダール・アル＝イスラーム》」と異なり、シャリーアを適用することができない。具体的に言うと、それはフランスやドイツでは宗教がまったくと言っていいほど可視性をもたなかったということを意味する。モスクや礼拝室は非常に少数で、来る人もすくなかった。せいぜい、豚肉やアルコールにかんする禁忌などが最小限、尊重されていたり(アルコールの禁忌遵守はさほどでもなかった)、日々の祈拝やラマダーンの断食がまもられているくらいだった。しかし、こうした宗教実践はまったく個人的だし、それにたいして関心もはらわれなかったので、実際にどの程度の割合でおこなわれていたか数値化することはできない。宗教にたいするこうした一般的な無関心のなかで、イギリスのインド・パキスタン系イスラム教徒は例外的だった。実際、かれらは一世紀も前から、特に《デーオバンド》や《バレールヴィー》の経験をとおして、非イスラム系政府のもとで、仲間同士で孤立した共同体を形成し、敬虔主義的に生活することに慣れていた。かれらが生きていたインド亜大陸においてイスラム教徒は住民の五パーセントしかいなかったのである。(それにたいしてマグリブ人やアフリカ人、トルコ人は大多数が、そして場合によれば全員がイスラム教徒であるような国から来ている。)かれらは自発的に自分たちにシャリーアを適用し、国家はそれに介入しなかった。第二次世界大戦後イギリスに来た時、かれらの内のおおくがヒンドゥーの世界で形成されたモデルをイギリスの状況にうつしいれ、厳格に禁忌をまもり、そのために共同体のなかに孤立して生活するようになった。かれらの生活様式をまもるために必要だったから、周囲の社会からの孤立は絶対的だった。たとえば儀礼にのっとって屠殺された肉（ハラール肉）を消費するためには、ハラール肉は当時、商品として流通していなかったから、《バレールヴィー》や《デーオバンド》系のイスラム協会でグループをつくって羊を買い、屠殺しなければならない。そうしたイスラム協会は集団で礼拝をしたり、たすけあったり、相互に監視する場所にもなった。イギリスではイスラム協会がイスラム協会としてうまれたのは一九五〇年代初頭、最初のモスクのネットワークができあがった時である。それは民衆を宗教的共同体の枠組みのなかに組織化する。インド・パキスタン系のムスリム民衆にたいするこうした宗教組織の拘束力は当時、ドイツのトルコ人やフランスのマグリブのひとびとのあいだにみられたものにくらべると、ずっとつよいものだった。

一九七三年一〇月の第四次中東戦争はサウディアラビア系保守的イスラム主義の飛躍に重要な役割をはたしたのだが、西ヨーロッパのイスラム民衆の将来にとっても意外で、しかもおおきな影響をおよぼしている。石油価格の高騰は二桁台のインフレと急激で大量の失業をもたらす。それはまず未熟練労働者を襲うのだが、中でも移民たちはその最初の犠牲者となった。ヨーロッパ諸国の政府は移民を制限する政令をだす。職のない人間は故国に帰り、代わりに入国するものを制限すれば、それで失業率を減少させられると期待したのである。しかしこの措置は逆の効果を生む。出身国で失業に直面するよりも、失業の危険にもかかわらずヨーロッパにとどまる方が自分たちの利益にかなうとかんがえて、移民の大部分が定住することを決心し、その結果、家族呼びよせがおこなわれるのである。こうして数年のうちに、かつて大半が男性であった移民は女性が増加し、低年齢でやってきたり、一九七三年以降うけいれ国で誕生したひとたちのために、子供の数もおおくなる。一九八〇年代のおわりにはそうした子供たちが青年になり、ヨーロッパ諸国でうまれたり教育をうけたりしたイスラム系ヨーロッパ人の第一世代となる。かれらは現地の言葉を話し、現地の民衆の文化に慣れ親しみ、現地の国の市民であったり、あるいは実際に国籍は取得していなくても取得する資格をそなえたひとびとなのである。

第四次中東戦争直後の定住化開始から一九八九年にいたる期間、ヨーロッパにおけるイスラムの展開はまだ出身国の政治的課題におおきく影響をうけていた。しかしそれはまたうけいれ国の状況に固有な社会的拘束を反映してもいた。この頃、移民たちはとりわけ困難な時期をむかえていた。失業のため、労働による社会への統合や職業による社会的ステイタスの向上などの道は閉ざされていた。この失業の一般化にくわえて移民がこれまで経験したことのない家庭生活に自分たちをあわせていかなければならないという複雑な問題があった。ヨーロッパに着いたばかりの女性たちは、言葉が話せないためにしばしば家庭に閉じこもって生活していたが、これは社会適合や風俗習慣にかんしてまったくあたらしい問題を発生させた。一方、子供たちはフランス語や英語やドイツ語、オランダ語で教育をうけるのだが、女性たちとは逆の困難な問題に直面する。かれらは周囲の社会との欠かせない仲介者となるために、親たちの文化的資本の価値がさげられ、世代間の序列がきしみはじめる。

移民たちはこのように自分たちの伝統的基準が古めかしくみえるようになったのだが、かれらにとってうけいれ国の状況も不透明だったり敵対的であるようにおもえた。そしてこうした不安定な状況のなかで生きることを強いられていた移民たちはあたらしいイスラム的なアイデンティティを発展させるようになる。民衆は未知なるものに賭けて新天地で生きることを決意したのだが、同時に自分たちを印づけるものをもとめていた。イスラム的アイデンティティはそうした民衆の「意味」の探求にこたえるものだった。自分たちの存在の意味を確信したいという欲求は社会的に脆弱な層、十分な「教育」をうけず、失業に脅かされている階層ほど強かった。そうした欲求に最初にこたえたのはきわめて静寂主義的ないくつかのイスラム主義運動であった。それは信者の日常生活を厳格に規則化された実践によって管理し、それをふたたび秩序あるものにする、そうした方向をめざす教義であった。イギリスの《デーオバンド》や《バレールヴィー》はこのようにあらためて勢力をのばしていったのだが、これと平行して信者の生活をきびしく管理する《タブリーグ》という運動がフランスのマグリブ移民たちのあいだで急速に発展する。インド起源の《タブリーグ》はもともとは周囲のヒンドゥー教社会の影響からイスラム教徒をまもることを目的とした運動で、北アフリカではきわめて少数だったのだが、それがマグリブ系移民のあいだで勢力をひろげる。また、西アフリカ出身者にかんして言うと、そのおおくが《ムリーディー教団》や《ティジャーニー教団》と呼ばれる教団に結集した。こうした教団は強力に生活の枠組みをつくってくれるので、弟子達は移住のために生じる不安定さに苦しまずにすんだからである。ただしその代償に、労働者の寮でゲットーに似た生活をおくらなければならなかったが……。ドイツのトルコ社会では特に《ヌルジュ教団》、《ナクシュバンディー教団》、《スレイマンジュ教団》など、アタテュルクの建国した政府から追放された教団が同様な機能をになった。

イランでイスラム革命がおこるまで、ヨーロッパの政府当局はイスラムにたいしてかなり無関心な見方をしていた。イスラムは保守的な宗教で、革命的イデオロギーや共産主義には敵対的であるとかんがえられ、どちらかというと肯定的に評価されていた。ひとびとは移民たちはいつかは出身国に帰っていくだろうと依然として期待していたのだが、イスラムはそうした移民大衆を安定化させる要因とみられていた。一九七五年から一九七八年にかけて、フランスの移民労働者の寮で大規模なストがあったとき、行政当局はひそかに寮に礼拝室を開設することを奨励していた。そうした礼拝室はすぐに《タブリーグ》の説教師たちが運営することになるのだが、宗教の実践は極左思想にたいする解毒剤になり、社会平和再建の鍵になるとかんがえられたからである。しかしホメイニーがテヘランに帰還し、イスラム革命の輸出を奨励する演説をおこない、大悪魔アメリカにたいするはげしい呪詛の対象が小悪魔フランスにまでひろげられ、ヨーロッパの大学に籍をおいたイラン人《イマーム支持学生》グループによる暴力事件が多発するようになると、イスラムにたいするイメージは一変する。この後、テレビのニュースではイスラムはテヘランのデモで機関銃をふりまわす宗教指導者《モッラー》たちと同一視されるようになるのである。ちょうどその頃、サウディアラビアの影響下にある《イスラム世界連盟》は旧大陸に事務所を開設して、地域の協会にモスク建設のための助成金を提供しはじめる。財政援助をうけたそれぞれの協会がワッハーブ派イデオロギーに忠実になることを期待したからである。ヨーロッパでイスラム社会がうまれつつあったのだが、それは一九八〇年代の初めからすでに、世界のイスラム的「意味の空間」の制覇を競いあうさまざまな潮流の競合の場となっていた。しかしパリやボンやブリュッセルは当時、イランの「危険性」を過大評価し、まずなによりもそれに危惧をもっていた。それに政府機関はこうした宗教現象をあつかいなれておらず、どう分析すればよいかわからずに途方にくれていたので、イスラムの管理を外国政府や外国政府が監督する機関にゆだね、秩序を維持し、テヘランから来る疫病を根絶する責任を負わせることにした。こうして、アルジェリア政府はフランス当局の承認をうけて一九八二年からパリの大モスクを管理し、フランスのイスラム系住民のなかで最大グループであるアルジェリア出身者のあいだに故国の運動に刺激をうけたイスラム主義グループが勢力をのばすことがないように監視することになった。折しも一九八二年、ブー・ヤアリーを中心とした地下組織が誕生し、アルジェ大学ではアッバースィー・マダニーをリーダーとしたグループもうまれている。また、トルコ首相直属の宗教局はドイツに説教師や教員を派遣し、教団やエルバカンが指導するイスラム主義運動の影響をうけた説教師に対抗しようとした。トルコのイスラム主義者たちは、自国ではアタテュルクの厳格な政教分離主義のために慎重な姿勢をとることを強いられていたのだが、ドイツでは表現の自由を利用して、そうした慎重な態度をとる必要性から解放されていたのだ。

この頃のヨーロッパのイスラム社会ではイスラム主義知識人とはイスラム諸国から来た留学生のことだった。中には説教や布教に熱心な者もいたが、かれらにとって移民の労働者や失業者の心に響く話をすることは困難だった。留学生たちは移民の生きた経験に無知だったからである。移民の第一世代は国をはなれたことやこれまでうけたさまざまな試練につよい影響をうけていた。それに、一九七三年以降は「ブルーカラー」の雇用がすくなくなったために失業の危険に脅かされ、子だくさんの家庭で子供たちの教育に危惧を感じ、その一方で、子供たちが自分たちに理解できないような文化を獲得しつつあるという不安も感じていた。こういう状況にあった移民第一世代のひとびとが宗教に関心をもつ場合、イスラム国家の樹立を主張する運動家よりも敬虔主義的でより安心感のある形の宗教の方にひかれていた。イスラム主義者たちは故国の政治指導者たちを不信仰者として非難していたが、移民労働者にとってそうしたイスラム主義者自身の方が潜在的なトラブル・メーカーのようにおもわれたのである。

一九八九年、移民の子供たちの世代が成年に達するとこうした状況は一挙に変化する。ヨーロッパ的な文化を身につけていたかれらは、同時におおくの社会的困難も経験していたし、また学業で挫折する者もまれではなかったから、職は容易にはみつからなかった。こうして、かれらの間からヨーロッパでは初めてイスラム系の貧困都市青年層が発生する。かれらは過激なイスラム主義活動家の影響を親たちよりうけやすい状況にあった。

かれらに急進的なイスラム主義を手ほどきしたのはマグリブ、中東、トルコ、インド、パキスタンなどから来た留学生たちだった。こうした留学生は移民子弟とおなじ年頃だったが、かれらよりすぐれた文化的資本をもち、出身国の言語や習慣をマスターしていた。移民の子供たちは親の故国の言語や習慣についてほとんど、あるいはまったく知識をもっていなかったが、故国の文化が自分たちのルーツであり、自分たちの価値をたかめてくれるものだと感じて、それにひきつけられていった。あたらしい世代にイスラム主義は易々と浸透していった。一九八〇年代にたかくかかげられた理想への失望もその原因のひとつになった。当時、フランスで《SOSラシスム》の運動がおこった。それは親の国籍がなんであれ、すべての青年を一致団結させ、反人種差別主義の実践をとおして偉大な高揚感を共有しようとしたものだった。ミッテラン大統領はこの運動を利用して極右政党《国民戦線》を人種主義的政党として糾弾し、保守陣営を分裂させようとする。しかし、こうした政治的利用は別として、この運動は派手な行動の記憶だけはのこしたが、社会的実効性に乏しかった。「ブール」運動（これはアラブという単語の逆さ言葉だが、現在ではそれをさらに逆さにして「ルブー」という表現がつかわれている）とも呼ばれたこの運動はアラブとフランスというふたつの文化的軌跡の交叉点に自分たちがいることを利用して、マグリブ系フランス人青年に固有なアイデンティティを形成しようとしたのだが、すぐにその限界につきあたり、移民青年集団のなかでも教育をうけたエリートのみがこの運動をとおして社会的地位上昇を実現した。そのためにこの運動の中核となった移民エリートたちは揶揄的に「ブール・ジョワジー」と呼ばれた。この行動が半ば失敗したことは《SOSラシスム》や「ブール」運動に参加したおおくの末端運動員に苦い気持ちをのこした。またフランス文化に由来する価値ばかりを重視し、イスラムへ準拠することをなおざりにして自分のアイデンティティを構築したことに幻滅を感じるようになったものもおおかった。

こうしてヨーロッパの土壌はイスラム主義の布教活動に好都合となった。そこで《ムスリム同胞団》やパキスタンの《ジャマーアテ・イスラーミー》、トルコの《繁栄党》などの系統に属し、ヨーロッパに根をはった協会が貧困都市青年層にあわせて自分たちのメッセージを練りなおす。いまやかれらはイスラム主義の布教に格好の相手にみえるからである。こうしてフランス語や英語やドイツ語等々であらゆる種類の説教がおこなわれる。モスクでの説教や教訓、サイイド・クトゥブやマウドゥーディーの著作を翻訳したパンフレット……。これは八〇年代とは大違いである。八〇年代には移民の出身国の言語だけが宗教的メッセージ伝達の媒体だった。それに、一九八九年まではヨーロッパの国々はそこに定着したイスラム主義運動にとって「聖域」だった。ヨーロッパは運動員や同調者をみつけるだけの場所で、実際の活動は国に帰っておこなわれる。すなわち故国の不信仰な政権にたいする戦いだけが価値のある戦いだったのである。だからヨーロッパでの現地の政府当局とのいざこざは極力避けられた。一九八〇年代の一番最初の頃にホメイニー支持の活動家たちが移民労働者のあいだで騒ぎをおこそうとして国外退去になったが、これはヨーロッパの政府当局とイスラム主義のあいだの力関係にあまりにも差があるということを再確認させたのである。ヨーロッパのイスラムにおいては布教の社会的次元と政治的次元とは分離していた。日常生活にかかわる慈善活動、困窮者救援、道徳的指導などは敬虔主義的グループや非政治的教団によっておこなわれ、領事館や領事館によって派遣された「公式」イマームがそれを支援していた。子供むけの宗教教育の授業を組織していたのもそうしたグループであった。一方、イスラム主義運動はアルジェリアや、モロッコ、チュニジア、トルコなどの政府に対する反政府運動や、インドのカシュミール支配に対抗するためのイデオロギー的闘争を実践し、そのために新加入者たちを教育していたが、移民うけいれ国にたいして圧力をかけるような行為は厳に慎んでいた。

しかし、ヨーロッパうまれのムスリム系青年の最初の世代が成人になった時、状況は一変する。かれらの親の大部分は外国籍で、法律のことをほとんど知らず、文化的コードもあまりよくマスターしていなかったうえに、植民地支配時代の思考図式を重荷のように背負いつづけていることがおおかった。それにたいしてその子供にあたる世代の青年層は自分たちの権利に疑問をもたない。かれらは現在定住している国の言語を話し、その国籍を有しているかあるいはこれから有することになるのだが、その国の諸制度が提供するサービスを当然のこととして要求すると同時に、そうした制度を自分たちの敵とみなすことにも抵抗感がない。かれらはフランスや、イギリスや、ドイツの警察・裁判所・教育をはげしく非難し、学業挫折、就職難、あまりにも頻繁な「顔つき」による不当逮捕はそうした機関に責任があると批判する。こうした問題はすでに一九八〇年代に反人種差別主義運動によって提起されていた。しかし八〇年代のおわりになると、問題はより強烈な形で提起されるようになる。というのも反人種差別主義運動グループがかつてのような輝きをうしない、あたらしい世代の数がますますおおくなっていたからである。その時、イスラム主義知識人がこの亀裂に飛びこんでくる。かれらはヨーロッパの「聖域化」を放棄し、国内政治に介入して、貧困都市青年の代弁者となることを決意する。貧困都市青年層は今度はブールと呼ばれるのではなく、「イスラム共同体」と呼ばれることになるだろう。イスラム主義運動のこうした方針転換にはひとつの理論的考察がともなっていた。イスラム教徒たちがヨーロッパの国々の市民となっているのだから、ヨーロッパはもはや「契約による和平の家《ダール・アル＝アフド》」とは分類できないというわけである。イスラムの教義によれば、「契約による和平の家《ダール・アル＝アフド》」は「不信仰者の家《ダール・アル＝クフル》」（これは「イスラムの家《ダール・アル＝イスラーム》」と対比的にもちいられる）の一部だが、イスラムの信者はそこで平和に生きることができる。古い時代には「契約による和平の家」とはその地の君主が「信徒たちの長」と平和条約を締結した土地のことをいった。そうした土地では信者は、商人であれ、旅行者、水夫であれ、平和に自分たちの仕事に従事することができる。したがってこれは、「不信仰者の家《ダール・アル＝クフル》」の一部だが、「戦争の家《ダール・アル＝ハルブ》」とは対立する概念である。「戦争の家《ダール・アル＝ハルブ》」ではイスラム教徒はジハードを戦わなければならないからである。一九八〇年代、レバノンの《ヒズボラ》の活動家たちだけがまるでフランスが「戦争の家《ダール・アル＝ハルブ》」ででもあるかのように行動し、一九八五年や一九八六年にパリでテロ事件をおこしていた。八〇年代のおわりまでヨーロッパに定住したイスラム主義者の大部分はヨーロッパを「契約による和平の家」とかんがえていた。しかし「契約による和平の家」ではシャリーアの適用は論外である。なぜならその君主は「不信仰者《カーフィル》（＝異教徒）」

であるからだ。したがって、イスラム組織が自分たちの「共同体」の代弁者を自任するとしても、「契約による和平の家」では活動することが不可能である。そのためにかれらは一九八八年から、非常にたくさんのイスラム教徒がヨーロッパの市民になっているのだから、ヨーロッパは「イスラムの家《ダール・アル＝イスラーム》」であると主張するようになったのである。したがってヨーロッパのイスラム教徒はヨーロッパのなかで共同体として組織され、その共同体内部でシャリーアを適用し、イスラム教徒としてヨーロッパの政治的秩序に参加することができるということになる。

ドイツやイギリスやオランダでは、そうした教義上の変化は目にみえた形での変化としてあらわれはしなかった。そうした国々はそれぞれ固有の制度の論理にしたがって、「マイノリティー」と呼ばれる民衆が独自の共同体を形成することを放置し、さらにはそれを奨励さえしていた。ドイツでは、国籍法のために、たとえドイツにうまれ、ドイツで教育をうけていても、トルコ人がドイツ国籍を取得することが非常に困難だった。このように国籍付与による市民統合が否定されているから、共同体主義的な論理はいわばその穴埋めのようなものだった。トルコ民衆はドイツ人となることはなかったから、いっそう閉ざされた空間に生き、故国の言葉を語り、「民族の」店で買い物をし、公園でグループでピクニックをし、妻にスカーフを着用させるという気持ちがつよくなる。しかしその一方で、かれらがこのように自分の「他者性」を示す特徴を増大させるために、国籍にかんする「血統主義」の支持者は「祖国」を制限的に定義すべきであるという確信をよりつよくもつ結果になる。

逆に、イギリスではながい間、イギリス連邦の市民であればイギリス国籍を取得することは容易で、英語を話せなければならないという条件がつくこともなければ、文化的適応性やイギリス国家にたいする忠誠心があるかなどが問われることもなかった。国は移民たちが個人として社会に統合されていくことよりも丸ごと共同体として社会に挿入されていくことの方を優先した。つまりインド人を統治した大英帝国の「共同体主義的」伝統を延長したのだ。インドではヒンドゥー、イスラム、シークという宗教的帰属が政治的な代表制のあり方を決定し、各宗教共同体の名士が同宗者たちを代表して行政当局にたいしていた。こうした伝統を継承して、たとえばブラッドフォードやバーミンガムやその他の土地で、市役所がモスクの委員会に失業の管理や慈善事業などおおくの仕事を委託して、信者との仲介役をはたさせる。そのひきかえに、イマームは議会選挙で労働党や保守党のこれこれの候補に投票するよう信者にはたらきかける。議員候補は議員候補で、イマームにいろいろな公約をする。ふしだらだとかんがえられている男女共学をイスラムの生徒にさせないための女子学校創設、学校の食堂でのハラール食の確保、その他、イスラム共同体が閉鎖的に生活し、宗教的指導者の権威を強化するさまざまな措置の実現を約束するのである。

それにたいしてフランスでは政教分離とジャコバン的中央集権というふたつの伝統のために、宗教の公的領域への介入や、市民と国家のあいだに介在する中間団体の存在が許されなかった。だから、イスラム主義知識人がのぞんだあたらしいながれはすぐさま対立をうみだした。公立学校におけるヴェール着用をめぐる事件である。共和主義的統合の論理にしたがえば、学校では知の獲得と公民教育という目標を前にしてすべての生徒は平等であり、社会的・民族的・宗教的起源の差違はのりこえられなければならない。生徒は学校では宗教的帰属を顕示的に示してはならない。何故ならそれは一致をもとめるものではなく、差違を強調するものだからである。ところがイスラム主義活動家は、いまやフランスは「イスラムの家《ダール・アル＝イスラーム》」となったとかんがえる。だからイスラムの生徒は、サイイド・クトゥブやマウドゥーディーの弟子たちによって解釈された形でのシャリーアの規定を尊重し、ヒジャーブを着用することが許可されるべきである。フランスに根をはったイスラム主義運動は「イスラムの家《ダール・アル＝イスラーム》」というスローガンの意味を鋭くとらえ、こうした要求の擁護者となる。このスローガンはイスラム大衆を移住国の国家から切りはなすプロセスを開始するものだったが、かれらはそれを自分たちのコントロールのもとで実現しようとしたのである。イスラム主義の支持者や潜在的な同調者たちにとって、「神の法」は中学や高校の規則よりも優先し、中学や高校の規則は価値がおとしめられる。それは移民出身の「恵まれぬ」

貧困都市青年層と「傲慢」な国家機関の文化的力関係を逆転させるものである。イスラム主義活動家は国家に妥協を強いて政教分離の定義を変更するよう要求し、イスラム共同体の代表として交渉する権利を政府に認めさせる。こうした活動の結果、青年のあいだでかれらの評価はたかくなる。かれらはまた青年たちのためにヴァカンスのキャンプを組織したり、職業訓練をおこなったりして、衰退した共産党運動の社会活動の肩代わりをし、エジプトの《イスラム団》のサマーキャンプにならってプログラムをつくり、キャンプで「純粋なイスラム的生活」の規範を参加者たちに植えつける。

最初の「ヴェール事件」は一九八九年秋におこり、一九九〇年代の中頃まで何度も似たような事件が発生する。《フランス・イスラム組織連合》（ＵＯＩＦ）はそこで重要な役割を演じる。サウディアラビアからも評価されているこの《同胞団》系組織は城を購入し、エジプト出身でカタール国籍のユースフ・カラダーウィー師のもとでヨーロッパの若いイスラム教徒を指導するイマームたちを養成している。毎年、ＵＯＩＦは一二月末に大集会をひらき、世界のイスラム主義系有名人のみならず、フランスの大学人や教会関係者を招待し、講演させることでおおきな宣伝効果をえている。青年たちが特別にチャーターされた観光バスで大都市郊外から大挙してこの講演を聞きに来るのだ。この組織がヴェールをめぐる対立に介入したのは、行政当局にたいしてフランスにおけるイスラム共同体の仲介者という役割を強調するためであった。それがかれらの戦略だったのである。かれらは行政当局から妥協をひきだす見返りに、貧困に苦しみ、潜在的な不安定要因である青年をコントロールし、犯罪や薬物中毒、暴力などをおさえるため努力していると主張する。

こうした共同体主義的論理はフランスを「イスラムの家《ダール・アル＝イスラーム》」とする態度と軌を一にする。それはイスラムの管理をフランスの国内政治の問題とし、イスラム主義者とマグリブ諸国・中東諸国政府との対立に影響されるという事態からフランスを解放する。もう「不信仰者の家《ダール・アル＝クフル》」ではないのだからフランス国内でジハードがおこなわれることはないという保証をフランスはえた——ということになったはずなのだが、しかし次章でみるとおり、一九九五年にＧＩＡによっておこなわれたテロ事件はこの論理を否定することになるだろう。ともあれ、一九八九年にヨーロッパで活動していたイスラム組織は長期的な視点で郊外の貧困青年層に支持をのばそうとしていたので、暴力はその戦略から除外されていた。そうした組織はむしろフランス社会の「民主的」勢力の支持をえようと努めていた。フランスの民主勢力はヴェール事件を表現や信仰の自由といった観点からの要求とかんがえていた。だからイスラム主義知識人たちはメディアにたいしてはヴェールを着用した若い女性を前面にだし、女性は宗教の侵害すべからざる価値を純粋に保持しながら、近代的な教育をうける意志をもっているという点を強調した。女性ばかりではなく男性も預言者にならって髭をたくわえてイスラムの宗教的印を身に帯びようとするのだが、かれらが共同体主義的なモデルにひきつけられるのは、共和主義的な個人的統合モデルが失敗して、期待どおりの成果をあげることができなかったからである。無数のイスラム青年が完全にフランス文化にとけこみ、学校教育を通じてフランス社会に同化したのに、それにもかかわらず社会の周縁に追いやられ、失業にいためつけられ、犯罪に走りさえしている。こうした現状をみれば共和主義的統合モデルの失敗はあきらかだ、とかれらはかんがえる。イスラム主義は排除されたものを価値ありとし、権力者をおとしめる。こうした考え方を中心に形成された宗教的アイデンティティは共同体内部の連帯感をいっそう重視する。だからおおくの移民子弟にとってイスラム主義は社会問題の万能薬のように感じられるのである。その結果、かれらとおなじ低家賃公団住宅に住む生粋のフランス人、イギリス人、ドイツ人のなかにさえイスラムに改宗するものがあらわれてくる。

　アーヤトッラー・ホメイニーがサルマン・ラシュディーの死刑を宣告するファトワーを発したのはこうした状況のなかであった。ファトワーが発せられたのはヨーロッパのイスラムがおおきな変貌をとげつつあるちょうどその頃だったが、それはファトワーが原因だったわけではまったくない。その一〇年前、イラン革命がおこった時期が、フランスでたくさんのモスクが建設されはじめた時期とかさなったのとおなじように偶然の一致だった。むしろファトワーは、イラン革命とおなじようにイスラムと非イスラムの世界の対立をふかめ、ムスリム一般を狂信主義や暴力と同一視する紋切り型をつよめる結果をもたらした。ファトワーは進行途中の変化に影響をあたえ、英仏海峡の両側に定着したイスラム主義協会を困惑させる。かれらはイスラム共同体建設のために辛抱づよい努力をおこなっていたが、その主眼はヨーロッパの行政当局へむけた宣伝活動であった。かれらはイスラムが、困窮し、社会批判にむかう可能性のある青年たちを平和にコントロールする機能があることをセールスポイントとしていた。

イギリスで最初に反『悪魔の詩』キャンペーンをおこなったマウドゥーディーの弟子たちやブラッドフォードで本を焚書した《バレールヴィー》や《デーオバンド》のグループはファトワーとの関連を否定し、自分たちは小説の発禁を要求したのであって、著者の処刑を主張したのではないと強調する。しかし失業にいらだち、共同体の相互扶助では真の解決にはならないと感じていたパキスタン系青年たちの一部ははげしいデモで怒りを叫び、当局を挑発するためにラシュディーに死をあたえることを主張した。こうした過激化のもっとも極端な表現は親イラン派活動家カリーム・スィッディーキーの例にみられる。かれは共同体主義的分裂の論理を極端に推しすすめ、ウェストミンスターの議会をまねて、《ムスリム議会》をつくった。そしてその「選出された」メンバーたちはイギリスにおけるイスラム信者の名のもとに法を制定すると主張した。こうした少数派の故意に挑発的な行動は最終的にいかなる結果ももたらしはしないのだが、しかしこれは共同体主義的なアイデンティティが過激化するとおおくの場合、社会の断片化にいたることを我々におもい出させてくれるのである。ヨーロッパの他の国ではラシュディー事件はイスラム社会にあまりおおきなインパクトをあたえなかった。おおくの信者は小説が信仰を侮辱するものだと感じ、それを批判したが、大部分のものはそれに無関心だった。最終的にこの問題はイランとインド亜大陸のひとびとにだけかかわっていて、アラブ人もトルコ人もこれにはほとんど関心をもたなかった。サウディアラビアの大臣もこれは「周辺的な、そして想像上の戦いにすぎない」、そしてその最大の効果は「イスラムを攻撃し、それにダメージをあたえたいとおもっていたひとびとにイスラムを簡単に攻撃できる餌食としてあたえたことである」と述べている(5)。

一九八九年はイスラム主義発展の頂点の年だった。クトゥブやマウドゥーディーやホメイニーの思想が学生や若い知識人によって伝達され、都市の困窮した若い世代や敬虔なブルジョワジーのあいだでじょじょに反響がおおきくなってから二〇年がたっていた。イラン革命ではじまり、ホメイニーの姿がおおきく支配的だった八〇年代はイスラムにとっては目をみはるような成果をあげた時代であった。イスラムは次の時代にはさらなる成功をおさめ、なにものもそれを妨げることはないようにおもえた。一九八九年、最高指導者が死去したとき、かれのファトワーが世界中にひきおこした嵐のような大騒ぎはイスラム主義運動の動員能力が完全なままに存続しているという印象をあたえた。このおなじ年、スーダンでイスラム主義が政権をにぎる。アルジェリアでうまれたFISはいちはやく大衆運動に変貌し、アルジェリア駐在の各国大使館はそれがやがて勝利するだろうと予測していた。アラブ・ナショナリズムの最後にのこった旗印パレスチナも、インティファーダ開始以来、《ハマース》という活動的なイスラム主義運動の存在を無視できなくなった。イスラム世界のいたる所で、政府はシャリーア適用を要求する反対勢力に譲歩をかさね、ウラマーから政権の宗教的正当性のお墨付きをもらわなければならなくなった。そしてウラマーたちは政権への支持とひきかえに、思想や価値判断の領域を占拠し、そこから世俗主義的知識人が撤退していく。最後に、移民の親からうまれた子供たちが成人になり、こうしたあたらしい世代をとおしてイスラム主義運動が伝統的「イスラムの家《ダール・アル＝イスラーム》」の社会をこえて欧米世界に進出してくる。そのエネルギーは非常につよく、フランス式政教分離という歴史にふかく根ざした価値までが議論の対象となる。一九八九年は大革命二〇〇周年を国民が一致して記念する年となるはずだったが、イスラムのヴェール事件がのこした傷跡がふかくのこったままであった。とりわけその年は共産主義の崩壊の年であった。誰もが認めるように、その象徴的事件は一一月のベルリンの壁の崩壊だったが、二月一五日にはすでにアフガニスタンからソ連軍が撤退し、ジハードに敗れた赤軍の敗退を正式に認める作業をおこなっていた。活動家にとって、たとえアメリカの経済的支援をうけていたにせよ、アフガニスタンでの勝利は、イスラム主義が共産主義を転覆させたということを意味しているのみならず、モスクワの権力が崩壊した後、イスラム主義のためのあらたな領野がひらけたことを意味しているようにおもえた。ボスニアからチェチェンや中央アジアにいたるまで、広大な領域が信者共同体の世界に統合される。一九九〇年代は初めイスラム主義の未来にとってきわめて有望なようにみえた。しかし、活動家がそれに託した期待が実現されることは決してないだろう。

# 第二部　衰退期

# 第九章　増殖するジハード

## 湾岸戦争とイスラム主義運動の亀裂

一九九〇年八月二日早朝、カイロにあつまった《イスラム諸国会議機構》（ＯＣＩ）加盟国の外相たちは起床して、サッダーム・フサインがクウェートを占領したことを知る(1)。前回の《諸国会議機構》首脳会議を主催し、議長国となったイスラム系国家が《機構》の別のメンバーによって地図の上から抹消されてしまったのである。イラク軍はほとんど抵抗をうけずに首長国を占領した後、サウディアラビアの国境にまで達し、いまや油田が集中するハサー州に接した地域に駐留する。三日もあれば、かれらはサウディアラビア全体を征服することができるだろう。八月七日、「二聖都（メッカとメディナ）の守護者」ファハド国王はアメリカ軍にたすけをもとめる。「砂漠の盾」作戦が実施され、国連の委任をうけた何十万人もの非イスラムの多国籍軍兵士が王国におしよせ、王朝を救援する。が、同時に王国が一九六〇年以来、イスラム世界を支配するために幾多の困難をのりこえながら、辛抱づよくつくりあげてきた成果のすべてがこの外国軍駐留で一挙に破壊される。

一九八〇年代のあいだずっと、サウディアラビアがつくりあげたシステムはアーヤトッラー・ホメイニーの度重なる攻撃に抵抗しつづけていた。サウディアラビアはアフガニスタンのジハードに資金をだすことによって、スンナ派活動家のもっとも急進的な分子にたいしてさえ信用を維持してきた。イスラム金融・銀行網のおかげで、イスラム世界全体の敬虔な中産階級ともコンタクトをたもちつづけ、外交面では《イスラム諸国会議機構》をとおしてイスラム諸国のコンセンサスを確保し、《イスラム世界連盟》やその他の同工異曲の国際機関をとおして金をばらまいてワッハーブ派のイデオロギーを普及させていた。だから、テヘランがリヤードになげかけた呪詛をくりかえそうとするものはシーア派世界の外にはほとんどいなかった。良い年も悪い年もあるとは言え、スンナ派イスラム主義運動は貧困都市青年層出身の「過激派」と敬虔なブルジョワジーという「穏健派」の亀裂をおおむね克服できていた。髭をたくわえた医学生や技師が、社会主義と、あらゆる道徳的基準を喪失した欧米の廃墟の上に、近い将来シャリーアが君臨する時代がくるだろうと予言していた。

　サウディアラビアのシステムとサウディが自分の価値を中心にして建設した社会的コンセンサスを爆破させる起爆剤になったのは信仰などとは縁もゆかりもない一人の人物であった。サッダーム・フサインは何千人もの人間を絞首刑にしたが、そのなかには二〇世紀末の代表的なイスラム主義思想家のひとりバーキル・サドルもふくまれていた。ホメイニーと異なり、イラク大統領はなんらかの宗教的正当性を主張できるような称号をまったくもたなかった。かれを権力の座におしあげた《バアス党》は政教分離を主張のなかにふくんでおり、そのためにモスクではフサインは地獄に堕ちると言われていた。一九八〇年から一九八八年のイランとの戦争の間、サッダームは宗教的なレトリックを利用しはじめたが、それはかれを背教者あつかいするテヘランの演説に対抗するためだった。イスラム教の語彙がつかわれていたのだが、その背後には常にアラブ主義への言及があった。すなわち、イスラムはアラブ人が最初に啓示をうけた、だからアラブ人の国イラクはイスラムの名のもとに「ペルシア人」にたいして戦争をおこなうのだ。

クウェート侵攻後、サッダーム・フサインはかつての敵イランがサウディアラビアにたいしておこなった批判をくりかえし、アメリカの保護国になりさがったサウディアラビアにはイスラムの聖地管理者の資格はないと非難する。この戦争のあいだ、五〇万人以上のアメリカ兵がサウディアラビア領に駐留していたから、この主張にはつよい説得力があった。しかもシーア派のペルシア人ではなく、スンナ派のアラブ人から、つまりリヤードがあれほど努力と資金を費やしておさえておこうとしたイスラム空間の真ん中からそうした批判がでてきたから影響はおおきかった。ワッハーブ派は社会的には保守的だが、その極度の厳格主義と気前のよい資金援助であらゆる陣営の支持をえ、敬虔なブルジョワジーと貧困都市青年層のあいだの同盟関係を国際的レベルでも実現していた。そうしたワッハーブ派を中心に形成されたコンセンサスが湾岸戦争後はおなじようには機能しなくなる。サッダーム・フサインは教義上の基盤がよわかった。だからそれを補うためにジハードを呼びかける際に、とりわけ大衆への訴えかけをつよめた。その結果、イスラム主義運動内部のバランスがくずれ、ブルジョワジーや保守的な陣営が不利な立場においこまれてしまった。一九八〇年代、さまざまな事情からイスラム主義運動はその雑多な構成要素を統一し、おなじイデオロギーへの共感を核にしてさまざまな矛盾をおおいかくすことができた。しかし一九九〇年代にはいるとその傾向は逆転しはじめ、教義も運動内部の社会的亀裂をおおいかくす力を急速にうしなっていく。中産階級と貧困青年層の方向性のずれがますます拡大し、中産階級は既存政権からの政権内とりこみのはたらきかけに誘惑を感じるようになり、貧困青年層は暴力とテロへとながされていく。

たしかに、二〇世紀最後の一〇年間の事件をみていると、イスラム主義が世界中に拡大し、いたる所で勢力をのばしていたとかんがえる方が一見してただしいようにみえる。政教分離のトルコでさえ《繁栄党》というイスラム主義政党のリーダー、エルバカン氏が一九九六年に首相になっているし、共産主義がおわったボスニアでも、短期間ではあるが、やはりイスラム主義出身の政治家イゼトベゴヴィッチ氏に権力がわたっている。ただしイゼトベゴビッチ氏は極度に世俗化した社会と妥協しなければならなくなるのだが……。過激派にかんして言うと、ナイル川渓谷でテロ事件が頻発し、さらにそれに呼応するようにアルジェリアで内戦がおこる。ナイルのテロ事件は一時的にせよ、エジプトの観光業を破産させる。ターリバーンは出現して二年後の一九九六年、カブールで権力を掌握し、チェチェンでは一九九五年以来、イスラム主義ゲリラがモスクワを翻弄する。欧米では一九九三年、ニューヨークの世界貿易センタービルへのテロ事件につづいて、一九九五年にはフランスでGIAによるテロがおこり、さらに一九九八年八月、ケニアとタンザニアでアメリカ大使館が同時に破壊される。しかしイスラム主義の勢力拡大はみかけにすぎず、実際には、運動を構成するふたつの要素は分裂し、かつてのイラン革命のような永続的な成功につながる社会運動をうみだす力はもうなくなっていた。九〇年代にくりかえされる発作的な暴力はこの構造的な政治的無力さの表現だった。それにマウドゥーディーやクトゥブ、ホメイニーの代わりをつとめられるような大物のイデオローグはおらず、かれらのエピゴーネンも社会的対立をのりこえるような総合的な思想を提出することができない。過激派グループはそれぞれのマニフェストを発表するが、そこでは「道を踏みはずした」同胞たちへの戦いが「不信仰者」への批判とおなじくらい強調される。敬虔な中産階級とむすびついた知識人はと言うと、かれらは民主主義や人権（さらには女性の権利）、表現の自由などを支持する立場をとらざるをえなくなる。そうしたテーマについて、かれらの父親世代に属するイスラム主義の創始者たちは曖昧な態度をとったり、それに敵対的な発言をしていたのだが、民主主義的発言をすることによってあたらしいイスラム主義知識人は独裁的権力にたいして政教分離主義的な知識人たちと同盟をむすぶことができるようになる。しかしそれはかれらにイスラムの教義の見なおしを迫ることになり、イスラムとしてのアイデンティティの定義そのものを困難にし、さらには強硬派から批判されることにもなる。こうした運動の危機は一九九〇年代を通じて増大していく。それにはふかい社会的・政治的・経済的・文化的原因がひそんでいるのだが、この問題についてはで検討することにしよう。ともあれ、イスラム主義運動の危機があきらかになったのは、湾岸戦争とサッダーム・フサインによるサウディアラビアのへゲモニーにたいするイデオロギー的攻勢が運動の内部にひそむ断層線をあらわにしたからに他ならない。

## 湾岸戦争の反動

戦争はふたつのレベルで影響をあたえた。国際的には、それはサウディアラビアが辛抱づよくつくりあげてきた宗教的正当性に打撃をあたえ、その衝撃はイラクが戦争に敗北した後もながくつづくことになる。イスラム諸国のそれぞれの国内において、湾岸戦争はイスラム主義運動を苦況におとしいれ、内部の亀裂をふかめる。サウディアラビア国内でサウード王家に敵対的なイスラム主義運動さえ出現することになるのである。

以前、イラクがイランに戦争をしかけたとき、イラクは一九八三年にバグダードで《イスラム民衆会議》をひらいた。これはテヘランが「背教者」サッダーム・フサインの《バアス党》政権にたいして呪詛をなげつけていたので、それに対抗しうる宗教的議論をみがきあげるためだった。その会議にはとりわけサウディアラビアのネットワークに出入りするイスラム宗教界の名士がたくさん参加していた。一九九〇年八月二日のクウェート侵攻後、サウディアラビアのネットワークの支持をあてにできなくなったイラク政権は《同胞団》やそれに近い集団から出たスンナ派イスラム主義運動をリヤードから離反させようとする。そのためにサッダーム・フサインは急ごしらえで国旗を「アッラーは偉大なり《アッラーフ・アクバル》」という言葉で飾らせ、祈る姿をフィルムにおさめさせ、クウェート略奪を道徳的・社会的目標をもった一種のジハードにしたてあげる。首長国のサバーフ王家はイギリス植民地主義がでっちあげた人工国家に君臨しているが、実際は欧米の手先にすぎず、石油の利益を不当に私物化している。クウェートを併合したイラクはもともと「一九番目の州」だったものをとりもどして、海への出口をひろげただけだ。イラクはアラブとイスラム教徒の統一のために努力し、首長たちがカジノや超高級ホテルで浪費していた石油収入を「被抑圧者」のために使うことを確約する……。こうした演説は、宗教的ドグマ特有の微妙な言いまわしなどにはこだわらない。それは、おおくの宗教同様イスラムの原動力にもなっている素朴な正義感に訴えかけ、それをアラブ・ナショナリズムや第三世界主義とごちゃまぜにしただけにすぎない。クウェートの石油のおかげで、イラクはアラブの強国となり、アメリカの新世界秩序に対抗して、貧しい国々の代弁者となるであろう。首長国の併合を正当化するために、イラクのプロパガンダは複合的なディスクールをつくりあげる。それは、イデオロギー的対立をこえて、イスラム世界全体に存在する反欧米的な不満やフラストレーションを味方につけ、民衆至上主義《ポピュリスム》的な感情の高揚のなかでナショナリズムとイスラム主義とを和解させようとするのだ。しかし、そうすることによってイスラム主義者は分裂し、たがいに対立しあうことになる。バグダードはサウディアラビアを攻撃し、その宗教的正当性という資本をうばおうとするのだが、イスラム主義者たちはその攻撃に翻弄されてしまう。一方、リヤードは一〇年の間イランがかれらにしかけてきた攻撃をしのぎきることに成功したのだが、それはホメイニーがシーア派でペルシア人という二重の意味でマイノリティーだったことを利用できたからだ。またアフガニスタンのジハードに財政支援をおこなったこともイランとの競争に勝てた原因のひとつだった。しかしサッダーム・フサインのあたらしい挑戦はホメイニーのそれよりも深刻だった。イラクはスンナ派のアラブ世界だったし、その軍隊が国境を脅かしている隣国だったからである。その一方で、サウディアラビア自体には五〇万人もの「異教徒の」軍隊が駐留している。ワッハーブ派はサウディアラビアの国土全体を神聖なるものと主張し、それを口実にしてイスラム以外のいかなる宗教も実践することを禁止していた。それなのにサウディアラビアは従軍牧師や従軍ラビにつきそわれた異教徒の軍隊に救援をもとめ、それを国内に招きいれたのである。

かつてナセル主義と戦い、ついでイランのイデオロギー的攻勢をおさえるために利用されたすべての国際機関がサッダーム・フサインに対抗するために動員された。しかしサウディアラビアと普段から交流のあったいくつかの機関は呼びかけにこたえなかったり、こたえても嫌々ながらだった。信者のなかの庶民層がイラクに共感を示しているために、かれらがこの問題に困惑を感じていることは明白だった。オイルドラーはいつも最後の手段として金で忠誠を買っていたのだが、一九七三年一〇月の戦争以来初めてそれができなかった。ウラマーやイスラム主義知識人は、あまり熱心にサウディアラビアを褒めたたえていると自分の名声を傷つけることになるとかんがえたからである。だから、サウディアラビアはカイロのアズハル学院のような機関に支援を要請しに行かなければならなかった。リヤードはかつて七〇年代、八〇年代にはアズハル学院など金の力で簡単に踏みつぶせるとかんがえていた。しかし学院の名声は依然として巨大なままであり、その見解はワッハーブ派のイデオローグであるアブドゥルアズィーズ・イブン・バーズ師のファトワーよりも信頼のおけるものとかんがえられていたのである。

クウェート侵攻の時、開催中だった《イスラム諸国会議機構》の会議は、賛成多数で首長国への連帯を示し、イラクによる併合を非難した。しかし、イラクの他、五ヶ国（PLO、ヨルダン、スーダンなど）が決議を承認せず、さらに二ヶ国（特にリビア）が棄権した(2)。九月、《イスラム世界連盟》はアフガニスタンの《イスラム協会》党首ラッバーニー氏を議長としてメッカで特別総会をひらく。二〇〇人以上の参加があり、そのおおくはサウディアラビアから気前のよい財政支援をうけていたが、参加者はクウェート侵攻を批判し、イスラムの名のもとに非ムスリムの軍隊に救援をもとめることを正当化する。しかし有力なイスラム主義運動組織の大部分はまきこまれるのを避けて、イラクに傾く一般運動員の感情と湾岸諸国の財政支援（それはいつでもありがたいものだ）のあいだで中間の道をさがそうとしていた。メッカでの会議の直後、そうした運動のリーダーたちはヨルダンの《ムスリム同胞団》の招待でアンマンにあつまる。かれらはこの戦争の関係国の首都やテヘランに代表団を派遣する。そうした上で最後にだされたコミュニケで紛争の両当事者の言い分を認めて、両者に配慮を示す。しかしイスラムの聖地の周辺にアメリカ軍やヨーロッパの軍隊がいることは批判した。これはサウディアラビアの庭に一石が投じられたと言うべきだろう。

国連がイラクにたいしてクウェートから撤退するよう要求した最終期限一月一五日が近づき、「砂漠の嵐」作戦が開始される直前、戦争の両敵対国は《イスラム民衆会議》と称する会議をおなじ日に別々の会場で開催した。《イスラム民衆会議》というのはもともと一九八三年にイランに対抗するためにサウディアラビアの後援でバグダードで開催されたものだった。ふたつの会議のうち、バグダードでひらかれたものは欧米にたいするジハードを呼びかけて閉会された。欧米の軍隊がメッカとメディナの神聖をけがしたからという理由である。サッダーム・フサインは民衆の支持をあつめることに成功したが、この会議はそれを反映していた。会議にはイスラム主義者以外にも、信者の熱狂に敏感なウラマーたち（たとえばマルセイユやパリの大モスクの指導者たち）やアラブ・ナショナリストたちが参加していた。もう一方の会議はメッカでひらかれたが、アズハル学院総長や社会問題にかんしては保守的なイスラム主義界の名士ムハンマド・ガザーリーそしてサウディアラビアから援助をうけていたので王国に忠実でありつづけたひとびとが参加していた。その会議では「道を迷って」サッダーム・フサインを支持したウラマーたちにきびしい批判がよせられたが、これはまさしくかつてリヤードが完全に支配していたイスラム圏をサッダーム・フサインが自分に有利なように分裂させることに成功したということを示していた。

軍事作戦がおわりイラクが敗北した後も、戦いの場はうつり「会議の戦争」が継続される。四月二五日、今度はカイロとハルトゥームでイスラム的「意味の空間」を支配しようとして、ふたつの対立勢力が会議をおなじ日に開催する。湾岸戦争の時、みながサウディアラビア支持をためらうなか、カイロのアズハル学院総長は、メッカの同僚たちの立場を補強する発言をしていたが、そのカイロにはサウディアラビアの忠臣たちがご機嫌うかがいにやってきた。エジプトのさまざまなイスラム系組織もいろんな計画をたててサウディアラビアから助成金をひきだそうとしていた。アメリカ軍はヨーロッパやアラブの軍隊をひきつれて、イラクをひねりつぶしてしまった。それはアラブ民衆のあいだに苦い気持ちをのこし、また湾岸戦争を正当化したウラマーたちもそれを手放しで喜んでいたわけではなかった。だから、傷ついたイデオロギーを癒すためには、緊急に社会事業を活発化しなければならない。そのためにはまず戦争で途絶えた資金援助の再開をサウディアラビアに要請し、資金難におちいった事業を救済しなければならない。一方、ハルトゥームではイラクに拍手喝采をおくったイスラム主義政権の黒幕ハサン・トゥラービーの招待で《アラブ・イスラム民衆会議》がひらかれていた。これには世界中の《ムスリム同胞団》やその系列組織、さらにヤセル・アラファトやバグダード支持にまわったその他のアラブ・ナショナリストが参加した。会議の名称は一月に分裂した状態で開催されたイラクの《イスラム民衆会議》という呼称をまねたわけだが、イスラム世界におけるサッダーム・フサインへの共感の動きを利用し、それにアラブ・ナショナリズム残党、そしてとりわけ髭面の狂信者より繊細で世知にたけたナショナリズム知識人を合流させようとしていた。トゥラービーの狙いは、イスラムとナショナリズムを統合して、ワッハーブ主義的レトリックよりも急進的な語彙をもち、民衆至上主義《ポピュリスム》と第三世界主義の色彩をもった国際的イスラム主義運動を形成することであった。トゥラービーはそうした機関によって、サウディアラビアがコントロールし影響力を行使していた機関（《イスラム諸国会議機構》や《イスラム世界連盟》など）に持続的に対抗しようとしたのである。そのためにこの会議は一九九三年と一九九五年にも招集されているが(3)、もちろんハルトゥームにはサウディアラビア系機関のような円滑に機能する組織も潤沢な資金もなかったから、そうした組織に長期間にわたって対抗できるはずもなかった。しかし、トゥラービーの動きは世界のイスラム空間にとりかえしがつかない亀裂が生じていたことを示していたし、またそれぞれの国の運動内部で社会問題やイデオロギーの面で分裂が生じていることの反映でもあった。

## サウディアラビアの身からでた錆

イスラム主義運動内部の亀裂はサウディアラビア国内にもはいりこみ、融和しがたい対立がひろまっていく。王朝と、アッラーとワッハーブ主義の名のもとに王朝に反対する勢力——この両者のあいだの力の差は歴然としていた。しかし国内の反対派の存在は政権の宗教的正当性をおおきくゆるがせ、イスラム世界におけるサウディアラビアの支配的地位をささえる土台が弱体化していることを露呈した。

一九九〇年から九一年に無数の多国籍軍兵士が国内に駐留していたことについて、王国にたいして二種類の反応があった。第一の反応はリベラルな中産階級の期待を反映し、これを機会に政権が政治的開放にむかって進んでいくことをのぞむものだった。第二の反応は、そうした政治的開放の要求がさまざまな危険をうみだすとかんがえ、アメリカの軍事支援に完全に依存することで王国が欧米化したと批判し、腐敗した王族たちによってイスラムの精神がうらぎられたことを嘆き、原初の純粋主義的な精神に回帰しなければならないと訴える。こうした批判は格別あたらしいものではない。ホメイニーのイランやサッダーム・フサインとその同盟者たちがすでに何度もそうした類の批判をくりかえしていた。目あたらしいのは、それがサウディアラビア国民によって、しかも組織だっておこなわれたという点である。一〇年前の一九七九年一一月、ジュハイマーン・ウタイビーがおこなったメッカの大モスク襲撃はその後につづくものがいない虚しい試みでおわった。しかし、ジュハイマーンの反乱の時とは異なり、今回の異議申したてには、宗教界上層部内にさえそれに理解を示すものがあらわれる。宗教界上層部はこれまでイスラムの立場から政権を正当化するという役割をもっていたのだが、今回はかれらのなかにさえ政権への批判的態度を個人的に支持したり支援網に参加したりするものがいるということがあかるみにでたのである。

リベラル派の運動にはふたつの重要な時期があった。一九九〇年一一月六日、七〇人のサウディアラビア女性が自分たちでハンドルをにぎって車でリヤードの中心部にのりこんできた。女性の自動車運転を禁止する規則に抗議するためであった。彼女たちは、みずからラクダをひいた預言者の妻アーイシャの例をあげて自分たちの要求がイスラムの立場に合致していると主張し、また王国の正当性に異議をさしはさむようなことはなく、むしろ王国の利益のために行動しているのだと宣言していた。しかしそれでも彼女たちはタブーを侵してしまったのだ。彼女たちは聖なる前例があると主張したが、ワッハーブ派イデオローグの中心人物だったイブン・バーズ師がすでに彼女たちの主張とは反対の方向で判断を下していたのである。だから彼女たちは宗教的権威に反抗し、公秩序を乱したのだ。おおくの王族や実業家や大学人がこの主張に好意的だったが、女性の運転する車のデモを「スキャンダル」と感じたひとびとの反応のほうが、それを支持するひとびとを圧倒した。もっとも反動的なひとびとは彼女たちを「共産主義の売女」とまで呼んで非難した。かれらはこの機会を利用して外国軍の存在のために感じていたフラストレーションを爆発させたのだ。車を運転した女性たちは職をおわれ、政権から抑圧された。政府はイラクに対抗するためにGIやアメリカ海兵隊に援助をもとめたことについて、ウラマーにそれを祝福するファトワーを発表してくれるようはたらきかけていたから、こうした領域でかれらを刺激したくなかったのである。一九九一年二月、多国籍軍の攻撃がもっともさかんだったとき、ふたたびファハド国王に請願がだされた。それは憲法と諮問評議会任命を要求するものだった。

リベラル派のこのような圧力にたいして、イスラム主義陣営も手をこまねいていたわけではなかった(4)。まず、二人の説教師が欧米軍の存在にたいしてきわめて痛烈な批判をおこなった。その説教はカセットでひろまったのだが、かれらは外国軍をあらたな十字軍とかんがえていた。その一人サルマーン・アウダはブライダという町のモスクのイマームで三六才だった。ブライダはリヤードに近いカスィーム州にある農業都市で、石油ブームとは比較的無縁の地域だった。もう一人は五才年長のサファル・ハワーリーで、サウディアラビアの宗教界上層部に将来を嘱望された人物だった。かれは王国の支配部族の家系の出身で、メディナ・イスラム大学（《ムスリム同胞団》運営）、ついでメッカで教育をうけていた。かれらは一〇七人のイスラム主義の説教師・大学人とともに『要望書』に署名した。この『要望書』はイブン・バーズ師の承認をうけた後、一九九一年五月、ファハド国王に提出された。イスラム主義者の『要望書』も諮問評議会開設を要求していたが、それにはウラマーが任命されるよう提案していた。評議会には、王国がワッハーブ派の規範に忠実でありつづけ、キリスト教やユダヤ教徒の有害な影響力に抵抗することができるよう君主の恣意的決定を緩和するという役割が期待されていたのである。直接的な表現ではなかったが、署名者は「異教徒」の軍隊にたすけられて以来、王国のイスラム的性格があやうくなってきたことを指摘し、さらにはサウード家による権力独占を批判していた。リベラル派の請願同様（しかしその方向は正反対であるが）、かれらは王家に属さない教育をうけた中産階級が決定機関に参加できるよう要求していた。そのために、かれらは王朝の宗教的正当性を疑問に付し、ワッハーブ派イスラム主義の瑕瑾なき純粋思想を旗印にしたのである。

ファハド国王は湾岸戦争でゆらいだ権力の宗教的基盤を強化するため『要望書』に配慮を示さないわけにはいかなかった。国王はとりあえず体面をたもつために、最高ウラマー会議に『要望書』の署名者である若い説教師たちを叱責させた。『要望書』をこっそり提出せず公開したことで国家の敵をおおいに喜ばせたという理由であった。国王は形式を批判したが、内容は認めたことになる。そもそも『要望書』の内容はイブン・バーズ師も承認していたのだ。それからかれは一一月、諮問評議会の開設と王国基本法成文化を予告する。それは一九九二年三月に実現される。評議会の六〇人のメンバーが国王によってえらばれるが、国王は評議会の見解に拘束されないし、またメンバーの大部分は主要な部族家系の出身者だった。サウード家の揺籃の地であるリヤード周辺のナジュド地方からの選出が圧倒的で、評議員の七〇パーセントが欧米で教育をうけ、その大部分がアメリカの大学だった。評議会の構成はイスラム主義者よりもはるかにリベラル派を満足させるものだった。それにたいしてイスラム主義者たちは九月、『叱責のための覚書き』を公表してこたえた。これはこの後、宗教的反体制派の要求の基礎となるものだった。しかし体制の根幹にかかわるこのような攻撃を最高ウラマー会議およびイブン・バーズ師は即座に非難した[5]。『覚書き』にはサウディアラビアの政策にたいする批判が書きつらねられ、それをよりイスラム化することにより改善する改革案が示唆されていた。『覚書き』は「ナスィーハ（良き忠告）」の伝統にしたがっていた。ウラマーは、君主の行為が聖なるテクストの命令に合致するよう、君主にたいして良き忠告《ナスィーハ》をあたえる権利をもっていると伝統的にかんがえられていたのである。『覚書き』はまず権力にたいする宗教指導者の完全な独立性を主張、宗教指導者の方が政治権力よりも優越することを指摘し、ついで法や規則の全面的イスラム化を要求し（それはとりわけ、サウディアラビアが世界中で利子《リバー》なしの銀行システムを推進しながら、本国ではそれを適用していないことを指摘している）、それのみが腐敗や混乱やイスラム教徒の権利侵害等々に終止符をうてると述べる。湾岸戦争時のサウディアラビア軍の無力さについてきびしい評価をくだし、イスラエルの徴兵システムをモデルとすることを示唆し、同時に非イスラム国家との軍事同盟はすべて破棄することを主張する。外交にかんしては、アメリカとの関係やイスラエル＝アラブ間の和平プロセス支持、国内でイスラム主義運動を弾圧するアルジェリアのような国への支持などが批判の対象となっていた。

『覚書き』はサウディアラビア王国が、恣意的な権力に支配され、権力者の破廉恥な行動を隠蔽するためにだけ宗教が利用されていると批判する。王国は世界中のイスラムにたいして道徳的権威として君臨しようとしていたのだが、『覚書き』は王国のそのような主張に根拠がないことをあきらかにしたのだ。『覚書き』にたいして当局は処分をためらう。そのために、反体制派のひとびとは活気づく。一九九三年五月三日、『叱責のための覚書き』署名者四名をふくむ六名の宗教指導者がモスクや大学でひろがりつつあった反体制派イスラム主義の世論を代弁するための組織をつくる。外国では英語の略号ＣＤＬＲ（《法的権利擁護委員会》）で知られているこの組織は、アラビア語では《シャリーア権擁護委員会》という組織名をもっており、それによればシャリーアにもとづく権利のみを擁護することを主張していることになる。団体はこの二重性をたくみに利用して欧米メディアの気をひこうとした。だから、欧米メディアはこの団体を人権擁護団体とかんがえてしまったのだが、しかし同時に国内の支持者にたいしては団体はより厳格にイスラム主義的なテーマを展開した。サウディアラビア政府は自己の権威にたいするこのような直接的な攻撃にたいしてきびしく反応した。ＣＤＬＲのスポークスマンで、アメリカで教育をうけた物理学者でもあるムハンマド・マスアリーがＢＢＣから英語でインタビューをうけ、それが大反響を呼び、リヤード駐在のアメリカ大使と会見さえしたので、なおさら政府は看過できず、署名者と同調者は職をうしない、投獄された。しかしアムネスティー・インターナショナルはマスアリーを「思想犯」と判断し、そのため政府はかれを釈放せざるをえなくなった。やがてこの反体制派知識人はロンドンに出国し、一九九四年四月、ＣＤＬＲの本部をそこにおいた。

二年間、マスアリーは政権のイメージを悪化させることに躍起になった。しかしそれは表面的で、ただメディアをつかっただけで、サウディアラビア国内の社会運動に刺激をあたえるまでにはいたらなかった。それに大部族の家系出身のウラマーであるハワーリーやアウダと違って、マスアリーは上流社会から「下層階級出身者」とみなされており(6)、そのためにかれの言動が真剣にとられることはなかった。さらに、かれの宗教教義にかんする知識は、王国が防衛のための最前線に配置したウラマーたちのファトワーを前にしてあまりにも貧弱だった。王国は一九九三年七月、ながいあいだ空席だった大ムフティーのポストにイブン・バーズ師を就任させ、エネルギッシュな宗教指導者アブドゥッラー・トゥルキーの指揮のもとに宗教省を改組し、反対派に対処させた。しかしマスアリーはコミュニケーションの才能をもっており、ロンドンのイスラム主義社会のなかですぐに頭角をあらわした。かれはジャーナリストにサウード王家のプリンスたちの公的・私的不品行にかんする暴露記事を提供した。そうした暴露記事はかならずしもしっかりとした根拠があるわけではなかったが、ジャーナリストたちを喜ばせた。かれはファックスを異常なほどに多用し、それでサウディアラビア・ジャーナリズムの検閲を回避した。それはちょうど、その一五年前にホメイニーがカセット・テープで国王のラジオの裏をかいたのとおなじことだった。ついでかれはインターネットのホームページを開設し、英語とアラビア語でコミュニケやヴァーチャルな定期刊行物を公刊した。モデムやファックスでサウディアラビア王朝の基盤をくずそうとする反体制派、石油の王たちにたちむかうポストモダンの髭男――メディアはこの男の「物語」がおおいに気に入った。しかしマスアリーの名声はひとつの曖昧さの上になりたっていた。シェイクスピアやアムネスティー・インターナショナルやマイクロソフトの言語で語るときには、かれは人権侵害や腐敗等々にたいする糾弾を強調する。一方、コーランの言語で語るときには、かれは『サウディアラビア国家がシャリーアに違反している決定的証拠』（一九九五年にかれが出版したパンフレットの題）を提供しようとやっきになり、リヤードの法律にしたがうムスリムにたいして不信仰者宣告《タクフィール》をする所まで行く。こうした極端な態度はアルジェリアのＧＩＡやロンドンにおけるそのスポークスマンたちと近い。そのためにかれはサウディアラビア国内の反体制派の支持を完全にうしなってしまう。国内の反体制派は大ウラマーたちを侮辱したり怒らせたりするより、かれらに自分たちの主張を理解してもらおうと努力していたからである。サウディアラビア国内では政府が締めつけをいっそう強化していたからなおさらだった。一九九四年九月、ハワーリーやアウダそしてかれらの呼びかけに応じてブライダにあつまった数百人のデモ参加者が逮捕された。翌年、組織された別のデモはすくない数の参加者しかあつめられなかった。警官を襲ったイスラム主義運動家が公開で斬首され、社会には反対派弾圧のおもい気配がただよっていた。一九九五年一一月、リヤードでおこったテロ事件で五人のアメリカ人が殺害された。ひとびとはファックスとインターネットの代わりに爆弾をつかい、言論の力にではなく暴力にうったえかけるようになる。一九九六年二月、分裂でＣＤＬＲは弱体化し、マスアリーはじょじょにメディアの表舞台から去り、ウサーマ・ビンラーディンに席をゆずる。マスアリーはヴァーチャル空間でおさめた成功を現実の社会に定着させ、サウディアラビアの敬虔なブルジョワジーを結集して支配王朝の権力を脅かすにはいたらなかったのである。

## ターリバーン現象

内部から弱体化したサウディアラビアは湾岸戦争の直後、別の失望を味わうことになる。それをもたらすのは一九八〇年代の神童、アフガニスタンのジハードの戦士たちである。かつて自分たちから武器と金をもらった者たちが、またサウディアラビア版イスラム主義のワンダーボーイだった億万長者のウサーマ・ビンラーディンさえもが、サウディアラビアに反旗をひるがえす。ビンラーディンの一家は王家のサークルと交流があるおかげでアラビア半島の公共事業を支配していたにもかかわらず。

一九八九年二月一五日、アフガニスタンからソ連軍が撤退した後、確実とおもえた勝利がなかなか実現しないのでジハード主義者たちのあいだにいらだちがつのってきた。共産党のリーダー、ムハンマド・ナジブッラーはカブールに居座りつづけ（かれは一九九二年四月まで政権にとどまる）、同盟軍アメリカは、一度赤軍が撤退するや、昨日まで「自由の戦士」ともちあげていた者のなかに危険な狂信者、ヘロインの密輸者がいると批判する声に敏感になりはじめた。ヘクマトヤルやサヤーフなどゲリラ内でもっともワッハーブ派に近い勢力のリーダーたちをワシントンはナジブッラーとおなじような「過激主義者」とみなし、支援を完全にやめてしまう。パキスタンでは、一九八八年八月のテロでズィヤーウル・ハック将軍が殺された後をうけて選挙がおこなわれるが、選挙の結果ベーナズィール・ブットーが首相にえらばれる。一九七九年に父親アリー・ブットーを元独裁者ズィヤーウル・ハックに処刑された彼女はズィヤーウル・ハックにひきたてられたイスラム主義グループに好意をもつはずはなく、その中心《ジャマーアテ・イスラーミー》の勢力をそぐことに専心する。ヘクマトヤルが指揮していたアフガニスタンの《ヘズベ・エスラーミー》の後ろ盾になっていたのはマウドゥーディーの党《ジャマーアテ・イスラーミー》だったのである。こうした勢力のあいだでは殉教者《シャヒード》ズィヤーウル・ハックの記憶が褒めたたえられ、テロでアメリカ大使がまきぞえをくって一緒に死去しているにもかかわらずズィヤーウル・ハックの死はアメリカの陰謀によるものだとされていた。ソ連が敗北した後、ゲリラ勢力をコントロールしやすくし、イスラム主義運動が発展するのを妨害するためだったというわけである。リヤードからみてジハードの目的のひとつはイスラム主義活動家たちの攻撃性をソ連にむけることだった。それによって、ホメイニーが大悪魔アメリカになげつけた呪詛にもかかわらず、保護者アメリカをイスラム主義者たちの敵意からまもることができるとかんがえたのである。しかしそれにもかかわらずこうしたグループのあいだで反米主義がひろがっていく。こうした状況のなかで一九八九年一一月、アブドゥッラー・アッザームが暗殺される。このパレスチナ《ムスリム同胞団》メンバーはペシャーワルにアラブ人「ジハード戦士」のための《ムジャーヒディーン支援事務局》を開設し、サウディアラビアのシステムと過激活動家たちの仲介役となっていたのだが、かれの暗殺で過激活動家はスポンサーにたいして独立性をつよめていく。ＣＩＡの資金や武器が潤沢にながれてきている間は棚あげされていた反欧米的立場がふたたび力づよく確認されるようになる。それはまずペシャーワルのアフガニスタン難民のあいだで活動していたヨーロッパやアメリカの人道団体を標的にした事件の多発という形であらわれてくる。

一九九〇年八月二日、イラクがクウェートに侵攻した時、この地域のイスラム主義運動の大部分はまずイスラム系国家が別のイスラム系国家を併合したことを非難した。アフガニスタン人では《イスラム協会》リーダーのラッバーニー教授と《ヘズベ・エスラーミー》党首ヘクマトヤル氏が侵攻を糾弾するために九月にメッカで開催された会議に出席した。パキスタンでは《ジャマーアテ・イスラーミー》やウラマーの党（ＪＵＩとＪＵＰ）がサッダーム・フサインに欧米に軍事介入の口実をあたえないために軍隊を撤退させるよう要請した(7)。しかしやがて、この「欧米の軍事介入」というのがこの紛争の中心的な論点になってくる。すでに一一月から、イスラム主義運動全体が戦争を中東支配をめざすアメリカとイスラエルの陰謀とかんがえるようになり、サウディアラビア王国に敵対的な態度をとるようになる。とりわけこの点で顕著だったのは《ジャマーアテ・イスラーミー》党首で、アフガニスタンのジハードのおかげで政界で頭角をあらわすようになったパシュトゥーン人カーズィー・フサイン・アフマドと《ヘズベ・エスラーミー》のヘクマトヤルのはげしい反応だった。かれらの組織は一九八〇年代の戦争のあいだ、サウディアラビアとクウェートの財政援助からもっとも恩恵をこうむっていたのだが。しかし、地域の状況からかんがえれば、かれらの反応はワシントンと（程度の差はあれ）リヤードによるジハード「放棄」にたいするかれらの不満のあらわれだった。アメリカやサウディアラビアにとって、ソ連が破産し、イランが弱体化し、ホメイニーが死去した後、アフガニスタン・パキスタン問題は大幅に重要性をなくしていた。現地滞在をつづけていたアラブ人「ジハード主義者」は皆、《ジャマーアテ・イスラーミー》や《ヘズベ・エスラーミー》のこうした態度表明に刺激されて、地域のイスラム主義政党とおなじ方向にうごき、サウディアラビア政府の監督からはなれ、一挙に対決姿勢をとるようになる。

このジハード古参兵国際旅団とでも言うべき存在はこうしてあらたな性格をもつようになる。それはいまやいかなる国家のコントロールからもはなれ、世界中の過激イスラム主義がかかげるさまざまな大義のために動員可能な存在となる。特定の国家の政治情勢に拘束されず、またなにかの社会グループの代弁者でもないから、それにたいして責任をもつ必要もない。活動家のそれぞれは個人的にはなにかの階層の出身者であろうが、全体としてこの集団は敬虔なブルジョワジーの利益も貧困都市青年層の利益も代表してはいない。かれらはジハードの遊離電子となり、「プロのイスラム主義者」となる。戦闘の訓練をうけ、また他の人間を訓練する能力もあり、密輸業者が支配してイスラマバードの権威がおよばなくなった「部族支配地域」に基地をかまえたり、アフガニスタンのムジャーヒディーンのキャンプに居住したりする。運動に専心する活動家のまわりには範囲を限定することが困難な同調者のグループがあつまっている。そのおおくは出身国政府当局といざこざをおこしたり、欧米の領事館がヴィザ発給を拒否しているために、足止めをくらってパキスタンでその日暮らしをしている。さまざまな国から来た若いイスラム主義者たちがかれらに合流して、戦士養成の訓練をうける。一九九五年にフランスでおこった一連のテロ事件実行犯の大部分がそうした青年だった。かれらが身をささげる大義がなんであれ、独立系の過激活動家をあやつることに関心をもつさまざまな国の情報機関がこうしたグループの中から特別任務を遂行するエージェントをリクルートすることもおおい。

社会の現実から遊離し、世界を宗教教義と武装暴力の混合物をとおして知覚するこのグループのなかに、あたらしく雑種的なイスラム主義イデオロギーが誕生し、それが当の活動家たちの存在と行動を合理化する。「ジハード主義的サラフィー主義」である(8)。学問的な用語法では、「サラフィー主義」という言葉は一九世紀後半にうまれた思想潮流を指示する。それはヨーロッパ思想の普及にたいする反動として、「信仰あつい先祖たち」（アラビア語で「優れた先人《サラフ》」）の伝統に回帰することを主張した。ペルシア人アフガーニー、エジプトのアブドゥ、シリアのリダーなどがその代表だが、かれらはイスラム文明の中から近代の源泉となるようなものを発掘しようとし、そのために聖典をかなり自由に解釈していった(9)。しかし活動家たちの理解では、サラフィー主義者とは聖典で規定された規則を伝統で確定された字義どおりの意味で理解するひとびとのことを言う。その際に依拠すべき伝統を体現しているとされるのは特に一四世紀の偉大なウラマー、イブン・タイミーヤで、かれはワッハーブ主義者たちが第一に参照する思想家でもある。これはまさしく文字どおりの意味でイスラムの「原理主義者」で、あらゆる革新は「人間的解釈」であるとしてそれに反対する。活動家によれば、サラフィー主義者はさらに二種類に分類できる。第一は「族長《シャイフ》主義者」で、アッラーへの崇拝の代わりにアラビア半島の石油を支配する族長――その代表はサウード王家である――を偶像崇拝するようになったひとびとのことである。そのイデオローグは一九九三年からサウディアラビア王国大ムフティーになり、「宮廷のウラマー」の典型そのものであるアブドゥルアズィーズ・イブン・バーズである。かれらのこれ見よがしなサラフィー主義は偽善と非イスラム国家アメリカへの従属、そしてかれらの公的・私的な不品行の仮面でしかない。だからかれらを打破し、壊滅させなければならない。第二の、そして本物の、サラフィー主義者は「ジハード主義的サラフィー主義者」である。かれらもうらぎり者の「族長主義者《シャイフ》」と同様、聖典を字義どおりに理解し厳格に遵守するが、しかしそれをジハード優先主義とむすびつける。ジハードの第一の標的は信仰の敵アメリカである。サウディアラビアの反体制派説教師ハワーリーとアウダはこのグループからたかく評価されているが、その他、パレスチナ人のアブー・カターダ、シリア出身（でスペイン国籍を取得した）アブー・ムスアブ、エジプト出身（イギリス国籍取得）ムスタファー・カーミル（通称アブー・ハムザ）など（三名ともアフガニスタンでジハードを経験している）もこのグループのイデオローグで、かれらはロンドンで発行されるＧＩＡの会報にペンネームをつかって定期的に文章を寄稿している。

「ジハード主義的サラフィー主義者」は「族長主義者《シャイフ》」にたいしてばかりではなく、《ムスリム同胞団》にたいしてもおなじように敵意をもっている。かれらは《同胞団》が過度に近代的で、そのために聖典の字義にたいして自由な解釈をしすぎると批判する。《同胞団》のなかでもっとも急進的なグループの精神的支柱であるサイイド・クトゥブでさえかれらの嫌疑の対象となり、クトゥブのコーラン注釈書『コーランの影で』は神学的教育をうけていない著者の個人的解釈の集合にすぎず、権威ある規範となる注釈ではないとして断罪される。ましてや、「不信仰」な政府の政治ゲームに参加し、政党をつくり、選挙に参加する《同胞団》「穏健派」にいたっては、躊躇せず打倒すべき政権に逆に宗教の保証をあたえて信者をだましているとまで批判される(10)。

こうした極端な思想はエジプトの初期の過激派グループ《タクフィール・ワ・ヒジュラ》（《不信仰宣告と離反》）やそのリーダーで一九七八年に絞首刑に処せられた農学者シュクリー・ムスタファーを想起させる(11)。しかし自分のセクトに属さないすべてのムスリムを不信仰者《カーフィル》であると宣言したシュクリーは「サラフィー主義者」というより、むしろ単に聖典を好き勝手に解釈した狂信家で、イブン・タイミーヤの伝統にならうこともなかった。かれは国家にたいしてよわい立場にあるかぎり、「真の信者」である弟子たちは不信仰な社会から「隠遁」すべきであると主張していた。かれが国家と対立したのは、かれにとって致命的な状況で、余儀なく強いられたからに他ならない。それにたいして「ジハード主義的サラフィー主義者」はムスリム世界の状況は十分熟していているので攻勢にでることができるとかんがえる。だから機会があればいつでもイスラム国家を宣言すべくジハードを遂行しようとする。

こうした意味では、かれらは一九八一年一〇月にサダトを殺害したエジプトの《ジハード連合組織》という組織の後継者であると同時に(12)アブドゥッラー・アッザーム(13)の衣鉢をつぐものでもあると言えるだろう。そもそも、かれらは大統領暗殺グループと人的な関係ももっている。というのも暗殺グループの周辺にいた活動家のおおくがエジプトで逮捕され、裁判をうけたのだが、そのなかの軽い刑をうけたものたちが釈放されると、一九八五～八六年頃からペシャーワルのキャンプに合流してきたからである。「アフガニスタンのアラブ人」のなかでもっとも注目された人物アイマン・ザワーヒリー医師はその代表だった。かれらはまた知的にも親近性をもっている。というのも、狂信家シュクリーと異なり、大統領暗殺犯たちは伝統のなかに自分たちの行動の基礎をもとめ、大統領暗殺を正当化するためイブン・タイミーヤを論拠としたからである。しかしかれらも本当の意味で「サラフィー主義者」であるとは形容しがたい。かれらのイスラムにかんする知識は初歩的で、グループのイデオローグである電気技師ファラジュの書いたパンフレットが示しているように断片的な知識でしかなかった。そのためにかれらは事件後、権力とむすびついたウラマーたちの格好の餌食となった。ウラマーたちはこの「道を迷った」若者たちを父親のように叱責し、再教育したのである。

《ジハード連合組織》はエジプトの土壌に根ざし、貧民街出身者によってになわれた運動で、国際的なひろがりはもっていなかった。こうした類の地域に限定された経験が全信者共同体に、さらには世界全体にひろがるジハードをうみだしたのはアブドゥッラー・アッザームの著作のおかげだった。アッザーム自身は忠実な《ムスリム同胞団》メンバーでありつづけ、サウディアラビア指導層とふかい関係をもち、世界のイスラム主義活動家の熱狂をサウディアラビアに有利な方向へ誘導しようとしていた。たしかにかれの著作は、一九八〇年代、赤軍にたいするアフガニスタンのムジャーヒディーンの戦いが最高潮に達していた時には、ある特定のジハードを正当化し、イラン革命の潜在的影響をうけなかった志願兵をそちらにひきよせる役割をはたしていた。しかしアッザームの主張は最終的には全地球的規模でのジハードにも適用可能な理論だった。そして実際にソ連が撤退し、アッザームが暗殺された一九八九年以降には世界中でジハードを実践しようという野心をもつひとびとが出現してくる。アッザームが書いたテクストによれば、アフガニスタン以外にも、異教徒によって「征服された」元イスラム国のすべてがそれをイスラムの権威のもとに復帰させるためのジハードの対象となる資格がある。とすると、まずかれの祖国のパレスチナ、レコンキスタによって「イスラムの家《ダール・アル＝イスラーム》」から奪われたアンダルシア（これはイスラム主義者の口癖だ）、《モロ民族解放戦線》のフィリピン、アフガニスタンの隣国で、当時、ソビエト連邦内にあったイスラム系共和国、さらには当時、共産主義国家でリヤードから特に嫌われていた南イエメン、こうした国々がジハードの対象地域となる。また、統治者がイスラム教徒でなかったり、「悪い」信者である国をつけくわえることも可能で、ジハードの潜在的犠牲者となる国の数は無限に増加する恐れさえある。実際、ジハードの潜在的対象国は一九九〇年代にはおそらくアッザームがあまり情報をもたず、かれが夢みた世界的ジハードの前線になるだろうとは生前には予想もしなかったであろう国々にまでひろがることになる。すなわち、一九九二年からはボスニア、一九九五年からはチェチェン、内戦の開始からは娘婿(14)の国アルジェリア。それにインドに支配されたカシュミール地方がくわわる。アッザームが外国人志願兵にアフガニスタンのジハードに参加するよう勧告するためにもちいた言葉を、かれの弟子たちはあたらしい目標のために再利用するのだ。

こうした教義上の系譜関係の他に、「ジハード主義的サラフィー主義者」について考慮しなければならないのは、おなじ時期、おなじ地域、おなじ状況で土着イスラムに発生したもうひとつ別の運動、ターリバーンとの類似性である。両者はともに聖典の字義どおりの解釈を重視し、目標に達成するためにジハードに訴えかけるという共通点をもっている。しかしハナフィー派の《デーオバンド》・グループに属するターリバーンはアラブのサラフィー主義者たちとおなじような教義上の教育をうけたわけではなく、ただ伝統的な宗教学校をおえただけだった。この点がアラブ「サラフィー主義者」とのおおきな違いであった。さらにかれらのジハードはまず自分たち自身の社会にたいしておこなわれ、自分たちの社会にたいして非常に厳格な道徳秩序を強制した。かれらは国家や国際政治にたいする関心をもたない。こうしたふたつの運動が同時に発生し、混在し、さらにターリバーンがアフガニスタンでジハード主義者の中心人物たちを歓待し、さらにジハード主義者たちの一部がターリバーンの主張を援用していたという事実、こうした事柄を考慮すると、双方が相手にたいしてどのように影響をあたえたのかという問題は今後、十分吟味される必要があるだろう。

ターリバーンもアフガニスタンのジハードの予期せぬ子供たちであり、ジハードと《デーオバンド》の伝統との異種交配の産物なのである(15)。一八六七年に誕生して以来、《デーオバンド》にとってジハードは優先順位のたかいものではなかった。というのもこの思想潮流は、一八五七年にイギリスに権力をゆずりわたし、ヒンドゥー教徒にたいして少数派になってしまったインドのムスリムが不利な環境のなかでひとつの共同体として生きのびることを目ざしてつくられたものだからである。《デーオバンド》のウラマーたちはファトワーを多発した。シャリーアを適用する国家が存在しなくても信者たちがシャリーアの規定を細心に尊重するようにするためである。こうしてかれらは非イスラム地域で、ジハードもイスラムの地への移住も論外な社会で生きるために、日常生活の規則を入念につくりあげた。パキスタンが建国された時、新国家にすでに居住していたか、それともインドを出てそこに定住することを選択した《デーオバンド》のウラマーたちは《イスラム・ウラマー協会》（ＪＵＩ）という政党を創設した。この政党は権力を獲得するためにたたかうというよりは、ムスリム国家とはいえ非常に世俗主義的な国家のなかで特有な生活様式の存在を擁護し、宗教学校のための資金獲得を交渉することをめざしていた(16)。他のイスラム・グループとの関係で言うと、党を創設したおかげで《デーオバンド》派はマウドゥーディーの創始した《ジャマーアテ・イスラーミー》や《パキスタン・ウラマー協会》（ＪＵＰ）を組織した《バレールヴィー》派のウラマーにたいして独自性を保持することができた。《デーオバンド》はマウドゥーディー派の「近代主義」や宗教と政治の混同に批判的だった。しかし宗教学校の生徒や卒業生を何万人とかかえた圧力団体となっていたのだから、事のなりゆき上当然のことながら、《デーオバンド》は積極的に政治に介入し、かれら流の解釈によるイスラム的秩序を侵害するものすべてとたたかうようになる。その最初の犠牲者は《アフマディーヤ》で、《デーオバンド》は、政府高官を幾人かメンバーにもっていたこのセクトの信者たちを背教者とみなしていた。ついで、一九七七年から一九八八年のあいだのズィヤーウル・ハック大統領の時代、この独裁者はスンナ派のハナフィー派のイスラムを強制し、また法的布施（喜捨《ザカート》）を銀行口座から直接徴収することを決定する(17)。これにたいして一九八〇年七月、パキスタンの総人口の一五～二〇パーセントをしめるシーア派信者が暴動をおこす。この事件は《デーオバンド》の活動家にあらたな使命感をうえつけることになる。それはシーア派を打破することである。サウディアラビアとイランの対立はかれらのこうした熱情をいっそう煽る結果になる。

イラン＝イラク戦争やアフガニスタンでのジハードの他に、パキスタンの混乱もサウディアラビアとイランの対立の副次的な産物だったと言えるだろう(18)。一九八〇年、喜捨《ザカート》の自動天引きを初めとするさまざまな圧迫をうけたために、シーア派が政党を結成する。それは共同体のアイデンティティを保持してスンナ派の横暴に対抗するためだった。《シーア派法解釈適用のための運動》と名づけられ、若い宗教指導者たちに指揮されたこの政党は一九八四年以降、イラン革命に熱狂する。この政党がテヘランの支援をうけていることは周知の事実だったので、スンナ派圧力団体はそれに懸念をもった。アフガニスタンのジハードのスポンサーだったサウディアラビアはこれがジハードのアキレス腱となることを恐れ、シーア派と対立する組織に気前よく資金援助をした。《デーオバンド》運動は何重にもこの恩恵をこうむることになる。宗教学校への寄付が増加したために、学校をふやすことができ、収容人数がふえたので、農村や都市の貧しい家庭の子供をもっとうけいれることが可能になり、さらに貧しい家庭の子供たちは無料で寮生活ができ、そして最後にかれらは将来の反シーア派運動の熱狂的活動家となる。一九八五年、《デーオバンド》の青年民兵組織がパンジャーブのＪＵＩの指導者ハック・ナワーズ・ジャングヴィーによってつくられる。ハックは一九九〇年に三二才で暗殺されるが、《パキスタン預言者教友軍《スィパーエ・サハーバ》[19]》（ＳＳＰ）と名づけられたこの組織はシーア派信者への「不信仰者《カーフィル》」宣告を目標にかかげ、暴力に訴えかけることも躊躇しなかった。《デーオバンド》運動系列では、さらに暴力的な運動がふたつ、一九九〇年代中ごろに誕生した。一九九四年に創設され、シーア派信者暗殺を専門にした《ジャングヴィー軍[20]》と一九九三年に創設された《アンサール運動[21]》である。《アンサール運動》の活動家はカシュミールのインド支配地域でジハードを展開し、捕虜になったヒンドゥー兵を異教徒として斬首して有名になった。こうした狂信主義の過熱はシーア派側でもみられることになる。一九九四年に創設された《パキスタン預言者ムハンマド軍《スィパーエ・ムハンマド》[22]》も多数のスンナ派信者の暗殺をおこなっている。

　このようにパキスタンでは宗教の名において暴力が狂気のように猛威をふるっていたのだが、その原因はかならずしもアフガニスタンの紛争や国際情勢だけではない。たしかにジハードに大量の経済的・軍事的支援がそそぎこまれたために、過激な組織の手に資金や重火器がわたり、法の支配を拒否することが可能になったということはある。しかしそれはまたパキスタン、とりわけパンジャーブ地方南部に特有な社会的危機の産物という側面もあるのだ[23]。こうした地域では継続的な人口爆発のなかで、破産した貧しいスンナ派農民の子供たちは自分の前に土地所有者（その大部分がシーア派である）が壁のように立ちはだかっていると感じ、一方、都市部にかんしては一九四七年にインドから来た避難民《ムハージル》の子孫が都市の社会構造を支配しているという事実に直面する。マウドゥーディーの《ジャマーアテ・イスラーミー》は基本的に敬虔な中産階級のエリート主義政党で民衆的基盤をもたなかったが、それとは異なって《デーオバンド》は社会的上昇の希望をいだけない困窮した青年層を支持者にとりこんでいった。そうした青年層にとって暴力は閉塞的で、きわめて不平等な社会における主要な自己表現の手段なのである。宗教学校は生徒（ターリバーン）を就学期間のあいだはそうした緊張状態から保護してくれるのだが、しかし同時に潜在的な暴力性を合理化し、教師によって不信仰者《カーフィル》と名ざされた者たち——シーア派の隣人であれ、インドの兵士であれ、さらにはスンナ派であれ、とにかく不信心者とされたすべての人間、——にたいするジハードに転換させられるという可能性もある。さらにターリバーンは、極度に過密な住環境のなか、周囲の世界とほとんどコンタクトをもたず、理解するのではなく尊重し実践するよう教えこまれたテクストをたどたどしく読むだけの生活を何年ものあいだ、仲間だけでつづけるわけであるが、こうしたターリバーンがウラマーにたいしていだく崇敬の念のために集団に奉仕する精神がうまれ、個人的な意志の表明がほとんどできなくなる。教条主義的な宗教学校では生徒を洗脳して狂信者に変えることは容易なのである。

　湾岸戦争の後、急進化した《デーオバンド》運動はふたつの方面から援助をうけるようになり、そのおかげで影響力を格段に増大させることに成功する。その結果、パンジャーブやカシュミールでのテロ活動が強化されるだけではなく、アフガニスタンでのターリバーンの勝利への道がひらかれるのである。まず援助を申し出る第一のパートナーはサウディアラビアのワッハーブ派である。サウディアラビアは一〇年間にわたってパキスタンの《ジャマーアテ・イスラーミー》とアフガニスタンの《ヘズベ・エスラーミー》にとりわけ潤沢に資金援助をしてきたのだが、この両者が湾岸戦争の際にイラクに積極的に加担したことで煮え湯を飲まされた気持ちをながい間ぬぐい去ることができなかった。《デーオバンド》の党、ＪＵＩもサウディアラビアにたいして「異教徒」の軍隊が駐留することについて反対意見は表明したが、リヤードの王国にさほどきびしい態度を示すことはなかった。それに《デーオバンド》のウラマーたちは、もうひとつの宗教政党ＪＵＰに結集した《バレールヴィー教団》の指導者たち（ピールと呼ばれる）の不倶戴天の敵だった。ＪＵＰの守護聖人はバグダード近郊に埋葬されていたので、この政党は伝統的にイラクの援助をうけていた。戦争中、その中心的リーダーはイラクでひらかれた支援集会でサッダームへの「愛情」を語り、イラク軍とともに戦うため兵士の徴募センターをひらいた。かれ自身の主張では、そのセンターをとおして一一万人の志願兵があつまったそうである(24)。サウディアラビアにとってパキスタンの宗教界に足場をまったくもたないというわけにもいかず、またかつてのお気に入り《ジャマーアテ・イスラーミー》にたいしては非常に不信感をもつようになったので、リヤードは次善の策としてJUIに目をつけた。JUIは《ムスリム同胞団》の国際ネットワークとむすびつきをもたなかったが、シーア派と伝統的教団とイラクを嫌悪し、さらにその宗教的に厳格な正統主義はワッハーブ派と親近性があったからである。アフガニスタンでもヘクマトヤルの《ヘズベ・エスラーミー》はイラクにかんする態度ばかりではなく、軍事的にもマスウード司令官にたいして劣勢になり、リヤードからはもう好意的にみられなくなっていた。こうしてサウディアラビアが《デーオバンド》の宗教学校のアフガニスタン人学生たち、すなわちターリバーンを支援するための道がひらかれることになるのである。

JUIやターリバーンがうけたもうひとつの援助というのは、欧米の観察者にはより意外なのだが、第二次ベーナズィール・ブットー政権からのものである。ブットー夫人の優雅な顔はおおくの女性雑誌の一面を飾っていたのだが、彼女はチャードルのアフガニスタン版であるチャドリの網格子のもとにアフガニスタン女性をとじこめた組織を援助していた。パキスタン政界の政治的かけひきがこうした選択のもとにあった。《ムスリム連盟》の党首で、ズィヤーウル・ハック将軍の精神的後継者でもある彼女のライバル、ナワーズ・シャリーフ氏は宗教系三党連合（《ジャマーアテ・イスラーミー》、JUI、JUP）の支持をうけていた。ブットー夫人の《パキスタン人民党》はこの宗教系三党連合をこわしたいとかんがえたのである。ブットー夫人は一九九〇年、シャリーフを支持した三党連合に好意的だった軍隊の圧力で政権から追われたが、一九九三年の選挙でふたたび勝利する。彼女はライバルであるシャリーフから《デーオバンド》の大部分をひきはなすことに成功し、JUI内部の彼女を支持した派閥に重要な権限をもったポストをあたえる。中でもそのリーダー、モウラーナー・ファズルル・ラフマーンは議会の外交委員会の委員長になった(25)。同時に、ブットー政権はアフガニスタンの無政府状態にも懸念をもっていた。カブールが一九九二年四月にムジャーヒディーン司令官たちと旧共産党政権支持者の不安定な同盟の手に落ちて以来、状況は悪化していた。ブットーはズィヤーウル・ハックやシャリーフに忠実なひとびとの巣窟であり、またヘクマトヤルの《ヘズベ・エスラーミー》を優遇していた軍の秘密情報機関ＩＳＩの政策に信頼をもっていなかった。こうした状況のなかでブットー政権の内務大臣バーバル将軍が一九九四年一一月初頭、トラック輸送隊を派遣する。それはアフガニスタン南西部をとおってトルクメニスタンにむかう予定だったが、この輸送隊がムジャーヒディーンのある司令官により進路をはばまれる。司令官は身代金をひきだそうとしたのである。しかしこのトラック隊はちょうどパキスタンの国境地帯にある宗教学校から来た、重武装した数千人のアフガニスタン人ターリバーンによって解放される。翌日、かれらはアフガニスタン南部の主要都市カンダハールを占領する。さらに一九九六年九月、カブールがかれらの手に落ち、ついで一九九八年秋、最後の敵、マスウード司令官をタジキスタン国境にあるパンシェール渓谷のかれの根拠地にまで撤退することを余儀なくさせる。こうしてターリバーンがアフガニスタン全土の八五パーセント近くを制圧することになる。

ターリバーンが成功した理由は国外・国内のさまざまな要因があわさった結果だとされる。しかしそうした要因だけでは一九九〇年代中頃に出現したこのあたらしいタイプの過激イスラム主義運動のダイナミズムを部分的にしか説明できない。この運動はなによりアフガニスタンにおけるジハードの解体過程がうんだ産物なのであるが、複数の妖精がその誕生をみまもり、最初の歩みを手助けしている。《デーオバンド》のリーダー、モウラーナー・ファズルル・ラフマーンの同盟者であるベーナズィール・ブットーの他にも、かれらはパキスタン政界上層部の大部分のひとびとの支持をうけており、それは一九九六年一一月にナワーズ・シャリーフが政権にかえりざいた後も変わらない。実際、イスラマバードは、アフガニスタンがターリバーンに支配されることで一挙にたくさんの切り札をもつことになる。それに、そもそも不安定な政治状況のなかできわめて短命におわる歴代政府は長期的政治的計算などに関心をもたない。短期的に否定的効果をもつかも知れないからである。それに、なによりパキスタンは非常につよい拘束力をもった地域情勢のなかにいた。インドとのくりかえされる緊張のために国境地帯での紛争が頻発し、カシュミールではイスラム主義民兵グループが「消耗戦的ジハード」をおこない、ニューデリーとの核開発競争で緊張はいっそうたかまる。これにくわえて、インド亜大陸にもシーア派マイノリティーが存在するために、シーア派のイランとの敵対的関係はデリケートな問題をはらむことになる。また旧ソ連だった国々（ウズベキスタン、タジキスタン、キルギス）が南から来たイスラム主義運動によって不安定化しないか懸念をもつソ連の警戒心はつのる一方である。ところで、アフガニスタンの《イスラム協会》党首ラッバーニーは一九九二年から一九九六年のあいだ、カブールで権力をにぎったムジャーヒディーン連合政権の首班をつとめていたが、かれはインド＝イラン＝ロシア枢軸に接近し、それにたいしてイスラマバードの情報機関の支援をうけていたヘクマトヤルは政権内で重きをなすことができなかった。第二に、ソ連帝国の崩壊で、帝政時代からモスクワによって閉ざされていた中央アジアから暖かい海にむかう古い道がふたたびひらかれた。人口過剰でエネルギー資源をもたないパキスタンはトルクメニスタンの石油(26)におおきな関心を示していたが、これはアフガニスタンを通過して輸送されていた。一九九四年一一月、バーバル将軍が派遣した輸送隊がターリバーンによって解放された事件があったが、石油はその道路をとおって輸送されていたのである。この道路が利用可能になるためには、国がひとつの権威のもとに統合され、輸送の安全が確保されなければならない。しかしジハードの開始以来、アフガニスタンはムジャーヒディーン司令官が支配する無数の領域に分割され、そのなかで各司令官が好き勝手に旅行者や商品の移動に金を支払わせていた。こうして、一九九四年末からじょじょにパキスタンの政治上層部のあいだで、ターリバーンはイスラマバードと密接な関係をもちながら領土を統一できる唯一の勢力であるという見方がひろまってくる。《デーオバンド》イデオロギーのためにターリバーンはシーア派のイランや「異教徒」のインドやソ連とは交渉の余地もない敵でありつづけるだろうし、それにかれらは大部分がパシュトゥーン人だった。パシュトゥーン人はペシャーワル周辺を中心にパキスタン北西部の州にもいるし、軍隊や情報局の将校団にもその出身者がたくさんいた。こうしたことからターリバーン政権はパキスタンの確固たる同盟国となり、それによって地域の三つの敵対的な国家にたいして「戦略的な厚み」を確保することができるとパキスタンはかんがえたのである。

このように外部からターリバーンの成功をうながす力がはたらき、物的支援や軍事支援がおこなわれたのだが、それにくわえて内的要因もあった。アフガニスタン民衆は一般化した怠慢や腐敗や治安悪化にうんざりしていたのだ。一九九二年、カブールがムジャーヒディーンの手に落ちてから治安状況はこのうえなく悪化し、あらゆる権威が消滅し、各派閥が他の派閥のいる街区を爆撃していた。ターリバーンは、すくなくともパシュトゥーン人居住地域では、戦闘をする必要もなくおおくの拠点を占領することができた。かれらが道徳的に高潔であるという噂が進軍前にゆきわたっていたし、それに農村地帯ではかれらの社会関係や女性抑圧にかんする超厳格主義的な考え方も、パシュトゥーンワリーと呼ばれる部族慣習にもとづく似たような規則にしたがっていたひとびとにとってショッキングなものではまったくなかった。それに反して、ターリバーンはカブール（かれらの最初の試みは失敗し、最終的に首都を制圧するのは一九九六年九月であった）や西部のシーア派が優勢な地域を占領するためにははげしい戦闘をおこなわなければならなかった。西部地域、特に一九九八年のマザーレ・シャリーフではターリバーンは信仰にもとづいて「異教徒」を大量に虐殺した。しかしそれはかれらの宗教的熱情の必然的結果だった。かれらは宗教的熱情にうごかされ、殉教者になって天国の門がひらかれると確信して、ジハードに出発し、それに命をささげたのである。

一九九二年から一九九六年のムジャーヒディーンの対立の結果、カブールは完全な廃墟となっていたが、ターリバーンの時代には秩序がもどり、治安が回復した。しかしその一方で、あたらしい支配者たちは宗教学校で教えられた《デーオバンド》風の生活様式を、同意した信者の共同体にではなく、社会全体に強制した(27)。実際、パシュトゥー語を話すこの農村出身者たちは、大部分がダリー語を話し、一九五〇年代から近代的都市生活の慣習に慣れたカブールの住民を腐敗した人間の群れと感じ、シャリーアを君臨させるためにはかれらを矯正しなければならないとかんがえた。女性たちは街を歩くときはチャドリをかぶることを強制された。女性は労働することを禁止されたので、戦争で夫や家庭の支え手をうしなった女性たちのおおくが街でたくさんの子供に囲まれながら、物乞いをすることを余儀なくされた[28]。公務員は宗教再教育キャンプにおくられ、空っぽになった役所の建物の前では道や建物を雑草がおおっていた。《デーオバンド》的世界は公的なものを嫌い、伝統的にドグマの規則を細心に尊重することで共同体を組織してきた。かれらは一八五七年のイギリスによるインド征服以来、国家は異教徒的なものとかんがえていたから、国家制度の整備などには関心をもたなかった。カブールで、アフガニスタンのさまざまな機関の主となったターリバーンはそこから実質をぬきとり、それに代えて三つの機能だけをのこした。それは道徳と商業と戦争である。道徳とはすべての人間に《デーオバンド》の規範を厳格に強制することに他ならないが、それは「善を勧め悪を禁じる委員会」（英語では「美徳・悪徳警察」と訳される）によって実践される。これはサウディアラビアの同様の機関とおなじ名前である。サウディアラビアの機関のメンバーはあの有名なムタウウィウ[29]と呼ばれる庶民階級出身の髭をたくわえた青年たちで、棍棒をもって祈りの時間や女性のヴェール着用やワッハーブ派の行動規則一般をまもらせる役目をもっている。アフガニスタンでは禁じるべき悪という概念はより拡大される。というのも髭のない男も、髭が短すぎる男も鞭打ちの刑の対象になり、さらにテレビもビデオも世俗音楽も禁止されているからである。国内全体に宗教学校の精神的環境がつくられるのである。ターリバーンの道路検問所には一本の竿がたてられ、そこにはまるで戦利品のように自動車から押収されたオーディオのカセット・テープがまきつけられている。しかしすべての見せ物が禁止されているわけではなく、教訓的な価値のある見せ物はむしろ奨励される。だから毎金曜日、かつてソ連がプロレタリアート国際運動を記念するために建設した大スタジアムが活気づくのだが、それはそこで飲酒者の鞭打ち刑や泥棒の手足切断刑や犠牲者の家族による犯罪人の処刑がおこなわれるからである。犠牲者の家族による犯罪人処刑の際には、機関銃が貸しだされる。国家は法の違反者をみずから処罰しない。それはアフガニスタンにおいて国家がよわい存在でしかないことの反映である。国家は信者の道徳的共同体に処罰の執行をゆだねる。それに喝采をおくるのは一九九六年以降、農村部からやってきて、首都を占拠するようになった下層民たちである。かれらは首都をパシュトゥーン化し、ペルシア語で教育をうけ、国外脱出に成功しなかった中産階級のひとびとを抑圧するのである。

「イスラム首長国」に存続した第二の機能は商業である。ターリバーンは最初、サウディアラビアから資金援助をうけていた。当時、湾岸諸国のプリンスたちは自家用飛行機でカンダハールにやってきて猟をたのしみ、帰るときにランド・クルーザーや相当な金額の寄付を贈り物としてのこしていった(30)。モッラー・ウマルが首長だった間、中央アジアとパキスタンのあいだの交易のながれやドバイ自由港からの密輸、アメリカ、ロシア、ヨーロッパの市場むけの麻薬とりひき(31)などがおおきく発展し、その通行税の徴収でターリバーン政権の国庫はみたされていた。その結果、政権は外国の支援国政府から財政的に自立性をもち、それに対抗することが可能になった(32)。カブールの市場《バザール》は、髭をたくわえ、伝統服を着た客や商人が行きかってまるで中世みたいな雰囲気だったが、店には商品があふれていた。政府機関の存在はなきに等しかったからブローカーや運び屋は税金や規則にしばられることなく商売を繁盛させることができ、こうした体制からおおいに利益をひきだしていた。

最後に、戦争は「イスラム首長国」の第三の機能であったが、これは三つのなかで唯一、いくばくかの中央集権的組織を必要とする機能だった。戦争にかんしては、「信徒の長」モッラー・ウマル・アーフンドが居住するカンダハールから指令が発せられていた。「異教徒」でかれの顔をみたものは一人もいなかった。かれはかつてムジャーヒディーンで、ソ連軍との戦闘で片目をうしなった。かれはカンダハールで評議会《シューラー》を主宰し、抵抗するグループを壊滅させるための攻撃を決定し、外国の圧力にたいする返答を知らせ、とりわけサウディアラビアやアメリカの要求にもかかわらずウサーマ・ビンラーディンとかれをとりまく「ジハード主義的サラフィー主義者」がアフガニスタンでどんなに手厚く庇護されているかをくりかえし発言していた。

しかしこの三つの機能がまがりなりにもはたされているからと言って、それで「イスラム首長国」が本当の意味での国家として成立していることにはならない。それはむしろ《デーオバンド》的規範で組織された共同体が国家レベルにまで「ふくらまされた」ものにすぎない。この共同体は内部には道徳的規則を強制し、周辺部にはジハードをしかけ、領土を通過する（とりわけ不法な）とりひきのながれには通行税をかけ、それを財政基盤とする。その意味では、ターリバーンのアフガニスタンはイランのイスラム共和国ともハサン・トゥラービーのスーダンとも比較にはならない。イランもスーダンも社会を権威主義的にイスラム化しようとするが、整備された行政機関にささえられ、社会を合理的に管理している。だからかれらはイスラム的「意味の空間」や国際システムのアクターとなることができたのだ。それにたいしてターリバーンにおいてはそうしたことはまったくない。かれらは国家をとおして世界に自己を投企していくということはなく、援助国サウディアラビアと断交してからは保護者パキスタンと貿易の主要パートナーであるアラブ首長国連邦以外には外交関係もむすんでいない。《ムスリム同胞団》の系統からでたイスラム主義運動は、「穏健派」であれ「急進派」であれ、権力掌握に熱心だから政治的影響力をもつことを渇望していた。しかしターリバーンは対照的にそうしたことにいっさい関心をもたなかった。《デーオバンド》のイデオロギーでは美徳にみちた国家など存在しない。かれらにとって共同体とは大量のファトワーにしばられた信者の集合体のことであり、そうした社会においてのみ各人はシャリーアの規則にのっとった生活が可能であり、そしてそうした社会だけが道徳的になるという目標をかかげることができるのである。国家や政治が正当性を欠くとかんがえられているから、同時に市民とか自由という概念もすべて否定され、その代わりに信仰と従属だけが強調される。

アフガニスタンの軍事キャンプで訓練された兵士の支援でジハードが南西アジア地域に拡大され、それとともにターリバーン的世界観がこの地域にもひろまることになる。一九九三年に創設された《アンサール運動》という《デーオバンド》の民兵組織がカシュミール地方でジハードを展開しはじめたのはその一例である。《アンサール運動》はアメリカ国務省がテロ組織指定をした後、一九九七年、《ムジャーヒディーン運動》と改名したが、パキスタンの政治・軍事指導層はここでもパンジャーブ地方の貧困青年層をメンバーにしたこのグループを後押しし、かれらにインドとの代理戦争をおこなわせる。こうした戦略は不安定な地域の社会的緊張を外部の敵にむけさせるという短期的な効果はあるのだが、次第に、パキスタン社会そのものの根本的バランスを危うくする脅威になるかも知れないとかんがえられるようになった。カシュミールから帰ってきたムジャーヒディーンたちはどうなるのだろう。かれらが国境の向こう側の敵にむけておこなっていたジハードを内側にむかっておこなうようにならないだろうか。《ジャングヴィー軍》がおこなってきたシーア派にたいするテロが国家にむけられるようになり、パキスタンの「ターリバーン化」に道をひらかないだろうか。こうした懸念をこの国のおおくの知識人たちがもつようになってきたのである。

しかし、《イスラム・ウラマー協会》（ＪＵＩ）や《パキスタン預言者教友軍《スィパーエ・サハーバ》》（ＳＳＰ）は一九九三年にブットー夫人の党と不自然な同盟をむすんで、選挙協力さえおこなったにもかかわらず、各種選挙での宗教政党一般の投票率はひくいままであった[33]。「根無し草」たちを運動員にした急進的なグループの過激な行動に敬虔な中産階級のひとびとは恐れをいだくようになっていた。こうしてかれらは《ムスリム連盟》党首で一九九九年に首相になったナワーズ・シャリーフを自分たちの代弁者とかんがえるようになる。シャリーフは敬虔な中産階級の甘心を買うために法の全面的イスラム化の計画を推進しようとする。それは何度も実行されようとするのだが、その度に、実践が困難なのと司法官の大部分が反対しているためにいつも空振りでおわっていた。宗教学校に入学したり、それとつながりのある過激組織に参加するメンバーの大部分は貧困層出身の青年たちであった。しかしかれらには明確な社会的関心を表明し、自律的な政治的アクターとなる力はなかった。ブルジョワ階級に属するイスラム主義グループのなかにも、権力機構にはいりこめないためにフラストレーションを感じている人もいるだろうから、そうしたひとびとと同盟をむすんで、権力掌握を試みるということもできたかもしれないが、政治的主体性を欠いたパキスタンの貧困青年層にはそれも不可能だった。一方、ブルジョワ階級のイスラム主義グループは全面的に政権に参加していたから、革命をおこそうという気持ちはまったくないようだった。敬虔なブルジョワ階級はむしろ貧困青年層がシーア派やキリスト教徒や《アフマディーヤ》教団員やインド人など「異教徒」との対立に熱中することをのぞみ、宗教学校のネットワークや宗教政党や民兵組織がかれらをそうした方向に誘導させることを期待していた。それによって潜在的な社会的暴力が「異教徒」にむけられ、エネルギーを弱めるからである。だから、パキスタンで過激化したイスラム主義が派手な騒動をおこし、爆発しても、最終的に権力構造はその影響をうけることがない。とはいえ、この慢性的な暴力は国のイメージに悪い影響をあたえ、パキスタンは外国から「ならずもの国家」とみなされるようになった。そのためにナワーズ・シャリーフの統治方法はついに終焉をむかえ、シャリーフは一九九九年末、参謀総長だったムシャッラフ将軍から大統領を辞めさせられる。ムシャッラフはアタテュルクをモデルにすると公言することを躊躇しなかった。これはパキスタン政府の上層部でジハード「黙認」政策についての考え方が変化してきたことを示す兆候だった。そして二〇〇一年八月、将軍は《デーオバンド》の《ジャングヴィー軍》とシーア派の《パキスタン預言者ムハンマド軍《スィパーエ・ムハンマド》》(34)というふたつのテロ組織に解散命令をだす。このようにして開始された動きが、九・一一事件以降、アメリカの支持をえて、全面的に推進されることになるだろう。

一方、アフガニスタンにおける赤軍の敗北はソ連の崩壊をはやめる。そしてこのあたらしい事態のために、急進的イスラム主義運動、とくにペシャーワルとカブールに基地をおいた「ジハード主義的サラフィー主義者」にとってあらたなジハードを展開する可能性がひらけてきた。アフガニスタンの隣国タジキスタンがあたらしく独立国となったが、政権をにぎっていたのは旧共産党出身者だった。この政府にたいして国の南部に地盤をもった武装反体制派が対立し、そしてこの武装反体制派の形成にイスラム主義運動が無視できない役割をはたしていた(35)。一方、やはりロシアの周縁部にあったが、ロシア国境の内側にのこったチェチェン・カフカス自治共和国では、元ソ連軍将軍が指揮をするグループが独立要求をおこなっていた。この独立運動は一九九五年から若い戦闘指揮者シャミール・バサイエフの影響でジハードの様相を呈するようになる。このバサイエフを支援したのはパキスタンとアフガニスタンの国境地帯にあるキャンプから来た「プロのイスラム主義」戦闘グループで、リーダーはイブン・ハッターブという「ジハード主義者」であった。かれはアフガニスタンのジハードがおわった後、タジキスタンにうつって戦争をつづけていたが、そこからさらにチェチェンに移動してきたのだった(36)。この戦争はチェチェンの隣国のダゲスタンにまでひろがり、モスクワに攻囲妄想的な精神状態をうみだした。そしてこれを利用してクレムリンで権力移譲がはやまり、ウラディミール・プーチンの権力掌握が容易になる。しかし二〇〇一年初頭からアフガニスタン情勢が進展をみせ、それはどんどん過激化してゆく。これは周知のとおり、アメリカでの九・一一テロにつながり、最終的にアメリカの反撃でターリバーン政権が崩壊するのだが、こうした情勢の進展でチェチェン問題は一挙に後景においやられることになる。

ターリバーン政権の過激化はいくつかの奇妙な兆候をとおしてあらわれた。それまでターリバーンは政権の存続のためにプラグマティックな態度を示していたのだが、それがなくなって政権がますますイデオロギー的な方向性をとりはじめていく。実際、ターリバーンのシーア派にたいする敵意はきわめて強かったが、しかしかれらは「首長国」の中心、バーミヤン市の中心部に住む重要な少数民族であるシーア派のハザラ人と穏便に共存していた。そうだったからこそ、パンシェールの根拠地にたてこもったマスウード将軍の部隊がいる北部戦線にターリバーンは軍事的努力を傾注することができたのである。また、都市住民の窮乏というきわめて重大な問題の管理はNGO(一部イスラム系NGOもあったが欧米系のものもあった)に任せていた。欧米系NGOの一部が本来的な活動目的である「慈善活動」だけに専念しているわけではないということを十分承知の上で、それを許容していたのである。

ところが、二〇〇一年前半、ターリバーンはバーミヤン断崖の岩壁にきざまれた二基の巨大な大仏像をイスラム普及以前の邪神の偶像であるとして、破壊することを予告した。この大仏像は地域のシーア派の民間信仰の崇拝の対象でもあった。ターリバーンはこうしてシーア派民衆を政権から離反させ、さらにはもしこの機会を利用してシーア派が反逆をおこすならかれらにたいして強制力をもちいることも厭わないという政策を意図的に選択したことになる。国際的には、ひとびとはこの決定に憤慨した。欧米ではこの像を重要な芸術作品、世界の文化遺産であるとかんがえていた。そしていまやターリバーンのイメージはいっそう悪くなり、かれらは文化破壊者、野蛮人だとだれもがかんがえるようになった。アジアの仏教地帯やヒンドゥー教の地域では像は宗教的シンボルだったから、モッラー・ウマルにたいして寛容な態度を示していた国々も大仏像の破壊で、そうした気持ちをなくし、そのためにカブールの孤立はますますふかまっていった。イスラム世界においても、「穏健な」イスラム主義グループや宗教的保守主義者たちのあいだで困惑がひろがった。イスラムには狂信的というイメージがはりついているのに、それをこんなに派手な形でつよめてしまうのは好ましくないとおもわれたのである。その結果、《ムスリム同胞団》に近いウラマーや知識人の代表団が現地におもむいて、ファラオののこした文化遺産をエジプトが保護しているという実例をあげて、ターリバーンに大仏像を放置しておくよう説得しようとした。この代表団には《同胞団》系のスンナ派説教師のなかでもっとも影響力のある人物で、アル＝ジャズィーラ・テレビの日曜の宗教番組の司会者でもあるユースフ・カラダーウィー師の存在を特筆すべきだろう。しかしこうした努力もすべて無駄で、大仏像は破壊されてしまった。

同様の傾向をあらわすもうひとつの兆候はアフガニスタンで活動する欧米ＮＧＯの一部メンバーが活動を妨害され、「キリスト教布教」という理由で逮捕されたり、裁判にかけると脅されたりしたことである。さらに欧米ＮＧＯに雇われていたおおくのひとびともイスラムにたいする背教の嫌疑をかけられ、いっそうおおきな危険にさらされた。これも死刑の可能性がある「大罪」だったからである。

これにたいして国際社会がうごいたが、ほとんど効果がなかった。そして同時に、石油ロビーとつながりがあるアメリカ政府機関上層部の一部グループのあいだにターリバーン政権がどうにか維持しつづけてきた共感と保護はこれを機会に消滅してしまった。

しかし何故、モッラー・ウマルの体制はこの時期にイデオロギーにとらわれた無謀な急進策にでてしまったのだろう。信頼できる資料が存在しないので確信をもってこの疑問にたいする答えを用意することは困難である。ただ、九・一一テロから遡及的にかんがえてみると、ターリバーンがアラブ人のジハード主義的サラフィー主義者やウサーマ・ビンラーディンの影響をますますつよくうけるようになったことは明白である。かれらは非常に潤沢に資金をもっていたので、意図的に派手で挑発的で、世界全体にみせびらかすようなイデオロギー的に過激な路線をターリバーンにおしつけることができた。その結果、モッラー・ウマルのパシュトゥーン人側近たちがのぞんだような現地の政治状況との妥協ができなくなったのだろう。それに、二〇〇一年初頭、イギリス政府はテロ防止のための法律をきびしくし、そのためにそれまで「ロンドニスタン」と呼ばれるほどたくさんあつまっていたジハード主義者たちのおおくがロンドンに滞在することが困難になった。そうしたひとびとの内、おおくの者がカンダハールに大挙して避難し、あつまるようになった。ターリバーンの首長国の首都は世界のジハードの首都となった。そこでは秋に話題になるひとびとのネットワークが行動をおこすべく準備していた。モッラー・ウマルは九・一一事件後の証言では知的能力もかぎられた田舎者にすぎないと描写されるようになったが、ビンラーディンに糸をひかれた操り人形になっていたようである。

アメリカでのテロ事件の後、ターリバーン政権の命運は尽きてしまった。超大国アメリカとの今度の対決では、これまでのような奇妙な寛大さをワシントンに期待するわけにはいかなかった。一〇月七日、アメリカ空軍が爆撃を開始し首長国のすべての通信網の拠点と補給ラインが破壊された。モッラー・ウマルは世界中のイスラム教徒に全地球的規模のジハードをおこなってアメリカと西欧を破壊するように訴えかけたが、反響はすくなかった。イスラム世界でも、アフガニスタン民間人への爆撃に反対するキャンペーンは《北部同盟》地上軍が参戦するや、停止してしまった。イスラム教徒の兵士が他のイスラム教徒の兵士と戦っている以上、ジハードを訴える理由はなかった。ジハードとはイスラムの地を攻撃する異教徒にたいする戦いだからである。ビンラーディンはアル＝ジャズィーラの電波をとおして開戦の日にイスラム教徒たちに訴えたにもかかわらず、世界のムスリムを自分の陣営に総動員しようとするかれの試みも失敗におわった。保守主義的イスラムの説教師たちは、後で詳しくみるように、ターリバーンや《アル＝カーイダ》の問題から距離をおき、アフガニスタンのジハードの代わりに、正当なジハードの対象としてイスラエルを名ざすことを好むようになった。決着はついた。一一月九日、アメリカから装備をあたえられた《北部同盟》軍がウズベキスタンとの国境近くにある大都市マザーレ・シャリーフを征服する。すばやい軍事攻勢でモッラー・ウマルの軍隊は混乱し、一三日にカブールは陥落する。勝利者のトラックにのって到着したCNNは五年ものばしたままの髭を剃ってもらうために床屋に殺到する民衆の歓喜の様子を報道する。二五日、アラブ人やパキスタン人が死にものぐるいで防衛し、攻撃側にもおおくの犠牲者をだしたクンドゥズの要塞が陥落し、さらに一二月六日、首長国の首都カンダハールが降伏する。

パシュトゥーン人の援助網に保護されて、モッラー・ウマルは姿を消す。バイクのハンドルをにぎって逃走したと言われている。これが、一時期はアメリカから寛大なあつかいをうけていたが、その後その怒りの餌食となった奇妙な超過激主義的イスラム主義体制の滑稽な末路だった。

# 第十章　ボスニアの戦争とジハード移植の拒絶反応

旧共産主義国家ユーゴスラヴィアが連邦を構成する共和国間の民族的対立のために分裂した時、世界は、ヨーロッパの中央にイスラムを信仰するスラヴ民族が存在することをおもいだした。それは一四世紀以来、バルカン半島に進出したオスマン帝国によってイスラムに改宗させられたひとびとの末裔だった(1)。イスラム教徒の大部分はボスニア・ヘルツェゴヴィナに住んでいたが、この地域にはセルビア人やクロアチア人もおり、三つの民族がまざりあって生活していた。このボスニア・ヘルツェゴヴィナが一九九二年三月、独立を宣言すると(2)、すぐさまセルビア人民兵が新国家の首都サライェヴォに軍事攻勢を開始する(3)。戦争は三年以上もつづき、一五万人もの死者をだし、すくなくとも二〇〇万人の人間が強制移住させられた。こうした被害の大部分は「民族浄化」のためであった(4)。欧米ジャーナリズムではこの「民族浄化」はしばしば第二次世界大戦の残虐行為と比較された。とりわけ、やせこけた囚人がとじこめられたキャンプの写真が初めて公表され、大量の死体がうめられた場所が発見されるようになると、そうした連想はますますつよくなった。犠牲者はある明確な意図をもって虐殺されたようだったが、それはジェノサイドを実行しようという意志に他ならないとしばしばかんがえられた(5)。イスラム世界でも、おおくの人にとってボスニアの存在は意外な発見だったのだが、ヨーロッパの中心にイスラム国家が誕生したというニュースに熱狂したひとびとはおおかった。イスラム教徒は一般的にセルビア人の攻撃と民族浄化について宗教的な次元でそれを解釈して反応した。つまりそれは十字軍の一種で、宗教的な理由でおこなわれたホロコーストであるとかんがえられたのである。そのためにひとびとはバルカン半島に再発見された同宗者にたいしてイスラム教徒として特別な連帯感を感じるようになった(6)。一九八九年にサルマン・ラシュディーにたいするファトワーで西欧にまで象徴的に拡大し、一九九一年の湾岸戦争でふかい亀裂を経験したイスラム的な「意味の空間」がとつぜんふたたび西にむかって拡大し、——今回は中欧だったが——移民ではなく土着の民衆を包含する。しかし、再発見されたばかりのこのあたらしいイスラムの地は、人権を重視すると主張する欧米諸国の共犯的な沈黙のなか、セルビア人による虐殺で消滅の危機に瀕しているようにみえる(7)。イラクを擁護したひとびとはすぐに「ダブルスタンダード」を批判する。イラクにたいしては禁輸措置を発令し、領土を爆撃し、サッダーム・フサインを悪魔のように語るひとびとがスロボダン・ミロシェヴィッチのセルビアには軽微な制裁しかくわえない……。イスラム教徒の血は石油ほどの価値もないのだ、ということがこの当時よく言われた。「砂漠の嵐」作戦に参加したイスラム世界の国々では、ボスニアとの連帯はひとつの大義となった。そうした国の反体制派イスラム主義運動はここぞとばかりに主張をエスカレートさせ、政府が無策であるとか、欧米と共犯だとか、バグダードの軍隊を壊滅させるために多国籍軍の援助をもとめるといううらぎり行為をはたらいた後、また信者共同体《ウンマ》にたいするあらたなうらぎり行為をおこなったと政府を批判する。

　こうしてボスニアは一九九二年から一九九五年にかけて、イスラム的な「意味の空間」のあたらしい焦点となった。すでに一九九二年四月（サライェヴォでセルビア民兵によって戦闘が開始されたまさにその月）にカブールがムジャーヒディーンの手に落ち、アフガニスタンのジハードは終焉した。インティファーダはイスラエルとパレスチナの和平交渉で下火になっていた。アルジェリアの内戦も一九九二年にはじまったが、イスラム教徒同士が対決していたから、信者共同体《ウンマ》のレベルではそれをどんな風に解釈すべきか、すぐには明白ではなかった(8)。それとは対照的に、イスラム世界にたいする主導権をにぎろうとする各国政府や反体制派組織にとって、ボスニアを血で染める戦争はさまざまな戦略を展開する格好の機会だった。登場人物は八〇年代とおなじである。イラン、サウディアラビア、そして《ムスリム同胞団》から「ジハード主義的サラフィー主義者」にいたるさまざまな傾向のイスラム主義組織——こうした国々や組織が独自の戦略をきそいあう。しかし状況はアフガニスタンのときとは異なっていた。テヘランはアーヤトッラー・ホメイニーが生前しきりにかきたてようとしていた革命の熱情をうしなっていた。リヤードでは王国は湾岸戦争後、おもい負債を負い、国内は反体制派に浸食されつつあった。またジハードというスローガンはヨーロッパではげしい反応をひきおこし、セルビアのプロパガンダを利する危険があったので、慎重にとりあつかう必要があった。したがって、ふたつの首都とそれとむすびついた組織はボスニアをめぐって基本的に強度のひくい競争しか展開しなかったし、それもイスラム人道組織を後援するという形をとおしてだった。イスラム人道組織はこれまで欧米の慈善活動NGOの独壇場だった領域に殺到し、欧米に対抗して独自な慈善についての考え方を主張した。そのためにかれらの活動の本当の目的に疑念をさしはさむひとびともいた。その一方で、戦争に参加するためにボスニアに移動したひとびとも、ペシャーワルの「ジハード主義者」やそれにあたらしく賛同する人たちもふくめ、最大に見積もって四〇〇〇人程度いたようである(9)。しかしかれらも戦争にジハードという性格をもたせることに十分には成功しなかった。というのも、アフガニスタンとは逆に、ジハードという言葉は現地のイスラム系住民のあいだに反響を呼ばなかったからである。ボスニアのひとびとは総じて隣人たるセルビア人・クロアチア人との対立の性格を別の次元で理解していた。

　しかし、社会主義イデオロギーが半世紀にわたってチトー元帥のユーゴスラヴィアに君臨し、ひとびとの精神を支配していたにもかかわらず、ボスニアのイスラムは、一九六〇年代終わり頃から世界的にこの宗教がこうむりつつあったおおきな変化と無縁であったわけではなかった。一九七〇年、ナセルが死に、ホメイニーが『イスラム統治体制』という本を出版した年、サライェヴォで『イスラム宣言』と題されたテクストがこっそりとひとびとのあいだで読まれていた。そのテクストにはサイイド・クトゥブの一九六五年のマニフェスト『道標』と発想がにかよったいくつかのテーマがみられた(10)。著者アリヤ・イゼトベゴヴィッチは《ムスリム青年組織》のメンバーだった。これはエジプトの《ムスリム同胞団》に影響をうけて一九四一年に創設され、一九四九年にチトー政権によって解散させられた汎イスラム主義組織だった。イゼトベゴヴィッチは一九四六年、思想犯として一回目の投獄をされる。さらに、イラン革命直後、「イスラム原理主義」という告発をうけた被告一三人のひとりだったイゼトベゴヴィッチは裁判の結果、一九八三年春にふたたび投獄される。七年後の一九九〇年三月、ユーゴスラヴィアが解体されつつあるとき、かれは《民主行動党》(SDA)を創設した。この党は最初、《ユーゴスラヴィア・ムスリム党》という党名を名のろうとしたが、当局がそれを認めなかったので、このような名称となったのだ。一一月、SDAはユーゴスラヴィア連邦ボスニア・ヘルツェゴヴィナ共和国の合議制大統領選挙でムスリム票を独占する。セルビア人やクロアチア人のナショナリスト政党もそれぞれの共同体内部で第一党となる(11)。ボスニアのムスリム民衆は(セルビア人やクロアチア人もそうなのだが)大部分が世俗化されていたにもかかわらず、元《ムスリム青年組織》のメンバーだったイゼトベゴビッチがこの国で最初に民主的にえらばれた大統領となる(12)。方向性をうしなったユーゴスラヴィア全土でナショナリズムが激化するなか、信仰共同体への帰属を核にムスリム人の国民としてのアイデンティティを形成する動きがあった。イゼトベゴビッチはそうしたナショナリスト的アイデンティティの中心に自分の党を位置づけることによって選挙民の支持をえたのである(13)。

このようにイスラム的なイデオロギーにあまり共感をおぼえることがなかった民衆が、既存のきわめてマイナーだった汎イスラム主義運動を選挙で支持したのは、ユーゴスラヴィア連邦の解体と戦争で茫然自失していたということはあるにしても、まったく偶発的なことであった。だからＳＤＡ指導部も、勝利の勢いにのってイスラム国家を宣言したりシャリーアを適用しようとはしなかった。そうした意味では、サライェヴォにあらたなカブールの幻想を投影していたジハード国際旅団兵士の期待は完全にうらぎられたのである。一一月デイトン合意を成立させ、それを一九九五年一二月パリで調印させて、対立に終止符をうったのはアメリカと、関与の度合いはよりすくないが、西欧諸国であった。その結果、ボスニアはヨーロッパ圏に編入され、その未来はイスラム的な「意味の空間」から切りはなされ、そしてペシャーワルやカイロやテヘランから来た「志願兵」たちは国外に退去することを強制される。

ボスニアにおけるジハードの移植失敗は一九九〇年代を特徴づけるふたつの現象の最初に知覚された兆候のひとつである。第一は、過激イスラム主義者の世界観とイスラム民衆のそれがじょじょに乖離し、民衆にとって過激イスラム主義者のえがくユートピアが人をひきつける力をなくしていったことである。第二点は、イスラム主義からはなれていった民衆のあいだに、ある種のイスラム教的民主主義社会の概念が構築されつつあったことである。それはイスラム主義的モデルをのりこえ、文化的伝統をあたらしく解釈しなおして、自己否定することなく、対等な資格で近代に参入していこうとする。これまでひとびとは文化的アイデンティティについて閉鎖的で排他的な概念をつくりだし、それを旗印にして残虐な戦争をつづけてきたのだが、そうした段階を経過して、やっとこのような運動があらわれてきたのだ。

一八七八年、オーストリア・ハンガリー帝国は軍事的勝利をおさめ、ベルリン会議の結果、オスマン帝国に代わってこの地域を占領する。この出来事のためにボスニア・ヘルツェゴヴィナのイスラム教徒のアイデンティティが危機におちいる。その後、この独自な国民としての「ムスリム人」のアイデンティティが再構築されていくのだが、上に述べたような現代ユーゴスラヴィアにおけるイスラムの状況を理解するためにはこうした歴史のなかにこの問題を位置づけながら考察する必要がある。オスマン帝国時代、ボスニアではイスラムに改宗したスラヴ人たちが少数派ではあったが支配階級となっていた。かれらの内の都市エリートや地主階級はイスタンブルとの関係によってその権力と地位をたもっていた。オーストリア・ハンガリー帝国がバルカン半島を占領するとかれらのこうした優越性は消滅し、またかれらの存在自体、全体のなかに埋没して影がうすくなる。そのなかで第一次世界大戦まではカトリックのクロアチア人がウィーンから優遇され、ついで一九一八年から一九四一年までは正教徒のセルビア人が独立ユーゴスラヴィア王国を支配して政治的実権をにぎる。こうした状況はインドのイスラム教徒のそれを想起させなくはない。インドでも一八五七年にイギリスがデリーの最後のモンゴル人スルタンをやぶった後、国家のなかでイスラム教徒が少数派になり、シャリーアが適用される可能性がなくなる。その結果、すでにみたように、ひとびとは自己の宗教的・政治的アイデンティティの問題に直面する。しかしインドではイスラムの地への亡命《ヒジュラ》はあまりにも遠く、実現不可能なものにおもわれたのにたいして、オスマン帝国に愛着をもっていたバルカン半島のイスラム系エリートたちはイスタンブルに亡命するという選択が可能だった。その結果、ボスニア出身者の共同体がトルコ宮廷周辺に相当の規模で存在することになる。したがって、きわめて厳格に宗教的実践を規則化し、それを中心として閉鎖的な共同体を構築した《デーオバンド》運動に相当するものはユーゴスラヴィアには誕生しなかった。しかし、インドの場合とおなじように、ボスニア社会は宗教的帰属によって定義される共同体を核として固定化され、各共同体のリーダーはハプスブルク帝国にたいして共同体を代表する機能をもっていた。一九一〇年、ボスニアで、一九一一年にはインドで、それぞれ占領政府が選挙を実施した。これはどちらの場合も納税額による制限選挙で、しかも宗教別の投票制だった。つまり有権者が宗派ごとに自分の属する宗教共同体（ボスニアの場合ならムスリム人、セルビア人、クロアチア人、ユダヤ人、そしてインドならヒンドゥー教徒とイスラム教徒）を代表する名士をえらんだのである。第一次大戦後の一九一八年、ユーゴスラヴィアは「セルビア人・クロアチア人・スロヴェニア人王国」という国名になったが、一九一八年から一九四一年のあいだ、この地域のムスリム人民衆のアイデンティティは危機に直面する。セルビア人やクロアチア人やスロヴェニア人はそれぞれほぼ自分たちの民族だけが居住する同質的な地域を所有していたが、そうした民族とおなじような資格でイスラム教徒（ムスリム）共同体が存在したいとのぞむなら、かれらも単に宗教を共有する集団ではなく、ひとつの民族に変貌しなければならなかった。バルカン半島の西側ではクロアチア人が多数派であり、東側ではセルビア人が多数派だったが、イスラム教徒の大半はこのふたつの地域にはさまれた地域に居住していた。そしてクロアチア人はかれらを「イスラム化したクロアチア人」とかんがえ、セルビア人は「イスラム化したセルビア人」とかんがえていた。イスラム教徒はこのふたつの民族に万力のように挟みつけられていたのである。また、一九二九年にはボスニア・ヘルツェゴヴィナは領域として自治権を喪失し、四つの県に分割され、「セルビア人・クロアチア人・スロヴェニア人王国」内の単なる県の地位に落とされた。こうした状況のなか、宗教的帰属を政治的共同体に転換していくことがますます困難になったために、一九一九年に創設されたイスラム政党《ユーゴスラヴィア・ムスリム組織》（ＪＭＯ）は衰退していき、その一方で別な種類のアイデンティティ構築がおこなわれるようになる。それはまず共産党である。共産党はイスラム教徒ばかりではなく、セルビア人やクロアチア人のあいだにもひろまっていく。しかし共産党とならんで、政治的汎イスラム主義運動も誕生する。かれらは全世界で偉大な信者共同体を再建することを願い、イスラム教徒ならばそのための活動を展開する義務があるとかんがえる。実際、アラブの同僚たち以上に、ボスニアのウラマーたちは一九二四年のアタテュルクによるオスマン帝国のカリフ制廃止に衝撃をうけた(14)。というのもカリフ制はかれらの準拠点そのものだったからである。「ウラマーの長」はボスニアにおける宗教的最高権威だったが、それはイスタンブルの宗教的権威の承認をえて任命されていた。こうした状況のなかで、宗教界の若い世代のひとびとは一九二〇年代のおわりにカイロで誕生したイスラム主義運動に注目し、それを手本に一九三六年に《正道協会》、一九四一年三月には《ムスリム青年組織》を結成した(15)。主として教育をうけた青年層をメンバーとしたこの運動はエジプトの《同胞団》のようなサラフィー主義的で純化された形のイスラムを社会の組織形態としようとする。こうしたイデオロギーは、おなじような社会階層にひろまっていた共産主義やファシズムと対立するようになる。

《ムスリム青年組織》が結成された翌月、ナチスが侵攻する。エルサレムのムフティー、アミーン・フサイニーは、第三帝国のゲストになり、さらにボスニアのイスラム教徒を徴募してSS・ハンジャル（＝短剣）部隊を結成したが、《ムスリム青年組織》の活動家のなかにはこの部隊に参加する者もいた(16)。しかしやがて、共産党総書記チトーが指揮するパルチザン運動にイスラム民衆からたくさんの人間が兵士として参加するようになる。クロアチアの親ナチ勢力《ウスタシャ》民兵やセルビア人民兵《チェトニク》が支配地域で虐殺をおこなっていたが、共産党はイスラム教徒にとって両勢力からの避難場所のような役割をはたしていた(17)。解放後、共産党政権はナチス占領軍に協力した《正道協会》を解散させる。そして、一九四九年には今度は《ムスリム青年組織》が弾圧をうけ、指導者の内、四名が死刑になる。

逆説的なことだが、ムスリム人の民族的アイデンティティの基礎をつくるのはチトーのユーゴスラヴィア共産党政権である。イゼトベゴヴィッチの《民主行動党》（SDA）は後になってそれを利用しただけなのだ。解放後一五年ほどのあいだ、公式イデオロギーは政治的・文化的中央集権主義を推進し、国を構成するさまざまな民族を単一のユーゴスラヴィア的そして共産主義的アイデンティティにとけこませようと努力する。が、一九六〇年代、締めつけが緩和される。その結果、国家についても連邦主義的側面が強調され、議論も許容される。もちろん議論の自由にも限界はあったが、東側陣営のきわめて厳格な検閲体制にくらべるといかにも対照的であった。ユーゴスラヴィア連邦を構成する他の共和国はそれぞれひとつの「民族」と対応し、セルビア人やクロアチア人、スロヴェニア人、マケドニア人等々が住んでいた。それにたいしてボスニア・ヘルツェゴヴィナ共和国には「ボスニア民族」が対応するのではなく、セルビア人、クロアチア人、そして「その他」があつまって暮らしていた。しかし一九六一年の国勢調査でやっと「民族」という意味で理解された「ムスリム人」という特別な名称が出現する。ムスリム人は一九六八年からあたらしい「民族」となる。大文字での「ムスリム」はセルビア・クロアチア語を話すイスラム宗教に属する民衆を意味する。それにたいして小文字の「ムスリム」は国籍がなんであれ（ムスリム人のみならずたとえばコソヴォのアルバニア人も小文字のムスリムである）イスラムの信者の総体を言う。つまり民族としてのアイデンティティが宗教的帰属にもとづきながらも、世俗化された形で断言されているわけだが、これは一九四七年のパキスタン建国や一九四八年のイスラエル建国の際のイスラム教徒やユダヤ教徒の定義をおもいおこさせる。「ムスリム」という民族の誕生はちょうどイスラム教徒がこの共和国で人口数で第一のグループになり、そのエリートが政治機構や経済界に進出し、ユーゴスラヴィアの国際戦略を推進するためにチトーによって日の当たる場所におしだされた時期にあたる。ユーゴスラヴィアは非同盟主義運動の先頭にたっていたが、非同盟主義運動にはエジプトやインドネシアなどイスラム諸国が数おおく存在していたからである。

ムスリム人はユーゴスラヴィアで固有の領土をもたない唯一の民族であったが、内部では他の民族同様、世俗化が急速に進んでいた。しかしかれらは宗教的領域以外には民族を個別的に代表する機関をもたなかった。ボスニア・ヘルツェゴヴィナ共和国の枠内に存在する政治的・経済的・文化的機関はすべて多民族的で、セルビア人やクロアチア人もふくんだ機関だった。そのなかでただひとつ、ウラマーたちが中心になった機関《イスラム共同体》は宗教団体として政府公認の交渉相手であり、モスクを管理したりサライェヴォの宗教学校を運営したりしていた。かれらは「ムスリム」民族という概念にできるかぎり宗教的な色彩をもりこもうと努力していた。こうした動きはパキスタン独立後、最初の数十年間のウラマー政党や《ジャマーアテ・イスラーミー》の行動を想起させる。しかしボスニアのウラマーの活動はさほど大規模なものではなかった。また《イスラム共同体》は一九四〇年代に弾圧された汎イスラム主義運動の再建を促進した。一九七〇年にアリヤ・イゼトベゴヴィッチによって書かれた『イスラム宣言』は「ムスリム人とイスラム教徒の諸国民をイスラム化するためのプログラム」とされていたが、これは世界中でイスラム主義思想家を中心にしてうまれつつあったあたらしい思想に著者が影響をうけていたことを示している(18)。イスラム新思想は大学生や宗教学校の学生たちをひきつけていた。宗教学校の学生はおおくの場合、農村出身で、政権が推進した近代化の受益者であるサライェヴォの「ムスリム人」エリート家族には属していなかった。こうして一九七〇年代からあたらしい世代のイスラム主義知識人が出現する。それは当時の他の地域の信者共同体にあらわれたものとおなじような特徴をもっていた。かれらは《同胞団》系統から出たおなじような思想家を参考にしていた。またかれらはおなじようにあたらしく都市に居住するようになった社会階層の出身であった。この住民の都市移住はボスニアでも「ムスリム人」民衆が大幅な人口増加を経験したためにおこったのだ。しかしボスニアでは、当時エジプトやパキスタンやマレーシアでみられたような大規模な運動はおこらなかった。それはイスラム主義知識人層以外に、かれらの指揮のもと、連合して運動を推進する主体となりうる社会グループが存在しなかったからである。まだ社会主義体制下にあったボスニア共和国には、イスラム主義運動に参加する敬虔なブルジョワジーも貧困都市青年層も存在しなかった。一九七〇年から一九九〇年のあいだ、ボスニアのイスラム主義者たちは知的集団にとどまり、そのメンバーは古くからの関係や有為転変をともにした経験によって団結していたが、社会運動を形成するにはいたらなかった。かれらにとってもっともおおきな試練は一九八三年春におこなわれた一三人のメンバーにたいする裁判であった。折しもイラン革命が勝利して(一九七九年二月)、ひとびとがイスラムにたいして不安を感じるようになった時期であり、またチトーが死去し(一九八〇年五月)、ユーゴスラヴィアのシステムの要石がはずれ、最終的に連邦の解体につながるナショナリストたちの対立がはじまった頃であった。イスラム主義者にたいするこの政治裁判の結果、アリヤ・イゼトベゴヴィッチやかれと一緒に起訴された主だったひとびとは「原理主義」という罪状で数年の刑をうけ、そのためにこのグループは弱体化し、学生をこえて支持を拡大することができなくなった。しかし、八〇年代末、連邦が不安定化し、戦争の惨事がつづくなか、「ムスリム人」ナショナリズムを体現する力をもったあたらしいエリートが出現する。その時、裁判をうけ弾圧をうけたという事実がこのイスラム主義グループに疑問の余地のない正当性を付与することになる。

一九九〇年三月のSDA創設は一九八三年に有罪判決をうけたひとびとが中心になっておこなわれ、そのまわりに若いイマームや世俗主義的な教育をうけたイスラム主義知識人そして市場《バザール》やメディアから来た数人の有力者が結集した。つまり、この政党は知識人グループからうまれ、民衆のあいだに本当の意味で支持基盤をもたなかったのだが、しかしそれにもかかわらず、一九四五年以来きずかれてきた基準枠のほとんどが急速に消滅した社会で制度の空白と政治的不安が支配する中、SDAは勢力拡大に成功する。セルビア人とクロアチア人は独立国家樹立宣言をすることを決心しており、ボスニアの領土を分割しようとしていた。SDAはそうしたふたつの民族の対立の犠牲になることを心配したムスリム人を代表する党としてみずからを規定する。SDA創設からイゼトベゴヴィッチのボスニア共和国大統領選出までの八ヶ月間で党は大衆政党に変身する。それは《共産主義者連盟》とむすびついた幾人かの名士のおかげだが、中でも一番の実力者はアグロコメルツ・コンビナート支配人フィクレット・アブディッチである。かれは一九八七年におおきな反響を呼んだ経済スキャンダルに連座しているが、イスラム主義運動とは本来なんの接点ももたない人物だった。一九九〇年一一月にイゼトベゴヴィッチが大統領にえらばれたのは、サライェヴォより農村部や中小都市において得票したためである。サライェヴォの都市住民は、ムスリム人であれ、セルビア人、クロアチア人であれ、ナショナリズムに敵対的な「市民」政党のプログラムをより支持していた。しかし全国的には、勝利した三つのナショナリズム政党（SDA、セルビア人のSDS、クロアチア人のHDZ）が急ごしらえの連合を組んで、権力を分割するが、やがてセルビア人とクロアチア人のナショナリズム政党はユーゴスラヴィアにはたらいていた遠心的な力の作用でセルビアとクロアチアにひかれていくようになる(19)。

こうして一九九二年四月、ボスニアで戦争が勃発する。それは独立宣言（SDSのセルビア人議員はそれを拒否した）の翌月、そしてヨーロッパ共同体による独立承認の直後のことであった。「ムスリム人」の観点からすると、状況の「見通し」はかなり曖昧だった。セルビア人民兵がムスリム人の村落を襲撃していた。ムスリム人は自分たちを独自な一民族を構成しているとかんがえていたが、宗教的実践は相当よわくなっていた。しかしムスリム人を代表し、そして実際、ムスリム人の大半がそのために投票した政党ＳＤＡは宗教運動からでてきており、また大統領イゼトベゴヴィッチはその中心的なイデオローグであった。とはいえイゼトベゴヴィッチも一九七〇年の『イスラム宣言』から立場を変化させていた。一九八八年に書かれた著書『東西間のイスラム』でも、またその後に書かれた本でも、かれは青年時代の著作の中の一番過激な部分にたいして距離をおくようになっていた。イスラム国家樹立ののぞみは直接表現されなくなり、民主主義の必要性が強調されるようになった。サライェヴォの管理職層や知識人の大半は世俗化された都市中産階級だったが、かれらはもともとの成り立ちがあやしげな政党に警戒心をもっていた。民主主義の必要性という主張はそうした都市の中産階級をひきつけるにはより適したスローガンだった。それに戦争がながびくにつれ、ＳＤＡは中産階級の支持とその技術的・組織的・軍事的能力をますます必要とするようになっていた。かれらはまた欧米の政府や知識人から特に好まれる対話相手だったので、「ヨーロッパの文化的首都」サライェヴォというイメージをひろめ、その開放性と寛容の精神を強調して、民族浄化を実行するセルビア民兵の残虐さと対比するためには貴重な宣伝役だった。こうして一九九三年一〇月、複数の「市民」政党が政権に参加し、ハリス・シライジッチ氏が首相に任命される。しかし一九九六年一月、シライジッチは政権を去り、「イスラム民主主義者」の中心人物の一人となって、ＳＤＡと国家の癒着を批判するようになる。

戦争によってボスニアにおけるムスリム人のアイデンティティの定義が問題化してくる。一方で、権力の座にあるエリートの一部はイスラム主義的にそれを理解し、他方で、社会の大半は世俗化された形でそれをとらえていた。しかし民族浄化や残虐行為を実行していた者たちは、犠牲者が信者なのか、それとも世俗主義者なのか自問することなどなかった(20)。こうした迫害のために、とりわけすべてをうしなって難民となったひとびとのあいだに、戦闘的イスラム主義のモデルにのっとった宗教的アイデンティティを強固にする者たちもあらわれた。その結果、ボスニア軍のなかに難民をあつめた「イスラム旅団」がいくつかでき、そこでは禁忌や掟が厳格に遵守されるようになった。ＳＤＡの一部リーダーや外国の種々のイスラム慈善団体さらにはペシャーワルの混沌のなかで訓練された「ジハード主義者」がこうした動きを後押ししようとしたが、しかしこれは少数にとどまった。

ボスニアにたいする「イスラムの連帯」はイスラム世界でおおいに喧伝され、口先だけの宣言は数おおくなされたのだが、具体的には、ボスニアの状況への介入は容易ではなく、パレスチナやアフガニスタンとの連帯よりもっと複雑な国際的制約があったためにほとんど実行されることはなかった(21)。イランをのぞくと、連帯を示そうとした国家も組織もボスニア社会にほとんど拠点も連絡相手ももたなかった。ヨーロッパであるということがそうした機関にとってはまったくあたらしい体験で、すっかり面くらってしまったのである。《イスラム諸国会議機構》は支援活動を組織するためにうってつけな機関で、その上、サウディアラビアの影響力も非常につよかった。しかしこれも三つのタイプの圧力にもみくちゃにされる。三つのタイプの圧力とはイランの積極的な活動、反体制派イスラム主義運動の競争、そしてボスニアに聖戦のあたらしい前線をみいだした「ジハード主義的サラフィー主義者」の制御不能な活動である。

イランはＳＤＡ創設者たちと古くから関係をもっていた。一九八三年の裁判で告訴された者のうち三名はテヘランでひらかれたシーア派とスンナ派の統一のための国際会議からもどってきた所を逮捕されたのだが、その国際会議というのは当時ホメイニー政権がイラクとサッダーム・フサインに対抗するために毎年開催していたものであった。またイラン革命は近代的で偶像破壊的な性格をもっていたので、ＳＤＡのヨーロッパ風イスラム主義の指導部にはワッハーブ派の保守主義よりも魅力のあるものにおもえた。ワッハーブ派の中世的色彩、ドグマの強調、「硬直的」側面はイゼトベゴヴィッチが一九七〇年に『イスラム宣言』で批判したものにほかならなかった。一九九二年、《イスラム諸国会議機構》はボスニアについて議論するため二度の特別総会をひらく。それは六月にイスタンブルで、そして一二月にはジェッダで開催されたのだが、その会議のあいだ、テヘランはとりわけ熱心に活動する。ジェッダの総会にはイゼトベゴヴィッチも出席したが、かれはそこで国連安全保障委員会で決定されたボスニアむけの武器禁輸措置(22)を解除するようはたらきかける。セルビア側は旧ユーゴスラヴィア軍の武器を自由に使用することができたから国連の禁輸措置は不公平なものにおもわれたのである。しかしイゼトベゴヴィッチの努力にもかかわらず、総会は《機構》のサライェヴォとの連帯を表明しただけで、国連決議に違反するような方向での決議はおこなわれなかった。NATO軍のレーダーを前にしてアフガニスタンでやったようにボスニアに武器を供給することは困難だった。しかしイランは一九九二年から禁輸措置をやぶり、トルコやザグレブ空港に輸送された武器が、積み荷の三分の一がクロアチア軍により天引された後、ボスニアにもちこまれていたようである(23)。アメリカ政府はしばらくのあいだはこのルートを大目にみていた。クロアチア人・ムスリム人の連合に不利な状況を是正して旧ユーゴスラヴィア内の勢力均衡をはかるのに役だつとかんがえたからである。一九九四年四月、ザグレブに来たイランの航空機から何トンもの武器が発見され、これが公に没収されて禁輸措置違反が明るみにでる。これをうけてアメリカ議会が調査にのりだすことになるのだが(24)、このルートが完全にとざされるのは一九九五年一二月のデイトン合意調印の後にすぎない。《革命防衛隊《ハスダラーン》》から派遣されたイランの軍事顧問や教官(もっとも信頼できる推計によると数百人)もこの時、アメリカの圧力でボスニアから出国することを余儀なくされる。こうした軍事援助の他に、イラン・イスラム共和国はボスニアでイデオロギー活動や慈善活動を展開する。イデオロギー活動はSDAの一部リーダーの協力をえ、慈善活動は《イラン赤新月社》を媒介としておこなわれた。ワッハーブ派のネットワークと異なり、イランの活動は効果的という評判をえた。イスラム的連帯だけではなく、人道主義的な側面も有効にはたらいていたからである。その結果、紛争がおわったときのアンケートではボスニアのムスリム人の八六パーセントがイランについて「好意的意見」をもっているとされ(25)、この戦略は成功におわった。そしてまさしくそれはイランの試みを失敗させようとあらゆる努力をしていたアメリカ(26)にとってのみならず、世界におけるイスラム的な「意味の空間」の支配をテヘランとあらそっている競争相手国にとっても懸念の材料であった。

こんな風に《イスラム諸国会議機構》やスンナ派諸国があまり活発に活動しなかったのにたいして、そうした国の反体制的イスラム主義運動はボスニア支援問題を口実にして政府の消極的な姿勢を批判し、その宗教的正当性にゆさぶりをかけようとした。たとえばエジプトでは《ムスリム同胞団》が一九九二年に、アフガニスタンのジハードをモデルにしてセルビア人にたいしジハードをおこなうよう呼びかけている。しかしそのころナイル渓谷でひろがりつつあったテロリズムを、帰国した「アフガニスタンのアラブ人」とむすびつけるひとびとはおおかった。そうしたひとびとや政府にとって、ジハードというテーマをめぐって制御不可能なあたらしい騒動がおこることは絶対に避けるべきことがらであった。だから政府はボスニアとの連帯の動きをコントロールし、厳密に人道支援や医療支援の領域に限定し、武装ジハードへ参加しようとする動きを徹底的におさえつけた(27)。

サウディアラビアでは、湾岸戦争以後、国内の反対派によって王朝のイスラム的正当性が疑問に付されるようになり、イランの競合のみならずウサーマ・ビンラーディンの行動も警戒するようになっていた。もちろん、政府やその周囲の宗教機関はボスニアに武器を提供することや、さらには武装ジハードを実行することは支持していたが、しかしアフガニスタンでおこったように、ジハードがリヤードに敵対的なグループのコントロール下におかれるようになることを恐れていた。したがって中心になったのは人道支援・物資支援で、その合間にあまり効果のない外交交渉がおこなわれ、ジハードにかんしては武力よりもペンをとおして表現される方が好まれた。人道支援は《イスラム世界連盟》の専門部局をとおしておこなわれ、資金はリヤード知事サルマーン王子が管理する特別基金から提供された。サルマーン王子はアフガニスタンにかんしても同様の活動を統括していた。

一九九二年、公的・私的あわせて一億五〇〇〇万ドルの資金援助がサウディアラビアからボスニアに提供される(28)。アラビア半島の主要国やマレーシアに本部をもったイスラム人道支援団体の他に、この戦争を機会にして、西ヨーロッパのイスラム民衆から募金をつのる慈善組織も登場するようになる。(特にイギリスではそれがさかんだったが、これは改宗してユースフ・イスラムと名のっていた元ポップ歌手キャット・スティーヴンスのカリスマ的人気のおかげであった。かれはもっとも活動的な慈善団体《ムスリム・エイド》を運営している。)ヨーロッパのイスラム主義運動の内部では、ボスニアのイスラム教徒の支援問題を機会に連帯活動をうちだして、人道支援活動の欧米の組織による独占を打破しようとかんがえた。キリスト教系であれ非宗教系であれ、欧米の人道支援団体は宣教的な意図にうごかされているという疑いをもっていたからである。それはまたかれらにとって、すぐれて道徳的で、一九八〇年代には国際関係において政治的に重要な役割をはたすようになった人道支援という領域に介入し、ヨーロッパのイスラム教徒をイスラム教徒として結集し、その共同体としての団結をたかめる好機でもあった。対象を特定しない慈善団体に寄付をすると寄付金がどこに行くかわからなくなるが、イスラム専門の人道支援組織をつくればそれは避けられる。ボスニアのムスリム人も、イギリス・フランス・ドイツに居住するパキスタン人・マグレブ人・トルコ人の子孫も、一方はヨーロッパの土着民で、もう一方は移住者という違いをこえて、ともにヨーロッパ人という共通のアイデンティティをもっているという点を、イスラム人道支援団体は強調した。しかし活動家のなかにはボスニアの例はイスラム系移民が西欧社会の支配的文化に同化しようとしても無駄であることを実証しているとかんがえる者もでてくる。ボスニア人は「生粋の」ヨーロッパ人で眼も青く、髪の毛もブロンドで、迫害者とおなじ言語を語り、おなじ民族に属しており、さらにはその大部分が行動様式ではきわめて世俗化されているにもかかわらず残虐行為の被害者になっていたからである。すなわちボスニアでは同化はイスラム教徒を保護するのになんの役にもたたなかった、だから逆に、宗教的な絆をふかめ、共同体を強化しなければヨーロッパのイスラム教徒にとって救いはない——こんな風にかんがえられたのである。

ボスニアで活動したイスラム人道支援組織はサウディアラビアの保護のもと、《連絡委員会》を結成した（ちょうど一九八五年にペシャーワルでできた《イスラム調整委員会》に相当する(29)）。しかし人道支援組織のなかには慈善活動を布教《ダアワ》、信仰の宣伝とむすびつけた形で理解して、それを実践したものもあり、それはおおくの論争を呼んだ。というのも宗教的義務、それも厳格主義的な解釈で理解された宗教的義務を実践していないと援助がうけられないということがあったからである。たとえばヴェールをかぶっていない女性やモスクに定期的にかよわない者は援助をうけられないという噂がひろがっていた。戦争中だったために、事実を正確に確認することはできないが、すくなくともイスラム人道支援組織についてはそうした評判がひろがっていた。

非妥協的なイスラムの宣伝をもっとも過激な形で推進していたのは「ジハード主義的サラフィー主義者」たちである。かれらは政府の反対にもかかわらず武装ジハードをおこなうためにボスニアにやってきていた。さまざまな推定によるとかれらは総計二〇〇〇人程度いたらしいが、おおくはサウディアラビアやアラビア半島諸国の出身者で、一九九二年四月、ムジャーヒディーンがカブールを占領した後、ボスニアにやってきた。エジプトやアルジェリアの出身者は国に帰り、そのうちのおおくは《イスラム団》やGIAの活動に参加したが、ボスニアにわたった者たちはヨーロッパのムスリムがどんな存在であるかについてはほとんど知識をもっていなかった。かれらはただボスニアがイスラム信者共同体のもうひとつの部分にすぎず、アフガニスタンとおなじように行動すればよいとかんがえていたのである。

ボスニアのムジャーヒディーンの中心的リーダーのなかに非常に精彩に富む一人の人物がいた。それはアブー・アブドゥルアズィーズ「司令官」で、「赤髭《バルバロス》」という渾名をつけられていた。それはかれが何十センチもあるながい髭をたくわえており、しかもその髭を（注意ぶかく梳った頭髪同様）、預言者が最初におこなったとされる習慣にしたがってヘンナ顔料で染めていたからである(30)。アブドゥッラー・アッザームの呼びかけに応じて一九八四年にアフガニスタンのジハードに参加したかれは一九九二年のカブール陥落後、あたらしいジハードの戦場をもとめて、フィリピンに行くか、カシュミールに行くか迷っていた。「二週間もたたない内に、ボスニアで戦争がはじまった。これは『たしかにジハードは最後の審判の日までつづくであろう』という預言者――平和と祝福がかれの上にあらんことを――の言葉のただしさを立証する事件だった。あたらしいジハードがボスニアではじまっていた。我々はボスニアに来た。そして我々はジハードに参加するだろう、もしアッラーがおのぞみになるなら(31)。」四人の「旧アフガニスタン・ジハード戦士」とともにボスニアに様子をみにきたかれは紛争がジハードであることを確認し、三人のサラフィー主義者のウラマーにファトワーを発するよう依頼する。この三人のウラマーはすでにアフガニスタンでの戦争の際に、アブドゥッラー・アッザームに支持をあたえた人物であった(32)。その頃、ボスニアにやってくるイスラム主義志願兵たちはクロアチアから容易に到達することができたゼニツァの町を集合場所にしていたが、かれらは自分のイニシアティヴで独立して戦争をするか、それとも一九九二年九月に創設されたボスニア軍第七旅団(イスラム旅団)に編入されるかした。しかしボスニアうまれの兵士とイデオロギー的な対立が生じたので、一九九三年八月にかれらのためにムジャーヒディーン連隊が特別に編成され、イスラム主義者たちはそこに集結させられた。「赤髭《バルバロス》」はこの連隊で指揮をとっていた。重火器をともなってやってきたこの戦闘意欲旺盛な「ジハード主義者」たちはセルビア人民兵と熾烈な戦いをくりひろげた(33)。そして、プロパガンダの文章によれば、かれらは決定的な勝利をおさめて、イスラムを消滅の危機から救ったのである。残虐さにおいて、かれらは誰にもひけをとることはなかった。アラブ人兵士が切断したばかりの「セルビア人キリスト教徒」の首を微笑しながらふりまわしたり、それを踵で踏みつけたりしている写真(34)があまりにも衝撃的だったので、ボスニア軍はこうした兵士を自分たちの指揮下にふたたびおくようにした。その過剰な熱情がボスニア軍にとってマイナスになっていたからである。

軍事行動の他、かれらは「自由時間」を利用してボスニアのイスラム教徒たちにかれら流のサラフィー主義を教えこもうとした。かれらは現地のイスラムを「浄化(35)」し、「堕落している」と判断した教団の儀式を妨害し、女性には黒いヴェールの着用、男性には髭を強制しようとし、喫茶店などを破壊した。要するに、アフガニスタンでの経験をバルカン半島に、特にゼニツァに移植しようとしたのだ。こうした行為の他に、ボスニアの若い娘との「シャリーアによる」（つまり戸籍に登録されない）結婚が頻繁にみられたこともあって、かれらにたいする悪い噂がひろがり、否定的な反応をひきおこして、「市民党」の新聞や一部の民主主義的イスラム知識人さらにはSDAの汎イスラム主義のイデオローグのあいだにさえそれを批判する者がでてきた(36)。イゼトベゴヴィッチ大統領は一九九五年一二月一〇日にムジャーヒディーン旅団にたいして公式に讃辞を述べたのだが、その数日後にパリで調印されたデイトン合意に抵抗することはできなかった。その合意によれば「外国人志願兵」はボスニア・ヘルツェゴヴィナ国内からはなれなければならず(37)、その代わりにアメリカ軍がやってきて治安維持をおこなうことになっていた。おおくの「ジハード主義的サラフィー主義者」にとってこの経験は苦いものだった。というのもかれらがジハードにしようとしていた戦争がパクス・アメリカーナでおわってしまったからである。それはかれら風の解釈によれば、「異教徒」の軍隊が信者共同体の土地を占領したということになる。それはちょうど五年前、多国籍軍がサウディアラビアの土地に大挙してやってきた事件の不吉なこだまのようなものだったのだ。ボスニアはセルビア人による破壊をまぬがれたが、その代償としてこの地域はヨーロッパ的な「意味の空間」にひきよせられ、「欧米化」してしまった。それはアフガニスタンとはまったく逆の事態だった。かれらが擁護した戦闘的で厳格主義的なイスラム概念はいくつかの過激な青年による小さな組織に根をはることができただけだった(38)。今日、そのなごりがのこっているのは、ボスニアで結婚し、ボスニア国籍を取得した何人かのアラブ諸国出身者だけである。かれらはボスニア北部の人里はなれた村の「イスラム・コミューン」で暮らしているが、それはマレーシアの《ダルル・アルカム》やエジプトのシュクリー・ムスタファーの実験を想起させる(39)。

急進的イスラム主義活動家のボスニアへの移植が失敗におわったのは、人道支援と布教をあまりにも密接にむすびつけてしまった人道支援NGOの不手際だけが原因だったわけでもなく、またゼニツァとジャララバードを混同した「ジハード主義的サラフィー主義者」の硬直性や、ましてやサラフィー主義者たちがよく指摘する欧米の陰謀のせいでもない。それはなによりも、ボスニアの市民社会において、民主主義の枠のなかで宗教が実践され、民主主義に適応していく傾向がうまれてきたからである。それはおおくの点で、一九九〇年代中頃から他のイスラム諸国の社会においてひろがるようになった「ポスト・イスラム的」論理と類似性がある。こうした傾向は、後で検討するように、イランにおいてもみることができる。

戦争がおわった一九九六年九月、選挙がおこなわれ、SDAは一九九〇年につづいて勝利した。セルビアの攻撃に抗して勝ちえた道徳的勝利とイゼトベゴヴィッチの国際的名声から党は最大限の利益をひきだしたのである。SDAのライバル、元首相シライジッチが創設した《ボスニア・ヘルツェゴヴィナ党》は、シライジッチが一九九三年秋以来、国家再建に重要な役割をはたしたにもかかわらず、比較的ひくい得票率しか獲得できなかった。政権与党にたいする批判の主たるものは、党が国家を独占してしまっているという点だった。批判者によれば、それはチトーの共産党のやり方そのままなのだ。実際、共産党の元幹部たちのおおくがSDAに参加しており、そこに昔の習慣をもちこんでいる。(そのために、サライェヴォ流のユーモアでかれらは「スイカ」と呼ばれている。表面は緑だが、中は赤という訳である。)またSDAはみずからの正当性を樹立するためにイスラムを利用し、「ムスリム人」と「イスラム教徒」を、つまり国民的アイデンティティと宗教的帰属を混同していると批判される。しかしこうした宗教のとりこみは、民衆迎合や一体主義におちいってしまう危険性はあるにしても、同時に、党のメッセージや行動が急進化することにたいする歯止めにもなっている。都市の世俗的中産階級、宗教には無関心な共産党元幹部、そしてアラブの「ジハード主義者」があれほど嫌った教団的信仰が強固にのこる農村部、こうしたものすべてを結集しないと国を統治することができない。毎年六月になると、SDA幹部たちはアヤワトヴィツァ祭りを主催する。それは教団によってイスラム化された古代の起源への巡礼である。アヤワトヴィツァ祭りはサラフィー主義者やイスラム主義活動家が理解するような意味でのイスラム正統派信仰とはかけはなれているかもしれないが、イスラム的ボスニアのアイデンティティとボスニア社会の多元的性格の象徴となっている。党の機関誌では社会の再イスラム化を呼びかけ、イスラムが内包する道徳的秩序を強調し、一九七〇年の『イスラム宣言』を彷彿とさせるような論調が時にみられる。しかし大統領自身が、イスラム国家の樹立とかシャリーア適用の試みなどは一般選挙民の反対にあい、ＳＤＡの権力基盤が崩壊するとかんがえ、往時の主張を全面的に否定しないまでも、公的には政治的リアリズムを鮮明にした発言をおこなっている。党の創設者グループはイスラム主義的傾向をもちつづけ、かれらが党の組織とイデオロギーをコントロールしつづけてはいる。しかし、党が社会を変化させイスラム化させることに成功したというのではまったくない。むしろ党が社会に攻囲されて変身したと言うべきである。おなじような現象がトルコのイスラム主義政党内部にも生じたことは後でみることになる。トルコでもイスラム主義政党が、最初は市政を、ついで国政をになうことになって、もともとの教義の一部を放棄し、党は敬虔な中産階級の政治的上昇の手段に変身していったのである。ボスニアでは党内の一部の教条主義的なひとびとが反クリスマス・キャンペーンをおこなって嘲笑を買った。サライェヴォの宗教学校で教育をうけたイスラム知識人で、しばらく文化大臣をつとめ、現在シライジッチの側近でもあるエネス・カリッチは現在のボスニアについて次のような分析をしている。すなわち、多元的・民主主義的なボスニアのムスリム社会において、現在、何人たりとも、政治的目的で、自分のイスラムだけが本物だと主張したり、他のイスラムを全面否定したりすることはできない。「ボスニアはヨーロッパにある。ボスニアのムスリム人がずっと以前から今日にいたるまで、市民社会、市民国家の枠のなかでイスラムを実践し、表現するという原理をうけいれてきたという事実はきわめて重要である。」かれによれば、ボスニアにおいてイスラムは『よいイスラム』とはなにかという点について政治的強制をうけることなく」実践することが可能でなければならない。

『よいイスラム』というのは「誰の独占物でもなく、エゴイストな、あるいは世俗的な理由で宗教を利用する政治屋の道具となってはならない(40)。」こうした表現に理想主義的な響きがあることは事実だが、それはおくとしても、ボスニアにおいてイスラム主義の移植が失敗におわったことは事実である。一九九二年、イスラム主義は国際情勢の後押しをうけてダイナミックに世界にひろまりつつあるようにおもわれたのだが、その三年後にはボスニアという幹はその接ぎ木をうけいれず、イスラム主義は実をむすぶことはなかった。一九九五年、ジハードの季節は世界中で終焉しつつあった。ボスニアにおけるその破産は二年後のアルジェリアやエジプトにおける大失敗の前兆に他ならない。

# 第十一章　第二次アルジェリア戦争――虐殺の論理

ボスニアで紛争がはじまった年、イスラム主義が中心的役割をはたすもうひとつ別の内戦が勃発する。アルジェリアである。一九九二年から一九九七年、途方もない暴力と野蛮さをともなった対立がこの国をひきさき、一〇万人以上の死者をだす。発端となったのは一九九二年一月、立法議会選挙を中止するためにおこされた国軍クーデタだった。この選挙では《イスラム救済戦線》（ＦＩＳ）が勝利すると予想されたので、それを阻止するためだった。内戦のあいだ、イスラム主義活動家は庶民街を根拠地にしたり、地下にもぐったりしたが、かれらとアルジェリア国軍のあいだで戦闘がくりひろげられたばかりではなく、戦争のためにＦＩＳからうまれたさまざまなグループの分裂のプロセスが速まり、敬虔なブルジョワジーと貧困都市青年層が鮮明に対立するようになる。前者は主として解散させられたＦＩＳ指導部を自分たちの代弁者とかんがえ、その「軍事部門」である《イスラム救済軍》（ＡＩＳ）に共感をよせる。さらに内戦末期には「穏健派」イスラム主義政党、とりわけマフフーズ・ナフナーフが創設した《ハマース》がかれらの支持の対象となるだろう。政権は、一九九五年以降、軍事的な勝利を確固としたものにするにつれ、民営化や市場経済への移行で敬虔なブルジョワジーの関心をひきながら、じょじょにかれらを政権側にとりこもうとする。一方、貧困都市青年層は、内戦の初期段階では、後に《武装イスラム集団》（GIA）と名のることになる武装グループに共感をよせていた。政権との全面戦争を主張し、いかなる停戦や妥協にも反対していたGIAは、ムスタファー・ブー・ヤアリーがひきいた《武装イスラム運動》（MIA）の旧メンバーやアフガニスタンのジハードに参加して帰国したアルジェリア人を中心にして、非常に過激な「ジハード主義的サラフィー主義者」グループを結集していた。このグループは一九九四年にはFISに忠実なグループよりも優勢になり、「ヒーティスト」ばかりではなく、地下に潜行した知識人をも支持者にくわえていった。「司令官《アミール》」はつぎつぎにかわっていったが、皆、年齢はせいぜい三〇才で、武器を手にしながら死んでいった。しかしGIAは最後には支持基盤の民衆から乖離し、一九九五年にはフランスにテロを輸出し、一九九七年秋、AISが政府にたいして「一方的停戦」を宣言した時、アルジェ郊外で一般民衆を虐殺するという暴挙にでる。GIAの挫折は過激化した貧困青年層とそれと行動をともにした「ジハード主義的サラフィー主義」知識人の挫折に他ならない。この挫折の結果、イスラム主義運動は全体として民衆的基盤をうしなう。一九八九年から一九九一年のあいだ、政府に批判的な民衆が一体となってうごいたためにFISは街頭を占拠し、選挙で勝利することができたのだが、いまや民衆はそうした一体性をうしない、政治運動に参加する力をうしなった。そのためにアルジェリア政府は内戦状態から脱却して政治状況をコントロールし、みずからが提示する条件で敬虔な中産階級を政権側にとりこむことが可能になった。敬虔な中産階級の側でも、政府の権力を脅かすことなく、政府と妥協しようとする気運がもりあがっていた。

　しかしアルジェリアにおいてイスラム主義運動の挫折が決定的になるのは一九九六年から一九九七年のあいだ、ジハードの戦略が完全に民衆の支持をうしない、自己破壊的なテロに変質したことが明白になった時である。それまでは、とりわけ一九九四～九五年には、暴力と治安の混乱があまりにもひどくなって、国家もそれをおさえることができなくなり、そのために一部では（特にアメリカでは）アルジェリアで「あらたな原理主義国家」が到来するのは確実という観察がなされていた(1)。それについて当時、おおくの要因があげられていた。一九九一年一二月にＦＩＳに投票した大多数の選挙民のフラストレーション、最近のふたつのジハードの伝統の合流（ブー・ヤアリーがアルジェリアでおこなったジハードとアフガニスタンのジハード――その頃、後者のジハードに参加した者がアルジェリアに帰国しはじめていた）、地下潜行と勝利という対照的なイメージをともなった独立戦争の暴力の記憶（それに参加した「大佐」たちは一九六二年に権力を掌握した）、そして最後に、人口過剰で、「盗賊」にも等しい政府権力者たちと闘うことを決心した青年たちの怒り。イスラム世界の政府首脳やイスラム主義反体制派はアルジェリアの紛争の進展に注目した。各陣営が自分のひいきの側が成功をおさめ、それによって自分の陣営が決定的に有利になることを期待していた。とりわけ上ナイル渓谷でテロ事件が頻発し、急進的な《イスラム団》がＧＩＡとエールをおくりあっていたエジプトではアルジェリア問題に最大の関心をはらっていた。一三二年ものあいだ植民地としてアルジェリアを支配していたフランスではおおくのアルジェリア出身者が生活し、アルジェリアとふかい関係をもちつづけていた。だから、アルジェリアの内戦はすぐに地中海地域にある別の国の問題という枠をこえて、内政問題となってしまう。まず、アルジェリアでフランス人が暗殺され、フランス本国にいるアルジェリア人のイスラム主義活動家を警察が捜査する。さらに対立がフランス領土にもちこまれ、一九九四年一二月にフランス航空の飛行機がハイジャックされ、一九九五年の夏と秋には一連のテロ事件がおきる。テロ事件とさまざまな陰謀の錯綜がＧＩＡの血ぬられた歴史の最後をかざるのだが、ＧＩＡが実行したとされる行為の責任が正確には誰にあるのかを決定するためにはまだおおくの疑問が解決されないままのこっている。しかし、いずれにせよ、ＧＩＡは名状しがたい残酷な状況のなかで軍事的に戦いにやぶれ、イスラム主義全体を政治的に弱体化させてしまう。それはまずアルジェリアにおいてそうであるし、またイスラム世界の他の国においてもそうである。イスラム主義は今後、そのもっとも急進的な分派とは違うということを説得するためにながい時間とエネルギーをつかわなければならなくなる。一九八〇年代のイスラム主義は攻勢にあり楽観主義にみちていたのだが、アルジェリアでの挫折の仕方があまりにもひどかったので、運動はすっかり守勢にまわってしまった（急進的なグループはそのかぎりではなかったが）。敬虔な中産階級に近い知識人たちは社会一般を安心させることができるようなディスクールを再構築し、民主主義的な主張をとりいれて、過激な教義と距離をとるようになった。しかし、それもまた運動内部の不和をいっそう深刻化させる結果になる。一九九〇年代のアルジェリアの悲劇は当事国のみならずイスラム世界全体に重大な影響をあたえた。であるから、いっそう、この事件のメカニズムを正確に把握することが必要である。

一九九二年一月一三日、選挙プロセスが「中断された」（通常こんな風に婉曲に表現されている）時、選挙や民主主義を「不信仰的《クフル》」とかんがえていた急進的な小グループはすでにジハードを実行する準備ができていた。かれらはゲマルの軍の歩哨所に凄惨な攻撃をしかけ、ジハードの開戦の合図とした。一九九一年一一月二八日、アブドゥッラー・アッザームがペシャーワルで暗殺されてから、数日のずれはあるが、ちょうど二年目のことだった。コマンド部隊のリーダー、イーサー・マスウーディー（別名タイイブ・アフガーニー）は元アフガニスタンのジハード戦士だったが、逮捕され、判決をうけ、処刑された。政府当局はこのテロ攻撃をＦＩＳの仕業とした。折しも選挙戦の最中で、ＦＩＳを困惑させようとしたのである。しかしＦＩＳは事件への関与を全面的に否定した。この事件はイスラム主義政党の周縁部に制御できない「ジハード主義的サラフィー主義者」グループが存在することの最初のあらわれだった。かれらは選挙による政権奪取など信じず、状況が熟するのを待って武装闘争を開始しようとかんがえていた。ＧＩＡ創設に参加した元アフガニスタン・ジハード戦士の一人によると、ジハードによる権力奪取をめざすグループを創設するというかんがえは、一九八九年末、ブー・ヤアリーの《武装イスラム運動》の元メンバーが釈放されたときにうまれた。しかしＦＩＳのめざましい躍進や一九九一年六月の「蜂起的スト」までの民衆動員の成功のために、イスラム主義運動の政治的勝利に好都合な状況がうまれ、ジハードを宣言しても相手にされないような情勢になっていた。しかし「蜂起的スト」の後、マダニーとベンハーッジュが逮捕され、政権が力づくで状況をコントロールすることを決定した兆候があらわれたとき、武装グループもゲマル襲撃をおこない、公然と実力行使にでることを決意するのである。かれらはジハードを遂行するための条件が整ったと判断した。というのも今では、党の選挙戦略に幻滅し、軍事行動にうってでる気持ちになった活動家が十分な数だけ存在していると、かれらはかんがえたからである(2)。実際にはこの「ジハード主義者」の潮流はさまざまな核、教義や人物・経験などのためにライバル関係・対立関係にあるさまざまな核から構成されていた。その結果、仲間同士の対立や粛清もおこっている。が、主要なながれはふたつである。ひとつはブー・ヤアリーの《武装イスラム運動》（ＭＩＡ）の元メンバーで、そこにはアブドゥルカーディル・シャブーティー、マンスーリー・ミリヤーニー、イッズッディーン・バアーなどがふくまれる。第二はアフガニスタンの元ジハード戦士で、カーリー・サイード、タイイブ・アフガーニーあるいは一九九三年八月から一九九四年二月までＧＩＡ「司令官《アミール》」だったジャアファル・アフガーニー(3)などである。そこにサイード・マフルーフィーのようなＦＩＳからの離脱者がくわわる。アルジェリア軍将校だったマフルーフィーはその後、ＦＩＳの党機関誌編集長となったが、一九九一年には『市民的不服従論』を著し、暴力への依拠を主張したために同年七月のバトナの総会以後、党から除名された。こうしたひとびとを中核とした集団に、直接行動や運動員としての経験をもたない青年が参加し、その数は一九九二年以降はますます増加する。このように党に参加するまでの足跡はさまざまだったが、これにくわえて文化的な多様性もあった。ブー・ヤアリーの元弟子たちのイデオロギーはあまり洗練されたものではなかったが、アフガニスタンで誕生した「ジハード主義的サラフィー主義者」グループの思想と親近性があった。だから両者のイデオロギーは難なく一体化し、これがＧＩＡのテクストや宣言文の主要な発想源となった。しかし、これ以外の思想的傾向も出現した。サラフィー主義を否定する「クトゥビスト(4)」（サイイド・クトゥブの弟子）、社会全体を不信仰とかんがえ、不信仰者宣告をする「タクフィール(5)」派、暴力路線に転換して一九九四年五月にＧＩＡと合同したテクノクラートの知識人集団である「ジャザリスト(6)」(あるいは「アルジェリアニスト」)グループ……。武装グループが星雲のような漠とした集団であったおおきな理由は、そのイデオロギーがバラバラだったからである。そのためにかれらは統一行動がとれず、さらには一九九五年以降にはグループからの除名や粛清が頻繁にくりかえされることになる。

この雑多でマイナーな集団が表舞台に躍りでてきたのは、一九九二年一月の議会選挙の中断、それにつづくFIS指導部の大半のメンバーの逮捕、党の解散のためである。すでに秘密活動をしていた者はそれで自分たちの戦略がただしかったことが証明されたとかんがえる。また弾圧を避けて、「地下活動に参加」する青年が多数、かれらに合流する。二月、武装グループがアルジェの海軍本部を襲撃し、警官が殺害され、金曜日の礼拝の後で決まって警官隊との衝突がおき、全国で何十人もの死者がでるようになる。八月、アルジェ空港で派手な、そして死傷者を多数だしたテロ事件がおこり、当局はそれをイスラム主義者の犯行とするが、運動の同調者たちは本当の黒幕は政府だとかんがえる。しかし、その後の五年間の暴力の噴出にくらべると一九九二年はまだ平穏な年だった。幹部の逮捕で壊滅状態になったFIS指導部は、運動員や選挙民をまとめる力をうしない、とるべき戦略を決定できない。毎週、金曜日の礼拝の後、動員がかけられる。煽動者は一九七八年、アーヤトッラー・ホメイニーの指揮のもと、イランで生じたのとおなじような雪崩現象がおこることを期待したのだが(7)、当時の軍上層部は状況把握に自信をもち、決然とした態度をとって運動を打破する。軍は四万人以上の人間を逮捕し、それをサハラ砂漠のキャンプにおくってしまったのである。しかしこの大量流刑は政府が期待したのとは逆の効果をうみだす。軍のこうした弾圧にたいして、同調者や活動家はみずからの信念をいっそう強固にし、さらに急進化させる。そして流刑者が釈放された後(一九九二年夏以降)、かれらは武装集団の格好のリクルート対象となるのである(8)。FISは混乱し、決定機関が分裂する。国内では秘密の「危機管理委員会」が指揮をとっていた。この委員会ではやがて「ジャザリスト」のリーダー、ムハンマド・サイードに近いアブドゥッラザーク・

ラッジャームが主導権をにぎるようになる。一方、ＦＩＳは国外にふたつの代表機関をもっていた。ひとつはやはり「ジャザリスト」のアヌワール・ハッダームが指揮していた《ＦＩＳ国外議員代表団》、もうひとつはドイツに本部をおいたラービフ・カビールの指揮する機関で、こちらはアッバースィー・マダニー支持を公言していた。このふたつの機関が（一時的に）統一されるのはやっと一九九三年九月になってからで、この時、アルバニアのティラナで《ＦＩＳ在外執行機関》（ＩＥＦＥ）が創設され、この機関がＦＩＳの統一した見解を発表するとされた。イランでは一九七八年にホメイニーがリーダーの地位を確立し、かれの指揮のもと、さまざまな社会グループを結集し、統一された革命的イスラム主義ディスクールによってひとびとの見解の相違があらわれないようにしたのだが、イランのこうした状況とは対照的に、一九九二年のＦＩＳは弾圧によって分裂してしまった。かつてＦＩＳにひきよせられていた敬虔な中産階級は途方にくれ、政治的意見表明をしなくなる。その結果、運動の主導権はじょじょに暴力的なグループに移っていく。そのなかで、一九九三年春から内戦がはげしさを増すにつれ、貧困都市青年層が決定的な重みをもつようになる。

ＦＩＳ指導部は分裂し、状況をコントロールする力をうしなってしまった。そのため政府は簡単に勝利できるという幻想をもったのだが、一方、武装グループのあいだでは、分裂したＦＩＳとは逆に、グループ間で連携をはかる努力がおこなわれるようになる。一九九二年三月、ブー・ヤアリーのＭＩＡの元メンバーＡ・シャブーティーとＥ・バアー、ＦＩＳの創設メンバーＳ・マフルーフィー——かれらは皆、ジハードの必要性を非常にはやくから確信していたサラフィー主義者だった、——が《イスラム国家運動》（ＭＥＩ）を創設する。この組織は地下活動を展開して、とりわけ首都南東のラハダリア近くに勢力をひろげ、同月に解散させられたＦＩＳの活動家の一部をメンバーにとりこむことに成功する。おなじ頃、これもかつてブー・ヤアリーの副官だったマンスーリー・ミリヤーニーが独自のグループを形成し、それに「旧アフガニスタン・ジハード戦士」やもっと若い都会の活動家が加入する。二月の海軍本部テロや八月の空港襲撃はかれらの犯行であるとされている。ミリヤーニーは七月に逮捕（一九九三年八月に処刑）されるが、その後をムハンマド・アッラール通称モフ・レヴェイレ（通称はかれが本拠をおいたアルジェの庶民街から来ている）がつぐ。かれは都市ゲリラとして名声をえるようになる。一九九二年八月三一日と九月一日、タメスギーダで集会がひらかれ、シャブーティーをリーダーとして全員をひとつの組織に結集しようとする試みがなされる。しかし軍が会議の場所を襲撃して、会議は中断され、モフ・レヴェイレは殺され、試みは失敗する。決定的な一歩を踏みだして一九九二年一〇月に、三つの小グループを統一してGIAを創設するのはモフ・レヴェイレの後継者アブドゥルハック・ラヤーダである。かれはアルジェリアのバラキという庶民街出身の元車体修理工で、一九八八年一〇月の蜂起をきっかけにイスラムの信仰にめざめた人物だった。

このように一九九二年末、武装集団にはふたつの主要な潮流があった。《将軍《リワ》》という渾名をもったシャブーティーにひきいられた《イスラム国家運動》（MEI）はしっかりとした組織をもっていたが、地下組織構築をして長期のジハードを遂行することを優先し、独立戦争やブー・ヤアリーの戦略を模範としていた。その闘争はまず国家とその代表者にむけられていた。一九九三年一月、監獄からアリー・ベンハーッジュがファトワーを発し、MEIの戦略は解散させられた党のナンバーツーからお墨付きをあたえられた。一方、GIAをひきいるラヤーダは直接行動を優先し、全国に秩序不安の状況をつくりだして敵をゆさぶり、一挙に打撃をあたえようとした。このグループのFISにたいする評価はきびしく、暴力反対の立場から武装闘争を拒否するFISの指導者を「不信仰」であると宣言さえした。最初の頃、GIAの初代「司令官《アミール》」は「フランスの孫」であるジャーナリストや軍人の家族を殺害すると脅迫し、その脅迫を数ヶ月後の一九九三年の春から実行にうつす。一九九三年三月に『シャハーダ（信仰告白）(9)』というパンフレットに発表されたインタビューでラヤーダはかれの組織を現代史のなかに位置づけ、そのイデオロギー的系譜をえがきだそうとする。それによれば「現代の信者共同体が経験した最大の悲劇はカリフ制の崩壊（一九二四年）である」。パキスタンの《ジャマーアテ・イスラーミー》やエジプトの《ムスリム同胞団》は「前イスラム無明時代《ジャーヒリーヤ》がうみだした観念」にたいして戦い、イスラム国家樹立のために努力したが、過去七〇年間の成果ははかばかしいものではない。「不信仰者たち」がいたる所で権力を保持することに成功している。それはイスラム主義運動がジハードを宣言し、武器をとることを躊躇したからである。それにたいして、「ジハードの道をたどり、その目標のおおくを達成し、世界的規模での戦略がどうあるべきかについてイスラム教徒におおくを教えてくれたのはアフガニスタンでの経験である。」アルジェリアでは、独立の際、フランスによって教育されたイスラムの敵が権力を掌握したが、幾人かの説教師たち(10)はレジスタンスの火を燃やしつづけた。そしてついに「殉教者ブー・ヤアリーがたちあがった。かれはアッラーの言葉をかかげるためにはジハードの道を通るしかないと意識していたが、かれは孤立した。というのも罪人たちは夢と幻のなかに生き、知的にも実践のレベルでも愚かしいふるまいに終始していたからである。」ついでＦＩＳが登場する。ＦＩＳがかかげた目標はよいものであったが、その戦略は不信仰者の力によって敗北させられてしまった。だからジハードの時が来たのだ。ジハードを宣言するために「ＧＩＡはシャリーアにのっとって必要な証拠をあつめた。」そしてラヤーダはおどろいてみせる、「なぜ、アフガニスタンにおけるジハード(11)は個人義務《ファルド・アイン》であると宣言するファトワーをだした者が、アルジェリアやその他のイスラム諸国についておなじことをしないのか。そうしたファトワーが発せられた状況とまったくおなじ状況がこれらのすべての国にも存在しているのに。」ラヤーダは準備期間を経た後、最初の中核となるジハード戦士をＧＩＡにあつめ(12)、さらに自分の指揮のもとにすべての武装した活動家を結集することをくわだてる。そうした集団の「知的な行動原理」はただひとつ、「敬虔な先祖たちが理解したとおりの正統的スンナ派教義の道にしたがうこと(13)」、ただそれだけである。つづいて、「西洋の没落」を証明するためにオズヴァルト・シュペングラーを引用し、「白人の役割はおわった」と宣言するためにバートランド・ラッセルを引用して(14)、「司令官《アミール》」は戦争によってアルジェリアにカリフ国家を樹立することを主張する。かれは現存するイスラム主義運動をふたつのカテゴリーに分類する。まず「不信仰な権力にしたがう者たち」がいる。「かれらの血がながされることになっても我々は罪をおわない。というのもかれらにたいするアッラーの判決は明白だからである。至高なる存在は『あなた方の内、かれらにしたがう者はかれらと同類である(15)』と語っている。一方、権力の同盟者ではない者にたいしては、我々はこう語ろう。『ジハードの隊列に参加するのに、なにを待っているのか(16)。』」最後に、かれは戦士の統一を主張する。このテクストが発表された一九九三年三月には、アフガニスタンのムジャーヒディーンの赤軍にたいする勝利が兄弟同志殺しあう戦争に変わってしまっていた(17)。ラヤーダはそうした内部の対立を避けることを欲したのである(18)。

このインタビューの内容が実際にラヤーダ自身によって語られたにせよ、会報『シャハーダ』の編集者が手をいれたにせよ、これはGIAをアフガニスタンのジハードとブー・ヤアリーの武勇伝の両方のながれをくむものとして位置づけることになる。インタビューによれば、GIAはFISが戦略的に失敗した後、アルジェリアのイスラム主義運動が行きつくべき当然の帰結なのである。ラヤーダはGIAが失望した活動家をとりこみ、武装闘争を一手に統括する組織になる使命をもっているとかんがえる。この二重の野心は一九九三年にはラヤーダ司令官《アミール》の指揮のもと、そして一九九四年にはシャリーフ・グスミー司令官《アミール》のもとで実行にうつされることになる。国家や政府機関メンバーのみならず、多少ともそれと関係をもっているとみなされたすべての人間（女性もふくめ）を攻撃対象とする一連のテロ行為が開始されるのである。

テロ事件にかんして言うと、一九九三年三月からおおくの大学人、知識人、作家、ジャーナリスト、医師が殺害される。その全員がかならずしも政府と関係があったわけではない。しかしかれらのおおくは貧困層には獲得不可能な文化的資本を所有するフランス語系知識人であった。戦闘に参加した貧困都市青年にとってそうした人間は憎悪の対象だった。政権はそれで軍事的に打撃をこうむったわけではない。しかしイスラム主義運動にたいして簡単に勝利をおさめることができるという政府が一九九二年にひろめた幻想は跡形もなく飛びちってしまう。犠牲者が「目だつ人たち」で、外国にも友人をもっていたために、政府の信用は低下する。さらに、国家にとってそれよりももっと憂慮すべきことだが、国外にはすぐには伝わらなかった事柄がある。それは庶民の居住地区や農村・山岳地帯、幹線道路が武装グループの支配するところとなり、政府がそうした地域をコントロールする力をうしなってしまったことである。これは政府の脆弱さと民衆のかなりな部分が反体制派にかたむいてしまったことを示している。まだ誕生したばかりのGIAやMEIのような組織にはっきりと合流したわけではないが、庶民階級出身の青年が徒党をくみ、地域の「司令官《アミール》」をリーダーにして自分たちの縄張りから警察を追いだし、「解放イスラム地区」とする。民衆はかつてその大多数がFISに投票したわけだが、かれらは党の議員が「誠実に」市政をおこなったことをおもいだして(19)、最初のうちはこうした事態の推移を好意的にみまもるが、しかしこれはイスラム主義運動内部で社会階級間の権力関係の反転を生じさせる。FISが市政を支配していた頃（一九九〇年六月～一九九二年四月）、地方を支配する権力は敬虔な中産階級や党の知識人たちの手にあった。かれらは貧困都市青年層の社会的要求を満足させるために公営事業職員の汚職摘発、盗難防止、綱紀粛正など民衆に人気のある政策をとっていた。しかし一九九三年～九四年、力ずくで権力をにぎるのは青年たちである。イスラム主義の名士たち、商人や運送業者、企業家などは一九九二年一月にかれらが選挙で勝利するはずだったのにそれをごまかした政府にたいして反感をもち、ヒーティスト、日雇い、配管工から「司令官《アミール》」になった青年たちに最初のうちは自主的に資金を提供する。政府にたいして政治的復讐をするための道具になるとかんがえたからである。しかし月日がたつにつれて、この自主的イスラム税は「たかり」にかわる。ますます訳がわからない理由でいろいろな集団が資金を要求し、ゆすり・たかりをするための縄張りをまもるためにたがいに争いあうようになる。同時に、軍隊はそうした地域から撤退し、それを包囲してゲットー化する(20)。そのため敬虔な中産階級は貧困化し、ひたすら民衆階級の青年ギャングたちのゆすりの犠牲者となる。やがてかれらはそうした事態から逃れるために街をはなれざるをえなくなる。こうしてイスラム主義運動の社会的一体性がおおきくこわされるようになり、中期的には、中産階級が政権側に接近する原因をつくってしまう。

　このように敬虔なブルジョワジーが影響力を喪失し、庶民階級が力をもつようになったのだが、これは政治の次元では一九九三年～九四年にかけてのＦＩＳからＧＩＡへの主導権の移動としてあらわれる。一九九三年五月、アブドゥルハック・ラヤーダがモロッコで逮捕されると、しばらく流動的な事態がつづいた後(21)、ムラード・スィド・アフマド、通称「アッラーの剣《サイフッラー》ジャアファル」あるいは「ジャアファル・アフガーニー」がその後をつぐ。この通称はふたつともかれがアフガニスタンのヘクマトヤルの《ヘズベ・エスラーミー》の周辺で二年間をすごしたことから来ている。一九九三年八月に「司令官《アミール》」になったとき三〇才だったが、学歴は初等教育をおえたかおえていないか位で、密輸をして生計をたてていた(22)。前任者や後継者同様、かれも困窮した都市青年層出身だったのである。その司令官時代はかれが一九九四年二月二六日に死亡するまでつづくが、その間、「アッラーの剣《サイフッラー》」という渾名が示すとおり、武装闘争がはげしさを増す。かれはまずＧＩＡの支持基盤を拡大することからはじめる。国外では一九九三年七月から週刊の会報『アンサール（支持者）(23)』が発刊される。これはロンドンで国際的「ジハード主義的サラフィー主義者」グループが編集し、二人の元アフガニスタン・ジハード戦士、シリア人アブー・ムスアブ（スペイン国籍取得）とパレスチナ人アブー・カターダが中心になって発行していたものである。かれらは一九九六年六月まで、ＧＩＡの行動を教義面から正当化し、アルジェリア国外での組織の広報を担当し、現地のジハードと国際的なジハード運動とをつなぐ役割をはたしていた。国内的にはジャアファル・アフガーニーはあたらしくできたグループにＧＩＡ組織の支配権をひろげることに成功し、新興グループも派手な行動をおこす時はＧＩＡの名前で犯行声明をおこなう(24)。こうして闘争は激化してあらたな局面をむかえる。一九九三年九月二一日、二名のフランス人測量技師がアルジェリア西部のスィーディー・ベル・アッバースでＧＩＡ系グループによって暗殺される。犯行声明はあたらしい司令官名で『アンサール』に発表され、アルジェリア人であれ外国人であれ、「不信仰なものは」ジハードの正当な標的となると指摘していた。これは外国人殺害大作戦のはじまりで、一九九三年末までに二六人の外国人が殺害される(25)。「アッラーの剣」はたとえイスラム主義運動内部の人間でも、戦争に反対する者は容赦しなかった。一一月二六日、ブー・スリマーニー師が誘拐され、殺される。GIAのテロ行為を正当化するファトワーをだすように要求されてそれを拒否したためだが、ブー・スリマーニーは人気のある説教師で、マフフーズ・ナフナーフにひきいられ、敬虔なブルジョワジーに支持基盤をもった《ハマース》の表看板とも言うべき人物だった。

暴力が激化したためにFISのながれをくむグループもGIAに舞台を独占されないために積極的に戦闘に参加していくしかなかった。一九九三年夏、「ジャザリスト」派のイスラム主義知識人がムハンマド・サイードを中心に結集して《武装ジハード・イスラム戦線》(FIDA)を結成した。このグループは世俗主義的知識人を不倶戴天の敵として、その暗殺を「専門」にしていた。一九九四年三月、ラマダーンのおわりに、アブドゥルカーディル・シャブーティーにひきいられた《イスラム国家運動》(MEI)に属する数百人の兵士がバトナ近郊のランベズ監獄を襲撃し、拘留されていたイスラム主義者を解放する。その前の断食月はとりわけ暴力事件が多発したが、その最中の二月二六日、ジャアファル・アフガーニーが射殺される。状況から判断すると、警察はジャアファルの動向について正確な情報をもっていたようである。

しかしかれの死後もGIAの勢力拡大はとまらなかった。『アンサール』は三月一〇日、読者にあたらしい司令官《アミール》シャリーフ・グスミー通称「アブー・アブドゥッラー・アフマド」を紹介する。一九九四年九月二六日に戦闘で死亡するまで、かれはFISのながれをくむひとびとの一部を吸収し、戦士の統一というジハードのもっとも重要な目標のひとつを実現する。かれが司令官だった時代はGIAの最盛期であった。GIAはその頃、暴力的手段の利用と明確な政治的目標とを結合することに成功していた。二六才で司令官に就任したグスミーはイマームで、FISのビルハデム地区責任者だったが、一九九二年にサハラのキャンプに収監された。GIAに参加して、宗教委員会の委員長となったかれはその資格で一九九四年一月にペシャーワルでアラビア語週

## ＧＩＡ歴代司令官

アブドゥルハック・ラヤーダ（1992.10－1993.5）
↓
ジヤアファル・アフガーニー（1993.8－1994.2）
↓
シャリーフ・グスミー（1994.3－1994.9）
↓
マフフーズ・タジン（1994.10）
↓
ジャマール・ザイトゥーニー（1994.10－1996.7）
↓
アンタル・ズワービリー（1996.7－？）

刊誌のインタビューに応じている[26]。新司令官は国内でも国外でも活動家として経験をつんでおり、宗教家としても経験豊かな人物で、前任者や後継者になるひとびとよりも強靭なパーソナリティーをもった人物だった。

一九九四年五月一三日、ムハンマド・サイード、アブドゥッラザーク・ラッジャーム、サイード・マフルーフィーが山中のテントでシャリーフ・グスミーと会い、それぞれの組織をＧＩＡに合流させ、その司令官《アミール》の指揮《バイア》下にはいることを決定する[27]。その会議の結果、『統一とジハードと、コーランおよびスンナへの愛着にかんするコミュニケ』という文書が作成され、ＦＩＳを代表してＡ・ラッジャームが、《イスラム国家運動》（ＭＥＩ）を代表してＳ・マフルーフィーが署名する[28]。このコミュニケは諮問委員会設置を決定し、その委員会には獄中のＦＩＳの二人の指導者マダニーとベンハーッジュの名がくわえられていた（本人の承諾なし）。しかし統一の本当の立役者はムハンマド・サイードだった。かれは人格からいっても教養という面でも他のすべての参加者よりずっとすぐれた人物だった。ＧＩＡはこの後、アルジェリアにおける中心的なイスラム主義勢力を代表することになるが、そのＧＩＡにたいしてムハンマド・サイードは影響力を行使することになる。

統一のための「歴史的」会合は、合意に調印した当事者の底意がなんであったにせよ、なにより貧困都市青年層出身者を中心にしたグループがヘゲモニーをにぎったという事実をあきらかにしている。それはアルジェリアのイスラム主義知識人のなかでももっとも高名な人物で四〇代の大学教授ムハンマド・サイードが二六才の「司令官《アミール》」に忠誠を誓ったという事実に象徴的にあらわれている。さらにもっとひろく言うと、これは敬虔な中産階級が運動内部で主導権をうしない、自己の社会的ステイタスの失墜を容認し、それぞれの地方の「司令官《アミール》」からゆすりたかりをうける存在になりさがってしまったということを意味するのである。

ドイツ在住のラービフ・カビールに指揮された《FIS在外執行機関》（IEFE）は最初は『統一のためのコミュニケ』が調印されたことに半信半疑だったが、やがて《イスラム救済軍》（AIS）創設を推進して反撃にでる。それはFISに忠実な中産階級にジハードの領域でも固有の表現手段を提供し、急進的な目標をもったGIAにしたがわなくてもよいようにするためであった。IEFEは組織からM・サイードの支持者を排除し(29)、ラッジャームにはFISを代表して統一文書に調印する資格などなかったと主張し、AIS創設を着々と準備する。AISは一九九四年七月一八日、結成が宣言される。あつまったのはFISに忠誠を誓い、投獄された指導者に忠実で、アルジェリア西部と東部に地盤をもった地下潜行活動家たちであった。その「全国司令官《アミール》」マダニー・メルザーグは「GIA司令官《アミール》」シャリーフ・グスミーに対抗心をむきだしにする。GIAは国内中央部や首都の郊外に地盤をもっていたのだが、やがて両者のあいだで血なまぐさい戦闘がはじまる。

そもそもかれらの政治的目標は最初から異なっていた。FISにとって軍事部門創設は有利な状況で政府と交渉するためのものであった。八月、AIS創設の翌月、アッバースィー・マダニーは牢獄からその年の一月に大統領になったゼルワール将軍に書簡をおくり、危機的状況にたいする解決策を探る提案をおこなう（ただしFISの主張する条件で）。政権側はそれに応じなかったが、しかしマダニーを牢獄から解放し、自宅軟禁とする。またその他に三名の党の指導者が九月一三日に釈放されている。同日、グスミーははげしい公開状を発表し、FISの戦略を批判し、GIAが戦争を遂行するのは、「背教者」の政権と対話するためでもなければ、欧米から好意的にあつかわれている「穏健イスラム」体制をとおして「民主主義」を樹立するためでもなく、地上から「不信仰者」をなくし、ジハードによってイスラム国家を樹立するためだとあらためて確認し、グループのコミュニケにモットーとしていつもかかげられている「合意も、対話も、停戦も拒否する」をもう一度くりかえす。現場ではGIAはAISを圧倒し、「不信仰者や背教者の処刑」をくりかえし、外国人を暗殺する(AISはこれに反対していた)。二週間後、権力の絶頂にあったグスミーが射殺される。

「司令官」の死亡後の混沌とした状況やその後継者ジャマール・ザイトゥーニーの地位継承の事情についてはさまざまな解釈がされているが、情報が不十分なためにどの解釈が適切なのか判断はできない。GIAはムハンマド・サイードという政治的なスケールのおおきさでは若い「司令官」たちよりずっとすぐれた人物を潜在的な指導者としてもっていた。この点が弱体化したFISやAISに比した時、GIAの強みであった。サイードがグループへの影響力を確立し、政治的野心を実現するために組織を利用し、国内のイスラム圏を完全に支配し、政府にたいして重大な挑戦をつきつけるようになるのではないかとひとびとは予想していた。弾圧で解体した運動を再建し、極度に過激化してテロ路線に邁進するようになった貧困都市青年層をコントロールする力をとりもどし、敬虔な中産階級は「ジャザリスト」に恐怖感をもっていないから、そうした層にたいしても語りかけることができる——こうしたことすべてを実現できるのはかれをおいてないとかんがえられていた。一〇月六日、『アンサール』はグスミーの副官だったマフフーズ・タジンが「司令官」になると発表する。それはムハンマド・サイードに近い人物だった。しかし非妥協的なサラフィー主義者たちは「ジャザリスト」がGIAのトップの座につくことをのぞまず、強引にタジンを排除してジャマール・ザイトゥーニー(30)を指名し、一〇月二七日の『アンサール』はザイトゥーニーをあたらしい司令官として紹介する。

ザイトゥーニーは家禽商の息子で、当時三〇才だったが、フランス語で中等教育をうけ、アラビア語文語の知識はイスラム教のテクストの知識とおなじくらい不十分だったようである。この点は元イマームだったシャリーフ・グスミーとは対照的であった。かれは一九九二年〜九三年、砂漠のキャンプに収容され、その後、GIAに参加、フランス人殺害で頭角をあらわす。司令官就任の際の状況が非常に不明瞭なので、すぐにグループ内の地方の「部隊」の一部から異議が申し立てられるようになる。それもM・タジン排除に不満な「ジャザリスト」ばかりではなく、かれよりも古い世代の「サラフィー主義者」――ブー・ヤアリーの仲間やアフガニスタン・ジハードの戦士など――のなかにも反対の声をあげるひとびとがいた。グスミーは武装運動の統一に成功したのだが、ザイトゥーニー、そしてその後継者ズワービリーは内部の対立を激化させ、組織に致命的な結果をもたらす。司令官に就任した最初の月から、ザイトゥーニーがアルジェリア政府特殊機関にあやつられているのではないかという噂がながれた。GIAの敵AISがその噂をひろめたという面もあったが、アルジェリア情勢を研究する人たちのおおくがこの噂を根も葉もないものとはかんがえていない。かれが知識不足で宗教的正当性がよわいこと、権力掌握の状況が奇妙なこと、二年間にわたる司令官時代の行動が組織にマイナスの結果をもたらしたこと、――こうしたことのためにザイトゥーニーが情報機関の傀儡だったのではないかという憶測がいっそうつよくなったのである(31)。

この司令官《アミール》は、おそらくGIAのリーダーになったひとびとのなかでフランス語を一番よく話せる人物だったのだが、フランスにたいする戦いをはじめるのはかれである。それは一九九四年のクリスマスのフランス航空エアバスのっとり事件にはじまり、一九九五年秋のフランス本国であいついだ血なまぐさいテロ事件を経過して、最後にフランスにおけるイスラム主義支援組織摘発でおわる。またGIAは「不信仰な」アルジェリア政府のみならず、社会全体をジハードの対象とし、ますますおぞましく残酷な作戦を遂行して社会からどんどん切りはなされていくようになるのだが、その端緒をつくったのもかれである。そしてかれの後継者ズワービリーはこうした傾向をさらに極端にまでおしすすめていくことになるだろう。最後に、かれは粛清をはじめる。ムハンマド・

サイード、アブドゥッラザーク・ラッジャーム、その他おおくの軍事的リーダーがその犠牲者となるが、みなひとかどの人物ばかりであった。そうした人物が消えたために、グループの崩壊が速まり、グループはますます盲目的で自己破壊的なテロにはしるようになる。その結果、国外の拠点をうしなうようになり、一九九六年六月には会報『アンサール』も活動を停止する。

一九九四年一二月末、GIAはアルジェ空港でフランスの航空機をのっとり(32)、マルセイユに強制着陸させる。(マルセイユでハイジャック犯は国家憲兵隊特殊部隊によって制圧される。)GIAはこうしてあたらしい一歩を踏みだし、いまやフランスにたいして戦争をしかける能力さえもつようになったという印象をあたえる。「欧米におけるイスラムの最大の敵」とされる旧宗主国フランスをたたくことで「ヒーティスト」のあいだで組織の威光がたかまるという利点は別として、GIAにはテロで政治情勢をうごかし、本国でのテロのコストにたえられなくなったフランス政府がアルジェリア政府にたいする支援を全面的に停止するだろうという期待があった。そうなればアルジェリア政府転覆が容易になるとかんがえたのである。しかし一九九五年夏と秋のテロで死傷者がでたために、期待とは逆の事態になる。フランス政府はマグリブ移民出身のムスリム青年のあいだに社会不安がうまれることを危惧し、過激イスラム主義運動と徹底的にたたかう決意をかためるのだ(33)。

この暴力のあたらしいエスカレーションはちょうどFISが他の野党とともに『アルジェリアの危機を政治的・平和的に解決するための綱領』を準備しようとしている時におこった。『綱領』は一九九五年一月一三日にローマで調印される。こうしてFISは、党としては解散させられたが、政治の舞台においては依然として中心的でかけがえのない当事者であることを示そうとした。FISは、もし政府が自分たちと交渉し、軍隊を帰営させ、政治の運営を敬虔な中産階級にゆだねることを受諾すれば、武装闘争をやめさせることができると政府に信じこませようとしたのである。イスラム主義政党のこの主張はアルジェリア政府指導者にたいする挑戦状だった。とりわけ『ローマ綱領』はアメリカ政府に影響力のあるひとびとのあいだで好意的にむかえられただけにアルジェリア政府にとっては重大な問題であった(34)。しかしこの『綱領』の計画が成功するためにはFISが一九九五年の時点でも依然としてジハードの中核である貧困都市青年層と敬虔な商工業者の世界の両方をコントロールする力を保持していることが前提になるのだが、しかしFISにはすでにそんな力はなかった。地方の「司令官」たちに指揮された集団のゆすりたかりにうんざりした都市の名士たちはじょじょにもうひとつのイスラム主義政党、マフフーズ・ナフナーフにひきいられた《ハマース》に共感を示すようになっていた。《ハマース》は都市の商工業者という社会グループの集団的利益を擁護するために政府と協力することにやぶさかではなかった。一方、GIAは、ベン・ハーッジュが『ローマ綱領』に支持を表明したにもかかわらず、「ヴァティカンの十字架のもとで締結された(35)」この合意にはげしい反対キャンペーンをおこない、FISの指導者を政治的野心を満足させるために「戦士の血を売るジハードの商人」にすぎないと糾弾する。六月、マダニーとベンハーッジュはGIAの「諮問委員会」から「除名」される。一年前、「統一のための会談」でそのメンバーに（かれらの同意をえないまま）任命されていたからである。五月四日、ザイトゥーニーはコミュニケを発表し、国外にいるFISの代表者にジハードの名において語ることを禁止し、一ヶ月の猶予をあたえて改悛をうながし、改悛しなければ殺害すると脅迫する。五名の指導者があげられ、そのなかにサハラーウィー師の名前もふくまれていたが、かれは七月一一日に銃殺される。それがフランスにおける一連のテロ行為のはじまりだった。それは一九九五年一一月のアルジェリア大統領選挙がおわるまで、つづくことになる。

アルジェリア内戦のなりゆきをめぐって、FISと政府とGIAが対立しながら複雑なかけひきをおこなっていたが、フランスにたいする戦い（それがフランス本国でどのような展開をみせるかは後で検討する）はその一環であった。フランスで大規模なテロ作戦をおもいのままに実行することによってGIAはFISが武装闘争をコントロールしていないことを証明し、FISがアルジェリア政府と内戦終結にむけて交渉する資格がないことを示したかったのだ。その意味では、GIAの行動は政府を利するものだった。欧米の指導者や世論にとって、

ＦＩＳが無力だとすると、欧米にまで危険がおよんできたテロをせきとめることができる唯一の信頼できる勢力はアルジェリア政府ということになる。こうした推論にもとづいて、ＦＩＳや一部のアルジェリア情勢観察者は、ＧＩＡとザイトゥーニーが「客観的に」アルジェリア政府の利益に貢献しており、したがって政府の工作員がその組織に潜入しているに違いないという確信をつよめるようになっていた(36)。

アルジェリア国内においても、ザイトゥーニー司令官時代にグループ内部の対立が激化する。ザイトゥーニーは支配権を強化するために一九九五年末、自分の名で六二ページのパンフレットを発刊する。『神の道――サラフィー主義者の原理の解明とジハード戦士の義務(37)』と題されたこのパンフレットはＧＩＡの路線をくりかえし、その批判者に反論する。この本は、題自体が言及する「ジハード主義的サラフィー主義者」の教義の祖述で、そうした意味では独創性があるわけではないが、一一章にわけられ、何より、ＧＩＡ内部においてさえ聞かれるようになったザイトゥーニーにたいする疑惑にこたえようとしている。かれはこれまであったブー・ヤアリーのＭＩＡ以来のさまざまなグループについての詳細な年代記を提示し、ついでＧＩＡの歴代「司令官」とその特記すべき業績の一覧を示す。それはまるでこの系譜のなかに自分を位置づけたいという欲求をそのまま表現しているかのようである。かれは何度もハワーリジュ派やその他の「タクフィール」論――つまり社会全体にたいして不信仰者宣告をすべきであるとする主張――の支持者を断罪する。かれはハワーリジュ派のひとびとが預言者の後継者たちによって殺害されたことを指摘し、現代においてその思想を継承する者たちもＧＩＡによって逮捕されればおなじ運命をたどるであろうと述べる。つまり著者はこの機会を利用して自分にたいしてなされた「タクフィール」論者という批判を否定しようとしているのだ。実際、かれはタクフィール論者のようにふるまっていると批判された。とりわけ一九九五年二月、「純粋なムスリム女性がひとり逮捕されるごとに背教者の女性をひとり殺害するよう」に命じた時、そうした批判をうけた。しかし、ザイトゥーニーは、いつかはジハード戦士の隊列にくわわる人がでてくるかも知れないので、社会全体にたいして不信仰者宣告をすることはないとするのだが、しかし自分たち以外の「逸脱した」イスラム主義運動は抗弁の余地なく「不信仰者」であると断罪する。とりわけ《ムスリム同胞団》や「ジャザリスト」がそうである。ザイトゥーニーによれば、そうした活動家はかれが書いたパンフレットに詳しく書かれたやり方にしたがって、改悛し、サラフィー主義を信奉し、ＧＩＡに参加しなければならない(38)。一方、司令官への忠誠の誓いをやぶった者は死にあたいする。著者はその点を聖典や他のサラフィー主義者を大々的に引用して証明しようとする。

実際、一九九五年は大規模な粛清がおこなわれた年として歴史にのこるだろう。六月、《イスラム国家運動》（一九九四年五月にＧＩＡと合同したグループ(39)）の三番目の実力者で元ブー・ヤアリー・グループのメンバーだったイッズッディーン・バアーが組織をはなれ、ＡＩＳに合流しようとするが、捕らえられて「裁判」をうけ、処刑される。翌月、今度はアブドゥッラザーク・ラッジャームがＡＩＳに加盟すると宣言する。しかしかれも一一月、ムハンマド・サイードとともに殺害される。その殺害の状況は現在もなお解明されていない。ＧＩＡによるかれらの死の公表はおくれ、やっと一二月一四日号の『アンサール』誌でかれらが治安当局によって殺害されたと発表された。ついで一九九六年一月四日と一一日、ＧＩＡは組織による殺害を認め、「異端のジャザリスト・セクト」のメンバーであった二人がザイトゥーニーにたいして「クーデタ」をたくらんでいたと主張してそれを正当化する。殺害された二人の人物が大物だったから、この処刑はアルジェリアのイスラム主義運動全体にきわめておおきな反響を呼んだ。そのためザイトゥーニーは孤立をふかめ、ＧＩＡの地域リーダーの一部からも見はなされるようになる。ロンドンにいた「ジハード主義的サラフィー主義者」グループの中心的イデオローグのパレスチナ人アブー・カターダはそれでもなお数ヶ月間はかれを支持していた。しかし組織内部の混乱はあまりにもはげしかった。また二人の人物の死亡はアルジェリアのイスラム主義運動の未来にとって不利益だとかんがえられたから、ザイトゥーニーが政府情報機関にあやつられていると糾弾する人があまりにもおおくなった。そのため、『アンサール』誌もザイトゥーニーにラッジャームとサイードのうらぎりの証拠を提出するよう要求せざるをえなくなる。証拠としてビデオ・カセットが『アンサール』に届けられたのはやっと一九九六年の夏のことだった。そのビデオで、二人の犠牲者の側近だったジャザリストの大学人A・ラマラとマフフーズ・タジン（グスミーの死後ザイトゥーニーとその後継者の地位をあらそってやぶれた人物である）が陰謀を「告白し」、罪をあがなうために死刑に処するよう嘆願し、そして処刑される。ビデオの演出は共産主義時代のモスクワの裁判さながらであった(40)。

しかしザイトゥーニーのイメージはすでに修復不可能なまでに傷ついていた。だからこの「資料」もかれの信用を回復するためには手遅れで役にたたなかった。春のあいだ、活動家の離反があいつぐ。かれらは司令官が真正な「ジハード主義的サラフィー主義」から逸脱してしまったと批判する。三月二七日、ザイトゥーニーはティベヒリンの修道院にいた七人のトラピスト修道士を誘拐する(41)。パリが人質解放のため交渉をはじめるが、交渉は失敗し、修道士は首を切断されて殺害される。五月二一日、このあらたな大量殺人が報じられると、きわめて急進的なひとびとのあいだでさえ、イスラムの伝統は修道士を尊重するという論拠から、抗議の声があがった(42)。そうしたグループの代表者のおおくが欧米に在住し、教会関係者と接触をもっていたので、この殺人が教会との関係に悪い影響をあたえることを恐れたのである。

しかしGIAにとってもっともおおきな打撃はロンドンの『アンサール』の発刊停止だった。この会報はこれまでGIAのジハードを全世界にたいして正当化してきたのであるが、一九九六年五月三一日、編集者はこの会報の発刊を中断し、六月六日、「ジハード主義的サラフィー主義者」グループのロンドンにおける二人の中心的イデオローグ、パレスチナ人アブー・カターダとシリア人アブー・ムスアブ、さらにザワーヒリー医師ひきいるエジプトの《イスラム団》とレバノンの武装グループがザイトゥーニー支持をとりやめると宣言したのである。ザイトゥーニーは「禁じられた血をながし」、「ジハード」遂行を「逸脱」させるという罪を犯し、地下活動のなかで司令官の政策がGIAをますます孤立させると批判したムハンマド・サイードやアブドゥッラザーク・ラッジャームやその他おおくの旧アフガニスタン・ジハード戦士を殺害した……(43)。さらにザイトゥーニーの反対派グループはGIAからザイトゥーニーを除名し、組織をただしい「ジハード主義的サラフィー主義者」路線にもどすと宣言する。ザイトゥーニーは孤立し、追いつめられて七月一六日、メデア近くで射殺される。犯行はおそらくジャザリストで、一九九五年一一月に殺されたグループのリーダー（ムハンマド・サイード）の復讐をしたものであろう。

ジャマール・ザイトゥーニーがGIAのトップだった二二ヶ月間でアルジェリアにおけるジハードは完全に挫折してしまった。そして、それに息の根をとめるのが司令官としてかれの跡をついだアンタル・ズワービリーである。政府の情報機関のメンバーが組織に潜入していたにせよ、また判明したケース以外にもたくさんの工作員がいたにせよ、ズワービリーがリードした行動はアルジェリアの武装イスラム主義運動の統一をとりかえしがつかないほど分裂させる(44)。組織はアルジェの市民から乖離する。敬虔な中産階級は青年たちが徒党を組んでジハードの名のもとにおこなう暴力やゆすりたかりにうんざりしていた。だからかれらは、FISのボイコットの呼びかけにもかかわらず、一九九五年一一月の大統領選挙に大挙して参加する。ゼルワール将軍が勝利したことに意外性はまったくないが、それより意味深いのは《ハマース》の候補者マフフーズ・ナフナーフが第二位になったことだ。かれはこうして信仰深い小市民層の支持をFISとあらそうライバルとなったのである。フランスにたいする戦いもGIAとFISの亀裂をふかめた。GIAが旧宗主国にテロをしかけるたびに都市の困窮者はそれに拍手喝采した。しかしFISの国外在住指導者たちは欧米の政府にたいして、かれらが権力をにぎれば社会秩序は安定し、アルジェリアの市場経済は発展すると説得しようとしていた。しかし一九九六年には欧米諸国の政府は、FISがもはや武装闘争をコントロールしておらず、貧困青年層にも影響力がなく、国家権力を掌握する力はまったくもっていないと確信をもつようになった。ムハンマド・サイード暗殺で過激主義者と穏健派、貧困層と中産階級、ジハード支持者と「ジャザリスト」を和解させることができるカリスマ的リーダーが出現する見こみもなくなっていたからなおさらであった。最後に、一九九三〜九四年、ジハードがはじまった頃とは異なって、ジハードはますます人気をうしなっていった。いまや社会全体を対象として暴力が激化し、無差別テロがおこるようになった。たしかにその一部は治安当局が直接実行したり、GIAを煽動してやらせた結果なのかも知れない。しかし民衆は出口のみえない紛争にますますうんざりするようになる。そしてこうした民衆と武装グループのあいだの乖離は最後の「司令官」アンタル・ズワービリーの時、限界にまで達する。

ズワービリーは混乱のなか、GIAの一部の支持でリーダーに指名されたが、他のグループは指名に異議をとなえた。ブリダのアトラス山脈の麓にあるブー・ファーリークに近いフーシュ・グロで元植民者の農園付属の丸太小屋でうまれたズワービリーは司令官になったとき、二六才だった。かれは成人になるとすぐに政治活動に参加する。かれの兄弟のアリーが武装グループを指揮していたこともあって(45)、ズワービリーは一九九一年、イラクに行き、アリー・ベンハーッジュが派遣した部隊(46)に合流する。イラクからもどってくるとすぐにあるグループに加入するが、このグループはまもなくGIAに合流する。ザイトゥーニーの側近だったかれは破滅的な暴力路線にのめりこんでゆき、GIA内部で粛清を推進し、自分の権威を否定する者を殺害し、国際「ジハード主義的サラフィー主義者」グループから批判されても、それに耳をかたむけようともしない。一九九七年の初め頃にはかれは一定の権威を確立することに成功し、アブー・ハムザをグループのあらたなイデオローグとする。アブー・ハムザはエジプト人で、ロンドン北部のフィンズベリー・パークにある大モスクで説教をしていた人物だが、アフガニスタンやボスニアでのジハードに参加した経験をもっていた。かれが適切なファトワーを発してGIAのジハードに教義上の保証をあたえる役割をひきうけたのである。二月、アブー・ハムザはズワービリーが正統的サラフィー主義を信奉していることを確認した後、『アンサール』の発行を再開する。ズワービリーはハムザのもとめに応じて『鋭い剣(47)』という小冊子をハムザにおくり、そこで組織の立場を要約する。これがかれのマニフェストの役割をはたすのである。この小冊子でズワービリーはザイトゥーニー時代以来の暗殺や粛清を正当化しようとしているが、さらにアルジェリア社会がジハードにたいして反抗的であると述べる。アルジェリアはイスラム社会なのだから、民衆は「不信仰者」と戦い、GIAに合流すべきである。しかし実際にはそうなってはいない。ほんの一握りのひとびとだけがジハードに参加して、本当の意味で宗教をささえている。「不信仰」で「背教的」である統治者たちにたいして、民衆の大部分は「宗教をみすて、敵と戦う勇気をもたない(48)。」『鋭い剣』はジハードが人気がないことについて幻想をもたない。これはそれまでのGIAの発表した文書の勝ちほこった口調とは対照的である。そしてこうした悲観的な認識は実際行動では期待をうらぎった民衆を「罰する」ことを目的とした暴力行為の多発という形で表現されることになる。

一九九七年のラマダーン月（一月から二月）は内戦期間中、もっとも血なまぐさい月となり、おおくの市民が、それもおおくの場合、刀剣類で、虐殺された。軍人が駐屯できない村に政府が武器を提供して村落防衛のための「愛国者連盟」がつくられるようになり、このためにそれぞれ個人が暴力に訴えかけるようになって暴力がひろまり、復讐や地域での対立がGIAと政府のあいだの戦争とごちゃまぜになってしまったという面はあるようだ。本当の意味での調査がおこなわれていないし、信頼できる証言もあつめられてはいないので、ズワービリーが「司令官」だった時代におこった大量の虐殺事件――その頂点は八月末から九月にかけて数百人の人間が殺されたライス、ベニ・メッスース、ベンタルハでの大流血惨事である――の本当の責任が誰にあるのかを決定することは現在でもなお困難である。アルジェリアのジャーナリズムはその責任をすべて「GIAの犯罪者」におしつけ、そして同時にGIAの創設者の一部とFISの関係を強調する。しかし、亡命中のFIS指導者は虐殺の黒幕は公安機関で、イスラム主義運動全体を民衆からひきはなす目的で公安機関がGIAを煽動しておこなわせたにすぎないとする(49)。

流血の惨事において敵対者のどちらに責任があるのか正確にはわからないが、いずれにせよ、その結果、一九九七年九月にふたつの事件がおこり、それはアルジェリアにおける組織的なジハードのおわりを告げる鐘となる。ふたつの事件とはＧＩＡの消滅とＡＩＳによる「一方的停戦」である。実際、ＧＩＡは九月末、コミュニケを発表するが、これはズワービリーの署名した最後のものとなる。このコミュニケでズワービリーは虐殺の犯行声明をおこない、自分たちの隊列に参加しないすべてのアルジェリア人は「不信仰者」であると宣言して虐殺を正当化しようとする。これはまさしくタクフィール論、すなわち社会全体にたいする不信仰者宣告であった。アブー・ハムザはそれを『アンサール』の九月二七日号に批判的コメント付きで発表し、その二日後、会報の廃刊とズワービリーおよびＧＩＡにたいする支持をやめることを宣言する。ズワービリーとＧＩＡは「ジハード主義的サラフィー主義者」の路線を放棄し、「アルジェリア民衆全員を不信仰者と断罪した」というのがハムザの批判の理由だった(50)。この時以来、ＧＩＡは国外で組織を代弁する機関がなくなったために、コミュニケを発表できず、自分の存在を主張する手段をうしなう。だからといってアルジェリアにおいて暴力グループの活動が消滅したわけではなく、自律的な小集団のリーダーの指揮のもと、間欠的にジハードは継続される。しかし全国的な一貫した組織はもう存在しなくなる。最後の「司令官」アンタル・ズワービリーはその後、姿をあらわさず、組織をもった実体、アルジェリア内戦の主役としてのＧＩＡも消滅する。一九九二年に出現したときよりもよりいっそう渾然とし、謎めいた状況のなかで……。ＧＩＡはすこしずつすべての社会的基盤から遊離するようになり、最初からの支持者であった貧困都市青年層からさえもはなれつつあったのだが、ズワービリーは最後のコミュニケで社会全体に不信仰者宣告をすることによって、グループのセクト的集団への逸脱の総仕上げをしてしまう。貧困都市青年層も五年にわたる暴力の連鎖のために気力・戦意を喪失し、あらたな犠牲を必要とするイスラム主義の政治的企図にも、政府とのあまりにも力の差がありすぎる戦いにも参加しようという気持ちをほとんどなくしてしまっていた。

九月二一日、ＧＩＡの最後のコミュニケがロンドンに到着したその日、ＡＩＳの「全国司令官」マダニー・メルザーグがかれの指揮下にあるすべての戦闘員にたいして次の一〇月一日以降、一方的停戦をおこなうよう呼びかける(51)。ＦＩＳの軍事部門の無力さを露呈する呼びかけであったが、しかしそれがどれだけ弱体であるかはすでに九月の虐殺事件の規模のおおきさをみればわかることであった。ＡＩＳは事件の展開を手をこまねいてみていることしかできなかったのだ。停戦宣言は敗北と降伏のあいだにみいだされた「名誉ある」中間的解決方法だった。軍の参謀部と停戦を交渉することで、ＡＩＳは組織の兵士が最終的に治安部隊に編入されるまで、かれらを手元に保有しつづけることができた。軍事的に言えば、停戦は、ＦＩＳを支持した敬虔な中産階級にたいして政権が課した条件であった。権力に忠誠を誓いさえすれば「寛容」にあつかわれるという権力側の中産階級にたいするメッセージだったのだ。

ＧＩＡの存在の痕跡が消滅し、ＡＩＳとの停戦が成立したにもかかわらず、一九九八年、虐殺はあいかわらずつづく。犯行声明はどれも信用できなかったが、事件はＧＩＡ系統の武装グループが盲目的にテロを継続しているのだろうと推測された。そうしたグループのあるものは単なる犯罪組織になり、またあるものは仲間内の抗争やテロリスト狩りをする「愛国者」との戦いにあけくれる。また独立戦争末期をおもいださせるような論理にしたがって、内戦がおわった暁に利益のおおきい不動産取引をしようとする業者の手先になり、土地を不法に占拠している人たちを武器で脅して追いだすことに専念する者もいる。この点についても、それぞれのグループがある行為にかんしてどれだけ責任があるのか正確に、信頼できる形で立証することはできない。しかし暴力事件がいかなる政治的・イデオロギー的要求ともむすびつかなくなったこの一年間の出来事は、イスラム主義というカテゴリーのなかでおこなわれてきた社会運動が最終的にエネルギーを完全に枯渇させてしまったことを示している。だから政府は一九九九年から一連の選挙を実施して、漸進的な秩序回復を制度化してゆき、そしてそれは最終的に五月のアブドゥルアズィーズ・ブーテフリカの大統領就任、九月の「国民和解」にかんする国民投票へとつながる。この国民投票は圧倒的多数で支持され、ブーテフリカにたいする信任投票のようになってしまったのだが、こうしてほぼ一〇年にわたる内戦の結果、アルジェリアのイスラム主義運動は政府に敗北してしまう。一九八八年一〇月、数日間にわたって蜂起し、ＦＩＳを支持して街頭を占拠し、ついでＧＩＡの戦闘員を供給した貧困都市青年層は政治的主体としては壊滅する。敬虔なブルジョワジーの経済的利益や文化的主張は政府内部においてＭ・ナフナーフの《ハマース》によって擁護されるようになる。大統領はアッバースィー・マダニーに敬意を表し、敬虔なブルジョワジーはそうした大統領が提示する条件に同意しつつある(52)。マダニーは政治から手をひきたいと希望を述べ、貧困青年層のアイドルであるアリー・ベンハーッジュは依然として獄中にいる。運動のなかでただ一人政治的な才能があり、政府とタフに交渉する能力をもっていたが、急進派イスラム主義者から嫌悪されていたアブドゥルカーディル・ハシャーニーは一九九九年一一月二二日、殺害される。その状況はまだ解明されていない。逆説的だが、内戦はアルジェリアが社会主義から市場経済へ移行する動きをうながした。アルジェリアの指導層はそれによって民営部門の企業家・事業家が国のシステムを支持するようになるだろうと考えたのである。民間の企業家・事業家はかつてＦＩＳにひきよせられていた社会グループだった。というのもかれらはとりわけ将軍たちによる「輸入―輸入(53)」経済の私物化を認めることができなかったからである。内戦の一〇年間、国内のインフラが破壊されたり維持管理が適切にされていなかったから、国家再建のためにおくの事業が必要である。それは、もし国家のトップが適切な政治的決断をすれば、投資家にとって利益をあげるための好機になる。しかし歴史の気まぐれがどのような方向にうごくにせよ、かつてイスラム主義運動の出現を可能にした社会的ダイナミズムがふたたびわきあがってくるということはまずかんがえられない。国家を征服しようとするその野心が内戦のなかで血みどろになってしまったからである。幻滅が社会全般にひろがり、テロが間欠的に発生し、内戦の「残り火」が独立戦争のそれとあわさってくすぶりつづけている。パラドクスの極みと言うべきか、元アルジェリア軍最高責任者ネザール将軍が虐殺について軍上層部の責任を問うてベストセラーとなった本の著者ハビーブ・スアイディーヤ少尉(54)を名誉毀損で訴えたのだが、それは旧植民地主義帝国の本国、パリの法廷においてであった。フランス本国政府はかつてあらゆる種類の犯罪を犯したと糾弾されていたにもかかわらず……。

# 第十二章　テロに脅かされるエジプトのイスラム主義

アルジェリアで内戦が猖獗をきわめていたちょうどその頃、エジプトでもやはり国家と過激イスラム主義グループが対決し、大規模な暴力事件が頻発していた。アルジェで暗殺事件・テロ事件がおこりはじめ、政府がFISの活動家を砂漠の流刑キャンプにおくり、MEIやGIAなどの武装グループが山岳地帯で結成されつつあった一九九二年、エジプトでは《イスラム団》がカイロで世俗主義的作家ファラグ・フーダを暗殺し、上ナイル渓谷地帯でおもいのままにふるまっていた。《イスラム団》活動家たちは以前からキリスト教系マイノリティーのコプト教徒を執拗に攻撃したり、殺害したりしていたが、さらにこの年から観光客や治安部隊将校を無差別に殺害するという作戦もはじめていた。一二月には一万四〇〇〇人の兵士や警官が首都周縁部のインバーバという庶民の居住区を包囲し、「掃討」作戦を遂行した。《イスラム団》がその区域をアルジェのウカリプチュスやバラキのような貧民街にならって「イスラム解放地帯」にしていたからである。このように両国で同時発生的に暴力事件がエスカレートしていたのだが、それはまたカブールがムジャーヒディーンの手に落ちた年でもあった。その結果、アルジェリアやエジプトから来ていた数百人の「アフガニスタン・ジハード戦士」が故国にもどっていった。ペシャーワルで「ジハード主義的サラフィー主義」の鋳型にあわせて教育されたかれらは国外での経験を国にもちかえり、現地のジハードを過激化する。どちらの国においても、政権は中産階級による「穏健派」イスラム主義者支持という問題に直面していた。たしかに、ムバーラク大統領は一九九一年一二月の議会選挙でのFISの勝利に相当するような事態を招く危険はおかさなかった。しかしエジプトにもいくつかの社会的・政治的意見表明の場はのこされており、《ムスリム同胞団》はそれを利用してみずからの力を誇示していた。九月、かれらは弁護士会選挙に勝利し、エジプトの高学歴小市民層を結集した集団である職業別協会（医師、技師、歯科医、薬剤師）すべてを支配下においた。一〇月一二日、カイロで地震がおこり五〇〇人以上の死者と五万人以上の被災者をだす。この時、《ムスリム同胞団》は救援活動を組織し、非能率な国家の官僚組織を圧倒する大活躍をみせる。一九八九年一〇月のティパサ地震でのFISとまったくおなじように……。

エジプトに吹きあれた暴力の嵐は一九九七年一一月一七日のルクソールでの虐殺事件で最高潮に達する。六〇名が殺害され、そのほとんどが観光客であったが、アルジェリアでライス、ベニ・メッスース、ベンタルハの大虐殺があった直後のことだった。しかしどちらのケースでも、この大虐殺は組織だった武装イスラム主義運動が犯行声明をだした最後のテロ事件になる。エジプトの《イスラム団》軍事部門もアルジェリアのGIAも、民衆に嫌悪され、政府の弾圧によって粉砕され、崩壊する。《イスラム団》の「歴史的」指導者たちはすでに七月頃から「全面的休戦」を訴えていたし、アルジェリアでもAISが九月末に「一方的休戦」を宣言した。つまり、暴力が狂気じみるまでに猛威をふるっていたアラブのふたつの国で、ほどんど同時期に武装ジハードの敗北が決定的になったのである。その結果、民衆の支持をうしなったイスラム主義運動は中産階級に軸足をうつす。そして、再編成され、穏健化した組織は政権にとりこまれていくのである。

エジプトとアルジェリアで事態がおなじように進行していくのは、アフガニスタンで訓練された活動家がおなじような発想で行動していたからということで部分的には説明できる。しかし当時の両国のそれぞれの政治的状況はまったく異なっていた。アルジェリアは国家としては一九六二年の独立で成立したうまれたばかりの国で、独立戦争の暴力の傷痕がまだふかくのこっていた。また一九八〇年代に単一政党《国民解放戦線》（ＦＬＮ）が民衆の信頼をうしなってからは、国家は社会にほとんど基盤をもたない宙づりのような状態になってしまっていた。宗教的な仲介機関もあるかなきかの状態で、そのために一九八五年、宗教の領域で国家の正当性を確保しようとしてコンスタンティーヌにイスラム大学を創設したとき、政府はエジプトからウラマーをつれてこなければならなかった。ＦＩＳがイスラムを看板にして民衆を動員し、一九八九年と一九九一年の選挙に勝利したのは、こうした宗教的空白のおかげでもあった。そしてそれが、すくなくとも一九九四～九五年までは、民衆の一部が内戦に突入してしまった原因でもあったのである。それとは逆に、エジプトでは、フスニー・ムバーラクがひいる国家は政治組織としては非常に古い歴史をもち、「ファラオン的伝統」のために官僚主義的な鈍重さはあるものの能率的な行政組織をつかいこなしていた。またエジプトにはアズハル学院があった。アズハル学院は、一方では国家の干渉をうけ、他方では過激イスラム主義活動家から批判をうけていた。また学院のウラマー団や教員の一部に《ムスリム同胞団》がはいりこむということもあった。しかしともかく、この名声のたかいイスラム大学のおかげでエジプトには（国家と国民をむすぶ）宗教的仲介機関が存在していた。さらに、一九八九年以前は、アルジェリアには暴力的なイスラム主義的反体制運動はムスタファー・ブー・ヤアリーの地下活動しか存在しなかったが、エジプトではすでに一九八一年一〇月に大統領が《ジハード連合組織》に暗殺されており、イスラム主義運動との対立にはながい伝統があった。それは一九二八年のスエズ運河ぞいの地域での《ムスリム同胞団》結成にまでさかのぼるもので、ナセル時代の一九六六年にはサイイド・クトゥブが絞首刑にされていたし、一九七〇年代にはサダトは《イスラム団》と奇妙な関係をむすんでいた。一九九二年から一九九五年のあいだ、イスラム主義運動の一部グループが暴力路線に転換した時、たしかにその行動には目をひくような派手さがあった。また一時的に警察や軍隊がコントロールできない地域が国内の一部にうまれてはいた。しかしそれはエジプト国内で全面的な内戦がはじまったということを意味しない。一九九五年には外国人がカイロで安全に生活することができたが、それは当時のアルジェでは不可能なことだった。

軍事的には、死者の数から判断するならば(エジプトは一〇〇〇人程度、アルジェリアでは一〇万人程度)戦闘の規模は桁違いであった。政治的には、エジプトのイスラム主義運動は一九九二年には貧困都市青年層のあいだでも、敬虔な中産階級・ブルジョワジーのあいだでも飛躍的に支持をのばしつつあるようにおもえたが、アルジェリア同様、政府との五年間の戦争の激化をついに自分に有利な方向に転換させることができず、組織はふかい傷をおってしまう。

一九八〇年代中頃から政府とイスラム主義の対立は執拗に、しかし「軽度」につづいていた。こうした状況が急変する転機となったのは、一九九二年六月の《イスラム団》活動家による世俗主義的文筆家ファラグ・フーダ暗殺であると一般的にかんがえられている。この暗殺事件以前の状況はこうだった。一九八一年一〇月のサダト暗殺以後、きびしい取り締まりで一時的に過激派グループは消滅し、同調者のネットワークはばらばらになる。《ムスリム同胞団》は慎重に行動することを余儀なくされ、ひたすら《ジハード連合組織》活動家とは違うと言い訳ばかりする。ムバーラク大統領は前任者が追放した野党を政界に復帰させ、一九八四年五月に議会選挙をおこなう。選挙は予想されたとおりの結果におわったが、選挙戦ではこれまでながいあいだ経験したことのないような自由な論調がみられた。選挙で《同胞団》は数人の議員を当選させることができたし、政府も政権の基盤に自信をつよめ、一九八一年一〇月に逮捕した過激派活動家にたいして恩赦をおこなった。そして大部分の者が釈放されたが、一九八七年までは釈放された活動家がどうなったか、あまり話題にのぼることもなかった。サウディアラビア経由で(政府の奨励もあった)アフガニスタンのジハードに参加した者もいたし、一九八一年に解体された組織を再建しようとした者もいた。サダト時代に構築した支持基盤とコンタクトをとりなおし、あたらしい領域にも優位を拡大しながら、ひろい意味でのイスラム主義運動がゆっくりと勢力をひろげはじめていた。

一九八四年からイスラム主義運動の候補者リストが大部分の大学の学生組合選挙でふたたび勝利をおさめるようになっていた。一九八〇年代の中頃から、エジプトにある二二の職業別団体・組合の大部分が《ムスリム同胞団》の若いメンバーをリーダーとするようになっていた。七〇年代に大学生だった元活動家たちは、卒業し、職業生活にはいると、大学時代にはじめた布教活動（宗教的説教活動とも、政治的アジテーションともつかないものだった）を社会で継続する(1)。このように専門的な知識をもったひとびとの集団である「自由業」の分野でイスラム主義が浸透していったのだが、その一方で敬虔なブルジョワジーと呼ばれる集団もこの時期、経済的に豊かになっていく。当時、急速に成長していたイスラム銀行やイスラム投資会社がこうした社会階層の繁栄をもたらしていたのである(2)。

一九七七年に設立されたエジプトのファイサル・イスラム銀行はその典型だった。敬虔な預金者や投資家を安心させるためにファイサル国王の名前がつけられ、その息子であるサウディアラビアの王子が経営するこの銀行は預金の最低額を二〇〇ドルとしていたが、この金額は当時、エジプトの大学教授の数ヶ月分の月給に相当した。銀行は富裕な国外在住者をターゲットにしていたのである。かれらは外国通貨をふんだんに所有し、利殖をもとめていたが、それが「シャリーアにしたがって」おこなわれることを願っていた。銀行の資本金の四九パーセントはビンラーディン家などサウディアラビアのいくつかの富豪がにぎり、頻繁にテレビに登場する説教師シャアラーウィー師をはじめとするエジプト宗教界上層部、ブルジョワ的イスラム主義グループの著名な指導者、政府に近い一流事業家・企業家などが協力していた。こうしたたくさんの支援のおかげで、銀行は宗教の戒律に完全に合致しているという評判を獲得し、貯蓄をする余裕のある社会階層全体の信頼をえた。もちろん預金者は銀行に貯蓄して利益をあげたいという欲にも駆られていた。実際、銀行は利益を速くあげられる消費部門に短期的に投資したり、貴金属への投機をおこない、通常の銀行の利率よりたかい利益を預金者に提供していた。当時、経済の開放と石油収入の恩恵で消費が急速に拡大していたので高配当の提供が可能だったのだ。一九八〇年代前半、イスラムの教えにのっとった投資が大流行し、一〇〇ほどのイスラム投資信託会社ができ、年率二五パーセント程度の利益を投資家に提供していた。そうした会社のおおくは「闇」の両替業者がつくったもので、役所の煩瑣な手続きを回避して、非常に利益のあがる取引をおこなう術を知っていた。イスラム投資会社はたかい利益率の魅力にくわえてウラマーによる宗教的保証があったのでかなりの預金をあつめていた。投資会社にやとわれたウラマーは通常の銀行を非難し、イスラム投資会社を賞賛するファトワーをだしていた。

エジプトの場合、政府の一部は最初はこうした会社が敬虔な中産階級を体制側にとりこむ手段になるとかんがえて、それを奨励していた。会社に投資し、そこからおおきな利益をえられれば、サダト暗殺犯や一九七〇年代の過激運動をうみだしたイスラム主義知識人にそそのかされて過激な体制批判に傾斜していくようなことはないだろう、反体制派に合流するよりも、経済的に社会に統合され、豊かになることを可能にした政治システムの永続こそが自分たちの利益になるとかんがえるだろう――こんなふうに期待したのである。しかし一九八八年から、政府はこうした会社が経済的な力を獲得するとコントロール不能になり、反体制派イスラム主義者の軍資金調達手段になって、ムバーラク大統領の「不信仰」な体制にたいして闘うために利用されるのではないかと危惧するようになる。投資会社が資金を提供するモスク、病院、診療所、「イスラム関係書籍」出版、さまざまな慈善活動、こうしたものは政府の社会政策の不備をおぎなうための歓迎すべき補完物とはかんがえられなくなり、むしろ国家内国家の萌芽として危険視されるようになる。敬虔なブルジョワジーとイスラム主義知識人と貧困都市青年層が協同しておこなうそうした活動は体制の基礎をつきくずす危険をはらんだものとして意識されるようになるのである。こうしてイスラム投資会社は新聞の敵対的なキャンペーンの対象となる。かつて投資会社の広告を何ページにもわたって掲載し、責任者の談話や会社を推薦する高位の宗教指導者のファトワーをのせていたおなじ新聞が手のひらを返したように批判的態度をとるようになって、一部の投資会社が過激主義運動家と関係があることを暴露し、詐欺行為をはたらく会社であるかのような記事を書く。さらに投資会社は政府から即刻、法的な枠組みを修正するよう要求される。こうしたさまざまな措置のために会社は預金者の信頼をうしない、パニックにおちいった預金者が資金をひきだしたので、おおくの会社が倒産する。特にリスクがおおきい、投機的投資をしていた会社ほど打撃はおおきかった。

イスラム金融機関は政府側と反体制的イスラム主義の両方が手中におさめコントロールしようとしていたのだが、エジプトの例はこの金融機関が非常に曖昧な性格を有していたことをよく示している。政府は最初の内はシャリーアにしたがった銀行や投資会社に便宜をはかるが、やがてそこに政治的リスクが内包されていることにじょじょに気がつくようになる。特に一九八六年以降、政府のそうした警戒心はいっそうつよくなる。その頃、サダト暗殺やアスユート蜂起に連座して裁判で有罪判決をうけた人たち(3)の大半が解放され、政府は情勢掌握に自信をもっていたのだが、この年、徴兵され警官隊に配属された新兵が惨めな生活条件に不満を爆発させてピラミッド近くの豪華ホテルを略奪した事件がおこったのである(4)。実際、最初のうちは、サウディアラビアが影響力をもった銀行網はその影響力のために社会的には保守的な立場をとることは確実なようにみえたのだが、コントロール不可能な人物に経営されたたくさんの投資会社に銀行がネットワークをひろげていくにつれて、敬虔なブルジョワジーは政治的自立性を獲得していくようになる。そして、やがてかれらは急進的な反体制派に傾斜してゆき、政権を打倒するために急進的活動家と同盟をむすび、一部投資会社がそれに資金を提供するかもしれない……。こうした理由のために、政府は介入して、一九八八年に立法措置をとり、イスラム金融システムに枷をはめようとする。そしてその翌年、共和国のムフティー、タンターウィー師がファトワーを発して、利子つき融資をおこなうエジプトの通常の銀行システムもイスラムにとって合法的であると宣言する。

エジプト政府が一九八八年にイスラム金融のひろがりにストップをかけたのは、それがさまざまな傾向の運動の資金調達の手段になり、《同胞団》やその同調者が資金面で独立性を獲得し、その結果、政治的に非妥協的・対立的姿勢をとることになりはしないかと恐れたためであった。しかし政府は同時に宗教的な空間を拡大しながら、それを自分たちがコントロールし、それによって政権に宗教的正当性をあたえて、狂信的な活動家たちからの不信仰・微温的という批判に対抗しようとした。一九八五年、国営テレビは一万四〇〇〇時間のイスラム教番組を放送し(5)、極端な保守主義とコプト教徒にたいする敵意で知られたシャアラーウィー師や《ムスリム同胞団》に近いムハンマド・ガザーリー師のような「テレビ・コーラン」説教師にブラウン管をとおしての価値をめぐる意見表明で優位な立場を保証する。こうしたウラマーは自分が「宗教的過激主義」から国家をまもるためのイデオロギー的防御壁となることを期待されていると自覚しており、そうした自分の立場を最大限利用しようとする。かれらの第一の標的は世俗主義的知識人で、「宗教を侵害する」としてその著作を発禁にする。ちなみに『千夜一夜物語』のアラビア語完全版さえ「卑猥」であるとして発行を停止させられたのである。またエジプト航空の機内ではアルコール・サービスが禁止され、一部の県知事は県内でのアルコール消費を禁止する政令をだしている。こうしたことをみれば、サラフィー主義の保守的宗教家が道徳・文化・行動・日常生活の分野に容喙することを政府が放置していたことがわかる。議会では《ムスリム同胞団》の議員がシャリーアを適用させ、それに反すると判断された法律すべてを廃止するためにたえず圧力をかけていた。一九八五年、人民議会議長リファアト・マフグーブ（一九九〇年暗殺される）が《同胞団》のはたらきかけを拒絶して、法の領域は政治と同様、たとえ「穏健派」であってもイスラム主義グループの影響の埒外になければならないという態度をはっきりと表明した。それにたいして激烈な説教師ハーフィズ・サラーマ師がデモを組織する。デモはすぐに解散させられたが、これはイスラム主義グループがふたたび街頭で示威行動をおこなう大胆さをとりもどしたということを意味していた。

《同胞団》、宗教界上層部の中の《同胞団》に近いひとびと、そして政府、この三者は一種の「国境画定戦争」をおこなっていた。つまり、一方が自分の影響力を法律・経済・政治にまでひろげようとし、もう一方はそれを道徳や文化の領域に限定しようとしていたのだ。表舞台で三者がこんな綱ひきをやっているあいだに、地下に潜行したイスラム主義運動グループはひとつの問題をめぐってふたつの潮流にわかれていった。サダト暗殺後、なぜ権力をうばうことができなかったのかという問題が牢獄のなかで議論されていた(6)。この問題にたいして第一のグループは、武力行使によって「不信仰な」政権の中枢神経を破壊しなければジハードは成功しないとかんがえた。このグループのリーダーはサダト暗殺謀議の共犯者で終身刑に処せられたアッブード・ズマル中尉と一九八五年にアフガニスタンのジハードに出発することになるアイマン・ザワーヒリー医師だった(7)。かれらによればジハードに必要なのは少人数の断固とした決意をもった活動家であり、そうした活動家が専制的体制を破壊し、イスラム国家を樹立すれば国民はそれを歓呼の声でむかえるだろうというのである。こうしたクーデタ万能主義的思想はそれ以前のアラブ・ナショナリズムを信奉した軍人たちの手法をイスラムの言葉で翻訳したものにすぎない。それは布教の有効性を信じない。イスラム主義運動が「よわい立場にある」かぎり、政府は布教活動をおさえつけることができるからだ。これはまさしく、サダト暗殺を正当化するために電気技師アブドゥッサラーム・ファラジュが書いた小冊子で表明された理論そのままであった(8)。《ジハード団》も秘密裏に再建されたが、このグループもこれとおなじような立場にたっていた。

それと対極的だったのが、《イスラム団》と名のった活動家グループである。一九七〇年代(9)に大学での活動で名前をあげたこのグループは、ジハードは布教活動と同時に遂行されねばならず、「善を勧め悪を禁じる(10)」作業を社会で実行しながらジハードをひろげていかなければならないとかんがえる。これはひろく開放的にメンバー勧誘をおこなうと同時に、国土の一部を支配して政府の権威がおよばないようにし、そこに「イスラム的秩序」を強制するということを前提にしていた。活動家たちはこれをいろんなレベルで理解していた。まずそれは道徳的には品行のあやしい人間を追及し、ビデオ・ショップやヘアー・サロン、酒屋、映画館などを強制的に閉鎖することを意味する。また教義的・法的にはシャリーアがイスラムの支配下にある非イスラム教徒一般にかんして定めているようにコプト教徒にたいしても「保護税」を支払うよう脅迫することを意味し、さらに政治・軍事的には国家の権威を代表する者、警官その他を襲撃することを意味した。《イスラム団》の「精神的指導者」は盲人のウマル・アブドゥッラフマーン(11)で、かれはサダト暗殺実行犯の「ムフティー」であり、またジハードの資金とするためにはコプト人の宝石商・貴金属商を襲撃してもよい（そして必要なら殺してもよい）というファトワーをだして有名になった人物である。一九八四年に釈放されたアブドゥッラフマーンはファイユームのオアシスに居をかまえ、かれが好んで標的とする者たちを批判する説教をおこなう。かれは一九八六年に短期間、拘禁され、一九八九年四月にも再度逮捕され、今度は数ヶ月間拘留される。かれの支持者と警察が非常にはげしい衝突をしたからである。それからかれはスーダンにたち、そこでアメリカ行きのビザを獲得する。アメリカにおちついたかれはジャージー・シティーで説教活動をつづけ、そして最後に一九九三年二月、世界貿易センタービルへのテロ事件で起訴される。

治安の悪化にひとびとが懸念を示しはじめるのはやっと一九八七年になってからで、五月には元内務大臣やアメリカの外交官があわやテロ事件の犠牲になるところであったし、また《イスラム団》の煽動で上エジプト地方におけるコプト教徒への暴力事件もますます増加していた。キリスト教徒がムスリム女性のヴェールになぞのエアゾールをかけ、一度、布を洗濯すると十字架があらわれるようになっているという噂もながれていた。こんなでたらめな話で暴力事件がおこるということは、ナイル渓谷地帯でどんな社会的緊張があったか容易に想像がつく。同年、議会で《ムスリム同胞団》の議席が増加する。元マルクス主義者でイスラム主義に転向した人物が中心となった《労働党》と連合を組んで、一七パーセントの得票率と六〇の議席を獲得したのである。政府はこの選挙結果でもまだ十分、政権維持のためのフリーハンドは確保していたのだが、敬虔な中産階級との対話路線を選択し、それによって社会平和を維持しようとした。しかしそれにもかかわらず暴力事件は年々増加し、それは最終的に一九九二年の大規模な暴力事件につながっていくことになる。一九八八年、カイロ市内にあるヘリオポリスで治安部隊が街の一画全体を包囲する事件があった。《イスラム団》がその区域で暴力をもちいて「善を勧め悪を禁じ」ていたからである。これは組織が上エジプトの根拠地からでて首都の庶民社会でも勢力をのばしていたことを示している(12)。一九八九年から一九九〇年にかけて、上エジプト地域でコプト教徒にたいする暴力事件がつづき、《イスラム団》の活動がますます活発になってきたために、取り締まりが強化される。この時、ウマル・アブドゥッラフマーン師が説教をおこなっていたファイユームのモスクも攻囲され、たくさんの人間が逮捕され、さらに警察の「過剰反応」により死傷者がでる。その結果、事件は単なる過激イスラム主義グループと国家のイデオロギー的対立という枠をこえて、上ナイル渓谷の伝統的社会特有の復讐《ヴァンデッタ》の論理がはたらいて、治安機関にたいする報復がおこなわれる……。しかし政府は一九九三年までふたつの戦略を同時に進行させていた。すなわち、一方で「過激派」にたいして鳴り物入りで警察が取り締まりを強化するが、他方ではサラフィー主義者や《ムスリム同胞団》に近い宗教界上層部のひとびとを仲介にして「過激派」の一部とひそかに対話をつづける。このふたつの路線のあいだで政府は逡巡していたのであり、そしてその逡巡は三年のあいだに内務大臣が三度もかわったことにもあらわれているのだが(13)、活動家たちはこれを政府の弱腰の印であると解釈した。だから何千人もの人間が逮捕されたにもかかわらず、テロの手口はますます大胆になり、一九九〇年一〇月にはカイロの中心で議会の元議長が暗殺される事件までおこる。

五年にわたる「戦争」の最初の年一九九二年がはじまった時、政府は相対的によわい立場にあった。しかしイスラム主義運動も、アルジェリア以上に、それを構成するさまざまな社会グループの分裂に苦しんでいた。戦術的にも教義の上でも食い違いがあったのである。《ムスリム同胞団》は敬虔な中産階級に確固とした基盤をもち、議会でも議席を有していたし、イスラム銀行にもメンバーがいたので、そのシステムをつうじて資金あつめのネットワークもあった。また職業団体をコントロールしていたし、メンバーが主宰する慈善団体のおかげで庶民階級との接触もあった。サダト暗殺後、政府からも頼りにされていた宗教界上層部は、テレビでの発言機会を特権的にあたえられていたし、知的領域でも圧倒的な優越性をもっていた。かれらは《同胞団》の影響をうけやすい状況にあった。というのもムハンマド・ガザーリーやユースフ・カラダーウィーのような大ウラマーが《同胞団》とふかいつながりをもっていたからである(14)。かれらは「仲介役を演じる」と自負していたのだが、しかし実際には《ムスリム同胞団》も宗教界上層部も過激グループをコントロールする力をもたなかったし、ましてや貧困都市青年層を組織して、敬虔な中産階級を先頭にした戦闘態勢を組ませ、政府に戦いをいどませるなどということができる情勢でもなかった。この点が一九八九年から一九九一年にかけてアルジェリアで民衆蜂起を成功させたFISとのおおきな違いであった。

実際、一九八四年に活動家の大部分が釈放されて以来、《イスラム団》は(そしてある程度までは《ジハード団》も)成果をつみかさね、一九九二年には自立性をもった優位な地位を構築することに成功していた。一九八〇年代の後半、エジプト中部のアスユート県やメニヤ県で布教拡大に好都合な社会的条件があったので、かれらはそこに確固とした地盤をきずきあげた。一九七〇年代にナイル渓谷地帯にたくさん地方大学が設立され、そこを卒業した農村出身の青年は主としてアラビア半島諸国に就職口をみつけていた。しかし、一九八五年からはじまった石油価格の低迷でアラビア半島への労働力の流れがとまり、就職口がなくなる。地方大学出身の青年たちのおおくは、大学で《イスラム団》に出入りしていたが、卒業して村や集落に帰っても仕事もなく、家族は学費をはらうのにおおきな犠牲をはらってきたのに、卒業後もその世話にならざるをえない。そのためにかれらは失望しておおきなフラストレーションを感じる。《イスラム団》の主張やイデオロギーはそうした不満を既存体制にたいする反発心にうまく転換させる。すなわち、すべての不幸の原因は権力者が「不信仰」だからなのだ。失業中の大卒者たちは、大学に進学せず故郷にのこったかつての仲間に再会して、革命的「イスラム知識人」となり、地域の特殊な状況に適応しながら、ナイル渓谷地帯の貧困なムスリム青年たちを動員する。実際、サイード地方(上エジプト)は地縁的な氏族や血族が社会的なネットワークをつくる伝統があり、そこで紛争があった場合、暴力や復讐で決着をつけられることもしばしばであった。また非合法的活動(武器密輸、大麻の栽培と取引）を核として組織されたギャング団も地域に確固として根をおろし、地形の利をおおいに活用していた。ナイル渓谷の断崖にひらいた洞窟や草がおい茂ったナイル川の島、背丈のたかいサトウキビ畑などが犯罪者に格好の隠れ家をふんだんに提供していた。国家の存在はこの地域では影がうすく、個人の利害が優先しがちであった。その結果、昔から伝統的に、国の支配に服さないポケット地帯がたくさん存在した。最後に、アスユートやメニヤ周辺の農村地帯は閉鎖的でイスラムに完全に服したわけではなかった。この地域ではナイル渓谷系キリスト教徒が、修道院の存在のおかげで、歴史のながれにもっともよく抗して存続していた。コプト教徒の割合もエジプト国内で一番たかく、全国平均がほぼ六パーセントと推定されているのにたいして、メニヤ県では一八パーセント、アスユート県では一九パーセントに達していた(15)。

こうした状況が《イスラム団》の勢力拡大のための好都合な土壌となった。《イスラム団》は、遠くにある国家の圧力をうけることなく、動員や住民支配のための組織を整備したり、隠れ家や訓練キャンプを建設することもできるし、また、とりわけコプト教徒を襲撃して「善を勧め悪を禁じる」という目的を実践することもできる。渓谷地帯におけるイスラム教徒とキリスト教徒の共存は歴史をつうじてさまざまな変遷をへてきた。ながい平和の時代の後に対立が激化する時代がくる。熱狂的な説教師がキリスト教徒の「傲慢さ」にたいして信者をけしかけたりするとそうした事態になってしまう。イスラム圏のキリスト教徒はイスラム政権によって保護してもらえる（解釈によればそれは「保護を強制される」ということになるが）ので、「被保護者」というステイタスとひきかえにシャリーアはかれらに人頭税《ジズヤ》と呼ばれる税金を支払うことを命じている。だから聖典を非妥協的に解釈すると、イスラム教徒はキリスト教徒にこのような特別な税金をはらわせて、かれらをおとしめ、はずかしめなければならないということになる。一九一一年、アスユートで「コプト教徒総会」が開催され、コプト教徒の敵対者や、その支持者の一部のあいだで、エジプト中部が「分離独立」し、そこに「キリスト教国家」が樹立されるのではないかという幻想がうまれた。たしかに、一九七〇年代、イスラム主義運動の発展とともにこの地域の緊張がたかまり、暴力事件が激化したとき（それはその二〇年後、最高潮をむかえる）、ひとびとはこうした歴史や教義を口実にしはしたのだが、しかし事態が深刻化したのには別な理由がある。すなわちアスユートやメニヤといった都市にはおおくのコプト教徒が社会的に重要な地位を占めていたのだが、こうした都市に農村から貧困な、そしてその大部分がイスラム教徒である民衆が、学生として、あるいは労働者として、大挙してながれこんできたという事実である。都市にはナセルの土地の国有化政策で損害をこうむった経験のある地主階級のコプト社会の名望家たちがいた。しかしそればかりではなく、完備したキリスト教系教育システムのおかげでコプト教徒の中産階級も出現していた。《イスラム団》のイデオロギーに影響をうけた貧困なイスラム青年層にとって、こうした状況はスキャンダラスなものにおもえた。イスラム教徒が苦しんでいるのに、へりくだり、従順であるべきコプト教徒が繁栄している！こうした過度に単純な分析は渓谷地帯のコプト教徒の大半がイスラム教徒の同胞とおなじように貧困で非近代的な生活をしているということを無視していた。しかしそれは大衆の社会的フラストレーションにたいする宗教にもとづいた単純な、そして容易に操作可能な、はけ口になった。とりわけアラビア半島への出稼ぎの道がとざされたとき、そうしたはけ口からひとびとの不満が爆発的に噴出する。そのために、反キリスト教的なアジテーションは渓谷地帯の過激派が困窮した青年たちのあいだに影響力をひろげようとするとき、もっとも好んでもちいる手段となった。かれらのビラやキャンペーンではキリスト教徒はいつも不当に獲得した高い社会的地位を悪用する卑劣な人間とか、外国の手先とか、常にイスラム教徒をキリスト教に改宗させ、堕落させようとしている十字軍兵士としてえがかれている。たとえばメニヤのあるコプト教徒はイスラムの未成年の少女に売春させ、性交のシーンをビデオにとってながしていると批判された(16)。また過激派たちはキリスト教徒の「傲慢さ」を理由にくりかえし暴動を煽動していたが、そうした暴動の際にはいつもコプト教徒の薬剤師や宝石商が標的となっていた。一九九二年、渓谷地帯の政治的状況はこうした騒乱状態にあり、そして《イスラム団》はそれを利用して勢力を拡大していた。政府もはげしく反撃し、逮捕や「きびしい」尋問をくりかえしおこなった。それにたいして、いまやエジプト中部に確固とした本拠地を構築した地下組織《イスラム団》は戦術を変えて、政府と直接に対決するようになる。その年、ペシャーワルで「ジハード主義的サラフィー主義者」グループによって軍事的に訓練され、狂信的思想をうえつけられた「アフガニスタン・ジハード戦士」の第一陣が帰国する。「全面戦争」への転換はかれらの存在に鼓舞されたという面もあるが、これは三つの戦線で展開された。重要人物暗殺、観光客殺害、首都周縁部の貧困地域制圧である。「インバーバ・イスラム共和国」樹立宣言は、この第三の前線における代表的事件である。

一九九二年六月八日、ファラグ・フーダが《イスラム団》運動員によって暗殺された。暗殺実行犯は特定され、逮捕され、判決をうけたが、この暗殺にはふたつの目的があった。第一に、それは世俗主義的知識人の象徴にたいする攻撃だった。フーダは常にシャリーアの適用に反対し、イスラム主義者にたいして容赦なく闘うことを主張し、かれらを取り締まるための反テロ法の強化を訴えていたが、さらにかれはイスラエルとの関係の正常化を支持していた。そのためにかれは宗教界上層部や《ムスリム同胞団》からも嫌われており、かれの著書はそうしたひとびとから頻繁に批判をうけていたが、同時にナショナリズム左派からも敵意をもたれていた。ナショナリズム左派にとってシオニスト国家はどんな場合でも敵でありつづけていたからである。《イスラム団》が殺害したのはエジプト社会におおきな支持基盤があるわけではないが、非常に著名で外国にもよく知られた人物だった。この暗殺によって《イスラム団》は政府にたいして直接挑戦状をつきつけ、またフーダとおなじような立場を公にとろうとするひとびとを脅したのである。さらに、政府はイスラム的正当性をみずからにもたせるために宗教界上層部を懐柔しようとしていたわけだが、そうした宗教界上層部のひとびとのなかにも、手段は野蛮だったとはいうものの、「急進的世俗主義者」を標的にした《イスラム団》に共感を感じる者もいた。たとえば一九九三年六月の暗殺者にたいする裁判でムハンマド・ガザーリー師は弁護側証人として召喚され、イスラム教徒としてうまれながらシャリーアへの反対運動をする人間（フーダがそうだ）は背教の罪を犯しており、したがって死にあたいすると述べた。エジプトには現在、シャリーアにもとづく死刑宣告を執行するイスラム国家が存在しないから、自分でそれをおこなおうとするものを責めることはできないと言うのである。この証言は政府部内を仰天させ、《ムスリム同胞団》に近い宗教界上層部を媒介にして過激イスラム主義者を説得しようという政策は放棄された。しかしガザーリーのこの発言は《ムスリム同胞団》の世俗主義的知識人批判の一環にすぎない。世俗主義的知識人が社会の中心的価値にかんする論争に介入しようとする時、《ムスリム同胞団》はそうした発言をシャリーアからみて犯罪であるとして攻撃するのが常であるからだ。もう一人の世俗主義的知識人の犠牲者は大学人ナスル・アブー・ザイドだった。かれもその著作のために「背教者」であると宣言され、背教者はイスラム教徒の女性と婚姻関係にありつづけることはできないという理由で裁判所で強制的に離婚させられ、さらに殺害するという脅迫があったので、危険から逃れるために一九九五年、ヨーロッパに妻と共に亡命することを余儀なくされた(17)。最後に、一九九四年一〇月、常々、保守的宗教家から小説が卑猥だという攻撃をうけていたノーベル文学賞受賞者ナギーブ・マフフーズが《イスラム団》のメンバーによって刺される。第一に、こうした事件はイスラム主義運動がエジプトの司法界にその意見を代弁するひとびとをもっているということ、それも単に弁護士だけではなく(一九九二年に《同胞団》は弁護士会の主導権をにぎったことをみてもわかる)裁判官のあいだにもそれを支持するひとびとがいることを示している。イスラム主義の裁判官たちがアブー・ザイド夫妻を強制的に離婚させたのである。第二のポイント、それは「穏健派」と「急進派」のあいだには相互補完性があるという点である。穏健派が標的を指示し、急進派が犠牲者を処刑する、最後に、必要な場合には、穏健派が急進派の情状酌量を訴える。「穏健派」は公の場では行動にうつした活動家の激情を嘆いてみせるが、しかし非宗教的知識人を標的にしておけば運動の求心力がたかまるという利点がある。とはいえ、《ムスリム同胞団》やその同盟者たちが、とりわけアメリカにたいして、誘惑作戦にでており、全体主義的国家にたいして市民社会を体現しているのは自分たちであり、過激派を無力化することができる勢力は自分たちをおいてはないと説得しようとしていた時だけに、知識人の殺害は国際的なイメージという点では破滅的な影響があった。

世俗主義的知識人にたいする威嚇キャンペーンと平行して、夏からは観光客にたいする攻撃が《イスラム団》によって開始された。六月、手作りの爆弾の爆発事件からはじまり、やがてナイル川のクルーザー船や電車にたいする銃撃がおこなわれるようになり、そしてついに一〇月、イギリスの女性観光客が死亡し、さらには一二月、ドイツ旅行者が襲われて負傷する。《イスラム団》の精神的指導者ウマル・アブドゥッラフマーン師はニューヨークからカセットをおくってよこし、観光業はエジプトを道徳的に退廃させ、アルコール消費を勧める企てだとし、それを不法《ハラーム》である（すなわち、宗教によって禁止されている）と宣言した。一部の「穏健」イスラム主義運動グループがアブドゥッラフマーンにならい、とりわけイスラエル人の観光客がふえた点に注目し、それは（中東で嫌悪されている）中東和平交渉の影響のひとつだと主張する(18)。だれもが「無実なひとびと」の死を悔やんでみせるが、その責任を警察の暴力に転嫁する。警察が攻撃してきたから「《イスラム団》の青年たち」は可能な手段で自己防衛することを強いられたのだ。一九九三年、テロはカイロに移動し、外国人旅行者のあいだに何人もの犠牲者をだす。こうした事件はその後、数年間、間欠的につづき、最後に一九九七年一一月のルクソールでの虐殺事件にいたる。一部の「穏健派」イスラム主義者は観光客にたいする攻撃についても世俗主義的知識人への攻撃とおなじような態度をとり、「政府が不信仰だから」過激派は激情的犯行にはしるのだと述べ、テロ行為に理解を示す。《イスラム団》はどのイスラム主義組織も常々主張しているテーマを反政府運動に利用している、だからイスラム主義運動の他のグループも、たとえ口先だけにせよ、《イスラム団》について行かざるをえない。最後に、観光客にたいする「戦争」はそれを決定した者にとっては一か八かの勝負であった。それは最小限の手段でエジプト政府に経済的にも、また対外的にもおおきな打撃をあたえた(19)。「穏健」イスラム主義者のヨーロッパにおける代表者たちは、そうした暴力事件を論拠にして、「不信仰な国家」が孤立し、統治能力をうしなっていると主張する。そして敬虔なブルジョワジーが権力の座につけば秩序を回復し、同時に投資家やビジネスマンを優遇するだろうと述べるのだ。こうした論拠は、とりわけアメリカの一部の政治家グループのあいだでうけいれられつつあった。しかし観光業の崩壊で犠牲となったのは国家だけではない。ひとびとは、国の歴史に前例をみない、外国人の計画的殺害にショックを感じていたが、それればかりではない。エジプト民衆の大部分が、観光ガイドからホテル業者・レストラン経営者、さらには野菜栽培業者や指物師、運転手、そしてかれらが扶養している家族のメンバー全員が、観光業から生活の糧をえていたのだ。かれらが政治的・宗教的にどのような志向性をもっていたにせよ、民衆は生活水準の大幅な低下に直面し、そしてしばらく躊躇した後、その原因となったひとびとにたいして距離をおきはじめる。

とはいえ、一九九二年に《イスラム団》が選択した超過激化路線に論理がなかったわけではない。《イスラム団》が貧困化した青年層を一挙に蜂起にむかわせようとしたのは、政府に挑戦状をつきつけたいという野心もさることながら、《イスラム団》がカイロ周辺の貧困地域に支持を拡大することに成功し、そうした地域からの動員に期待できるようになったという事実に裏打ちされていたのである。すでに一九八八年の秋には、ヘリオポリスの近くで、街の一画全体で活動家が「善を勧め悪を禁じ《ヒスバ》」ていたので、治安部隊がそこを包囲・攻撃しなければならなかった。しかし、インバーバ地区では状況はもっと深刻なものになる。インバーバはカイロ大学の近くにある無許可建築の住宅が密集した郊外住宅街で、（首都の人口が一二〇〇万人程度だが、その内の）一〇〇万人ほどの人間が住んでいた。生活のためのインフラも整備されていないこの地域に住んでいたのは、農村からの移住者で、そのほとんどが上エジプトから来た人たちだった。この地域は首都における過激イスラム主義の勢力拡大のシンボルそのものとなっていた。というか、それはほとんどカリカチュアとさえ言えるものだった(20)。サダト暗殺犯の裁判で訴えられたひとびとのなかにはこの地区の出身者もいた。が、当時は、インバーバとその「一帯」は重点的な布教の対象というより隠れ家として利用されていた。この地区で勢力拡大の努力がおこなわれるようになったのは一九八四年、大部分の活動家が解放された後のことだった。《イスラム団》はメンバーの数をふやし、上エジプトでうまれた事実上の分離独立地帯をモデルにして、この地区にも政府のコントロールをうけないイスラム化した地域をつくろうとしたのである。この企てが成功したのはイスラム主義知識人（近くの大学の学生やそれを卒業した一九七〇年代の活動家）と土地の親分《カーイド》との出会いのおかげだった。親分《カーイド》というのは伝統的な「強者《フトゥーワ》」という人物像を体現する人たちで、半ばやくざのボス、半ば不正をただす正義の士で、国家の権威を代表する者が不在の場合、社会秩序を私的に管理する役割をになう人たちであった。武術も習得したこの「腕っ節のつよいひとびと」は、過激イスラム主義によって社会における自分たちの役割を承認され、一挙にイスラム組織に参加していく。過激イスラム主義は暴力によって権力と対決する戦略に突入したので、暴力や暴力団の組織の仕方、秘密のマーケットでの武器・弾薬の入手などについて「専門的な」知識をもった社会集団を動員する必要があったのである(21)。イスラム主義知識人と「土地の親分」（強者《フトゥーワ》）の出会いは貧困都市青年層を《イスラム団》に大挙して参加させるきっかけとなる。そしてこれがインバーバの最大の社会・政治勢力となるのである。

一九八四年からすでに、グループの「精神的指導者」ウマル・アブドゥッラフマーンは地域のモスクを巡回し、その中の重要なものには《イスラム団》の活動家をおくりこみ、その社会的空間を占拠させていた。スポーツ活動、教育、地域にイスラム的秩序を確立し、警察の介入を排除するための民兵組織……。《イスラム団》によるインバーバ掌握は通りの名前のイスラム化によって目にみえる形であらわれてくるが、地区掌握がすすむにつれ、《イスラム団》が伝統的な仲裁機関の役割をはたし、争いに決着をつけたり、昔ながらの報復合戦をつづける家族同士の対立を調停したりするようになる。最後に、モスクに付属した慈善団体のネットワークが困窮者の世話をする。

地区の大部族グループは武力で敗北し、交渉を余儀なくされる。コプト教徒は地区にある二一の教会を中心にあつまり、重要なマイノリティーを構成していたが、アスユートやメニヤの場合とほぼおなじような虐待をうけていた。商店の略奪、教会焼きうち、コプト教徒にたいする組織的暴力行為の際のキリスト教徒にたいする笞刑、——こうした行為は過激主義者によって推進された「悪を禁じる行為《ヒスバ》」の一環であるとされた。また《イスラム団》は特定の党派に属さず、機会を利用して略奪に参加するだけの青年たちもひきよせていった。一方、《イスラム団》に「保護税」（人頭税《ジズヤ》）を支払ったコプト教徒の商人たちは略奪をまぬがれた(22)。

このようにインバーバで宗教運動が急進化していくにつれ、青年たちはそれを利用して、かつて年長者たちがになっていた社会的役割を自分たちが演じるようになる。これはアルジェリアの内戦でおこったのとおなじような現象である。アルジェリアでは貧困地域の若い「ヒーティスト」が一九九一年以降、ＦＩＳの名士よりも優位な立場を占めるようになった。また、エジプトでもアルジェリアと同様、青年たちは、自分たちが運動の主導権をにぎれば、攻勢をつづけて政府をゆるがせることもできると想像していた。インバーバではコプト教徒にたいする嫌がらせがはげしくなった一九九一年から運動の力点は慈善活動から急速に拡大解釈された意味での「悪を禁じる行為《ヒスバ》」へと重点をうつすようになった。しかし実際にはそれは犯罪者がイスラム主義の衣装をまとってゆすりたかりの類を実践していたにすぎない。そのため、後にアルジェ郊外でＧＩＡにかんしておこったのと同様に、最初は《イスラム団》に共感をおぼえていた住民もそこからはなれるようになる。一九九二年一一月末、グループの軍事部門の責任者ガベル師が虚勢をはってロイター通信に、インバーバはシャリーアが適用される「イスラム国家」となったと宣言する。ニュースは世界中にながされる。この報を聞いてついにエジプト政府は武力行使をおこなうことを選択する。それはアルジェリア郊外の「解放イスラム地域」を包囲し、自然に崩壊するのを待つ作戦をとったアルジェリア政府とは対照的な決断であった(23)。一九九二年一二月、一万四〇〇〇人の兵士がインバーバを六週間包囲し、五〇〇〇人の人間を逮捕する。こうして、新聞が「ガベル師のイスラム主義共和国」と呼んだ運動は、その支持者たちが予告した「血の海」がながされることもなく、短命におわる。運動がとった暴力路線は最終的に組織の評判を悪くし、支持をうしなわせる結果になったからである。その後、地域の発展のために大量の資金が投入される。警察署の他、社会福祉のための機関もつぎつぎと設置される。モスクは宗教省の監督下におかれ、政府にとって「信用のできる」説教師が任命される。政府による地区再征服は抑圧策にのみよったのではない。住民と国家の仲介役という役割を《イスラム団》が力づくで奪いとっていたわけだが、そうした役割をはたす人間が急にいなくなったので、その代わりに若い政治活動家が出現する。かれらは政権党の《国民民主党》の党員となって、あたらしいエリート層を構成する。かれらが与党に入党するのは政府によってとつぜん地区にばらまかれるようになった資金の配分に有利になるからである(24)。もっともそうした青年のなかにはついこのあいだまで過激イスラム主義運動に接近していた者もいた。かれらはイスラム主義運動が先細りしていくことを予測してはやめにそこから遠ざかっていたのだ。

エジプト政府はこのように首都の困窮地帯における貧困都市青年と過激化したイスラム主義知識人の連合を力で打破し、すぐにでも革命的動員力をもつ可能性のあった危険な存在を当座の所は排除することができた。しかしまだ別の危険が存在していた。それは《ムスリム同胞団》だった。《同胞団》のメンバーやその同調者は一九九二年から何度も力を誇示していた。敬虔な中産階級に確固とした支持基盤をもっていたかれらは慈善活動をつうじて貧しい大衆を組織し、過激派の衣鉢をつぐような行動にでる危険があった。また政権はイスラム主義運動に対抗するために宗教界上層部に頼ろうとしていたのだが、そうした宗教界上層部にも《同胞団》は影響力を浸透させていた。

弁護士会は伝統的にリベラル派の牙城だったが、九月、その弁護士会の選挙で《同胞団》が勝利する。これはエジプトでは「サダト暗殺以来の重大事件(25)」と称された。それまですでに《同胞団》がさまざまな高学歴中産階級の代表機関を支配しており、弁護士会支配は《同胞団》による職業団体征服の仕上げになったからである。かれらのコントロールをうけずにすんでいるのはただジャーナリスト組合だけになった。イスラム主義運動はシャリーア適用を主張している。したがって、法曹の世界はその政治的主張にとっては中心的な位置を占めるのだが、弁護士会選挙の勝利は、法曹界が実証主義的法律家の手からはなれ、《同胞団》やその同盟者が内部から自分たちのかんがえる方向へ誘導できるようになったということを意味していた(26)。かれらは優位な立場を利用してナスル・アブー・ザイドやその他の「規定にかなっていない」作家にたいして裁判をしかけ、自分たちの意見に賛同する裁判官のおかげで、裁判に勝利する。これは政府にとってはきわめて憂慮すべき事態であった。司法界が部分的にでも自分たちのコントロールをはなれていることを意味していたからである。これはまた、将来、機会が来れば実現されるであろうシャリーアのエジプト社会への全面的適用の先触れのような出来事でもあった。

それにたいする政府の反応は、すべての職業団体への影響力をとりもどすために団体選挙投票率に下限を設定し、それに満たない場合は団体に法定管理人が任命されるというものだった(27)。しかしこの措置は政府の不当介入とみなされ、抗議の声がさかんにあがる。一方、政府の側でも敬虔な中産階級にたいしてどのようなスタンスをとるべきか態度をはっきりと決定することができない。

《ムスリム同胞団》やその同盟者にたいして対決姿勢をとることが決定されたのは一九九三年の最初の頃である。この年の最初の三ヶ月間、政府も迷いに迷っていたのだが、そのあいだにも《同胞団》は地歩をさらに固めていた。一九九二年一〇月、カイロに大地震がおこった時、公的機関はお役所仕事やさまざまな機能不全のために麻痺していたが、それにくらべて《同胞団》はずっと能率的に行動し、住居をうしなった五万人の罹災者に救援活動をおこなった。かれらはまた、コントロール下にある「職業団体組合」や傘下の慈善団体網の協力で、数千ものテントをたてた。これは折よく、《同胞団》のボスニア支援委員会がボスニアにおくるために用意してすぐにもつかえる状態にあったものだった(28)。このテントには「イスラム、それが解決策である」というスローガンが書かれていた。こうした慈善活動は、政府が無策ぶりを露呈していたためにいっそう人気もたかく、目立ちもしたので、《同胞団》に更に大量の資金が寄付されることになる。しかし政府はこの寄付金を急いでブロックする。

警察によるインバーバ攻撃への反発で暴力事件がつづいていたが、そのために一九九三年二月カイロ中心街の喫茶店で爆弾事件があり、三人の外国人が死亡する。渓谷地帯では観光客やコプト教徒へのあらたな襲撃があり、政府が治安維持のための戦略の選択をいまだ躊躇していることが暴露される。だから《同胞団》と宗教界上層部のそれに近いひとびとは、警察と過激派の「敬虔な青年たち」の仲介役になると申し出て、ある提案をおこなう。発案者の主張では、それは弾圧策では実現できない社会的平和をもたらす有効な手段となると言うのだ。こうしてかれらによって仲裁委員会が結成され、《同胞団》に近いムタワッリー・シャアラーウィー、ムハンマド・ガザーリーなど頻繁にテレビに出演する説教師や一九七〇年代の説教の元「スター」キシュク師(29)、その他、おなじような思想傾向の説教師やジャーナリストがそのメンバーとなって、政権の一部、とりわけ内務大臣の同意をえた上で、獄中の《イスラム団》指導者とコンタクトをとる。委員会の真意はこうだった。すなわち、暴力は否定しながら、過激活動家の政治的要求のただしさを認める文書をベースにしてかれらを納得させ、それによって《同胞団》を支持する敬虔な中産階級と《イスラム団》が支持基盤とする貧困青年層に分裂したイスラム主義運動を自分の指導のもとに統一する……(30)。もしこの計画が実現されていたら、政府の存在は危機に瀕していたであろう。政府は宗教界から自己の正当性のお墨付きをもらおうとしていたのだが、その当の宗教界自体によって政府の正当性はおおきくゆさぶられることになっていたであろう。最後の最後までためらったあげく、政府はイスラム主義全体と対決する戦略をとることを選択する。それと同時に政府は《同胞団》に近い宗教界上層部とも距離をとる。四月一八日、内務大臣A・H・ムーサーが仲裁委員会を後押しした責任をとらされ、解任される。四月二〇日、和解派でテレビに宗教番組が氾濫する道をひらいた情報大臣サフワ・シャリーフが《ジハード団》の犯行とされるテロの犠牲者となり、六月にはムハンマド・ガザーリーが世俗主義文筆家ファラグ・フーダ暗殺事件の裁判で弁護側証人として証言する。こうした事態の推移をみて、政権は強硬路線のただしさを確信する。武装イスラム主義グループを軍事的に粉砕し、《ムスリム同胞団》を法的・政治的におさえこみ、まず現場で戦争に勝利することを優先する、敬虔なブルジョワジーにたいして門戸を開放するのはその後である――これが政府が最終的に選択した強硬路線だったのである。

一九九三年から一九九七年にかけて、対立の激化で何百人もの犠牲者がでる。容赦ない取り締まりがおこなわれ、それに反撃してよりいっそう大胆なテロがおこなわれる。一九九五年六月にはアディスアベバでムバーラク大統領暗殺未遂もおこった(31)。しかしこうしたことすべてが政府側に有利にはたらいた。《イスラム団》はインバーバの失敗の後、都市の一般大衆を動員することに成功せず、渓谷地帯の根拠地から出撃して観光客やコプト教徒や警官に「狙いを定めた」攻撃をくりかえすしか他には手段がない(32)。そうしたテロ行為は派手ではあるのだが、力関係をイスラム主義活動家に有利なように転換させることはできない。一九九六年初頭から組織は息切れの様子をみせはじめていた(33)。一九九二年にアフガニスタンから帰ってきた戦闘意欲のたかい指導者たちが逮捕され、戦闘で殺され、死刑宣告され処刑されていたが、国境の監視がきびしくなったので、おなじような能力をもった幹部が穴埋めをするということはできなくなっていた。国外では欧米の「聖域」が昔ほど安全ではなくなっていた。アメリカではウマル・アブドゥラフマーン師が一月に終身刑になり(34)、一九九五年九月、ヨーロッパにおける《イスラム団》の調整役タルアト・ファード・カッサームがクロアチアで「失踪する(35)」。そのために《イスラム団》の国際支援網や、「宗教家」と「戦闘員」の連携がばらばらになり、組織の全体としての行動が支離滅裂になる。いくつもの国が亡命してきた活動家をエジプトにひきわたす。おなじような理由で、アラビア半島諸国の支持者から来ていた資金の送金が減少し、《イスラム団》はますます頻繁に「強盗」で資金あつめをしなければならなくなる。地域社会にたいするゆすりたかり、「敵の協力者」や「内通者」(中には田園監視官もふくまれる)の暗殺のために、かつては《イスラム団》に親近感を感じていたり、中立的な立場だったりした民衆の気持ちが過激派活動家からはなれていく。それは同時期のアルジェリアと瓜ふたつの展開だった。

対決戦略が袋小路にはいったため、内部でも議論がはじまり、一九九六年三月にアスワンの「司令官《アミール》」が最初の停戦アピールをだす。しかしそれは全員の賛成をえられなかったようである。というのも、翌月、一八人のギリシャ人観光客（そのうち一四名が女性）がカイロのホテルで銃殺されたからである。《イスラム団》はそれがイスラエル人だったと勘違いしたようで、『エジプトのイスラムの地にユダヤ人の占める場所はない』と題されたコミュニケで犯行声明をおこなった。このコミュニケは「レバノンの地でながされた殉教者の血にたいする復讐として、猿と豚の子であり、悪魔の賛美者であるユダヤ人を殺害」したとテロを正当化している(36)。《イスラム団》は「近くの敵」（政府）にたいする戦い(37)が支持をえられず、組織を孤立化させるばかりなのでそれを放棄し、「遠くの敵」（イスラエル）にたいする戦いを優先する戦略に転換したのである。そうすればナショナリスト・グループや和平プロセスのゆきづまりにフラストレーションを感じていた民衆の共感をひきつけ、支持基盤を拡大することができると期待したからであった。

エジプト政府が《イスラム団》にたいして軍事的に優位にたつのと平行して、《ムスリム同胞団》にたいする政治的圧力もつよめられる。一九九三年の春に決められた戦略どおりに事がすすめられたのである。政府や、さらには大統領自身が、《ムスリム同胞団》は暴力的グループの「表向き」の顔であり、テロリストの真の母体であるという批判を常にくりかえす。こうした主張は、具体的で説得的な証拠にささえられていたわけではない。しかしそれはまず何より、敬虔な中産階級にたいするメッセージだった。「政権はよわい立場では交渉しない。過激グループや貧困都市青年層と同盟をむすんで、政府に圧力をかけようとするなら、そうした試みは打破されるであろう」――政府は中産階級にこのようなメッセージをおくっていたのだ。それはまた欧米政府にたいするシグナルでもあった。欧米政府内では、エジプトでもアルジェリアでも、あるいは地域の他の国でも、「穏健な」イスラム主義者が政権につくことを支持する声があった。エジプトはそれにたいしてはっきりと否とこたえたのである。

一方、《同胞団》は成功をおさめたために、かえって内部に分裂が生じ、エジプト政府がそれにつけこむすきをあたえていた。実際、《同胞団》はナセル時代以前からの「歴史的」メンバーである長老集団が指導部を形成していたが、かれらは組織を政党にすることに反対だった。《同胞団》はシャリーアが適用されたイスラム国家を希求していたわけだが、現在の体制に政党として参加することはイスラム国家と完全に異質な制度を暗黙の内に認めることに他ならなかった。最高指導者ムスタファー・マシュフールが一九九六年初頭に新聞で説明したように、組織の戦略は、展開可能なすべての領域に「顔をだす」ことであり、制度化された政治の世界にはこだわらない。何故なら政治の世界の規則や機能の仕方を政府は恣意的に変更することができるからだ。職業団体、慈善事業、モスクとその協会、「利子を排除した」金融・銀行網、大学、ジャーナリズム、司法界、議会の議員など、《同胞団》がいろいろな分野に「顔をだす」ことで「布教《ダアワ》」をおこない、最終的には社会にたいして「イスラム的な解決方法」を実施するよう説得する。しかし社会に定着することで最終的に権力を掌握するというこの戦略に若い世代のひとびとが異議を申し立てるようになる。一九七〇年代の大学での活動をとおして頭角をあらわし、一九八〇年代中頃から職業団体選挙で勝利をおさめるようになった世代である。一九九五年一月には、この世代のトップランナーとでも言うべき人物で医師会副会長のイッサーム・アルヤーンが《同胞団》を党として合法化することを要求する。しかし、かれは他の何十人もの医師、技師、その他中産階級メンバーとともに即座に逮捕される。かれらは軍事法廷で「非合法組織結成」の罪でおもい禁固刑に処せられる。《同胞団》(やその他の観察者たち)はこの告発は「でっちあげ」で、一九九五年一一月から一二月に予定されている立法議会選挙にかれらを立候補させないための陰謀だと批判した(38)。一九九六年一月には、この「若い世代」の別のメンバーが《同胞団》と関係があるが、そこからは独立した組織をもった党の承認を要求する。《中央党《ワサト》(39)》と名づけられたこの党は指導部に一人のコプト教徒(アングリカン)をふくみ、議会で中道派の位置を占めることを目ざしていた。かれらは明確に高学歴中産階級の票をねらい、(ちょうど《同胞団》が職業組合選挙の際におこなったように）自分たち敬虔な中産階級層を中核にして中産階級一般を糾合することを目ざしていた。そのプログラムは公的自由や人権、国民統一など、《同胞団》とは異なり、明確に欧米式民主主義の基礎を承認するものだった。その点でこれは《同胞団》とも政権とも対立するものだった。《同胞団》にとってはシャリーアを適用した「イスラム国家」のみが唯一の妥当な政治秩序であるわけだし、また自由を強調するこのプログラムが政権の抑圧的な政策を批判していることもあきらかだった。《同胞団》の最高指導者はこのプログラムは自分の権威を侵害するものであるとして反論の余地もなく拒絶し、政府もこの政党公認の要求を認めなかった。政府は一九九六年初頭にはまだその失地を回復しておらず、中産階級を結集するという計画は政府自身の支持基盤構築のもくろみと競合するものだったから、それを認めることはできなかった。こうして設立予定の党の主要なリーダーたちは逮捕され、計画は頓挫した。

一九九六年、国家指導者にとって、イスラム主義運動「全面抑圧」政策にいかなる例外も許されることはなかった。派手なテロ事件は依然としてあったが、暴力事件は全体として減少していた(40)。だから中期的には構造的な成功をおさめることができると期待できた。一九九三年以前のためらいをもう一度くりかえすわけにはいかなかった。たとえ民主主義への配慮がたりないと、欧米から冷たい目でみられるとしても……。そして、実際、この政策は翌年には《イスラム団》を疲弊させ、分裂させることに成功するのである。一九九七年七月、エジプトで投獄されていた《イスラム団》の「歴史的指導者たち」が国家に戦争をしかけた戦略は失敗だったと総括し、その戦略のゆきすぎと不成功のために民衆の支持をうしなったことを認め、停戦を訴える。亡命中の幾人かの指導者はこの訴えを拒否したが、アメリカの監獄にいたアブドゥッラフマーン師はそれを支持する。しかし九月、渓谷地帯で警官が殺害される。警官殺害犯たちは停戦の訴えを行動でもって否定したことになるが、これは組織の分裂を示すものでもあった。分裂騒ぎは一一月一七日のルクソールのハトシェプスト寺院での観光客虐殺事件で頂点に達する。《イスラム団》のヨーロッパ・センターはそれを非難するが、アフガニスタンにのこった指導者たちは承認する(41)。この後、《イスラム団》はエジプトにおける政治的暴力の主要なアクターとしては存在しなくなる。

アルジェリア政府とおなじく、エジプト政府も一九九二年に過激イスラム主義グループからしかけられた戦いに勝利する。政府はまずインバーバにある《イスラム団》が民衆の支援をうけて構築した基地を破壊する。ついでグループがテロ行為というみずから仕かけた罠にはまったところを捕まえて息の根をとめる。テロがつづくにつれ、庶民層の心はグループからはなれていった。政府はまたイスラム主義運動の再統一を阻止すべく、注意をはらう。一九九三年初頭の仲裁委員会は、もし政府が選択を誤れば、イスラム主義運動の統一をもたらしたかも知れなかったのだ。また《ムスリム同胞団》は敬虔なブルジョワジーを政治的に代表する存在になろうとしていたのだが、政府は《同胞団》を犯罪集団のように批判することで、その試みを徹底的に妨害する。政府は《中央党》の計画にも実現のチャンスをあたえなかった。それは中産階級結集という政府自身の野心と競合する恐れがあったからである。エジプト政府がこうした戦略を成功させることができたのは、湾岸戦争直後の有利な経済的条件があったからである。エジプトは湾岸戦争に参戦することで外国への債務の一部を免除された。また数ヶ月間、クウェートの銀行が消滅してしまったために、それに懲りた出稼ぎ労働者たちは預金をエジプトの銀行に預けはじめた。また経済の脱国有化、近代化であたらしい企業家層が誕生した。かれらは一〇年間で、エジプト・ブルジョワジーのあり方を、ナセル以来つづいた何十年間か以上に変化させた。富が増加すれば敬虔な中産階級もイデオロギー的な嗜好よりも社会的利益の方を優先するだろう。かれらは信仰は実践しつづけるだろう、しかし政治的なコンセンサスを成立しやすくする場合には宗教運動にたいして資金もだすだろうが、《ムスリム同胞団》が象徴するような反体制的イスラムを奨励するよりも、国家の繁栄に参加することの方を選択するだろう——こういう見通しに政府は賭けたのである。こうしていまや、かつて戦闘的イスラム主義の「印」であった宗教的信仰を示すさまざまなシンボルが他の目的に利用され、さまざまな種類の記号がまざりあい、商品に姿を変えていく——たとえば、顔に化粧をしながら頭にかぶられたシックなヒジャーブ、イタリアの最新モード風に整えられた髭、ラマダーン月の夕方に「貧者に提供される食事」……。事態は政府が期待したとおりにすすんでいったようだ。かつてそうした食事が供されたテーブルの上には「イスラム、それが解決策だ」という《同胞団》のスローガンがのせられていたのだが、今ではこの施しのテーブルは企業や商店が会社や店の前においてコマーシャルをするための台にすぎない(42)。この点でもアルジェリア政府と似ているのだが、カイロの政府も、イスラム主義は市場に吸収されていくに違いないという点に賭けたようにおもわれる。ただ、政治的多元主義と民主化というこの二点は、両国において依然としてまだ実現されていない(43)。しかし市場にうながされて、いつの日か企業主たちも政治的多元主義と真の民主化を要求するようになる可能性がきわめてたかいことを政府は忘れてはならない。

# 第十三章　欧米にたいするジハードとウサーマ・ビンラーディン

ボスニアでも、アルジェリア、エジプトでもジハードが宣言されたり、はげしさをましたりしたのは一九九二年、戦争経験をつんだ戦士たちがアフガニスタンやパキスタンをはなれてそれぞれの国に到着しはじめた頃だった。かれらはムジャーヒディーンがカブールを制圧するまでおこなわれたイスラム国家樹立のためのジハードを他の国にもひろげたいと願ったのだ。しかしエジプトやアルジェリアに到着した戦士というのは、実はそれぞれの国の出身者で、一九八〇年代の中頃に、政府のひそかな後押しをうけて(1)（潜在的なトラブル・メーカーをやっかい払いできて政府も満足だった）ペシャーワルにまで出かけていったひとびとだった。それにたいしてボスニアでは、アフガニスタンを経験してから現地に来た「ジハード戦士たち」は皆、外国人、それもその大半はアラブ人で、中にかなりの数のアラビア半島出身者、特にサウディアラビア人がいた。おなじように、タジキスタンや、また一九九五年からはチェチェンでも、外国人志願兵、特にアラブ人が、現地の紛争をジハードに変えようとして、重要な役割をはたす。

かつてカブールとペシャーワルのあいだに集中していた「ジハード主義的サラフィー主義者」が、一九九二年から世界各地に散らばっていく。これは異例な現象だった。だからそれは過激イスラム主義がめざましい拡張をとげているあらわれだとかんがえられ、活動家たちを熱狂させた。かれらはイスラム諸国のみならず欧米においても、世界中のいたるところでつぎつぎと「不信仰者」や「背教者」にたいして鉄槌がくだされるのをみた。一九九三年二月の世界貿易センタービルへのテロ、一九九五年にGIAがフランスにたいして挑んだ戦争、ウサーマ・ビンラーディンのネットワークによる犯行とされるアメリカ関連施設への攻撃、そして最後に二〇〇一年九月一一日のツインタワービル破壊――こうした事柄はすべて一続きの連続体を形成しており、ひとつの厳密な論理の産物なのである。その論理がいかに凄惨きわまりない論理であるにしても……。最初、一九九五年から一九九六年まではテロの目的はターゲット（アメリカやフランス）にたいして圧力をかけて、政策を変更するよう迫ることであった。そうしたテロ活動をおこなったのはいかなる社会運動ともつながりをもたず、輪郭のはっきりしない過激派集団なのだが、情報機関が影で糸をあやっている姿もほのみえて、得体がはっきりとしない。外部からの工作の実態は今もなお判然とせず、その解釈ははげしい論争の的となっている。が、この作戦は結局、その支持者たちがもっていたとされる期待とは正反対の結果をもたらした。実際、テロは欧米先進各国のイスラム主義運動にたいする態度を変更させることはなく、むしろ逆に敵意をつよめただけだった。（そしてそのために、とくにイスラム世界や「陰謀史観」信奉者のあいだで、テロは欧米情報機関やアラブ諸国軍部の仕業とかんがえるひとびとがいるのだ。）

ついで、一九九五～九六年頃から、テロ行為の論理は挑発戦略へとうつっていく。つまり、運動が内部の矛盾を克服する力をもたず、それを補うためにテロにはしるのである。しかしそれは同時に権力掌握の戦略を全面的に破綻させることになる。要するに、挑発戦略としてのテロの狙いとは、敬虔な中産階級と貧困都市青年層のあいだに生じていた亀裂を「イスラム教徒」にたいする欧米の「攻撃」をテコにして埋めようとすることである。テロ行為はその「攻撃」を誘発するための起爆剤である。過激派がテロ行為をおこない、それにたいする反撃として欧米がイスラム世界を攻撃する。こうして、かつて極左の戦闘的組織もさんざん乱用した、挑発――弾圧――連帯という古びることのない、普遍的サイクルの論理が始動する。一九九八年八月七日、タンザニアとケニヤのアメリカ大使館にたいするテロでこの戦略の最初の実験がおこなわれたが、その頂点が二〇〇一年九月一一日の同時多発テロだったのである。テロを計画したひとびとは、欧米がターリバーンの支配するアフガニスタンに侵攻し、それにたいして世界のイスラム教徒が蜂起すると期待した。しかし期待した蜂起はおこらなかった。

一九九二年四月、カブールがアフガニスタンのムジャーヒディーン政党連合の手に落ちたとき、ジハードの目的は、すくなくとも理論的には、到達された。共産主義政府の廃墟の上にイスラム国家が樹立された――「ターリバーン的秩序」がそれにとってかわるまではイスラム国家と言っても名ばかりの完全な混乱状態にすぎなかったとしても……。アラブ人やその他の国際「ジハード戦士」には現地にとどまる理由はもうなかった。それに制御不可能になった軍勢を解散させたいとかんがえたアメリカの圧力もあった。こうして何百人という単位で兵士がそれぞれの国に帰る。かれらはアフガニスタンの思想教育・軍事訓練キャンプで学んだ理論や技術を故国で応用したいとかんがえ、アルジェリアやエジプトで現地のジハードに参加し、それを急進化させることに貢献する。しかし大多数の者にはそのような可能性はひらかれてはいなかった。ほとんどのアラブ諸国は「アフガニスタン《アフガン》帰還兵」を危険な存在とみなすようになっていたし、警察による国境の監視も強化されていた。かれらはとつぜん動員解除された軍隊のようになり、パスポートもなく、別の戦場かそれとも亡命できる国をさがしていた。だから、補助金を提供し、地球のある地点から別の地点への移動を確保してくれる者がいたら、どんなことでも命じられた仕事をするようになっていた(2)。

アフガニスタンという土地からははなれたけれど、そこでの体験の記憶を頭に一杯つめこんだ何千人もの「ジハード戦士」たちはセクト特有の政治・宗教的論理にこりかたまり、自分たちが活動しようとしている社会の現実には目もくれなかった。かれらがどんな風にしてボスニアやアルジェリアやエジプトで失敗していったかはすでにみた。しかしかれらの挫折は欧米諸国においてもっと極端な形であらわれてくる。欧米諸国は過激派にとって最初は聖域であり、避難地であったのだが、やがて、そのなかでもっとも重要な地域、すなわちアメリカとフランスはかれらの暴力行為・テロ行為の標的となる。そのために世界に散らばった「ジハード戦士」をとりまく国際環境のバランスがくずれ、かれらは行動をエスカレートさせて無謀な行為をくりかえす。それはやがて陰惨きわまりない暴力となり、そして最終的に挫折しておわる。

アメリカは一九八〇年代、アフガニスタンのジハードへの資金援助でパイオニア的役割をはたし、説教師や志願兵募集役の人間が移動したり、さらにはアメリカ国内を訪問するのに便宜をはかっていた。一九八六年、ウマル・アブドゥッラフマーンはその二年前にエジプトの監獄から出獄したばかりだったのだが、CIAの仲介で初めてアメリカの入国ヴィザを取得し(3)、イスラム主義学生の講演会に参加した。ついでかれはパキスタンにあらわれ、ペシャーワルで説教をし、イスラマバードでサウディアラビア大使と朝食をとり、アメリカ人がたくさん出席したレセプションに賓客として招待される。かれは天国に行くために殉教を厭わない戦士の募集に貢献した大物宗教家の一人だったのである。この志願兵募集活動はソビエト体制を転覆させるという付随効果もあり、ワシントンにとってもおおいに利益のあることだった。しかし、かれは生国のエジプトでは《イスラム団》の「司令官《アミール》」であり、ムバーラク政権とはむずかしい関係にあった。アブドゥッラフマーンは説教で政権を執拗に攻撃しつづけていた。一九九〇年四月二二日、かれは一時間半にわたって内務大臣アブドゥルハリーム・ムーサーと会談し、紳士協定をむすび、投獄された活動家の刑務所での待遇改善とひきかえにアブドゥッラフマーンが支持者に行動の沈静化を呼びかけることが決定された(4)。その三日後、かれはエジプトを去り、スーダンに赴く。五月一〇日、かれはハルトゥームでアメリカのヴィザを取得し(5)、七月一八日、ニューヨークに到着する。出迎えたのはブルックリン在住のエジプト人活動家ムスタファー・シャラビーであった。シャラビーは一九八六年に《アフガニスタン・ジハード支援センター》をつくり、アメリカでの募金活動と志願兵募集を担当していた。しかしシャラビーはアブドゥッラフマーンがニューヨークに到着して数ヶ月後、暗殺される(6)。一九九一年一月、アブドゥッラフマーンは「小エジプト」と呼ばれるジャージー・シティーにあるサラーム・モスクの宗教教師としてアメリカの永住権取得を申請し、四月には「グリーン・カード」を取得する(7)。これは例外的なはやさであった。その頃、かれはヨーロッパや中東に頻繁に旅行し、アフガニスタンのジハードを支持する演説をおこなっていた。周知のとおりジハードは、その一年後、一九九二年四月、カブールが陥落するまでつづいた。

一九八〇年代以来、CIAはこうした活動を援助していたが、一九九〇〜九一年頃、アメリカの別の利益代表グループがこの政策の悪影響について自問しはじめ、やがてそうした声がじょじょに優勢になる(8)。そして赤軍や悪の帝国と戦った「自由の戦士」ともてはやされてきたひとびとがとつぜん狂信的テロリスト・犯罪者と呼ばれるようになり、そのために世論や指導層エリートが手の平を返したように態度を変化させる。アブドゥッラフマーン師はこのイメージの逆転の要となる道具として利用された(9)。

一九九一年六月、アブドゥッラフマーンがメッカへの巡礼に参加したとき、アメリカ当局はかれが重婚者であったのに、それを申請しなかったこと(10)、したがって関係行政書類に「虚偽の」記載をしていたことに気づく。そこで当局はかれの居住権を剝奪するための手続きを開始する。一九九二年六月、アブドゥッラフマーンは国外追放処分にならないよう政治亡命申請をおこなう。人権擁護運動の法律家たちがこの申請を支持するが、アブドゥッラフマーンはジハード支持の説教はやめない。かれのまわりには説教に魅了された貧しいアラブ移民があつまっていた。しかしこのグループはアメリカのイスラム民衆からは孤立し、改宗した黒人も中東やインド亜大陸からの移民もよってはこない。世界貿易センタービルを破壊するというアイデアが最初にうまれたのは、この小さなグループ、その日暮らしのひとびとばかりがあつまり、おとり捜査官やスパイがはいりこんだこの小さなグループのなかにおいてであった。テロの後おこなわれた裁判で、実行犯の身元は疑問の余地なく立証された。それはアブドゥッラフマーン・グループの常連たちであった。また裁判はアブドゥッラフマーンがいつものスタイルで、アメリカやヨーロッパ一般にたいして破壊的な説教をしていることも指摘した。しかし、アメリカ司法当局は大規模な「陰謀」が存在し、その唯一の指導者がアブドゥッラフマーンであると主張したのだが、これについては事件がおこって数年たった現在でもなお、おおくの不明な点がのこる(11)。盲目のアブドゥッラフマーンには肉眼でみたこともない、想像することも困難な標的を指示することはむずかしいという点はおくとしても、かれの手下たちは皆、知的水準が非常にひくく、アメリカ社会について漠然としたイメージしかもっていなかったのだから、かれらだけでこんな大規模なテロをおもいついたとかんがえることはできない。裁判で、弁護側は、ＦＢＩの指示でグループに潜入し、被告たちとの会話を録音したエジプト人密告者が、被告をそそのかして実際行動にうつらせる上でおおきな役割をはたしたと主張する(12)。もうひとつの説ではサッダーム・フサインのイラク——一九九一年の湾岸戦争にやぶれ、当時アメリカのつよい軍事的圧力をうけていた——がテロの黒幕であるとし、テロの兵站準備にラムジ・ユースフ(13)という謎の人物が中心的役割をはたしていたことをあきらかにする。こうした点についてはなにも確証がないが、すくなくとも言えることは、一九九三年二月二六日、勝ち誇るアメリカ資本主義の象徴であるマンハッタンの有名なツインタワービル(14)をゆるがせ、六人の死者と一〇〇〇人ほどの負傷者をだした爆発事件はアメリカ政府とアフガニスタンで戦った人たちとのあいだの特権的な関係が反転したことを象徴的に表現する出来事だったということである。これ以降、アフガニスタン・ジハード戦士はさまざまな形で抑圧の対象となる。というのもかれらは、エジプトやアルジェリア以上に、社会運動と連動しないテロの暴力にはまりこんでしまっていた（あるいはそうした方向に誘導する工作につけいるすきをみせていた）からである。かれらをとりまくのは少数の同調者だけだったし、その数もますます減少していった。しかしジハードの信奉者による世界貿易センタービル破壊というアイデアそのものは、その八年後の第二の（成功した）試みが示すように、きわめてたかい象徴的価値を有しつづけることになる。

アブドゥッラフマーン師は奇妙な状況のなかでアメリカに亡命したが、一九九二年のジハード終了後、アフガニスタンにいた「ジハード主義的サラフィー主義者」の指導者もかなりの数の者が戦場をはなれてヨーロッパの国々に避難の場所をもとめた。そしてかれらはそこで資金調達、前線への物資供給、情報収集、宣伝活動などをおこなうためのネットワークを構築する。スカンディナヴィア諸国では非常に手厚い亡命者保護の伝統があり、亡命を認められたものにはかなりの資金援助もあった。さらに当局が過激イスラム主義の政治活動家についてほとんど無知だったこともあって、何人もの活動家がそこに安全な避難場所をみいだした。こうしてコペンハーゲンには国外に逃れたエジプトの《イスラム団》の本部がおかれ、ストックホルムでアルジェリアのＧＩＡは会報『アンサール』を発行し、配布する。こうした国々ではイスラム系住民は少数なので、フランスやイギリスのように重要な政治問題とはならない。しかし百万人単位でイスラム系住民が国内に在住するフランスとイギリスでも、両国のあいだで対応は完全に対照的であった。イギリスではラシュディー事件の騒ぎがおおきなショックをあたえ、その記憶はひとびとのあいだに依然としてのこっていたのだが、しかし政府は世界中から来た活動家の入国を鷹揚に認めていた。それにたいして学校におけるイスラムのヴェール事件で政界がむずかしい対応を迫られたフランスは、かれらにたいして国境をとざしていた。こうしてイギリスは一九九〇年代の初め頃にはイスラム主義運動の中継点となり、一九八〇年代のペシャーワルの小世界がここで再現され、「ロンドニスタン」と呼ばれるまでになった。しかしそのおかげでイギリス国内は「聖域」として尊重され、いかなるテロ事件もおこらなかった。また、イギリス在住のインド・パキスタン系青年はかつて一九八九年に『悪魔の詩』の作者にたいして抗議デモをしたこともあるのだが、亡命した活動家がそうしたイスラム青年たちを国家と対立するように煽動することもなかった。それにそもそも、亡命者の大半はアラブ人でインド亜大陸出身の民衆に直接はたらきかける手段をもっていなかった。一方、フランスでは政府は三〇〇万人ほどいるマグリブ系住民のあいだに「ジハード主義者」がはいりこみ、影響をあたえることを警戒していた。フランスのマグリブ系移民の大半は、そのころ内戦がはじまりつつあったアルジェリア系のひとびとだったのである。

こうして一九九二年からロンドンに「ジハード主義的サラフィー主義」系のイデオローグや組織指導者があつまってくるようになる。たとえばエジプトのグループについて言えば、亡命中の《ジハード団》の責任者も《イスラム団》のリーダーもいた。組織を再建し、会報を発行して、ファックスで送信したり、ネットにながしたりする活動の他、かれらは人権擁護の分野にも進出し、不当逮捕や拷問や軍事法廷での死刑判決を糾弾し、エジプト政府に圧力をかけていた(15)。イギリスの首都はまた《ジハード団》中の超過激派グループ《征服の前衛》の基地にもなった(16)。このグループはエジプトにおけるいかなる休戦にも反対していた。サウディアラビアの反体制派イスラム主義者ムハンマド・マスアリーが会報をロンドンから方々にファックスで送信し、イギリス・テレコムにはらう料金が天文学的な数字になってそれを断念するまでつづけたという前例があったが、このグループもそれにならい(17)、各メディアの編集局に大量のファックスをおくりつけていたが、メディアもエジプト国内における支持基盤がほとんどないこの亡命グループの大言壮語的な宣言の内容をどれだけ信頼できるのかおおいに判断に苦しんだ。

ペシャーワルの時とおなじように、こうした組織や小グループがロンドンに集中することによって、たがいに不信仰者宣告をしあったり、呪詛をなげつけあうということが頻繁におこった。しかしその逆に、対立するさまざまなグループのあいだで自由な議論や意見交換が促進され、和解の雰囲気が醸成されるという面もあった(18)。またロンドンは過激派と穏健派がであう場ともなった。ロンドンには《ムスリム同胞団》の国際部門の責任者(19)もチュニジアの《イスラム志向運動》のカリスマ的指導者ラシード・ガンヌーシー(20)もいた。またパキスタンの《ジャマーアテ・イスラーミー》の責任者が運営していたレスター・イスラミック・ファンデーションのキャンパスもそうした動きをうながした(21)。「急進派」側では、ウェンブリー・スタジアムでジハードを賞賛する二度の集会を組織したシリア人のウマル・バクリーが一部の「穏健派」指導者とコンタクトをとっていたが、これはイギリスの圧力で中断された(22)。最後に、ロンドンに『ハヤート』紙や『アル＝クドゥス・アル＝アラビー』（アラブのエルサレム）紙などの日刊紙があったおかげで、こうした組織はみなメディアから注目され、その結果、かれらのおこなう論争はアラブ世界全体で反響を呼んだ。

世界のイスラム主義運動の中継点としてのロンドンの役割がもっともよく機能したのはアルジェリアの内戦の際である。実際、ＧＩＡが自己のイメージを構築し、その正当性を確立できたのは、ロンドンで隔月刊の会報『アンサール』（「アルジェリアと全世界におけるジハードの声」）を執筆したジハード主義的サラフィー主義グループの指導者シリア人アブー・ムスアブとパレスチナ人アブー・カターダ(23)がその主張を代弁してくれたおかげだった。アフガニスタン・ジハード参加者のなかでも中心的な役割をはたしたこの二人の人物が刊行した『アンサール』がアルジェリアにおけるＧＩＡのさまざまな活動と国際的なサラフィー主義系のさまざまなグループとをむすびつけ、ＧＩＡの活動をサラフィー主義的な言語、政治・宗教的カテゴリーに「翻訳」しなおすという役割をはたしていたのである。それはどちらにとっても利益のあることだった。イスラム主義について初歩的な教養しかもっていないアルジェリアの過激派にとって、会報は自分たちの暴力に宗教的な正当性をあたえてくれるものだったし、ロンドンの説教師・知識人にとってＧＩＡはテムズ川のほとりにとどまるかぎり手にいれようのない現場での活動の代替物になった。こうしてＧＩＡは分裂した形で機能していた。貧困都市青年層は国内で戦闘を継続し、一方、外国のイスラム主義知識人たちが亡命の地でかれらの行動を宣伝する。こうした役割分担はいくつもの問題を発生させる。ロンドンと現地の地下活動との連絡は、現代的な通信手段があるとはいえ、間接的で、さまざまな干渉や工作をうける可能性があった。アルジェリアの現場ではＧＩＡの組織や活動は混沌とした状態だったのだが、それが（しばしば作為的に）一貫性をもつようになるのは、ほとんど検証不可能な情報やコミュニケを『アンサール』が選択・選別して発表したからである。『アンサール』の編集者たちはアルジェリアについてまったく具体的な知識がなく、事態をアフガニスタンのプリズムをとおしてしかみなかったから、この選択・選別は必然的に恣意的なものとなった。GIAが経験したふたつの重大な危機も当然、アルジェリアの現場とロンドンというふたつの極のインターフェースで表現されることになる。一九九五年秋の粛清とムハンマド・サイードの暗殺の後、ロンドンの知識人たちはザイトゥーニーにたいしてじょじょに距離をとり、そしてついに一九九六年五月〜六月、『アンサール』を休刊にする。会報は一九九七年二月、アンタル・ズワービリー司令官を支持するためにエジプト系イギリス人アブー・ハムザにより再刊されるが、しかし翌年の秋、市民虐殺事件がおこり、ズワービリーがその犯行声明をだすとふたたび発行が休止される。この時以来、GIAは組織として存在をやめる。たとえば一九九八年の虐殺事件のように、GIAを名のるものがその後も活動をつづけるが、しかし組織の名において意見を表明する著名なイスラム主義知識人が存在しなくなると、GIAは組織としてのアイデンティティをうしない、その結果、分裂が加速化されて無数の群小グループにわかれ、それらがたがいに殺しあいをかさね、ついには犯罪集団へと転落していく。

一九九〇年代にロンドンを国際イスラム主義の中心地としたイギリスの政策とは正反対に(24)、パリは外国から来るアラブ人活動家のフランス入国をきびしく制限した。アルジェリア系住民のあいだではFISの共鳴者のネットワークが《フランス・アルジェリア友好協会》(FAF)とその週刊の機関誌『ラ・クリテール』を中心に形成された。内戦の最初の時から、「ジハード・ニュース」を掲載したために、この雑誌は当局により、発刊禁止処分をうける。こえてはならない一線がどこか、警告が発せられたのである(25)。一方、FISの創設メンバーの一人アブドゥルバーキー・サハラーウィー師はパリに亡命し、バルベス地区でモスクを運営していたが、当時の内務大臣シャルル・パスクワはかれを交渉相手としてえらんだ(26)。自己の道徳的権威を根拠に、サハラーウィーはフランスに居住する党の活動家はフランスを安全地帯としてのみ利用すると保証した。大義の共鳴者をつのったり、武装闘争の資金をこっそりとあつめたり、東欧の旧人民共和国から来た武器を秘密裏に運送するということはあっても、フランスにおけるイスラムとむすびついた政治問題——郊外の社会的緊張から学校におけるヴェール問題まで——には絶対にかかわらないことを確認したのである。政府の一番の心配はアルジェリアのジハードの暴力がフランスに移植され、急進派活動家に煽動されたインティファーダのようなものが移民の子弟であふれる貧困地区でおこりはしないかということだった。

それに、前にみたように、フランスのイスラム主義運動は一九八九年から暴力とは反対の方向にうごきつつあった。学校におけるヴェール問題で第一線にたっていた《フランス・イスラム組織連合》（ＵＯＩＦ）や類似の組織はフランスが「イスラムの家《ダール・アル＝イスラーム》」になったとかんがえる。フランスの市民権をもったイスラム教徒青年の数が増加していたからである。かれらによれば、イスラム教徒の青年たちはフランスでも個人的にシャリーアを実践することができなければならない。つまりかれらは「ムスリム共同体」をフランスに構築し、イスラム主義活動家がそれをみちびき指揮することをのぞんだのである。それは最終的にイスラム主義組織が「ムスリム共同体」と公権力との仲介者、なくてはならぬ交渉相手となることを意味する(27)。しかしこれにはイスラム主義運動組織に秩序と社会平和を保証する力があるということが前提になる。だからかれらは国外の問題をめぐって過激な動きがでたり、暴力事件がおこることに非常に警戒心をもっていた。フランスが「イスラムの家《ダール・アル＝イスラーム》」とみなされたかぎり、そこでジハードをおこすことは禁止されている。これにはフランス政府当局にたいするかれらの政治的信用がかかっていたのだ。かれらはフランス政府にたいして、自分たちが共同体の仲介者としてかけがえのない役割をはたしうると説得したいとおもっていたのだ。

一九九四年まで「フランス独自の」イスラム主義組織とアルジェリアのジハード支援ネットワークがまざりあうことはなかった。前者はアルジェリア問題にかかわることを避けていたし(28)、後者はフランス社会固有のイスラム問題を敬遠していた(29)。しかしその年の八月、アルジェでＧＩＡによってフランス人公務員五名が暗殺された事件の後、警察は「一斉検挙」をおこなって《フランス・アルジェリア友好協会》（ＦＡＦ）の指導者(30)や首都で一番おおきなモスクのひとつの責任者であるアルジェリア出身のイマーム、アラビー・ケッシャト氏(31)

その他の人物を逮捕した。かれらはエーヌ県フォランブレの軍事基地に収容され、一部は国外退去となってブルキナ・ファソに追放される。武装イスラム主義者とフランス国家の対立のなかで、フランス国家は毅然とした態度を示し、警告をあたえたのだ。アルジェリアにおける戦争でフランスの国益を害する行為はいかなるものも許容しない、フランスの国益はサハラーウィー師(かれは警察に逮捕されなかった)が体現する「聖域化」によって保護されているのだという警告を。

しかし、最初に憂慮すべきニュースが来たのはモロッコからだった。八月二四日、若いテロリストたちがマラケシュのホテルでスペイン人観光客を殺害し、その共犯者がフェズやカサブランカで逮捕された。全員がフランスのパリやオルレアン在住のアルジェリア・モロッコ系移民の子弟だった。フランス警察が関係者を逮捕し、それにつづく裁判で、郊外の青年を基盤にし、かれらに暴力や武器の操作を訓練した国際イスラム主義ネットワークが存在することが初めて判明する。アメリカのアブドゥッラフマーン師のまわりにあつまったグループ同様、そこには理想主義的な学生も、非行や薬物中毒を経験した失業青年もふくまれており、中には組織の活動資金を調達するために何度も「強盗」をおこなった者もいた。かれらは一九八〇年代のおわりに宗教に(ふたたび)めざめた後、前歴のあまり定かではない二人の人物にとりこまれる。その内の一人はモロッコの急進派イスラム主義運動の元指導者で、アルジェリアに亡命し、それからアルジェリア政府が発行したパスポートをもってフランスに入国した人物である(32)。グループのイデオローグであるかれはメンバーの一部が一九九二年にアフガニスタンの軍事キャンプに滞在するにあたって便宜をはかっていた。その後、活動家たちは、エジプトの《イスラム団》をモデルにして、観光客やユダヤ人を標的にした派手なテロ事件をおこしてモロッコ政府をゆさぶるための行動にのりだす(33)。ニューヨークの陰謀家たちと同様、かれらもひくい知的水準と、素朴さと無謀さと宗教的情熱とをまぜあわせ、そのために企図半ばで挫折し、仲間のほとんど全員がすぐさま逮捕されたのである。

一九九四年夏の末にこのグループが解体されて判明したことは、フランス国内の聖域化が一部の過激イスラム主義グループによってくずれはじめていたことである。実際、作戦自体は外国で実行されたとは言え、初めて、フランスのアラブ系青年が国際的なひろがりをもち組織化された武装テロ活動に関与したのである。これはすくなくとも、イスラム復興運動の影響をうけた郊外の青年が一部の過激なモスクや説教師によるジハードの呼びかけに影響をうけるようになっていたということを示していた。共同体の仲介者となろうとしていたフランスのイスラム主義組織の保証は空手形におわったのである。そしてその一年後、テロ事件がフランス本国で発生する。

「フランスにたいするジハード」はジャマール・ザイトゥーニーが開始し、まず一九九四年のクリスマス・イヴにアルジェ発のフランス航空エアバスがハイジャックされる。それは一九九五年夏と秋のフランス本国での一連のテロで最高潮に達し、一九九六年五月二一日、首を切断されて発見されたティベヒリンの修道僧虐殺につながっていく。今日でもなおこの「フランスにたいするジハード」の実態を正確に解読することはむずかしい。それは世界貿易センタービルの事件やウサーマ・ビンラーディンに帰せられているいくつかの事件のような反欧米のイスラム主義による他のおおくの大規模なテロ事件についてもおなじことであるが……。実際、そうした事件には実行犯ばかりではなく、闇のなかでうごいている人物が何人も登場する。そうした人物がなにとつながっているか錯綜した状況のなかではっきりと判明しない。ザイトゥーニーという人物自体、注意が必要であることはすでに指摘したが、GIAの組織そのものが地下活動指導者、ロンドンの後方支援グループ、フランスのテロリストという具合に分裂しているために、全体の解明は困難である。しかしそれを計画し、実行させた人間の身元がなんであれ、またその人間にどんな計算があったにせよ、フランスにたいしてGIAが挑んだ戦いは社会現象として周知のように展開し、そして地中海の北と南の双方におけるイスラム主義運動の展開に非常に重大な影響をもった。

ハイジャックされてマルセイユ＝マリニャンヌ空港に着陸させられたフランス航空エアバスに憲兵隊が突入し、四人の「ハイジャック犯」は射殺される。この時、慧眼な観測者は戦争が転換点に来ており、今後はフランス国内でテロが実行されるだろうと予測した。しかし具体的な作戦が開始されたのはその六ヶ月後、一九九五年七月一一日、フランスの「聖域化」の保証人だったサハラーウィー師が（側近の一人とともに）自分のモスクのなかで暗殺されてからだった(34)。この事件に関しては、その年の九月二九日、リヨン近辺の森でおいつめられた後、憲兵に射殺されたハーリド・ケルカルのナップザックにサハラーウィー師暗殺につかわれた武器がみつかっている。七月二五日から一〇月一七日にかけて八件のテロがおこされ、一〇人の死者と一七五人以上の負傷者がでた。これらの事件についてGIAがはっきりと犯行声明をだすことはなかった。ただGIAは「イスラムの敵」フランスにたいする決まり文句が満載された脅迫声明を発表したり、シラク大統領にたいしてイスラムへ改宗するよう勧告したりしていた。GIAに属していると主張する人物がこのテロに関与していることを示す物証もあるし、またかれらにGIA機関誌『アンサール』発行者の一人がロンドンから資金をおくっていることも判明している。さらに一九九九年六月の裁判の際、主要な被告のひとりがおこなった証言もある(35)。こうしたことから大部分の分析者はジャマール・ザイトゥーニーのGIAがこの一連のテロ事件の黒幕だったと確信している。フランスに恐怖をまきちらすことで、フランスにアルジェリア政府への支援（イスラム主義者はそう信じている）をやめさせ、それによってアルジェ政権の崩壊をはやめられるとかれらはかんがえたらしい。しかし、亡命したFISの指導者や一部の観察者は、この輪郭が不明確な組織にアルジェリア軍の情報機関が工作員を潜入させ、影であやっていたのではないかと疑っている。だから、分析者のなかには一九九五年の「フランスにたいする戦い」はアルジェリア情報機関がまったく逆の効果をねらった戦略だったとする者もいる。つまりフランス本国におけるテロの激化で、パリがアルジェリア政府への支援を強化するようになり、フランスやヨーロッパにおける武装イスラム主義支援網を徹底的に取り締まるようになるだろうとアルジェリア情報機関が期待したというのである(36)。

とはいえ、たとえ実行犯が自分たちの行為になにが賭けられており、どんな結果をもたらすかはっきりと理解していなかったにせよ、かれら自身はＧＩＡを支援するためのテロだとかんがえていたことは事実である。逮捕の後、予審判事の移送決定書や法廷での証言をみれば、マグリブ出身の青年（何人かはおなじ社会階層出身の改宗者もいた）の世界を想像することができる。かれらは不安定な職業にしかつけず、非常な貧困のなかで生活し、社会にとけこめないという意識の反動でイスラム主義運動に参加した。一部の者は麻薬取引やちょっとした犯罪を経験し、刑務所に行って、そこでイスラムを実践しはじめる。テロの準備や実行はまったくの素人の手作りの仕事という印象をあたえる。被告はわずかな金しか自由にできず、ちょっとした密売でかろうじて生計をたて、不器用に紙に色をぬり、爆弾をつくるために苦労してガスボンベに「細工」をする。ある爆弾は非常に殺傷力があった（七月二五日、一〇人の死者をだしている）が、もうひとつ別の爆弾は爆発せず、そのためにハーリド・ケルカルの指紋が検出され、そこからすぐに一味の正体が解明された。追跡されたケルカルは森に逃走してキャンプ生活をし、古い赤の車にのった二人の仲間が食料を補給する。しかしケルカルは最後にはバスを待っているところを尋問され、射殺される。ポケットには一三二フラン（二〇ユーロ）のこっていただけだった。すくなくとも実行犯のレベルではプロのテロリストの世界を想起させるものはなにもない。完備した支援組織もなければ、警察の手配をうけた容疑者を「逃走」させる能力もなかったのである。

ハーリド・ケルカルについては例外的に社会学者の手になる人物像分析が存在する(37)。かれのおいたちは郊外青年が非行におちいっていく過程をよくあらわしている。かれは一九七一年にアルジェでうまれ、フランスで成長する。「評判のよい」高校で、「ただ一人のアラブ人」だったために仲間はずれにされたように感じ、「外の、泥棒たちの世界」にいる方が「よりリラックスできる」と感じる。特にかれの住む団地では「若者の七〇パーセントが窃盗をおこなっていた」からなおさらだった。犯罪で刑務所にはいったとき、かれは同室の「イスラム同胞」のおかげで宗教を再発見する。イスラムに復帰することでかれは「泥棒」仲間とは違うあたらしい「共同体」の仲間入りをすることになる。しかしフランス社会との断絶状態はそのままだった。傲慢な欧米人が信奉する「キリスト教は偽りの宗教でしかなかった」からである。一九九二年の社会学者によるインタビューでかれが語った成人までのおいたちは有名なマルコム・Xの自伝を想起させる。フランスの郊外イスラム青年がマルコム・Xの生涯のことを知ったのはスパイク・リーが監督し、イスラム系協会がビデオでさかんに普及させた伝記映画によってである。ケルカルはマルコム・Xとおなじように成績のよい生徒だったが、おなじように学校に失望し、おなじように非行にはしり、おなじように刑務所でイスラムにであい、おなじように信仰によって「罪を購われた」という感情をもつ(38)。一九九〇年代にフランスにおけるイスラムについておおくの調査がおこなわれているが、そうした調査によると、ケルカルのような例は常態であるとは言えないまでも、決して例外的ではない。一九八〇年代の反人種主義運動が失速した後、社会への不満が原因となって一部の青年がイスラムに回帰していくが、それがフランス社会との決裂という形をとる(39)。それは、たとえば「イスラム的ラップ」のような暴力的な言語表現となってあらわれる場合もあるし、またフランスのイスラム主義組織への参加という政治活動に転換する場合もある。現在、フランスにはUOIFの関連組織である《フランス・ムスリム青年運動》(JMF)やローヌ・アルプ地方にひろく基盤をもった《青年ムスリム連合》(UJM)などがある(40)。しかしこうした組織が直接的な政治的暴力やフランス国内におけるテロ活動にはいりこんでいくということはまったくなかった。一九九〇年代前半に郊外で誕生したイスラム主義系の社会運動は暴力を拒否したのである。

「マラケシュ・グループ」の場合とおなじようにケルカルがテロにかかわるようになったのも外国の組織のはたらきかけの結果だった。一九九二年のインタビューのおわりで、かれは次のように述べている。「私にはやりたいことがひとつあります。それはフランスのすべてからはなれることです。そう、永遠に。どこに行くのか、ですって? もちろん、故郷アルジェリアに帰るのです。ここには私のいる場所はありません(41)。」事実、かれは一九九三年にアルジェリアにむけて出発する。内戦はすでにはじまっていた。当時の仲間が裁判で証言したところでは、アルジェリアからもどってきたかれは「すっかり狂信的に(42)」なっていた。かれは団地でGI

Aのビデオの映写会をもよおす。そのうちアリー・トゥッシェントに目をつけられる。トゥッシェントは「GIA司令官」により組織のヨーロッパ責任者に任命され、確実な後方支援基地を確保するためにオランダに滞在していた。アルジェリアから来た活動家とフランスの青年がまざりあった三つの活動家細胞（リヨン、パリ、リール）が組織され、それがアルジェリアの指導部とフランスの郊外青年グループをつなぐ接点になっていた。司法手続きが完全におわっていない現時点では情報は不完全だが、テロはアリー・トゥッシェントの指示をうけて動いていたこれらの細胞が実行したものだったらしい。

このように一九九五年、フランスにおいておこなわれたテロの暴力は外国から指示され、郊外の何人かの若いイスラム主義者たちをふくむグループによって実行された。したがって、このテロは何十人ものフランス人青年が関与していたが、当時、移民青年のあいだで展開されていたより広汎なイスラム復興運動とはなんの関係もなかった。イスラム復興運動の組織やリーダーはアルジェリア問題とかかわりをもつことを避けていた。一方、テロ活動の目的は青年の蜂起を誘発することではなく、アルジェリアにおける利害と政治的課題の名のもとに一部のフランス人青年をつかって、フランスに打撃をあたえることだった。過激派の計画は挫折し、組織は壊滅させられたが、この事件のためにフランス社会におけるイスラム主義運動には極度に悪いイメージがはりついてしまう。そのために「穏健な」イスラム主義的観点から社会運動を活発化しようとしていた組織は圧力をうけ、おおきなディレンマに直面して、みずからの言語と行動を大幅に変更することを余儀なくされた。まずフランス政府当局のかれらにたいする信頼はおおきく傷ついた。イスラム主義組織は宗教をつうじて青年たちを統率し、公的秩序を保証すると称していたのだが、少数とは言え、組織の活動領域の周辺にいたひとびとがテロにはしるのを防ぐことができなかった。公的秩序が重大な挑戦をうけたのに、かれらが吹聴していた共同体によるコントロールの能力が効果的ではなかったこと、あるいは非生産的であることが判明したのである。さらに、一九九五年の出来事にたいしてフランスのムスリム系住民のあいだでおおきな批判の声があがった。テロの被害者をみてわきあがる自然な怒りの感情やイスラム信仰がテロの口実になることを否定する意見があったことは言うまでもないとして、さらにこうした暴力事件がフランス社会におけるマグリブ系移民の立場を悪化させるのではないかという懸念もあった。マグリブ系移民やその子弟は全体としてフランス社会と辛抱づよく関係を構築してきたのであり、そしてさまざまな困難を経験した後、やっとかれら移民の社会統合が実現されつつあった矢先にこうした事件がおこったのである(43)。そのために、かつて学校におけるヴェール着用のための闘争で社会の一部から共感を示されるようになったイスラム主義組織がいまやトラブル・メーカーで、暴走する可能性さえあるとかんがえられるようになり、敬遠されるようになった。最後に、貧困地域の青年のあいだでも、最初はハーリド・ケルカルにたいする賞賛の念を表明し、その死の状況に反発を感じる者もいたが、暴力が結局は袋小路におちいったのをみれば、ふたたびそれに熱中する説得的な理由はどこにもなかった。それにイスラム主義組織は支持者の信頼をどうつなぎとめるかという問題に直面していた。一番古い組織は活動をはじめて一〇年にもなっていたが、その社会変革のプログラムは行きづまっていた。イスラム主義組織が勢力拡大に成功したのは、一九八〇年代末、ブールの運動や《SOSラシスム》がおおきな期待をいだかせながら、ほとんどなにも実現せずに失速した後であった。世界中でイスラム復興運動がさかんになり、一九八九年にそれは最高潮に達するのだが、こうした動きを追い風にしたフランスのイスラム主義運動はヴェール事件や団地での薬物中毒撲滅運動、イマーム養成機関創設で政治的成功をおさめ、そのおかげでアラビア半島からの資金もながれてくるようになった。しかし最初は順調だったのだが、やがてかれらも、競争相手だった世俗主義的反人種主義運動とおなじような挫折にみまわれる。つまり、イスラム主義運動も最終的には独力では、移民の社会統合や就職問題の解決、社会的上昇を促進するための手段をほとんどもっていない。そうしたものを実現したければ、みずからが公的制度の一翼をにない、公的資金を利用することができるようにならなければならない。かれらが主張する共同体の論理は団地のなかでのとじこもりを宗教的な神聖さで飾ることにしかつながらない。イスラム主義の言説そのものも、一九九〇年代の最初には幾人かのカリスマ的な説教師（かれらは一部の大学人やジャーナリスト、カトリック教会関係者もひきつけた）のおかげで非常に流行したのだが、新奇さがなくなってきて、それが永続するためには効果的な社会的基盤にささえられる必要があった。こうした支持者離れが如実にあらわれたのは《フランス・イスラム組織連合》（ＵＯＩＦ）の大会開催日変更だった。ＵＯＩＦは毎年クリスマスの頃ブルジェで総会をひらき、何千人ものイスラム青年をあつめ、自らの動員力を誇示してジャーナリズムでも大々的にとりあげられていたのだが、しかし一九九七年以降、あつまる人数が減少し、大会運営費用が増加したため、この時期の開催を断念しなければならなくなった(44)。二〇〇〇年になってふたたび参加者が増加したが、これはその年、ユースフ・カラダーウィーがゲストとして招かれていたからである。これはフランスの郊外でパラボラ・アンテナのおかげでカタールのテレビ放送局アル＝ジャズィーラの番組の視聴が一般化した印である。全般的にはほとんどアラビア語を話せないイスラム系青年たちのあいだで日曜の宗教番組『シャリーアと生活』の司会者がおおきな人気を博していた。移民子弟の青年たちのおおくはアラビア語で話す「イスラム学者」の話を直接理解できず、フランスのイスラム主義運動の知識人層を形成しているマグリブや中東の留学生に通常それを翻訳してもらっていた。しかしかれらはカラダーウィーが示す政治的・宗教的規範に準拠することでみずからのアイデンティティが価値づけられるように感じた。またカラダーウィー師も非常にはやくから自分の影響力を世界にひろげるため欧米に移住したイスラム系青年を説教活動の「標的の中心」にすえていた。ＵＯＩＦやヨーロッパにおけるその姉妹組織によって設立された「ヨーロッパ・ファトワー委員会」のリーダーとしてカラダーウィーは法的見解を発表している。それはきわめて厳格な正統主義に刻印されながらも、非イスラム系住民が多数派である社会においても、イスラムの規律を生活の現実に適用することが容易なように配慮されていた。たとえばかれは、結婚後イスラムに改宗したスペイン女性がキリスト教徒の配偶者でありつづけることは合法であるという判断をだした。これはエジプトのアズハル学院のウラマーたちからきびしい批判をうけた。かれらは、シャリーアによればイスラム女性の配偶者がイスラム教徒になることは義務であると主張したのである。こうした教義上の順応の試みはモロッコ系リーダーがＵＯＩＦのトップにたったのとおなじ頃におこなわれるようになった。かれらの発言はこれ以後、非常に穏健になり(45)、特徴がはっきりしなくなってきた。これはやはりモロッコ政府と良好な関係にあるチームが指揮する《フランス・ムスリム全国連盟》（ＦＮＭＦ）についてもおなじことが言える。急進的な運動は依然としてアフガニスタンの「ジハード戦士」につよく魅了されつづけていた。それに対して、ＵＯＩＦやＦＮＭＦはそうした運動からは距離をおき、政府との関係を強化する。一九九七年から二〇〇二年五月の社会党政権時代、内務大臣はイスラムにかんしてあるシステムを構築し、それを最終的にフランスにおける「イスラム教徒評議会」として制度化することをのぞんでいた。ＵＯＩＦとＦＮＭＦはそうした制度を準備するための準備委員会を設置するという提案に同意する。これはフランスにおけるイスラム信仰実践について政府の交渉相手となる機関を設立することを最終的な目標として、それを準備するための委員会だった。これと類似したものが一九九〇年初頭、その前の社会党政権の時にＣＯＲＩＦ(46)という名前でつくられていたが、この試みは一九九三年に成立した右派政権によって断念されていた。今度の試みはこの最初の試みをひきつぐものだった。「評議会」はイスラム教徒の代議員選挙を実施することになり、その日付も最初は二〇〇二年四月〜五月の大統領選挙と六月の国民議会選挙の間と決められていた。選挙方法は「選挙区」や代表者数わりあてをモスクの広さを基礎に決定していたが、これは本来的にＵＯＩＦに有利な方法だった。というのもＵＯＩＦは他の競争相手よりも組織がしっかりしており、地方のイスラム系協会をフランチャイズ方式で連合し、「ＵＯＩＦのラベル」をあたえていたからである。こうした見通しにマグリブ系移民出身の青年たちを代表する世俗主義的協会は不安を感じるようになる。かれらは将来、こうした「穏健なイスラム主義者たち」が、選挙によってえられた正当性（たとえそれに問題があるとしても）のおかげで、急速に宗教という枠組みをこえ、宗教実践にかんして政府と協議するという役割を逸脱して、イスラム共同体の代表者という機能を不当に獲得してしまうことにならないかと恐れたのである。一方、「パリ・モスク・イスラム学院」管長のダリール・ブー・バクル氏やマルセイユに本拠をもった近代主義的説教師スハイブ・ベン・シャイフが代表する「アルジェリア派」は、みすみす「原理主義者たち」に勝利をあたえる結果になることが予想された選挙プロセスに警告を発しつづけていた。そもそもＵＯＩＦのリーダーたちはそのおおくがモロッコ系だったので、古くからのアルジェとラバトのあいだのライバル心もこうしたさまざまな党派がいだいた懸念と無関係ではありえなかった。最後に、社会党の大臣が決めた日程では選挙は大統領選挙と国民議会選挙のあいだにおこなわれることになっていたが、これは議会選挙で「イスラム票」に社会党候補に投票するようにという暗黙の指示になるのではないか、ＵＯＩＦが社会党に恩義を感じてその候補の選挙に手を貸すのではないかという憶測もうんだ。シラク氏の党にたいする共感をかくさなかったブー・バクル氏が大統領選に再度立候補したシラク大統領をパリのモスクにむかえ、イスラム教徒の有権者にとってだれが「よい候補」であると自分がかんがえているかを明白にしていたから、こうした憶測はいっそうつよまっていった。しかし、二〇〇二年四月二七日の大統領選第一回投票でジョスパン氏がおもいもかけず敗退し、五月五日にシラク氏が勝利したために「評議会」の選挙計画は中断され、新政権のもとで交渉は白紙にもどされる。関係したさまざまな人物の計算がどんなものであったにせよ、ＵＯＩＦがとった行動をみれば、かれらがフランスの制度的な枠組み（あるいはすくなくとも政治マーケット）に参加する意志があったことは明白である。その年、学生互助組織の選挙（投票率は一般にひくい）でＵＯＩＦ系列の候補者リスト――リスト名は「フランス・ムスリム学生」――がおおきく得票率をのばす。これはマグリブ系青年が大学に入学する数が増加したこととも関連があった。はたらきかけの対象とする層が社会・文化的に上昇するのと連動して組織自体が「ブルジョワ化」し、イスラム主義運動の範囲外にも同盟者をもとめようとする動きがでることはボスニアやアルジェリア、エジプト、トルコでみられた展開とにかよっている。かれらは――マイノリティーの立場で――政治生活への参加をもとめ、その条件を交渉するためにますます「民主主義的」で「リベラル」な語り方をすることを選択する。一九九〇年代初頭の学校でのヴェール着用をめぐる騒動の時のように、体制と決裂するような行動を優先するということはなくなったのである。

　こうした論理が結実するのは二〇〇二年一二月二〇日、保守政権の内務大臣（宗教担当兼任）サルコジ氏の後援のもとにおこなわれた「コンクラーヴェ」である。長時間にわたったこの会議で《フランス・イスラム評議会》設置が決定され、会長にブー・バクル氏、二名の副会長にはそれぞれＵＯＩＦとＦＮＭＦのメンバーがなることが決定された。アルジェ、ラバト、《ムスリム同胞団》それぞれのグループのバランスをとり、影響力の均衡をはかったという点はここではおくとして、重要なことは評議会の創設で「穏健派イスラム主義」がある意味で名士化し、かれらと郊外の「イスラムの若い世代」を代表すると主張するグループのあいだに亀裂がひろがったという点である。それはたとえば《フランス・ムスリム集団》のようなグループだが、この組織のスポークスマンの一人は、ＵＯＩＦはこの「泥沼に足をつっこむ」ような政策を選択したために「たかい代償」を支払うことになるだろうと予告した(47)。さらに穏健派イスラム主義運動のこのような中道化は過激な分子を組織の影響圏の外に放置することになる(48)。この頃、若いイスラム主義活動家たちのなかには、サウディアラビアやアフガニスタン・パキスタンのサラフィー主義運動からながれてきた説教のカセットをきいたり、欧米にたいする戦いを称揚し、ユダヤ人にたいする敵意をかきたてる「ジハード主義者」のホームページ(49)をネットサーフィンしてジハードに魅せられた者もいたのだが、その中の一部は国際組織にスカウトされて、《アル＝カーイダ》の世界にくみこまれていった。九・一一以降、フランス本国や外国で関係者が逮捕され、フランスに複数の組織があったことが解明されていった(50)。本書執筆の段階で司法手続きは完了していないが、判明しているかぎりで判断すると、そうした組織のメンバーは、地下組織だから当然だが、郊外のムスリム系青年の社会的な絆からは完全に孤立しており、むしろウサーマ・ビンラーディンが代表するような超国家的論理にしたがっていたようである。

## ウサーマ・ビンラーディンのテロリスト的黙示録

一九八〇年代のアフガニスタンからうまれた「ジハード主義的サラフィー主義者」グループのなかでもっとも典型的にテロにながれ、もっともメディアに注目された人物は疑いもなくウサーマ・ビンラーディンである。アメリカ政府によって世界の敵ナンバーワンにまつりあげられたかれはかれ一人だけで悪の帝国の権化そのものとなり、さらには地球を舞台にしたテレビ・ドラマ・シリーズのスターとなって、ハリウッド風の「悪漢」の役を演じる(51)。こうした見方は実は九・一一事件以前からはじまっており、かれについてつくられたイメージはかれが実際におこなった行為をおおきくこえてふくらまされている。かれを特集したテレビ番組や雑誌、本、ウェブ・サイトはかならず成功し(52)、かれの存在はアメリカの政治的選択のいくつかを正当化するための口実となる。かつて「ジハード主義者」はサウディアラビアの保守的サラフィー主義やアメリカと同盟関係にあったのだが、ビンラーディンはウマル・アブドゥッラフマーン師とおなじように、しかしずっと大規模に、この両者の同盟関係の反転を象徴している。そしてそれが一九九〇年代におけるイスラム主義運動の解体をもたらしたのだ。いまやビンラーディンという名前を掲げれば過激化した貧困都市青年層の一部を動員することができる。それは一九九八年夏のパキスタンにおけるビンラーディン支持デモをみてもわかる(53)。またかれは、自分の個人的財産以外にも、アラビア半島で財をなした一部のイスラム主義の富豪の資金提供もあてにすることができる。しかしすでに九・一一事件以前から敬虔なブルジョワジーや中産階級がビンラーディンを自分と同一視できる肯定的な人物とかんがえていたとはおもわれない。たしかにアメリカをものともしない英雄にセンティメンタルな賞賛の念がわきあがったかもしれない。なにしろサウディアラビアには英雄が全然いないのだ。しかしなんと言ってもサウディアラビアではシステムの恩恵をえているすべての人間の繁栄は「二聖都の地」サウディアラビアに駐屯するＧＩによって保証されていたのだ。

一九五七年生まれのビンラーディンはムハンマド・ビンラーディンが生んだ男女あわせて五四人の子供のひとりだった(54)。かれの父親は南イエメンのハドラマウト地方の石工の家に生まれたが、一九三〇年代、サウディアラビアに出稼ぎにでる。かれは若くして王家に雇われ、そこで頭角をあらわす。これがかれのめざましいキャリアの出発点だったが、これはもう一人の平民出身者、ファイサル国王の侍医の息子で後に大富豪となったアドナーン・ハショッギと似かよっている。宮殿建築家として才能を示して国王の気に入られたかれはそのおかげで王国最大の公共事業請負業者となり、中東でも一、二をあらそう企業となる。かれはメッカの大モスク――イスラムのもっとも神聖な場所――の拡張と維持を独占的に請け負う契約を獲得し(55)、またサウディアラビア国内の主要都市からモスクに直接つながる高速道路についても同様の契約をえた。ターイフ地方の山岳地帯を通ってジェッダからメッカにいたる高速道路は巡礼者がかならず通る道だが、この工事でかれの名声は確立し、かれの事業の象徴そのものとなった。一九六八年、かれが事故で死亡したとき、のこされた財産は一一〇億ドルにものぼった。ウサーマのためにビンラーディンという名前は焦臭いものになったが、しかし現在でもなお、中東のどこかの空港に着陸するとき、旅行客が飛行機の窓から最初に目にするのは金網の上につけられたビンラーディン・グループの会社名略号ということがしばしばある(56)。父親がイエメンの平民出身であるにもかかわらず、ビンラーディン家の子供たちは幼いときからサウディアラビアの王族と一緒に学校教育をうけ、社会生活をまなんだ。ビンラーディンの父親はイエメンの平民出身というハンディをうめあわせるために宗教界に多額の資金提供をおこなっていた。かれは巡礼の季節ごとに、王家とおなじように、食卓を開放して、世界中のウラマーや宗教界の大物、イスラム主義運動指導者を饗応していた。ウサーマはこうしてワッハーブ派王朝サークルから好意的にむかえられていたイスラム主義の世界と接触するようになる(57)。ジェッダのアブドゥルアズィーズ国王大学で工学をまなんだかれは必修のイスラム教科目でムハンマド・クトゥブ（サイイド・クトゥブの兄弟）

や、後にアフガニスタンのジハードの先導者となるアブドゥッラー・アッザームの講義に出席していたと言われている。若い大富豪として成年に達したとき、かれは《ムスリム同胞団》の教義やサウディアラビア風サラフィー主義をとおしてしか思考したり、思索したりすることができなくなっていた。一九七九年一二月赤軍がカブールにはいった後、かれは《ジャマーアテ・イスラーミー》の仲介でペシャーワルに旅行し、かつて実家の晩餐会であったことのあるアフガニスタン・ムジャーヒディーンのイスラム主義政党リーダーたちと再会し、また難民の生活状況やどんな支援ができるかを調査した。一九八二年まで、かれはそのために資金を調達し、サウディアラビアにおけるアフガニスタン問題のもっとも熱心な支援者となる。この年、かれは大量の資材をたずさえてアフガニスタンに行く。二年後、かつて教えをうけたアブドゥッラー・アッザームが《ムジャーヒディーン支援事務局》を創設するが(58)、ビンラーディンもかれと連絡をとりながらペシャーワルに最初のアラブ人「ジハード戦士」のためのホストハウスをつくる。かれら二人は世界中から到着しはじめた何千人もの志願兵をあつめ、組織化するために決定的な役割をはたした。そこにはアフガニスタンのジハードをサマーキャンプのように感じているサウディアラビアの良家の息子もいれば、その年にエジプトの牢獄から釈放されたばかりという革命的イスラム主義活動家もいたし(59)、ついこの間までアルジェリアで地下活動をやっていて、政府の弾圧から逃れるためにアフガニスタンにやってきた「ブー・ヤアリー・グループ」残党もいた。さらにはそのうち、フランスの郊外の「再イスラム化されたブール」たちもやってきて、その一部は一九九四年から一九九五年のテロ行為に参加することになるだろう(60)。当時、こうしたひとびとはすべて好意的にむかえられていた。サウディアラビア上層部にとって、ビンラーディンやアッザームは近い関係にあったし、それにアフガニスタンのジハードがかかげる神聖な大義は潜在的なトラブル・メーカーをコントロールし、イスラム世界の既存体制や重要な同盟国アメリカにたいする闘争からかれらの注意をそらし、イランの影響をうけないようにするために好都合だった。アメリカでは結論ははっきりしていた。「ジハード戦士」たちはソ連という「悪の帝国」と戦っているのであり、かれらのおかげでアメリカ中西部の青年たちが生命を危険にさらさずにすみ、その上、君主制石油産出国が費用を負担してくれるのだからアメリカの納税者の負担も軽減できる……。しかし、サウディアラビアの情報機関は早くから、エジプトやアルジェリアの急進的活動家たちがアラビア半島の良家の息子たちとあまり密接な関係をもたないように注意をはらっていたようである。しかしどんなに注意をしても友情がめばえたり、コンタクトをもつことを予防できない。そしてこれが一九九〇年代の再会の序章となる。

ついで一九八六年頃、ウサーマ・ビンラーディンはアフガニスタンに自分のキャンプをつくったようである。この頃、かれの富、気前のよさ、きどりのなさ、人柄の魅力、戦闘時の勇気、こうしたもののために伝説が形成されていった。一九八八年頃、かれは自分のキャンプに一時的にでも滞在した「ジハード主義者」やその他の志願兵をリストアップしたデーターベースをつくった。これが電子ファイルを軸にしたグループ組織のもとになったのだが、そのアラビア語での呼称《アル＝カーイダ》（データーベースの「ベース＝基地」）は一〇年後、有名になる。アメリカ司法当局がそれを極秘テロ組織としてえがき、ビンラーディンの「陰謀」の罪状のひとつの材料とされたからである。複数の情報源によればその頃、ビンラーディンはアッザームと決裂したらしい。しかし、その理由については今なお不明である(61)。アッザームはその翌年テロで死亡するが、事件の真相はまだ解明されていない。ビンラーディンはサウディアラビア政府からコントロール不可能な人物として警戒されるようになる。かれがいたる所にジハードをひろげようとしているという評判がたっていたからである。そして同年一九八九年、かれは旅行で帰国した際、王国からの出国を禁止され、パスポートをとりあげられる。

一九九〇年六月、イラクがクウェートに侵攻するが、それに先だつ何ヶ月か、まだ「ジハード主義的サラフィー主義者」グループから世俗主義的「背教者」として憎悪されていたサッダーム・フサイン(62)が大言壮語をまき散らしていたので、それに不安を感じたビンラーディンは王国にたいして国境防衛のためにかれの「ベース」に登録された「ジハード戦士」の協力を申しでる。しかし「二聖都の守護者」ファハド国王がアメリカに指揮された多国籍連合軍の支援を要請すると、かれはアウダ師やハワーリー師(63)を中心にあつまった異教徒軍招聘反対グループに参加する。政府からとり調べをうけるようになったかれは、家族のコネクションをつかってついに一九九一年四月、外国に逃亡することに成功し、最初はパキスタン、アフガニスタンを経由し、その年の末、ハサン・トゥラービーのスーダンに行き、最終的にそこに落ちつく。

アメリカ政府の「社会の敵ナンバーワン」となる人物の人生がおおきく転換するのはこの頃である。一九八〇年代にサウディアラビア・システムから大事にされてきた他のおおくのイスラム主義活動家とおなじように、かれは湾岸戦争を契機としてサウディアラビア・システムとも、またその保護者であるアメリカとも完全に決裂し、その結果、運動内部の亀裂がふかまる。ビンラーディンが落ちつき先にえらんだスーダンはその後、安住の地をもとめる「ジハード戦士」を何千人もうけいれることになるが、一九九一年以来ハルトゥームでは《アラブ・イスラム民衆会議》が四度開催されていた(64)。トゥラービーは当時、この会議をテコにして雑多な勢力をよせあつめたひとつの連合を形成しようと努力していたのだが、スーダンに来たビンラーディンもそれに合流する結果になる。トゥラービーは「砂漠の嵐」作戦とアメリカの軍事的勝利にたいする反感という点で一致したすべての勢力――汎アラブ主義者、《ムスリム同胞団》、過激イスラム主義者そして一時的にだがＰＬＯの指導者――を結集し、湾岸戦争の後おこった亀裂や勢力再編成を利用して、サウディアラビアの保守主義的構想と対立する国際イスラム主義のひとつの極を形成するという野心をもっていた。同時に、ビンラーディンは招かれざる客となってしまっていた「ジハード戦士」のパキスタンからの出国を支援し、旅行の便宜をはかり、時には何ヶ国にもあるかれの公共事業請負会社の職をあたえていた。おおくの活動家が、スーダンの他、イエメンにもむかった。それはビンラーディンの家族の出身国であり、アラビア半島での一拠点となって隣国サウディアラビアをゆさぶることができるかも知れないとかんがえたからである。当時、強力なイスラム主義運動がイエメンでうまれていた(65)。しかしそれは基本的にはビンラーディンが目ざしていた目標とは無関係なものであった。

こうした状況のなかで、アメリカとの最初の戦端はソマリアでひらかれることになる。アフリカの犀の角と呼ばれるソマリアで、国をひきさくような内戦がおこったが、それにたいしてアメリカが指揮するあらたな多国籍連合軍が一九九二年、国連の「希望の復興」という作戦の一環としてソマリアに上陸した。イスラム主義グループはこれをイスラム世界にたいする攻撃だと非難した。かれらによればこの軍事行動は中東に隣接したこの地域の欧米による支配を強化し、隣国スーダンを脅かそうとしているというのである(66)。そしてこのソマリアでアフガニスタン以降初めて元ジハード戦士が軍事作戦に参加し、その結果、一九九三年一〇月三日、四日、アメリカ兵一八名がモガディシュで死亡する。アメリカの作戦は大失敗におわり、連合軍は死亡した兵士をプラスチックの袋につめて撤退する。ひとびとはこの撤退をアメリカ軍の敗北とかんがえ、それを祝う。後にアメリカは兵士の死の責任はビンラーディンの組織にあると主張するようになる。ビンラーディン自身はもちろんこの事件を歓迎はするが、自分がそれに関与したとは直接的には明言しない(67)。

スーダンでビンラーディンは農業や道路網建設に多大な投資をおこない(68)、イスラム主義運動内部の反サウディアラビア・グループの中心人物の一人となった。かれは一九九四年四月、サウディアラビアの国籍を剥奪される。しかしハルトゥームは一九九五年六月のアディスアベバでのエジプト大統領暗殺未遂の後、つよい国際的な圧力をうけて、邪魔になりはじめた客人を出国させる。一九九六年夏、ビンラーディンはアフガニスタンにもどる。現在では、スーダン政府がビンラーディンをアメリカやサウディアラビアに「売ろう」としていたことがわかっている(69)。しかし両国はいろんな意味で厄介なこの贈り物をうけとることを拒否した。この頃、ターリバーンはパキスタンの軍事支援とアメリカの好意的態度のおかげで、九月にはカブールを占領し、パンシェールをのぞく地方の大部分も支配下におさめて、国土の全体を掌握しつつあったが、ビンラーディンがこうした時期にアフガニスタンにむけて出発したことは注目にあたいする。ワシントンやリヤードでは、インフラも整備されておらず、高度な通信システムも完備していない内陸国にいるかぎり、ビンラーディンは自分たちの「管理下」

にあるとかんがえられるとおもったのだろうか。いずれにせよ、六月二五日、サウディアラビアのホバールにあるアメリカ軍基地へのテロ攻撃で一九名の兵士が犠牲になったが、このテロ事件はかれの仕業とされている。かれはこれにかんして犯行声明をだしていないが、八月二三日、『二聖都の地を占領するアメリカにたいするジハード宣言』を発表している。この宣言は副題「アラビア半島から多神教徒を追放せよ(70)」という名前での方がよく知られている。コーランや預言者言行録（ハディース）やイブン・タイミーヤの文章がふんだんに引用されたこの一一ページの文書は、地政学的な「見解」が展開されてはいるものの、形式的には、たとえばGIAの機関誌『アンサール』にみられるような「ジハード主義的サラフィー主義者」グループの文章に似ている。「シオニズムと十字軍の連合」が世界のたくさんの国(71)のイスラム教徒を苦しめていることをあらためて指摘した後、『ジハード宣言』は「二聖都の地の占領」は「そうしたすべての攻撃のなかでも最大のものである」と述べる。しかしイスラムの「覚醒」のおかげで、かつてイブン・タイミーヤの教えのもとで十字軍やモンゴル軍が撃退されたように、現在の聖地にたいする攻撃も「ウラマーや説教師の指導のもとで」撃退されるだろう。ここで五人のウラマーの名前が挙げられるが（アブドゥッラー・アッザーム、パレスチナの《ハマース》の指導者アフマド・ヤースィーン、エジプト人ウマル・アブドゥッラフマーン、そして二人のサウディアラビア人、アウダとハワーリー）、かれらはすべて《ムスリム同胞団》と「ジハード主義的サラフィー主義者」グループのいわば交差点に位置づけられる人物である。ビンラーディンは教義的にはかれらの系列に自分を位置づける。そしてアフガニスタンのヒンドゥークシュ山脈の避難場所からイスラム世界の再征服が開始されるとするのである。ちょうどヒジュラ暦元年にメディナに避難した預言者が、メッカを再征服し、世界にイスラムをひろめたように。

ついで、かれはサウディアラビアの状況を不正義の支配であると性格づける。かれはとりわけ社会の上層階級（かれもその一員である）の主張を正当と認める。国家は「大商人」たちに負債を負っている(72)、かれらはサウディアラビアの通貨リャールの価値低下に苦しんでいる……。かれはまず敬虔なブルジョワジー（と一部の王族たち）に訴えかけ、かれらを王朝からひきはなそうとする(73)。そして一九九二年七月の『叱責のための覚書(74)』の内容を要約しくりかえした後、自分はこの文書に記された要望と批判を実践的に継承しているのだと主張する。

アメリカ軍を追いはらうことがアラビア半島に真のイスラムを再建するための条件である。かれのかつての師アブドゥッラー・アッザームはムスリムの地が征服された時にはジハードは「個人義務《ファルド・アイン》」となると主張し、それによってアフガニスタンにおけるソ連にたいするジハードを正当化した。それとおなじように、ビンラーディンはアッザームの口調をまねて「二聖都の地」からアメリカ占領軍を追いだすためにすべてのイスラム教徒がジハードをおこなわなければならないと主張する。かれはイブン・タイミーヤを長々と援用しながら(75)、「シオニスト＝十字軍連合」の協力者であるサウード家を打倒するためにすべての信者が相違点をのりこえて団結するよう訴えかけ(76)、そのためにはまず王国の軍隊は上官の命令にそむくべきであり、消費者はアメリカ製品をボイコットすべきであると述べる。

『ジハード宣言』は一九九六年六月のホバールのアメリカ軍駐屯地にたいするテロや一九九三年一〇月のソマリアでの「勝利(77)」を絶賛し、アフガニスタン、ボスニア＝ヘルツェゴヴィナ、チェチェンで戦った「アラビアの息子たち」に言及した後、アラビア半島にイスラム国家が樹立されるまで戦いが継続されるであろうと予告する。最後に戦いを称揚する詩とアッラーの加護を願う言葉が来て、呪詛と誇張表現にみちたこのテクストはおわる。今からふりかえってみると、『ジハード宣言』は、アフガニスタンでの「勝利」の後、アラビア半島をジハードの優先的対象として提示していたということになる。つまり、アブドゥッラー・アッザームの宿願だったパレスチナ解放は、当時、オスロ合意で平和が実現されるとみんなが信じていたこともあって、ビンラーディンやそのグループにとって優先課題ではなかったのである。

ビンラーディンはそれまでは組織者、出資者、戦士として知られていたのだが、この最初のマニフェストによってとつぜんイデオローグとなる。かれはこの宣言文でふたつのながれを融合しようとする。そのひとつはサウディアラビアの反体制的イスラム主義で、実際ビンラーディンの宣言文はかれらのワッハーブ主義的儀礼コードを厳格に遵守している。もうひとつは「イスラムの家《ダール・アル＝イスラーム》」を占領から解放するというジハード思想で、これはペシャーワルのアブドゥッラー・アッザームの説教のモデルにしたがっている。ビンラーディンは前者を武装闘争に発展させることで過激化し、後者の矛先をかつてのパトロンであるアメリカやサウディアラビアにむける。アメリカとサウディアラビアは一九八〇年代のソ連とアフガニスタン共産党政権の役まわりをおしつけられ、「イスラムの家《ダール・アル＝イスラーム》」を占領する不信仰者とそれに協力する背教者ということになるのだ。しかし八〇年代の「志願兵」たちは超大国のひとつと湾岸石油君主国という支援者をもっていたのだが、ビンラーディンはこのあたらしい戦いを遂行するための戦略的な支えをまったくもっていなかった。かれを支援することのできるいくつかの「ならず者国家」（トゥラービーのスーダン、ターリバーンのアフガニスタン）は貧しく、経済援助に依存していた。世界のイスラム主義運動の内部で、パキスタンの宗教政党やその他の勢力に動員された貧困都市青年層はビンラーディンに熱狂的な共感を感じていたが、それがかれの行動のための強力な基盤になりうるはずもなかった。裕福な賛同者の資金援助はあったが、しかし敬虔なブルジョワジーは総体的には、リヤードやワシントンに正面から敵対し、さまざまな既得権益を脅かすグループを支持することに躊躇を感じざるをえなかった。

重みのある国際的な支援もなく、社会運動との連携もなかったために、ビンラーディンとその一党は容易にテロにながれてしまう。しかもそうした行為が最終的に誰の利益になるのかよくわからない。ターリバーンのアフガニスタンに滞在しているかぎりサウディアラビアにたいする戦いを実行する手段はない。だから、かれは世界全体にジハードを展開して、孤立を打開しようとする。一九九八年二月、ビンラーディンは《ユダヤ人と十字軍に対抗するための国際イスラム戦線》を創設する。設立憲章に署名したのはエジプト《ジハード団》指導者アイマン・ザワーヒリー医師、エジプトの《イスラム団》メンバー、インド亜大陸のイスラム主義小グループの何人かのリーダーなどである。コーランやお定まりのイブン・タイミーヤをふんだんに引用したこの短いテクスト(78)は「シオニズムと十字軍の連合」にたいする告発をくりかえし、対決姿勢をさらに一段階すすめ、「民間人であれ軍人であれ、可能なるすべての国において、可能なかぎり、アメリカ人とその同盟者を殺害することがすべてのイスラム教徒の個人義務《ファルド・アイン》である」というファトワーを発する。そしてその年の八月七日、ファハド国王の求めでアメリカ軍がサウディアラビアに到着した八周年の日に、ケニヤのナイロビとタンザニアのダルエスサラームで同時に爆弾が爆発し、アメリカ大使館が破壊される。ケニヤでは二一三名の死者(内、アメリカ人は一二名)と四五〇〇名以上の負傷者をだし、タンザニアでは死者一一名、負傷者八五名(アメリカ人はいなかった)がでた。アメリカ政府当局はすぐにビンラーディンの犯行と断定し、八月二〇日にハルトゥームの化学工場とアフガニスタンの軍事訓練キャンプを巡航ミサイルで完全に破壊した後(79)、ビンラーディンを告訴し、かれの首に五〇〇万ドルの賞金がかけられる。ビンラーディンはアフガニスタンの隠れ家で新聞のインタビューにたいして、アフリカのテロに満足の意を表明しながら、自分がそれに直接関与したかどうかについては曖昧なままにしておく(80)。

　ナイロビとダルエスサラームの殺戮は一九九七年一一月のルクソール事件や同時期のアルジェリアのテロとおなじ論理にしたがっている。いまや、社会的基盤から切りはなされた過激イスラム主義グループはおおかれすくなかれ宗教によって行動を正当化しながらテロリズムにはしるが、テロの被害者は「ジハード主義者」が名指す敵とはなんの関係もないひとびとである(81)。テロ事件があるとメディアがそれを報道するから、テレビの映像を通じてイスラムの大義の擁護者としてふるまい、民衆のあいだに支持をたかめる好機となる。社会に密着した実質的な仕事をしていないから、民衆にはたらきかける機会はそこしかない。しかしこれは危険な賭である。というのも、一時的にいくらかの共感が示されることがあるとしても、それは最終的に敬虔な中産階級のあいだによりおおきな構造的反感をうみだすからである。敬虔な中産階級は暴力的な行為にたいしては距離をとらざるをえない。かれらは欧米と自国の社会にたいして、イスラム的秩序は穏健な資本主義には好都合であること、そして自分たちがそうしたイスラム的秩序を保証する存在であることを説得しようとしているのだが、テロ行為はかれらのそうした戦略を台無しにするばかりだからである。したがって、ビンラーディンとその組織はテロ行為をくりかえし、無理を承知で前進していく他はない。二〇〇〇年一〇月一二日、アメリカの軍艦コールの船体めがけてゴムボートで果敢な自爆攻撃が敢行された。軍艦は補給のためにイエメンのアデン港（ビンラーディン家の出身地）に入港するところだったが、このテロ事件で乗組員に一七名の死者がでた。第二次世界大戦以来、アメリカの軍用艦がこんなおおきな損害をうけたのは初めてのことだった。攻撃者と標的、ゴムボートと駆逐艦のスケールの違いがあまりにもおおきかったので、この攻撃は人目をひき、非常につよい象徴的な意味をもってしまった。大胆さと信仰さえあれば超大国アメリカの防衛力もつきやぶることができるのだ！　おおくの手がかりがビンラーディンを指し示していた（かれ自身は犯行声明をださなかった）が、現地の「ジハード主義的サラフィー主義者」グループのメンバーがたくさん逮捕されたにもかかわらず、捜査はイエメンでゆきづまる。まるで《アル＝カーイダ》が捕らえがたい曖昧模糊とした存在となり、すべての反米活動の総称となり、簡単に証拠を消滅させ、容疑者を行方不明にさせる共犯関係でむすばれた広大なネットワークにでもなってしまったかのように。

テロとは敵にたいしておくられるサイン・合図のシステムであり、脅迫をともなったメッセージをおくってテロ実行者がのぞむ方向に相手の行動を誘導しようとするものである。またテロ実行者は一般的に国民・民族・宗教にもとづくある集団の利益代表として自己主張する。しかし、ＵＳＳコールにたいするテロ直後、ひとびとはこたえることが困難ないくつもの疑問に直面した。まず、アラビア半島を中心とした地域におけるアメリカの権益が標的となった一連のテロ攻撃があったわけだが、その意味と目的は何だったのか。しかも、一九九六年には東のホバール、一九九八年には南西のタンザニアとケニヤ、二〇〇〇年には西のアデン、という具合に正確に二年ごとに事件がおこされているのは何故か。アメリカが世界の覇権をにぎっていることへの反感といったものがあるにはちがいないのだろうが、しかしそれはまずアメリカとアラビア半島、より正確にはサウディアラビアとの関係のあり方に影響をあたえることを狙っているのではないか。そうだとすると、アメリカ国民を殺害し、その施設を破壊して、アメリカに圧力をかけることで、テロはどのような目的を追求しているのだろうか。こうした文脈のなかでビンラーディンが一九九六年と一九九八年に自分の名前で発表したふたつの宣言文を読みなおしてみると、そこにテロ行為の組織的論理をみつけることができる。すなわち、テロは地域のアメリカ人の生命を人質にして、ワシントンに政策を変更させ、王朝を保護しているサウディアラビア国内のアメリカの軍事的プレゼンスに終止符をうつよう強制しようとしているのだ。こうした極端なイデオロギー的目標はほとんど実現不可能なのだが、しかしサウディアラビア社会のある部分、すなわち王家のみが独占する権力や莫大な資金を享受することを許されていない平民出身の商人階級さらには王家の一部傍流家系のひとびとのあいだに、王国の利益分配システムを編成しなおし、石油がもたらす利益をもっと広汎に分配する方がよいとおもっているひとびとがいるのではないだろうか。そうしたひとびとはテロを黙認し、さらにはそれを支援さえしているのではないだろうか。というのもかれらはテロ行為がアメリカにたいする警告となり、ヤルタ会談直後に戦艦クィンシー号上でフランクリン・D・ルーズヴェルトとアブドゥルアズィーズ・イブン・サウード国王とのあいだに成立した大取引、欧米に石油を供給する代償にアメリカはサウード家の名前を冠した国家の王家による支配を保護するという大取引の契約内容をアメリカが変更することを期待しているのではないだろうか。そして最後に、中東でおこった三つのテロ事件といまだ真相が完全には解明されてはいない一九九三年二月の世界貿易センタービル・テロ事件との関係はなんであろう。

その答えは二〇〇一年九月一一日の黙示録的事件によってあたえられた。たしかに暴力の強度、虐殺の規模、現象の包括的象徴としての射程など、これまでの限定的なテロ活動とは比較にならないほどのおおきさだった。

しかしそれは先行するテロ全体の連続性のなかに位置づけられ、中東の三件のテロ事件の論理と一九九三年のテロ事件の地理的位置づけとを結合させているのだ。九・一一事件とともにビンラーディンとその仲間を登録した「データーベース」にあたえられた名前《アル＝カーイダ》は万有引力の中心の位置におかれるようになる。以来、アメリカの反撃でアフガニスタンのターリバーン政権は抹殺され、組織の同調者や戦闘員やリーダーが多数逮捕され、その結果、大西洋の両側で尋問や裁判がおこなわれるにつれ、《アル＝カーイダ》というネットワークのテロへの関与が立証される。しかしそれでもビンラーディンやアイマン・ザワーヒリーをはじめとするその主要な副官たちを逮捕することはできず、テロ活動を完全におさえこむことにも成功していない。二〇〇二年にはとりわけ派手な一連のテロがおこなわれている。四月一一日のチュニジアのジェルバ島のシナゴーグ襲撃（死者一九名）、五月八日のカラチでのフランス人潜水技師襲撃（死者一五名）、一〇月六日イエメン沖での石油タンカー《ランブール》号襲撃、そして同月一二日、バリ島のディスコで主としてオーストラリア人の観光客大虐殺（死者一八〇名）、それから一一月二八日、ケニヤでイスラエルの観光客がおおいホテル爆破、そして同日のモンバサ空港を出発するイスラエルの飛行機の撃墜未遂。一一月一〇日、アル＝ジャズィーラでカセットテープの音声がながされ、アメリカの情報機関はそれが前年の秋から行方不明になっていたウサーマ・ビンラーディンの声だと確認する。テープはこれまでのテロすべてが自分の指示であることを認め、今後もテロが継続されることを予告する。それはちょうどアメリカがバグダード攻撃を準備している頃だった。

こうして二〇〇二年末、サウディアラビアの大富豪を中心とする過激イスラム主義運動のテロリスト・グループが欧米にたいして仕かけたジハードの舞台がふたたび中東地域に移動する。もともとは「アラビア半島からユダヤ人とキリスト教徒を追放する」ことを目的としたジハードが意外な迂路を通ってアラビア半島にもどってきたのである。アメリカがバグダード政権に軍事的圧力をかけようとしたのは、単にサッダーム・フサインを排除するだけではなく、湾岸地域での同盟関係を定義しなおすことを狙っていたからである。これにはワシントンでリヤードの君主制にたいする警戒心が支配的であることが関係している。逆説的だが、まるでビンラーディンがかれの最初の目的のひとつを達成したかのようである。つまり、サウディアラビアの君主制からアメリカの支持をうばって、王朝を危機におとしいれるという目的を。

# 第十四章　平和の幻想から自爆テロへ——イスラエル、パレスチナ、ヨルダン

一九九一年の湾岸戦争とイラクの大敗北は中東紛争に直接的な影響をあたえ、イスラエルとＰＬＯ双方の政治指導者たちは和平交渉をすすめざるをえなくなる。そしてその動きは大部分のアラブ諸国にもひろがっていく。しかしその一方で、一九八七年一二月にはじまった蜂起（インティファーダ）が進行する中で、イスラム主義運動組織の《ハマース》や（程度はひくいが）《イスラム・ジハード運動》の影響力が拡大し、かつてほとんど絶対的といってよいヘゲモニーをにぎっていたＰＬＯの勢力が後退するにつれ、この紛争自体がイスラムとの関連で解釈されはじめるようになった。アルジェリアやエジプトでは一九九二年にアフガニスタンからもどってきた活動家たちに刺激されて急進派グループが暴力活動にはしるようになる。その結果、イスラム主義運動は敬虔な中産階級からじょじょに乖離し、ついには貧困都市青年層からも見放されるようになるのだが、ちょうどその頃、パレスチナのイスラム主義者たちは重大な政治的課題に直面していた。イスラエルとの和平である。これは一見してイスラム主義者には不利な出来事だった。というのも和平が実現されれば、かれらのライバルＰＬＯの半世紀にわたる国民的闘争の努力が具体的な成果をあげたことになり、国際社会から承認された国家のトップ

にたっていたPLO指導部の立場が強化されるからである。しかし、ヤセル・アラファトの組織が政治的・財政的におおきく弱体化し、交渉能力が減少していた時期に獲得された和平の条件はパレスチナ側に不利であった。オスロ合意で「パレスチナ自治政府」が成立したが、しかし最初ガザに設置されたこの自治政府はイスラエルで権力をにぎる多数派の政治的気まぐれにふりまわされて、自力ではほとんど存続する力もない機関でしかなかった。そのためにパレスチナの自治区は「バントゥースタン(1)」になってしまう可能性があったし、アラファトもペタンの役まわりを演じるはめになるかもしれなかった。もしそんなことになれば、《ハマース》が主張する「イスラムというもうひとつの選択肢」が政治的におおきく可能性をひろげることになるかもしれなかった。

このようにイスラム主義運動は政治的に微妙な「ゲーム」を演じなければならなかった(2)。《ハマース》には貧困青年層や商店主ブルジョワジーの幅ひろい支持という社会的な財産があった。だから、和平交渉の遅れやゆきづまり、さらには自治政府指導者の権威主義や腐敗——こうしたものにたいする失望感のうけ皿となれば、民衆の支持という財産をさらにふやすことも可能だった。ただし自治政府への圧力はたもちながらも、当時エジプトやアルジェリアの急進的イスラム主義グループがジハードの熱気にうかされてテロリズムにはしってしまったその轍を踏むことがないよう注意しなければならなかった。しかしイスラエルの弾圧や侮辱・屈辱感のつみかさねを前にして、暴力の誘惑はおおきかった。とりわけ青年層のあいだでそうした誘惑は強かった。そのころに成年に達した青年たちは一九八七年以来、インティファーダに全面的に参加した世代で、依然としてひどい生活水準を強いられていたから、もう美辞麗句や断片的な主権回復で満足する気にはなれなかった。このように三つのパートナーが参加した政治ゲームで《ハマース》は一九九四年の自治の開始までは見事な作戦を展開しつづけていた。このゲームが三つのパートナーのあいだで演じられていたというのは、イスラム主義者はただ単にナショナリズムのリーダーと対立していただけではなく、うまくイスラエルを挑発して弾圧策をとるようにしむけ、PLOの弱さを露呈させれば、自分の手持ちカードを改善することができたからである。一般大衆、《ハマース》を自分たちの代弁者と感じていた敬虔な中産階級（かれらは固有の目標をもっていた）、政治的発言を生産する洗練されたイスラム主義知識人（その一部はアメリカに在住していた）――《ハマース》はこの三者を一本にまとめることに成功していた。しかし自治政府誕生後、《ハマース》は、武装ジハードのイデオロギーに毒されてしまった他のおおくのイスラム主義運動同様、テロの罠にかかってしまう。それにたいしてPLOは逆境にもかかわらず国家機構をどうにか構築し、一九九六年一月には総選挙も実施する。その結果、《ハマース》は急進的・行動主義的分派と穏健派に分裂する。穏健派はあたらしくつくられた政治ゲームに参加し、政党をつくり、自己破壊的な暴力に終止符をうちたいとのぞんだ。こうして《ハマース》はさまざまな社会階層を糾合して動員する力を喪失してしまう。九〇年代初頭に《ハマース》がヤセル・アラファトの構築したシステムのもっとも危険なチャレンジャーになれたというのもそうした雑多な社会階層をまとめあげる能力があればこそだったのである。二〇〇〇年初頭、《ハマース》はもっとも低調な時期にあった。その《ハマース》がふたたび活力をとりもどすのは敵のおかげである。実際、オスロ合意ではじまった交渉がその年の夏、中断され、九月二九日から「アクサー・インティファーダ」という名前で知られる暴力の連鎖があらたにはじまると、パレスチナ自治政府の指導部はすぐにそれをコントロールする力をうしなう。最初の蜂起の時とおなじように、自治政府はイスラエル民間人への自爆テロという派手な形をとったイスラム主義組織の戦術のエスカレートに対処しなければならなくなるが、その一方でイスラエル政府の軍隊は自治政府の施設を破壊し、自治領に強圧的な取り締まりをおこなう。第二次インティファーダは袋小路にはいりこみ、政治的な対応をしようとしてもテロリズムの人質にとられてしまったような状況におちいっていた。だからパレスチナ問題の出口を探しだすためにはパレスチナ問題の枠の外で解決策を模索するしかない。そのためには中東を舞台に演じられるゲームのカードを一から配りなおさなければならない。これこそ九月一一日のテロの直後からアメリカのジョージ・W・ブッシュ政権が最優先にとり組もうとした事柄であった。

一九九〇~九一年、アメリカが対イラク多国籍軍をひきいて勝利したことでパレスチナ紛争をとりまく情勢は一変した。ソ連が存在しなくなった世界で、冷戦に勝利して唯一の超大国となったアメリカは自国の利益に合致する和平の調印を敵対する両者におしつけることができるようになった。実際、イスラエルはイラクから発射されたスカッド・ミサイルを何発か領土内に被弾したのだが、「アラブ」の国イラクが「シオニスト」の攻撃をうけた場合、多国籍軍に参加したアラブ諸国が国民世論からきわめてつよい圧力をうけることは明白だったので、それを避けるために自国防衛のための対策をワシントンに任せるしかなかった。それにイスラエル政府はアメリカの共和党政権を前にして選択の幅がおおきくせばまったことを意識せざるをえなかった。共和党は伝統的に民主党よりもユダヤ系市民の考え方に影響されることがすくなかったからである。さらにジョージ・ブッシュ・シニアー大統領は政界に入る前に石油業界で事業をおこなっていたので、アメリカの地域政策を自分たちに有利なように編成しなおしてもらいたいとかんがえていた中東の石油君主国政府の政治的主張にも理解があった。イスラエルはこのように当時の状況からくる弱みを抱えていたのだが、それはPLOにとってもおなじことだった。アラファトがサッダーム・フサインを支持したことはなんと言っても致命的だった。パレスチナ組織はアラビア半島君主国から助成金をうけていて、それを国家予算の原資にして被占領地域に分配していたのだが、アラファトのフサイン支持表明にたいする報復として、この助成金の大部分が停止されてしまう。そのため自治政府は助成金で運営していたおおくの機関を閉鎖することを余儀なくされる(3)。その結果、PLOを支持し、支援していたたくさんのグループがはなれてゆき、《ハマース》にたいしてPLOの立場がよわくなる。一方、《ハマース》は湾岸戦争の際に非常に慎重にふるまったので、PLOとは対照的に湾岸諸国からたくさんの資金がながれてくるようになった。

したがってイスラエル政府もPLO指導部も和平交渉を逃げることはできなかった。それはまず一九九一年一二月のマドリード会議からはじまる。この段階ではPLOは間接的にしか代表をおくっていない。ヨルダン代表団にパレスチナ地域を代表する人物のグループがふくまれていたのである。しかし中には後になってPLOと異なった見解を表明する者もでてきたので、PLOはこうしたやり方を変更させようとしきりにはたらきかけていた。それは組織の沽券にかかわるし、妥協的態度は大義にたいするうらぎりだとかんがえる反PLOのイスラム主義者やマルクス主義者からの批判にたいしてPLOの立場をいっそう弱体化させるものだったからである。一方、《ハマース》はパレスチナ人にあまりにも不利すぎる和平交渉にたいして否定的な態度をとっていた。そうした《ハマース》の態度は民衆からたかく評価され、イスラエル当局の禁止命令にもかかわらず(4)、職業別組合選挙の際に組織シンパが候補者リストを提出し、それが民衆の支持をあつめる。一九九二年一月、PLOはガザの技師組合選挙でイスラム主義者のリストの勝利を妨げるために反PLOだが世俗主義的な組織FPLPやFDLP(5)と連合をむすばなければならなかったが、それでもかろうじてだった。三月、ラーマッラーの商工会議所選挙でイスラム主義者が勝利をおさめる。ラーマッラーはキリスト教徒もたくさん住んでいる、世俗化した町だったにもかかわらず《ハマース》が勝利したのは、かれらが中産階級に相当の支持者をもっていることを示すものだった。五月、ナーブルスの商工会議所選挙でPLOはかろうじて敗北をまぬがれたが（イスラム主義者のリストが四五パーセントの票を獲得、PLOはそれより三パーセントおおかっただけだった）、それもPLO側も信仰を強調する宣言をくりかえしたおかげだった。

敬虔なブルジョワジーから幅ひろい支持をうけていることを選挙(6)で実証した《ハマース》は、同時に急進化した貧困青年層にたいして不満のはけ口を提供することを怠らず、PLOに対抗して街頭行動のイニシアティヴをにぎりつづけた。PLOの「タカ派」は競争相手のイスラム主義グループ《カッサーム旅団(7)》から態度が生ぬるいと批判された。《カッサーム旅団》はイスラエル人にたいしてこれまで以上に執拗な攻撃をくわえつづけた。一九九二年にはインティファーダは市民的不服従と大衆の反乱という面では低調になったことははっきりとしてきたが、イスラエルの軍人・民間人殺害は増加した。そしてそうした事件の大部分について《ハマース》が犯行声明をだしていた。一二月一三日、《ハマース》創設五周年の記念日に、イスラエルの下士官がロッド（イスラエル領内）で《カッサーム旅団》に誘拐される。誘拐犯は《ハマース》の精神的指導者アフマド・ヤースィーンの解放を要求する。二日後、縛られ刺殺された人質の死体がヨルダン西岸の幹線道路の道路脇で発見される。象徴的意味あいが非常にたかいこの行為は《イスラム・ジハード運動》がイスラエル兵にたいして攻撃をしかけ、死者をだすようになった最初のテロ事件を想起させる(8)。こうした行動は、《ハマース》がイスラエルを恐れてはいないこと、停滞した和平交渉には縛られないこと、武装闘争の先頭にたちつづけていることを示すものである。こうして、《ハマース》にたいする急進的な活動家の支持はいっそう強化される。その一方でこの殺害はPLOをひどく困惑させる。PLOはそれを非難するが、その結果、急進的な活動家はいっそうPLOからはなれていく。その年の六月に政権についたイツハーク・ラビンの労働党政府はイスラエル国民の動揺と怒りをしずめるためにおなじように象徴的意味あいのつよい対策をとる。《ハマース》と《イスラム・ジハード運動》の指導者・活動家四一八名を逮捕して、南レバノンの山岳地帯にある村マルジュ・アル＝ゾホールに流刑にしたのである。「花咲く牧草地」を意味する詩的な地名にもかかわらず、この一帯の冬の寒さはひときわであった。

それにたいして被占領地域で非常にはげしい暴動がおこる。通常の支持者の範囲をこえてすべての青年が、流刑にされたイスラム主義者を英雄とみなすようになる。一方、世界中のメディアが雪道を踏みわけて流刑者を訪問しにくる。テレビのカメラに映ったのは人相の悪いテロリストではなく、学生・教員などの大学関係者、医師、技師、イマームたちで、その中の幾人かは《ハマース》の政治的立場や、イスラエルにたいする敵意、PLOにたいする警戒心などを見事な英語で語る。イスラム主義知識人を「標的」にすることでイスラエル政府は組織から指導者層をうばって解体しようとしたのだが、《ハマース》は流刑を有効な広報活動に変えることに成功する。《ハマース》は迫害によって箔がつき、イスラエルの弾圧にたいするもっとも真正な抵抗運動をおこなう組織という栄誉をえるのだ。やがて国連安全保障委員会が流刑者の即時・無条件帰国を要求し、イスラエル政府の困惑は頂点に達する(9)。交渉が長びいている間、流刑者は現地で講義や講演を組織し、それに「イブン・タイミーヤ大学」という名前をつける。スンナ派イスラム主義運動が発想の大部分をひきだしている中世の有名な思想家の名をとったのである。

PLOは和平交渉へのパレスチナ代表団の参加を中断せざるをえなくなる。自分には介入する余地がない事件の人質のようなものになってしまったのだ。実際、イスラエルと《ハマース》の直接対決はPLOの権威をそこない、その地位を低下させる。しかしそれでもPLOにとっては、ますます幻滅し、イスラム主義の誘惑にひかれるようになってきた民衆の支持をとりもどすためには和平交渉をおおきく前進させることが絶対に必要だった。イスラム主義者がレバノンに流刑になったその月に、ヤセル・アラファトの代理人とイスラエル政府のあいだに秘密の接触がおこなわれたのはそのためであった。そしてその接触が「オスロ合意」と呼ばれる共同宣言となり、最終的に一九九三年九月にそれがワシントンで調印されることになる。宣言で合意された原則では、ガザとエリコがPLOの統治する最初のパレスチナ領土となることになっていたが、これは当事者双方にとって満足すべき内容であった。イスラエルはこれで秩序維持のための費用がたかくなりすぎたガザという厄介者を始末できることになる。一方、PLOははじめて民衆に目にみえる成果を示し、これが独立国家樹立の第一歩だと主張することができる。PLOはこの象徴的な前進が呼び水となって、《ハマース》の躍進で阻害されるようになっていた行動の主導権をとりもどすことができると期待した。

実際、オスロ合意調印のおかげでPLOは被占領地域での人気をとりもどした。この調印で、まず短期的には、待望のイスラエル軍撤退が実現され、すくなくとも地域の一部については直接的な占領はおわりになるはずだった。しかし、それは同時に、《ハマース》を中心として左翼反体制派のさまざまな分派が結集する「反アラファト共同戦線」の形成をうながした。こうして宣言調印の五日後、活動家たちがガザで大集会をひらき、アラファトを罵倒する。一一月と一二月には政治的意識が非常にたかいビル・ゼイトの学生組織選挙がおこなわれたが、PLOの候補者リストは反PLO連合に完敗する。

自治の可能性がひらけたことで、《ハマース》はひとつの非常に具体的な政治的ディレンマに直面する。《ハマース》は「ヨルダン川から海まで」パレスチナ全域を解放し、そこに「イスラム国家」を建設するというマクシマリストな原則的立場をとっていた。しかしその一方で民衆のもっと日常的な期待にも配慮しなければならなかった。民衆は占領状態の早期終結をのぞみ、それを可能にした合意を支持していたが、イスラエルがおしつけた不公平な条件には不満だった。だからイスラム主義組織はそれなりに暴力を行使してPLOやイスラエル政府に圧力をくわえなければならなかったが、――これはそれまでの数年間成功した戦略だった――しかし挑発的行動がゆきすぎてイスラエル軍の撤退が完全にとり消しになってしまうと民衆の怒りをかう恐れがあったから、それは避けなければならなかった。このディレンマは《ハマース》を支持するさまざまな社会グループが矛盾した目標をもっていたことの反映でもあった。自治の可能性がひらけたために組織の団結が試練にかけられたのである。貧困都市青年層――《ハマース》に属しながらそのなかでかなりおおきな自立性を有していた組織《カッサーム旅団》はこの階層を社会的基盤としていた――はマクシマリストなスローガンや暴力の行使を支持し、国外在住の指導者、とくにアンマンを本拠にし、テヘランを頻繁に訪問するようなひとびとからその行為の承認をうけていた。それにたいして、敬虔な中産階級は自分たちの活動に不可欠な経済的資源（具体的に言うと、外国の援助）をコントロールするあたらしい政治権力の創設に、たとえ野党という立場であっても参加したいと願っていた(10)。ヤースィーン師など、この階層出身の指導者はさまざまな声明をだして、パレスチナ自治政府のもとで合法的なイスラム主義政党を創設し、やがて実施されるであろう選挙に参加する可能性も排除していなかったが、こうした声明には中産階級の期待が反映されていた。一九九四年、《ハマース》は支持基盤の相矛盾するさまざまな期待をまがりなりにも融和させ、七月一二日に「自治政府」となるＰＬＯを弱体化させつづけることは可能なようにおもわれた。たとえば、二月二五日、キルヤト・アルバァ近郊のユダヤ人入植地の植民者で極右組織のメンバーである人物がヘブロンにある「族長の墓」の上に建てられたモスクで礼拝中の三〇人のパレスチナ人イスラム教徒を機関銃で射殺する事件があった。《ハマース》はこのヘブロンの虐殺から一番、政治的利益をうけた。この虐殺に抗議して暴動がおこり、さらに何十人もの犠牲者がでたが、こうした事態の推移はＰＬＯの立場をいっそうよわくした。ひとびとはＰＬＯが虐殺実行犯の仲間と交渉していると批判した。それにたいして《ハマース》は民衆の支持があるのだから犠牲者の復讐をするためにテロを実行することは正当化されるとかんがえた。四月、イスラエル領内で活動家が自爆テロをおこない、ユダヤ人のあいだに一〇人以上の死者と何十人もの負傷者をだす。イスラエルはそれにたいする報復措置として占領地域の国境を閉鎖し、イスラム主義グループの多数のメンバーを一斉検挙する。こうした惨憺たる状況のなかで五月四日、カイロでオスロ合意実施のため協定書が調印され、主権移譲、軍隊を撤退させる地域の画定、パレスチナ治安部隊の規模などが決定される。七月には自治政府が樹立され、イスラエル軍の代わりに自治政府が《ハマース》を取り締まる役割をになうことになる(11)。これはアラファトやかれとともにパレスチナにやってきたその側近の「チュニス・グループ(12)」（中にはパレスチナに初めて足をふみいれるという人もいた）にとっては居心地の悪い役まわりだった。イスラム主義組織は行動を継続する。特に一〇月には、エルサレムのイスラエル人が暗殺され、あらたに兵士が誘拐され、兵士を監禁していた隠れ家が襲撃された際に兵士は殺害される。自爆テロによってテル・アヴィヴでバスが爆破され二〇人以上の死者がでる。一一月初め、テロへの報復として《イスラム・ジハード運動》の軍事部門指導者がガザで暗殺される。これはイスラエル情報機関の仕業とされたが、その葬儀の際、パレスチナ民衆はアラファトに罵声をあびせかける。これはかつて想像もできないことだった。同月一八日、創設されたばかりの自治政府警察がガザの大モスクの出口で《ハマース》のデモ隊に初めて発砲し、一六名の死者をだした時、状況は最悪の事態をむかえる。アラファトのおかれた道義的立場は最悪となり、さらにイスラエルのとった数おおくの措置の波及効果がいっそうかれを追いこむ。ヨルダン西岸地域やガザの国境地帯でひんぱんに通行止めの柵の設置、検問、通行禁止令等の措置がとられ、パレスチナの一般市民の生活におおきな支障がでる。占領軍がいなくなった当初、ひとびとは安堵の吐息を漏らしたが、それがすぎると、自治にかんする合意が日常生活の状況を具体的にはなにも改善しなかったことに気がつく。《ハマース》はこうした状況からもっともおおきな利益をえているようにおもわれた。

一九九五年はイスラム主義運動《ハマース》のこうした過激化の進行が停止する年となる。ちなみにこの年、エジプトやアルジェリアでもおなじような現象がおこっている。一九九五年の最初の数ヶ月間は暴力事件がつづき、イスラエル領内で自殺テロがあいつぐ。イスラエルはオスロ合意実施にさまざまな難色を示していた(13)。だからテロはよりよい条件で交渉し、イスラエル政府に譲歩を余儀なくさせる手段として役にたつ可能性がある。実際、テロになんらかの有効性があるとしたらその点においてだけである。そうした期待があるからこそパレスチナ民衆は暴力の行使を支持することができるのだ。というのもテロがあれば即座にイスラエル側からの報復措置があり、その結果、地域が封鎖されて生活環境は当座のところは著しく悪化するからである。しかし、一九九五年、《ハマース》のテロ戦略は、アルジェリアのGIAやエジプトの《イスラム団》同様、限界がみえてくる。敵——エルサレム、アルジェ、カイロそれぞれの政府——は譲歩せず、民衆の苦しみは増加する一方である。さらに、ガザでは、パレスチナ自治政府が警察力を強化し、何千人ものイスラム主義指導者や活動家が刑務所に収容される。組織は解体され、国外からの資金の流れはコントロールされ、モスクは監視下におかれる。最後に、自治政府の治安機関(14)は地域で最大の雇用先となり、かつてインティファーダをおこなっていた貧困都市青年層をおおく雇用する。かれらは《ハマース》過激派の支持基盤とおなじ階層に属しているので、過激派メンバーの監視やテロ活動予防がより容易になる。こうしたすべての要素のために、また《イスラム・ジハード運動》のリーダーがモサドに暗殺されたために組織存続の危機をむかえたことも相まって(15)、庶民階級出身の急進派と穏健派の敬虔な中産階級とが分裂するようになった。インティファーダ末期と同様、中産階級は経済的に疲弊し(16)、和平交渉が何らかの形で妥結することをのぞむ。かれらはアラファトがパレスチナ社会内部で弱体化することが結局はパレスチナ人全体にとって否定的な結果をもたらすのではないかと恐れるようになる。こうして、テロが継続されるにつれ、組織の一部の「穏健派」リーダーは組織からはなれるようになる。そのために《ハマース》も秋には自治政府と交渉にはいり、一九九六年初頭に予定された総選挙を準備するために妥協点を模索しようとした。しかし妥協は成立せず、国外在住の《ハマース》指導者は選挙ボイコットを決定した。その結果、アラファトはおもいどおりに政権構想をえがくフリーハンドをえることになる。

こうした状況のなかで一一月四日、イスラエル首相ラビンが宗教グループに属するユダヤ人テロリストに暗殺される。《ハマース》はこの事件をきっかけに運動を過激化し、イスラエル政府にたいする挑発戦略を成功させることをめざす。こうして二月と三月、多数の死者をだした（死者六三名）派手な自爆テロが遂行される。これは「花火師」Y・アイヤーシュ暗殺にたいする報復だったが(17)、同時に、というかむしろシモン・ペレスによるイスラエル総選挙の前倒しの発表にたいする返答でもあった。一九九六年五月二九日、リクードのベンヤミン・ネタニヤフが勝利する(18)。イスラエル選挙民が治安維持に不満・不安を感じていたことがこの選挙結果におおきく影響した。ネタニヤフは和平交渉を妨害する政策をとったが、これはイスラム主義組織の論理から言えば、パレスチナ自治政府の仕事をいっそう困難にし、自分たちの戦略を容易にするはずだった。しかしイスラエル国内での自爆テロ――一九九七年三月、七月、九月（エルサレムのユダヤ人大市場テロ事件では一七名死亡(19)）――はイスラエル側の反撃をはげしくさせるばかりであったし、それになによりお定まりの対策になったパレスチナ人居住地域の封鎖は住民を経済的に窒息させることになった。その一方で、ネタニヤフ政府はユダヤ人の入植を再開し、ヨルダン西岸地区の漸進的撤退を凍結する。こうしてパレスチナ民衆にとってテロ活動の政治的合目的性はますます怪しくなり、さらには否定的にさえみえてくる。自治政府の権威主義的態度・無能力・一部メンバーの汚職にたいする不満や批判にもかかわらず、疲弊し、意気消沈した民衆にとって自治政府以外に他に現実的な選択肢は存在しない。だから自治政府はじょじょに民衆のあいだにみずからの権威を浸透させることに成功する。立法評議会（一九九六年一月の選挙でえらばれた議会）開設で地域の名望家層や中産階級のメンバーが政治の世界に参加するようになる。大部分はPLOにつながるひとびとだが、ひろい意味での宗教界の人もいた。しかしかれらはイデオロギー的な宣言よりもプラグマティックな問題に関心をもち、「日常的パレスチナ(20)」に同調することをえらび、ジハードが約束するメシアの時代にはおおきな期待をいだかない。《ハマース》自体も、パレスチナの戦列が致命的に分裂することを恐れ、「シオニストはパレスチナ自治政府の背後に隠れてイスラム主義運動やジハードのプログラムと直接対決を避けることに成功した」とかんがえるが、しかし《ハマース》は「もしパレスチナ自治政府と軍事的に対決することになると、シオニストのおもう壺にはまってしまうということは意識している(21)。」こうしたディレンマから抜けだすことができなかったために、《ハマース》は、二〇世紀の最後の年には、PLO権力にとって代わることのできる（味方にとっては「信頼でき」、敵にとっては「危険な」）選択肢のひとつではなくなっていた。

しかしやがて和平交渉は「いんちき取引」に他ならないと誰もがおもうようになり、そのおかげで《ハマース》はふたたび暴力を再開し、それをエスカレートさせる機会をえることになる。実際、パレスチナ自治政府は――イスラエル政府がのぞんだように――イスラム主義者を弱体化させ、貧困都市青年層を自分のコントロール下においておこうとするならば、和平交渉に参加し、国民的闘争を放棄した代償になんらかの具体的な政治的・経済的利益を手にいれなければならなかった。さもなければ社会にたいして困難な状況に追いやられるようになることは目にみえていた。二〇〇〇年、《ハマース》が弱体化したために、自治政府はイスラエルと直接対峙することになる。ところが持続性のあるパレスチナ主権国家樹立の方向へむけて意味のある進展はまったくみられず、たかい失業率をともなった経済・社会状況は悪化する一方で、そのうえユダヤ人の入植もいっそうさかんになる。イスラエル領に分離されたガザとヨルダン川西岸は日ごとにたがいに自立性をもったふたつの存在になり、パレスチナという単位の断片化が時間のなかに定着していくようにおもえた。オスロ合意は袋小路にはいっていた。双方にフラストレーションがたかまり、任期満了直前のクリントン大統領の指揮のもとおこなわれていた交渉は足踏みしていた。

　緊張の増加をあてにし、そこから具体的な政治的利益をひきだすことを期待した利益集団がどちらの陣営にも存在した。イスラエルでは、アリエル・シャロンが緊張増加はライバルのベンヤミン・ネタニヤフを《リクード》のリーダーの座からひきずりおろし、できるだけはやく選挙民を右翼に傾斜させる好機になるとかんがえていた。かれの計算では、パレスチナ人との緊張がますと選挙民はイスラエルの安全が脅かされたとかんがえ、それが投票行動にも反映される。こうして二〇〇〇年九月二八日、かれはエルサレムの「モスクの広場」を厳重な護衛つきで散歩する。この散歩は大々的に「メディア」に報道されたが、パレスチナの側ではこれを意図的な挑発と解釈し、抗議デモがくりひろげられる。そしてデモが鎮圧される際、七人の死者がでる。こうしてあたらしい蜂起が再開される条件が整った。若い世代のひとびとの不満からはじまったこのあらたな蜂起(22)を《ファタハ》の一機関（アラビア語の呼称で《タンズィーム》）が支援し、指揮をする。

　アラファトにとってこの第二次インティファーダ（シャロンが散歩の際にむかったモスクの名をとってアクサー・インティファーダと呼ばれる）は自分の指揮のもとにパレスチナ社会を再動員し、イスラエルに圧力をかけて、持続可能なパレスチナ国家の創設に同意させるための好機であった(23)。かれの見方では、緊張のたかまりは自分に有利になるはずだった。第一に、イスラエルは暴力に耐えられず、譲歩せざるをえなくなるとかれはかんがえた。ちょうどその年の五月二四日にイスラエル軍が南レバノンから撤退していたが、これは《ヒズボラ》の軍事的圧力のためとかんがえられ、アラブにとって久々の軍事的勝利としてひとびとは喝采し、アラブ人の士気がたかまっていたという事情もあった。また、第二次インティファーダでアラファトはふたたび国民的闘争の先頭にたって、パレスチナ民衆にたいして指揮者としての権威をふたたび確立し、《ハマース》や《イスラム・ジハード運動》をだしぬいて、イスラエルにたいする怨念からうまれた民衆の不満を自分への支持に転換させることができるだろうとかんがえた。

しかしこの戦略でもっとも利益をえたのはシャロンであった。パレスチナ人の蜂起のおかげでかれはリクードのリーダーとなり、そしてリクードは選挙に勝利する。実際、イスラエルで治安状態が悪化したという意識がたかまり、パレスチナ自治政府にたいする警戒心がつよくなる中、労働党の首相エフード・バラクは解散総選挙をおこなう。選挙はアリエル・シャロンの勝利でおわり、シャロンは二〇〇一年二月六日、イスラエルを指揮するという長年の夢を実現する。

治安状態の悪化は双方の憎悪を増大させる。二〇〇〇年九月三〇日、ガザ地区の一二才のパレスチナ人ムハンマド・ドゥッラがイスラエル軍の銃弾で死亡するが、その様子がほとんど実況中継といってもよいくらいの状況でテレビで放映され、すぐさまアラブ・イスラム世界全体を通じてパレスチナ蜂起のシンボルのような存在になる。一〇月一二日、今度は二人のイスラエル人がラーマッラーで群衆にリンチされ、これもまたテレビで実況中継される。世界中に放映された耐えがたい映像をみて、双方が怨念と相手への敵意と犠牲者への共感を増幅させる。ジョージ・W・ブッシュはホワイト・ハウス入りをすると、パレスチナ紛争にかんするビル・クリントンの個人的関与とその不成功から苦い教訓をひきだし、この問題に直接関与することを避け、クリントンとは反対に、当事者が現地で行動をエスカレートしていくのを放置する。

暴力はすぐさま臨界点に達する。しかし、二〇〇一年中頃まではパレスチナ側では《ファタハ》の《タンズィーム》が多少なりとも事態を掌握しており、イスラエルの方でもオスロ合意で画定された境界線をほぼ尊重していたのだが、この頃、状況にふたつの重大な変化が生じる。まずパレスチナ側では、インティファーダが足踏みをしていたために、あたらしいシステマティックな行動形態が誕生した。それはイスラエルの民間人を狙った自爆テロである。こうした事件については《ハマース》や《イスラム・ジハード運動》が犯行声明をだしていたが、六月一日、テル・アヴィヴのディスコの入り口で二一名のイスラエル人青年が殺され、八月九日にはエルサレムのピザ・レストランで一六名死亡する。こうしてイスラエルに恐怖をまき散らした一連の陰惨な事件が開始される。

九・一一テロがおこったのはこうした状況のなかであった。パレスチナ人たちがそれに歓喜している光景が世界中のテレビで放映され、これを利用してイスラエル政府はビンラーディンとアラファトが同類であるという主張を展開し、アメリカにおけるアリエル・シャロンの立場が強化される。《ハマース》の活動がエスカレートする中でとつぜん事態を掌握する力をなくして防御にまわった自治政府議長は九・一一テロの犠牲者のために（これもテレビ・カメラの前で）献血をしなくてはならないはめになる。そもそも九・一一テロの首謀者はこの作戦をパレスチナの自爆テロの延長として構想し、計画したようにおもえる。パレスチナの自爆テロは限定的なインパクトしかあたえることができず、イスラエルに武力で反撃され、その圧倒的な軍事的優位をみせつけられるだけだった。しかし、それとおなじような論理にしたがって行動した一九人のカミカゼは、イスラム主義活動家も欧米のテクノロジーを利用して、前代未聞の華々しい大虐殺を実行できるということを身をもって示したのである。

第二次インティファーダは自爆テロに人質にとられたみたいになってしまう。自爆テロ実行犯はパレスチナ国内のみならず、国外でも青年たちの英雄となり、信仰の殉教者として賞賛される。《ムスリム同胞団》に近いエジプトのテレビ説教師で、アル＝ジャズィーラ放送の一番重要な宗教番組の司会者でもあるユースフ・カラダーウィーをはじめとして、宗教界の権威者たちがつぎつぎと、テロは正当なジハードの一環であると宣言する。というのもそれは不信仰者によって占領されたイスラム教徒の土地で遂行されているからである。民間人（男性でも女性でも）の死も正当化される。なぜならイスラエルにおいてユダヤ人の市民は男性も女性もすべて兵役義務をもち、したがって潜在的に兵士であるからである(24)。

一方、イスラエル軍の反撃ははげしさをましていく。かれらは二〇〇一年一二月にはパレスチナ自治政府の施設を片っ端から破壊し、アラファトをラーマッラーの司令部の崩壊した建物に残ったいくつかの部屋から身動きできないようにする。これはイスラエルには譲歩するつもりがまったくないことの意思表明であったが、同時に、そしてとりわけ、アラブ諸国のいかなる軍隊もイスラエルに対抗する力をもたないことを示していた。中東の軍事体制国家は信用を失墜した。かれらにはイスラエルにたいして何らかの形で圧力をかけることさえできないのだ。現地では暴力の連鎖のためにインティファーダは袋小路におちいっていた。ちょうど第一次インティファーダが、派手な行為がつづいていたにもかかわらず、政治的には三年目で息切れしていたように。第二次インティファーダにいくらかの反響があったのはむしろ国際舞台においてだった。それもビンラーディンの組織がふたたび姿をあらわすようになったからである。二〇〇二年四月、爆弾工場を破壊し、《イスラム・ジハード運動》が糸をひいているとされる自爆テロの殉教者候補の訓練施設を解体するために、イスラエル軍はジェニンの難民キャンプを攻撃した。これはイスラエル領内へのイスラム主義者の攻撃にたいする報復として三月三〇日におこなわれた「防御壁」作戦の一環だったが、イスラエルの地上軍事行動としては二〇年ぶりの大規模なものであった。この時おこなわれた弾圧の規模がおおきく、たくさんの住居が破壊されたために、アラブ諸国からおおきな非難の声があがった(25)。しかしそれも結局は口先だけの反応で、アラブ諸国は政治的に無力であり、国連も現地に調査団を派遣することさえできなかった。イスラエルが拒否したからである。こうした状況のなかで四月一五日、アル＝ジャズィーラ放送が九・一一テロの飛行機のっとり犯の一人、サウディアラビア人のアフマド・ハズナーウィーがあらかじめ録画しておいた遺言を放映する。世界貿易センタービルを背景にし、「ユダヤ人とキリスト教徒をアラビア半島から追放せよ」というスローガンが点滅する中、ハズナーウィーは作戦がウサーマ・ビンラーディンのグループによって遂行されたことを初めて認める。宣言はビデオクリップのモンタージュで、ビンラーディンやジハード主義的サラフィー主義グループに属するサウディアラビアの少数派ウラマーの「法的」見解にもとづいて九・一一テロがジハードの観点からして合法的であることを立証しようとするものだったが、そのなかでパレスチナ問題が長々と論じられる。すなわちニューヨークでおこるであろう流血の惨事は「豚と猿の子であるユダヤ人」によるパレスチナ人虐待の報復なのである。イスラム世界のさまざまなグループでテロを本当にやったのが誰なのかわからないとか、モサドやＣＩＡが本当の黒幕なのだという議論がされていたが、このメッセージがながされてそうした疑問ははらわれ、主張は根拠をうしなう。しかしこの遺言の放送が、いたるところでイスラエルの軍事的・技術的優越性にたいする無力感がひろがっていたまさにその時におこなわれたという点に注目すべきだろう。たとえばカイロでおこなわれた「ジェニンの虐殺」にたいする抗議デモでは、「アラブの軍隊はどこにいる？」というスローガンがとなえられていた。九・一一の大虐殺の犯行声明をこの時期に突然おこなうことによって、ビンラーディンを中心としたジハード主義的サラフィー主義者のグループは、アラブ・イスラム世界の一般大衆にたいして、自分たちがかれらを苦しめる敵を罰する復讐者であると自己主張し、アラブ世界の指導者や軍隊の臆病さと対比して、みずからの英雄性を際だたせようとする。ジェニンをきっかけとしてビンラーディンの支持者たちの口が軽くなる。ニューヨークの虐殺はいわば世界的規模で報復の論理を適用した適切な、――そして将来を見越した――返答ということになるのである。それは復讐なのだから、同時に道徳的にも正当化できるものとなる。こうして実行犯たちは自分たちの行為のただしさを全面的に主張できるようになり、そしてそれは二〇〇二年に相ついでおこる世界中のユダヤ、イスラエル、さらには欧米一般を標的にしたテロの多発へと道をひらく。四月一一日、ジェルバ島のシナゴーグへのテロがおこされたのはジェニン事件の最中だった。このテロは後にカセットで犯行声明がだされ、それはアル＝ジャズィーラ放送で放映されるが、欧米情報機関はそのカセットがビンラーディンのものであることを確認している。

二〇〇二年一二月三一日、アクサー・インティファーダが勃発して二七ヶ月がたった時点で、暴力事件の死者は二八〇七名、内パレスチナ人二〇七三名、イスラエル人六八五名である。政治的な次元では、イスラエルのNGO《被占領地域人権情報センター《ブツレム》》によると、併合や強制収容、家屋撤去、建築禁止、入植者へのアクセスを確保するための迂回道路などのためにヨルダン川西岸地域の四六パーセントの土地が事実上イスラエル領になっている。パレスチナ自治政府の統治能力はほとんど完全に消滅させられた。ラーマッラーの自治政府本部のある建物はムカタアと呼ばれるが、廃墟となったこの建物に一年間幽閉されたヤセル・アラファトは指揮系統から切りはなされ、孤立する(26)。二〇〇二年末、イスラエルとパレスチナにおいて状況が完全にブロックされたために、パレスチナの紛争がテロという形で国際世界に舞台をうつさざるをえなかったのだと言うことができよう。インティファーダがテロに人質にとられてしまったのに呼応するかのようにアメリカとその同盟軍がイラクにたいする攻撃を準備する。ワシントンの親イスラエル・グループは、この戦争で緊張が湾岸に移動し、聖地では緊張が緩和すると期待していた。無謀な暴力のエスカレーションはアメリカを主役にした大規模な戦争に行きつくしかないようにおもわれた。

ヨルダン川東岸ではイスラム主義運動の状況はまったく別の道をたどっていた。サッダーム・フサインがクウェートを占領して五ヶ月がたち、「二聖都の地」サウディアラビアに駐屯した多国籍連合軍が「砂漠の嵐」作戦をすぐにでも開始する態勢にあり、危機感がもっともたかまっていた時期だった一九九一年一月一日、欧米が中近東でもっとも評価する対話相手ヨルダンのフサイン国王があたらしい内閣を任命する。ところがその二一名のメンバーのうち七名がイスラム主義運動に属していたのである。政府の最高機関にかれらが選出されたのは一九八九年に選挙があった議会で八〇議席中、三四議席を占めたからである。総人口三五〇万人の半数以上がパレスチナ出身であるこの小国では、世論がイラクにたいする多国籍軍介入につよく反対しており、その怒りが横滑りして、構造的に弱体な君主制を標的にするかも知れなかった。だからそうした世論をおさえるためにも《ムスリム同胞団》やその同盟者たちの協力がどうしても必要だった。

ヨルダンとパレスチナの《ムスリム同胞団》はながい共通の歴史をもっていた。両者の関係はヨルダン西岸地帯が一九四八年から一九六七年のあいだ二〇年間、ハーシム王国（ヨルダン）に併合されていただけにいっそう緊密だった。ヨルダンの《同胞団》は一九四六年、ヨルダン王国の成立とおなじ年に誕生したが、「王座の擁護者(27)」として王朝の宗教的正当性を補強する役割をにない、その代わりに王家から優遇されていた。当時、他のアラブ諸国ではナショナリズムが勝利し、イスラム主義運動を抑圧していた時代であった。最初の数十年間、《同胞団》は政治への介入には慎重な態度をしめし(28)、モスクや慈善団体を通じて社会のなかに宗教的な組織網を構築することにだけ専念していた。政治権力が外国から来た王朝によってにぎられていた中で、宗教や慈善といった領域は現地の名望家たちの特権的な活動領域だった(29)。ハーシム家は一九二五年、サウード家によってサウディアラビアから追いだされヨルダンにやってきた王朝だった。ヨルダン川西岸が一九六七年六月にイスラエルに占領された後も、《同胞団》は一九八七年一二月のインティファーダ勃発と《ハマース》創設まで、二〇年間、こうした厳密に敬虔主義的な態度を遵守することになる(30)。ヨルダン川東岸では、フサイン国王は何度もアラブ・ナショナリストの陰謀やパレスチナ難民の暴動で存在を脅かされたが、《同胞団》は都市社会に形成したネットワークを活用して国王を支援し、かけがえのない存在となった。アブドゥッラー・アッザーム(31)やその数十人の弟子をのぞき、ヨルダンの《同胞団》は一九六七年から一九七〇年の間ヨルダン川からのイスラエル攻撃に参加しなかった。PLOの「世俗主義者」に反感をもっていたからである。一九七〇年九月、国王がPLOと血を血で洗う戦いをくりひろげたとき、《同胞団》は忠実に国王を支持し、その報償をえる。一九七〇年代、一九八〇年代、かれらはハーフィズ・アサド政権と血なまぐさい対決をつづけていたシリアの《同胞団》をヨルダン国内にむかえいれ(32)、かれらに訓練をほどこす。《同胞団》の活動家や共鳴者は個人の資格で高級官僚の重職にむかえられ、またそうしたポストを利用して《同胞団》のメンバーを幹部職や公務員のポストにつける。一九七六年からずっと改選されていなかった議会の一部の選挙区で一九八四年に補欠選挙がおこなわれ、《同胞団》は候補者をだす。その結果、八つの議席中、三つの議席を獲得し、さらにもうひとつの議席も「独立系イスラム主義者」が獲得する。この選挙での成功と《同胞団》のよりあからさまな「政治化」はちょうど世界中でイスラム主義運動が発展局面にある時期にあたっていたが(33)、国内的には《同胞団》はこの時期には宮殿と緊張した関係にあった。ヨルダン王朝はこの頃シリアと接近し、そのためヨルダンに亡命してきたシリアの《同胞団》メンバーを逮捕し、ダマスカスに身柄をひきわたしていたためである。さらにイスラム主義が過度に影響力をもつことを恐れ、あまり目立ちすぎるイスラム主義者は役所から排除された。

一九八九年四月、国際通貨基金との協定のために物価高騰がおこり、それがきっかけとなって国の南部マアーンで暴動がおこる。一九八八年一〇月のアルジェの場合とおなじように、デモ参加者は国家の象徴となる建物におしいって破壊し、やはりアルジェの場合とおなじようにイスラム主義運動組織が秩序回復と要求実現について仲介者の役割をはたす。どちらの国においてもかれらの労はむくいられ、開放され、比較的自由な選挙がおこなわれることになって、それに参加する可能性があたえられる。アルジェリアは軍隊に統治され、選挙をめぐる術策にたけていなかったので、FISが一九九〇年六月の市議会選挙で大勝利する。一方、宮廷が政治の駆けひきに精通していたヨルダンでは《同胞団》は二二名の当選者をだし、それに一二名の「独立系」イスラム主義者がくわわって総議席八〇の四〇パーセントを占める(34)。このようにイスラム主義者が議会の第一党になるのだが、政府をコントロールする力をもつにはいたらない。

選挙に参加するという決定は《同胞団》内部での「穏健派」と「急進派」のあいだの議論の結果だった。穏健派はその大部分がヨルダン東部の敬虔な中産階級出身者で、急進派はパレスチナ出身者、特に近年ヨルダンに定住するようになった難民や難民キャンプの青年たちを主たる支持基盤にしていた。穏健派は選挙への参加にまえむきで、一九九〇年代には思想的変化もあって民主主義を熱烈に支持するようになっていた。一方、急進派はそうした考え方は不信仰《クフル》であるとしてそれに反対し、選挙参加にも賛成ではなかったが、しかし《同胞団》の諮問評議会《マジュリス・シューラ》で選挙参加が決定されると自派への候補者のわりあてを要求する。かれらのなかには説教師がたくさんおり、議会の演壇を説教壇のように利用することになる。

かれらの社会・政治プログラムには既存のヒエラルキーを転覆させるようなものはまったくふくまれてはおらず、まずなによりすべての法律の装置をシャリーアに適合させるという意志によって特徴づけられる。またかれらは宗教教育も強化しようとするが、それはおおくの活動家に雇用を提供することになるし、また若い世代に影響力をもつ有効な手段にもなるからである。イスラム主義は、権力は十分に敬虔ではないから必然的に堕落しているとかんがえている。だからかれらは権力にたいして「もっと道徳的に高潔にふるまうよう」訴えかけ、真のイスラム国家樹立という遠い理想をかかげる。しかしそうした主張のむこう側にある機能をかんがえると、イスラム主義のイデオロギー的言説の目的、それはどこの国においても、何よりもまずさまざまな目標をもった複数の社会グループのすべてをまとめて動員することである。ヨルダンの場合、そうした言説は社会のもっとも困窮した階層を「家族主義的」に保護する有効なシステムにささえられている。モスクとむすびついた慈善協会、病院や診療所、保育園から大学にまでいたる教育施設、こうしたもので構成された非常に緊密なネットワークを《同胞団》は所有している。医療保険制度が脆弱で、公共サービスが不足したこの国では、《同胞団》とその共鳴者は社会事業の中心的事業者の役割をはたし、それに並ぶものとしては女王が支援する協会だけである(35)。しかし《同胞団》の慈善事業団体は支払い能力のある中産階級をも対象とし、そうした層にたいしては有料でサービスを提供する。こうしてかれらは金融帝国を構築し、組織内のさまざまな分派がそれを協同で運営する。そうした分派同志でおこなわれる教義上の宗教的議論は、時には、マーケットの支配をめぐる内部闘争の隠れ蓑になっている場合もある(36)。

こうした理由のため、一九八九年春の暴動の後、政権は《同胞団》の仲介がどうしても必要と判断し、その見返りとして議会への扉を《同胞団》にたいして開いた。《同胞団》の方でもこれを議会に影響力をもち、仲介者、社会のコントロール役としての自分たちの役割を制度化して強化するための好機だとかんがえた。こうした中で、サッダーム・フサインが一九九〇年八月二日、クウェートに侵攻して、ヨルダンのすでに緊張状態にあった状況をいっそう緊迫化させる。他の国と同様、ヨルダンでも、イスラム主義運動は指導部の親サウディアラビア感情と下部組織の親イラク・反欧米的熱狂のあいだでひき裂かれて不安定化する。さらに、クウェート内にいたかなりの数のパレスチナ出身者は全体としてイラク軍を好意的にむかえ、かれらを汎アラブ主義の解放者とみなしていたが、そうした見解をヨルダン在住のパレスチナ出身者も共有していた。このためにヨルダンではサッダーム・フサインを支持する層が非常に広汎に存在していたのである。最後に、「二聖都の地」に連合軍が上陸したために世論の中の宗教的な論拠に敏感な層がきわめて反欧米的な方向に一挙に傾斜してしまった。《同胞団》は、穏健派も親サウディアラビア派もふくめて、そうした方向に意見が一致して、民衆運動の先頭にたつようになる。アメリカと昔から堅固な関係を維持していたフサイン国王にとって、なによりも大事なのは連合軍の軍事介入がひきおこすかも知れない大動乱の波に王座がさらわれてしまうような事態をさけることである。そこでかれは国の歴史上初めて、七名——大臣の三分の一——のイスラム主義者をふくむ内閣を任命する。戦略的なポスト（防衛、外交、内務、情報）は国王の腹心がにぎりつづけるが、「民衆と直接接触する」省（教育、厚生、宗教、社会発展）はイスラム主義運動にまかせられた。かれらがこうした分野での国家財産や公務員の雇用をコントロールするようになって、イスラム主義協会組織網による社会のとりこみはいっそう進展する(37)。

しかしこの与党経験はながくはつづかない。緊急状態がすぎ、イラクが敗北し、その支持者が途方にくれると、フサイン国王は六月一七日、あたらしい首相を任命し、ヨルダンをアメリカ主導での中東和平プロセスにくみこむよう指示をだす。この政策は最終的に一九九四年一〇月二六日のワーディー・アラバでのヨルダン＝イスラエル条約につながるのだが、こうした方針は大部分の《同胞団》メンバーにはうけいれられないものだった。《同胞団》は新政府に参加するよう招かれなかった。そして国王はこれ以降、《同胞団》の政治勢力をそぐことに全力をあげる。こうして国王は一九九三年の立法議会選挙の時、選挙法を急に変更し、その結果、《同胞団》の当選者は減少する（二二名から一六名に）。そして《同胞団》は一九九七年の選挙をボイコットする。メンバーのなかには権力の甘美さを忘れられなくなって、政府の要職や大臣職に就任したものもいるが、《同胞団》はそうした人たちを除名する。

選挙や政権に参加することで、組織のまとまりはきびしい試練をうけたが、他のほとんどの国とは異なり、ヨルダンではイスラム主義信奉者の圧倒的大多数が《ムスリム同胞団》という単一の組織に結集しつづけた。隣国では、《ハマース》は《イスラム・ジハード運動》と競合したし、さらには《カッサーム旅団》もどんどん自立性をたかめていった。またエジプトの《同胞団》は急進的な《イスラム団》をコントロールできなかったし、アルジェリアのＦＩＳもＧＩＡにたいする指揮権をうしなってしまった。それにたいしてハーシム王国において《同胞団》の権威を否定するのはせいぜいいくつかの群小グループくらいであった(38)。一九九〇年、アフガニスタンから数人の運動家がもどってきた。かれらはアフガニスタンで、パレスチナ＝ヨルダン出身でジハード推進に努力したアブドゥッラー・アッザームの熱気にすっかりあてられてしまい、ヨルダンで《ムハンマド軍》を創設する。そのメンバーの数は数十名だった。かれらは一九九一年初頭、「砂漠の嵐」作戦でイラクへの攻撃がはじまった頃、行動に出、ペシャーワル周辺のキャンプで学んだ戦争技術を実行にうつし、酒類販売店やヨルダンに少数いるキリスト教マイノリティーを攻撃する。逮捕され、判決をうけた後、かれらは一二月に国王により恩赦される。元「アフガニスタン・ジハード戦士」がつくったその他の群小グループも一九九六年頃までは新聞を騒がせるが、政治・宗教界に影響をあたえるにはいたらない。ヨルダンの《同胞団》はエジプトの《同胞団》よりも完璧にそうした領域をコントロールしていたのである(39)。こうした「急進的」な分派以外に、ヨルダンにはひとつ変わったものが存在する。それは「独立系イスラム主義者」と呼ばれるもので、この名称はそうした人たちが選挙に参加するときに出現する。これは実際は土地の名望家で、イスラム主義の波にのって、それを選挙で利用したいと希望するが、しかし《ムスリム同胞団》に所属して行動の自由を完全にうしないたくはないとかんがえる人たちである。

他のどの国においてもそうだが、ヨルダンの《同胞団》も貧困都市青年層から敬虔なブルジョワジーにいたるさまざまな傾向をもったグループを結集していた。ヨルダンの場合、貧困都市青年層は主としてパレスチナ出身者で、難民キャンプやその後にできたバラック街でうまれ育ったひとびとであった。一方、敬虔なブルジョワジーというのは特にヨルダン川東岸の伝統的都市、サルトやイルビド出身のひとびとであった。しかしヨルダンには「不信仰な政権」がすべての悪の元凶であるという演説をして民衆を動員し(40)、民衆や商店主を政権打倒にむけて奮いたたせることができる能力をもった演説家や「イスラム知識人」が存在しなかった。実際、ハーシム王朝は知識人のなかでも優秀な人たちを優遇し、かれらに配慮することを怠らなかった。たとえばパレスチナ出身のすぐれた大学人イスハーク・ファルハーンは一九七〇年から一九七三年のあいだ、教育大臣、宗教問題担当大臣を歴任した。かれはそのあいだ、《同胞団》の意志決定機関への所属を中断していたが、かれが大臣をしている省は活動家や共鳴者を多数、職員に採用していた。したがって、ヨルダンのイスラム主義知識人にとって、他の国の仲間のように政府を批判することは容易ではなかった。とりわけ、王家はその存在を正当化するために宗教を非常に尊重していたからなおさらであった。だからヨルダンのイスラム主義知識人は主張のトーンをほんのすこし変えるだけで容易に体制のイデオローグに変身することができた。そのため過激化しようとする意志はおおいにそがれ、《同胞団》の政治的発言は抗議よりも交渉という方向にむかいがちであった。

このようにヨルダンの《同胞団》では教義にかんして柔軟な姿勢をとる傾向が支配的だったのだが、それでも運動内部でより過激な発言が出現しないわけではなかった。たとえば一九八九年以来のふたつの路線の対立で、選挙に参加し、既存の政治体制と交流していくことに積極的な「ハト派」とサイイド・クトゥブの著作に影響をうけた「タカ派」がそれぞれ自分の意見を主張する。さまざまな社会階層の意志を代表する相対立するグループをひとつの統一された組織のなかにまとめつづけること、これがヨルダンの《同胞団》にとって最大の懸案なのである。組織には遠心的な力が常にはたらいていて、敬虔なブルジョワジー出身の指導者は既存の政治体制にじょじょに合流していく方向に動こうとし、貧困都市青年層に基盤を置くひとびとは急進化しようとする。ここに《同胞団》のディレンマがある。一方で、このふたつのグループが共存するとしても、それぞれが相手のイニシアティヴを封じこめる手段をもっているから、組織はどちらの方向にもうごけない危険がある。他方で、もし分裂するとすれば、他のアラブ諸国のイスラム主義運動組織の二の舞となって、宗教界を支配するために相互に争いあい、その結果、「不信仰」な政権を喜ばすだけの結果になってしまう。

このディレンマの回避策として最初にかんがえられたのが、一九九二年、《イスラム行動戦線》（ＦＡＩ）という名前で政党として正式に公認されたイスラム主義政党の創設だった。これは元大臣でもっとも高名な「ハト派」、後にザルカ私立大学の総長となるイスハーク・ファルハーンを党首としていたが、《同胞団》の活動目的が宗教の布教と社会活動であるのにたいして、この政党は政治参加という側面を全面的に組織としてひきうけることを目的としてつくられた。党はまた民主主義の原則をうけいれ、男性ばかりではなく女性にもひらかれていた(41)。それにたいして《同胞団》は聖典に言及されていない政治的概念には批判的で、女性のメンバーの加入も認めてはいなかった。ファルハーンの党はこのように、制度に定められた規則にしたがって行動しようという意志を示していたのだが、これも一九九三年の政権による選挙制度改正で阻害され、さらに一九九四年のイスラエルとの和平条約調印で追いうちをかけられる。この後、制度に参加することは大部分のイスラム主義者が嫌悪する「ユダヤ人との屈辱的和平」を追認することとみなされる危険があった。一九九七年の選挙にかんしては党首は《イスラム行動戦線》（ＦＡＩ）が選挙に参加すると宣言していたが、一般支持者の圧力もあり、結局、党はそれをボイコットせざるをえなかった。国王は病にたおれ、国政に直接たずさわることができなくなっていたが、ヨルダンのイスラム主義運動内部ではこうして政治に参加することをのぞみ、そのために政党まで創設した中産階級出身のプラグマティックなエリートと、選挙への参加よりもイデオロギー的条件を重視する一般支持者のあいだで対立がふかまっていく。

一九九九年二月フサイン国王が死去し、その息子アブドゥッラー二世が即位すると、党は新国王に協力することを確約し、新国王はかつて《同胞団》メンバーだったものを首相に任命する。七月の市政選挙でFAIは候補者をたて、その大半が当選する。当選した者の大部分は都市の名望家で、中級都市の市長職を獲得する。しかし翌月、政権はイスラム主義運動に間接的ながら敵意の印をみせる。アンマンにあったパレスチナの《ハマース》の事務所を閉鎖したのである。これは《ハマース》の「国外」部門本部で、ヨルダンの《同胞団》の事務所を間借りしていたのである。おりしも、パレスチナのイスラム主義組織（《ハマース》）リーダーたちはテヘランの集会に出かけていた(42)。そしてかれらはヨルダンに帰ってくると、ヨルダンのパスポートをもっていたにもかかわらず、ある者は拘禁され、ある者は国外追放になる(43)。こうした強硬策をとることで、ハーシム王家のあたらしい国王はイスラエルとアメリカとPLOの要求にこたえながらも、ヨルダンが西岸の出来事に影響力を行使することができるということを示したのである。実際、パレスチナの被占領地域内のイスラム主義リーダーはヤースィーン師のようにPLOとの交渉をうけいれるという柔軟姿勢を示していたから、強硬姿勢をとりつづける《ハマース》の国外在住指導部はアラファトにとって除去すべき急進派の典型だったのだ。しかしこの警察の介入は王国内で国王とヨルダン《ムスリム同胞団》のパレスチナ出身グループ——そのなかでは「タカ派」が優勢だった——のあいだに相互不信をうみだす。しかし、地域固有の戦略的思惑がどうであったにせよ、アンマン政府による《ハマース》「急進派」指導者取り締まり(44)は二〇世紀末のイスラム世界の既成権力の大部分がとった論理に合致していた。すなわち、イスラム主義運動のさまざまな構成要素間の分裂を促進し、貧困都市青年層とかれらを代弁する非妥協的なひとびとを抑圧し、政治システムへの参加をのぞんでいる敬虔な中産階級と協力する――このような政策をアラブ諸国は一致してとっていたのである。しかしヨルダンにおいて、こうした戦術は単なる弥縫策でおわってしまうのだろうか。つまり、イスラム主義運動が危機状態にあることを利用して、権威主義的体制が自分たちに有利なように力関係を固定化しようとするための戦術にすぎないのだろうか。それとも民主的な参加形式を推進して権力の基盤を拡大させる試みとなるのだろうか。ヨルダンは一九九〇年代初め、中東に民主主義促進の範を示そうとしていたのだが、権威主義的体制温存か、民主主義促進なのか、ヨルダンの進路がそのいずれであるのかは今後の展開をみなければわからない。

# 第十五章　救済、繁栄、美徳——トルコのイスラム主義者の強いられた世俗化

一九九六年六月二八日、世俗主義的共和国トルコの首都アンカラで、イスラム主義政党《繁栄党》党首ネジメティン・エルバカンが首相に任命される。この出来事はアタテュルクの後継者たちにおおきなショックをあたえた。かれらにとってイスラム主義者が政権につくなどアタテュルクの教えからすれば異端の極みだったからである。事態を注意ぶかくみまもっていたひとびとは、不安を感じたにせよ、あるいは喜びで有頂天になったにせよ、この現象を世界的なイスラム主義運動の躍進（とかれらがかんがえたもの）とむすびつけて解釈した。実際イスラム主義が、アルジェリアでは地下活動をおこない、エジプトでは政権を脅かし、フランスでは一連のテロ活動を展開していた。また翌月にはウサーマ・ビンラーディンが『アメリカにたいするジハード宣言』を発表するし、その秋にはターリバーンがカブールを占領するだろう。

しかし、ひとびとの恐怖や期待にもかかわらず、トルコのイスラム主義政権は一年足らずしかつづかなかった。一九九七年六月一八日、エルバカン氏を支持していた議会の連合が軍の参謀本部の圧力でくずれ、かれは辞職する。その半年後の一九九八年一月一八日、憲法裁判所が《繁栄党》に解散命令をだす。解散命令がだされる

と暴動がおこると予想するひとびともいたが、そうしたことはおこらなかった。翌年、《繁栄党》を改めて《美徳党》と名のった党は一九九九年四月一八日におこなわれた国政選挙と地方選挙の同時選挙で、勝利が予想されていたにもかかわらず議席をおおきく後退させる。たしかにトルコの軍部はイスラム主義の政治的進出を阻むためにさまざまな介入をするのだが、しかしトルコは完全とは言えないまでも相対的に民主主義的な複数政党政治システムをもっている。だから、イスラム主義運動組織もそうしたシステムのなかで機能する以外、道はない。そもそもトルコの政治システムがそうしたものであったからこそ、イスラム主義運動も議会政治の一構成要素として二五年にわたって存在しつづけることができたのである。また、イスラム主義運動の活動家やそれを支持する選挙民のおおくにとって、プラグマティックな次元でなにを実現するかという問題は、結局のところ、出発点となるイデオロギーや教義の基礎と、すくなくとも同等程度には、重要性をもっていた。

こうした意味で、トルコのイスラム主義は他のイスラム諸国の大部分の「姉妹組織」が後に経験することになる展開をおおきく先どりしていたと言うことができる。トルコのイスラム主義も他の国のそれとおなじ時期に出現している。エルバカン氏が最初の政党を創立するのは一九七〇年で、これはホメイニーがイスラム統治体制にかんする最初の講演をおこなった年であり、アラブ世界においてナセルの死やアンマンの「黒い九月」事件でアラブ・ナショナリズムのイデオロギーが危機に瀕し、《ムスリム同胞団》の教義がそれにとってかわりつつあった時期であった。エルバカン氏は七〇年代の中頃すでに副首相に就任している。これはイスラム主義指導者が政権の要職についた、世界でも一番早い例のひとつである。一九八〇年代、世界中でイスラム主義が勢力を拡大していたが、かれの党もその追い風をうける。とはいえかれは、やはり宗教界の出身で、国におおきな足跡をのこし、首相、大統領を歴任した政治家トゥルグト・オザルとその利益を共有せざるをえなかったのだが……。かれはついで新政党《繁栄党》を創立する。当時、トルコでは資本主義にもとづく経済の自由化がおこなわれ、経済が過熱気味なまでに成長をつづけていたが、この政党は、アナトリアの高原から都市中心部に移住するようになった敬虔な小市民層をこうした経済成長がもたらす利益にあずからせることを目ざしていた。だから《繁栄党》というのはいかにもぴったりな党名だったのである。この党と平行して、欧米思想のさまざまな潮流と継続的に対話をつづける独自なイスラム主義知識人階級が形成されていた。一九九〇年代、エルバカンは西ヨーロッパに分散したトルコ移民のあいだに支援網・拠点をつくり、支持者をひろげることに成功する。一九九五年の立法議会選挙では有権者の五人に一人がかれの党に投票し、《繁栄党》は議会第一党となる。これは「世俗主義的」右派政党が分裂したおかげという面もあったが、なにより「公正な秩序」というスローガンのもとに、本来の支持者だった敬虔な中産階級やイスラム主義知識人のみならず、ゲジェコンドゥ——取り壊し措置をまぬがれるために「一夜漬け」で建築された不法建築の建物が建ちならぶ区域——の貧困都市青年層をも結集することに成功したという点がおおきい。一九九六年夏、連合政権の筆頭として政権についた《繁栄党》は、この点でも世界の他のすべてのイスラム主義政党に先がけて、さまざまな民主主義的規則の拘束に直面することになる。《繁栄党》の支持者は雑多な社会グループの連合だったわけだが、連合の統一はこの試練に抗することができず、それに軍部の敵対的な圧力がくわわり、《繁栄党》の支持基盤はばらばらに分裂してしまう。軍部は連合政権に参加した一部議員にエルバカン氏への支持をやめるよう「うながして」一九九七年六月に内閣を崩壊させ、その数ヶ月後、「世俗主義に反する陰謀」を企てたという理由で党を解散させる。この「ポストモダンなクーデタ」は、おおくの観察者の予想に反し、ゲジェコンドゥの蜂起や貧困都市青年層の暴力的な過激化を誘発しはしなかった。実際、《繁栄党》は権力の座にあったとき、すでに貧困都市青年層の期待をうらぎり、敬虔な中産階級の利益のみをはかっていた。だから一九九九年四月、その後継政党である《美徳党》には敬虔な中産階級しか投票しなかった。イスラム主義的イデオロギーによって雑多な社会グループをひきつけて糾合するという力をうしなったために、イスラム主義政党はトルコ政界のなかで陳腐化し、社会のひとつの階層の利益を代表するだけの存在になってしまう。しかもその階層の支持をえるために、極右ナショナリストと競わなければならなかったのである。だから、一九九九年の選挙で《美徳党》が弱体化して、もっとも利益をえたのは極右ナショナリストであった。

一九七〇年一月二六日(1)に《国民秩序党》を設立したネジメティン・エルバカン(2)は(おおくのすぐれたイスラム主義者同様)技師として教育をうけ、トルコ商工会議所連合の産業部門を統括していた。アタテュルクが樹立した公式の世俗主義原理を好まない宗教界出身の活動家がおおくあつまっていた《公正党》に一時期、加入していたが、そこから脱退し、《国民秩序党》設立直前に、中央部アナトリアの都市コンヤで無所属で議員に当選していた。アナトリア地方は保守主義のつよい土地で、一九二五年に共和国創設者によって禁止されたイスラムの教団運動が伝統的にさかんな場所だった。エルバカン自身、そうした教団のひとつの長老の弟子になっている(3)。かれのプログラムには「テクノクラート」的側面とイスラム主義的側面のふたつがある。かれは産業化推進論者だが、欧米とりわけヨーロッパ経済共同体につよい反感をもち、それはイスラム主義が嫌悪するフリーメーソン＝ユダヤ人＝シオニズムの三位一体の表現に他ならないとする(4)。そしてかれは「秩序」を価値として信奉すると宣言し、宗教的道徳的保守主義や右派特有の社会的ヒエラルキー擁護をそうした価値の一環として位置づける。したがって、かれの主張のターゲットは特にアナトリア地方の小企業主層である。かれらは自分たちの事業を近代化し、イスタンブルやイズミルのコスモポリタン的で世俗主義的なブルジョワジーが独占するテクノロジーや銀行資本を自分たちも利用できるようにしたいと願っていた。デミレル氏の《公正党》のように宗教感情をバックボーンにした右派政党は他にもあるが、エルバカンの《国民秩序党》はそれとは異なる。というのもエルバカンは保守的ナショナリズムを強化するために宗教感情を利用するというのではなく、イスラムへの帰属をトルコの国民的アイデンティティの本質的要素とみなしているからである。それはエジプトの《ムスリム同胞団》やパキスタンの《ジャマーアテ・イスラーミー》風に定義されたイスラムだが、トルコという国家の世俗主義の拘束のなかではそれをそのままでは表明できない。さもなければすぐに弾圧をうけるだけである。実際、一九七一年三月、軍がクーデタをおこしたとき、憲法裁判所はその翌月の五月二〇日に共和国の政教分離原則に違反しているとして《国民秩序党》を解党させている。エルバカン氏がリーダーとなって創設した党は三度、解散させられているが、これがその一度目である。一九七二年一〇月一一日、党は《国民救済党》という名前で再生する(5)。一年後、一九七三年一〇月の立法議会選挙の際、かれの党は一二パーセント程度の得票をし、エジェヴィト氏の《共和人民党》(社会民主主義)とデミレル氏の《公正党》という議会の二大政党が多数派連合を形成するための必須のパートナーとなる。職人や商人の伝統的なギルドが力をもっている地方都市を最大の基盤としたエルバカンの党は政権に参加すると、こうした階層特有の利益を代表する中心的な政党となる(6)。四九名の議員の協力の代償としてエルバカン氏は一九七四年から一九七八年までエジェヴィト氏、ついでデミレル氏の副首相をつとめる。かれは政権パートナーの政治的色彩にかんしては無関心で(7)、それよりも《国民救済党》にまかせられた「国民に身近な」省(司法、内務、商業、農業、産業)のコントロールにずっとおおきな関心をよせた。かれはそのおかげで関係する役所のさまざまなポストに信頼できる仲間を任命することができた。その影響は長期にわたっておよぼされることになるだろう(8)。かれはまた「イマームと説教師のための高校」の生徒が課程を修了した場合には世俗主義的高校と同等の資格をえて、大学に入学できるようにした。この措置は将来的にイスラム主義の知的エリート形成におおきく貢献する(9)。「重工業(10)」と「道徳と精神性」をスローガンにした《国民救済党》はみずからの手で国の近代化を実現したいとかんがえていた宗教界の期待を表現していた。党に所属していた大臣たちは自分たちの権限内で「欧米化」と戦うべく努力し、「猥褻」と判断した映画を上映禁止にし、ビールの販売を制限し、役所に礼拝室を開設した。

一九七〇年代末、議会で安定多数を確保する政党がいなくなる。その結果、政府が弱体化し、極右・極左の暴力事件が激化し、日に二〇人もの死者がでるようになる。そして遂に一九八〇年九月一二日、トルコ近代史上、三度目の軍事クーデタがおこなわれる(11)。ちょうどイラン革命が勝利した時でもあったので、トルコのイスラ

## トルコ・イスラム主義政党

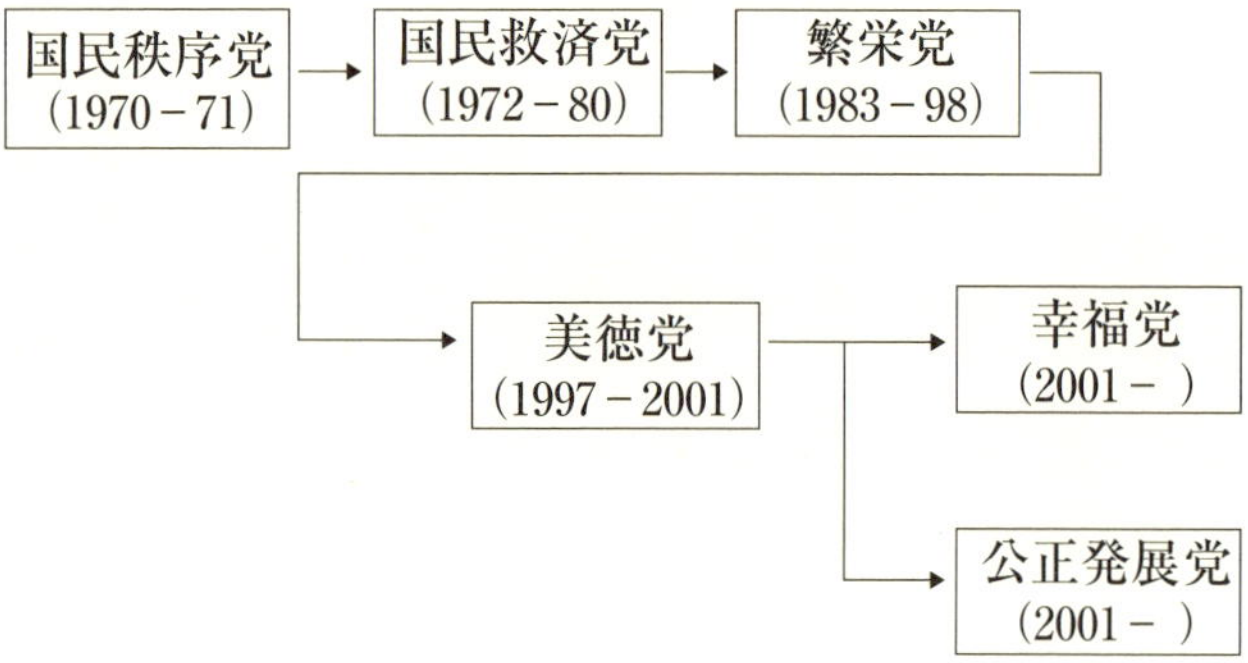


ム主義運動も少々過激化したが、これは国内の混乱という状況のなかでやむをえないことだった。クーデタの六日前、「エルサレムの解放」のためにコンヤでひらかれた《国民救済党》の集会でシャリーアへの復帰が要求され、国歌斉唱の際、ひとびとは起立を拒否し、アラビア語で書かれた垂れ幕がふりかざされた。こうしたことがアタテュルク思想のイデオロギーにたいする「冒涜」とされ、それが将軍たちの介入の口実となった。他の政党同様、《国民救済党》も解散させられ、そのリーダーたちは（七二三名の有力政治家とともに）市民権を剥奪される。エルバカン氏は逮捕され、四月に裁判をうけ、七月に釈放される。

変身をつづけるトルコのイスラム主義政党の三番目の姿、《繁栄党》が誕生するのはやっと一九八三年七月一九日、エルバカン氏が正式にそのリーダーになるのは更にその四年後一九八七年一〇月、国民投票で七〇年代の旧政治指導者の追放が解除されてからのことである。

しかし、後の《繁栄党》の（一時的ではあるが）勝利につながる重大な変化が生じたのは一九八〇年代の前半、イスラム主義政党が組織としてもっとも弱体化していた時期だった。この変化のために後に、トルコのイスラム主義は独自な性格をもつようになり、その大部分の支持者のあいだに民主主義の理想が容易に浸透することになる。他の国の類似した運動と同様、エルバカン氏の運動もこの時期の一般的なイスラム主義運動の発展の恩恵をうけたが、同時にそこから生じる矛盾も発生した。しかしかれらは教義の重要な部分を放棄するという代償をはらうことによって、矛盾を解消することに成功する。だから、一九九〇年代に他の国でおこった暴力への傾斜をトルコでは避けることができたのだ。とはいえトルコでも一九八〇年代に、イラン革命やアラブの急進的グループの影響をうけた一部活動家のあいだに、過激な傾向が出現した(12)。群小勢力であったにもかかわらず、クーデタをおこなった将軍たちが「イスラム主義の危険性」を誇張したので、そうしたグループはかえって箔がついて、特に大学で勢力をのばしていった。大学では以前は極右・極左の学生活動家グループが支配的で、七〇年代の暴力の風潮は主としてそうしたグループの責任だったのだが、かれらにたいして容赦ない弾圧がおこなわれていた。だから対抗勢力がいなくなり、イスラム主義がそこで反政府運動を展開する可能性がおおきくひらかれていた。しかしエジプトやアルジェリアと異なり、過激主義は社会に定着したり、貧困都市青年層を動員したりするにはいたらなかった。実際、《繁栄党》はまだ萌芽状態にあったが、政治的イスラムの領域を開拓しようというひとびとは市民社会の出身者のなかにすでにたくさんいて、それが自立的なイスラム主義知識人の出現をうながしていた。そうした知識人は不信仰な権力を打破し、その廃墟の上にイスラム国家を樹立するとか、そのためにさまざまな社会グループを連合させて革命実現のエネルギーをたかめていくなどといったことにあまり関心をもたなかった。それよりは急速に自由化されつつある複数政党制の政治システムのなかで自分のあるべき場所をみいだし、世俗主義的国家における役割を明確にすることの方に関心があった。それに、組織化されたイスラム主義政党が当時は存在しなかったので、この潮流の共鳴者の大部分は《祖国党》に参加していた。これは一九八三年にトゥルグト・オザル氏によって創設され、その年の一一月、軍事クーデタ後最初の選挙で圧倒的な勝利をえていた(13)。この政党は七〇年代にデミレル氏がその代表的な存在になっていた中道右派の系譜につながっていたが、アナトリアの敬虔な中産階級の支持もえていた。かれらはオザル氏がきわめて敬虔な人物であるという評判にひかれていた。それにオザル氏の兄弟は教団の世界とつよいむすびつきをもっていた(14)。同時に、かれはアタテュルク主義の将軍たちに十分な保証をあたえて、選挙参加を許可してもらい、政治的・経済的自由主義がトルコを袋小路から脱却させる唯一の道であるとして、それを前面にだした政治プログラムを発表した。財界や外国にひらいた目をもった高学歴の活動的な青年たちは市場経済を評価する発言や、西欧との接近、政治的自由への復帰の公約を評価した。こうして《祖国党》はさまざまな思想傾向をもった社会グループをこれまでなかったような形で一体化することに成功する。そして敬虔な中産階級に権力サークルや近代世界の仲間入りをする可能性をひらき、かれらを支配的政治システムに統合する。そのために、既成秩序にたいしてあからさまに対立するような広汎なイスラム主義運動を形成することはいっそう困難になったのである。

一方、軍の参謀本部はイスラムの活動にたいする国家のコントロールを強化しようとする。一九八二年、政権をにぎっていた将軍たちは公立学校での宗教教育を義務化する。かれらは青年に「狂信家」や「過激主義者(15)」の影響を排除した宗教教育をあたえることが重要だとかんがえたのである。国家安全評議会議長エヴレン将軍は「違法な」コーラン学校の運営者を取り締まり、親たちには子供をコーラン学校ではなく公立学校におくるよう促す(16)。こうした措置は同時期に他のイスラム系国家のおおくの指導者がとったものと似ている。一九八〇年代にイスラム主義が勢力を拡大したとき、それをコントロールし、抑制しようとしてどこの国でもおなじような措置がとられたのだ。しかし他の国同様、トルコでもその結果ははかばかしくはなかった。「近代的な」イスラムの教育を担当した宗教の教員の採用を決定するのは役所だが、一九七〇年代後半、エルバカン氏の《国民救済党》所属議員が大臣としてそうした役所を指揮していたから教員採用担当の官吏たちのあいだにその影響力がおおきくのこっていたのである(17)。

敬虔な中産階級が一九八〇年九月のクーデタで成立した国家体制と一体化するようになったもうひとつの要因は《トルコ・イスラム総合運動》（ＴＩＳ）という独自な運動である。これはイスラム主義的な言説のイメージを曖昧化するのにおおいに貢献する。もともとＴＩＳは保守的知識人のグループを代表しており、七〇年代の大学やジャーナリズムで左翼知識人とヘゲモニーをあらそっていた(18)。かれらはイスラム文化をトルコ・ナショナリズムが体現する秩序の価値を道徳的に補完するために必要なものとかんがえた。世俗主義の活動家たちはこのグループを毛嫌いし、二〇世紀最後の四半世紀に政治的イスラムが伸長したのはかれらのせいだとかんがえ、ＴＩＳは進歩主義勢力を弱体化するために政府内のもっとも反動的なひとびとが画策してつくったグループだとみなしていたが、実際、ＴＩＳはクーデタを実行したひとびとにたいしておおきな影響力をもち、クーデタ首謀者と一九八三年の選挙に勝利するオザル氏の《祖国党》を教義の上でつなぐ役割をはたしていた。このグループが存在したために、イスラム主義思想に近い知識人がこのグループにひきよせられ、その発言が「ブルジョワ化」するようになる。ちょうどヨルダンで政府が《ムスリム同胞団》のイデオローグを選別して、その一部を政権にとりこみ、その結果、《同胞団》が過激主義への嗜好を喪失し、貧困都市青年層の熱狂を動員することに関心をなくしてしまったように、八〇年代のトルコはひろい意味でのイスラム主義の影響圏内にいる「対抗エリート」たちにポストと社会的上昇と権力の切れ端を獲得する可能性を提供した。それはまさしくこの時期、オザル氏の指揮のもと、管理経済が自由主義に転換されることによって可能になったのだが、それと同時に、他のイスラム諸国からみれば桁違いにおおきな表現の自由も実現された。こうしてトルコには自由競争と資本主義の原理にしたがった真の意味での「思想のマーケット」が誕生し、九〇年代には私営の活字メディアや放送メディアが大量に発生することになる(19)。イスラム主義運動もこのマーケットに参入し、そうした機関を通じておおくのイスラム主義知識人にこのマーケットでの仕事が提供されることになる。それはまたかれらの発言を陳腐化することにも貢献する。メディアは財政的に広告主に依存している。だから、テレビ視聴者や読者が敬遠するような過激な思想のとげとげしさは広告収入を減少させるので、そうしたものを放送から除去しようとする傾向がある。メディアに登場する知識人も他の知識人との競争があるから、そうしたものを自主規制しがちになるのである。

髭面の技師やヴェールをかぶった女子学生に代表される八〇年代の「イスラム主義的対抗エリート」たちの存在は(20)、七〇年代以来、アナトリアから移住してきた地方出身者の子弟が都市の高学歴社会に大挙して流入した結果であった。それまでは都会の知の世界ではアタテュルクが強制した欧米的社会コードが支配していたのだが、そこに教団や宗教協会によって伝えつがれてきた文化やイスラム的生活様式が導入されてきたのだ。同様の現象が他のイスラム諸国でもみられたが、当時のトルコの政治的・経済的自由主義のためにそうしたものが社会的に認知される可能性がおおきくひらかれていた。と同時にそれはイスラムが支配的な世俗主義の波にさらされるということも意味していた。

その結果、このグループ内部で「プラグマティズム派」と「教条主義派」が対立する。前者はトルコ政界がオザル氏（一九八九年まで首相、ついで一九九三年四月に死亡するまで共和国大統領）に支配されているかぎり優勢をたもっていた。一方、後者はエルバカンの三番目の政党《繁栄党》に参加する。《繁栄党》は一九九〇年代におおきな成功をおさめることになるが、それは《祖国党》が創設者の死でおおきな痛手をうけ、支持率を低下させ、イスラム主義政党が勢力をのばす可能性がひらけてきたからである。

一九八三年、《繁栄党》が創設されたとき、この党は議会選挙に候補者を擁立することが許されていなかった。その後、《繁栄党》は順調に勢力をのばしていったのだが(21)、一九八四年から一九九一年には得票率は依然として一〇パーセント以下だった。一九九一年、党は極右ナショナリストと連合をくみ、議会で議席をえるに必要な得票率をこえる。単独で最低ラインをこえるためには《繁栄党》の前身、《国民救済党》の最盛期の得票率（一九七三年の一一・三パーセント）に復帰する必要があったが、それには届かなかった。《繁栄党》が大躍進をとげるのはオザル氏が死亡してからである。一九九四年三月、《繁栄党》は市政選挙でほぼ倍増の一九パーセントの得票をえて、全部で三二五の選挙区で勝利するばかりか、イスタンブルやアンカラなど象徴的な意味あいのつよい市政をにぎることになる。さらに、一九九五年一二月二四日、立法議会選挙で二一パーセント強の得票をえて、イスラム主義政党は第一党となる。これは近代トルコ共和国の歴史上初めてのことだった。このクリスマス・イヴの日、世俗主義陣営は暗澹たる気持ちになっていた。しかし《繁栄党》が第一党になったのはまず何よりトルコ右派が分裂したことが第一の原因だった。ふたつの党はそれぞれ二〇パーセント弱の得票をえていたからである(22)。

一九九四年から一九九五年に《繁栄党》が得票率を倍増させたのは重要な現象だった（とはいえ、その規模は一九九〇年六月の市政選挙や一九九一年一二月の立法議会選挙第一回投票の時のアルジェリアのＦＩＳの大勝利とは比較にならないのだが(23)）。《繁栄党》はこの時、アナトリアの敬虔な中産階級という伝統的な票田とは違ったあたらしい選挙民から大量の支持をえた。この勝利には《祖国党》の退潮という幸運もあった。《祖国党》が支配した八〇年代のあいだに推進された極端な経済的自由主義は最終的に汚職の蔓延と幾何級数的なインフレをもたらし、サラリーマンの収入におおきな打撃をあたえた。そのために《祖国党》は国民の支持をうしなってしまったのである。しかし八〇年代の中頃からすでにイスラム主義の伸長をめぐって緊張がたかまっていた。政府はモスクやコーラン学校の増加を放置（あるいは支援）していた。そうした現象を自分の手でコントロールし、組織化できるとかんがえていたのである。しかし一部のケースでは対立が生じ、オザル氏が保証人となって成立していた宗教と軍部のコンセンサスがやぶれ、イスラム主義政党が推進する「対立と断絶の戦略」を助長するような状況が発生していた。

一九八六年、国家機関である教育高等審議会はヴェールを着用した女子学生に大学構内に立ち入ることを禁止する。この決定をうけて一九八七年一月、エルバカン氏の支持者はイスタンブルとコンヤでデモを組織する。この騒動をめぐって政権内部でも問題が発生する。オザル氏は「ターバン」の自由な着用を支持していたが、将軍たちの圧力で後退を余儀なくされる。さらにその年の七月、《祖国党》内のイスラム主義グループの主なリーダーたちが党から除名される。一九八九年、憲法裁判所が大学内でのヴェール着用を禁止し、判決の結論で「共和国と民主主義はシャリーア体制と対極にある(24)」と記す。こうして「コントロールされた」イスラムを推進しようとする政府の意志は活動家たちの行動と衝突する。イスラム主義活動家たちは象徴的権力にかんして立場を強化し、アタテュルクが制定し、軍司令部がその最終的保証人を自認する世俗主義の原理をくつがえそうとする。一九八九年に学校におけるヴェール着用問題が初めておこったフランス同様、イスラム主義は同時に二種類の発言をつかいわける。かれらは信奉者たちにはヴェール着用がコーランの命ずる義務であり、よいイスラム女性はそれに従わなければならないと言う。一方、世論にたいしては、ヴェール着用の要求は基本的な個人の自由であり、「人権」(あるいは女性の権利(25))であって、権威主義的世俗主義はそうした基本的人権を女子生徒・学生に拒否している、彼女たちはシャリーアの命令にしたがう自由がなければならないと主張する。

イスラム世界の他の大部分の国では国家は大学や学校でのヴェールの着用を容認ないしは奨励し、社会・宗教の領域はイスラム主義にまかせて、政治だけは独占的にコントロールするという方策がとられたが、それにたいしてトルコ政府は公共倫理にたいする国家の支配権を保有することにこだわりつづけた(26)。世俗主義者とイスラム主義者のあいだで象徴をめぐる戦いが展開されたのはこの問題を前線としてであった。そこで塹壕戦がくりひろげられ、一進一退がくりかえされる。どちらの側も決定的な勝利をおさめるにはいたらないが、どちらも戦いをやめれば面子をうしなうことになるから、それもできない。片方が相手の戦線を突破するのはここではなく別の前線、経済・社会の領域においてである。というのも、アタテュルクが創立した国家がそこできわめて重要な破綻を経験することになるからである。

何十年も統制経済がつづいた後、オザル氏が市場経済への移行を推進したのだが、それはアナトリアの小都市の企業家たちが大都市に移住するようになった時期と重なっていた。また、それはちょうど、アナトリアの中産階級出身で七〇年代に学位をとった敬虔な技師たちの最初の世代が職業上責任ある地位につくようになった時期でもあった。民営化と自由化のためにとつぜんおおくの分野で大きなビジネス・チャンスがうまれた(27)。一番利益があがったのが、オイルドラーをたくさんもったアラビア半島関連だった。アラビア半島はトルコ製品の輸出先だったし、また資金の供給元でもあった。サウディアラビア人やクウェート人は経済発展をとげるトルコ市場に投資していたからである。イスラム銀行やイスラム投資会社が当時たくさん合弁企業として創設されていた(28)。リヤードの立場からすると、トルコの敬虔な新興ブルジョワジーへの支援はサウディアラビアが世界中で展開していたの包括的政治戦略の一環であった。こうしたおもいもかけない利益の恩恵をうけたのはオザル氏の《祖国党》やエルバカンの（いかにもその名にふさわしい）《繁栄党》周辺の実業家（そのなかにはオザル氏の兄弟もふくまれる）であった。アナトリアの敬虔な企業家たちのおおくが、国内の通常の大銀行からは決してうけることのできなかった融資をこのあたらしい経済部門のおかげでうけられるようになったが、それもイスラム金融システムの規則で、利子なしの融資であった。一九九〇年、かれらはイスタンブルの大資本家たちが支配するトルコの経営者団体ＴÜＳＩＡＤに対抗して独自の経営者団体ＭÜＳＩＡＤ(29)を創設した。ＭÜＳＩＡＤは中小企業の連合体という側面と同時にイスラム主義的な色彩のロビー団体という性格ももっていた。この互助組織がつくられたのは文化的にも商業的にも「世俗主義的なブルジョワジー」に対抗して独自の利益を擁護するためだった。イデオロギー的な側面は非常につよく、たとえばＭÜＳＩＡＤは「キリスト教クラブ」であるヨーロッパ経済共同体に対抗して「イスラム共同市場」をつくることを主張していた。しかしこうしたイデオロギーは常に「ビジネス優先主義」的な態度と結合していた。ＭÜＳＩＡＤのメンバーは組織の力を借りて自分たちのマーケットを可能なかぎり防衛し、拡大しようとした。地方の貧しい階層の出身であることや、「時代遅れ」の生活様式のために、トルコの経済的エスタブリッシュメントの世界から排除されていると感じていたかれらは、イスラム的倫理と資本主義の精神を結合して、いつの日かそうした世界の一員となることを夢み、豊かになり、贅沢な消費習慣をみせびらかしたいとおもっている。が、同時に宗教的規範に抵触したくはない。かれらのなかでももっとも「進んでいる」人たちは（フランス語の）「カプリス（気まぐれ）」という名前がついた海辺の超高級ホテルに頻繁に宿泊する。そこでは髭面の紳士やヴェールをかぶった淑女が「シャリーアにかなった」家族旅行を楽しみ、男女別にわけられた海水浴場で「イスラム風水着」を着て海水浴をし、ハラール食を提供する一流レストランで高価な食事をし、スポーツ・ジムでビジネスの話をする。裕福な正統派ユダヤ教徒の世界にも似たような状況が存在するから、こうした逸話めいた話はおくとしても、敬虔なブルジョワジーのイスラム主義運動への加担には曖昧なところがある。かれらは貧困都市青年層を動員してイスラム国家樹立とシャリーア適用のために戦うのだろうか、それとも圧力をかけたり、妥協したりしながら、社会的上昇を実現すべく国家と交渉するのだろうか。トルコのイスラム主義知識人のなかでも左翼から転向したり、イラン革命の原動力のひとつにもなった第三世界主義に精神を養われた人たちは「ヴェールをかぶった上流階級」やMÜSIADを容赦なくこきおろし、利益をえるためならどんな妥協でもすると批判する。こうしたかんがえをもつひとびとの代表者の一人アリー・ブラチは信者が「貧しいイスラム教徒」と「裕福なイスラム教徒」に分裂することを恐れ、つぎのような言葉で後者を断罪する。「あなた方の（経済的）効率追求と（宗教的）規範とを調和させたければ（……）、聖典以外の本を読むべきだ。そのために一五世紀もさかのぼる必要はない、一世紀だけさかのぼればよい。その中のもっとも主要なものは、残念ながらユダヤ人によって書かれたのだが、『資本論』である。そこでは搾取と階級闘争について語られているのだ(30)。」

このように敬虔なブルジョワジーは混乱した政治的希求をもちながら、オザル氏の《祖国党》にむすびついたりエルバカン氏の《繁栄党》にむすびついたりしていたのだが、一九九三年、オザル氏が死去すると一挙に《繁栄党》支持にまわるようになる。イスラム主義が選挙で勝つことを予想し、また投資拡大路線への復帰を期待して《繁栄党》を支援したのである。実際、《繁栄党》の勝利は予想されていた。当時、都市部の庶民階級は一九八〇年代の過度な経済自由化政策の恩恵をうけず、《祖国党》に失望していたので、かれらをとりこむことは可能なようにみえた。「緑の資本家たち」はこうかんがえたのだ——《繁栄党》がそうした階層の票を獲得すれば党の勝利は容易になるだろうし、また同時に、庶民層の不満にはけ口をあたえ、かれらの暴走を予防することにもなるだろう。こうした計算をした結果、「緑の資本家たち」は大挙して《繁栄党》を支持するようになる。だから一九九〇年代の選挙戦で《繁栄党》は資金には事欠かなかった。効率的な党の組織をささえていたのは《国民救済党》の大臣時代にポストをえた官庁の幹部や一九八九年以来党がにぎっているアナトリア地方の市役所組織である。それに《繁栄党》は一九九一年一〇月の議会選挙で四〇議席を獲得したので、議会政党としてさまざまな優遇措置をあたえられるようになっていた。さらに党は広告会社に金をだしてテレビで「イメージ刷新」の努力をした。アナトリア地方に偏りすぎて時代遅れなイメージのために都市の「モダン」な有権者が投票をしようとしても二の足を踏んでしまうかも知れなかったからである[31]。こうして党は「公正な秩序」というスローガンを魅力的にすることに成功する。このスローガンはオザル時代の資本主義の勝利が実現したあたらしい富の配分を「不公正」とかんがえるひとびとから支持をうけたのである。最後に、他の党は運動員不足に悩まされていたのにたいして、《繁栄党》は選挙戦に精通した下部組織が活発に選挙活動を展開した。党は戸別訪問と各有権者の嗜好のコンピュータ入力をくみあわせ、にえきらない有権者をターゲットにして投票を約束させるまで「はたらきかけ」、何度も電話をかけ[32]、征服すべき選挙区の通りをひとつひとつおさえていく。一九七〇年代の《国民救済党》とは異なり、《繁栄党》は一九九四年の市政選挙や一九九五年の立法議会選挙の際にイスラム的アイデンティティを強調するようなキャンペーンをおこなわなかった。そんなことをしていたら、選挙結果はそれほど芳しくはなかっただろう。敬虔なひとびとの票田（有権者の一〇パーセント程度）は確実に確保したとかんがえ、党はメッセージを社会・経済問題に集中する。その結果、有権者の一〇パーセント程度という相当な票を上積みすることが可能になったのである。イスラム主義に完全に敵意をもっているというわけではないが、自分たちをイスラム主義者と最初から規定しているわけではない[33]若い庶民階級の支持がプラスアルファとなったのだ(34)。

二度の選挙で勝利をおさめたおかげで、エルバカン氏は、一見して、権力を掌握するために必要なイスラム主義運動の三つのグループ、敬虔なブルジョワジー、貧困都市青年層、活動的知識人層を結集することに成功したようにおもわれた。党はさらに、宗教的イデオロギーに同調したわけではないが、変革の公約にひかれたさまざまな社会グループをもとりこんで、一九九五年一二月の立法議会選挙で第一党の座を獲得した。とはいえ党は全投票数の五分の一強の票を獲得したにすぎず、党首は首相になるためになお六ヶ月辛抱しなければならなかった。それもイスラム国家とシャリーアにむかって凱旋行進をするというにはほど遠い有様で、議会の連立工作のために無理をかさね、寝業師的な妥協をしたあげくやっとのおもいで首相に就任した(35)。それはまるでトルコの四分の三強の人間がかれには投票しなかったということをおもい知らされるような難産であった。

《繁栄党》とチルレル夫人の《正道党》(中道右派)の議会連合は一一ヶ月つづいたが、これはイスラム主義政党にとって試練の時であった。それが最終的に失敗におわったのは、軍上層部と政界エスタブリッシュメントが政権に圧力をかけたことがおおきな原因だった。それはまたイスラム主義運動がもっていた構想と欧米と関係のふかい民主主義国家の政権運営という現実——このふたつのあいだに克服しがたい矛盾があったことの結果でもあった。そしてイスラム主義政党による現実的な政権運営は党の選挙基盤を構成していたひとびとを失望させてしまう。アルジェリア国軍は一九九二年一月にＦＩＳの勝利が予想された選挙をとつぜん中断してしまったのだが、トルコ政府はすでに一九六〇年、一九七一年、一九八〇年の三度にわたってクーデタをおこなっていたにもかかわらず、今度はクーデタに訴えかけるまでもなく、イスラム主義政権の経験に終止符をうつことができた。イスラム主義がみずから罠にはまってしまったからである。

一九九六年六月、連立政権が成立したとき、《繁栄党》は首相のポストだけではなく、一九七〇年代の連立政権時代に《繁栄党》の前身《国民救済党》がにぎっていた「国民に身近な」省の大半をふたたび掌握することになる(36)。その内のいくつかについては、《繁栄党》がこれまで慈善協会網や支配下の市役所をとおしておこなっていた社会活動や社会の組織化を国家の金をつかって拡大することが可能になったというだけで、なんの問題もなかった。しかし司法省や文化省などではイスラム化という党のプログラムとトルコの国家機関の世俗性原理がたえがたいほどの矛盾を露呈する。象徴的な次元では、イスタンブルのタクシム広場（アタテュルクの記念碑もある近代的地区の中心地）に大モスクを建築する計画やビザンティン帝国時代の大聖堂聖ソフィア教会（一四五三年、オスマン帝国による征服でモスクに変えられたが、共和国時代に美術館になっていた）をふたたびモスクに変えるという計画がもちあがったが、有権者の大多数がもっていた反《繁栄党》感情がこれを機会に噴出しただけでおわり、その一方で《繁栄党》に投票した五分の一強のトルコ人さえこの問題に熱意を示さなかった。外交政策では、党は政権につく前はイスラエルとの軍事同盟を批判し、それを破棄すると公約していたが、エルバカン氏は首相として両国の軍事産業が締結した協定を承認せざるをえなかった(37)。この点について他のイスラム諸国からきびしく批判されたエルバカン氏は、「知（この場合には軍事技術ということになるが）は、それがみいだせるところに行ってもとめよ」という預言者が語ったとされる言葉を引用するしか、こたえる術を知らなかった。外交政策でイニシアティヴをとりもどすと同時に、トルコ軍上層部に対抗するための支援をイスラム世界からえようとして、エルバカン氏は二度諸国歴訪をおこなっている。その明示された目的は一種の「イスラム共同市場」をつくることだった。これはMÜSIADの敬虔な小企業主たちの要請にこたえることにもなった。実際、この時、MÜSIADの大派遣団がイランからインドネシア、ナイジェリアからエジプトやリビアにまで首相に同行している。オスマン帝国の故地歴訪といった色彩もあったこの旅行にはエルバカン氏を「全イスラム世界のリーダー」とする狙いもあったのだが、意に反してむしろ首相を政治的に弱体化しただけだった。エルバカン氏はテヘランではイスラエルとの関係について釈明をもとめられ、ムバーラク大統領との会談でエジプトの《ムスリム同胞団》を擁護した発言をたしなめられ、アンカラと抗争中のクルド人の党PKKを賞賛するカダフィ大佐からテントのなかで諭され、クルディスターンの独立を要求される。

リビアでの大失態の翌週にひらかれた《繁栄党》の第五回党大会で党のイデオロギー的脆弱さが露呈する。この大会は久しく待望された権力掌握を誇らかに祝い、一九七〇年に政界入りして以来エルバカン氏が主張しつづけたイスラム主義信仰と世俗主義批判を高らかに宣言する機会となるはずだったのに、壇上にはアタテュルクの巨大な肖像が飾られ、会場にあつまった代議員にたいして首相となったかれらのリーダーは共和国創設者をたたえ、《繁栄党》はそのもっとも忠実な後継者であると演説する。これは世俗主義的エスタブリッシュメントや軍の指導部の心をひきつけ、党に投票しなかった四分の三の有権者に支持をひろげる狙いだったのだが、こうした物言いとはまったく異なったレトリックに慣れきった活動家たちを狼狽させる。

一九九七年一月三一日、アナトリア出身者がおおいアンカラ郊外シンカンの《繁栄党》所属市長が「エルサレムの日」という行事を企画して青年たちにインティファーダのまねごとをさせる。会場ではアラファト、イスラエルそしてヘブライ国家と協定をむすんだすべてのひとびとが罵倒され、スローガンや垂れ幕でシャリーアの適用が要求される。行事にはイラン大使も出席するが、かれもおなじような方向で発言をする。翌日、軍隊が町の通りに戦車をおくりこむ。イラン大使は追放され、市長は拘禁される。《繁栄党》所属の司法大臣が牢獄の市長を訪問したために、緊張は一層たかまる。二月二八日、軍参謀本部と政府の代表が出席する国家安全評議会がひらかれ、「反動」に対抗するため一連の措置がとられ、首相もふくめた《繁栄党》の議員の行動があからさまに批判される(38)。首相は評議会の決定にサインせざるをえず、そのために活動家の一部から批判をあびることになる。が、その一方で、世俗化した都市住民層の党にたいする警戒心をとこうとするエルバカンの努力は一向に功を奏しない。このおなじ一九九七年二月、世俗主義的ＮＧＯの発案で、きわめて多数のトルコ人が「明るい未来のための暗闇の一分間」をスローガンに、毎晩九時、電灯を消し、ろうそくに灯をともして街にでる運動がはじまった。これに批判的な見解を表明した司法大臣は抗議の的となる。ひとびとはかれがシャリーアをもとにして司法改革をおこなおうとしている批判した。三月、サッカーの首相杯大会がおこなわれたとき、観客が「世俗主義」と叫んでエルバカン氏をやじる。FIS時代のアルジェリアのように、他の国ではイスラム主義者がスタジアムに支持者の動員をかけるのが通常だが、《繁栄党》はスタジアムの観客をコントロールする力がないことを露呈した。

一九九七年五月、イスラム主義シンパの嫌疑をかけられた一六〇名以上の士官・下士官が軍隊から追放される。またイマーム・説教師養成高校（党幹部の大半がイマームや説教師である）をめぐって論争がおこり、対立がいっそうふかまる。国家安全評議会がとった措置のなかに公立の義務教育の年限を五年から八年に、つまり小学校卒から中学校卒へ延長するという決定があった。この決定は学力レベルを一般的に向上させるという以外に、イマーム・説教師養成高校の中等教育クラスを廃止し、公立学校に統合するという狙いがあった。これが実施されると本来の宗教教育は六年から三年に短縮されてしまい、その上、「入学者定数制限条項」が適用されて、生徒数がかなり削減されることになる。《繁栄党》の活動家たちは「私の宗教学校に手をだすな！」（一九八〇年代、フランスで流行した反人種差別主義のスローガン「私の友達に手をだすな！」に呼応するように）というスローガンを叫んでデモをし、イスラム主義の支持層をこえてひろく市民社会をうごかそうとしたのであるが、反響は芳しくはなかった。というのもそれは義務教育年限ひきあげに反対しているように聞こえ、時代に逆行するという印象をあたえたからである。

こうして《繁栄党》は本来の宗教票以外の支持をうしなうようになったのだが、宗教支持グループ内でも《繁栄党》の権威にかげりがみられてきた。トルコのもっともおおきなイスラム協会のひとつの指導者で広大な私立学校網、テレビ放送局、さらにたくさんの企業のトップでもあるフェトフッラー・ギュレンがエルバカン氏に辞職するよう呼びかけたのである。軍部も《繁栄党》の連合相手チルレル夫人の《正道党》所属議員や大臣にたいして圧力をかけ、連合政権への支持をやめるよう工作する一方、憲法裁判所は《繁栄党》が世俗主義原理に違反したとして提訴をうける。六月一六日、エルバカンは連合政権維持を決め、チルレル夫人に後任をまかせるつもりで首相を辞任する。しかし共和国大統領デミレル氏はふたりの予想をうらぎって《祖国党》のユルマズに組閣を命じる。ユルマズはイスラム主義への反対という点だけで一致した勢力をあつめて連合政権を組む。これは弱体な政権だったが、軍部に支援され、一九九九年の解散総選挙までつづくことになる。

トルコのイスラム主義にとってエルバカン内閣の成果は全体としてプラスではなかった。《繁栄党》はイスラム化のプログラムを実行できなかった。党は世俗主義を原則とする国家制度の壁につきあたったが、それを正面から攻撃することはできなかった。そんなことをすれば革命が開始されることになるだろうが、《繁栄党》にはそれを実行する手段はなかったし、敬虔なブルジョワジーやMÜSIADの小企業主もそれについていくことはなかっただろう。一方、急進的なグループは首相がおこなった過度な（とかれらにはおもえた）妥協に賛同できず、運動への参加意欲をなくしていく。一九九八年一月、憲法裁判所は《繁栄党》に解散命令をだし、おおくの者をおどろかせる。裁判所があげた法的根拠は政治的な意図を正当化するための口実にすぎないとしておおくの民主主義者が判決を批判するが、党の活動家から抗議のためのはげしい反応がおこることはなかった。政権担当時の《繁栄党》の失政のために活動家たちはここで一旦、党の存在に終止符をうちたかったのだろうか。

この決定を先取りして、一九九七年一二月に第四のイスラム主義政党が《美徳党》という名前で結成されていた。ところで、先の三つの党についてはエルバカン氏がしっかりと主導権をにぎっていたのだが、新政党ではエルバカン氏を支持する「古いターバン派」と過去の挫折の責任の一斑がかれにあるとかんがえる「改革主義的」新世代のあいだにつよい対立があった。新世代の人たちはとりわけ敬虔な中産階級がトルコのエスタブリッシュメントの仲間入りすることを第一にかんがえ、イスラム主義的イデオロギーのなかで世俗主義や欧米と正面から対立するものはすべて放棄した。ヴェールをかぶらない女性が何人も党の中央委員に任命されたし(39)、その中の一人は党のためにひらかれたレセプションでアルコールをだしたり、《美徳党》党首クタン氏とデュエットで歌うことをためらわなかった。それにたいして、これまでのエルバカン氏の党は男女別々の集会をひらいていたし、女性を責任あるポストに任命することもなかった。かれは自分の前で国歌を歌わせるときは男性だけで構成された合唱隊に歌わせていたのである。また、オスマン帝国のカリフ制にたいするノスタルジーも時代遅れにみえるようになった。《繁栄党》はユダヤ＝キリスト教連合であるヨーロッパ経済共同体に対抗して「イスラム共同市場」を形成しようと努力していたのだが、《美徳党》はトルコのヨーロッパ連合加盟申請への支持を表明した(40)。ヴェールの着用それ自体は個人的な選択の問題とされ、宗教的な絶対的命令ではないとされた。一九九五年にエジプトの改革派の若い《ムスリム同胞団》メンバーがつくろうとした《中央党》やヨルダンの《イスラム行動戦線》のように、《美徳党》は民主主義を第一の政治的絶対条件として、教義上の硬直性や教条主義を棄て、敬虔な中産階級（党の出身母体とかんがえてよいだろう）が権力に参画することを第一に優先した。エジプトやヨルダンの場合と同様、党はこの四半世紀のあいだにすっかり変化してしまった社会グループの希求を考慮にいれなければならなかった。敬虔な中産階級は以前にくらべ圧倒的に高学歴になり、そのエリートは英語や情報科学に精通している。かれらは経済的・政治的自由主義の環境のなかでそれなりの地位を占めたいとのぞんでいるのだが、そうした世界においては市場と民主主義が、利益をあげ、権力を獲得するためのもっとも好都合な手段である。このように「民主主義の拘束」をうけいれることはイスラム主義運動に参加した中産階級にとってはなによりも重要なことなのだが、しかし貧困都市青年層にたいしてそれはなにも具体的なものを提供することができない。というのも民主主義は可能性としては権力に参画できる層の範囲を拡大するかもしれないが、社会的なヒエラルキーを根本から問題にするということはないからである。ヨルダンやエジプトにおけると同様に、トルコにおいても、今後、中産階級はシステムに参入するにあたって容認可能な形式を模索し、既存体制や世俗主義的ブルジョワジーと妥協しようとするだろう。しかしこうした戦略をとると貧困都市青年層との連合はくずれ、その支持をうしなうことになる。というのも民主主義的・自由主義的政治プログラムは中産階級の利益にはなるが、貧困都市青年層にはどんな利益ももたらすことはないからである。ところが貧困都市青年層の支持をうしなうと、敬虔な中産階級は体制との交渉にあたってもっとも強力な切り札をうしなうことになる。権力の側からみれば、敬虔な中産階級は単独では十分な破壊力をもたない。こうして権力は交渉の主導権をにぎり、自分に好都合な条件をおしつけるようになる。

こうした過程については本書の最後の所でもう一度もどって論じたいとおもうが、これは今日イスラム世界の全体にみられる現象である。トルコの場合にはそれはまず一九九九年四月の解散総選挙でのイスラム主義政党候補者リストの後退へとつながる。実際、《美徳党》は《繁栄党》が勝ちえた第一党の座をうしない、一五・四パーセントの得票率（一九九五年一二月には二一・四パーセント(41)）で、一一一議席を獲得し、第三党となる。《美徳党》は都市の中産階級の地区では勢力を維持したが、都市周辺部の貧困地区や農村地帯で票をうしなったようである(42)。そしてふたたび、反世俗主義の陰謀のかどで、憲法裁判所にあらたな党解散命令要請申し立てがなされ、その結果、二〇〇一年六月二二日、《美徳党》は解散させられる。トルコのイスラム主義政党はこれまでエルバカン氏の指導のもと、組織としてすぐれた統一をたもってきたのだが、この後、党内にふかい亀裂の兆候があらわれる。まず、二〇〇〇年一月、舞台の前面に《ヒズボラ》と呼ばれる暴力的集団が出現し、このグループがいくつかの殺人事件、とりわけクルド人社会でおこった事件の張本人であるとされた。事件の真相はまだ解明されていないが、他の国同様、イスラム主義超過激集団と情報機関が潜入工作員を通じてきわめて複雑にまざりあっていたようである(43)。このグループがおこなった殺人事件があきらかにされてトルコ社会はおおきな衝撃をうけた。当時、政府は社会民主主義者、自由主義者、極右ナショナリストなど雑多な政党による連立政権で、それを軍部が支援していたが、首班は老練な政治家ビュレント・エジェヴィトだった。エジェヴィト政府は国民の反応を利用して、かつて権力側から一定の配慮を示されていたイスラム主義運動内のいくつかのグループに国民の非難が集中するよう誘導する。カリスマ的指導者フェトフッラー・ギュレンのまわりにあつまった漠としたグループもそのひとつだった。ギュレンは私立学校界や情報科学・英語に精通した未来のイスラム主義エリート養成に影響力をもち、コーカサスや中央アジアのトルコ語圏の旧ソ連共和国にも事業をひろげていることで知られていた。銀行や報道機関も所有するこの奇妙な精神的指導者は古典的なイスラム主義指導者というよりはテレビ説教師とかセクトの教祖という方がよいような存在だったが、かれは二〇〇〇年、自分にたいして司法の手がのびることを予測してアメリカに亡命する。一方、軍部は八月に四六名の士官を軍隊から追放するが、そのうち一一名はフェトフッラー・ギュレンと関係があったことが原因だった(44)。ギュレンは貧困層出身青年にイスラム教育をあたえて、その社会的上昇を実現させたのだが、世俗主義陣営もギュレンの手法の成功に関心をもち、かれのやり方をまねて、奨学金のシステムや職業教育学校網をつくる努力をおこなう。社会問題にたいする関心をとりもどし、国家の教育制度の不十分さを慈善事業的手法でおぎなおうとしたのである。公的制度だけではアタテュルク時代の教条的世俗主義を新世紀トルコ社会の変化に適用させることはもはや不可能であった。

一方、固有の意味での政治的イスラム主義運動は「ポスト・エルバカン」時代にはいった。折しも、年老いた指導者は公民権を停止され、あたらしい世代はそれを利用してかれを指導部から排除した。同時に、かつて《繁栄党》出身のイスタンブル市長だったタイップ・エルドアンは市政運営を成功させた手腕を評価され、その上、誰もが不当とかんがえた裁判や投獄の被害者となったことでいっそう人気をたかめ(45)、イスラム主義の共鳴者の枠をこえた支持をあつめるようになっていた。こうしてかれは二〇〇一年八月一四日、イスラム主義政党を再建して《公正発展党》という名前の政党を創設する。かれがターゲットにしたのはあたらしい中産階級の支持であった。この社会グループはイスラム主義的ディスクールに耳を傾けながら、社会的上昇をとげ、都市に移住するようになったのだが、かれらはイスラム的アイデンティティとヨーロッパ連合への加入が調和的に補完しあうような近代性を実現することを漠然とのぞんでいた。党の綱領はイスラム主義という表現を排除し、宗教には言及せず、経済的自由主義と「国家と社会の和解」を主張し、「民主主義の前進」を要求し、世俗主義と世界人権宣言とヨーロッパ人権協約を基本的原理とすることを宣言する。この綱領は、党が、敬虔な中産階級をこえて、世俗主義陣営もふくめ、都市中産階級一般の支持を狙っていることを示す。都市中産階級は最悪の経済状況におしつぶされ、社会上昇や政治権力への参与もままならず不満を感じ、疲弊し、腐敗し、最終的に軍参謀本部の権威に従属する伝統的政党に絶望していた。

エルドアン氏にひきいられた「近代主義者」とは別に、トルコのイスラム主義のもっとも「伝統主義的」グループが二〇〇一年七月一七日、エルバカン氏の路線により近いレチャイ・クタン氏をリーダーとして独自の党、《幸福党》を結成した。《公正発展党》はイスラム主義ではない層にまで支持基盤をひろげ、固有のイデオロギー的主張を放棄したのだが、《幸福党》に参加したひとびとはそうした路線に同調することを拒否したのである。《幸福党》の綱領はアタテュルクの改革からうまれた憲法に言及しはするものの、宗教を強調し、共同体主義的な社会観をもっていて、貧困階級の支持をえようと努めながらも、敬虔な中産階級に傾斜した古典的なイスラム主義的発想を示しており、近代的でヨーロッパに顔がむいた世俗化された中産階級にはまったく魅力のないものだった。

《幸福党》創設で反「近代的」グループを切りはなすことができた《公正発展党》は「イスラム教民主主義」という位置づけを自分たちにあたえ、そのおかげで選挙で歴史的な勝利を勝ちえることができた。これにはトルコ政界の混乱という状況もあった。古典的世俗主義政党が小党分立し、そのためにひとつの政党をのぞき、議席をえるために必要な一〇パーセントの得票率をこえることができなかったのである(46)。ともあれ二〇〇二年一一月三日の選挙で、《公正発展党》は三四・二二パーセントの票を獲得し、国民議会の五五〇議席のうち三六三議席をえた。それにたいしてアタテュルクが創設した《共和人民党》は一九・四一パーセントを獲得し、一七八人の議員を当選させた。《幸福党》は二・五パーセントで、議会に代表をおくることができなかった。

《公正発展党》の候補者の内かなりの数の者が右派世俗主義政党を離党した人たちであり、また議員にえらばれた女性の誰一人としてヴェールを着用する者がいないのは事実であるが、しかし当選者の大多数は《繁栄党》や《美徳党》などの旧イスラム主義政党出身者であるし、党の指導部・幹部は疑いもなくイスラム主義特有の文化に育てられたひとびとである。かれらはそこで学び、そこで政治的訓練をつんできた。イスラムの名のもとに世俗化した中産階級と国家権力を敵とみなし、敬虔な中産階級にはたらきかけて貧困都市青年層と同盟するようしむける——このような旧来のイスラム主義の論理と《公正発展党》は決定的に決別したのだろうか。かれらは戦略的変身をとげ、今後は世俗主義的中産階級と同盟を組むようになるのだろうか。民主主義と経済的自由主義を主張して権威主義的な国家に対抗しようとするのだろうか。貧困青年層に過度に配慮することがなくなるのだろうか。——イスラム主義運動の「穏健派」がどんな風に変化していくのか、かれらが「民主主義的イスラム教徒」に変身することができるかどうかはすべてそれにかかっている。《公正発展党》政府の最初の行動はかれらの主張する「民主主義的イスラム主義」への変身が曖昧であり、また困難であることを露呈した(47)。一方で、ヴェールの着用をめぐって、イスラム主義の「文化的」圧力がいまだに党に作用していることが、権力の象徴の領域であからさまになった。《公正発展党》出身の国民議会議長の夫人が頭を「ターバン」でおおった姿で公式式典に出席し、それを写真にとられたのである。これはアタテュルクの改革以来初めてのことであった(48)。しかしその一方、選挙の勝利の後、数週間もたたないうちに、エルドアン氏はトルコのヨーロッパ連合加盟承認を説得すべくヨーロッパ諸国の首都歴訪をおこなった。一九九六年、エルバカン氏は首相就任直後、オスマン帝国への郷愁にかられながらイスラム諸国の統一戦線を再構築しようとしてイスラム系の主要国を歴訪し、それが手ひどい失敗におわったことを想起すると、トルコのイスラム主義がどれだけ変化してきたか実感できる。今日、《公正発展党》に投票した社会階層が社会的上昇をはかれるとすれば、それはトルコがヨーロッパのなかにはいりこむことによってである。《公正発展党》にとって、大陸の経済的発展に参入するという共通の目標を設定することは敬虔な中産階級と世俗主義的中産階級を連合させるためのよい機会となる。トルコという特定の問題をこえて、イスラム主義が近代にとけこむことができるかどうかはこの企図の成功如何にかかわっている。

# 結論　「イスラム教民主主義」へむけて？

一九九九年末、政権の「黒幕」でアメリカや保守的アラブ諸国から毛嫌いされていたカリスマ的イスラム主義イデオローグ、ハサン・トゥラービーがスーダン元首ウマル・バシール将軍によって権力から排除された(1)。その数日後の一二月二九日、ロンドンのアラビア語日刊紙『アル＝クドゥス・アル＝アラビー』（『アラブのエルサレム』）はもっとも高名な寄稿者のひとりアブドゥルワッハーブ・エフェンディの論説を掲載した。イギリスで教育をうけた英国在住スーダン人エフェンディは生国スーダンのイスラム主義にかんして、共感を表しながらも質のたかい著作を出版しているが(2)、この論説の題は「スーダンの経験と現代イスラム主義運動の危機――教訓と意味」という苦い気持ちと失望がにじみでたものだった(3)。そこにはスーダンの出来事がイスラム主義の一連の挫折のなかに位置づけられている。アフガニスタンからはじまりマレーシアのイスラム主義の副首相アヌワール・イブラヒム失脚(4)にいたるまで、一九九〇年代末の「イスラムの再生」の歴史は挫折の連続だったのだ。アフガニスタンは近代におけるイスラム主義運動のもっとも偉大な勝利――著者はスンナ派なのでイラン革命が「忘れられている」のは仕方がない――だと著者は記す。しかしそれはその後、一転して例をみない大破局となってしまう。ところで、コンテクストは異なるものの、アフガニスタンとスーダンの挫折には共通の特徴がある。それは、エフェンディによれば、両者ともその原因がイスラム主義者自身にあり、外部の敵の介入のせいではないことである。極端なことを言えば、エジプトやアルジェリアのように運動が弾圧された方がよかったくらいなのだ。そうなっていたらすくなくとも殉教という栄光はえられただろうから。アフガニスタンとスーダンでイスラム主義運動は権力掌握に成功したのだが、最初の試練の時から挫折してしまった。つまり内部対立を平和に、民主的に解決することに失敗したのだ。活動家たちは権力の座につくやすぐにたがいを非難しあい、殺しあいをはじめた。その光景は苦痛を感じさせるほど雄弁である。イスラム主義運動は要求していた教導権をやっと手にいれたのに、「何年も、何世紀もつづけてきた信仰をひろめるための努力を無駄にしてしまった。」さらに、「かれらの意見の相違は宗教的な問題にかかわるものではなく、栄光と権力にかかわるものだった。そもそも、真のイスラム教徒であれば栄光や権力など重視しないものだが、それをおくとしても、そうした態度は信者を分裂させる結果（それはフィトナと呼ばれる）になるから避けるべきものだった。ましてやそれが国を破滅においやり、信者を堕落させ、イスラムとイスラム教徒のイメージに泥をぬってひとびとを宗教からはなれさせる結果になったのだから、なにをか言わんやである。」著者は「バンナー（《ムスリム同胞団》の創設者）は議会民主制はもっともイスラムに近い制度であると指摘しているのに」、権力の座についたイスラム主義者たちが民主主義の実践を完全に無視したと嘆く。そしてかれはこう結論する、「もしイスラム主義者たちがこの問題を解決することに成功しなければ、かれらはイスラムを再生させるという希望に致命的な打撃をあたえ、共産主義運動や世俗主義がもたらすよりももっと悪い災厄をイスラムにもたらすことになるだろう。というのもかれらイスラム主義者は、イスラムの死活にかかわる器官に——今までいかなる敵にも触れられたことがないような重要な器官に——打撃をあたえるからである。」

「イスラム主義に失望した人間」はたくさんいるが、著者の人となりやそれが発表された日刊紙の性格をかんがえるとエフェンディの憂鬱は特にとりあげる価値がある。『アル＝クドゥス・アル＝アラビー』紙は反シオニズムの先頭にたつ新聞で、通常、イスラム主義や急進的アラブ・ナショナリズムの主張のスポークスマンの役割をはたしている(5)。活動家内部で消費され、その内省に資するべくもちいられるきわめてイデオロギー的な語彙は今はおくとして、エフェンディ氏が指摘するイスラム主義運動の挫折の三つの要素は我々がここまで指摘してきたものとぴったり一致する。すなわち、時間が経過し、権力をにぎるにつれ、ユートピアをかかげるエネルギーが枯渇してくること、運動内部のさまざまなグループの対立、そして民主主義の問題、この三つである。しかし運動への共鳴者エフェンディ氏は運動内部に発生した対立を単なる人間同士の対立とかんがえているのにたいして、我々はそれを敬虔な中産階級と貧困都市青年層という二つの社会グループの対立であるとかんがえる。またエフェンディ氏はバンナーの時代からイスラムが民主主義を規範としていたとするが、これは議論の余地のある解釈である。中産階級とイスラム主義知識人の一部（エフェンディ氏はその一人だ）は世俗主義的市民社会と同盟をむすびたいと願っているから(6)、その気持ちがそうした発言をさせる原因になっているのだろう。イスラム主義者たちは自分たちの政治的論理のためにみずから罠にかかってしまっており、そこから脱出するためには市民社会と同盟を組む他はないのだ。

エフェンディ氏が言及しているもうひとつの例、マレーシアでは、独裁者マハティール・モハマッドが自分で副首相に抜擢した現地イスラム主義の「神童」アヌワール・イブラヒムを同性愛を口実にして解任し、泥の中をひきずるような恥辱にまみれさせた。こうしてアヌワールの支持者はエフェンディとおなじようなディレンマに直面する。栄光の時代には、かれらは自分たちをひき立て、甘やかし、富をあたえてくれた独裁的な体制を熱烈に擁護し(7)、マハティールが称揚していた「アジア的価値」崇拝に賛同して民主主義などに関心をはらわなかった。この愚にもつかない観念はアジアにおいては個人よりも共同体が優先されると論じ、自由など嫌悪されるべき「欧米的価値」にすぎないと断じるものだった。しかし、一転してマハティールに対立する段になると、かれらは民主主義者が一番信頼できる同盟者であることに気がつく。これは政府の御用新聞からさんざん誹謗されたアヌワールの友人アネス氏が刑務所から出たときに語っていることでもある。高名なイスラム主義知識人だったアネス氏はかつては欧米のさまざまな陰謀をはげしく非難していたが、欧米の人権擁護運動家の圧力でイスラム教徒の独裁者の手から救いだされると、トーマス・ジェファーソンを大々的に引用しながらかつての欧米への呪詛を反省する(8)。この場合でもやはり、中産階級や知識人階級出身者が「イスラム主義に失望した」時にむかうのは世俗主義的市民社会である。かれらは世俗主義的市民社会と同盟をむすび、西暦第三〈千年紀〉の幕開けとともにひらかれつつあるグローバル化された大市場のなかに、損失を最小限におさえながら転進していこうとするのである。

エフェンディ氏の論説をみると、アフガニスタンやスーダンでの大失敗はヨーロッパにおけるスンナ派の小宇宙「ロンドニスタン」――イギリスの首都に定住した亡命者やジャーナリスト、活動家、「緑の資本家」たちの世界を当人たちがこう呼んでいる――に住むひとびとをふかく悲しませたようだが、しかし実はイランでもイスラム主義の実験はおなじような破綻をおこし、その余波はイランやシーア派の世界にとどまらず、スンナ派のイスラム主義イデオロギー全体にまで打撃をあたえているのである。エフェンディ氏は権力の座についたスンナ派イスラム主義者がかつて野党にいた時に主張していた理想を実行にうつせなかったことを嘆き、むしろ国家によって弾圧された組織の方が真正なイスラム主義を徹底できていると述べる。しかし実際にはそうした組織の総合的な評価も決して芳しくはない。かれらは、対決の戦略をとるにせよ、権力の懐柔策にのるにせよ、それを勝利に転換させることができない。対決戦略の典型はアルジェリアとエジプトだが、過激なグループが称揚し実行した反政府テロは最初の間こそ期待をもたせるのだが、最終的にはその推進者はみずからの暴力のしっぺ返しをうける。アルジェリアのようにイスラム主義の主張に人気があり、選挙で勝利している場合でさえ、テロは民衆を蜂起にみちびくまでにはいたらない。逆に、アフガニスタンのジハードの経験に刺激されて、暴力が狂気じみた様相を呈してくると、民衆は血なまぐさい悪夢のようになったイデオロギーから離反する。敬虔な中産階級出身の穏健イスラム主義グループは板ばさみになり、暴力の亢進をとめることができず、それどころか自分自身が頻繁にその犠牲者となり、自国政府や外国政府にたいして仲介者や保証人の役割をはたすこともできない。

アメリカは一九九二年から一九九五年のあいだ、こうしたグループのさまざまな代表者が国内に居住していたり、半ば公的な機関から招待された時、かれらを好意的に遇していた。それはＣＩＡがアフガニスタンのジハードに莫大な支援をおこなっていたことの延長だった。そうした努力をつづけていたおかげでアメリカはイスラム主義の支援者や活動家、イデオローグのあいだにいつでも利用可能な仲介者の広大なネットワークをつくっていた。もしかれらが政権をにぎるようなことがあれば、ワシントンにとって価値ある対話相手となるはずだった。アメリカの一部の大学研究者たちは「穏健イスラム主義者」を市民社会の体現者であり、市場経済の最良の支持者であるとかんがえて、かれらを賞賛する論文をたくさん出版していた。おなじような共感をもっていたジャーナリストも読者にアルジェリアやエジプトでイスラム主義が勝利する可能性があることを示唆していた。かれらはそれがアメリカにとって利益にこそなれ、損失は絶対にないとかんがえていた。一方、アメリカの別の大学研究者や圧力グループ（親イスラエル・ロビーに近いことがおおい）、親イスラエル的報道機関のなかには、「穏健派」がテロや狂信主義をソフトにみせかけるための仮面にすぎず、イスラム主義とテロ・狂信主義とは切っても切れない関係にあることを論証しようとやっきになる者もいた(9)。こうした議論は知的には価値がないのだが、しかし議論が熱をおびるのも、それがイスラム主義者にたいするアメリカの政策決定に影響をあたえる可能性があるからに他ならない。アメリカは一九九五年頃、「黙認政策」から一転して態度を硬化させる。アメリカ国内でイスラム主義者の仕業とされるテロ活動がひろがったためである。一九九三年の世界貿易センタービルへのテロという派手な事件は、まだ解明されていない部分はあるのだが、その兆候のひとつだった。あまり注目されることはなかったが、《ＦＩＳ国外議員代表団》団長アヌワール・ハッダームにたいするアメリカ政府のあつかいの変化はアメリカの政策転換のあらわれであった。ハッダームは、GIAに移った後、ザイトゥーニー司令官《アミール》時代に殺害されたムハンマド・サイードの弟子で、アメリカに在住し、その非公式な交渉相手となっていた。かれはまた、ラービフ・カビールが亡命先のドイツを折悪しくはなれることができなかったので、その代理としてローマの聖エジディオ共同体が主催した会議にFISを代表して出席した。会議がひらかれていた頃、ワシントンはまだイスラム主義者が中心的な役割をになうような形でアルジェリアの危機を解決するというシナリオを推進していた。しかし一九九五年、「対仏戦争宣言」、フランス本国でのテロ、アルジェリアでの虐殺事件など、一連のテロがつづいて(テロの本当の黒幕が誰かという論争は今おくとして)、責任をとれる交渉相手がいないのでイスラム主義という選択肢は不可能になった。ワシントンは穏健イスラム主義を交渉相手とする方針を断念し、そしてA・ハッダームは滞在許可書の不備を理由に拘留される。(かつてエジプトのウマル・アブドゥッラフマーン師にたいしてもおなじような手続きがとられた。)

エフェンディ氏、アネス氏、さらには一九九五年にエジプトで《中央党》をつくろうとした《ムスリム同胞団》の四〇代メンバー、一九九七年以降、《美徳党》へと舵をとりはじめたトルコの《繁栄党》の「穏健派」指導者たち……、九〇年代後半にはこうしたひとびとを初めとしておおくの慧眼なイスラム主義知識人が、運動の政治的イデオロギーが自分たちを袋小路にみちびくだけだということに気がつきはじめた。イスラム主義の挫折はいろんな形であらわれていた。アルジェリアやエジプトではコントロール不可能なテロが頻発し、パレスチナでは無益な暴力がつづけられる。スーダンやアフガニスタンでは権力を掌握したのに国が政治的・経済的に崩壊してしまう。パキスタンでは宗教間で内戦がつづき、マハティールのマレーシアやスハルトのインドネシアでは独裁者に登用されて、運動にたいする民衆の道徳的信頼が弱まっていく。トルコやヨルダンでは連立政権で政府に参加したことから発生するさまざまな拘束をうまく処理できない。さらにイラン体制の破綻もわすれてはならない。イラン革命がイスラム世界全体にもたせた期待がおおきかっただけに、その挫折にたいする失望もおおきかった。

イスラム主義活動家・元活動家があたらしい路線をとって、民主主義や人権をみずからの主張にとりいれ、世俗主義的中産階級と接点を模索するようになったのは、このようなイスラム主義全般の破綻が背景にあるとかんがえてよいだろう。こうしたグループのあいだではクトゥブやマウドゥーディー、ホメイニーによって表明された急進的なイデオロギーは一旦押入にしまわれ、ひとびとはそれにたいして距離をとる。またアフガニスタンのキャンプでつくられた「ジハード主義的サラフィー主義」の教義には嫌悪感を示し、「イスラムは本質的に民主主義的である」と主張する。権威主義的であったり、抑圧的である政府にたいして、かれらは人権の擁護者となり、世俗主義的民主主義者と共闘する。ヴェール着用が禁止された公的空間でそれを着用することはもはやシャリーアの命令の尊重としてではなく、「人権」（さらには女性の権利）、他のすべてのものと同様、個人の自由な選択の表現として主張される(10)。

インターネットのサイト運営(11)や電子メール・サービス、シンポジウム開催などをおこなう《イスラム二一》という協会の会報はこうした努力をおこなっている機関の代表的なもののひとつであろう。「ロンドニスタン」に本拠をもち、チュニジアのR・ガンヌーシーやエフェンディ氏やその他マグリブから東南アジアにいたる地域のひとびとがアラビア語や英語で定期的に寄稿するこの会報は一九九九年二月に『イスラム主義者のための憲章』を制定し、「市民社会、女性の権利、相違した意見をもつ権利、宗教について開明的な解釈をする必要」等々の問題を論じることを提案した。その際の会報論説はイスラム主義の現状をこう嘆く。「過去数十年、他のすべての政治活動家同様、イスラム主義者も国家権力掌握を目標としてきた。しかしそれは非常にたかくつき、またきわめてまれにしか実現できなかった。のみならず、権力掌握は問題を解決しないばかりか、全体としてのイスラム主義の企図の実現のためには深刻なハンディキャップになるおそれもある(12)。」会報の次の号において「イスラム主義、複数主義そして市民社会」と題された文章はトクヴィルのテクストを引用しながら、このテーマがさらに展開される。そこで、市民社会は専制主義に対抗する形式のひとつとして現代イスラム世界の諸問題を解決する切り札となるとされる。だから「イスラムと民主主義は両立不可能だと主張しつづける東洋学者はまちがっている。（……）皮肉なことに、民主主義的価値はイスラムと無縁であると主張する少数の、しかし騒がしいイスラム主義運動家が、そうした東洋学者たちの主張をささえているのである(13)」。

ロンドニスタンのみならず、アメリカやヨーロッパでおおくのイスラム主義学生グループやそこから出てきた説教師たちがそうした方向にすすみつつある。フランス語圏ではカリスマ的雄弁家ターリク・ラマダーンがそれをさかんに説いている。ターリク・ラマダーンは《ムスリム同胞団》の創設者ハサン・バンナーの孫で、かれの父親サイード・ラマダーンはジュネーヴに定住し、《同胞団》系の国際イスラム主義グループの連絡役をつとめていた。欧米との対立という論理を全面的に拒絶するかれはヨーロッパ民主主義がイスラム諸国の大部分を支配している専制体制にたいする防衛手段になるとかんがえ、弟子たちにヨーロッパの国の国籍を所有していることで付与されている権利を十分に活用するよう促す。かれ自身はスイス国籍を所有しているが、フランスの大学界や出版界で知識人として活動しようとしている。パリのカトリック系出版社から本を出版し、共産党系の有名な第三世界主義者のジャーナリストがその本の序文を書いている(14)。ターリク・ラマダーンは、たとえば一九九五年にGIAのザイトゥーニー司令官の「対仏戦争」に参加したひとびとのようにテロ事件に関与した急進的グループや個人(15)と完全に関係を断って、民主主義社会のなかでイスラム主義者が活発に活動することを認めさせ、イスラム主義者の民主主義への関与を正当なものにしたいと願っている。ジャーナリスト、教会関係者、教員などが西欧風の習慣やレトリックに精通したこの雄弁家に魅了され、かれをフランスやヨーロッパにおけるムスリム青年の意志を代弁する者とかんがえ、権限のある機関や場所とコンタクトをとる手助けをする。しかし一方で、ラマダーンに疑いの目をむけ、かれの真の意図やかれが若い聴衆にむけるメッセージの意味について自問する人たちもいる。さらに、かれの発言の底流にあるイデオロギーがなんであれ、かれの主張は信奉者や弟子たちが社会的地位を向上させ、「市民」として社会にとけこむための手助けになるとかんがえる者もいる。そしてそれはフランス在住イスラム教徒のフランス社会への文化的適応を容易にし、それによって最後にはかれらはイスラム主義的な世界観と決定的に決別することになるだろう……。実際、数十年前、南欧や東欧から来た移民の子供たちはプロレタリアートであり共産主義者だったのだが、党や組合による組織化を通じてフランスの小市民となり、最後にはマルクス・レーニン主義とも両親の出身国ともつながりをなくしてしまった。現代のイスラム世界に固有な状況を例にとるなら、アナトリアの敬虔な小企業主たちが好例だろう。かれらはイスラム主義政党《繁栄党》が政権に参加した間に、イスタンブルやアンカラの支配的な経済サークルの仲間入りをするが、一度目標が達成されると、軍の参謀本部の圧力で党が政権から追いだされ、さらには解散させられても、さほどそれに反発してうごこうともしない。かれらはイスラム主義の組織とイデオロギーを犠牲にして、自分たちの社会的・経済的地位を確固としたものにすることを優先したのである。イスラム主義はもはやかれらの役にはたたず、むしろ世俗主義的実業界との同盟というあたらしい戦略の足手まといになる危険さえあった。アルジェリアのある実業家の話はそれとおなじような論理を、もっと徹底した形であらわしている。一九九九年の末頃、連合政権の一翼をになう「穏健派イスラム主義」の政党《ハマース》に非常に近いある裕福な実業家が、民営の大醸造工場建設に名のりをあげたのである。それはヨーロッパのメーカーのビールを現地生産するためのものであったが、十分安い値段でビールを供給して庶民層に提供しようというものだった。国営工場のビールはあまりにも値段がたかくて、たとえ信仰がなくても、なかなか口にすることができなかったからだ。

このように新世紀をむかえる頃、それまでの数十年とは異なった環境のなかで、イスラム主義のイデオロギーは市場経済のなかにとけこんで薄まってしまった。一九八〇年代、イスラム主義の勢力伸長は利子取得をおこなわない「イスラム」銀行システムや宗教法の規則に合致した投資が可能なおおくの投資会社の設立と同時進行ですすんでいった。そうした銀行や投資会社の内、今日もなお繁栄しているものがあるとしたら、それは貯蓄マーケットのある部分を獲得し、それに付加価値をつけることに成功したからに他ならない。それは純粋に経済的な論理にしたがってのことであり、サウディアラビアのヘゲモニーのもとにそうした銀行・投資会社が設立された当初に存在した政治的思惑などもう本当の意味で重みをもってはいない。同様に、法律の領域で、世界人権宣言のかわりに「イスラム人権憲章」をつくるという動きがあり、イラクがクウェートに侵攻した一九九〇年八月にちょうどカイロでひらかれていた《イスラム諸国会議機構》の会議でその憲章が認められたのだが、その憲章も現在、なんらかの重要な現代的意義が認められているわけではない。ひろい意味でのイスラム主義運動は今日もはや力をもたず、ついこのあいだまで「欧米風」として蔑まれていた普遍的語法のかわりに自分たちの特殊な言語を強制することはできないし、またそうしたいともおもわなくなっている。世紀の変わり目のイスラム主義運動や党は自分を民主主義者として認めさせようとする。かれらはかつて欧米風の人権という概念を批判してそのかわりに独自の概念を提案しようとしていたのだが、いまでは人権が普遍的価値であることを認め、かつて不信心な欧米の概念であると批判した価値(表現の自由、女性が自分の運命を自由にえらぶ権利等々)を主張するようになった。そしてそうした民主主義的な価値をもとに自分たちがこうむっている抑圧を批判するのである。イスラム主義者のこうした変身をシニックな戦略にすぎないとかんがえ、それをかつての共産党の戦略と同一視する人たちも中にはいる。かつて共産党は民主主義的な言葉を時々語ったが、それは「役にたつ馬鹿者ども」をだまして、支持基盤やネットワークを、とりわけ知識人の世界にひろげるためだったが、イスラム主義の民主主義への転換もそれとおなじだというわけである。ソ連陣営が比較的力があった時代には、この戦略は意図されたとおりの結果をもたらし、たくさんの「誠実な民主主義者たち」が労働者の運動に託されたメシアニズムにひかれて、共産主義にひきよせられていった。しかし危機の大波が発生して東側陣営とその一党を海の彼方につれさってしまったとき、この共産主義と民主主義の交流の回路は共産主義活動家の民主主義への流出をうながす回路となる。とりわけ党幹部や専従活動家は「民主主義者」とコンタクトがあったので、さまざまな機関や協会にポストをえて、党の圏内から出て市民生活に転進していった。これが以前のように自信満々ではなくなったイスラム主義者とイスラム世界の世俗主義的民主主義者の「対話」の、必然的ではないにせよ、ありうる結末のひとつである。二〇年のあいだ、イスラム世界において世俗主義的民主主義者たちは、マグリブ諸国では「西洋かぶれ」とか「フランスの息子」、南西アジアでは「色の浅黒いご主人様」と呼ばれて嘲弄されていたのだが、それでもあいかわらず確固とした知人のネットワークやたかい教育水準、そして世界の政治的・経済的権力をもったひとびとの信頼を保持しつづけていた。グローバリゼーションと全面的民営化のこの時代にあって投資決定の鍵をにぎっているのはそうした世界の有力者なのだから世俗主義的民主主義者のはたすべき役割はおおきい。

イスラム世界全体としてみてみると、我々が先に言及した状況（イランのユートピアが国家による社会の抑圧を宗教的に正当化することに変わってしまい、民衆が宗教指導者の支配にいらだちを感じていること、スーダンの経済的破綻、アフガニスタンの惨状）だけではなく、反体制派の立場にあるイスラム主義運動もこれまでなかったような精神的危機に瀕している。かれらの政治的企図はきわめて曖昧で、「イスラム国家」とか「シャリーアの適用」という言葉がなにを意味しているか、そのはっきりとした定義は、来世にとまでは言わないまでも、輝く未来にゆだねてしまうという傾向があったのだが、しかし今ではかれらはどんな成果をあげたのか、それを公表することを迫られている。かれらは未来を夢のなかで構築していたのだが、いまでは過去にがんじがらめになっている。一九九〇年代の制御不能な暴力は政権側に利益があったのだから政権が潜入させた煽動分子があおり立てたにちがいないとかんがえる人はたくさんいる。しかしともかくテロの記憶はおおくのひとびとの脳裏に焼きついている。そのために、運動の中のもっとも穏健なひとびとは民主主義を支持する発言をくりかえし、自分たちの政治的未来を台なしにしかねないテロという現象から身をひきはなそうとする。敬虔な中産階級はイスラム主義の社会的基盤を形成していたのだが、かれらはいまやあたらしい同盟相手をさがしている。それは世俗主義的な中産階級、さらには多宗教国家の場合、キリスト教徒である。たとえば、レバノンで、シーア派の《ヒズボラ》は、もともとはイランのホメイニーのために請負仕事をするテロリストの群小グループにすぎなかったのだが、これが貧窮者の大衆運動に変身し、さらにイスラエルにたいするレバノンの国民的レジスタンスの象徴となり、国内のあらゆる傾向の宗教グループから喝采をうけるようになった(16)。もしシリアとその保護国レバノン、そしてイスラエルのあいだに平和条約が締結されることになれば、現在、議会に議席をもっている《ヒズボラ》はそのエネルギーを国内政治にむけるだろう。そうした意味でマロン派指導者のなかには《ヒズボラ》に注目をしている人が何人もいる。マリア信仰とシーア派の「全信者の母」ファーティマ（預言者の娘でアリーの妻）への信仰が「一致する」ことを強調する人もいる。だからやがてはキリスト教徒とシーア派信徒が接近し、連合を組んでレバノンで圧倒的な多数派になり、シリアの干渉や中東におけるスンナ派の優位と対抗するようになるかも知れない。またエジプトの《ムスリム同胞団》のなかの四〇代のメンバーが結集して一九九五年に中道の民主主義政党《中央党》をつくろうとしたのだが、その時かれらは自分たちの誠実さと精神の開放性を示すために、指導部の筆頭にプロテスタントの知識人をおいた。またインドネシアからモロッコにいたるまで、イスラム主義者は可能な場合には、そしてそれが許されている場合には、選挙でえらばれる議会に参加しているし、またその代表者たちは議会制度の原則そのものに異議をとなえることはしない。こうした国民の信託をうけたひとびとは「神の主権」など忘れてしまい、民主主義に敬意を表する。しかしクトゥブやマウドゥーディーは「国民主権」と対置してこの「神の主権」という観念こそイスラム国家の基準になるものであり、国民主権などジャーヒリーヤ、すなわち二〇世紀にふたたび出現した前イスラム時代の「野蛮」社会特有の偶像崇拝的観念にすぎないとしたのだ。またアリー・ベンハーッジュは民主主義を罵倒し、有権者の五〇・五パーセントの人間が自分の気まぐれで法律をつくり、聖典に書かれた侵すべからざる掟に反して、飲酒を合法的とさだめることができるなど言語同断だと激怒したのであった。その民主主義がいまではイスラム主義者によって尊重されるようになったのである。トルコでは《繁栄党》や《美徳党》の市長は市政運営の手腕を評価され再選された。しかし一九九九年の立法議会選挙で《美徳党》は前回の党の得票をもう一度獲得することに成功しない。それは国政選挙で賭けられているものはもっと明白に政治的な問題であったからである。逆説的ではあるが、恐らくイスラム主義はイスラム主義を実践することで不承不承ながらイスラム主義をのりこえていくのだ。イスラム主義は近代のキリスト教とおなじように「宗教の出口となる宗教」になるだろうと断言するのは言いすぎかも知れない。しかし、イスラム主義運動はひとびとを政治的に社会化することに貢献しており、しかもその社会化の具体的な様態は自分たちが主張するイデオロギーそのものを時代遅れなものにするという結果をもたらしている。たとえばヴェールを着用し、シャリーアの適用を要求する女性活動家たちは、おおくの場合、家庭や私的世界から出て公の場で発言する女性の最初の世代である。こうした女性はイスラム的価値を主張する活動をすることによって、髭面の男性活動家たちと衝突する。男性活動家たちは女性を自分たちの問題を解決するための補助的な力という役割にとじこめたいとかんがえるからである。そこで彼女たちのなかのある者は、とりわけトルコやイランにおいて、イスラム主義運動内に存在する「男性中心主義」を問題にするようになる。恐らく、こうしたタイプの行動を通じて、明日のイスラム教的民主主義が形成されていくのだろう。

イスラムの教義が本質的に反民主主義的で、そのためにイスラムが支配的な国では民主主義の定着がさまたげられるという硬直的な見解をもつ者もいるし、またそれとは逆にイスラムが「民主主義的な本質」をもっているとする、やはりおなじようにものごとを単純化した考え方をする人たちもいる。しかし我々がここで展開した議論はそうした単純な見方とまっこうから対立するものである。イスラムというのは、他のすべての宗教同様、ひとつの「存在」であり、それに身体をあたえるのはイスラムを信奉する信者の一人一人である。そして、信者たちが生身の人間として生きている現代社会において遠隔通信手段の爆発的な発展で知的境界線はなくなり、硬直的な文化的アイデンティティは消滅しつつある。イスラム主義イデオロギーはまさしくイスラムという文化的アイデンティティを強化しようと努力していたのである。それが時代の趨勢に逆行した努力であることは明白である。イスラム主義の衰退には内的な原因があり、我々はそれを本書で解明しようとしてきたわけである。しかし、それは一旦ここではおくとして、イスラム主義が挫折したのはなによりも、それが信者にたいして現代に生きるイスラム教徒という自覚を放棄させ、信者をイスラム主義活動家につくりあげ、教義をつめこまれて、その命令にだけうごかされる人間にしたてあげようとしたことである。こうしたイデオロギーから解放されれば、イスラム教徒にはおおきな活動領域がひらけ、ドグマの桎梏から自由になってみずからの未来をみずから決定することができるようになるだろう。そしてそれはイスラム社会の偉大な伝統に回帰することでもある。イスラムは世界の急激な変化にもきわめて柔軟に対応してきた宗教であり、そしてそれがその力でもあったからである。イスラムはその栄光の時代にペルシア文明とギリシャ地中海文明というふたつの文明がもたらしたものを融合させ、ひとつのオリジナルな文明をつくりあげた。イスラム主義の時代がおわりつつある今日、イスラム社会は世界にみずからをひらき、民主主義を実現する中でみずからの未来を構築していくという以外に選択肢はない。イランでも、アルジェリアでも、あるいはまたその他の国でも、青年たちはみな外国に親戚をもっている。かれらは電話をしたり、衛星テレビ放送をみたりして、ヨーロッパやアメリカで形成された「現代社会《モデルニテ》」が超高速列車のように眼前を通過していくのをみる。ターリバーンは言うにおよばず、イランのモッラー体制もアルジェリアのFISもスーダンの《国民イスラム戦線》も、そうした青年を駅のホームに放置するだけで、超高速列車にのる手助けにはならない。アルジェリアのヒーティストの言葉を借りれば、イスラム主義者たちは「賞味期限が切れている」のだ。しかし民主主義へむかうためにはひとつの障害がある。そしてその障害は宗教とはとりあえずかかわりがない。すなわち、イスラム諸国の政府や権力の座にあるエリートも政治を民主化する意志を示すべきである。一九六〇年末以来、イスラム主義的ユートピアがひろまったのは、ナショナリズムの道徳的破綻や経済失政といった問題以上に、イスラム世界のほとんどすべての国で抑圧と権威主義がはびこっていたためであるということを忘れてはならない。イスラム主義は最初の数十年間、不信仰《クフル》な民主主義にたいするひとびとの拒否反応を利用して成長していった。それはきわめて容易なことであった。というのも反対派のひとびとを投獄し、拷問し、死刑執行し、国外追放していた政府は、そのおおくが、自由とか社会主義、進歩といったスローガンをふりかざし、それでひとびとを欺いていたからである。それにたいしてイスラム主義の理想は魅力的なもうひとつの選択肢となるようにおもわれた。というのも現世でも政治が立派に遂行されるよう神や聖典が保証してくれ、大佐であれ、王であれスルタンであれ、いかなる専制君主の悪徳やごまかしとも手を切ることができると信奉者たちは信じていたからである。暴力的で腐敗した政治風土と決別しようとしたイスラム主義運動はひとびとから道徳的には絶対的な信頼がよせられていた。しかしキャンパスでの左翼学生にたいする暴力、ヴェール着用強制、「イスラム」投資会社の詐欺、世俗主義的著述の検閲とその著者へのテロ、市民や観光客の虐殺——こうしたものが三〇年もつづいて信頼もすっかり消滅してしまった。それにたいしてイスラム主義者は社会面でのポジティヴな成果を主張する。慈善事業、伝統的社会出身の若い女性たちがヴェール着用で都市の近代社会に参入できるようになったこと、イスラム銀行システムの慈善的側面、またそれによって財政支援された人道組織……。こうした議論がどれだけただしいかは社会学者や経済学者が数値化されたデータをもとに検討することになるだろう。しかしその検討の結果を待つまでもなく、戦闘的イスラム主義の三〇年間の活動の道徳的・政治的成果は、すくなくとも当初の期待にはほとんどこたえていないと断言できる。政府とイスラム主義の対立のなかで、イスラム主義は武装闘争に敗れるか、それとも権力の同盟者としてとりこまれ身動きできなくなってしまった。この戦いで勝利したのは政権側である。だから政権側は近い将来、なんらかのイニシアティヴをとるべきである。世紀のみならず千年紀自体の変わり目である現在、独立以来、疎外されてきた社会グループを統合し、これまでないような形で文化と宗教と政治的・経済的現代性とを総合した一種のイスラム教民主主義をうみだすよう努力すべきである。そのためには政権を担当するエリートたちが未来に賭け、その賭金が明日には倍になるようにと、今日ひとびとに「利益を配分」するべきである。幸い、いま、権力エリート層が若返りつつある。モロッコのムハンマド六世(17)やヨルダンのアブドゥッラー二世、アルジェリア大統領ブーテフリカやインドネシア大統領メガワティの側近官僚・軍人……。こうしたエリートたちが現在のイスラム主義の退潮から利己的に目先の利益だけ追求することに満足し、改革に手をつけようとしないなら、イスラム世界は近いうちにあらたな爆発に直面することになるだろう。それがイスラム主義という形をとるのか、民族、人種、宗教を単位とした対立となるのか、あるいは大衆迎合主義という形をとるのかはわからないが。有利な政治状況のなかにあるのだからイスラム世界の指導者の責任はこれまで以上におおきい。迅速に行動しなければならない。二〇世紀の最後の四半世紀のあいだ翻っていたジハードの旗がふたたびかかげられることになるのか、それともイスラム民衆が民主主義にむかって固有の道を切りひらくのか、どちらになるかはかれらがおこなう選択にかかっている。

敬虔な中産階級やそれにきわめて近い知識人にとって、イスラム主義イデオロギーが世俗主義や民主主義の運動組織・党と合意できる領域を模索することに特別克服しがたい問題点が存在するわけではない。それは二〇〇二年、トルコの《公正発展党》の経験が示すとおりである。しかしイスラム主義のユートピアの崩壊は貧困都市青年層にはずっと重大な影響をもたらす。イスラム主義を標榜する急進的活動家やイデオローグにとって貧困都市青年層をどんなふうにとりあつかうかはきわめて重大な問題である。実際、社会のはみ出し者となった青年たちにとって、敬虔な中産階級と世俗主義的中産階級の同盟はなんの利益ももたらさない。そうした同盟はかれらを無視しておこなわれるのであり、かれらはその社会グループにとどまっているかぎりは中産階級の同盟に参加することはできない。またそうした同盟が擁護しようとしている政治的・経済的利害が同盟によって実際に擁護されたとしても、貧困都市青年層の社会的関心にたいする配慮がなされなければ、かれらはその利益に与ることはできない。繁栄と社会的認知をえるための競争に参加した敬虔な中産階級は厄介者になった昔の同盟者を切りすてる誘惑にかられないだろうか。もしそんなことになれば、自分たちがおかれた運命に不満をいだき、「未来はない《ノー・フューチュアー》」庶民大衆のなかにフラストレーションがたまって一触即発の状態になり、どんなことでもやる花火師が出現して、大爆発をおこすかも知れない。
「ロンドニスタン」のイスラム主義組織やアフガニスタンとパキスタンの国境地帯のキャンプにいる「ジハード主義的サラフィー主義者」たちはテロリスト的急進思想の論理からぬけだせない。だから、かれらにとって欧米やそれとつながる価値との「妥協」などかんがえるだけでおぞましい。狂信主義に洗脳されたかれらの精神世界はとざされているが、軍事行動の技術はもっているからあたらしい技術が秘める破壊力に無限の可能性があることを熟知している。またすでにみたように、急進的な活動家のあいだに技師・医師・情報技術者は山ほどいる。一方、敬虔な中産階級はこうした過激主義者が一九九〇年代のイスラム主義運動を失敗させた張本人であると批判する。過激主義者の暴力信仰のために、同調する可能性があるひとびとまでがイスラム主義に恐怖をいだくようになり、既存権力を利する結果になった――こんなふうに敬虔な中産階級のひとびとはかんがえるのだ。

二〇〇一年九月一一日の大惨事はこうした状況のなかでおこった。それにつづく数週間のあいだにおおくの性急なコメントがなされ、それをイスラム主義の勝利と発言するひとびとがいたが、しかしアメリカにたいする攻撃は、いまやとり返しがつかないほど分裂した運動の中のもっとも過激なグループが暴力へ傾斜していったプロセスの最終段階に他ならない。《アル＝カーイダ》という曖昧模糊とした組織網に属する「ジハード主義的サラフィー主義者」たちは自分たちをひとつの火花であると意識し、近代に幻滅したイスラム世界を燃えつくす燎原の火を発火させるためのきっかけとなろうとする。かれらには大衆を動員し、組織を構築して、それによってじょじょに権力掌握するという過程を踏む忍耐心がない。かれらは模範と感情、即時性と暴力しか信じない。かれらは、世界が注視する中で大悪魔アメリカが足下をふらつかせるようなことがあれば、ジハードが波のようにおしよせて、世界全体を運びさってしまうとかんがえている。こうした幻想は一九八一年一〇月にサダトを殺害した《ジハード連合組織》がもっていた幻想を想起させる。当時の活動家たち（そのなかにアイマン・ザワーヒリーもいた）はかれらの大胆な行動と暴力（現実的なものであれ、象徴的なものであれ）で民衆を蜂起させ、体制を転覆させて、その廃墟の上にイスラム国家を樹立することができると確信していた。いずれの場合にも、その論理は破綻した。活動家たちはイスラム大衆の情緒的反応のおおきさを過大評価し、民衆を組織し動員する努力をおこたっていた。どちらの場合も計画の第一部はたしかに成功した。一九八一年にかれらはサダトを殺害したし、二〇〇一年にはアメリカに前例のない損害をあたえ、世界貿易センタービルの廃墟で何千もの人命をうしなわせた。しかしいずれの場合も後がつづかなかった。エジプトでイスラム国家が日の目をみることはなかった。サダト暗殺後、副大統領フスニー・ムバーラクがサダトの後継者となり、そして二〇年後もなおその地位を保持している。それとおなじように、アメリカも悲しみと茫然自失の数週間をすごしはしたが、九・一一事件で崩壊したわけではなかった。アメリカ軍は一〇〇日間でターリバーン政権を地図の上から消滅させ、ビンラーディンは逃亡し、その支持者が何百人も捕虜となった。テロは依然としてつづいていたが、その結果かえって世論はサッダーム・フサイン政権への大規模な軍事攻勢を支持するようになった。その軍事攻勢でアメリカが狙っていたのは中東の地政学的秩序を根底から変化させ、地域でのアメリカの優越性を再確認して「テロとの戦い」を完成させることであった。

とはいえテロと暴力の火はまだ十分に鎮火されたわけではない。特にイスラエル・パレスチナ紛争がおおきくひらいた傷としてのこっているあいだは。しかし本書第二部でみたとおり、イスラム主義全体としてかんがえてみれば、暴力は実は致命的な罠であり、権力掌握に必要なさまざまな社会グループを同時に結集し、動員することを妨げるものであった。イスラム主義は民主主義への接近を主張するものとジハードを開始しようとするもののあいだでひきさかれている。二一世紀の文明を前にしてイスラム主義が運動としての一体性を維持することは困難なのである。

# 注

## 序文

（1）一九九二年、『イスラム主義の挫折』（パリ、スイユ）でオリヴィエ・ロワはイスラム主義運動の勝利は不可避であるという支配的な考え方を否定し、運動のイデオロギー的・政治的読解にもとづいた革新的な仮説を提案した。

（2）一九九九年のアフガニスタンの麻薬生産は四五〇〇トンと推計されている。これは世界の総生産の七五パーセントに相当する。Alain Labrousse, *Libération*, 4 octobre 2001 参照。

（3）二〇〇一年のターリバーン政権の急進化はまずバーミヤンの巨大大仏の爆破、ついでＮＧＯメンバーの「キリスト教布教」という罪状での逮捕（この後、大部分のＮＧＯがアフガニスタンをはなれる）という形であらわれる。これは地域住民にたいするかれらの権力を弱体化させる結果になる。ターリバーンの急進化はおそらく、「ジハード主義的サラフィー主義」に属する外国人活動家が影響力を増大させてきたことに原因がある。かれらは大部分アラブ人で、カンダハール周辺に定着して、ウサーマ・ビンラーディンのネットワークと何らかの形で関係をもっていた。

（4）このエピソードの詳細についてはBarton Gellman:《In 96, Sudan Offered To Arrest bin Laden, Saudis Balked at Accepting US Plan》, *International Herald Tribune*, 4 octobre 2001 参照。

（5）こうした点については本書、ウサーマ・ビンラーディンについて論じた第十三章（四二一ページ以降）で詳細に検討する。アメリカでのテロの後、複数の分析者がビンラーディンのネットワークとアラビア半島の社会の一部との関係、とくに資金のながれの性質と規模について自問している。アラビア半島の社会は主として石油収入の配分で利益をえているわけだが、近年、大規模な人口増加のためにそれぞれのとり分が減少して不満が増している。王家一族は石油の利益を優先的に得ているが、そのメンバーの数が異常におおいので、かれらにたいする怨嗟が増大している。ビンラーディンの問題はこのことと関連させてかんがえるべきである。

（6）ビンラーディンを英雄とかんがえる一部ムスリム青年たちの自然発生的な熱情を政治的動員に転換させることは非常に困難である。この点については中東での調査結果をまとめた拙著 *Chronique d'une guerre d'Orient* (Gallimard, 2002) を参照していただきたい。

（7）ボスニアやチェチェンの「ジハード」は、アルジェリアやエジプトの場合とは異なり、その戦士は「国の子供たち」ではなく、アラビア半島の出身者で、社会文化的に恵まれた階層の人間がすでに参加していた。これはそうしたジハードに特化したイスラム主義のインターネット・ホームページで公表された「殉教者の伝記」をみればわかる。本書、第十章、注三三を参照。

（8）この文書は世界のジャーナリズムで公開された。たとえば二〇〇一年一〇月二日付け『ル・モンド』を参照。

（9）二〇〇一年一〇月一〇日の『ル・モンド』に発表された意見を参照。

## 第一章

（1）ナショナリズム、国家語創設、独立前と独立後のそれぞれの世代がはたす役割等についての説明は、ベネディクト・アンダーソンによってひらかれた道を踏襲している。(*Imagined Communities*, Verso, Londres et New York, 1991［白石さや・白石隆訳『増補・想像の共同体、ナショナリズムの起源と流行』、NTT出版、一九九七年］、とりわけ第三章、第五章、第七章参照)。

（2）クトゥブの作品はおおくの注釈や分析の対象になっている。本書の簡略な紹介の補足として拙著 *Le prophète et pharaon.*

Le Seuil, Paris, 1993（rééd.), chap. 2, p.39-72 を参考にしていただきたい。かれの作品のより詳細な分析については、Olivier Carré, *Mystique et politique*, Presses de la FNSP et Cerf, Paris, 1984 および Ibrahim M. Abu Rab'i, *Intellectual Origines of Islamic Resurgence in the Musulim Arab World*, SUNY Press, Albany, 1996 参照。

（3）Mohamed Tozy, *Monarchie et islam politique au Maroc*, Presses de Sciences Po, Paris, 1999 は「ウブーディーヤ」を「隷属」、「従属」と訳すことを提案している（p.25～26)。この単語のアラビア語語根はこのふたつの意味をもっている。

（4）《ムスリム同胞団》にかんしては今では古典となった研究書 Richard P. Mitchel, *The Society of the Muslim Brothers*, Oxford University Press, Londres, 1969 をより最近の研究書 Brynjar Lia, *The Society of Muslim Brothers in Egypt. The Rise of an Islamic Mass Movement 1928-1942*, Ithaca Press, Londres, 1998 によって補完する必要がある。フランス語では Olivier Carré et Gérard Michaud, *Les Frères musulmans: 1928-1982*, Gallimard, Paris, 1983 参照。B・ライアは大量の未発表資料を調査し、《同胞団》がエリート集団の政治をうけいれない社会階層を動員するのにおおきな役割をはたしたことを特に強調している。この点にかんして私はライアを踏襲しているが、組織の全体についての解釈を全面的に共有しているわけではない。私は《ムスリム同胞団》についてはもっと批判的であるべきだと判断している。

（5）この議論についてはB・ライアが言及している（*ibid.*, p.6-7)。エジプトの歴史家アブドゥルアズィーム・ラマダーン、リファアト・サイード、ターリク・ビシュリーなどが第一の傾向の代表であり、B・ライアは、少なくとも部分的には、第二の立場のようにおもわれる。この論争はイスラム主義一般をどう評価すべきかという解釈をめぐる論争の一部として位置づけられる。イスラム世界でも欧米でも、この論争をめぐって、運動の支持者の枠をこえて、イスラム主義運動を自由と民主主義にとって危険であるとかんがえ、それとのいかなる政治的同盟にも反対するひとびとが一方でおり、他方で、それを市民社会の構成要素のひとつとみなし、この運動が政権に参加することに好意的なひとびとがいて、両者が対立している。イスラム主義運動研究にそそがれたエネルギーの大半がこの問題に費やされ、しかもその議論では分析よりも価値判断のほうが重視される結果になっている。この点については本書の「結論」（四九二ページ）を参考にしていただきたい。この論争をあつかったたくさんの文献のなかで Martin Kramer（dir.）, *The Islamism Debate*, Dayan Center Papers, N° 120, Tel-Aviv, 1997 はアメリカ、イギリス、フランス、イスラエルの大学界の代表的人物の議論を紹介し、全体像を示して有益である。

（6）《ムスリム同胞団》はすでに一九三〇年代からカイロの大学、特にアズハル学院で学んだ地中海東部沿岸地域出身の学生をメンバーにふくんでいた。かれらは帰国すると各地に支部をつくった。そうした支部は、特にシリアやパレスチナ、ヨルダンでは、一人の「総監督」によって指揮されていた。シリアの指導者ムスタファー・スィバーイーは《同胞団》のイデオロギー形成に重要な役割をはたし、一九五四年のナセルの弾圧の時には《同胞団》組織の重心は一時的にシリアの側に傾いた。しかしこれもシリアとエジプトの合併（一九五八～六一）でシリアの《同胞団》が非合法になったためにおわりを告げる。今日まで《同胞団》が中断なく合法的に活動が継続できたのはヨルダンにおいてである。ヨルダンの地方支部は一九四六年にアブドゥッラティーフ・アブー・クーラが創設し、ついで一九五三年からムハマンド・アブドゥッラフマーン・ハリーファがリーダーとなった。ヨルダンを支配していたハーシム王朝（アブドゥッラー国王、一九五三年からはフサイン国王）は創設当初からヨルダンの《同胞団》に好意的だった。ハーシム王朝は《同胞団》を利用することでサウディアラビアに対抗してその宗教的正統性を強化できると期待したし、またもともとアラビア半島に基盤をおいていた王朝にとってヨルダン社会に仲介者をもつことは政治的にも立場をつよめる方策になるとかんがえたのである。ヨルダンの《同胞団》はまた左翼ナショナリズムやナセル主義にたいしてハーシム政権の重要な支え手となった。特に一九五七年にナセル主義者がクーデターをおこしたときはそうだった。同様に、一九七〇年九月、国王軍がアンマンのパレスチナ難民蜂起を鎮圧したときも《同胞団》は国王を支持した。こうした側面すべてについて本書十四章で詳しく展開する。

（7）マウドゥーディーの政治的著作・行動については本書では特にS.V.R. Nasr の以下の二冊の著作を参考にした。*Mawdudi and the Making of Islamic Revivalism*, Oxford University Press, Oxford, 1996 et *The Vanguard of the Islamic Revolution. The Jama'at-i Islami of Pakistan*, I.B.Tauris, Londres, 1994

（8）この単語はトルコ語の「軍隊」(ordu) から来た。

（9）S. V.R. Nasr, *The Vanguard*…, p.7 参照。

（10）S. Abul A'la Maududi, *Fundamentals of Islam*, Islamic Publications, Lahore（1re édition anglaise 1975）, p.249-250 参照

（11）このテクストは注釈つき英語版 *Islam and Revolution. Writings and Declarations of Imam Khomeini* (traduit et commenté par Hamid Algar), Mizan Press, Berkeley, 1981 で読むことができる。

（12）この問題については Yann Richard, *L'islam chi'ite, croyances et idéologie*, Fayard, Paris, 1991 参照。

（13）その一例は講演集 Ali Shari'ati, *What Is To Be Done, The Enlightened Thinkers and an Islamic Renaissance*（publié et commenté par Farhang Rajaee), IRIS Press, Houston, 1986, p.1 にみられる。この講演集には我々がここで言及したテーマの大部分がとりあげられている。シャリーアティーについては現在では非常に完全な大部の伝記 Ali Rahnema, *An Islamic Utopian. A Political Biography of Ali Shari'ati*, Londres, Tauris, 1998 がある。

（14）一九六〇年から一九七〇年代のイランの武装組織の代表的なものは《フェダーイーヤーネ・ハルク（＝人民の挺身者）》と《モジャーヘディーネ・ハルク（＝人民聖戦隊）》である。《フェダーイーヤーネ・ハルク（＝人民の挺身者）》は一九六三年創設で、チェ・ゲバラ派のマルクス・レーニン主義グループとして地下活動をし、国王政権にたいして派手な闘争をしかけた。《モジャーヘディーネ・ハルク（＝人民聖戦隊）》はもっとイスラム的な色彩が強い。シャリーアティーはそうした運動と組織としての関係はなかったが、イスラムとマルクス主義を総合するかれらの思想は部分的にシャリーアティーの影響をうけている。またかれの書いたもののなかには次のような文章がある。「（カルバラーの）シーア派の殉教者たちはまったく今日のチェ・ゲバラのような存在だった。かれらは革命の義務として殉教をうけいれ、階級的抑圧にたいする武装闘争を社会的義務とかんがえていたのである。」（Ervand Abrahamian, *The Iranian Mojahedin*, Yale University Press, Yale, 1985, p.92 に引用）

（15）これらの出来事の記述については Jean-Pierre Digard, Bernard Hourcade et Yann Richard, *L'Iran au XXe siéle*, Fayard, Paris, 1996 参照。

（16）ホメイニーの教義や道徳観については一九七〇年以前のテクストの一部をフランス語に翻訳した *Principes politiques, philosophiques, sociaux et religieux de l'ayatollah Khomeini*, Editions Libres-Hallier, Paris, 1979 を読めばおおよそのイメージはつかめるだろう。選択された抜粋テクストは著者のとりわけ教条的で反動的な性格を表している。こうした側面はもちろんホメイニーには存在している（当時の欧米におけるかれの賞賛者たちはそれを隠すようにしていたのだが）。しかしそれだけではイスラム革命という社会的・政治的現象を解明することはできない。ホメイニーの二面性はイスラム革命の文化的両義性と表裏をなしている。

（17）ホメイニーの思想が一九七〇年の複数の講演で変化したことについて、私は Ervand Abrahamian, *Khomeinisme, Essays on the Islamic Republic*, University of California Press, Berkeley, 1993,（特に p.17-38）の解釈にしたがう。

## 第二章

（1） カリフ制終焉と当時出現した汎イスラム的感情の諸相については Bernard Lewis, *Islam et laïcité* Fayard, Paris, 1988（édition anglaise: 1961）; Jacob Landau, *The Politics of Pan-Islam*, Oxford University Press, Oxford, 1994（2e édition）; Martin Kramer, *Islam Assembled, The Advent of the Musulim Congresses*, Columbia University Press, New York, 1986 参照。

（2） パリの大モスク建設については拙著 *Les banlieues de l'islam*, Seuil, Paris, 1987 参照。

（3）《タブリーギー・ジャマーアト》については一九九〇年までほとんど研究されていなかった。*Les banlieues…, op.cit.*; Mumtaz Ahmad,《Islamic Fundamentalism in South Asia: The Jamaati-Islami and the Tablighi Jamaat of South Asia》in Martin E. Marty and R. Scott Appleby（sous la dir. de）, *Fundamentalisms Observed*, University of Chicago Press, Chicago, 1991, p.457-530 にいくつかの要素が論じられているが、本格的な研究は近刊予定の Muhammad Khalid Massud, Barbara D. Metcalf et William Roff, *Travellers in Faith: Studies of the Tablighi Jama'at as an International Movement*, Brill, Leiden, 2000 参照。

（4） イスラム社会の全歴史を通じて、こうした「神に寄付された」財産からえられる収入で宗教関連施設（モスク、宗教学校、給水所など）の費用がまかなわれ、寄贈者も死後、天国にいけると期待できた。しかしこれはまた権力者の貪欲さから財産をまもる役目もはたした。権力者でも神が所有する財産をうばうことにはためらいを感じたからである。ワクフやハブスを実際上、管理するのは宗教指導者やウラマーで、かれらはそこから自分の収入をえ、それによって政治権力にたいする財政的独立性を保持することが可能になった。こうした財産からうまれる収入（家賃、小作料など）は宗教関連施設の維持運営ばかりではなく、寄贈者によって指定された受益者（家族、子供、内縁の妻など）に付与することも可能であった。これによって受益者は世の有為転変に翻弄されることはなくなるが、これが制度の本来的な宗教的機能からはずれていることは言うまでもない。しかし財産を恣意的に没収されることがおおかったこの社会において、ワクフの制度は安定をもたらす要因だったので、非常に発達した。近代以降に話をうつすと、非イスラムの植民地政府も政治的配慮からワクフを慎重にとり扱ったが、独立国家はこれを第一の標的のひとつにした。ワクフ財産の管理は一般的にずさんだったし、収益率もわるく、それに受益者がすでに存在しなくなっている場合もおおかったので、そうした点を批判して、ワクフ財産を国有化し、役所の管理のもとにおいた。この時、おおくの不正事件がおこり、ジャーナリズムも頻繁にそうした不正事件を糾弾する報道をおこなった。ワクフ財産国有化政策はまずその経営管理を合理化し、近代化することを目的としていたが、その結果、ウラマーの独自な収入源が消滅し、その代わりにウラマーは政府やワクフを管理する政府機関からサラリーをうけとることになる。政治指導者たちはそれによって宗教指導者をよりよくコントロールできるとかんがえた。こうした問題について、エジプトにかんしてはK.T. Barbar et G. Kepel, *Les waqfs dans l'Egypte contemporaine*, Cedej, Le Caire, 1981を参照。

（5）トルコ式政教分離原則は、たしかに宗教と国家を分離するのだが、国家が宗教を規制することは許される。政府機関である宗教問題担当局は権力に都合のよい形でのイスラムを解説した著作を出版し、説教師のための高校のプログラムを制定し（本書七九ページ参照）、礼拝先導者に俸給をあたえる等の活動をおこなっている。

（6）この問題にかんする先駆的研究書 Olivier Carré, *La légitimation islamique des socialismes arabes*, Presses de la FNSP, Paris, 1979を参照。ナセル時代のエジプトにおけるイスラム書籍市場については Yves Gonzalez-Quijano, *Les gens du Livre*, Editions du CNRS, Paris, 1998参照。

（7）Rachida Chih, *Le soufisme au quotidien*, Actes Sud, Arles, 2000はこの側面を特に強調している。

（8）インドネシアにかんしてはとりわけイモギリ遺跡が想起される。丘の頂上にあるこの遺跡にはジョグジャカルタのスルタンが埋葬されており、丘の上にはヒンドゥー教の聖地とおなじように巨大な階段を登っていく。こうしたイスラムの君主の墓にたいする崇拝にはヒンドゥー的な諸教混交主義がまざりあっている。パキスタンについて一例をあげると、カラチにヒンドゥー的な宗教性の基礎とイスラム的聖者信仰がまざりあった一大聖地が存在し、聖なるワニを養殖する池の上にマンゴ・ピールの廟が建っている（著者が一九九七年八月と一九九八年四月に現地で観察した）。イスラム教教団にかんする著作は非常におおくあり、ここでそのリストを掲載するわけにはいかない。ただ、Alexandre Popovic et Gilles Veinstein, *Les voies d'Allah*, Fayard, Paris, 1997は今日のイスラム的宗教性のこの側面にかんして概観を提示してくれているので参考になる。

（9）セネガルの《ムリーディー教団》はイスラムの宗教的語彙を利用しながらアフリカの宗教的心性にふかく根ざした信仰・信心形態を維持した教団のもっとも注目すべき典型のひとつである。また同時に、この教団は一流の経済帝国を構築することにも成功した。その主たる原動力はマラブーすなわち「教団長」の指示にたいする信者の絶対的服従の態度である。教団長は宗教的義務を大幅に免除された一種の民兵、《バイ・ファル》にささえられており、これは教団の世俗部門を構成している。この教団はアマドゥ・バンバ（一八五〇～一九二七）によって創設された。バンバは一八九五年にフランス政府から国外追放処分をうけ、一九一二年に故国に最終的に帰国した。この国外追放処分を信者たちは預言者ムハンマドがメッカからメディナに移った聖遷《ヒジュラ》になぞらえ、それを記念するためにお祭りをする。教団は最初、ピーナッツの栽培で経済的力を構築した。その後、セネガルの独立後、人口が農村から都市や国外に移動したことを利用して、国内・国外の通商網をコントロールすることで経済力をさらに拡大する。セネガルの商人がおおくヨーロッパやアメリカに進出して通商網を構築しているが、そうした商人の大部分がアマドゥ・バンバの弟子たちである。《ムリーディー教団》の聖都トゥバはほとんど治外法権のあつかいで、これを利用して大規模な密輸がおこなわれている。アフリカの教団とイスラム主義の関係については本書一八一ページ以降および二四一ページ以降を参照。

(10) 独立したにもかかわらず、こうした写真はあいかわらず出まわっている。《ティジャーニー教団》の教団長がフランス人から勲章をうけている写真を一九九八年二月にダカールの北にある教団の聖都ティヴァワンで手にいれることができた。（著者自身の体験）

(11) 一九五〇年代のトルコの教団復活はふたつの形をとってあらわれる。ひとつは農村部で教団がふたたび表に姿をあらわしたことである。農村部で教団は共和国成立後、最初の数十年間は隠れて活動をつづけていた。これは政教分離主義的イデオロギーが農村地帯では浸透しにくかったことを示すものである。第二はより「近代的な」教団の出現で、これは都市住民をターゲットにしていた。こうした問題については本書第十五章を参照。

(12) Reinhardt Shultze, *Islamischer Internationalismus im 20. Jahrundert: Untersuchungen zur Geschichte der Islamischen Weltliga*. Brill, Leiden, 1990 参照。一九六七年以降イスラエル軍の占領下にあったエルサレムのアクサー・モスクにたいして一九六九年、テロ事件があり、それをうけて、イスラム諸国の元首が会合をひらき、《イスラム諸国会議機構》の設立が決定された。その目的は国際的な大問題にかんして（当時、パレスチナ問題がその最大のものであったが）イスラム諸国共通の統一方針を決定することであった。メンバー国の利害がかならずしも一致しないので、《イスラム世界連盟》とおなじようなイデオロギー的機能をもつことはできないが、サウディアラビアが主導的な役割をはたしている点は変わりがない。

(13) この二人の著作——特にイブン・タイミーヤ（一二六三～一三二八）——は一九七〇年代からスンナ派イスラム主義運動の

もっとも重要な参考文献のひとつとなる。以下にみるとおり、かれらの著作はサウディアラビアのイスラム普及活動機関によって世界中のすべてのモスクに配布されたので、そうした傾向は容易に一般化した。

(14) たとえば一九九九年にウラマーは政府の意に反して、サウディアラビア五〇周年記念行事開催計画を中止させることに成功する。断食明けの祭り（ラマダーン月がおわった後のイード・アル＝フィトル）と犠牲祭（イード・アル＝アドハー）のふたつの祭りだけが法的にただしい祭りであるというのがその理由であった。政府はウラマーのこの決定にしたがわざるをえなかった。ウラマーは《善を勧め悪を禁じる委員会》という名前の宗教警察（そのメンバーはムタウウィウと呼ばれる）をとおして国内の信仰の公的表現におおきな圧力を行使し、ひとびとが一日五度の礼拝に参加するよう強制し、男女が同席することや楽器や肖像を禁止したりする。しかし、国家はひろい意味での文化的領域におけるウラマーの優越性を認め、いやいやながらもかれらに従わざるをえない場合があるとしても、ウラマーを行政組織にくみいれることによって政治問題のもっとも敏感な部分についてかれらが実際上いかなる独立性ももたないようにすることを狙っているのである。この点についてはAyman Al-Yassini. *Religion and State in the Kingdom of Saudi Arabia*, Westview Press, Boulder, 1985, 特に六七ページ以降を参照。こうした政教間のバランスは、後でみるように、一九七〇年代以降、きびしい試練にみまわれることになる。

(15) アズハル学院の改革と現代エジプトのウラマー問題一般についてはMalika Zeghal. *Gardiens de l'islam. Les oulémas d'Al Azhar dans l'Egypte contemporaine*, Presses de Sciences Po. Paris, 1996 参照。

(16) モロッコにおける国王とウラマーの関係についてはMohamed Tozy, *Monarchie et islam politique*, *op.cit.* 参考。

(17) Ali Merad. *Le réformisme musulman en Algérie de 1925 à 1940*, Mouton, Paris-La Haye, 1967 参照。

(18) 一九八九年まで国内唯一の公認政党だったＦＬＮの日刊紙は『ムジャーヒド』という名前だったが、これは独立戦争への言及である。つまり政府はみずからの正当性の根拠を解放戦争においているのだが、それをジハードの語彙で表現していることになる。同様に、アラブ世界でのアルジェリア独立政府の尊称は「百万人のシュハダーの国」である。これは一九五四年から一九六二年の独立戦争のあいだのアルジェリア人戦死者への言及で、シュハダーは国家に殉じたものという意味にも、また信仰のための殉教者という意味にもとれる。こうしたテーマは一九九二年にはじまる内戦の際にもふたたびとりあげられ、問題化される。アル＝ジャズィーラ衛星テレビ放送局のイスラム関連放送の分析 El Oifi,《La guerre en Algérie vue du monde arabe: le cas de la chaîne satellitaire d'Al Jazerra》, Pouvoirs, automne 1998, p.129-144. 参照。

（19）説教師のための高校の発展にかんしては特に Ilter Turan,《Religion and Political Culture in Turkey》, in Richard Tapper (sous la dir. de), *Islam in Modern Turkey*, Tauris, Londres, 1991 を参照。

（20）《ナフダトゥル・ウラマ》については Andrée Feillard, *Armée et islam en Indonésie*, L'Harmattan, Paris, 1996 の詳細な研究がある。

（21）スカルノがアタテュルクの改革に関心をよせたという点については François Raillon,《Islam et ordre nouveau ou l'imbroglio de la foi et de la politique》, *Archipel*, N° 30,《L'islam en Indonésie》, 1985, p.229-262 参照。

（22）Clifford Geertz, *The Religion of Java*, University of Chicago Press, Chicago, 1960 参照。著者はジャワ文化をもとに形成された「アバンガン」とイスラム文化の形式を鋳型として形成された「サントリ」とを対立させる。この理論は何度も議論の対象になったが、このふたつの項目を閉鎖的・相互排除的カテゴリーとしてかんがえるのではなく、ふたつの理想的タイプであり、インドネシア・イスラム教徒がこのふたつの極のあいだのどこかに自分のアイデンティティを位置づけ、構築するとかんがえるならば、きわめて妥当性のたかい主張である。

（23）一九五〇〜一九六〇年代にはインドネシアの三つの地域でイスラム教徒の蜂起がおこった。ジャワ島の《ダルル・イスラーム》のほか、一番最初にイスラム化され、国内でもっとも「厳格主義的」な地域であるアチェ（スマトラ島）、そしてセレベス島である。Manning Nash,《Islamic Resurgence in Malaysia and Indonesia》in Marty et Appleby, *Fundamentalisms…*, *op. cit.*, p.691-739 参照。

（24）《デーオハンド》派（と一九世紀末のインド亜大陸のイスラムをうごかしたその他の宗教復興運動）については Barbara D. Metcalf, *Islamic Revivalism in British India: Deoband, 1860-1900*, University of California Press, Berkeley, 1982 参照。

（25）これは一九九八年四月に私自身がイスラマバードやカラチで目撃したものである。

（26）パキスタンが形成されつつあった時代におこったこの両者の対立にかんしては Leonard Binder, *Religion and Politics in Pakistan*, University of California Press, Berkeley, 1961 の分析を参照。これは現地でのながい滞在経験にもとづいてかかれたものである。

## 第三章

（1）ダマスカス大学哲学科長サーディク・ジャラール・アズムは現代アラブ世界のもっとも代表的な思想家のひとりであり、また政教分離主義の擁護者でもある。一九六七年の戦争にかんするかれの著作はベイルートで出版され、たくさんの書評の対象となった。イスラム主義運動をアラブ・ナショナリズムの危機と一九六七年の戦争の敗北直後という文脈のなかにおきなおしてかんがえるアラブ知識人は多いが、そのなかで特にハサン・ハナフィーに注目しよう。かれは「イスラム左派」に属し、アラブ左翼の理想を現代イスラム主義「復興」という語彙とむすびつけようとする。

（2）一九六〇年代、七〇年代のエジプトの学生運動の歴史についてはAhmed Abdallah, *The Student Movement and National Politics in Egypt*, Al Saqi Books, Londres, 1985参照。この著作は当事者の証言に依拠しており、また著者自身、運動の第一線に参加していた。

（3）Olivier Carré, *Septembre noir. Refus arabe de la résistance palestinienne*, Complexe, Bruxelles, 1980参照。

（4）一九七〇年九月におけるヨルダンの《ムスリム同胞団》のフサイン国王への忠誠については本書第十四章を参照。

（5）一九七三年までのエジプトの学生運動の展開についてはAhmed Abdallah, *op.cit.* 参照。サダト大統領時代のエジプトにおけるイスラム主義の勃興については拙著*Le Prophète et Pharaon. Aux sources des mouvements islamistes*, Seuil, Paris, 1993(réed.)を参考にしていただきたい。そこには事実にかんして基礎的なデータが提示してある。本書においてわれわれはそのデータをもとに分析をおこなっている。

（6）イスラム世界の人口にかんする情報は慎重に読まれる必要がある。というのもそうした情報は政府から提供されるわけだが、一部の国ではデータ収集自体が困難だったり、さらには特定の事実を立証しようとして数字がゆがめられたりするために、統計自体、信頼できないことがあるからである。たとえばわれわれが参照するのは国連の出版した『世界人口資料』（一九九四年、ニューヨーク）であるが、これも国家が提供した情報に依拠している。ともあれ、一九五五年（イスラム諸国のおおくが独立をとげた年）から一九七〇年のあいだ、いくつか重要なイスラム系国家について人口増加率の数字をあげると以下のとおりである。アルジェリア：四一・二％増、バングラデシュ：四六・六％増、エジプト：四二・九％増、インドネシア：

三九%増、イラン：四九・四%増、モロッコ：五一・五%増、パキスタン：四八・六%増、サウディアラビア：五八・三%増、トルコ：四八・三%増。

（7）アシュワイーヤという言葉は字義どおりには「自発的（住居）」を意味し、ゲジェコンドゥは「夜建てられた」を意味するが、こうした不法建築のおおくは建築の初期段階で警察から工事を妨げられないよう、夜のあいだに建てられる。

（8）アラビア語の「ヒート」（壁）とフランス語の接尾語（イスト）からできたこの単語はアラブ流ユーモアからうまれたのだが、一日中壁によりかかって無為な時間をすごす青年をいう。この単語は、青年たちが、壁が壊れないように「ささえている」というニュアンスを示唆するので、この無為の行為がまるで「仕事」であるかのように表現されている。これは国民全体に完全雇用を約束したアルジェリア社会主義にたいする皮肉となっている。

（9）GIA（《武装イスラム集団》）は一九九二年、内戦の初期にアルジェリアであらわれたが、武力による権力掌握を主張し、FIS（《イスラム救済戦線》）からでたAIS（《イスラム救済軍》）と対立した。AISは有利な状況で軍事政権と交渉することをのぞんだ。本書、第十一章を参照。

（10）一九九七年一一月一七日、少数の武装したイスラム主義活動家が上エジプトのルクソール近くにあるハトシェプスト寺院で外国人観光客を虐殺した。本書三九五ページを参照。

（11）通常、アメリカのイスラム保守派支援政策はヤルタ会談直後の一九四五年二月一四日にまでさかのぼるとかんがえられている。その日、ルーズベルト大統領は紅海の入り口の海上に停泊した巡洋艦クウィンシー号船上でイブン・サウード国王と会談する。この会談の結果、アラムコによるハサー油田独占開発権とひきかえに、アメリカがサウディ王制を全面的に支援することが決定された。イスラム主義運動をめぐるアメリカの外交政策にかんするアメリカ国内での議論のまとめとしてScott W. Hibbard et David Little (sous la dir. de), *Islamic Activism and U.S. Foreign Policy*, Unites States Istitute of Peace, 1997参照。そこではふたつの路線が対立している。一方は「穏健派」イスラム主義運動を権威主義的・専制的体制に対抗して民主主義を実現するために戦う市民社会の代表ととらえ、それが「過激派」にたいする最良の防波堤になるとかんがえて、それを支持することをのぞんでいる。もうひとつの立場は、運動全体が過激派の人質になっているとし、「穏健派」とも一切妥協してはならないとかんがえる。後者の立場は親イスラエル圧力団体の支持をうけているのにたいして、前者はとりわけ保守的なイスラム石油産出国の動向に関心をはらうひとびとのあいだでみられる。しかし両者には共通点がある。それはイスラム主義運動を純粋にイデオロギー的側面からのみ見て、それが異なった社会グループの複合体であるという事実を考慮にいれようとしない点である。そしてかれらの議論の対象は最終的に「イスラム穏健派」は「いい奴」なのか「悪い奴」なのかということだけである。「過激派」が、その定義上、後者に入ることは言うまでもない。

(12) イラン共産党《トゥーデ》(《大衆》)が一九七八〜七九年のイスラム革命を支持し、世界の共産主義運動一般も革命を比較的好意的に評価したのは、それがきわめて反米的な様相をもっていたということがおおきい。その結果、イランでの出来事は第三世界主義革命——それはナセルのエジプトのように六〇年代に社会主義の方向に転換していた——の一種で、単にそれが宗教の装いをしてあらわれたにすぎないとかんがえられた。

(13) ほかにもたくさんあるが、このスローガンは両国で横断幕や壁に無数にくりかえされる。サダトはまた「信仰あつき大統領」(アル＝ライース・アル＝ムウミン)とも呼ばれるが、これはかれが自分の権力を正当化するにあたりイスラムに中心的な役割をあたえようとしていたことを示すものだし、また音の類似性によって、「信徒たちの長」にあたえられるアラブの伝統的称号(アミール・アル＝ムウミニーン)も想起させる。一九七七年一一月のエルサレム訪問(本書一一七ページ参照)の後、サダトは「平和の英雄」と呼ばれることになる。一方、シリア大統領は「十月のライオン」という呼び方にくわえて、かれのファースト・ネーム、ハーフィズ(保存し、とどめ、まもるもの)をつかった言葉遊びで「アラブ主義の守護者」(ハーフィズ・アル＝ウルーバ)という呼称もよくもちいられた。

(14) サウディアラビアの場合、石油採掘会社の原油調達費用の平均元値は一九七三年一〇月一日に一バレルあたり二・〇一ドルだったのが、一九七五年一月一日には一〇・二四ドル、つまり一五ヶ月で五倍になったことになる。イラン革命のためにおこった第二次石油ショックでは公式価格は、一九七八年一二月から一九八〇年五月までのあいだに、石油の品質によって違うが、一二〇パーセントから一六五パーセントの上昇をみせた。規制緩和された市場での投機によって価格が変化する「スポット」市場では一九七九年五月、価格は四〇ドルにまで上昇した。イスラム系の主要石油輸出国の石油による収入は次のとおりである。数字は年間の収入で、単位は一〇億ドル。一〇月の戦争の前(一九七三年)と後(一九七四年)そしてイラン革命(一九八〇年)の後と市場が反転した時点(一九八六年)を比較した。

| | サウディアラビア | クウェート | インドネシア | アルジェリア | アラブ首長国連邦 |
|---|---|---|---|---|---|
| 一九七三 | 四・三 | 一・七 | 〇・七 | 一・〇 | 〇・九 |
| 一九七四 | 二二・六 | 六・五 | 一・四 | 三・三 | 五・五 |
| 一九八〇 | 一〇〇・二 | 一七・九 | 一二・九 | 一二・五 | 一九・五 |
| 一九八六 | 二一・二 | 六・二 | 五・五 | 三・八 | 五・九 |

大生産国であるイランとイラクはそれぞれの収入が外的事件のためにおおきく変動している。まずイランにかんしては、イスラム革命の影響があり、また、一九八〇年から一九八八年までの両国の戦争がイラン、イラクの石油収入におおきく影響している。（資料出典はIan Skeet, *OPEC. Twenty-Five Years of Prices and Politics*, Cambridge University Press, 1988）この期間、サウディアラビアが保有していた石油資源は他の輸出国にくらべると比較にならないほどおおい。

（15）　スンナ派イスラム法学の四つの学派（マズハブ）はそれぞれアブー・ハニーファ（七六七年没）、マーリク（七九五年没）、シャーフィイー（八二〇年没）そしてイブン・ハンバル（八五五年没）という四人のイマームを祖とする。ハナフィー派（アブー・ハニーファの学派）はもっとも古い学派だが、ハディース（預言者の言葉とその生涯の物語）の選択にかんしてきわめて厳格な点が特徴である。これは二〇世紀末の急進的活動家たちの実践と対照的である。二〇世紀の活動家たちは自分たちの特定の行動を正当化するために「疑わしい」ハディースでも根拠にしようとする。マーリク派はメッカ時代の伝承よりもメディナ時代のそれ（つまり預言者が国家を形成した時代につくられたもの）を重視し、ある問題にかんして判断の基準になる本物と認定されたテクストがない場合には、結論をだすために「時宜」（マスラハ）にかなっているかどうかという点におおきく配慮する。シャーフィイー派はイスラムにおける法的論証の形式をもっとも明確に定義した学派である。すなわち、まず問題をコーランと照らしあわせ、疑問がある場合はハディースを参照し、なお疑問がある場合は宗教指導者の合意（イジュマー）、それでも疑問がのこる場合は類推（キヤース）による。この学派は最終的に人間の理性をイスラム法の源泉とすることになるわけだが、ハンバル派がその点をはげしく批判することになる。ハンバル派はまずなによりあらゆる形の「非難されるべき逸脱」（ビドア）と戦おうとしていた。かれらは、推論をもちいると必然的に人間の恣意が混入するとし、聖典にふくまれた命令を厳格主義的に徹底して適用することを主張する。その代表者はイブン・タイミーヤ（一二六三～一三二八）とその弟子イブン・カスィール（一三〇〇～一三七三）である。かれらはまたイブン・アブドゥルワッハーブ（ワッハーブ派）や本書でみることになるさまざまな急進派グループに影響をあたえることになる。アブドゥルワッハーブは一七〇三年うまれの説教師で、サウード家と同盟をむすび、サウード家がアラビア半島全体に勢力を拡大することを可能にした。イブン・タイミーヤにかんしては特にHenri Laoust, *Essai sur les doctrines sociales et politiques d'Ibn Taimiya*, IFAO, Le Caire, 1939を参照。これは現在にいたるまで比肩しうる研究がないほどすぐれた著作である。

（16）《イスラム世界連盟》ヨーロッパ支部開設については拙著*Banlieues de l'islam, op. cit.*, chap.4を参照。

（17）Jonathan S. Addleton:《The Impact of the Gulf War on Migration and Remittances in Asia and the Middle East》*International Migration*, 1991（4）, p.522-524および*Undermining the Centre: The Gulf Migration and Pakistan*, Karachi, Oxford University Press, 1992, p.192参照。

（18）個人的な体験としてこうした社会現象を指摘する人もたくさんいるが、エジプト人作家の小説Sonallah Ibrahim, *Les années de Zeth*（traduction française de Richard Jacquemond）, Actes Sud, Arles, 1993はそれについてユーモアをまじえたコメントをつけて語っている。

（19）カイロではマディーネ・ナスル街に湾岸諸国から帰った敬虔な新興ブルジョワジーのための住宅街が建設された。「ヴェール着用女性のためのサラーム・ショッピングセンター」というチェーンストアはこうした層をターゲットにしている。

（20）データについてはIgnace Leverrier,《L'Arabie Saoudite, le pèlerinage et l'Iran》, *Cemoti*, Paris, 1996, N° 22, p.137参照。

（21）フランスで建設されたモスクの資金の手当てのシステムについては拙著*Banlieues de l'islam, op. cit.*, p.211 sq.を参照。

（22）この表現はZ・ライディのものである。Zaki Laïdi（sous la dir. de）, *Géopolitique du sens*, Paris, Desclée de Brouwer, 1998参照。

（23）テヘランで《イスラム諸国会議機構》首脳会議が開催されたことはイラン外交にとって勝利だったが、その時、イラン外務省のシンクタンクＩＰＩＳ（政治学・国際関係研究所）の雑誌が《イスラム諸国会議機構》の特集号をくみ、テヘランからみたこの組織の活動について批判的な総括をおこなっている。またこの特集号では《機構》についてすぐれた分析をした既刊の論文Noor Ahmad Baba,《The Organization of the Islamic Conference: Conceptual Framework and Institutional Structure》, pp.341-370, in *The Iranian Journal of International Affairs*, vol. IX, No 3, automne 1997が再掲されている。

（24） Hassan Moinuddin, *The Charter of the Islamic Conference and the Legal Framework of Economic Cooperation among its Member States*, Clarendon Press, Oxford, 1987, p.113 sq. 参照。

（25） 本書、一一〇ページ参照。

（26） Leverrier, art. cité 参照。

（27） 巡礼期間のメッカでのイラン人のデモについては特に Martin Kramer, 《Tragedy in Mecca》in *Orbis*, printemps 1988, p.231 sq. 参照。この問題については本書第五章で論じる。

（28） 現在のザカートの計算方法については G. Causse et D. Saci, 《La comptabilité en pays d'islam》, in Pierre Traimond, *Finance et développement en pays d'islam*, Edicef, Vannes, 1995, p.62-68 参照。

（29） 国際マーケットで業務をおこなっているすべてのイスラム銀行は外貨を保有することになるが、その動きは利率によって規制されている。したがってイスラム銀行も必然的に「利子《リバー》（利息）」による収入をえることになるが、この収入は決算書から除外しなければならない。これは監査委員会のメンバーになっているウラマーによって監査される。イスラム系非政府組織が創設されたのは、ひとつには、かなりの額になるこの非「合法《ハラール》」収入の使途をみつける必要があったためである。

（30） この問題についてのイスラム教の教義上の典拠については Hamid Algabid, *Les banques islamiques*, Economica, Paris, 1990, p.32 à 48 参照。著者は利息はイスラム法で厳格に禁じられている「利子《リバー》」と同一であるとかんがえる立場にたっている。アルガビド氏はニジェールの元首相でイスラム開発銀行の元責任者。この著作（一九八八年にパリ第一大学に提出された博士論文の一部）が出版されたとき、《イスラム諸国会議機構》の書記長であった。

（31） ムスリムによって伝えられた預言者のハディース（言葉）によると「リバー（利子）には九九のケースがあるが、そのなかの一番罪深くないものでも子供と母親の性交とおなじくらい罪がおもい」。ムスリムは預言者の言行についての伝承の編纂者のなかでウラマーによりもっとも信頼性がたかいと評価される二人のうちの一人である。

（32） 近現代エジプトのウラマーによる利息の合法性にかんする議論については Michel Galloux, *Finance islamique et pouvoir politique; le cas de l'Egypte*, Presses Universitaires de France, Paris, 1997, 特に p.40-45 参照。アズハル学院の現総長は共和国ムフティーだった一九八九年にファトワーをだして、通常の銀行システムおよび利息付出資を合法とした。この結論にいたるまでの一〇年間、一般貯蓄者もエジプトの銀行を利用せず、イスラム投資会社に投資していた。

(33) シャリーアの観点から保険が合法かどうかという議論についてはErnst Klingmüler,《Islam et assurances》in Gilbert Beaugé (sous la dir. de), *Les capitaux de l'islam*, Presses du CNRS, 1990, p.153 sq. に明快な概観が提示されている。

(34) 利息を提供しながらまるでそれが存在しないかのようにみせるこの「工夫」はとりわけイラン経済の場合には顕著である。イラン経済はイスラム共和国の規定で全面的に「イスラム化」されている。実際、イランでは投資は「保証利益率」によって利益がえられることになるが、これは事実上、利息に相当し、その利率も、バザールでの闇金融の利率にあわせて計算される。

(35) 投資・資金提供の仕方にはおおきくわけて五つのタイプが存在するとされる。まずムダーラバは経営参加型の融資で、銀行は特定のプロジェクトに資金を提供し、企業がプロジェクトを遂行する。利益や損失はあらかじめ決められた基準で配分される。第二はムシャーラカ、すなわち資本参加で、銀行はプロジェクトをもった企業に資本参加し、利益配分は資本への参加比率に応じておこなわれる。商業部門での業務への融資には三つの様態が可能である。ムラーバハ、すなわち期限つき購買では、銀行は納入業者から商品を買い、あらかじめ決められた利益をいれて客にそれを転売する。客は一定期間のうちにその商品の価額を銀行に支払う。タアジールはリースに相当し、バイア・ムアッジャルは信用賃貸借に相当する。こうした取引すべては企業と銀行のあいだの緊密な関係を前提としており、そうした関係があって初めて銀行は高額にのぼるプロジェクトの検討費用を負担できるのである。

(36) イスラム金融の発達は著名なウラマーたちにきわめて報酬のたかいあたらしい職をもたらすことになる。銀行や投資会社にとってかれらが「シャリーア評議会」のメンバーになることは活動の宗教的合法性のみならず企業としての信用の保証にもなるからである。エジプトのウラマーで《ムスリム同胞団》の同調者、現在カタールに在住するユースフ・カラダーウィーはイスラム銀行からとりわけ引き手あまたの人物で、銀行同士でかれをめぐって競争がおこるくらいである。こうした状況のなかで、ウラマーたちは通常の銀行システムを「非合法」と宣言し、敬虔な信者たちの預金をイスラム金融システムに誘導するにあたっておおきな役割をはたす。そうしたウラマーたちの一部がその職務で個人的に多額の収入をえており、場合によれば、怪しげな投資をしている企業を自分たちの権威でカバーする結果になっている。そのために、とりわけ一九八〇年代後半のエジプトでは、おおきな議論がおこった。この問題にかんしてはAlain Roussillon, *Sociétés islamiques de placements de fonds et《ouverture économique》*, Cedej, Le Caire, 1988 参照。

(37) 一九六九年、サドルは『イスラム経済論』よりも簡潔で専門的なテクストを出版する。その題は『イスラムにおける利子を排除した銀行』で、これはクウェートのワクフ大臣からの諮問――「通常の」資本主義的環境のなかでイスラム銀行が機能するための条件――に答えたものだった。Chibli Mallat,《Muhammad Baqer as-Sadr》, in Ali Rahnema (sous la dir. de), *Pionneers of Islamic Revival*, Zed Books, Londres, 1994, p.263-267参照。

(38) イスラム金融システムの技術と機能、それが提供する金融サービスについてはFuad al-Omar et Mohammed Abdel-Haq, *Islamic Banking. Theory, Practice and Challenges*, Zed Books, Londres, 1996, p.1-19参照。フランス語文献ではHamid Algabid, *op. cit.* の論文は特定の立場からのものだが、明快である。そのほかにはG. Beaugé《Les enjeux de l'islam dans le champéconomique》, in G. Beaugé (sous la dir. de), *Les capitaux…*, *op. cit.*, p.20-28参照。

(39) M. Galloux, *op. cit.*, p.23-25参照。

(40) *Ibid.*, p28-35参照。

(41) 石油価格の高騰とイスラム金融システムの誕生との相関関係についてはAbdelkader Sid Ahmed,《Pétrole et économie islamique》, in G. Beaugé (sous la dir. de), *op. cit.*, p.73 sq. 参照。

(42) イスラム開発銀行の資本金二〇億ドルは主としてサウディアラビア、クウェート、リビアから提供された。開発銀行はイスラム経済・金融空間創設に貢献することを目ざしていたが、現実にはイスラム諸国の貿易の一〇パーセント弱しかイスラム諸国間でおこなわれていない。その他の大半は欧米諸国との通商である。イスラム開発銀行はインフラ整備プロジェクトに資金を提供している。しかし、銀行の当初の野心に反するのではあるが、貧しい国々が欧米の商品を輸入するための援助資金も出さなければならなくなっている。開発銀行には第二の機能がある。それはジェッダに本拠をおいたイスラム金融研究センターで、イスラム諸国の公共部門の幹部職員を養成し、イスラム金融とサウディアラビアの優越性の精神を教えこみ、かれらが国に帰ったとき、このシステムの推進役となるようにすることである。一九七五年以来、また八〇年代、九〇年代、サウディアラビアにあるイスラム開発銀行付属のこのセンターから、その後、おおくの国でイスラム商業銀行の責任ある地位についたひとびとが巣だっていった。

(43) Samir Abid Shaikh,《Islamic Banks and Financial Institutions: A Survey》, *Journal of Muslim Minority Affairs*, vol XVII, N° 1, 1997, p.118-119参照。著者はジェッダに本部をおき、ムハンマド・ファイサル王子が会長を務めるイスラム銀行国際協

会の書記長である。この論文では銀行や機関の数は一八七とされるが、そのうちの一四四についてしか詳細な情報が提供されていない。

(44) Clement Henry Moore, 《Islamic Banks and Competitive Politics in the Arab World and Turkey》, *The Middle East Journal*, vol. 44/2, printemps 1990, p. 243-249 参照。

## 第四章

(1) 一九七〇年代のマレーシアにおけるイスラム主義の勃興についてはきわめて行き届いた著作 Judith Nagata, *The Reflowering of Malaysian Islam. Modern Religious Radicals and Their Roots*, Vancouver, University of British Columbia Press, 1984 参照。また、当事者の一人としてこの問題に関与した人物の分析もあげておこう。Chandra Muzaffar, *Islamic Resurgence in Malaysia*, Petaling Jaya, Penerbit Fajar, 1987. 以下の論文にはたくさんの要素が分析されている。N. John Funston, 《The Politics of Islamic Reassertion: The Case of Malaysia》, in A. Ibrahim, S. Siddique, Y. Hussain (sous la dir. de), *Readings on Islam in Southeast Asia*, Singapore, Institute of Southeast Asian Studies, 1985 et Manning Nash, art. cité.

(2) これは同時代の北アフリカのエリートたちが、フランス語を使用するか古典アラビア語を使用するかという問題をめぐって対立した社会的・世代的葛藤を想起させる。

(3) 「アルカムの住まい」という意味のこの団体名は預言者ムハンマドを歓待した預言者の側近の名前からとられた。

(4) 一九八〇年代から一九九〇年代のマレーシアにおけるイスラム化の進展については Chandra Muzaffar, 《Two Approaches to Islam: Revisiting Islamic Resurgence in Malaysia》, non publié, mai 1995; David Camroux, 《State Responses to Islamic Resurgence in Malaysia: Accomodation, Co-option, and Confrontation》, *Asian Survey*, septembre 1996, p.852 sq. 参照。Laurent Metzger, *Stratégie islamique en Malaisie* (*1975-1995*), L'Harmattan, Paris, 1996 には現地の新聞から翻訳されたおおくのデータが掲載されている。

(5) メッカで一九三六年にうまれ、一九八八年以来、国際イスラム大学学長の座にあるアブドゥルハミード・アブー・スライマーン博士は国際イスラム主義運動のエスタブリッシュメントに属している。かれは一九七三年から一九七九年まで《イスラム世界連盟》の一機関であるＷＡＭＹ（《世界イスラム青年会議》）の総書記であり、*Towards an Islamic Theory of International Relations*, Herndon, International Institute of Islamic Thought, 1993をはじめ多数の著書を刊行している。

（6）イスラム銀行システムにかんしては前章を参照。

（7）一九九八年の事件についてはとりわけ事件を直接目撃したRaphaël Pouyé, *Mahathir Mohammad, l'Islam et l'invention d'un 《universalisme alternatif》*, mémoire, Institut d'Etudes Politiques de Paris, novembre 1998参照。

（8）一九九九年一月二八日の速報（この速報にわたしの注意を喚起してくれたことをダヴィッド・カンルーに感謝する）。

（9）たとえばタイ大使館員は、ホテルの寝室に妻と居るところをみつけられたが、カードリーダーをもった警察官に結婚の有効性を証明できなかったので、警察から訴追されてしまった。アヌワール・イブラヒムの兄も警察のこうした熱心な捜査活動の犠牲者となった。しかしかれが一緒に居た若い女性はその第二夫人に他ならなかった。（多重婚はシャリーアでは合法である。）政権の御用新聞はアヌワール家のリビドーの強さを皮肉る文章を書きまくっていたが、謝罪せざるをえなかった。新聞はあらゆる機会をとらえてイスラムの規範を尊重すべきであると主張しているから、そのイスラムの規範が認めている多重婚に敬意を表する他なかったのである。

（10）Munawwar A. Anees, 《Jefferson vs. Mahathir: How the West Came to this Muslim's Rescue》, *Los Angeles Times*, 13 sept. 1999参照。アネスが言及するジェファーソン的価値とはワシントンにあるかれの霊廟の妻壁に記された文章「わたしは人間精神にたいするいかなる形の抑圧にたいしても永遠に敵対することを神の祭壇にかけて誓う」のことで、この文章が記事の最初に引用されている。アネスのテクストには拘禁中、かれがこうむった拷問や屈辱が詳細に物語られている。裁判がおわったとき、クアラルンプールの政府系英字日刊紙はかれの顔の写真を大判で掲載した。顔は憔悴し、頭にはこの地域のイスラム教徒が好む小さな四角い帽子をかぶっていたが、そこにはおおきな活字で「男色家に暴行された男」とキャプションがつけられていた。（*The Sun*, 20 sept. 1998）

（11）ワシントンでの世界銀行会議で、当時、財務大臣だったアヌワール・イブラヒムへのインタビュー Joyce M. Davis, *Between* jihad *and* salaam. *Profiles in Islam*, Macmillan, Londres, 1997, p.297 sq. 参照。アヌワールが失脚したとき、政治・経済エリートの代表者がアヌワールとの連帯を表明した。そのなかには元香港総督クリス・パッテンもいた。パッテンは「下瞼のたれた元副首相」への敬意を表明している。

（12）「アジア的価値」やマハティール政権のイスラム主義的正当化と関連づける形で民主化にかんする議論がイスラム主義運動内部でおこなわれているが、それにかんしては、S. Ahmad Hussein:《Muslim Politics and the Discourse on Democracy in Malaysia》, in Loh Kok Wah et Khoo Boo Teik（sous la dir. de）, *Democracy in Malaysia: Discourses and Practices*, Curzon, Londres, 2000 参照。

（13）Mohammed Ayoob,《Two Faces of Political Islam: Iran and Pakistan Compared》, in Asian Survey, 6/1979, vol. XIX, N° 6, p. 535-6 に「事件進行まっただ中」でおこなわれた比較研究をみることができる。

（14）社会的・民族的・宗教的緊張をもたらす問題に対処するために軍事体制が社会のイスラム化をどのように利用していたかという問題の詳細な分析についてはMumtaz Ahmad:《The Crescent and the Sword: Islam, the Military and Political Legitimacy in Pakistan, 1977-85》, *in The Middle East Journal*, vol. L, N° 3, été 1996, p. 372-386 を参照。Markus Daechsel,《Military Islamisation of Pakistan and the Spectre of Colonial Perceptions》, *Contemporary South Asia*, 1997, 6（2）, p.141-160 は軍事階級がとりたててイデオロギー的信念にうごかされているわけでもないのに、イスラムを道具としてもちいているという点を強調している。

（15）一九七一年から一九八八年のあいだ、出稼ぎ労働者の中東からの送金がパキスタンの外貨獲得の第一の道になり、それが社会的上昇をとげるために国家に依存しない社会的に自立したグループを形成するのに重要な役割をはたしている。これは強権的なナショナリズムの時代とは正反対の出来事である。こうした側面にかんしてはJ. Addleton, *Undermining the Centre…, op. cit.*, p. 200 sq. を参照。一九七一年の敗戦以降の中東との関係強化については*ibid.*, p.45-48 参照。

（16）一九九〇年のイスラム国際大学のカレンダーをみること。

（17）S.J. Burki, *Pakistan under Bhutto*, St Martin's Press, New York, 1982 参照。

（18）アリー・ブットー政権の最後の数ヶ月については特にWilliam L. Richter,《The Political Dynamics of Islamic Resurgence in Pakistan》, in *Asian Survey*, N° XIX, vol. 6, juin 1979, p. 551-552 およびJohn Adams,《Pakistan's Economic Performance in the 1980s: Implications for Political Balance》, in Craig Baxter（sous la dir. de）, *Zia's Pakistan*, Westview Press, Boulder, 1985, p. 51-52 参照。

（19）S.V.R. Nasr,《Islamic Opposition to the Islamic State: the Jama'at-i Islami 1977-1988》in *International Journal of Middle

*East Studies*, vol. XXV, N° 2, mai 1993, p.267 参照。

（20） Baxter, *Zia's Pakistan*（*op.cit.*）は政権がさまざまな社会グループから支持されていたことを示している。Robert LaPorte Jr.《Urban Groups and the Zia Regime》, p.7-22 は将軍がスンナ派宗教指導者のみならず、農業・商業・産業部門のエリートたちからゆるぎない支持をうけ、湾岸諸国への出稼ぎのさまざまな波及効果がもたらす繁栄のために商工業界の中産階級にもたかい人気をたもっていたことを記している。逆に、法律のイスラム化のために混乱した法曹界のひとびとや、ハッド刑により窃盗犯に課せられる手足切断の罰を執行することを拒否した医者たち、さらにストを禁止され、労働組合を抑圧された都市庶民階級のあいだでは支持はずっとよわい。しかし、こうした階層についても、経済的な好況とそれがもたらす一時的な雇用の拡大や賃金の上昇のおかげで政権を支持するものはおおかった。

（21） Anita M. Weiss（sous la dir. de）, *Islamic Reassertion in Pakistan. The Application of Islamic Laws in a Modern State*, Syracuse University Press, New York, 1986, 特に p.11-17 参照。

（22） Grace Clark,《Zakat and 'ashr as a Welfare System》, in Weiss, *op. cit.*, p.79-95, notamment p.93 参照。

（23） 一九八〇年代の宗教学校の発展については Jamal Malik, *Colonisation of Islam / Dissolution of Traditional Institutions in Pakistan*, Vanguard Books, New Delhi, 1996 の、特に《Mushroom-Growth》と題されたテクスト（p. 179 sq.）を参照。それはまた喜捨の資金による宗教学校の運営についても論じている。《デーオバンド》運動については本書第二章八一ページを参照。

（24） 特に、Human Rights Commission of Pakistan, *HCPR Newsletter*, vol. VII, N° 2, avril 1996, p.32 を参照。これには鎖でつながれた宗教学校の生徒のケースが報告されている。*ibid.*, vol. V, N° 3, juillet 1994; vol. VI, N° 4, octobre 1995 でも同様のケースが報告されている。こうした事例はくりかえし報告されており、よく知られたものである。われわれが一九九八年四月にパキスタンの宗教学校を訪問したとき、地面に直接すわった生徒たちがすし詰めの状態で部屋につめこまれて学習し、食事や睡眠も教室とおなじ部屋でおこなわれていたことを確認した。

（25） Jamal Malik（*op. cit.*, p.196）によれば、《デーオバンド》派にコントロールされた宗教学校の数は一九七九年から一九八四年のあいだに五〇〇パーセント以上増加し、《デーオバンド》派だけで一〇九七の学校があった。同書一九八～一九九ページの表を参照。

（26）ズィヤーウル・ハックにたいしてとるべき態度をめぐって生じた《ジャマーアテ・イスラーミー》内部の危機については S.V.R. Nasr, art. cité に詳しく紹介され、その著作 *The Vanguard...*, p.188-205 でもとりあげられている。

（27）ズィヤーウル・ハックはイスラマバード駐在アメリカ大使およびアフガニスタンのジハードの責任者アフタル将軍とともに搭乗した軍用機の爆発で死亡した。このテロの技術が非常に高度だったので、外国の諜報機関の関与が疑われた。ジハードに手を焼いていたソ連か、それとも、大使が巻きこまれて死亡したものの、ズィヤーウル・ハックが晩年には「コントロール不可能」になったのをきらったアメリカか……。この点については独裁者の側近の回想録 Khalid M. Arif. *WorkingwithZia.Pakistan Power Politics, 1977-1989*, Oxford University Press, Karachi, 1995 がある。それは軍高官が当時もっていた見解をあらわしている。

## 第五章

（1）運動に参加した後、それに失望したひとびとが一部アメリカに亡命したが、イラン革命にかんする出版物の大部分は、そうしたアメリカ在住イラン人の手になるものである。したがって、現象の記述は十分に資料にうらづけられている。ただし解釈はたがいにはげしく対立する。それはイランのさまざまな政治運動、とりわけリベラル、マルクス主義、極左などの対立がそのまま大学の環境のなかに移植されたようにおもえるほどである。ここでそうした研究のすべてを紹介するわけにはいかないが、全体のレベルが非常にたかいことは強調しておかなければならない（それはイラン知識人がどれだけ知的に洗練されたひとびとであるかを示すものだ。ただしそれもイスラム革命がおしつけた強制のために一掃されてしまったが）。ただ、いくつか解釈の傾向にしたがってグループわけをしたものを示しておこう。Saïd Amir Arjomand, *The Turban for the Crown: The Islamic Revolution in Iran*, Londres, Oxford University Press, 1988 はおおきな影響をあたえた研究書だが、著者は、革命は反近代的な運動で、（たとえばフランス革命とは逆に）宗教指導者やバザール商人など反動的グループを権力におしあげる結果になったとする。Nikki Keddie, *Roots of Revolution: an Interpretive History of Modern Iran*, Londres, Yale University Press, 1981 はウラマーの役割に最大の重要性をあたえる。すなわちかれによれば、破壊的な近代化にたいする反動としての社会運動がおこりつつあったわけだが、その社会運動に意味をあたえる能力をウラマーがもっていたという点が重要なのだ。

Ahmad Ashraf et Ali Banouazizi,《The State, Classes and Modes of Mobilization in the Iranian Revolution》, *State, Culture and Society*, printemps 1985, p. 3-40 は三つのグループ（ウラマー、知識人、バザール商人）の役割を区別し、革命の展開を時期によって区別すべきであるという説としては最初のもののひとつである。（こうした論点は Mohsen Milani, *The Making of Iran's Islamic Revolution. From Monarchy to Islamic Republic*, Londres, Westview Press, 1988, chap. 7 à 10 に詳しく展開されている。）最後に、Farhad Khosrokhavar, *Le discours populaire de la révolution iranienne*（avec Paul Vieille）, Paris, Contemporanéité, 1990; *L'utopie sacrifiée. Sociologie de la révolution iranienne*, Paris, Presses de la FNSP, 1993; *L'islamisme et la mort. Le martyre révolutionnaire en Iran*, Paris, L'Harmattan, 1995 は革命運動における庶民階級の役割を強調している。

（2）イランの世俗的中産階級にかんしては Azadeh Kian-Thiébaut, *Secularization of Iran. A Doomed Failure? The New Middle Class and the Making of Modern Iran*, Travaux et mémoires de l'Institut d'études iraniennes, 3, Paris, 1998 参照

（3）《人民の挺身者《フェダーイーヤーネ・ハルク》》については *ibid*, p.180-188 参照

（4）《人民聖戦隊《モジャーヘディーネ・ハルク》》についてもっとも信頼できる研究は E. Abrahamian, *The Iranian Mujahidin*（première partie, *op. cit.*）

（5）庶民階級と農村からの都市移住者にかんしては Farhad Kazemi, *Poverty and Revolution in Iran*, New York University Press, New York, 1980, et F. Khosrokhavar, *L'utopie...*, p.98 参照。ホスロハヴァールは、革命前夜、テヘランの住民の半数近くが市の出身者ではなかったと記している。

（6）この表現はF・ホスロハヴァールのものであるが、都市住民になっても農村の精神構造がのこり、都市のあたらしい状況に適合できない状態を表現している。

（7）Assef Bayat, *Street Politics. People's Movements in Iran*, New York, Columbia University Press, 1997, p. XIII-XV で著者は自分自身の体験を物語っている。著者自身、地方から出てきた青年で、テヘラン下町の自然発生的にできた集落でそだち、イスラムの教育ネットワークのおかげで社会生活に適応していった。

（8）一九七七年九月、ホメイニーはウラマーたちに国王にたいする不支持を表明するよううながした。これは弾圧策が緩和された状況のなかで知識人だけに反政府運動を独占させないためであった。ホメイニーのこの文章は Milani, *The Making...*, p.187 に引用されている。

（9）中東では四〇日忌に死者を悼む儀式がおこなわれる。

（10）「タキーイェ」はシーア派のイマームの殉教を記念する場所で、さまざまな種類の公的な儀式のための集会がここでおこなわれる。これが革命のための集会に利用された。「ヘヤット」は地域に密着してその末端にまではいりこんだ地域の宗教団体で、これをとおして指令がだされたり動員命令が伝達されたりする。さらにフサイン廟というのもあるが、これは原則として、カルバラーで殺害されたイマーム・ホセイン（あるいはフサイン）の殉教を記念することに特定された廟である。

（11）こうした用語をホメイニーが時期によってどのようにもちいたかについてはErvand Abrahamian, *Khomeinism. Essays on the Islamic Republic*, Berkeley, University of California Press, 1993, p.27-31 参照。それによれば、ホメイニーは革命後、この被抑圧者《モスタズアフィーン》という概念を新社会秩序をささえる伝統的中産階級にまで拡大する。

（12）ホメイニーがシャリーアティーを批判することを拒否していたという事実（これはA. Rahnema, *An Islamic Utopian ...* p.275 によって指摘されている）はかれの《人民聖戦隊《モジャーヘディーネ・ハルク》》にたいする一貫した敵対的な態度と非常に対照的である。

（13）おおくの著述家が、革命において民衆は小さな役割しかはたしていないと評価するが、わたしはここで現地調査にもとづいたヴィエイユとホスロハヴァールの分析にしたがいたい。文書資料にもとづく分析は文書に関与する度合いがひくい社会グループの政治参加を過小評価する傾向があるという事実に配慮してかれらはそのような見解にいたっているのである。

（14）そうした行動についてはA. Bayat, *Street Politics...*, chap. 2 et 3 参照。

（15）一九七九年一月一九日にレバノンの日刊紙『サフィール』に掲載されたインタビュー。David Menashri《Khomeini's Vision: Nationalism or World Order?》, in D. Menashri (sous la dir. de), *The Iranian Revolution and the Muslim World*, Westview Press, Boulder, 1990, p.51 に引用。

（16）襲撃者は大モスクのイマームにかれらのリーダーが待望されているメシアであると宣言するよう要求した。イスラム民間信仰によればメシアはヒジュラ暦の新世紀が来るごとに出現すると信じられているのである。グループのリーダー、ムハンマド・カフターニー（三六歳）は、その軍事リーダーであるジュハイマーン・ウタイビー（二七歳）とともに、サウディアラビアの王家とは血縁関係にない部族の出身者で、《イフワーン運動》という宗教的厳格主義の系譜につながる組織であると主張していた。《イフワーン運動》というのは一九二九年三月に現サウディアラビア王朝が建てられる時、それに貢献しながら、その後、イブン・サウードにより粛清された宗教運動である。蜂起者たちはモスクで人質になった何千人ものひとびとにサウディアラビア政権はイスラムから逸脱し、王家は道徳的に腐敗し、転覆させられなければならないと説いていた。政府の要請で、ウラマー会議は（五日の猶予をあたえた後）高度な武器・装備をそなえて襲撃者たちがたてこもるモスクへ治安部隊が突入することを許可した。この事件はイスラム世界を唖然とさせ、驚愕させた。これはあまりにも意外な事件だったために、テヘランは最初、アメリカの陰謀としてこれを糾弾しさえした。イスラマバードではそのためにデモ隊がアメリカ大使館におしいって略奪をおこなった。先にテヘランのアメリカ大使館が「イマーム支持学生」により占拠されていたが、イスラマバードの事件はこの地域でのアメリカ外交にとって第二の汚点となった。これらの事件については Ayman al-Yassini, *Religion and State in the Kingdom of Saudi Arabia*, Westview Press, Boulder et Londres, 1985, p. 124 sq. 参照。

(17) 一一月二八日、第三代イマーム・フサインの殉教を記念するアーシューラー祭の際、サウディアラビア王国の歴史上初めて、何千人ものシーア派信者が自分たちにたいする差別に抗議してデモをおこない、警察と衝突した。そこでホメイニーを支持するスローガンが叫ばれた。一九八〇年二月初め、ホメイニーのテヘラン帰還一周年記念日にはカティーフの町で別の騒動がおこり、おおくのシーア派信者がホメイニーの肖像画をふりかざしてデモをおこない、さまざまな建物に放火をした。

(18) 好意的記事の選集については Mohga Machhour et Alain Roussillon, *La révolution iranienne dans la presse égyptienne*, Cedej, Le Caire, 1982 参照。ただしこれは一九八〇年九月のイラン・イラク戦争勃発までの時期を扱っている。

(19) 一九七九年七月、それまでハサン・バクル大統領の副大統領だったサッダーム・フサインが独裁権をにぎる。この後、「陰謀」を疑われた高官たちの処刑がつづく。

(20) ペルシアはイスラムに征服されたのだが、アラブ征服者の子孫にくらべて文化的には非常に発達していた。そのために、とりわけバグダードのアッバース朝時代（七五〇〜一二五三）に顕著にみられるように、イスラムはペルシア文化に過剰に影響をうけすぎたとかんがえ、それを理由にしてペルシアを批判する伝統がアラブ古典文化には存在する。イスラムのペルシア化はシュウービーヤと呼ばれているが、アラブ論争家たちはこれによって本物のイスラムがゆがめられてしまったとかんがえる。イラクのイデオローグたちは戦時中、こうした古い論争を再燃させ、映画人、詩人、作家など高名なアラブ知識人を動員して歴史を題材にしたフィクションをつくらせる。そうしたフィクションを鑑賞するものは、サッダーム・フサインがアラブ・イスラム的価値の守護者で、ペルシアの「魔術師《マージ》」の子孫たちと戦っているのだという風に感じてしまう。カーディスィーヤの戦いではアラブ・イスラムの軍隊が最後のペルシア王を破り、その結果、サーサーン朝ペルシアは独立国として存続しえなくなった。バグダードはこの戦いを素材にした映画をエジプトの映画監督サラーフ・アブー・サイフに注文し、大スペクタクル映画が製作された。

(21) イスラムは原則として他のイスラム教徒よりアラブ人を優先するということはないのだが、近年になってイスラム的レトリックを使用するようになったバグダードのアラブ・ナショナリストたちは、イラン人は本物のイスラムとは無関係な民族だとしてイラン人を攻撃する。こうした攻撃にたいしてイラン人イデオローグたちは教義的な部分で反論する。かれらによれば、《バアス党》の主張する世俗主義は伝統で言われるところの背教に相当する。というのも世俗主義者とはシャリーア、すなわちイスラム聖典の命じる掟にしたがった社会組織を放棄したイスラム教徒に他ならないからである。したがって、バグダードの《バアス党》政権は背教にたいする処罰、死刑にあたいし、イスラム共和国の「真のイスラム教徒」はかれらにたいしてふさわしい刑罰をあたえる義務がある。ちょうど、カーディスィーヤの戦いのずっと前に、預言者の死後、預言者と預言者が伝えた宗教にたいする忠誠を放棄したアラブの部族を第一代カリフが処罰したように。イラクでは戦争のあいだ、バアス主義理論は沈黙していた。宗教に依拠したプロパガンダ競争をおこなっていたサッダーム・フサイン政権にとって不都合だったからである。こうした傾向は一九九一年の湾岸戦争でいっそう強くなる。イラクは、サウディアラビアを筆頭とするアラブ諸国と対立するのだが、ここでも宗教的正当性がどちらにあるのかという問題をめぐって競いあいがおこなわれることになる。

(22) PLOの指導者のなかには、ヤセル・アラファトのように青年時代、《ムスリム同胞団》に参加していたものもいるが、政治的に成熟してからはアラブ・ナショナリズムが基盤となっている。

(23) 一九七〇年代初頭、レバノンで《ムスリム同胞団》の影響をうけたひとびとはとりわけトリポリのスンナ派のなかに存在したが、それは、当時のシリアやヨルダン同様、知識人・名望家にかぎられていた。その代表はきわめて多産な著述家で、レバノンの《同胞団》を代表するイデオローグ、ファトヒー・ヤカンである。レバノンの《同胞団》が社会的役割をはたすようになるのは一九八〇年代中頃である。その頃、《同胞団》はトリポリ、とりわけバーブ・テッバーネ地区の貧困都市青年層に支持をひろげ、それを基盤としてシリア軍やシリア軍と同盟する国内勢力と戦う。Dalal Bizri,《L'islamisme libanais et palestinien: rupture dans la continuité》, *Peuples méditerranéens*, N° 64-65, juillet-décembre 1993, p.265 sq. et Michel Seurat,《Le quartier de Bab Tebbané à Tripoli (Liban)》, in *L'Etat de Barbarie*, Seuil, Paris, 1989, p.110 sq. 参照。

（24）「イスラム進歩主義」陣営にはおおくの左翼キリスト教徒やアラブ・ナショナリストがいたし、またギリシャ正教徒のあいだではそれに属する人がとりわけたくさんいた。中東のキリスト教についてはJ.-P. Valognes, *Vie et mort des chrétiens d'Orient*, Fayard, Paris, 1994 参照。これは特定の立場を鮮明に表明した著述であるが、おおくの新事実が解明されている。

（25）レバノンにおけるパレスチナ難民問題のもっとも完全な紹介はYezid Sayigh, *Armed Struggle and the Search for the State. The Palestinian National Movement 1949-1993*, Clarendon Press, Oxford 1997, にみられる。とりわけ第三部《The State in Exile, 1973-1982》, p.319-544 参照。

（26）パレスチナの《ムスリム同胞団》の慎重な態度についてはZiad Abu-Amr, *Islamic Fundamentalism in the West Bank and Gaza. Muslim Brotherhood and Islamic Jihad*, Indiana University Press, 1994, 特に第二章を参照。PLO指導者のなかには、イスラエルがナショナリズム運動を弱体化させるために《同胞団》を援助していると疑っていたものもいた。ちょうどサダトが一九七〇年代最初にエジプトの大学でアラブ左翼とナセル主義者の勢力をおさえるためにイスラム主義者を奨励したように。一方、《同胞団》側では、ガザ地域での《同胞団》の活動の中心である《イスラム連合《ムジャンマア・イスラーミー》》指導者アフマド・ヤースィーンが語っているように、「PLOは世俗主義的である。かれらがイスラム信仰にもどらないかぎりパレスチナ民衆の代表と認めることはできない」とかんがえていた（Ziad Abu-Amr, in *ibid.*, p.31 に掲載されたインタビュー）。《同胞団》は慈善活動・布教活動の広大なネットワークを構築して社会的な領域で支持基盤を強化し、固有に政治的な領域を避けながら好機をうかがっていた。政治的な領域ではPLO指導部の後塵を拝するか、それとも公然と対立しなければならなかったからだが、かれらはそのどちらも当面は避けたいとかんがえていた。左翼攻撃と「不信仰なひとびと」にたいする暴力事件が頻発した一九八〇年代、「社会の権威主義的再イスラム化」がどんな風に実現されたかについてはJean-François Legrain,《Les islamistes palestiniens à l'épreuve du soulèvement》, in *Maghreb-Machrek*, Nº 121, juillet-septembre, 1988, p.8-10 参照。

（27）Machhour et Roussillon, *op. cit.*, p.45-54 にこの著作の抜粋が掲載されている。ファトヒー・アブドゥルアズィーズという偽名で出版されたこの本はイラン・イスラム革命の勝利についてアラビア語で出版された最初の本であるが、数日の内に初版一万部が売りきれた。著者はこの本のためにエジプト警察により短期間、拘留された。Rif'at Sid Ahmed (sous la dir. de), *al a'mal al kamila li-l shahid al douktour fathi al-shqaqi*（『殉教者ファトヒー・シカーキー博士全集』）, Le Caire, Yafa, 1997, vol. I, p.53 et 459-534 参照。

（28）パレスチナの《イスラム・ジハード運動》についてはAbu Amr, *op. cit.*, chap. 4の他、Elie Rekhess,《The Iranian Impact on the Islamic Movement in the Gaza Strip》, in David Menashri, *op. cit.*, pp.189-206, et Jean-François Legrain, *Les voix du soulèvement palestinien*, CEDEJ, Le Caire, 1991, p.14-15参照。ファトヒー・シカーキーは一九九五年一〇月二六日、マルタ島でモサドに暗殺されたが、その主要な著作はエジプトのイスラム主義政治評論家Rif'at Sid Ahmed編纂で前掲著作集に収録された。

（29）この運動体の組織ついてはJ.F. Legrain,《Autonomie palestinienne: la politique des néo-notables》, REMMM, t. 81-82, 1996/3-4, p.153-206が参考になる。

（30）レバノンのシーア派社会と一九七〇年代のその変容についての社会学的分析にかんしてはA.R. Norton, *Amal and the Shi'a. Struggle for the Soul of Lebanon*, University of Texas Press, Austin, 1987, 特にp. 13-38参照。

（31）これについてはFouad Ajami, *The Vanished Imam. Musa al Sadr and the Shia of Lebanon*, Cornel University Press, New York, 1986が必読の研究書である。

（32）一九七〇年代中頃まで、レバノンの極左組織、特に《レバノン共産主義活動組織》（OACL、アラビア語の《ムナッザマ》（《組織》）という呼称で知られている）は都市移住した第一世代の教育をうけた青年層のあいだに支持をひろげていた。ムーサー・サドルの運動もこのおなじ社会文化グループをひきつけようとしていた。

（33）前に引用したF. Ajami, *The Vanished Imam*（『消えたイマーム』）という本の題はこのような信仰を念頭においている。伝説によると第一二代イマームのマフディー（救世主）、ムハンマド・ムンタザルは八七四年にみずから姿をかくした。（本章、注三一。）

（34）レバノンの《ヒズボラ》とイランの関係についてはM. Kramer,《The Pan-Islamic Premise of Hizballah》, in David Menashri, *op. cit.*, p. 105 sq. 参照。レバノンにおけるイスラム主義政党と当時のその地政学的役割（欧米に対抗するイランの補助者）についてはMagnus Ranstorp, *Hizb'Allah in Lebanon. The Politics of the Western Hostage Crisis*, St Martin's Press, New York, 1997参照。

（35）A. R. Norton,《Lebanon: The Internal Conflict and the Iranian Connection》, in J. Esposito（sous la dir. de）, *op. cit.*, p.126では、一九八二年から一九八九年のあいだにイランからレバノンの《ヒズボラ》に提供された資金援助は五億ドルにのぼると

推定されている。

(36) 二四一名のアメリカ海兵隊、五六名のフランス外人部隊兵士が殺害される。またティールではテロのために一〇名のレバノン人をふくむ二九名の死者がでた。

(37) この誘拐・人質戦略の正確な年譜と解釈については Magnus Ranstorp, *op. cit.*, p.86 sq. 参照。

(38) このテロはクウェートがイラン・イラク戦争でイラクにたいして財政支援をおこなったことにたいする報復としておこなわれたが、イラクの《ダアワ党》活動家や《イスラム・アマル》のレバノン人活動家（かれらは指導者と血縁関係にあった）などが実行犯にふくまれていた。

(39) また一九八五年、一九八六年にパリや地方でおこった一連のテロ事件もイランによるフランスにたいする圧力である。

(40) アメリカとの秘密交渉は当時、国会議長で、後に共和国大統領となるラフサンジャーニー氏によって推進され、ホメイニーの後継者として次期の革命最高指導者と目されていたモンタゼリー師がそれに反対していた。モンタゼリー師は革命の輸出推進路線「急進派」の中心人物だったメヘディー・ハシェミの協力をえていた。秘密交渉をリークしたのはハシェミであったが、この事件でモンタゼリー師は失脚し、メヘディー・ハシェミは命をうしなう。かれは一九八七年に処刑されたのである。この頃から、イラン上層部で外交問題をめぐって「現実派」と「急進派」のあいだで意見の対立がみられるようになるが、一九八九年六月のアーヤトッラー・ホメイニーの死去まではそれはさほどあからさまな形ではあらわれてこない。

(41) Wal Fadjiri, N° 1, 13 février 1984, p. 2. Editorial signé du fondateur, Sidy Lamine Nyass 参照。

(42) *Ibid.*, N° 2, p.14 参照。エジプトは一九七九年三月のイスラエル＝エジプト和平条約調印後、《イスラム諸国会議機構》の参加資格を停止されたが、一九八四年のカサブランカ会議で《機構》に復帰した。*Ibid.*, p.2 のシーア派とスンナ派の合同にかんする記事も参照すること。この記事は両派の合同を革命の輸出に合致するような観点からかんがえている。（記事題名：「スンナ派とシーア派は乳兄弟であり、イスラム主義路線の上にのるおなじ学派を構成している」）「おしつけられた戦争」にかんしてはシャムラン医師（イスラム共和国軍事大臣モスタファ・シャムラン）の記事（N° 4, p.27 sq.）や「イマーム・ホメイニーによるイスラム国家宣言」（N° 6, p. 30 sq. et N° 7, p. 17 sq.）など。雑誌の編集長は一九八四年五月の「テヘランにおけるイマーム総会」にも出席している。その総会の際、「サッダームの犯罪のおぞましさ」について発表があった。（N° 7, p.15）

(43) こうした側面にかんしては同時代的に問題をあつかった Moriba Magassouba, *L'Islam au Sénégal: demain les mollahs?*,

Karthala, Paris, 1985 参照。この本は資料収集がしっかりしているが、題は当時の不確実な状況をよくあらわしている。一九八二年に創刊された雑誌 *Le Musulman* はイラン革命を熱狂的に支持しているが、創刊者の一人ウマル・バによれば「親イラン派」であるという態度表明はしていない。（インタビュー、ダカール、一九九八年二月）

（44） ダカールのイラン大使館は一九八四年春に閉鎖される。これにたいして『ワル・ファジュリ』は抗議の声をあげる。(N° 3, p. 8-9)

（45） スィディ・ラミン・ニアスのインタビュー。（ダカール、一九九八年二月）

（46） Fred von der Mehden:《Malaysian and Indonesian Islamic Movements and the Iranian Connection》, in J. Esposito, *op. cit.*, p. 248 参照。一九九〇年一二月に創設された《インドネシア・イスラム知識人協会》のある指導者は一九七九年にテヘランに行っているが、かれもイランの出来事にたいする熱狂を我々に語ってくれた。しかしインドネシアでそれをおなじ形でくりかえすことはのぞまず、模倣するより、その精神を生かしたいと述べている。（一九九七年八月、ジャカルタでのインタビュー）

（47） イスラム共和国はさまざまなイスラム主義団体に助成金をあたえ、テヘランでおこなわれた会議（たとえば先に言及した一九八四年五月の会議など）に招待するといった活動をしていたが、さらにさまざまな言語でプロパガンダ雑誌を発行し、政権がなにを実現し、なにを目標にしているかを誇示していた。アラビア語とウルドゥー語では『シャヒード』（殉教者）と『サウト・アル＝ウンマ』（《信者共同体の声》）。フランス語では『イスラムのメッセージ』。これは不定期刊行物だが、主としてブラック・アフリカおよび北アフリカのフランス語圏イスラム教徒むけである。しかしつぎこまれている資金は石油産出君主国がおなじ読者層の支持をあつめ、維持しようとして費やす金額とは比較にならない。

（48） ムハンマド・バーキル・サドル（一九三五～一九八〇）は一九五八年創設のイラクのシーア派イスラム主義政党《ダアワ党》の創設メンバーの一人でもあるが、かれはまた一九六一年に『イスラム経済論』を公刊し、イスラム経済学の創始者として今日にいたるまでシーア派、スンナ派を問わずイスラム主義の影響下にあるひとびとから敬意をはらわれている（本書一〇八ページ以下を参照）。かれはマルクス主義的左翼やバグダードで権力をもつ《バアス党》との闘争の先頭にたち、一九六四年から一九七八年にホメイニーが滞在したナジャフの宗教界が政治化するのに重要な役割をはたす。Amazia Baram,《The Radical Shi'i Movement in Irak》, in David Menashri, *op. cit.*, p. 133 sq.; Hanna Batatu,《Shi'i Organization in Irak》, in

J. Cole et N. Keddie（sous la dir. de）, *Shi'ism and Social Protest*, Yale University Press, New Haven, 1986, p. 139 sq.; Pierre Martin（pseud）, 《Le clergé ch'ite en Irak hier et aujourd'hui》, in *Maghreb-Machrek*, N° 115, janvier 1987 参照。

（49） この問題の概観については J. Esposito（sous la dir. de）, *The Iranian Revolution: Its Global Impact*, Florida International University Press, Miami, 1990 参照。一九八二年一二月、ボスニア・ヘルツェゴヴィナの旧《ムスリム青年組織》メンバーでアリヤ・イゼトベゴヴィッチに近い五人の人物がテヘランでひらかれた「金曜日のイマーム会議」に出席した。一九八三年八月の裁判で一二人の「イスラム原理主義者」がおもい禁固刑に付されたが、その時このイマーム会議への出席も有罪判決の根拠となった。本書三二〇ページ参照。

（50） この現象の詳細な分析については拙著 *Les banlieues de l'islam, op. cit.*, p. 313-352 参照。

（51） カリーム・スィッディーキーのまわりにあつまった人びとにかんするデータについては G. Kepel, *A l'ouest d'Allah*, Seuil, Paris, 1994, p. 193 sq. 参照。

（52） 一九八二年一月、テヘラン当局は預言者ムハンマドの生誕記念を機会として「イマームと説教師の国際集会」を開催した。これにたいしてサウディアラビアのムフティー、イブン・バーズ師はこの記念行事を異端とするファトワーを出していた。（ワッハーブ派によれば、信者にとってアッラーのみが崇拝の対象であるべきで、たとえ預言者ムハンマドであれ、記念行事は人間にたいする偶像崇拝になる。）これはイランにとってワッハーブ派の教条主義と対抗してムハンマドにたいする崇敬の念のなかにシーア派とスンナ派を結集する好機であったが、しかしこの集会はたいした反響を呼ばなかった。ついで一九八二年一二月末、最初の国際会議が、もっと周到に準備され、一三〇名の参加者をあつめた。さらに一九八四年五月の第三回国際会議では六〇ヶ国から五〇〇名程度の人間があつまった。これにかんしては Martin Kramer の記事《Intra-Regional and Muslim Affairs》, in *Middle East Contemporary Survey*（以下 *MECS* と省略して表記）vol. VI, p. 290, vol. VII, p. 240, vol. VIII, p. 168 参照。

（53） バキーウの墓地には預言者の娘でアリーの妻であるファーティマ（シーア派はその系統に連なると主張している）や四人のイマームが埋葬された場所であるとされている。墓地はイブン・サウードがメディナを占領したとき、その配下のイフワーン戦士によって荒らされた。

（54） その結果、イラン人は巡礼者全体の一八パーセントを占め、国別ではもっともおおくなった。政治的問題とは別に、サウディアラビアは巡礼者の数を減少させようとしていた。航空運賃の値下げで巡礼が容易になり、巡礼者が殺到するようになり、サウディアラビアには克服しがたい問題が生じるようになったためである。こうした状況のなかでイラン人の巡礼者の数のおおさはそれ自体がひとつの問題であった。

(55) イランの圧力のおおきさはイラクとの戦争の展開とつながっていた。一九八四年には戦況はテヘランに有利になっていた。イランはこの圧力を、サウディアラビアをサッダーム・フサインからひきはなすためにも利用していたのである。

(56) メッカ巡礼問題の展開についてはMartin Kramer, art. cit. in *MECS*, vol. VIII à XII参照。一九八七年の巡礼については同氏《Tragedy in Mecca》*Orbis, op. cit.* 参照。

## 第六章

(1) この表現はパキスタンの将軍がイギリスのジャーナリストと共著で発表した著作の題を借りたものである。M. Atkin et M. Youssef, *The Bear Trap*, trad. française: *Afghanistan, l'ours piégé* Alérion. Paris. 1996. これはアフガニスタンにおけるソ連の挫折についてもっとも豊富な資料に裏づけられた著作のひとつである。アメリカの情報機関が一九七九年の夏からアフガニスタン反共ゲリラに資金と武器を提供し、それがソ連の介入を誘発したことがいまでは判明している。

(2) パキスタンに避難した三〇〇万人の難民にくわえ二〇〇万人程の住民がイランに避難した。これは大部分、特にアフガニスタン西部に集中していたシーア派マイノリティーである。

(3) 統合情報司令部(Directorate of Inter-Services Intelligence)の略号で、一九四八年に、その前年に建国されたパキスタンに軍事顧問として派遣された英軍将校により創設された軍部情報機関。

(4) この後、「ジハード主義者」という単語はアフガニスタンのジハードの外国人支援者を指すことにする。一九九〇年代、このグループから出てきた急進派活動家たちはみずから「ジハード主義的サラフィー主義者」と名のることになる。

(5) ダーウード王子の政権(ダーウードは一九七三年、いとこのザーヒル・シャー国王を強制的に退位させ権力をにぎった)を転覆させた共産党によるクーデタを新指導部は「サウル革命」と呼んだ。これはクーデタがおこった月のヒジュラ太陽暦による呼び名(「雄牛」という意味)である。出来事の詳細な歴史については、フランス語で書かれたAssem Akram, *Histoire de*

*la guerre d'Afghanistan*, Balland, Paris, 1996 が資料調査もしっかりしている。

(6) 現代アフガニスタン問題では権威となっている著書 Barnett R. Rubin, *The Fragmentation of Afghanistan. State Formation & Collapse in the International System*, Yale University Press, Londres et New York, 1995, chap. 4, p. 81-105 は、共産主義者とイスラム主義者の社会的出身階層と文化的軌跡を比較検討している。この点にかんするアフガニスタンの特異な点は、このふたつの運動の出現が同時であったことである。これにたいしてイスラム世界の他の地域においては一九五〇年代、六〇年代に共産主義者がさかんに活動した後、一九七〇年代、八〇年代にイスラム主義運動活動家が政治の表舞台を占めるようになっている。《アフガニスタン人民民主党》（共産党）は一九六五年に創設され、一方、最初のイスラム主義運動組織《青年ムスリム協会》はカブール大学で一九六八年につくられた。中心になったのはアズハル学院でエジプトの《ムスリム同胞団》の秘密組織網に影響をうけて帰国したアフガニスタン人学生たちであった。

(7) バブラック・カルマルに指導された《旗派《パルチャム》》は一九七八年七月に粛清される。さらに、《人民派《ハルク》》の歴史的指導者だったヌール・ムハンマド・タラキーはナンバー・ツーのハーフィズッラー・アミーンの命令で扼殺され、ハーフィズッラー・アミーンが一九七九年九月一五日、権力を掌握する。

(8) ソ連の介入の動機やこの問題にかんするソ連指導部内での議論については A. Akram, *op. cit.*, p. 145 sq. et p. 582-601 に引用された当事者の証言（共産党体制の消滅でこうした証言をえることが可能になった）を参照。

(9) イスラエルと和平条約をむすんだエジプトはこのために《イスラム諸国会議機構》参加資格を中断されていた。エジプトが機構に復帰するのは一九八四年になってからである。

(10) 《イスラム諸国会議機構》第三回首脳会議の宣言文および決議・勧告については *MECS*, vol. V, 1980-81, p.137-145 参照。

(11) イスラム法学では防衛的ジハードと攻撃的ジハードを区別する。前者は信者共同体の領土が異教徒によって攻撃され、イスラムの存在の継続性そのものが脅かされたときに宣言される。ウラマーたちの解釈によれば、ファトワー（聖典にもとづく法的見解）によって防衛的ジハードが宣言された場合、すべてのイスラム教徒はジハードに参加しなければならない。ただしその参加の形式は、武器をとってということもあれば、寄付、慈善、祈りなどその他の適切な方法によってということでもかまわない。それにたいして、ジハードが「不信仰者の家《ダール・アル＝クフル》」を攻撃し、それを征服し、住民をイスラム信仰にしたがわせるためである場合、ジハードへの参加は連帯義務《ファルド・キファーヤ》である。すなわち義務は戦争の長とその部下にのみあり、イスラム教徒全員がそれに参加する義務はない。この問題にかんしては比較的古い研究書しか存在していない。Alfred Morabia, *Le gihad dans l'islam médiéval: le combat sacré des origines au douzième siècle,* Albin Michel, Paris, 1993 はこれにかんする古典的なテクストの整理をおこなっている。近代にかんしては Rudolf Peters, *Islam and Colonialism: The Doctrine of Jihad in Modern History,* Mouton, La Haye, 1979 の論文集を参照。また Ramadan al-Bouti, *Le jihad en islam. Comment le comprendre? Comment le pratiquer?,* Dar el-Fikr, Damas, 1996 はシリアの代表的ウラマーの一人によるジハード論で、この問題をめぐる議論も掲載されている。

(12) たとえば一九八〇年代のアルジェリアはソ連とさまざまな面でむすびついていたが、アルジェリアの初期のイスラム主義グループはアフガニスタンのジハードを興味ぶかく注視していた。アルジェリア政府は当時、社会主義を標榜していたから、イスラム主義者はアフガニスタンのジハードを、社会主義政府にたいする戦いを正当化する根拠となるとかんがえていたからである。この点について Ignace Leverrier, 《Le Front Islamique du Salut entre la hâte et la patience》 *in* Gilles Kepel (sous la dir. de), *Les politiques de Dieu,* Seuil, Paris, 1993, p.34 参照。

(13) アフガニスタンにおけるイスラム主義運動の誕生の経緯については Olivier Roy, *Afghanistan. Islam et modernité politique,* Seuil, Paris, 1985, p. 95 sq. に詳細に記述されている。ここで提示されているデータの大部分はこの本から借りたものである。

(14) イスラム主義運動のこのような「実力行使主義」的傾向はほぼ同時期のエジプトにもみられる。エジプトでは一九七四年四月、ヘリオポリス軍事アカデミーで蜂起未遂事件があった。これは《イスラム解放党》によって主張された権力掌握戦略と関連があるとされている。《イスラム解放党》は一九四八年、パレスチナでタキー・ディーン・ナブハーニーによって創設された。ハサン・バンナーはイスラム組織を地道に社会定着させることがまず大事だと主張し、《ムスリム同胞団》はバンナーの方針をまもっていたのだが、ナブハーニーはそのような戦略が失敗におわったという判断のもとに、それにたいする反動から実力行使による国家権力掌握を主張した。この党についてはSoha Taji-Faruqi, *A Fundamental Quest: Hizb-al Tahrir and the Search for the Islamic Caliphate,* Grey Seal Books, Londres, 1996 参照。

(15) アフガニスタンはさまざまな言語・方言を話す民族の集合体で、シーア派マイノリティーも全人口の一五パーセント程度存在する。もっともおおきなグループはパシュトゥーン（あるいはパタン）人（これはパキスタンのペシャーワル地方にも存在する）で、一九七九年の時点で七〇〇万人程度いたと推定されている。かれらはパシュトー語を話し、伝統的に国を支配している。その他、ペルシア語方言ダリー語を話すタジク人（当時ソ連内の一共和国だったタジキスタンのタジク人同様スンナ派、三五〇万人）、ハザラ人（ペルシア語系でシーア派、一五〇万人）、ウズベク人（スンナ派、トルコ語族に属するウズベク語を話す、一三〇万人）がいる。B. Rubin, *op. cit.*, p.26 sq. 参照。

(16) 世俗化した都市中産階級はアフガニスタンではきわめて少数だったが、共産党による弾圧の第一の標的のひとつになった。非共産主義・非イスラム主義の知識人で、死なず、投獄されなかった者は、可能ならば亡命し、レジスタンスに参加することはなかった。だから宗教のみが共産党に対抗するために利用可能な唯一の政治的言語だった。

(17) マスウード司令官はタジク人（したがってペルシア語系）、元カブール・フランス・アフガニスタン高校の生徒で理工学部学生だったが、ジャーナリストや研究者が共感を示したためにフランスではたかい人気を誇っていた。

(18) この政策を実行した当事者の一人ムハンマド・ユースフ少将（軍管区司令官）（前述した『罠にかかった熊』の著者）が *Silent Soldier. The Man behind the Afghan Jehad*（『沈黙する兵士――アフガニスタンのジハードの黒幕』）. Jang Publishers, Lahore, 1991 でこの政策をあきらかにし、それを弁護している。一九八三年から一九八七年までパキスタン統合情報司令部（ＩＳＩ）のアフガニスタン局責任者だった著者は上司アフタル将軍の行動を弁護するためにこの本を書いた。アフタル将軍は一九七九年から一九八七年までＩＳＩ司令官で、したがってアフガニスタンのジハードの総元締めだった人物だが、一九八八年八月、ズィヤウール大統領が殺されたテロ事件の時に一緒に死亡した。この本が書かれたとき、赤軍はすでに撤退していたが、カブールは依然として共産党指導者ナジブッラーの支配下にあった。いまやムジャーヒディーンはアメリカの一部からも、またサウディアラビア政府からも疑いの目でみられていた。湾岸諸国の経済支援で懐をふくらませたヘクマトヤルの党が一九九〇年から九一年の湾岸戦争でサッダーム・フサインを全面擁護したからである。パキスタンでも、ベーナズィール・ブットーの政府は前政権のアフガニスタン・イスラム主義政党全面支持政策を再検討していた。したがってユースフ少将のこの本はいろんな方面から批判をうけはじめた政策を後から正当化する試みであり、この点を理解した上で読まれるべきである。著者は自己弁護の論拠として、ＣＩＡとパキスタン統合情報司令部とムジャーヒディーンのあいだにさまざまなつながりがあったことを暴露し、アメリカからうけとった武器の七〇パーセントがイスラム「原理主義政党」にわたされたと明言している(p.19)。かれによればこの選択は効率という面から正当化される。

(19) 一九九八年四月、ラホールのマンスラでおこなわれた《ジャマーアテ・イスラーミー》の副議長へのインタビューによる。

この責任者によると、湾岸諸国政府はアフガニスタンの政党について事情がわからないので、《ジャマーアテ・イスラーミー》に資金分配を委託し、《ジャマーアテ・イスラーミー》は自分が知っている政党に資金をわたしたが、その結果、ヘクマトヤルの《ヘズベ・エスラーミー》を優遇することになった。

(20) うまれたときにはグラーム・ラスールと名づけられていた。(ラスールは預言者に関係する名前で、アラビア語で「使者」つまり預言者ムハンマドを意味する。) これは預言者崇拝を異教的偶像崇拝とかんがえるワッハーブ派には(本書五四〇ページ、注五二参照)嫌悪をおぼえさせる名前なので、かれは後にアブドゥッラッブ(「神の崇拝者」)・サヤーフ(「剣をもつ者」あるいは「死刑執行人」)と名のるようになった。一九八四年、かれはイスラムに顕著な貢献をした功績でファイサル国王国際賞をうける。これは毎年、サウディアラビア王家から評価された人物がうける賞で、副賞として三五万リャールの賞金がついている。

(21) ペシャーワルの七つのスンナ派政党とおなじように、パキスタンのバローチスターン州の州都クエッタには三つのシーア派政党の連合組織が本部をおいていた。七つのスンナ派政党はつぎのとおりである。《アフガニスタン・イスラム国民戦線》、《アフガニスタン国民解放戦線》(スーフィー教団の指導者がリーダー)、《イスラム解放運動》(ウラマーがリーダー)。以上が三つの「伝統主義的」政党である。これらにたいする外国からの支援はよわい。四つの「イスラム主義」政党というのは次のとおりである。ヘクマトヤルの《ヘズベ・エスラーミー》、Y・ハーリスが指揮する《ヘズブ》(ヘクマトヤルの党から民族的・イデオロギー的理由で分派したもの)、サヤーフの《アフガニスタンの自由のためのイスラム連合》(以上三つがサウディアラビアの資金の大半をうけとる)、そして前三者より穏健とみなされているラッバーニー教授の《イスラム協会》。B. Rubin. *op. cit.*, p.196-225. 特に図表 p. 208-209 参照。

(22) *ibid*, p. 215.

(23) カウム(民)というアラビア語(これは植民地時代の北アフリカでは「グム」(goum)という形でフランス語化された)は伝統的基本的「連帯集団」をさす。この集団を通じてアフガニスタン人は外部の環境(国家や他の個人など)と関係をむすぶ。

(24) とはいえ《デーオバンド》運動も一九四七年以前、イギリスの植民地支配からの解放を目ざしたさまざまな急進的運動と関係をもったことがある。たとえば一九二四年、アタテュルクがオスマン帝国のカリフ制を廃止した頃、インド亜大陸のおおくのイスラム教徒を動員しておこったヒラーファト運動などがそうである。

(25) アメリカはアフガニスタン・ゲリラを支援するために、少なくとも一九八七年までは、パキスタンの核開発プログラムを阻止するための予防措置のほとんどを解除してしまう。パキスタンは一九八二年には、イスラエル、エジプト、トルコについで、アメリカの軍事援助の第四の受益国となる。こうした問題についてはLeo E. Rose et Kamal Matinuddin (sous la dir. de). *Beyond Afghanistan. The Emerging U.S.-Pakistan Relations*, University of California, Berkeley, 1989 参照。この著作の寄稿者の大部分はアフガニスタンからのソ連軍撤退後も二国間の特別な関係を維持することを主張しており、巻頭にはアメリカ外交官によるズィヤウール・ハック将軍への讃辞が掲載されている。パキスタンはまたこの八〇年代に湾岸諸国に移住した労働者の仕送りからも相当の収入をえている。（本書、第三章、注一七を参照）

(26) B. Rubin. *op. cit.* に援助の額のデータやそのメカニズムの記述があるのでそれを参照のこと。ＣＩＡの資金援助の総額は三〇億ドルにのぼると推定されている。元ＣＩＡアフガニスタン問題担当責任者ミルトン・ビアーデンは「サウディがアメリカと競うように資金援助をおこなったことがアフガニスタンへのアメリカの一〇年間の関与が成功するための鍵となった」と述べている。(http://www.pbs.org/wgbh/page/frontline/-shows/binladen/interviews/bearden/html)

(27) パキスタンとアフガニスタンの国境地帯は「部族支配地域」とされ、域内での自治権を付与されている。その結果、そうした地域は特に免税商品を輸入することができる。しかしこれは大規模な密輸取引の隠れ蓑になっている。この地域でケシはさしたる妨害もなく栽培され、あらゆる種類の武器が自由に売買されている。武器はアフガニスタンでの戦争から横流しされるために供給が豊富で、価格はきわめて低廉である。（筆者自身の観察、一九九八年四月）

(28) 一九八八年、《イスラム世界連盟》は、ペシャーワル支部を通じて一五〇のコーラン学習センター、八五のイスラム学校をアフガニスタンのために開設したと公表した。これにさらに四億四五〇〇万リャールと推定される人道支援がくわわる。サルマーン王子の支援委員会は人道支援として五億三九〇〇万ルピー（パキスタンの通貨）を支出している。(*MECS*, 1986, p.133 et 1988, p.197 参照)

(29) アブドゥッラー・アッザームの伝記（美化されすぎてはいるが）が《アッザーム旅団》のサイトに掲載されている(http://www.azzam.com/html/body-sheikh-abdullah-Fazzam.html)。かれはその重要性にもかかわらず、我々の知るかぎり、研究者からあまり注目されず、批判的な伝記も存在しない。我々はここで信頼にたるとおもわれる要素、かれと交流のあった人物に確認することができた要素のみをとりあげる。とりわけアンマン在住のイブラーヒーム・ガライビー氏にはアブドゥッラー・アッザームの歩みを我々に語ってくれたことを感謝したい。

(30) ヨルダンの《ムスリム同胞団》の一部はイスラエルに対抗するためPLOと協力していた（本書、第十四章参照）。一九七〇年の「黒い九月」の時、ズィヤーウル・ハック将軍はヨルダンで任務についていた。おそらくこの時の経験で、唯一の団体に代表された難民を国内にむかえることの危険性をズィヤーウル・ハック将軍は意識したのであろう。パキスタン統合情報司令部がペシャーワルに七つの異なったアフガニスタン政党を維持しつづけ、そのリーダーは別々にしかアフタル将軍と会見できないようにしたのはこのことから説明ができる。

(31) ヨルダン政府は《ムスリム同胞団》上層部と友好的な関係にあったのに、なぜアブドゥッラー・アッザームがその怒りを買ったのか、我々のもっている情報だけではその理由を解明できない。しかしハーシム王家は《同胞団》のなかでもサウード王家とあまりにも親密な関係を維持しているメンバーにたいしては警戒心をもっていた。ハーシム王家はサウード王家のために一九二六年、メッカから追われたわけだし、またヨルダン王はワッハーブ派とは異なり、厳格主義的ではないイスラムを擁護しようとしていたからである。

(32) イスラマバードの国際イスラム大学については本書一三八ページ参照。

(33) 「イスラム人道支援団体」は情報を収集することが非常に困難なために今日にいたるまで比較的研究が進んでない分野であるが、これは一九八〇年代の初め頃、アフガニスタンのジハードが開始されるのと同時期に出現しはじめた。アフガニスタンのジハードがイスラム人道支援団体誕生の主たる理由のひとつであることはあきらかだ。金融面で言えば、これはイスラム銀行部門の出現と関連している（本書、次章参照）。イスラム銀行は適法《ハラール》ではない利益（利息から生じた利益）を銀行のシャリーア評議会のメンバーであるウラマーの勧告にもとづいてイスラム人道支援団体に寄付する。国際舞台という観点からすると、これは欧米の人道支援団体が慈善事業を独占する状況を放置できなくなったために、特にアラビア半島出身の富裕なイスラム主義活動家がこの分野に進出しはじめた結果であるとかんがえられる。特にアフリカでは慈善活動は宗教的宣伝活動の一環としてとらえられている。欧米ジャーナリズムは、かなりの数の団体が過激派組織の隠れ蓑になり、そのメンバーや指導者に職や活動資金や尊敬されるべき社会的地位を提供しているのではないかという疑惑をいだいている。スーダンにおけるこの現象の発生とその発展についてはJ. Bellion-Jourdan.《L'humanitaire et l'islamisme soudanais: les organisations *Da'wa*

*Islamiyya et Islamic African Relief Agency*》, *Politique africaine*, N° 66, (1997), p. 61 sq. 参照。

(34) 『ジハードの隊列に参加しよう』という題で出版されたパンフレットの最後にはペシャーワルに到着する外国人「ジハード主義者」のための便利情報が掲載されている。どのようにパスポートやヴィザを取得するか、どんな電話番号に電話すべきか、支援事務局に案内するために空港まで出むかえに行く車を待つことなどが記されている。(Abdallah Azzam, *Ilhaq bi-l qafila*, Dar Ibn Hazm, Beyrouth, 1992 (réédition))《アッザーム軍団》のサイトではパンフレットの通信販売をおこなっているが、それによるとこのパンフレットは「世界中のおおくのイスラム教徒にアフガニスタンやボスニアへ戦いに出かける決断をさせた本」である。

(35) サイトのアドレスはhttp://www.azzam.comである。ロンドンで運営されるこのサイトはアブドゥッラー・アッザームの死後に創設され、一九九〇年代の、特にボスニアとチェチェンにおけるジハードについての情報を提供している。このサイトについては第十章でもっと詳しく言及する。

(36) Abdallah Azzam, *Al difa'An aradi al muslimin ahamm furud al a'yan*, publications de *Jamiat al da'wa wa-l jihad*, Peshawar, 1405-6 hégirien (1984-85), 2^e^ édition.「一九九五年にボスニアで戦う《同胞団》メンバーによって翻訳された」英語版がDefence of Muslim Landsという題で、前の注に言及したサイトの通信販売により入手可能である。英語版の前書きには「この本はイブン・タイミーヤ(没年一三二八年)の『信仰のつぎにもっとも大事な義務は宗教とこの世界を攻撃する敵を撃退することである』という有名なファトワーを中心テーマとしている」と書かれている。このファトワーはアッザームの死後、かれの解釈を拡大して、ウサーマ・ビンラーディンによって呼びかけられた『二聖都の地を占領するアメリカにたいするジハード』を正当化するために利用されている。本書四二七ページを参照。ビンラーディンの『ジハード宣言』はA・アッザームにも言及している。

(37) Abdallah Azzam, *Jihad sha'b muslim*《le *jihad* d'un peuple musulman》, Dar Ibn Hazm, Beyrouth, 1992, p.24 参照。

(38) おなじような内容はさまざまなテクストにあるが、たとえば *Ihaq*…, *op. cit.*, p.44.

(39) *Bacha'ir al-nasr*(『勝利の前兆』), même édition, p. 28. 一九八八年の犠牲祭《イード・アル＝アドハー》(すなわち大祭《イード・カビール》)の祈りの際、ペシャーワルでおこなわれた説教のテクスト。

(40) ジハードが「個人義務《ファルド・アイン》」であるのにそれに参加しないのは祈りをしなかったりラマダーン月に断食をしないのとおなじよう

な罪であるという点で法の博士たちは（祈りのほうが優先順位はたたかいとかんがえる一部のハンバル派をのぞき）見解の一致をみている、とA・アッザームは *Jihad sha'b..., op. cit.*, p.25 などで説明している。

（41） *ibid.*

（42） A. Azzam, *Bacha'ir..., op. cit.*, p.26.

（43） A. Azzam, *Jihad sha'b..., op. cit.*, p.59.

（44） 八〇〇〇人という推計は Assem Akram, op. *cit.*, p.268, n.1 によるものであり、二万五〇〇〇人の方は Xavier Raufer（*VSD*, 3 sept. 1998, p.20）に引用されたイギリス情報局の数字である。元アフガニスタン駐在CIA責任者ミルトン・ビアーデンによれば、アフガニスタン領内に同時期に二〇〇〇人以上のアラブ人がいたことはなかったし、その戦闘への参加は最小限だった。

（45） ウマル・アブドゥッラフマーン師のペシャーワルへの旅行については Mary Anne Weaver, *A Portrait of Egypt*, Farrar, Strauss & Giroux, New York, 1999, p. 169 sq. に掲載された物語を参照。

（46） イスラム主義者で億万長者の青年サウディアラビア人ウサーマ・ビンラーディンは次の九〇年代に有名になるのだが、その賞賛者によると、かれは例外的にソ連軍との血なまぐさい戦争に部隊の先頭にたって参加し、肉体的勇気を示して、単なる富だけでは獲得することのできない尊敬の念をひとびとからもたれるようになったと言われている。本書四二三ページを参照。

（47） Assem Akram, *op. cit.*, p.274-277 参照。著者はアラブ人にたいする反感をかくさない。

（48） 一九八六年にすでに我々はフランスで「ジハードに参加した」と主張するイスラム信仰に回帰した若い「アラブ系移民」や改宗フランス人に会うことができた。（それはちょうどかれらのひとつ前の世代のアラブ極左運動家やそのヨーロッパ人の同調者がレバノンのパレスチナ人キャンプに出入りしていたのとおなじようなものだ。）パリ郊外での集会で、そうした青年のひとりが会衆にむかって、イスラムの殉教者の死体が戦場で芳香をはなっていたが、ロシア人の死体は殺されたばかりでも腐臭がしたと語っている。

（49） フランスのイスラム主義グループ（そのうちの一部のメンバーが一九九四年のマラケシュでおこったテロ事件に関与した）の裁判で、複数の被疑者がジハードに参加するためにパキスタンに旅行をしたと語っている。ただ、実際にはそれは思想教育と武器操作訓練の実習にすぎず、戦闘への参加はなかった。帰国後、一部のものはフランスの田舎で射撃や行軍の訓練をしている。C. Erhel et R. de La Baume, *Le procès d'un réseau islamiste*, Albin Michel, Paris, 1997 参照。

（50）「暫定自治合意にかんする原則宣言」（「オスロ合意」と呼ばれる）はオスロで秘密裏に交渉され、一九九三年九月一三日、ワシントンでビル・クリントンが見まもる中、イスラエル首相イツハーク・ラビンとPLO議長ヤセル・アラファトのあいだで調印される。

（51）Salah Khalaf, cité dans *MECS*, 1988, p.237.

（52）インティファーダにかんするもっとも資料の裏づけのたしかな記述は依然としてZ. Schiff et E. Ya'ari, *Intifada*, Stock, Paris, 1991（éd. originale 1989）である。

（53）一九九一年の時点でヨルダン西岸とガザ地域の出生率はそれぞれ四・六五パーセント、五・六一パーセント、女性一人あたりの出産数で換算すると八・一人と九・八人である。P. Farques,《Démographie de guerre, démographie de paix》, in G. Salamé (sous la dir. de), *Proche-Orient, les exigences de la paix*, Complexe, Bruxelles, 1994, p. 26 参照。

（54）Y. Sayigh, *op. cit.*, p. 608 et 628 参照。

（55）一九八七年の時点で、一九六七年にイスラエルによって占領された土地の半分がイスラエル政府のコントロール下におかれ、六万人のイスラエル人がヨルダン川西岸地域やガザ地域に入植している。占領下のガザの経済については、Sara Roy, *The Gaza Strip. The Political Economy of De-developpement*, Institute for Palestine Studies, Washington, D.C., 1995 参照。

（56）Adil Yahya,《The Role of the Refugee Camps》, *in* Jamal R. Nassar & Roger Heacock (sous la dir. de), *Intifada, Palestine at the Crossroads*, Praeger, New York, 1990, p. 95 参照。「一九八七年一二月から一九八八年二月にいたる蜂起の第一段階は難民キャンプが中心であった。一九八八年二月以前、蜂起は村落や都市部にまではひろがっていなかった。」社会学的に言えば、ヨルダン川西岸地域もガザ地域もキャンプと村落・都市とにわかれている。キャンプには、一九四八年にイスラエル国家が樹立された地域から逃げだした庶民階級出身のパレスチナ人が困難な状況のなかで生活している。一方、村落や都市にはガザや西岸地域出身のパレスチナ人が生活し、そこにはエリートもふくめ、あらゆる社会階層が存在する。

（57）最初の年の各社会階層ごとのインティファーダ参加率の分析についてはH. J. Bargouti,《The Villages in the Intifada》; J. R. Hiltermann,《The Role of the Working Class in the Uprising》; S. Tamari,《Urban Merchants and the Palestinian Uprising》, *in* Nassar & Heacock, *op. cit.*, p. 107-125, 143-175 参照。かれらの分析は対照的である。Laetitia Bucaille, *Gaza. La violence de la paix*, Presses de Sciences Po, Paris, 1998 にインティファーダへの青年層の参加を時間のながれのなかで概観した分析をみることができる。

（58） インティファーダ開始の日付は論争の的になっている。《イスラム・ジハード運動》はそのメンバーが軍事作戦をおこなった一〇月六日とし、PLOや《ハマース》は一二月九日とする。これは、何日をその記念日にするかという問題とも関係するので、はげしい論争となった。蜂起のおわりは一般的に一九九四年夏、アラファトがガザに帰った時とされている（本書、第十四章、四四三ページ以降、参照）。インティファーダは一九八九年からは停滞気味だったが、占領地域の状況は依然として反乱状態の様相を呈していた。しかし、湾岸戦争終結とイラクの軍事的敗北で運動のはげしさは弱まる。ひとびとの志気も情勢を反映して、低下していた。さらにPLOがサッダーム・フサインを支持したので、それにたいする罰として石油産出君主国のPLOへの資金援助がとだえたために運動の資金も底をついていた。とはいえ破壊活動や暗殺はその後も依然としてつづけられる。

（59） 「PLO指導部を批判することは敵を利することであるとかんがえられた。そのために一九八〇年代を通じて、パレスチナのイスラム主義運動はPLOと政治的・イデオロギー的・社会的正統性を競うことに困難さを感じつづけた」とジャン＝フランソワ・ルグランは指摘している。Jean-François Legrain,《La Palestine: de la terre perdue à la reconquête du territoire》, in *Cultures et Conflits*, N° 21-22, printemps, 1996, p. 202.

（60） J.F. Legrain, *Les voix du soulèvement palestinien*, 1987-1988, Cedej, Le Caire, 1991, p.15 参照。声明の原文はII/12ページに、その翻訳はI/7ページに掲載されている。

（61） J.F. Legrain,《*L'Intifada* dans sa troisième année》, *Esprit*, juillet-août 1990, p. 16-17 参照。

（62） 憲章一五条および一三条（J.-F. Legrain, *Les voix…*, *op. cit.*, p.155-156 に掲載された翻訳による）。憲章はイスラム主義運動常套のテーマのごった煮で、内容も実践的というよりは誇張的である。二四条には二〇世紀の反ユダヤ主義の常套句がすべて再現されているが、これは《ムスリム同胞団》関係の文献によくみられることである。（この問題にかんしては拙著 *Prophète…* *op. cit.*, p.118-124 参照）。Y. Sayigh（*op. cit.*, p.631-632）はこの憲章の内容と文体のレベルの低さはガザの若い活動家によって書かれたためであるとしている。この文書の詳細な分析については J.F. Legrain,《La Palestine…》, art. cit. p.204-210 参照。

（63） 「蜂起の最初の三年間で一人あたりの国民総生産はガザ地区で四一パーセント減少し、一七〇〇米ドルから一〇〇〇米ドルに低下した。これは一九八九年のイスラエルにおいて、家族四人の夫婦の家庭の場合、生活保護の対象となる水準である。(Sara Roy, *op.cit.*, p.295)

(64) *MECS*, vol. XIV, 1990, p.252 参照。

(65) J.P. Legrain,《A Defining Moment: Palestinian Islamic Fundamentalism》, *in* James Piscatori (sous la dir. de), *Islamic Fundamentalism and the Gulf Crisis*, The American Academy of Arts and Sciences, Chicago, 1991, p. 79 ;《Palestiniens de l'intérieur dans la crise du Golfe (août-décembre 1990)》, *in* M. Camau, A. Dessouki et J.-C. Vatin, *Crise du Golfe et ordre politique au Moyen-Orient*, CNRS, Paris, 1993, p. 223-240 参照。

(66) *MECS*, *ibid.* 参照。

## 第七章

(1) International Monetary Fund, *Algeria: Stabilization and Transition to the Market*, Washington D.C., 1998, p.4 によるデータ。

(2) アルジェリア流ユーモアではアラビア方言で日常的に使用し、場合によれば野卑でさえある単語にフランス語の大げさな印象をあたえる接尾語「イスト」をつけて造語をすることを好む。これは確実に滑稽な効果をもつし、さらには社会学的にあたらしい社会グループ・カテゴリーの「発見」にもつながる。「ヒーティスト」の他、たとえば「ホブジスト」(アラビア語でホブズはパンを意味する)はイデオロギー的顧慮と無関係に常に「スープの方にむかい」、利害を一番にかんがえるひとびとを意味し、「ベンナミスト」(アラビア語でベン・アンムは「父方の叔父の子供」)はコネでポストをえた人間を意味する。

(3) アルジェリア政府指導部は独立戦争によってえられる正当性を不当に独占し、歴史の書きかえをおこなったが、これは、一九六二年の独立後四半世紀におよぶ期間、東欧の人民民主主義にならってあらゆる分派的見解の表明を禁止していた警察国家の最大のイデオロギー的関心事であった。こうした問題は、特にムハンマド・ハルビー、モニック・ガダン、バンジャマン・ストラによって論じられている。Gilles Kepel, *A l'ouest d'Allah*, Seuil, Paris, 1994, p.217-219 にその簡略な紹介がされている。

(4) アルジェリア流ユーモアでこの東部地域はコンスタンティーヌを三角形状に囲む三つの都市バトナ、ティベッサ、スーク・アフラスの頭文字をとってBTSと呼ばれている。コンスタンティーヌは伝統的中心都市で、一九三一年にここで《アルジェリア・イスラム・ウラマー協会》が結成されている。

(5) 「トラベンド」という言葉はスペイン口語の単語「エストラペルロ」(密輸、闇市場)から来た。

(6) 一九九〇年代の中頃、アルジェリアには二八〇〇万人の人口にたいして品質も悪く、老朽化した四〇〇万戸の住宅があるだけだった。その結果、アルジェリアは住宅一戸あたりの居住者数が世界で一番おおい国のひとつになった。IMF, *Algeria, op. cit.*, p.49 参照。

(7) この表現はアルジェリア移民を監督する機関である《在欧アルジェリア人友の会》フランス代表のアリー・アンマールがフランスのテレビ局FR3のインタビューの際にもちいたものである。反体制派はこの言葉を嘲笑し、アルジェリア政府が決まり文句で対応するだけで、現実にたいする感覚をうしなっている好例だと批判した。

(8) 一九九〇年代、ヨーロッパに亡命した元大統領ベン・ベラは宗教に回帰し、イスラム主義運動に接近することになる。

(9) 一九八二年、イランのイスラム共和国ができてすでに三年がたち、レバノンでは《ヒズボラ》がうまれ、シリアのハマーの街では《ムスリム同胞団》の煽動で暴動がおこり、エジプトでは一九八一年の《ジハード連合組織》によるサダト暗殺の後、何百人ものイスラム主義活動家が裁判にかけられる。アルジェリアの「遅れ」は一部分、この国の独立が遅れたこと(アルジェリアの独立は一九六二年だが、ナセルがカイロで権力を掌握したのが一九五二年であったのと比較すること)に起因する。植民地時代を知らない最初の世代が成人に達したのは一九八〇年代初頭であった。

(10) 「ブー・ヤアリーの武勇伝」は Séverine Labat, *Les islamistes algériens. Entre les urnes et le maquis*, Seuil, Paris, 1995, p.90-94 に詳細にえがかれている。

(11) 一九八二年一一月の事件のより詳細な記述については拙著 *A l'ouest d'Allah*, Seuil, Paris, 1994, p.225-226 参照。当時の非暴力的イスラム主義運動に参加していたひとびとのほとんどが一九八八年以降、重要な役割をはたすことになる。

(12) マグリブ地域のウラマー養成機関としては伝統的にモロッコのフェズにあるカラウィーイーン大学、チュニスのザイトゥーナ大学があった。スーフィーの修道場《ザーウィヤ》の国有化と解体、そして植民地時代につくられたフランス・アラブ宗教学校の閉鎖で、アルジェリアの宗教界には宗教指導者養成機関が完全になくなってしまった。本書、第二章、七八ページを参照。一九八〇年代のモスクの発展とコンスタンティーヌのイスラム大学創設については Ahmed Rouadjia, *Les Frères et la mosquée*, Karthala, Paris, 1990 参照。

(13) 一九九六年に死去したムハンマド・ガザーリー師は《ムスリム同胞団》に参加した後、それにたいして距離をとるようになったが、エジプト政府やアラビア半島諸国政府と常にコンタクトをとりつづけていた。宗教的厳格主義と該博なイスラム教の知識のために、宗教的正当性をもとめる政権は競ってかれをパートナーとしてえらぼうとした。しかしかれは宗教指導者層の利害がかかっていると判断したときには急進的なイスラム主義者を支持することを厭わなかった。一九九二年六月、かれは、エジプトの世俗主義的文筆家ファラグ・フーダ殺害犯人について情状酌量の余地があると主張した。エジプト政府もこの発言には仰天した（本書三九一ページ参照）。ユースフ・カラダーウィーはエジプト出身で、カタールに帰化した。かれも《ムスリム同胞団》出身だが、一九九〇年代末にはスンナ派イスラムの権威となる。カタール大学のシャリーア学部長で、主要なイスラム銀行の「シャリーア評議会」のメンバーであるかれはアラブ衛星放送アル＝ジャズィーラの宗教番組（『シャリーアと人生』）を司会している。かれは「ユースフ・カラダーウィーのホームページ」という名前のホームページも運営している。アルジェリアの現状をとりあげたかれの放送の分析については Mohammed El Oifi, 《La guerre en Algérie vue du monde arabe: la chaîne satellitaire *Al Jazeera*》, *Pouvoirs*, sept. 1998, N° 86. 参照。

(14) 大統領官房長ムールード・ハムルーシュのまわりに集結し、政治的開放の必要性を確信していた改革派とＦＬＮ幹部のあいだの意見の相違にかんしては Rémy Leveau, *Le sabre et le turban. L'avenir du Magreb*, Bourin, Paris, 1993, p. 130 sq. 参照。

(15) 党名はコーランの一節（スーラット三、一〇三）、「あなた方が火の絶壁の縁にいたのを神は救われたのである」（ジャック・ベルク訳）、（Albin Michel, Paris, 1995）を踏まえている。

(16) 一九三八年うまれのマフフーズ・ナフナーフは非常にはやくからイスラム主義の地下活動組織に参加していた。一九七六年に破壊活動で逮捕され、一九八一年に恩赦で出獄したナフナーフはブー・ヤアリーとコンタクトをもっていたが、政権とも関係をたもっていた。そのためにかれはおおくのイスラム主義活動家から疑惑をもたれることになる。《ムスリム同胞団》の国際組織のアルジェリアにおける代表者だったかれは、アルジェリア国内の問題にのみ関心をもつイスラム主義者を「ジャザリスト」（注一八参照）と呼び、批判していた。ＦＩＳ創設者のあいだでかれのライバルであるアッバースィー・マダニーが急速に主導権をにぎるようになったので、マフフーズ・ナフナーフはそれに参加することを拒否し、一九九〇年一二月、《ハマース》を創設する。これはパレスチナのイスラム主義運動とおなじ略号だが、その意味は異なる。（Harakat al Moujtama 'al islami、すなわち「イスラム社会のための運動」）この党のために、一九九一年一二月の立法議会選挙でイスラム票は分散してしまった。後、一九九六年、公認政党に宗教色をいれた名称が禁止されたので、《ハマース》は別の意味の略号（Harakat Moujtama 'al Silm.「平和のための運動」）となる。一九九〇年代の《ハマース》の役割については本書第十一章を参照。

（17）コンスタンチーヌに地盤をもち、一九八二年一一月の運動でもこの地域の代表者となったアブドゥッラー・ジャバッラーはM・ナフナーフ同様、影響力喪失を恐れ、マダニーに指揮された組織に自分の活動家を融合させることを拒否した。かれは《ナフダ（再生）党》という組織を創設し、その結果、《ハマース》とあいまって、一九九一年の選挙でイスラム主義票の分裂をもたらした。

（18）アルジェリア西部起源のこの運動はナフナーフがつけた渾名（アル＝ジャザラ、すなわち「アルジェリア主義者」）がその名のもとになっている。このグループのメンバーのおおくはフランスや英米のたかいレベルの近代的教育をうけた大学人であったが、国の東部出身の特権階級によって責任あるポストから排除されていたひとびとから構成されていた。かれらはアルジェリア・イスラム主義の「テクノクラート」派で、民衆的基盤をあまりもたなかった。運動内でかれらに敵対するひとびとはこのグループを一種のイスラム風フリーメーソンで、権力掌握をめざす組織網だとかんがえていた。

（19）ベンハーッジュの人物像についてはSéverine Labat, *op. cit.*, p.53. sq. 参照。

（20）「軍部出身企業家」という表現は、リュイ・マルチネによれば軍上層部との関係を利用して事業をおこない、縄張り内の「闇取引」の組織網を牛耳る元将校を言う。アルジェ郊外のある「軍部出身企業家」の家に「マダニーのベンツ」が到着した物語についてはL. Martinez, *La guerre civile en Algérie*, Karthala, Paris, 1998, p.51 参照。

（21）アラビア半島からかなりの額の寄付金があり、そのおかげでFISはティパサで大規模な活動ができたと、当時から一般的にかんがえられていた。しかしこのことはイスラム主義運動のヴォランティアたちの献身さの価値をすこしも損なうものではない。他の国においてもそうだがアルジェリアでも伝統的にイスラム主義者のなかには医学生がおおい。同様の現象が一九九二年一〇月、カイロでもおこっている。国家が介入する以前に、《イスラム団》のメンバーによって天災の犠牲者が救援されたのである。（本書三七〇ページ参照）

（22）Luis Martinez, *op. cit.*, p.53-81 の収録した証言を参照すること。

(23) 一九八四年、FLNによって採択されたイスラム的発想の家族法は離縁された女性に婚家に居つづける権利を認めなかったので、こうした情勢のなかでとりわけ悲劇的な状況に追いこまれてしまった。大抵の場合、みじめな家具付きホテルに子供と一緒に暮らしていたそうした女性たちはにわか仕立ての道徳家たちによって売春婦と非難されて追いたてられていった。

(24) こうしたフランス語にたいする敵意はシリア・レバノンのイスラム主義者にはみられない。この地域の住民も大戦間期にフランス語の支配をうけたのだが、その期間はマグリブの植民地時代よりもずっと短かった。マグリブにおいてはエリートのフランス語化は非常に深いところにまで浸透した。一方、インド亜大陸のエリートの英語化は一九世紀中頃から非常に強力に進行したにもかかわらず、インド・パキスタンのイスラム主義者のあいだにアルジェリアにおけるフランス語とおなじような敵意は英語にたいしてみられない。逆に、マウドゥーディー一派は指導層が英語を自由にあやつれることを利用して世界中にイスラムを布教したし、また通常、英語をかれらほどうまく話せないアラブ系《ムスリム同胞団》にたいしてかれらが優位をたもてた理由もそこにある。こうした観点にたてば、英語は世界に通用する言語だから「イスラムの布教」に便利なものということになり、大悪魔アメリカの言語であるという事実が言語自体の「汚点」になることはない。英語は活動家にとって中立的価値しかもたず、そして一九九〇年代にはインターネットによる「イスラムの布教」にとりわけもちいられる言語になる。それにたいして、フランス語は否定的なイメージをまとっており、通常それを使用することはイスラム主義運動が嫌悪する価値とむすびつけられてしまう。一九七〇年代のアルジェリアのフランス語を使用するイスラム主義運動家たちは自分たちの思想グループのなかで生きのこるためにはアラビア語化しなければならなかった。一方、フランス語で執筆するヨーロッパ在住イスラム主義著述家は、地中海のむこう側では評価されない(ただし改宗者はのぞく)。FISがおこなったフランスとその「子供たち」にたいする論争については、拙著 *A l'ouest..., op. cit.*, p.220-238 の分析を参照。

(25) Entretien avec Slimane Zeghidour, *Politique internationale*, automne 1990, p. 156.

(26) アルジェリアの社会学者ラファアリ・アッディーが非常に見事な表現で「FLNとFISは似たもの同士」と述べているのはこうした事情のためである。これはFISが元単一政党のイデオロギー的後継者であると主張しているという事実を言っているだけではなく、さらにFISがFLNとおなじ一枚岩的な社会という全体主義的な世界観を共有しているということを意味している。FLNの主張する「アルジェリア国民」にせよFISの神話化された信者共同体にせよ、どちらにおいても反対意見の表現は禁止されている。一方においては反国民的であるという理由で、他方においては反イスラム的であるという理由で。

L. Addi, *L'Algérie et la démocratie; pouvoir et crise du politique dans l'Algérie contemporaine*, La Découverte, Paris, 1994.

（27）たとえば *Al Munqidh*, N° 18, p. 1 et 7 を参照。

（28）公式発表によると、ＦＩＳは一九九〇年六月、四三三万一四七二票（投票数の五四・二五パーセント）、一九九一年一二月には三二六万〇二二二票（四七・二七パーセント）を獲得する。ただしこの数字は慎重に考慮される必要がある（実際、ＦＩＳはこれに異議をとなえている）。棄権率の増加（おそらくは選挙プロセスに期待がもてなくなった貧困青年層のため）と代理投票制度の変更がＦＩＳの相対的支持率低下の原因の一部となっているとかんがえられる。しかしアルジェリアにおける選挙の社会学的分析には信頼できるものが存在しないので、これ以上の解釈は不可能である。J. Fontaine,《Les élections législatives algériennes》, *Maghreb-Machrek*, N° 135, mars 1992, p. 155 sq. に詳しい選挙結果が掲載されているので、それを参照。

（29）都市中産階級の体制支持の政治的表現は一九九三年一月にその目的のためだけに創設された《アルジェリア防衛全国委員会》（ＣＮＳＡ）である。これは少数だが活動的な運動員をもつ政党――ＰＡＧＳ（《社会主義前衛党》）やＲＣＤ（《文化と民主主義のための連合》）――の他、国営企業職業労組やＵＧＴＡ（《アルジェリア労働総同盟》）などを結集したものだった。ＵＧＴＡはＭ・ベン・ハムーダの指揮のもとにある強力でよく組織された組合で、ＦＩＳによって結成されたＳＩＴ（《イスラム労働組合》）も大企業労働者のなかでのその優越的地位を脅かすことはできなかった。イランとは異なり、石油産業の労働者はＦＩＳ陣営に大挙してはしるということはなく、内戦の間ずっと政権に忠実でありつづける。

（30）運動の初期については Hassan Mekki, *Harakat al Ikhwan al muslimin fi-l sudan, 1944-1969*（『スーダンにおけるムスリム同胞団運動』Ed. Dar al balad li-l tiba'a wa-l nachr, Khartoum, 1998, 4e éd. 参照。エジプトとスーダンの関係は非常に密接で、スーダンの知識人はカイロで教育をうけていた。したがって、スーダンは《同胞団》の思想の影響にさらされやすい状況にあったのだが、それにもかかわらず、スーダンにおいて《同胞団》の運動はシリアやヨルダン、パレスチナよりも後でうまれた。これはイギリス植民地政府の圧力のためである。英語では運動の活動家のより概括的な著作 Abdelwahab al-Effendi, *Turabi's Revolution. Islam and Power in the Sudan*, Grey Seal Books, Londres, 1991 参照。

（31）一九六〇年代のスーダンの状況を独立後のセネガルと比較することができる。セネガルでも教団が宗教界をコントロールし、サラフィー主義やワッハーブ主義、《ムスリム同胞団》などがつけいる余地はほとんどなかった。J.-L. Triaud,

《Introduction》, *in* Ousmane Kane et J. L. Triaud (sous la dir. de), *Islam et islamismes au sud du Sahara*, Karthala, Paris, 1998, p. 16-20参照。

（32） 現代の《アンサール教団》にかんしてはGérard Prunier, 《Le mouvement des Ansars au Soudan depuis la fin de l'Etat mahdiste（1898-1987）》, in *Islam et islamismes, op. cit.*, p.41 sq. 参照。

（33） 一九九八年に三三〇〇万人いたスーダン人口のうち七〇パーセントがスンナ派ムスリム、のこりの三〇パーセントはキリスト教徒（五パーセント）、アニミスト（二五パーセント）である。キリスト教徒、アニミストは主として南部に居住していたが、この地域での戦争の結果、強制的に移住させられたために、現在ではハルトゥーム周辺の新居住区に定住している。民族的に言えば、五二パーセントの住民が「黒人」、三九パーセントが「アラブ人」と定義されている。*Facts on Sudan*, http://www.sudan.net.（mai 1999）参照。

（34） フランスですごした五年間のあいだにトゥラービーは《フランス・イスラム学生連合》（ＡＥＩＦ）の創設に参加する。これは《ムスリム同胞団》に近い傾向の運動で、指導者はインド出身の大学人ハーミドゥッラー教授であった。教授はコーランのフランス語版を翻訳しているが、この翻訳はイスラム主義のひとびとのあいだでよく使用されている。トゥラービーのフランス滞在にかんしてはHassan Al-Tourabi, *Islam avenir du monde. Entretiens avec Alain Chevaliéras*, J.-C. Lattès, Paris, 1997, p. 301参照。ＡＥＩＦについては拙著*Les banlieues de l'islam, op. cit.*, p. 96参照。トゥラービーの博士論文*Les pouvoirs de crise dans les droits anglo-saxon et français, étude de droit comparé*, は七月六日にパリ大学法学部で論文審査がおこなわれた。

（35） トゥラービーは政治的積極行動主義と権力の奪取を優先するために《ムスリム同胞団》の通常の規範にたいして距離をとり、さらにはイスラムの教義のいくつかの点については個人的に独自な解釈をする。トゥラービーはイスラムの教義を古びた伝統的な解釈から解放したいと願っている。一九九九年、スーダンにおける《ムスリム同胞団》の正式な代表組織は政権に参加しなかった。《同胞団》指導者は「政権が軍事クーデタによって成立し」、「全体主義的」であると述べ、またトゥラービーが教友《サハーバ》（預言者の同伴者たち）の方針と反しており、イスラムにかんして一貫性のない個人的な見解をもっており、その見解はイスラムの欧米風読解からひきだされていると批判する。またとりわけ女性にかんするかれの発言は異端的であると非難される。「かれは女性の本来的な居場所は家庭にあるわけではないと述べている。」（一九九九年五月一五日、ハルトゥームにおけるサーディク・アブドゥッラー・アブドゥルマジードとのインタビュー）女性は家庭空間に閉じこめられるべきではないというトゥラービーの立場や、またこの点でのかれと一部《ムスリム同胞団》との意見の不一致については Alain Chevaliéras, *op. cit.*, p. 34-37 におけるかれの発言を参照。この問題にかんしてトゥラービーが最初に書いたテクストは一九七三年のパンフレット *Sur la position des femmes dans l'islam et la société islamique* にみられる。これは牢獄で書かれたもので、当時、かれの組織は教育をうけた女性や女子学生（当時はむしろ左翼やスーダン共産党にひかれていた）をひきつけようと努力していた。かれはこのテクストのなかで女性の個人的責任と男性との平等を強調した議論を展開し、女性に公的生活に参加するよううながしている。

（36）スーダンには二種類の選挙人団が存在する。ひとつは「庶民」の属するもの、もう一方は「高学歴者」のものである。これによって高学歴者は自分たちが属する社会・文化的グループ特有の代表を議会にもつことができる。

（37）これについては H. Mekki, *op. cit.*, p. 72-73 を参考にした。

（38）一九七三年以降、アラビア半島へのスーダン出稼ぎ労働者は一〇〇万人以上で、その一部は重要なポスト、特に軍隊の幹部職についていた。国立銀行はほとんど信頼されていなかったので、国への送金は正規ではないルートでおこなわれていた。イスラム主義活動家たちはいちはやくこれを経済的好機ととらえ、信頼できる両替商のネットワークを構築する。両替商は出稼ぎ者が委託した金額から手数料をさしひいた上で、相当する金額をスーダンにのこっている家族にスーダン・ポンドで支払う。これはトゥラービーの党の国外亡命幹部の蓄財やイスラム金融システムにはいりこむ手段のひとつとなった。

（39）Moussa Yaqoubu: *Muhammad Faysal Al Saoud*. SPDH. Djedda. 1998 p.54 sq. 参照。

（40）イスラム政権財政大臣アブドゥッラヒーム・ハムディである。

（41）本書、第三章、一一一ページ参照。

（42）アフリカ・イスラム・センターについては Nicole Grandin.《Al-Merkaz al-islami al-ifriqi bi'l-Khartoum. La République du Soudan et la propagation de l'islam en Afrique noire（1977-1991）》, *in* R. Otayek（sous la dir. de）. *Le radicalisme islamique au sud du Sahara*:Da'wa, *arabisation et critique de l'Occident*. Karthala. 1993. p. 97 sq. 参照。センターの財政状態はスーダンのバシール政権がサッダーム・フサインを支持したとき、深刻な状態におちいり、アフリカ国際大学に改編された。これは相変わらず外国人学生をうけいれるが、予算も削減され、また教育内容も布教的傾向をより少なくしている。（ハ

サン・メッキーへのインタビュー、ＩＵＡ、ハルトゥーム、一九九九年五月）

（43）マフムード・ムハンマド・ターハーはコーランのなかでももっとも古い節、預言者にメッカで啓示された部分にもとづく「イスラムの第二の使命」を称揚していた。かれはそうした節は「責任と自由への呼びかけ」をおこなっていると解釈する。ターハーによれば、メッカの啓示はメディナで啓示された比較的時代が後の節と異なっている。メディナ時代の啓示は預言者が国家を建設しようとしていた時代に特有なさまざまな拘束とむすびついているからである。ターハーのこの解釈は伝統的ウラマーにより異端とみなされ、かれは背教者とされた。かれの思想の簡潔な紹介については Etienne Renaud,《A la mémoire de Mahmud Mohammed Taha》, *Prologues, revue maghrébine du livre*, N° 10, été 1997, p. 14-20 参照。*The Second Mission of Islam* の英訳はその弟子アブドゥッラー・ナーイムによって出版された（Syracuse University Press, New York, 1987）。トゥラービーは数ヶ月後、エジプトのジャーナリストのインタビューの際、Ｍ・Ｍ・ターハーを「背教者」、「欧米の手先」と批判し、その処刑を承認している。（R. Marchal,《Eléments d'une sociologie du Front National Islamique soudanais》, *Les Cahiers du CERI*, N° 5, septembre 1995, p.12 からの引用）。フランスのジャーナリストとのインタビューではかれはＭ・Ｍ・ターハーが「自分自身を神格化したあたらしい宗教の預言者である」と形容しながら、「かれの処刑を支持したことはない」と述べている。（Alain Chevaliéras, *op. cit.*, p. 306)）

（44）Ann M. Lesch,《The Destruction of Civil Society in the Sudan》, *in* A. R. Norton（sous la dir. de）, *Civil Society in the Middle East*, E. J. Brill, Leiden, 1996, vol. II, p. 163.

（45）Ａ・シュエによれば、クーデタは三〇〇人の軍人によって遂行され、ファイサル・イスラム銀行総裁の支持をうけていた。またシュエは新政権がサウディアラビアによって即座に承認されたことに注意を喚起する。A Chouet,《L'islam confisqué: stratégies dynamiques pour un ordre statique》, *in* R. Bocco, M.-R. Djalili（sous la dir. de）, *Moyen-Orient: migrations, démocratisation, médiations*, PUF, Paris, 1994, p.381 参照。

（46）Hydar Ibrahim Ali,《Islamism in Practice: The Case of Sudan》 *in* Laura Guazzone（sous la dir. de）, *The Islamist Dilemma*, Ithaca Press, Londres, 1955, p.202 参照。

（47）一九九二年五月二〇日のアメリカ下院外交委員会でのトゥラービーの宣言（A. Chevaliéras, *op. cit.* p.49-61）参照。

（48）イスラム主義運動指導者のなかでハラバ（あるいは「アレパン」とも呼ばれる）の数がおおいことにおどろかされる。これはスーダンに定住した地中海東岸地方出身者の総称で、肌の色が白いのがその集団の特徴である。かれらは教団の伝統的な権力のネットワークからは排除されており、イスラム主義政党に参加することで初めてこれまで閉ざされていた政治的に責任のあるポストに就く機会をえた。

(49) ニジェールおよびチャド北部のひとびとは昔、メッカへ巡礼する際、スーダンを通過していたが、フェッラータとはそうした巡礼者が旅の途中、日雇い労働者として綿畑耕作に雇われ、蔑視された農業プロレタリアートを形成したものである。イスラム主義政党はかれらにたいして社会的復讐をする機会をあたえ、また宗教的にもマジョリティーにとけこんでいくことを可能にした（かれらはマーリク派に属していたために、シャーフィイー派の教団はかれらを排除していた）。一九八六年の選挙の際、FNIが高学歴者用選挙区以外でえた議席はフェッラータの票のおかげで獲得されたものである。

(50) MTIにかんしては一九九三年パリでのハビーブ・モクニーへのインタビューおよび、運動の代表的指導者R・ガンヌーシーのこうした方向での数おおくの発言がある。また《ハマース》にかんしては *MECS*, 1991, p.184 参照。

(51) 一九八九年以来のスーダンの経済政策の失敗とFNI出身の実業家の富裕化については H. I. Ali, art. cit., p.204-207 参照。

(52) ハルトゥームでの三度の会議の参加者と進行については *MECS*, 1991, p. 182-183 : 1993, p. 143-146 ; et 1995, p. 107-109 に記述されている。三回目の会議については参加者F・ビュルガの記述（*Magreb-Machrek*, N° 148, avril-juin, 1995, p. 89 sq.）も参照。

(53) このスーダンのリーダーは欧米大メディアで発言することを非常に好むが、欧米メディアもかれを「紹介する価値のあるイスラム主義者」、読者とおなじような言葉をもちいながら読者に戦慄をあたえることのできる人物であるとかんがえる。フランソワ・スーダンがトゥラービーの無数のインタビューのひとつについて *Jeune Afrique*, 8 avril 1993 でリアルな紹介をしているのを参照。「実際、二人のトゥラービーが存在する。一方のトゥラービーはイラン革命のゆきすぎを批判し、女性の解放について語り、欧米に手をさしのべる。もう一方のトゥラービーはアフガニスタンのイスラム主義者に助言をあたえ、チュニジアのガンヌーシー、イエメンのズィンダーニー、エジプトのウマル・アブドゥッラフマーン師、アルジェリアのFISの亡命中の指導者の権力奪取のための闘争を援助する。言葉と現実、そのどちらのトゥラービーをえらぶかは各人の自由だ。」

## 第八章

（1）ここで我々が提示するラシュディー事件の解釈は拙著 *A l'Ouest d'Allah, op. cit.* 第二章執筆のためにおこなった調査に基本的にもとづいている。同書に一九九四年までに出版された研究書の書誌が掲載されている。

（2）ラシュディーに死刑宣告したファトワーと背教者宣告との差は、背教者宣告の場合、もし改悛すれば極刑を免れることができる。またファトワーが変更不可能な決定的判決であるのにたいして、背教者宣告は事実の判定であり、（原則として）それにたいする反論を展開することが許されている。

（3）Reinhardt Schulze,《The Forgotten Honor of Islam》, *MECS*, 1989, p. 175 からの引用。

（4）フランスにおけるイスラムの発展の初期の歴史については拙著 *Les banlieues de l'islam, op. cit.* を参照いただきたい。その大略をここでヨーロッパ全体を視野にいれた形で、また同書出版年（一九八七年）以降の出来事をくみいれ、系譜学的な視点で書きかえた形で再掲する。

（5）Reinhardt Schultz, art. cit. p.178 に引用。

## 第九章

（1）一九九〇年八月初旬、イスラム世界がドラマティックな状況にあったにもかかわらず、ＯＣＩの外相たちはイスラム世界の人権にかんするカイロ宣言採択（五日）に全力をそそいでいた。この宣言は第二四条に「本宣言に規定されたすべての権利と自由はシャリーアに従属する」と明示し、人権にかんしてワッハーブ派的な概念を認め、世界人権宣言に対抗したのである。

（2）イスラムの宗教機関の支持をえるためにサウディアラビアやイラクが招集したさまざまな会議については Martin Kramer,《The Invasion of Islam》, *MECS*, 1990, p. 177-207, および《Islam in the New World Order》, *MECS*, 1991, p. 172-205 参照。戦争のイスラムとの関連一般やイスラム世界での見方については James Piscatori (sous la dir. de), *Islamic Fundamentalisms and the Gulf Crisis, op. cit.* のとりわけ《Religion and Realpolitik: Islamic Responses to the Gulf War》という章（p. 1-27）を

参照。

（3）第四回会議開催が一九九八年に予定されていたが、スーダン政権内部のトゥラービーの反対派がそれを中止させた。「テロ支援国家」という批判を否定して、国際社会に復帰しようと努力しているときに、このような会議を開催することは不穏当であると判断したためである。（ハルトゥームにおけるバハ・アッディーン・ハナフィー氏とのインタビュー、一九九九年五月）

（4）サウディアラビアにおける反体制的イスラム主義運動のもっとも詳細な記述と分析は Mamoun Fandy, *Saudi Arabia and the Politics of Dissent*, Macmillan, Londres, 1999 にみられる。この現象についてヨーロッパの言語で著された一番早い時期の研究としてキャサリン・ロスの一九九四年一一月一一日と一二日付で書かれ、現代世界情勢研究所が配給した記事 *Islamic Rumblings in the Kingdom of Saud*, Hanover, Etats-Unis がある。

（5）最高ウラマー会議のメンバーの内七名が本当はこの行動に賛成だったのでそれを非難しないですませるため病気を口実に会議を欠席した。かれらが健康状態を口実にしたのを逆手にとって、国王は翌月、欠席者を隠退させ、より忠誠を期待できる一〇名のウラマーをその後任に任命する。J. Teitelbaum,《Saudi Arabia》, *MECS*, 1992, p.677 参照。

（6）伝統的なサウディアラビアのベドウィン社会ではラクダを飼育していた遊牧民の子孫である「高貴」な家系の部族と召使いとしての仕事のみおこなっていた「下層民」（khediri）が対立的に存在し、両者のあいだで婚姻関係がむすばれることはなかった。この禁忌はイスラムの平等主義の主張にもかかわらず現在もなお有効である。マスアリーを誹謗する者はマスアリーがこの第二のグループに属していることをもちだし、またかれの先祖のひとりにエチオピア人がおり、そのためにかれの肌の色が暗いことや、エジプト人の母親、欧米ですごしたながい勉学期間に結婚したアメリカ人の妻をもっていることなどを強調する。こうした論拠のすべてがサウディアラビアの主流派のひとびとにとってかれの信用を低下させる理由になる。M. Fandy, *op. cit.*, p. 121 sq. 参照。部族の分化については A. Al-Yassini, *Religion and State in the Kingdom of Saudi Arabia, op. cit.* 特に p.53 参照。

（7）パキスタンにおける湾岸戦争への反応については Mumtaz Ahmad,《The Politics of War: Islamic Fundamentalisms in Pakistan》, *in* J. Piscatori (sous la dir. de), *Islamic Fundamentalisms..., op. cit.*, p. 155-185 参照。

（8）「ジハード主義的サラフィー主義」については拙稿《Le GIA à travers ses publications》, *Pouvoirs*, automne 1998 参照。「ジハード主義的サラフィー主義」という表現は、この潮流の代表者のひとりであるイマームのアブー・ハムザへのインタビュー（一九九八年二月、ロンドン）の際にかれによってつかわれたものであるが、その後もかれの出版する小冊子やカセット、ヴィデオで常に使用されている。

（9） サイイド・ジャマールッディーン・アフガーニー（一八三八～一八九七）、ムハンマド・アブドゥ（一八四九～一九〇五）、ラシード・リダー（一八六五～一九三五）と現代イスラム主義の潮流との関係については Nikki Keddie,《Sayyid Jamal al-Din al-Afghani》, *in* Ali Rahnema (sous la dir. de), *Pioneers of Islamic Revival, op. cit.*, p. 27-29 参照。

（10） アブー・ハムザは、サイイド・クトゥブはコーランを一方的に近代的文明の観点から読んでおり、聖典注釈の資格をそなえていないと批判する（*Talmi'al Ansar li-sayf al battar*『預言者の支持者たちは鋭い剣を輝かせる』, Londres, avril 1997）。ハムザのこのテクストに「ジハード主義的サラフィー主義」が現代イスラム主義イデオロギーにもたらした変化のひとつの兆候を読みとることができる。クトゥブやマウドゥーディーは文字を読める人間なら誰でも理解し、反復することのできる単純な言語で表現しているのにたいして、一九九〇年代の超過激主義の活動家たちはアフガニスタンを経験して、伝統的なイスラム学者やウラマーの絶対的（で一般信者には理解不可能な）権威という機能を再発見する。狂信的な活動家たちはもはや本当の意味でテクストを理解する必要はない。ウラマーを自称し、アフガニスタンのジハードに参加したという正当性をもった人間の命令に盲目的にしたがうことがもとめられているのである。

（11） 本書一一七～一一九ページ参照。

（12） 本書一二〇～一二二ページ参照。

（13） 本書二〇〇～二〇四ページ参照。

（14） 一九五八年うまれのブージュマア・ブーヌワール、通称アブドゥッラー・アナスはＦＩＳの「サラフィー主義者」グループのメンバーで、アフガニスタンのジハードに参加し、アブドゥッラー・アッザームの娘のひとりと結婚した。一九九一年一一月二八日のゲマルのアルジェリア国境警備所襲撃はこの国でのジハードの象徴的出発点とかんがえられているが、ペシャーワルでアブドゥッラー・アッザームの命をうばったテロの二年（と数日）後におこなわれた。

（15） 本書八一～八二ページ参照。

（16） パキスタンのウラマー政党の機能は、パキスタン独立の一年後に建国されたイスラエルの「超正統派」政党の機能と似たところがある。いずれの場合でも、宗教政党は厳格主義的なユダヤ教やイスラムに、イスラエルやパキスタンのナショナリズムの根底にある国民的帰属よりも優先的な地位をあたえることを望む。かれらはまず自分たちの経営する学校への補助金をえるために政治システムに参加しはじめる、やがて、どちらの国においても、連合政権に参加するようになる。パキスタンにかんしては本書八一ページ以降および一三六ページ以降、イスラエルにかんしては拙著 *Revanche de Dieu*, *op. cit.*, chap. 4 参照。

（17） 本書一四一～一四二ページ参照。

（18） この問題にかんしては Mariam Abou Zahab,《The Regional Dimension of Sectarian Conflicts in Pakistan》, colloque du Ceri, Paris, 7 décembre 1998（刊行予定）参照。

（19） 教友《サハーバ》（すなわち「預言者の同伴者たち」）は敬虔なスンナ派のひとびとから特に尊敬をあつめ、初期のイスラムについてかれらの証言が権威と認められている。ムハンマドの後継カリフ、とりわけウマイヤ王朝はこの教友《サハーバ》の集団からでてきた。一方、シーア派では教友《サハーバ》は嫌悪の的となっている。かれらが六五七年にアリーを敗北させ、六八〇年にカルバラーでフサインとその仲間を虐殺したからである。パキスタンの状況において、教友《サハーバ》への言及はすぐに反シーア派的表現として理解される。

（20） この組織名は組織犯罪と過激イスラム主義のあいだにいた人物ハック・ナワーズ・ジャングヴィーからとったものである。かれの渾名「ピストルのハック・ナワーズ」はエジプトの「インバーバ・イスラム共和国」で有名になった「空手のハサン」やＧＩＡのリーダー「神の剣ジャアファル」と同工異曲である。

（21） アンサールという言葉はイスラムの歴史では、六二二年に預言者が「亡命者」（移住者《ムハージルーン》）と呼ばれる最初の弟子たちとともにメッカから逃げてメディナに避難所をもとめたときにかれを「支持した者《アンサール》」のことを言う。

（22） 《パキスタン預言者ムハンマド軍》（ＳＭＰ）は《パキスタン預言者教友軍》（ＳＳＰ）をまねてつくった名称だが、ＳＳＰ同様、だれでも気づく論争的意味あいをふくんでいる。シーア派活動家にとって、預言者を防衛するということはその家族をも防衛するという意味である。そして預言者の家族はスンナ派が模範とする教友によって権力から排除されたのである。

（23） Mariam Abou Zahab,《Islamisation de la société ou conflit de classes? Le *Sipah-e Sahaba Pakistan*（*SSP*）dans le Penjab》, *Cemori*, printemps 2000 参照。

（24） M. Ahmad,《Islamic Fundamentalisms...》in *op. cit.*, p. 166 参照。

（25） Ahmed Rashid,《Pakistan and the Taliban》, *in* William Maley（sous la dir. de）, *Fundamentalism Reborn? Afghanistan and the Taliban*, Hurst & Co, Londres, 1998, p. 72-89 参照。またおなじ著者による*L'ombre des Talibans*, Autrement, Paris, 2001 も参照。

(26) トルクメニスタンとパンジャーブ地方にあるパキスタンの都市ムルターンをむすぶパイプライン建設計画にはふたつの石油カルテルが食指をのばした。ひとつはユノカルとデルタの企業連合（それぞれカリフォルニアとサウディアラビアの石油会社）、もうひとつはブリダス（アルゼンチン）である。ユノカルはアメリカ指導者層のあいだでターリバーンをもっとも雄弁に代弁する大使の役割をはたした。その結果、国務省は一九九六年九月二七日、ターリバーンがカブールを占領したとき、それにたいして好意的なコミュニケを発表している。しかし計画はその後、棚あげになってしまった。アフガニスタンの女性がターリバーンからうけている強圧的あつかいのために、アメリカでフェミニスト団体が石油会社に圧力をかけたためである。それにはまたアジア経済危機をうけて一九九〇年代末に石油価格がさがったことや、一九九八年春、両国がおこなった核実験にみられるようなインドとパキスタンの関係悪化の影響もあった。実際、パイプラインの採算がとれるためには、やはり石油資源のないインドがそこから供給をうける必要があった。こうした問題にかんしては特に Richard Mackenzie,《The United States and the Taliban》, *in* W. Maley, *op. cit.*, p.90 sq. 参照。

(27) この問題については Andreas Rieck,《Afghanistan's Taliban: an Islamic Revolution of the Pashtun》, *Orient*, 1/1997, 特に p. 135 sq. および Mariam Abou Zahab,《Les liens des Taleban avec l'histoire afghane》, *Les Nouvelles d'Afghanistan*, N° 85, 3e trimestre 1999 参照。

(28) ターリバーン支配下のカブールのこのような印象は我々が一九九八年四月におこなった滞在の際のものである。

(29) ムタウウィウの制度はワッハーブ派という名称のもとになったイブン・アブドゥルワッハーブの時代にさかのぼる。ワッハーブは最初のサウード王朝（一七四五～一八一一）に精神的権威をおよぼすことができるようになると、「宗教警察」を設置し、個人の行動を監視させ、あらゆる逸脱を探らせて処罰し、信者がすべての祈りに出席するよう強制した。

(30) A. Rachid, art. cité p.76 参照。著者はＪＵＩのリーダーで当時、議会の外交委員会委員長だったモウラーナー・ファズル・ラフマーンが、サウディアラビア王族が愛好していた雁猟の企画に一役買い、サウディアラビア王族とターリバーンの仲介役をはたしたと指摘している。かれはまたターリバーンを宣伝するためにヨーロッパやアメリカ、湾岸諸国にもはたらきかけ、成果をえた。

(31) ターリバーンのアフガニスタンに旅行した者がもっともおどろくことがらのひとつは、「《デーオバンド》的秩序」が絶対的に支配するカブールをはなれ、陸路でパキスタンに行くと、異教徒を中毒させるヘロインを製造するためのケシ畑が見わたすかぎりひろがり、両国国境のカイバル峠には密輸業者たちがあふれていることである。かれらはドバイからきた電気製品（とくにAV装置）を背中にかついでパキスタンの「部族支配地域」にはこんでいく。こうした光景を一九九八年四月、著者自身が観察した。

(32) たとえばウサーマ・ビンラーディンを国外追放するようサウディアラビアがかけた圧力も効果がなかった。その結果、両国の外交関係が断絶したが、これは一九九九年にサウディアラビアがアフガニスタンにたいしておこなったさまざまな報復措置のなかでもっとも目立ったものと言えるだろう。

(33) 一九九〇年代末のパキスタン政界におけるイスラム主義政党の全般的影響力の評価にかんしては Amélie Blom,《Les partis islamistes à la recherche d'un second souffle》, *in* Christophe Jaffrelot（sous la dir. de), *Le Pakistan, carrefour de tensions régionales*, Complexe, Bruxelles, 1999, p. 99-115 および Mumtaz Ahmad,《Revivalism, Islamization, Sectarianism and Violence in Pakistan》, *in* Craig Baxter et Charles Kennedy（sous la dir. de), *Pakistan 1997*, Westview, Boulder, 1998 参照。

(34) ムシャッラフ将軍による権力掌握以来のパキスタン情勢の進展については Mariam Abou Zahab:《Pakistan: les hoquets de l'histoire》, *Politique internationale*, janvier 2002, et《Pakistan: vers une "démocratie unitaire"?》, *Politique étrangère*, avril-juin 2002 参照。

(35) この問題にかんしては特に *Cemoti*, N° 18, 1995,《Le Tadjikistan existe-t-il?》および M.-R. Djalili et F. Grare, *Le Tadjikistan à l'épreuve de l'indépendance*, IUHEI, Genève, 1995 参照。

(36) イブン・ハッターブはおそらくアラビア半島出身者で、ロシアにたいするチェチェンの戦争がジハードであることを確認した後、一九九五年、八人の仲間とともにアフガニスタンからチェチェンにうつることを決心したようである。一九九六年四月一六日、かれは五〇名の戦闘員を指揮して撤退するロシア軍の輸送隊を襲撃、たくさんの死者をだした。その結果、イスラム主義系の現地レジスタンス指導者シャミール・バサイエフはかれをチェチェン軍将軍に任命したということである。かれはまた一九九九年八月、ダゲスタンの村々の蜂起にも参加し、そのためにこの年の後半、ロシアはチェチェンへのあらたな攻勢をおこなった。このあまりよく知られていない戦争にアフガニスタンから来たジハード主義者が参加していることについては、

Al Hayat, 30 sept. 1999でのイブン・ハッターブへのインタビュー、および先に引用した《アッザーム旅団》のホームページ(http://www.azzam.com)参照。このホームページにはジハード主義者がチェチェンに関与していることについてながい解説がある。特に一九九七年一二月二三日に死亡したエジプト出身の「殉教者」アブー・バクル・アキーダのきわめて美化された伝記を参照。アキーダの活動家としての軌跡は上エジプトではじまり、アブドゥッラフマーン師と活動した後、アフガニスタン、最後にチェチェンにいたる。

## 第十章

（1）オスマン帝国は一四六三年にボスニアを、一四八二年にヘルツェゴヴィナを征服した。オスマン帝国はすでにその一世紀前からバルカン半島に進出しており、特に一三八九年には「つぐみの野」と呼ばれたコソヴォの戦いに勝利していた。セルビア正教徒たちはコソヴォの戦いを占領者にたいする最後の抵抗とかんがえ、記念行事をおこなっている。一九八九年、セルビア正教会がコソヴォの戦いの六〇〇周年記念祭をおこなったが、これはユーゴスラヴィアにおけるナショナリズム高揚の象徴的なあらわれのひとつであった。こうしたナショナリズムの高揚がユーゴスラヴィア解体へとつながっていったのである。ボスニアの歴史については、Noël Malcolm, *Bosnia. A Short History*, Papermac, Londres, 1996を参照。Ismail Kadaré *Trois chants funèbres pour le Kosovo*, Fayard, Paris, 1997はコソヴォの戦いを小説化したものだが、この戦争が現代もなおどのような象徴的意味をにないつづけているか、この本を読めば理解できる。バルカン半島におけるイスラム一般については Alexandre Popovic, *L'islam balkanique*, Otto Hassarowitz, Wiesbaden, 1986を参照。

（2）一九九一年の国勢調査の際、まだユーゴスラヴィア連邦のメンバーだったボスニア共和国には四三六万四五七四人の住民がおり、そのうち四三・七パーセントがムスリム人、三一・四パーセントがセルビア人、一七・三パーセントがクロアチア人、五・五パーセントがユーゴスラヴィア人、二・一パーセントが「その他」と申告している。民族としての「ムスリム人」という用語の意味については本書三二四ページ以降を参照。（データはXavier Bougarel, *Bosnie, anatomie d'un conflit*, La Découverte, Paris, 1996, p. 141による。）国民投票で独立が投票総数の六三・四パーセントという圧倒的な割合で承認された後をうけて、三月七日、独立が宣言された。有権者の三分の一を占めるセルビア人は国民投票をボイコットした。

(3) 通常、ボスニア戦争の開始は一九九二年四月六日とされる。この日、セルビア人民兵によるサライェヴォ攻囲がはじまり、その一月前に宣言されたボスニア・ヘルツェゴヴィナの独立がヨーロッパ共同体に承認された。その翌日、サライェヴォ近郊の小都市パレで「ボスニア・ヘルツェゴヴィナ地域セルビア共和国」誕生が宣言された。

(4)「民族浄化」という表現は旧ユーゴスラヴィアでの戦争をきっかけに一般に使用されるようになったが、これはある地域を支配するひとびとにより異質とされた住民をその土地から強制的に排除することを言う。この現象は、異なった共同体に属する複数の住民グループが何世紀も前から隣人として一緒におなじ地域に住んでいる場合特にはげしい形であらわれる。

(5) 旧ユーゴスラヴィアにおける対立をどんな風に理解するかという問題はジャーナリズムの報道の仕方におおいに影響をうけた。また敵対者同士が自分の側に支援をえ、敵を悪者にするためにどんな風に言葉をもちいるかという点も影響がおおきい。「民族浄化」や「ジェノサイド」の実態と規模、言葉の使用方法についてはXavier Bougarel. *op. cit.* p. 11-14の指摘を参照。

(6) イスラム世界にボスニアの大義に関心をもたせ、そのイスラム的解釈を提示することを目的とした最初の会議が一九九二年九月一八〜一九日、ザグレブのモスク（一九八七年、サウディアラビアの資金で建設されたもの）で開催され、《ムスリム同胞団》に近い国際イスラム主義運動の指導者があつまった。Xavier Bougarel. *Islam et politique en Bosnie-Herzégovine. Le parti de l'Action démocratique.* thèse de doctorat. Institut d'Etudes Politiques de Paris. 1999. p.342（同題名でPresses de Sciences Po. Parisから刊行予定）参照。本章の以下の記述はグザヴィエ・ブガレルのこの先駆的な業績に負うところがおおきい。しかし本章ではそのひろがりと豊かさの一部しか生かすことができなかった。

(7) 戦争中、欧米言論機関の大部分がセルビアに批判的な態度をとり、国連も一九九二年から新ユーゴスラヴィア（一九九二年四月二七日、セルビアとモンテネグロにより結成）を加盟国から排除し、制裁措置をとった。またハーグ国際刑事裁判所も一九九二年四月七日にパレで建国宣言された「ボスニア・ヘルツェゴヴィナ地域セルビア共和国」の主要指導者たちを人道にたいする罪とジェノサイドで起訴した。それにもかかわらず、イスラム主義活動家たちは、欧米がヨーロッパにおいて「イスラム国家」の存在を認めることを拒否し、イスラム教徒を対象にしたジェノサイドをおこなっていると主張した。こうした論理からみれば、セルビアの民兵やミロシェヴィッチ氏は民族絶滅計画の実行者にすぎず、それを計画した本当の黒幕たちは手をよごさずに「ゆきすぎ」を嘆いてみせるだけで、それが実際におこなわれるのを妨げるために具体的になにも手をうたないということになる。Jérôme Bellion-Jourdan.《Les réseaux transnationaux islamiques en Bosnie-Herzégcvine》. *in* Xavier

Bougarel et Nathalie Clayer（sous la dir. de), *Le nouvel islam balkanique*, Maisonneuve, Paris, 2001 に引用された代表的なイスラム人道団体のひとつ《イスラム救援組織》のビデオ・カセットを参照。

（8）ボスニア紛争初期のアラブ世界の反応については Tarek Mitri,《La Bosnie-Herzégovine et la solidarité du monde arabe et islamique》*Maghreb-Machrek*, janvier 1993, p. 123-136 および *MECS*, の記事（1992, p. 218-220, 1993 p. 109-111, 1994 p.127 et 1995 p.98-100）参照。中東からみられたアルジェリア内戦については Mohammed El-Oifi, art. cité *Pouvoirs*, automne 1998 参照。

（9）こうした推計は、非常におおざっぱであるし、またアメリカの情報機関による推定で、それがメディアにながれたものであるから、信頼できるデータがない以上、慎重にとりあつかわれる必要がある。この数字に数百名の《イラン革命親衛隊》をくわえなければならない。かれらは大部分がボスニア軍に配属された軍事教官で、戦争が終結するまでボスニア軍の指揮のもとにおかれていた。

（10）本書三七ページ以下を参照。

（11）ボスニア全体で集計すると、ＳＤＡは三〇・四パーセント、セルビア人の党ＳＤＳは二五・二パーセント、クロアチア人のＨＤＺは一五・五パーセントを獲得して、ナショナリスト政党が勝利し、いくつかあった「市民」政党は合計で有効投票の二八・九パーセントしか獲得できなかった。

（12）一九九〇年のアンケートによると、ムスリム人の宗教実践率はユーゴスラヴィアの各民族のなかでももっともひくいもののひとつであった。かれらの内の三四から三六パーセントの者しか「信仰をもっている」とこたえず、青年の六一パーセントがモスクにはまったく行かないとこたえている。Xavier Bougarel,《Discours d'un Ramadan de guerre civile》*L'Autre Europe*, N° 26-27, 1993 参照。

（13）セルビア人やクロアチア人という呼称は宗教に関連するものではないが、実際には、セルビア人は正教徒、クロアチア人はカトリック教徒というように宗教によって分類されている。区別は使用される文字にもあらわれている。かれらは共通の言語セルビア・クロアチア語を話すが、セルビア人はキリル文字、クロアチア人はラテン文字を使用する。宗教のこうした違いのために、歴史をつうじて、セルビア人は東方教会（政治的にはイスラムの支配下におかれた）、ついでギリシャやロシアにむかう傾向をもち、クロアチア人はローマ教会、ついでオーストリア＝ハンガリー帝国、西ヨーロッパへの志向性をもつようになった。

(14) アラブのイスラム教徒もカリフ制の廃止を嘆きはしたが、オスマン帝国の滅亡を残念におもうことはなかった。かれらはオスマン帝国が専制的で、帝国のために中東が退廃し、ヨーロッパ植民地主義の支配をうけるようになったとかんがえていたからである。それにたいしてボスニアのイスラム教徒はオスマン帝国以前のイスラムの伝統というものがなかったし、またトルコにたいしてアラブ人とおなじような不満をもつ原因がなかった。だからかれらは一八七八年のオーストリア＝ハンガリー帝国によるオスマン帝国からの分離を悲しみをもってむかえたのである。

(15) Xavier Bougarel,《Un courant panislamiste en Bosnie-Herzégovine》*in* Gilles Kepel (sous la dir. de), *Exils et royaume*, *op. cit.*, p. 275-299 参照。

(16) エルサレムのムフティー、アミーン・フサイニーはパレスチナにユダヤ人国家がつくられることに反対し、一九一七年にバルフォア宣言をだしてユダヤ人国家建設への道をひらいたイギリスに敵対する。そのためにかれはヒトラー陣営に身を投じ、ベルリンのイスラム学院を指揮した。かれはアラブ・ムスリム世界におけるシオニズムへの敵対心をナチの政策にたいする支持に変化させる役割をになっていた。

(17) 第二次世界大戦でユーゴスラヴィアはドイツ・イタリアの占領とそれにたいするレジスタンス運動ばかりではなく、内戦も経験する。このドラマの主役となったのは《ウスタシャ》と《チェトニク》とパルチザンだが、その記憶は一九九〇年代のあらたな内戦の開始まで鮮明にのこっていた。《ウスタシャ》運動は、一九四一年四月一〇日、親ナチの「クロアチア国家」(これはボスニア・ヘルツェゴヴィナ地域もふくんでいた)を創立し、ユダヤ人、ロム人、セルビア人絶滅政策を実行した。ムスリム人は「イスラム教徒クロアチア人」とみなされたので迫害はうけなかった。《チェトニク》運動はセルビア人のナショナリスト・レジスタンで構成されていたが、報復としてクロアチア人・ムスリム人民衆を虐殺した。最後に、チトーにひきいられたパルチザンはセルビアやクロアチアの共産党のみならず多数のムスリム人を陣営に参加させることに成功する。共産党では、ムスリム人は、ソ連モデルにしたがって、民族とかんがえられ、特別なあつかいをうけた。第二次世界大戦中の双方の残虐行為の思い出が一九九〇年代の対立で再燃し、セルビア陣営では《ウスタシャ》がおこなった虐殺を想起し、一九九一年に独立したクロアチアがその末裔に他ならないと証明しようとする。同時に、ムスリム人がセルビア人やユダヤ人へのポグロムに参加していたことも記憶の底からよびさまされた。一方、クロアチアやムスリムの側では《チェトニク》による虐殺の記憶が記念の対象となり、セルビア人民兵はしばしば「チェトニク」と呼ばれた。《チェトニク》は髭をのばしたままにしていたので、髭は《チェトニク》のイメージとむすびつき、そのためにボスニアのムスリム人は入念に髭をそるようになった。これは一九九二年にボスニアにやってきた髭面の「ジハード主義者」たちとの軋轢のもととなる。こうした習慣についてはA. Popovic, 《Les musulmans de Bosnie-Herzégovine: mise en place d'une guerre civile》, in *Actes de la recherche en sciences sociales*, N° 116-117, mars 1997, p. 91-104 参照。

(18)「我らの目的はイスラム教徒のイスラム化、我らのモットーは《信仰し、闘う》」という言葉を冒頭にかかげた『イスラム宣言』は「方々でますます頻繁に聞かれるようになり、イスラム世界のどこででもおなじ価値をもつ思想の集大成」であり、「思想を実現するために組織される行動」のプログラムを提示することをめざしている。この簡潔なテクストは三部から構成されている。第一部では「イスラム教徒の諸国民が後進性に苦しんでいる理由」が検討され、ウラマーの硬直性と「自称、欧米風進歩主義者」やその他の「近代主義者」の堕落のためであるとされる。ウラマーの硬直性のために「コーランは法としての権威を喪失し」、「暗記したコーランのテクストを呟く中でコーランの掟自体は消滅する」が、他方、進歩主義者・近代主義者は「イスラム世界のいたる所で不幸をばらまいている」。著者によれば近代主義の挫折のシンボルはアタテュルクである。かれの改革はトルコを「三流国家」にしただけだった。イゼトベゴヴィッチ氏によれば、こうした障害をのりこえるための「解決方法はひとつしかない。それはイスラムを自覚し、イスラム風に思考するあたらしい知識人階級をうみだし、結集することである。そしてかれらはイスラム的秩序を旗印にして、ムスリム大衆とともにそれを実現するための行動を開始しなければならない。」サイイド・クトゥブの『道標』の一部のページを連想させるこうした動員プログラムの後に、第二部では「イスラム的秩序」について語られる。そこでは「イスラム的共同体」と「イスラム的秩序」が存在するとされ、「すべての真のイスラム運動」は「同時に、政治運動でなければならない」とされる。しかし、こうした点をのぞくと、この本はかなり漠然としており、一般論にとどまっている。イスラム的秩序をどんな風に実現するかという点についての考察はないし、ユーゴスラヴィアにおけるイスラム教徒のおかれた状況について明確な言及もない。著者は「イスラムの再生は宗教革命なしには開始されることはないが、政治革命なしにはうまく継続されることはないし、実現もしない。我々の道は権力の奪取からはじまるのではなく、ひとびとを納得させることからはじまる」と記している。しかし二〇年後にかれの党SDAは選挙で勝利して権力をにぎるけれども、それに先がけて「宗教革命」がなされたわけではない。第三部「今日におけるイスラム的秩序の問題」

は、活動家は「まずなによりも説教師であり、ついで兵士でなければならない」とし、そうした活動家のために、どのように宗教的動員を政治的闘争に転換していくかという問題が論じられている。「イスラム運動は、非イスラム的な既存権力を打倒するだけではなく、イスラム的新秩序を構築することができるくらい数的に、恒常的に強力になった時には権力をにぎることができるし、またそうすべきである」が、実現すべきなのは「イスラム革命」であって、「イスラムによるクーデタではない」。この本は最後にパキスタンの例を批判的にあげる。パキスタンは一九四八年に「イスラム共和国」として建国された。パキスタンには「おおきな期待」がよせられたのだが、「イスラム的秩序」は構築されず、著者を失望させる。（パキスタンは一九五八年から一九六九年、近代主義的独裁者だったアユーブ・ハーン将軍によって支配されていたが、イゼトベゴヴィッチがこの本を書いた一九七〇年には、ヤヒヤー・ハーン将軍がその後継者となっていた。この時期、パキスタンはその歴史のなかでもっとも「世俗主義的」な時代にあり、またベンガル地方の反政府運動にも苦しんでいた。これは一九七一年の分離独立につながる。）（インドとバルカン半島というふたつの「少数派イスラム」の共通点については本書三二一ページ参照。）最後に、結論は汎イスラム主義的世界観を軸に展開され、ヨーロッパ経済共同体を模範にして世界のすべてのイスラム教徒が政治的に統合されるべきである主張される。著者は「イスラム運動」の先兵の役割を「近年、成長してきたイスラムの新世代」に期待する。このあたらしい世代は「イスラムのなかにうまれ、敗北の苦さと屈辱のなかで成長し、あたらしい愛国精神のもとに団結している」と著者は述べる。本書で利用した『イスラム宣言』の翻訳は *Dialogue/Dijalog*, N° 2-3, septembre 1992, supplément《Dossier yugoslave: les textes clés》, p. 35-54 に発表された。

(19) クロアチアは一九九一年六月に独立を宣言し、ボスニアのセルビア人地区はその春に自治政府樹立を宣言する。

(20) 「民族浄化」とナチスの「最終的解決」とのあいだに類似性があると気づいたために、西ヨーロッパやアメリカのおおくのリベラルなユダヤ人知識人がボスニアのイスラム教徒を支持するためにたちあがった。一方、セルビアは（そして程度の差はあったがクロアチアも）かれらが狂信者で、ボスニアをジハードやヨーロッパむけのテロの橋頭堡にしようとしているのだというプロパガンダをおこなっていたが、それは功を奏しなかった。

(21) それに、イスラム諸国が介入すると非同盟諸国運動で培ったユーゴスラヴィアとの関係（それはチトー時代にまでさかのぼる）がそこなわれ、ベオグラードがインドネシア、リビア、イラクに保有していたネットワークに不都合が生じる可能性があった。これは、一九七九年に、ソ連と友好関係をもっていたアラブ諸国がアフガニスタンのジハードとの連帯に消極的だったのとおなじような事情である。本書一九二ページ参照。

(22) 一九九一年九月二五日の安全保障会議決議。

(23) T. Hunter, 《The Embargo that Wasn't: Iran's Arms Shipments into Bosnia》, *Jane's Intelligence Review*, N° 12. 1997 参照。

(24) 野党の共和党は、武器供給をとおして、イランがヨーロッパの真ん中に入りこみ、中継点をもつようになるのではないかとおそれたのである。Ali Reza Bagherzadeh, *Une interprétation paradigmatique de l'ingérence iranienne en Bosnie-Herzégovine*, mémoire de DEA, IEP de Paris, 1999 にこの点にかんする議論の紹介と分析がある。(p.11-14)

(25) *Time*, 30 septembre 1996 参照。A.R. Bagherzadeh, *op. cit.*, p. 38 に引用され、コメントされている。

(26) デイトン合意の後、アメリカは圧力をかけ、援助プログラム「トレイン・アンド・エキップ」実施の条件としてボスニア国防副大臣ハサン・センジッチの辞任を要求し、センジッチは辞任を余儀なくされた。テヘランに近いとみなされたからである。

(27) Iman Farag, 《Ces musulmans d'ailleurs: la Bosnie vue d'Egypte》, *Maghreb-Machrek*, janvier 1996, p. 41-50 参照。

(28) Bellion-Jourdan, art. cité et M. Kramer, 《The Global Village of Islam》, *MECS*, 1992, p.220 参照。

(29) 本書二〇一ページ参照。

(30) 髭をたくわえること、およびそれをジハード参加時に染色すること、その長さ等々にかんする教義上の論争についてはMohammed H. Benkheira, *L'amour de la loi. Essai sur la normativité en islam*, PUF, Paris, 1997, p. 80-104 特に p.87 参照。

(31) 「赤髭《バルバロス》」司令官の伝記的事実や発言は *Al Sirat al Mustaqim* (《la voie droite》), N° 33 に掲載された一九九四年八月のインタビューからぬきだした。その英語訳は《北米ムスリム学生連盟》のサイト http://msanews.mynet.net//MSANEWS/199605/19960509O.html にある。

インタビューには燃えたつような髭をたくわえ、戦闘服姿の司令官の写真が掲載されている。この人物は雑誌『タイム』が「発掘」した。かれは一九九二年九月、『タイム』のもっと短いインタビューに応じている。それにたいして、私が引用したインタビューはジハードを完全に支持している読者層にむけられている。

(32) 三人のウラマーとは、ナースィルッディーン・アルバーニー（かれは兵力差を考慮して慎重にふるまうよう勧告している）

とサウディアラビア政府に近い二人のサラフィー主義者のシャイフ、アブドゥルアズィーズ・イブン・バーズ（後に王国のムフティーに就任）とムハンマド・イブン・ウタイミンである。

（33）《アッザーム旅団》のサイトには戦闘の状況が記述され、ボスニアで戦死した一〇名の「殉教者」の讃辞にみちた伝記や他の戦士にかんしてさまざまな情報を提供している。それによると、アフガニスタンやアルジェリアやエジプトやその他の「ジハード主義的サラフィー主義」運動でも常にみられることだが、戦士のほとんど全員が、預言者の時代につかわれていた人名呼称を手本にして戦場用の偽名をもっている。文字どおりには「誰々の父」を意味する「アブー」の後に名前が来る。たとえば「アブー・ウマル」や「アブー・サイフ」のようになるが、更にその後に出身の国や地方を示す単語がくる。たとえば「アブー・ハーリド・アル＝カタリー」（カタール人）や「アブー・ハンマーム・アル＝ナジュディー」（ナジュドはサウディアラビア中央部地方）など。一〇名の「殉教者」のうち、五名はサウディアラビア人、二名はイエメン人、一名がカタール人、一名がクウェート人（つまり九名が半島地域のアラブ人）さらにエジプト人が一名である。またおなじサイトにボスニア北部のティシンでの戦いの物語が語られている。この戦闘で二五名のアラブ人「ジハード主義者」が一九九二年一二月に二〇〇人のセルビア人を打ち破ったとされている。イスラム主義支持者むけの武勇伝・教訓話といった側面は別にして、この物語は戦闘へのサウディアラビア人の参加の度合いがどれだけおおきいか再確認させる。全員がアフガニスタンのジハードへの参加者だが、大部分がメッカの出身者である。この物語の真偽は確認しようがないが、何よりも興味深いのは、こうした物語をつうじて、「ジハード主義者たち」が英語を話すイスラム主義のインターネット利用者たちに自分たちについてどのようなイメージをあたえようとしているか知る手助けになるという点である。たとえば、一〇人の「殉教者」は全員、宗教的信仰のためにジハードに参加する以前に職業や社会的キャリアで成功した履歴の持ち主である。クウェート人とカタール人はもとスポーツのチャンピオンだったし、エジプト人とサウディアラビア人の一人は職業軍人、イエメン人の一人は南イエメンの出身だが、かつて共産党員で、キューバで戦車兵エリートの訓練をうけている。もう一人のサウディアラビア人は非常に裕福な家庭の出身者で、贅沢な生活をしていた。全員が現世での成功の道を放棄してジハードの大義に身をささげ、それまでに獲得した能力をジハードのためにもちいることを選択した。http://www.azzam.com 参照。

（34）こうした類の写真は上に引用したMSA-NEWSのサイトでみられる。

（35）「赤髭《バルバロス》」司令官はこの点について次のように宣言している。「ボスニア人にかんして言うと、――これは私の意見ではなく、ムスリム同胞自身が言うことですが――かれらはこう言います。『これは危機ではなく、祝福です。戦争がなければ、我々はアッラー――神に栄光を――を知ることはなかったでしょう。我々はモスクの道を知ることは決してなかったでしょう。男たちも、女たちも、子供たちも、道徳的に堕落し、一見してキリスト教徒とイスラム教徒を区別することもできなくなっていました。イスラム教徒の女性たちは服を着てはいましたが、実際には裸同前でした。しかし今、――神に感謝します――我々のモスクは信者でいっぱいです。女性たちは完全なヒジャーブを着用しています。つまり彼女たちは顔もふくめ完全にヴェールでおおわれているのです。彼女たちはヴェールを着用して市場やバザールを散歩するとき、誇らし気です。いまや、完全なヒジャーブは自然なものになりました。そして――神に感謝します――これは我々の青年たち、フリーランスのムジャーヒディーン（つまりボスニア軍に編入されていない者）が自由な時間に熱心におこなっている布教《ダアワ》（信仰の宣伝）のおかげなのです。』」（ＭＳＡ-ＮＥＷＳ、前出）

（36）　Xavier Bougarel. *op. cit.* p.357-359に「アラブ人同胞」のイスラムと、ボスニアにそれをおしつけようとするかれらの不器用な試みにかんする皮肉な文章の翻訳を読むことができる。

（37）　アラブ人「ジハード主義者」の出国は順調にはすすまなかった。というのもかれらはボスニア領をはなれてザグレブ空港に行く時に粛清されるのではないかと恐れていたからである。一九九六年三月、かれらの内の三〇〇人以上がサライェヴォをはなれてイスタンブルに行く。そこでイスラム主義政党《繁栄党》の熱烈な歓迎をうけた後、トルコの情報機関ＭＩＴにより「選別」される。そして一〇〇人はトルコの保護下にあった北キプロスの訓練キャンプにおくられ、二〇〇人はヘクマトヤルが支配するジャララバードにもどされ、そこでチェチェンに派遣される時をまつことになる。別の者たちはアルバニアに出発し、そこをジハードのもうひとつの前線にしようとするが、それも失敗する。MSA-NEWS. *op. cit.* を参照。

（38）　こうした組織を主として代表しているのは《行動的ムスリム青年組織》で、本部はゼニッァにあり、元傷痍軍人Ａ・ペゾに指揮されている。一九九八年六月の時点で、その月刊誌『サッフ』（アラビア語でモスクで整列して祈る信者の列を意味する）が立派な印刷をされ、国内の主要なモスクの前で売られていることを我々は確認した。アラビア半島諸国の政府から厚遇されているカリスマ的なウラマー、サレフ・コラコヴィッチがモスタルに《イスラムスカ・ザイェドニツァ独立イスラム・センター》を創設したが、このモスタルで《行動的ムスリム青年組織》は集会をひらき、それを知らせるポスターが街のイスラム関係施設すべてに掲示されていた。

（39）本書一一七～一一九、一二七～一二八ページを参照。

（40）Enes Karic,《Islam in Contemporary Bosnia》, *Islamic Studies*, 36: 2, 3(1997), p. 480 参照。

## 第十一章

（1）こうした見解を発表した人は何人もいたが、たとえばランド・コーポレーション研究員のひとりグラハム・フラーは *Algeria: The Next Fundamentalist State?*, Santa Monica, Californie, 1995 でそれを展開している。

（2）『アンサール』（《アルジェリアおよび全世界におけるジハードの支持者》というグループの発行物で外国でＧＩＡの立場を代弁する雑誌、一九九三年七月に創刊）の第一七号（一九九三年一一月五日）に掲載されたＧＩＡ創始者の一人で元「アフガニスタン・ジハード戦士」のリーダーとのインタビューを参照。このインタビューは Camille al-Tawil, *Al haraka al islamiyya al mussallaha fi-l jazaïr / man*《*al inqadh*》*ila*《*al jama'a*》(『アルジェリアにおける武装イスラム組織：ＦＩＳからＧＩＡへ』). Dar la Nahar, Beyrouth, 1998, p. 84-85 に引用されている。この著作はロンドンの日刊紙『ハヤート』でアルジェリア問題を専門におっているレバノン人ジャーナリストが書いたものだが、一九九二年から一九九七年のアルジェリア武装組織にかんして、現在の所もっとも網羅的な情報を提供してくれる本である。それは著者が特別に非常におおくの活字や映像のソースを参照できる立場にあるためである。フランス語では Alain Grignard,《La littérature politique du GIA algérien des origines à Djamal Zitouni. Esquisse d'une analyse》, in F. Dassetto (sous la dir. de), *Facettes de l'islam belge*, Academia-Bruylant, Louvain-la-Neuve, 1996, p.69-95 にベルギーで収集された資料にもとづく明確な情報をみることができる。

（3）「アフガーニー」というのはアフガニスタンでジハードに参加した元兵士たちが頻繁に採用する渾名で、かならずしも親類関係があるわけではない。

（4）《クトゥビスト》という名前は、それに敵対する者たちが、アフマド・ワーッド医師にひきいられた元「アフガニスタン・ジハード戦士」のグループにつけたものである。ワーッドは「前イスラム無明時代《ジャーヒリーヤ》」や「主権《ハーキミーヤ》」（本書四五ページ以降参照）などクトゥブの著作からひき出した概念を利用して現代世界を解読しようとする。「サラフィー主義者」はそうしたあたらしい解釈方法を非正統的で有害な愚論と切りすてる。アフマド・ワーッドは一九九二年の秋、短期間だったが、後にＧＩＡと名のることになる武装組織のリーダーをつとめ、すぐに逮捕される。かれは一九九五年二月、アルジェのシルカジ監獄でおこった暴動の際に死亡する。C. al-Tawil, *op. cit.*,p.65 参照。また Abou Hamza al-Misri, *Talmi'al Ansar li-l seif al battar*（『支持者たちは鋭い剣を磨く』）, Londres, mars 1997, p.20-21 にサイイド・クトゥブを偶像視するひとびとにたいする批評を読むことができる。

（5） 一九七〇年代にエジプトで出現し、シュクリー・ムスタファーが指揮したグループは《タクフィール・ワ・ヒジュラ（不信仰者宣告と離反）》と名のったが、ＧＩＡ内部の《タクフィール》派はこのエジプトのグループの名前を借りて命名された。（本書一一七ページ以降参照）このグループは通称「パキスタン人」の医師アフマド・ブー・アマラ医師を中心にあつまった元アフガニスタン・ジハード戦士が主要メンバーである。かれらは自分の信奉者をのぞきすべての社会にたいして「不信仰者宣告」するので、あたらしく兵を募るための社会基盤をせばめてしまい、ジハードの遂行に支障をきたす結果になる。そのためにかれらは「ジハード主義的サラフィー主義者」からはげしく攻撃される。一九九五年からＧＩＡ内部で粛清や除名があいつぐが、その際、「タクフィリズム」（社会にたいする不信仰者宣告）という罪状が口実として頻繁にもちいられる。一九九七年九月二六日に『アンサール』によって発表されたアンタール・ズワービリー「司令官《アミール》」の、知られているかぎりでは最後のコミュニケは、その月におこなわれた虐殺を「『社会にたいする不信仰者宣告』という不信心な行為をおこなった者を罰するため」という理由で正当化している。これはＧＩＡがその末期には組織自体が「タクフィリズム」におちいってしまったことを示している。この点については後で詳述する。C. al-Tawil, *op. cit.*, p. 280-283 参照。

（6） 一九九一年七月のバトナ総会でＦＩＳに加入した「ジャザリスト」については本書二三八ページを参照。その代表的人物はルネス・ベルカセム、通称ムハンマド・サイードで、かれは一九九四年五月にＧＩＡに加入、一九九五年一一月に粛清される。

（7） 本書一五五ページ以降を参照。

（8） この大量逮捕のおかげで政府はＦＩＳの組織網を壊滅させ、革命的動員戦略を挫折させて、一九九二年に束の間のあいだの平穏をえることができた。しかし設備が皆無に等しいサハラ砂漠の収容キャンプにおいて、もっとも戦闘的でもっとも訓練された活動家が収容者のリーダー役をつとめていたために、おおくの青年が武装闘争のメンバーになっていく。青年はキャンプでうけたあつかいに憤り、政府を抑圧機関としかみなさなくなっていたので、一九九二年に釈放がはじまるとすぐに地下活動にはいっていった。この点についてはたとえば一九九九年九月一二日のアルジェリアの日刊紙『リベルテ』に掲載された記事を参照すること。この記事で、キャンプに収容され、後、ジハードに参加するようになったある人物の証言が紹介されている。ナセル時代のエジプトでも、《ムスリム同胞団》が砂漠のキャンプに苛酷な条件で収容されたが、これはイスラム主義運動の急進化に重要な役割を演じている。サイイド・クトゥブが『道標』を著したのはこのキャンプにおいてだったし、また《タクフィール》運動が誕生したのもそこにおいてだった。本書三三ページおよび一一七ページ参照。

（9）『シャハーダ』はGIAに近いアルジェリアのイスラム主義者によってストックホルムで出版され、その第一号は一九九二年一一月に発行されている。ラヤーダ司令官との「インタビュー」がどの程度かれの発言を忠実に転記したものなのか、それとも集団で構成したものなのかは不明である。論証の明確さ、歴史的展望、引用された文献などをみると、むしろ組織の知識人が関与して作成したとかんがえるべきだろう。

（10）ラヤーダは四人のアルジェリアのイスラム主義思想家をあげている。ミスバーフ、アブドゥッラティーフ・スルターニー、アラバーウィー（すべて一九六二年以降、体制に反対の立場をとりつづけた《アルジェリア・イスラム・ウラマー協会》の元メンバー）そして、改革主義思想家マーリク・ベン・ナビー（一九〇五～一九七三年）である。

（11）アフガニスタンにおいてジハードは「個人義務《ファルド・アイン》」であるという宣言がアブドゥッラー・アッザームのはたらきかけでなされたという点については本書二〇二ページ参照。このインタビューの著者は、アフガニスタンのジハードが、とりわけアラビア半島諸国から、莫大な支援をえたのに、アルジェリア武装グループの戦いはおなじような支援をえていないと嘆いている。

（12）インタビューの著者は，GIAが「マンスーリー・ミリヤーニーのグループと、アブー・アフマド（アフマド・ワーッド）のグループ、そしてモフ・レヴェイレのグループが合同して」できたことをあきらかにしている。

（13）ラヤーダがもちいているアラビア語の表現は厳格な意味でのサラフィー主義に言及している。

（14）欧米の著述家を部分的に引用し、その思想を援用して西洋文明の凋落を語らせるのはイスラム主義のテクストではよくもちいられる手法である。有名なエッセー『西洋の没落』（仏訳、ガリマール、一九四八年）の著者オズヴァルト・シュペングラーや哲学者・数学者バートランド・ラッセルの名前を車体修理工ラヤーダが本当に知っていたのか、それとも『シャハーダ』の編集者がそれを挿入したのかは不明である。

（15）コーラン第五章「食卓」五一節「あなた方、信じる者よ、ユダヤ教徒ともキリスト教徒とも保護の関係をむすぶな。かれらは仲間同士でそうした関係をむすべばよい。あなた方の内でそれをむすぶものは、その結果としてかれらの同類となるだろう。」（ジャック・ベルクによる翻訳、前掲書）ハーミドゥッラー教授の訳のように、イスラム主義運動グループに近いひとびとによる翻訳では、この節はユダヤ人やキリスト教徒を友人としてはならないという禁止として読まれている。ここで引用した断片（翻訳にかんしては一番単純な翻訳を選択した）は「不信仰な」政府をユダヤ教徒やキリスト教徒と同類であると示唆していることになる。GIAの文書ではおなじような意味の別の断片（「かれらは同類である」）が非常に頻繁にもちいられており、政府をたすけているとかんがえられているすべての者、さらには武装闘争に参加しないすべての者の「集団的責任」という概念を正当化するためにもちいられる。その断片は一九九七年に女性や子供の殺害を正当化するために利用された。（Abou Hamza. *Talmi', op. cit.*, p.23 参照）「我々は罪をおわない」という表現は「当該人物の血をながすことは合法的である」ということを意味する。インタビュー中の第五章第五一節の引用には語彙の上で誤りがふくまれている（《fa innahu man hum》が《fa huwa man hum》となっている）。それによって意味自体は変化しないが、これはコーランのテクストの神聖性を侵害する行為である。これはもっとも正統的サラフィー主義を主張しているにもかかわらず、インタビューされた者（あるいはこのテクストの起草者）のイスラムにかんする知識が不十分であることを示唆している。

（16）「ジハードの隊列に参加する」という表現はこの問題にかんするアブドゥッラー・アッザームの著書のひとつの題『ジハードの隊列に参加しよう』を下敷きにしている。本書五四六ページ、注三四参照。

（17）一九九二年四月にカブールがムジャーヒディーンの手に陥落してから一九九六年九月ターリバーンに占領されるまで、アフガニスタンは無政府状態になり、ジハード主義者たちが誇る「ジハードの勝利」の名声はおおきく傷ついた。本書三〇三ページ参照。

（18）「インタビュー」のもっとも興味深い部分は C. al-Tawil, *op. cit.*, p.79-84 に再掲されている。またGIAのコミュニケ第二号抜粋の七四〜七八ページ、そしてラヤーダのオーディオ・カセットから転記したテクストも参照すること。

（19）一九九〇年六月にFISが選挙で勝利した四六六の地区人民議会（市議会）は一九九二年四月に解散になり、政府により任命された責任者が行政をおこなうことになる。政府任命の責任者は武装グループの格好の標的になる。

（20）こうした現象は Luis Martinez, *La guerre civile en Algérie, op. cit.* に非常に明確にえがかれている。著者はまた、より一般

的な観点から、内戦がイスラム主義者と政権のイデオロギー的対立を意味するだけではなく、暴力の行使による富の再配分の契機となるという点も指摘している。我々がここで問題にしている点にかぎって言うと、武装グループがおこなったゆすりその他の金品強奪の手段（通行税、身代金、窃盗など）はジハード遂行のための主たる財源となった。アフガニスタンではアラビア半島の石油君主国がジハードのスポンサーになったわけだが、アルジェリア内戦ではそのような外部のスポンサーが存在しなかったからである。アルジェリア内戦が泥沼化するにつれ、殺人や財産侵害、窃盗などの行為のうち、さまざまな個人的利害が本当の動機であるものの数がどんどんおおくなっていく。つまりイスラム主義の大義にもとづく暴力を個人的利害実現の道具に利用したり（財産をねらって競争相手や犠牲者を破産させる）、政情不安を利用してギャング行為をジハードにみせかけたりするのである。

(21) C. al-Tawil, *op. cit.*, p. 115によると、七月から八月、イーサー・イブン・ウマルという人物が短期間、つなぎにリーダー役をつとめるが、治安当局によって銃殺される。

(22) S. Labat, *Les islamistes algériens*, *op. cit.*, p.236-237参照。

(23) 「アンサール」という言葉は預言者ムハンマドが六二二年、ヒジュラ直後にメディナに到着したとき、かれを最初に支持したひとびとのことを言う。「アルジェリアやその他いたる所のジハードの代弁者」を自認するこの会報はA4版一六ページ、コンピュータ製版でつくられ、金曜日にロンドンの一部モスクの出口で配布され、ファックスや電子メールで遠隔地にもながされる。号によれば、アルジェリアのGIA直属の機関紙である『キタール（戦闘）』が付録としてつけられる。「ジハード・ニュース」、GIA（とその他の「ジハード主義」グループ、特にレバノンやエジプトのグループ）のコミュニケ、指導者や活動家のインタビュー、編集部論説などの他は、この雑誌の主な内容はジハード主義的サラフィー主義者のイデオロギーを主張するテクストである。そのためにイブン・タイミーヤのようなイスラムの古典的伝統やハンバル派に属する著述家の文章がおおく引用される。アルジェリアの武装闘争を教義面から支援しようとするこの会報は、難解な文体と語彙で書かれており、現代アラビア語について普通の知識をもった読者に本当に理解させるというよりは権威によっておしつけるという姿勢がみえる。サイイド・クトゥブは読者の知性に直接語りかけようとしていたが、そうした著述家の明晰さ、「近代的」性格とは逆に、「ジハード主義的サラフィー主義者」の仲間内むけの難解な言葉は意図的に晦渋にして、無反省で絶対的な支持を読者にたいして要求しているようにみえる。いずれにせよ、そこに書かれている内容は貧困都市青年層出身であるGIAの平均的活動家には理解不可能なものである。

(24) 一九九三年八月二一日、ちょうどジャアファル・アフガーニーがＧＩＡのリーダーになった頃、一九八九年夏までシャドリ大統領のもとで首相をつとめていたカスディー・メルバーフが暗殺される。メルバーフはまたながいあいだ、治安機関の長でもあった。ヨーロッパのＦＩＳの代表者はこの暗殺をアルジェリア治安当局自身がおこなった殺人だと批判した。メルバーフが外国にいる一部イスラム主義者と接触していたことに治安当局が反対していたためという理由だった。しかし結局、この暗殺についてＧＩＡが犯行声明をだす。ＦＩＳの一部グループのあいだで、ＧＩＡがアルジェリアの情報機関に利用されているのではないかという疑問がだされたのは重要な作戦行動としてはこれが最初である。

(25) 一〇月二六日、アルジェのフランス領事館の三名の雇員が誘拐され、それから、すべての外国人がアルジェリアからはなれるよう要求したＧＩＡの手紙をもたされて釈放される。

(26) ロンドンで発行されている『ワサト』誌が人を介してペシャーワルでＧＩＡのある指導者にインタビューし、その記事を一九九四年一月二一日に発表している。その人物は後にシャリーフ・グスミーであることが判明するが、かれはこの時期にアフガニスタン・パキスタンに滞在したらしい。

(27) C. al-Tawil, *op. cit.*, p. 144-154 がこの会合について非常に資料に裏づけられた描写をしている。情報源はイスラム主義者のあいだでながれたビデオ・カセットを文章に転記したテクストで、そのビデオには会合に参加したさまざまな人物が発言している。『統一のためのコミュニケ』のフランス語訳にかんしては F. Burgat,《Algérie: l'AIS et le GIA, itinéraires de constitution et relations》, *Maghreb-Macherek*, N° 149, juillet-septembre 1995, p. 111 参照。

(28) Ａ・ラッジャームはＦＩＳの執行委員会委員長の資格で、Ｓ・マフルーフィーは個人として、また重病で欠席していたＡ・シャブーティーの代理として署名した。

(29)《ＦＩＳ在外執行機関》（ＩＥＦＥ）から《ＦＩＳ国外議員代表団》団長でアメリカ在住のＡ・ハッダームとベルギー在住のアフマド・ザウィーが除名される。七月八日、ハッダームは五月一三日の統一を祝福するコミュニケを発表していた。

(30) C. al-Tawil, *op. cit.*, p.184-189 はマフフーズ・タジン排除の状況についていろいろな説を紹介している。

(31) 武装イスラム主義グループがアルジェリア軍特殊機関によってシステマティックにあやつられているという説について、これを入念に展開した主張が《アルジェリア自由将校運動》のホームページにみられる。これは一九九七年夏に結成された政府反対派将校グループのもので、このグループの責任者はマドリードに居住している。この問題にかんしてはさまざまな情報がある。他のすべての裏づけのとれていない情報同様、この「暴露」も資料として考慮されるべきだが、非常に慎重な取扱が必要である(http://www.anp.org)。また『ル・モンド』の記事「アルジェリア――反体制派将校が告発する」(一九九九年一一月二七日、一四～一五ページ)参照。

(32) ハイジャックのあいだ、ＧＩＡのコミュニケはアルジェリアやサウディアラビア、アメリカで逮捕されたイスラム主義指導者の釈放を要求した。アルジェリアにたいしては特にラヤーダ、マダニー、ベンハーッジュ、サウディアラビアにたいしてはアウダ師、ハワーリー師(本書二八七ページ参照)、アメリカにたいしてはニューヨークの世界貿易センタービル・テロ事件のエジプト人ウマル・アブドゥッラフマーンである(本書四〇二ページ以降参照)。この要求はＧＩＡが国際的なジハード主義的サラフィー主義者の系列につらなる組織であったことを今一度確認するものである。

(33) 一九九五年にフランス本国でおこったテロ事件がフランス自体にどのような影響をあたえたかは本書四一一ページ以降で検討される。

(34) Richard Labévière, *Les dollars de la terreur. Les Etats-Unis et les islamistes*, Grasset, Paris, 1999, p. 197-203 にアメリカ政府のローマ会議支持にたいする批判を読むことができる。

(35) シリア人アブー・ムスアブは一九九五年に『ヴァティカンの十字架のもとで調印されたローマ合意』という題のパンフレットを発表し、そこでジハード主義的サラフィー主義者のＦＩＳ指導部の政策にたいする反対意見を要約している。(C. al-Tawil. *op. cit.*, p. 248, n.17 参照) ローマ会議はヴァティカンの一部グループに近い《サン＝エジディオ共同体》によって組織されたが、このイニシアティヴにたいしてローマ聖庁内部に反対意見がなかったわけではない。

(36) イスラム主義グループ、とりわけその中のもっとも急進的な分子にたいする政府の工作にかんしては、本章の注四四と四九を参照。

(37) アラビア語で Hidayat rabb al 'Alamin (逐語訳だと『世界の主(アッラー)のみちびき』)という題をつけられ、イスラムの聖典やサラフィー主義の伝統につらなる大著述家(とりわけイブン・タイミーヤ)の引用がふんだんにもりこまれたこのパンフレットを書くためにはイスラム古典文化にかんするふかい知識が前提になる。しかしザイトゥーニーがそうした知識をもっていたとかんがえるのはむずかしい。奇妙なことに、テクストでもちいられている数字(ページ、パラグラフ等々)はすべてインド数字で、これは中東ではもちいられているが、マグリブ地方ではもちいられていない（マグリブではヨーロッパ同様、アラビア数字がつかわれている）。したがってこのテクストは、すくなくともその一部はロンドンのジハード主義的サラフィー主義者集団に属するオリエント出身の作家が書いたとかんがえるのが妥当だろう。パンフレットは「ヒジュラ暦一四一六年八月《シャアバーン》六日（一九九五年一二月二八日）」という日付がはいっている。つまりムハンマド・サイード殺害の後である。

（38）『神の道』によれば、《ムスリム同胞団》や「ジャザリスト」は「不信仰《クフル》と連合主義（多神崇拝《シルク》、すなわちアッラーを他の神々とむすびつける思想）を教義のなかに内包している」。《ムスリム同胞団》は民主主義を信奉するからであり、ジャザリストは「ジハードは文明的ではない手段である」と宣言したからである。しかしそうした組織に属する運動家自体は明確に「不信仰者」であり、したがって「処刑」可能な存在であるとされているわけではない。しかしシーア派信者、とりわけホメイニーの場合は不信仰者で処刑可能であるとされる（Hidaya. *op. cit.*, p. 29-30）。ＧＩＡへの加入条件とさまざまなカテゴリーのアルジェリア人（世俗主義政党や軍隊など「不信仰な機関」の元メンバー、ＦＩＳやＡＩＳのメンバー、タクフィール論者、非アルジェリア人、ジハードを軽視した説教師、サラフィー主義の道に忠実なウラマーなど）がそれぞれ改悛のどの段階にあるのかを提示した後、奇妙なことに、パンフレットはＧＩＡへの加入申込書（候補者とその保護者が記入しなければならない）でおわっている。まるでＧＩＡが地下にもぐり都市貧民街にちらばった武装集団の集合体であるというより、事務組織をもったレーニン主義的組織であるかのように。

（39）Ａ・シャブーティー、Ｓ・マフルーフィーもこの時、行動を共にした。（本書三五二ページ参照）

（40）C. al-Tawil. *op. cit.*, p.240 sq. はカセットの内容の一部を転記して紹介しているが、かれによるとラマラとタジンの「裁判」は一九九六年一月四日におこなわれたようである。二人の「告白」と判決は後にズワービリーが司令官になった時代に発表されたパンフレット『鋭い剣』（Al seif al battar）で詳細に解説されている。（本章の注四七参照）

（41）メデアのイスラム主義運動の支配地域に近い山岳地帯は非常に危険な地域だったが、修道士たちはＧＩＡの地域司令官から安全確保の保証をもらっていたので、このような危険な地域にとどまっていた。この事件についてはMireille Duteil, *Les martyrs de Tibéhirine*, Brépols, Paris, 1996 参照。

（42）イスラムに改宗したベルギーのアラブ学者が、ナスレッディン・ルバトリエというペンネームで、『イブン・タイミーヤ、修道士のステイタス』という題の一見、学術書の体裁をもった小冊子を出版している（El-Safina Editions, Beyrouth, 1997）。

この本には「Rubban al ghariqin fi qatal rubban Tibéhirine（ティベヒリンの修道士殺害にかんして溺れたひとびとの水先案内人）」というアラビア語の副題がついているが、著者はここで、イスラムの伝統において修道士殺害は神学的に正当化されるということを証明しようとしている。かれはイブン・タイミーヤのファトワーを翻訳・解説し、社会といかなる関係ももたない隠遁者と人間と交流をもちつづける修道士を区別し、前者は殺すことが禁じられているが、後者は処刑することが許されるとする。初代カリフ、アブー・バクルはシリアを征服したイスラム教徒につぎのような忠告の言葉をおくったと言われる。「あなたは隠遁地にとじこもったひとびとをみるだろう。かれらも、かれらがそのために隠遁している目的も、そっとしておきなさい。あなたはまた頭の中央に鳥の巣のような形をつくっているひとびとをみいだすでしょう。そうした巣を剣でうちなさい。」またイブン・タイミーヤは「剃髪した者」（＝修道士）を「異教のイマーム」と呼んだとされる。ルバトリエはアブー・バクルの言葉やイブン・タイミーヤの修道士にたいするこうしたきびしい態度に注意を喚起して、ザイトゥーニーが一九九六年四月一八日のコミュニケで展開している論拠が教義上ただしいと強調している。ザイトゥーニーはそのコミュニケで必要な場合には捕虜を処刑することが正当化されることを、おなじような出典を参照しながら論じているのである。ルバトリエの小冊子は反キリスト教的な響きがつよく、また半可通の東洋学者風の気取りにみちているためにおおきな論争になった。たとえばアラビア語の副題に類似母音のくりかえしがみられ、これはＧＩＡのパンフレットの題でよくつかわれる手法であることや、出版社の名前 El Safina は船を意味するのだが、著者の名前ルバトリエはフランス語では船頭という意味になる。すくなくともこうした言葉遊びはこのような悲劇的な事件には場違いであるが、しかしそうした論争は脇におくとして、著者は、ＧＩＡが属するジハード主義的サラフィー主義者グループの精神的・神学的世界がどんな風に構築されているかを理解するための重要な材料を提供してくれる。またザイトゥーニーが、今日まだ解明されていない理由のために、政府の秘密情報機関からいろんな風に利用されていたにしても、かれの名前で発表されるコミュニケにはたしかなイスラムにかんする知識が示されていることも事実である。アンリ・タンクがティベヒリン事件について書いた『ル・モンド』の記事（一九九八年六月七〜八日）を参照。この記事はまた小冊子『修道士のステイタス』を「虐殺の弁護」と形容し、それがひきおこしたスキャンダルについても論じている。また《Oxford Fellowship for Author of Murder Monks' Book》, *The Observer*, 6 sept. 1998 も参照。

（43） C. al-Tawil, *op. cit.*, p.230-239 参照。ザイトゥーニーはとりわけＭ・サイード、Ａ・ラッジャームやその他の旧アフガニスタン・ジハード戦士粛清を正当化する「シャリーアにもとづいた証拠」を提示できなかったという点を批判された。かれはまた「ゆきすぎ」を批判されているが、これはハワーリジュ派の支持者を批判する言葉である。

(44) ヨーロッパにおけるFIS支持者の機関誌である会報『リバート』はGIA司令官《アミール》死亡直後の一九九六年七月一九日発行の第一一三号で次のように記している。「ザイトゥーニーがGIAのトップにたって以来、その成果はアルジェリアのイスラム主義運動にとってはマイナスだったが、逆に政府にとってはプラスだった。死者をたくさんだす暴力路線への逸脱、フランスへのテロの輸出、FISの活動家や幹部にたいする戦い(GIAによって一〇〇〇人ほどの幹部が殺害された)、治安当局メンバーの家族(妻や子供まで対象になった)にたいする戦い――こうした戦略はアルジェリアのイスラム主義運動全体を悪魔のようにみなす風潮を助長した。」

(45) 一九九六年六月の『アンサール』の発行中断と一九九七年二月の再発刊(これについては後で述べる)のあいだ、『ジャマーア』がGIAの機関誌の役割をはたしていた。『ジャマーア』とは「共同体」を意味するが、この用法、このコンテクストではGIAを意味する。この『ジャマーア』は第一〇号(一九九六年九月)で「GIA司令官アブー・タルハ・アンタル・ズワービリーとの対話」というテクストを発表している。そこにふくまれた伝記的要素は、一九七〇年にブー・ファーリークでうまれたという点の他に、武装グループへの参加とそのリーダーと近かったことへの言及だけである。インタビューのその他の部分はハワーリジュ主義という批判にたいする反論、ザイトゥーニー時代の粛清の正当化、一九九六年六月にGIAへの支援をうちきったエジプトやリビアのグループにたいする反論、「ジハード主義的サラフィー主義者」路線の再確認などにあてられている。(五〜一六ページ)

(46) 本書二三六ページ参照。

(47) このテクストはアブー・ハムザのもとめに応じてGIAの宗教問題委員会責任者アブー・ムンザルによって書かれ、ズワービリーがそれに序文をつけている。六〇ページのこの小冊子はこうしたタイプの他の刊行物同様、類似母音のくりかえしをふくんだ題がつけられている。題は『鋭い剣――異教徒の国に住み、敬虔なムジャーヒディーンの背中を剣でついたひとびとにこたえる』という意味である(これは一九九六年六月にロンドンからザイトゥーニーのGIAを批判したアブー・カターダやアブー・ムスアブをさしている)。その内容の大半はザイトゥーニー時代におこなわれた粛清の正当化(それについておおくの情報を提供している)とアルジェリア社会の評価(注四八参照)である。一九九七年三月にフィンズベリー・パークのモスクでこの小冊子は配布されたが、翌月、アブー・ハムザはこの小冊子の批判的検討をおこない、『支持者《アンサール》は鋭い剣を輝かせる』という題の三二ページのテクストを発表する。これはイスラム教神学の伝統にのっとったもので、ウラマーは相手の書いたテクストにたいして自分の学識・知見をつけくわえていくが、これを「(相手の文書を)輝かせる」あるいは「照らしだす」と表現する。我々がアブー・ハムザにインタビューした際(一九九八年二月ロンドンにおいて)、ハムザは、自分は『鋭い剣』にあった誤りをジハード主義的サラフィー主義者の路線にしたがって指摘し、ＧＩＡをただしい道にもどらせるために『支持者《アンサール》は鋭い剣を輝かせる』というテクストを書いたと述べている。半諧音や古語法を多用した極度に凝った文体で書かれたこのテクストは現代日常アラビア語について平均的な知識をもっているだけの読者ではほとんど理解不可能で、主として権威づけという機能しかはたしていない。ハムザのテクストの抜粋のフランス語訳にかんしては拙論《Le GIA à travers ses publications》, *Pouvoirs*, N° 86, 1998, p. 82-84 参照。

(48) *Al seif al battar, op. cit.*, p. 39-40 (Chap. 8《Propos excellents sur la classification des gens de ce pays par le GIA》)。この章の冒頭で、著者は、ＧＩＡはアルジェリア社会全体を「不信仰」であるとするわけではないと述べる(つまりこの点でタクフィール論者とは異なるというわけである)。というのも「アルジェリア社会の基礎はイスラムだからである。」しかしテクストは嫌々ついてくる人間やジハードに参加することを恐れる人間にたいしては罰を課すると述べている。

(49) ＧＩＡと一般の穏健イスラム主義者の「共犯関係」というテーマはたとえば一九九七年一〇月七日の『ル・マタン』誌(アルジェで発行)にみられる。これはガーイド・ガーセムの村の「テロリストの基地」を軍隊が攻撃し、その後、そこで文書が発見されたことに関連してであった。逆に、Patrick Denaud, *Le FIS: sa direction parle...*, L'Harmattan, Paris, 1997 で《ＦＩＳ在外執行機関》(ＩＥＦＥ)の複数のメンバーがＧＩＡについて述べた意見を読むことができるが、かれらはＧＩＡのとった作戦行動はアルジェリア諜報機関が組織に潜入した結果であるとかんがえている。たとえばＩＥＦＥ副委員長Ｇ・アブドゥルカリームによれば、「ＧＩＡ内部には過激な信仰を本当に信じている者もいたが、かれらはアルジェリア軍治安部隊にとってあつかいやすい餌食だった。潜入工作員はかれらにとりつき、外部の要求を組織に伝えてそれを組織の方針にする。それもメディアをあやつるのにもっとも有効な形で。」(p.167) 同様に、フランスにおけるＦＩＳの代表機関であった《フランス・アルジェリア友好協会》(ＦＡＦ)の元委員長ジャアファル・フワーリーは一九九四年末に除名される前に、ズワービリーを次のように描写している。「それは二六、七才の文盲の青年で、兄弟は元非行青年だった。かれは、科学にかんしても、政治や宗教にかんしてもいかなる知識ももっていなかったし、いかなる教育もうけていなかった。字も読めないのにどうしてかれが宣言文をつくることなどできよう。ジャマール・ザイトゥーニーとおなじように、あきらかに背後で誰かが糸をひいて操っていたのだ。」（p.222）一九九七年の末、武装闘争に好意的な在英組織《アルジェリア・コミュニティー》はさまざまな武装グループが一九九五年一二月から一九九七年九月に発表した二二のコミュニケをあつめて、（アラビア語で）『ジハード軍団が諜報機関によるＧＩＡ潜入を証言する』（発行年不明、ロンドン）という小冊子を公刊する。さまざまなグループがザイトゥーニー、ついでズワービリーが「ジハード主義的サラフィー主義者」の道を放棄し、タクフィール論者になったと批判し、かれらとの決別を宣言しているが、この小冊子はそうしたグループのコミュニケを二二編あつめたものである。

(50) 一九九七年九月二七日の『アンサール』第一六五号に発表されたズワービリーのコミュニケ第五一号およびアブー・ハムザの弁明はC. al-Tawil, *op. cit.*, *p.* 280 sq. に掲載されている。

(51) Luis Martinez,《Algérie: les enjeux des négociations entre l'AIS et l'armée》, *Politique internationale*, 497, p. 499 sq. 参照。

(52) 一九九九年六月六日、ＡＩＳの「全国司令官」マダニー・メルザーグが「武装闘争の完全停止」を宣言し、一一日、アッバースィー・マダニーが「アブドゥルアズィーズ・ブーテフリカ大統領閣下」への手紙でそれにたいして支持声明をだす。そこでマダニーは次のようにつけくわえる。「この道は我らが勇敢なる民衆の希求に合致するものであります。もし閣下がこの評価すべき道を歩みつづけられるならば、神のお許しがあれば、私は閣下とともにその道を歩むでありましょう。」（『ル・モンド』、一九九九年六月一四日）

(53) 「輸入—輸入」経済という表現は、アルジェリア風ユーモアで、政府高官の殖財手段をさす。政府高官が現地で生産できない製品の輸入独占権を獲得したり、輸入独占権をもっている製品について自分たちの市場でのシェアーを損なわないためにアルジェリアで生産させないように監視する。支払いは石油の輸出でえられた外貨で決済され、また政府高官には（国有の）銀行が優先的に融資してくれるので、輸入（たとえば薬品）はそれをコントロールするものにおおきな利益をもたらす。しかしそれによって、アルジェリアで起業するブルジョワジーの出現や雇用の創出が阻害される。内戦のあいだ、たくさんの企業が破壊されたが、これは「輸入—輸入」マフィアの仕業であるという噂もながれている。

(54) Suaïdia. *Algérie, la sale guerre*, la Découverte, 2000 参照。これはかつてNasrallah Nous. *Bentalha* を出版したのとおなじ出

版社である。この二冊の本は虐殺の責任を全面的に政府におしつけ、過激イスラム主義運動に責任なしとするのだが、その点、全面的には納得できない。ネザール将軍は*Mémoires*（Bouchène, Alger, 1999）を出版したが、この本のフランスでのプロモーションは著者が急にアルジェリアに帰国したために中断された。内戦中の行方不明者の家族がフランスの判事にネザール将軍を告訴したからである。

## 第十二章

（1）Amani Qandil,《L'évaluation du rôle des islamistes dans les syndicats professionnels égyptiens》, in B. Dupret（sous la dir. de）. *Le phénomène de la violence politique: perspectives comparatives et pardigme égyptien*, Cedej, Le Caire, 1994, p. 282参照。中産階級のメンバーから構成される「職業団体」での《ムスリム同胞団》の候補者リストの勝利について、いくつかの要因がかんがえられる。まず、一九七〇年代に大学の学生定員が爆発的に増加し、そのために専門職につく若いメンバーがふくれあがり、その結果、職業全体が貧困化してしまったということがあげられる。それは特に医者になりたてのひとびとのあいだで顕著にみられる。かれらは支払い能力のある顧客をみつけることができず、おおくが厚生省が支払うわずかなサラリーでどうにかこうにか生活していた。こうした物質的な困窮にたいして、《ムスリム同胞団》は社会奉士・慈善事業団体を組織してこたえた。《同胞団》はたくさんの慈善事業団体の運営をおこない、社会活動に精通していた。そうした団体は裕福な人間の喜捨をうけたり、アラビア半島諸国に出稼ぎにでたエジプト人の《同胞団》シンパからおくられたオイルドラーや、さらには現地のイスラム主義者・サラフィー主義者から資金を提供されたりしていた。さらに、敬虔な中産階級が尊重されるような社会変革の将来図を示すことにより、《同胞団》は、社会上昇の期待をうらぎられ貧困化していくおおくの高学歴青年のフラストレーションにこたえていた。最後に、職業団体選挙では棄権率がきわめてたかかったことも《同胞団》のような活動的でよく組織された少数派が勝利することに貢献した。政府は（一九九二年九月一一日の弁護士会選挙での《同胞団》の勝利の後）一九九三年、職業団体のコントロールをとりもどすためにこの点をつく。政令で、メンバーの五〇パーセント以上が投票に参加しなければ選挙結果は有効ではない、選挙無効の場合、団体の運営は政府管理となると規定したのである。この点については*op. cit.*, p. 288 - 289とNabil Abdel Fattah, *Veiled Violence. Islamic Fundamentalism in Egyptian Politics in 1990s* [sic].

Secaht, Le Caire, 1993, p. 36 - 45 et 74-81 のコメントを参照。

（2）本書一〇九ページ以降参照。

（3）本書一二一ページ参照。

（4）補助警察隊配属新兵の蜂起事件——参加者の大部分は困難な生活条件のなかで思考能力をうしなわせるような軍役に配属された農村出身の青年だったが——でピラミッド街道ぞいにあって、主として湾岸諸国の富裕なアラブ人が利用する豪華ホテルやナイトクラブが略奪された。暴動はきびしく鎮圧されたが、これは民衆の中のもっとも恵まれない階層のいらだちを表現したものだった。拙稿《Le *raïs*, les mutins et le baril》, *Les Cahiers de l'Orient*, II, 1986 参照。

（5）イスラム教番組の次に政治番組（一一〇〇〇時間）、そして娯楽番組（八〇〇〇時間）が来る。また「不道徳」な番組（ダンスなど）や「イスラム的価値と矛盾する」と判断された番組は検閲により放送禁止になる。一九八五年五月二一日の「アフラーム」や五月二五日の「マヨ」がそうである。Ami Ayalon,《Egypt》, *MECS*, 1984-1985, p.351 参照。

（6）一九八一年から一九八四年にかけて、数百人の過激派活動家がおなじ監獄に収監されていたために、かれらのあいだで広汎な議論がおこなわれた。それをもとにおおくの理論的小冊子が執筆されたが、その結果、一方で《ジハード団》、他方で《イスラム団》の立場が鮮明な違いをみせるようになっていった。

一九八四年以降、《ジハード団》はウマル・アブドゥッラフマーンは盲目だからかれを「司令官《アミール》」として認めることはできないとし、一方、《イスラム団》は囚人（A・ズマル）では武装グループの「司令官」の職務ははたせないとかんがえた。こうした論争について *Taqrir al hala al diniya fi misr 1995*（『一九九五年のエジプトの宗教的状況についてのレポート』）sous la direction de Nabil Abdel Fattah, Centre d'Etudes Politiques et Stratégiques d'Al Ahram, Le Caire, 1996（以後、*Taqrir 95* と省略）、p. 185-187 参照。

（7）一九九〇年代後半の国際過激イスラム主義ネットワークで重要な役割をはたすアイマン・ザワーヒリーは一九五一年うまれで一九七八年に外科医となる。かれの家系は医者や外科医を輩出したカイロの名家で、先祖の一人は大使、もう一人はアズハル学院総長だった。

ザワーヒリーはナセル体制下の青年時代から地下イスラム主義運動の活動家になり、アッブード・ズマルをつうじてサダト暗殺グループに合流する。一九八一年一〇月に逮捕されるが、一九八四年に釈放されたザワーヒリーは八〇年代末をアフガニスタンですごし、ブルガリアからヨーロッパにもわたっている。特に『一九九六年のエジプトにおける宗教の状況についてのレポート』（*Taqrir al hala... 1996*), *ibid.*, Le Caire, 1998, p. 280 参照。

（8）本書一二〇ページ以下参照。

（9）一九七〇年代、《イスラム団》という表現はアラビア語では複数形でもちいられ、さまざまな傾向をふくんだ混沌としたイスラム主義集団に属する学生運動一般を指示していた。一九八〇年代の中ごろから、この表現は単数形でもちいられるようになり、さらに「急進的」という形容詞をつけて、テロ活動を開始し、ウマル・アブドゥッラフマーン師を精神的指導者とする地下組織グループをさすようになる。

（10）このイスラム教の表現とアフガニスタンやサウディアラビアにおけるその用法にかんしては本書三〇七ページ参照。

（11）一九三八年うまれ、六ヶ月のときに糖尿病で失明したウマル・アブドゥッラフマーンは宗教の勉強をした。（これは盲人のあいだでしばしばみられる職業選択である。障害があっても聖典を記憶するのに支障がないからである。一九七〇年代にイスラム主義のスター説教師だったキシュク師も盲人だった）一九六五年にアズハル学院を卒業したが、一九七〇年一〇月最初の監獄入りをする。一八ヶ月の刑期だったが、ナセルが死亡したとき、ナセルは「不信仰者」であるからかれのために祈ってはならないというファトワーをだしたためであった。一九七七年、博士号を取得した後、一九八〇年までサウディアラビアで教職につき、それからサダト暗殺グループのムフティーとなった。かれはサダト暗殺グループのメンバーにたいしてコプト教徒襲撃を許可するファトワーをだす（拙著 *Prophète et Pharaon, op. cit.*, p. 226 参照）。一九八一年に逮捕され、裁判で無罪判決を獲得したかれは一九八四年に釈放される。特に *Taqrir 96*, p.280 参照。アメリカにわたってからのかれの行動はメディアでおおきく報道されているが、それについては本書四〇二ページ以降を参照。

（12）この事件や、さらにまた一九八〇年代後半におけるイスラム主義運動の状況の概観については Alain Roussillon,《Entre Al-Jihad et Al-Rayyan: phénoménologie de l'islamisme égyptien》, *Maghreb-Machrek*, N° 127, janvier-mars, 1990, p. 5-50 参照。

（13）一九九〇年一月、その前月、テロの犠牲者となることを危うくまぬがれた「強硬路線」派ザキー・バドルが解任されアブドゥルハリーム・ムーサーがその後任となった。ムーサーは暴力事件が激烈をきわめた時期に宗教者をあつめた和解委員会を推進したのだが、一九九三年四月にかれも解任されてしまう。その後任になったのはアルフィ将軍で、かれは一九九七年一月のルクソール虐殺事件までポストにとどまる。三人とも内務大臣になるまではアスユートの知事で、過激イスラム主義対策の

「専門家」であった。

（14） これらの人物と、一九八〇年代アルジェリアにおけるかれらの役割については本書二二七ページ参照。

（15） エジプトにおけるコプト教徒の数にかんする統計はエジプトのキリスト教の重要性を小さく評価したい者と、過大にふくらませようとする者のあいだで常に論争の的となっている。この問題について異議の申し立てようのない人口統計が存在しないために論争はいっそうはげしくなる。エジプトにおけるコプト教徒共同体の状況についてはDina El Khawaga, *Le renouveau copte: la communauté comme acteur politique*, Institut d'Etudes Politiques de Paris, 1993 参照。ナイル渓谷における宗教的対立についてはClaude Guyomarc'h,《Assiout: épicentre de la "sédition confessionnelle" en Egypte》, in Gilles Kepel（sous la dir. de）, *Exils et royaumes, op. cit.*, p. 165-188 参照。

（16） この事件の分析と「宗教的暴動」の解釈についてはAlain Roussillon,《Changer la société par le jihad. "Sédition confessionnelle" et attentats contre le tourisme: rhétoriques de la violence qualifiée d'islamique en Egypte》, in B. Dupret（sous la dir. de）, *Le phénomène de la violence politique, op. cit.*, p. 299 sq. および C. Guyomarc'h, art. cité p. 171-172 参照。

（17） 一九九二年一二月（ファラグ・フーダ暗殺の六ヶ月後）、カイロ大学文学部教授ナスル・アブー・ザイドは講座正教授昇進のために業績を提出したが、《ムスリム同胞団》に近い別の教授（説教師でもあった）が書いた否定的報告書をもとに、昇進は拒否された。元マルクス主義者であるザイドにはイスラムについて書く資格はないという理由であった。実際、N・アブー・ザイドは、コーランのテクストはたしかに神の創造物であるが、七世紀の社会に即して理解されるべき言語や概念によって書かれている、したがって文字どおりではない現代的な解釈がされるべきであるという出発点からコーランの読解をこころみている。（たとえば、奴隷制度をコーランは禁止しておらず、何度もそれに言及しているが、しかし、著者によれば、奴隷にかんするコーランのテクストは今日のイスラム教徒にとって有効ではない。）かれの手法はその内容のためばかりではなく、世俗主義的な人間がおこなったものであるが故に、冒涜的と判断され、おおくの知識人や大学人の支援にもかかわらず、《ムスリム同胞団》に近い宗教界上層部メンバーから痛烈な攻撃をあびた。一九九三年五月、昇進拒絶文書の論拠を利用して、イスラム主義の弁護士が訴えをおこし、アブー・ザイドは背教者であるからイスラム教徒女性と婚姻関係にありつづけることはできないという理由で、夫妻の離婚を要求する。裁判所は最初、原告には訴えの利益がないとして告訴を受理しなかったが、最終的に告訴状は審議に付される。それはシャリーアのヒスバという規定ですべてのイスラム教徒は「善を勧め悪を禁じる」資格をもつとされているからである。一九九五年六月、カイロ控訴院は夫妻の離婚を強制的に（当事者の同意なしに）決定する。夫妻は翌月、ベルギーに亡命し、現在もそこで暮らしている。ザイドの著作の抜粋はフランス語で入手可能である。Nasr Abou Zeid, *Critique du discours religieux*, Sindbad-Actes Sud, Paris, 1999 参照。この事件については B. Dupret,《A propos de l'affaire Abû Zayd》, *Maghreb-Machrek*, N° 151, janvier-mars 1996, p. 18 sq.;《Un arrêt devenu une "affaire"》, *Egypte/Monde Arabe*, N° 29, 1er trim. 1997, p. 155 sq.;《L'affaire Abû Zayd devant les tribunaux》(判決抜粋翻訳) *Egypte/Monde Arabe*, N° 34, 2e semestre 1998, p. 169-201 参照。また *Inter-Peuples*, N° 44, mars 1996 掲載のナスル・アブー・ザイド特集も参照。

（18） エジプトの反イスラム主義の新聞はウマル・アブドゥッラフマーンのカセットをそのまま紙面に紹介した。新聞の編集者たちは発言があまりにも過激なので、それを紹介すればアブドゥッラフマーンの評判を落とす結果になるだろうと期待したからである。たとえば一九九二年一二月四日の『ムサッワル』紙は盲目のウラマーの次のような言葉を引用する。「現在エジプトがおこなっている観光業はあきらかに不法であり、疑う余地のない罪であり、イスラムにたいする重大な冒涜である。（……）《イスラム団》はこうした現実にたいして闘う。悪を禁じる規則《ヒスバ》を遵守し、義務をはたすためである。」（また *Sabah al Khayr*, 24 déc. 1992 も参照。）一方、《ムスリム同胞団》に近い立場の週刊誌『シャアブ』誌は元マルクス主義者でイスラムに転向した編集長アーディル・フサインの書いた記事を発表する。その記事は大反響を呼んだのだが、そこでかれは「観光業にかんするイスラム愛国主義の立場」について「エジプト観光業はシャリーアの規定とイスラム道徳にしたがわなければならない」と主張する。またそこではエジプトの売春婦を買いにくるアラビア半島の首長とイスラエル人観光客の両方が批判されているが、イスラエル人観光客は麻薬・偽金・武器の取引や、エイズの伝染とむすびつけて言及されている。（*Al Sha'ab*, 2 oct. 1992, A. Roussillon, art. cité p. 307-309 に翻訳・引用）。

（19） 観光業は出稼ぎ労働者の仕送りとならんで国家の第一の収入源であり、一九九一年〜九二年度には三〇億ドル以上の収入をもたらしている。ムバーラク大統領は一九九三年一二月に、エジプトがその年、推定二〇億ドルの観光収入をうしなったと述べている。（*Akhbar el Yom*, 11 décembre 1993）

（20） きわめておおくの新聞記事や社会学的調査、研究書がインバーバ事件をとりあつかっている。Hicham Moubarak, *Al Islamiyyoun Qadimoun*（『イスラム主義者たちがやってくる』）、Mahroussa, Le Caire, 1995 は情報が豊かな著作である。また

Ni'met Guenena et Saad Eddin Ibrahim, *The Changing Face of Egypt's Islamic Activism*, US Institute of Peace, septembre 1997 も参照。最後に、パトリック・エニから直接おおくの情報をえたことを付記する。インバーバの現地についておおくの知識を提供してくれたエニに感謝の意を表したい。

（21）暴力的手段に訴えるようになった（あるいは社会の暴力を制圧していると自負する）過激イスラム主義運動と「不良少年」がつながるというのは一九九〇年代から頻繁にみられるようになる現象である。アルジェの郊外にかんしては M. Vergès, 《Chroniques de survie dans un quartier en sursis》, in G. Kepel (sous la dir. de), *Exils et royaumes, op. cit.*, p. 69 sq および L.Martinez, *La guerre civile, op. cit.* 参照。アメリカのブラック・ムスリムやフランスの一部郊外にかんしては G. Kepel, *A l'ouest d'Allah, op. cit.*, 第一章、第三章を参照。パキスタンで、反シーア派の過激スンナ派グループ《ジャングヴィー軍》（本書三〇〇〜三〇一ページ）は「ピストルのハック・ナワーズ」という渾名をもった人物がリーダーだった。この点はインバーバの《イスラム団》の中心人物の一人「空手のハサン」と似ている。

（22）重大なキリスト教施設襲撃事件は一九九一年秋におこっている。警察は混乱した時期にこの地区のなかにはいっていくことをためらった。警察のこうした消極的態度のために襲撃実行犯は自由に行動できた。

（23）本書三四九ページ参照。

（24）Sameh Eid et Patrick Haenni, 《Cousins, voisins, citoyens. Imbaba: naissance paradoxale d'un espace politique》, in Marc Lavergne (sous la dir. de), *Le pouvoir local au Proche-Orient*, 2000 でこの現象が分析されている。

（25）Nabil Abdel Fattah, *Veiled Violence, op. cit.*, p.45 参照。

（26）イスラム主義者と実証主義者のあいだの法をめぐる論争の分析については B. Dupret, 《Représentations des répertoires juridiques en Egypte: limites d'un consensus》, *Maghreb-Machrek*, N° 151, janvier-mars 1996, p. 32 sq. 参照

（27）職業組合のコントロールをめぐる混乱については E. Longuenesse: 《Le "syndicalisme professionnel" en Egypte entre identités socio-professionnelles et corporatisme》, *Egypte/Monde Arabe*, N° 24, 4e trim. 1995, p. 167-168 参照。

（28）J. Bellion-Jourdan, 《Au nom de la solidarité islamique...》, art. cité 参照。

（29）拙著 *Prophète et Pharaon, op. cit.*, p. 185-205 参照。

（30）仲介委員会にかんしては A. Roussillon, 《Changer la société...》, art. cité p.315-318 参照。

(31) 一九九五年六月二六日、エチオピアの首都でアフリカ首脳会談の際におこったフスニー・ムバーラク暗殺未遂事件は一九八一年一〇月のサダト暗殺事件を想起させるが、国家にたいする攻撃をもっとも象徴的に表現する事件だったと言えよう。この事件はどちらかというと権力の頂点をねらい打ちにするテロを専門にしていた《ジハード団》のスタイルに合致しているのだが、犯行声明を出したのは《イスラム団》だった。元首を狙ったこのテロ行為は《イスラム団》の実力を示している。そうしたテロを実行するためには正確な情報の入手、国際的な支援組織、精巧な武器のあつかい等が必要だからである。エジプト政府はスーダン政府を告発し、テロの「首謀者」ムスタファー・ハムザをかくまっていると批判した。国連もスーダン政府にたいしてカイロにハムザをひきわたすよう要求する。M・ハムザはその数日後アフガニスタンで姿をあらわし、ハサン・トゥラービーの政権が「無関係である」ことを示した。スーダンはその三ヶ月前、第三次《アラブ・イスラム民衆会議》をひらき、それには《イスラム団》の代表者が出席し、エジプト政府の批判をおこなっていた。国際的につよい圧力がハルトゥームにくわえられ、その後、ハルトゥームはエジプトの活動家を国外に出国させたようである。

(32) たとえば一九九五年、確認された暴力事件の九三パーセントが上エジプトでおこっている(その死者は全部で三六六名)。*Taqrir 1995*, p. 190 参照。

(33) 一九九六年の「沈静化」については *Taqrir 1996*, p. 235 sq. に掲載されたデータを参照。

(34) ニューヨークの世界貿易センタービルにたいするテロについては後で詳述する。

(35) 国外における《イスラム団》のスポークスマンであるかれはアフガニスタンをはなれた後、一九九三年にデンマークに居住しているが、そこで政治亡命を認められている。かれはそこで雑誌『ムラービトゥーン』を発行している。この雑誌は一九八九年、ペシャーワルで開始されたものだった。ボスニアで戦うエジプト人「ジハード戦士」は《イスラム団》の指揮からはずれてしまっていたが、その関係をふたたび緊密にするために、かれは一九九五年九月にバルカン半島に赴いたらしい。しかし九月一二日にザグレブで逮捕され、一四日に釈放された後、一六日「消息不明となった」。*Taqrir 1995*, p. 211-212; R. Labévière. *Les dollars ... op. cit.*, p.71-72 参照。

(36) 四月一八日、カイロのヨーロッパ・ホテルへのテロがあったその日、イスラエルがレバノン駐在国連軍(FINUL)の本部を砲撃した。《ヒズボラ》の攻撃にたいするイスラエルの報復攻撃「怒りの葡萄」軍事作戦の攻撃を避けるために、国連軍本部には三五〇人のレバノン市民が避難していた。砲撃で一一二名の死者と一三〇名の負傷者がでた。そのほとんどが女性、子供、老人であった。

(37)「近い敵」にたいする闘争の優先という主張はサダト暗殺犯グループのイデオローグだったアブドゥッサラーム・ファラジュの小冊子で理論化されたものである。(拙著 *Prophète et Pharaon, op. cit.,* 第七章参照。)《ジハード団》を代表してアイマン・ザワーヒリーは近い敵(背教者《ムルタッド》)は遠い敵(不信仰者《クフル》)よりも悪い存在であると指摘して、いかなる停戦も批判する。*Taqrir 1996*, p.272 参照。

(38) この選挙についてはSandrine Gamblin (sous la dir. de), *Contours et détours du politique en Egypte: les élections législatives de 1995*, L'Harmattan-Cedej, Paris, 1997, とりわけ A. Roussillon,《Pourquoi les Frères musulmans ne pouvaient pas gagner les élections》, p. 101 sq. を参照。

(39) コーランに親しんだ人の想像力においては、「ワサト」という言葉は非常によく引用される節(第二章一四三節)と共鳴しあう。「こうして我々はあなた方を中正の共同体とする。それはあなた方がひとびとの証人となり、そして使徒があなたの証人となるためである。」(ジャック・ベルク訳、一九九五年、前掲書)J・ベルクはアラビア語の表現 oummatan wasatan を「中正の共同体」と訳したが、他の翻訳では「中央の共同体」や「中庸の共同体」となっている。《中央党》については *Taqrir 1996*, p.217-230 参照。

(40) 死者の数は一九九五年には三六六人だったが、一九九六年には一八一人になった。

(41) ルクソールの虐殺を「誤り」と形容したコミュニケはウサーマ・ラシュディーが書いたとされている。ラシュディーはベルギーに亡命し、タルアト・ファアード・カッサームの後継者となる。エジプトにおける攻撃停止を全面的に拒絶したコミュニケはアフガニスタン在住のもう一人のリーダー、リファーイー・アフマド・ターハーが書いたとされる。

(42) この現象はPatrick Haenni,《De quelques islamisations non islamistes》, *Revue des mondes musulmans et de la Méditerranée*, N° 85-86, 1999 に詳細にえがかれている。

(43) 世界の実業界の機関誌がエジプトの事態の進展についてどんなニュアンスのある見方をしているかについては *Financial Times Survey: Egypt*, 11 mai 1999 参照。「自信にみちたあたらしいタイプの実業家が政治的な影響力をもち、体制の性質を微妙に変化させている」と論説記者は述べ、しかし「ムバーラク氏は自分の権力独占を危うくするような個人や、政治的勢力や制度が出現することをのぞんでいないようにみえる」と嘆いている。(David Gardner,《Reformist Zeal Put to the Test》,

p.1）また *The Economist／A Survey of Egypt*, 20 mars 1999. 特に *Islamists in Retreat*（「引退したイスラム主義者」）および *Sham Democracy*（「見せかけの民主主義」）という記事を参照 (p.15-17)。

## 第十三章

（1）一九九六年初頭、エジプトの「アフガニスタン《アフガン》帰還兵」が出廷した裁判で、自身も《イスラム団》の活動家である弁護士ムンタスィル・ザイヤートは、被告が一九八〇年代にアフガニスタンのジハードに出発した時、政府はそれを奨励していたのに、今、それを被告の罪状とすることは政府が自分自身を否認することに他ならない、という弁護を展開した。

（2）ウサーマ・ビンラーディンは、世界中に散らばったかれの公共事業請負会社を利用して、おおくの「ジハード戦士」の移動に重要な役割をはたし、かれらにさまざまな身をよせる場所を提供したに違いない。これについては本書四二五ページ参照。

（3）Peter Waldman.《How sheik Omar rose to lead islamic war while eluding the law...》. *The Wall Street Journal*, 1er sept. 1993. この記事はウマル・アブドゥッラフマーンについてのすぐれた総合的伝記をふくんでいる。また M.A. Weaver. *A Portrait of Egypt, op. cit.* にアブドゥッラフマーンについてのより主観的で資料豊富な記述がある。これはアメリカ滞在中のかれやその周辺のひとびとにたいしておこなったインタビューにもとづいている。

（4）「仲裁委員会」設立までのムーサー内務大臣の過激イスラム主義運動にたいする態度については本書三九一ページ参照。エジプトの牢獄での尋問や拘禁の実態は頻繁に人権擁護団体から非難をうけており、特に自白や情報をえるためにしばしば拷問がおこなわれていることが問題にされている。

（5）一九九三年二月の世界貿易センタービルへのテロの後、アメリカの当局がおこなった公式の発表では、ヴィザが発給されたのは「ミス」のせいである。ミスの原因は時によって異なり、アメリカ領事館のスーダン人職員のミスとされたり、コンピュータ処理の欠陥とされたりする。アブドゥッラフマーンが著名であることや移動のあいだの期間や到着後の永住権（グリーンカード）取得がきわめて迅速だったことなどをかんがえると、これは非常に信じにくい説明である。この点については後で詳述する。D.Jehl.《Flaws in Computer Check Helped Sheik Enter US》. *The New York Times*, 3 juillet 1993, p.22 参照。

（6）センターの財務管理や資金の使途にかんする対立が一九九一年三月のシャラビー暗殺の原因だったとされる。

（７）　L. Duke,《Trail of Tumult on US Soil》, *Washington Post,* 11 juillet 1993, p. A1.

（８）　本書二〇六ページ参照。

（９）　一九九六年一月一七日、裁判での最後の発言機会の際、アブドゥッラフマーンは、もしひとびとが主張するようにかれがテロ陰謀の首謀者ならば、何故一九九〇年七月にアメリカに入国した時に逮捕しなかったのかと問いかけ、とりわけ次のように強調する。「私がジハードの国際組織の中心指導者であり、アメリカにおけるジハードの司令官《アミール》であったとしたら、どうして私はヴィザを取得することができたのでしょう。どうして二、三ヶ月のあいだにグリーン・カードを交付されたのでしょう。しかもそれを申請するための面接審査は二、三分しかかからなかったのはどうしてでしょう。」US District Court, Southern District of New York, *United States of America v. Omar Ahmad Ali Abdel Rahman et alii, Defendants,* S5 93 Cr. 181(MBM), p. 185 参照。

（10）　一九八〇年代初め、エジプトの刑務所に収監されていた間に、アブドゥッラフマーンは第二妻として刑務所仲間のひとりの妹（当時一八才）と結婚する。かれは刑務所内で結婚生活をおこなうことを許可された。アメリカでのかれの弁護士は、かれがその後、二人の妻の一方を離縁したと宣言した。

（11）　テロ事件そのものにかれが関与したという物証がない中でアブドゥッラフマーンを告発するために、検事はいくつかの事件をむすびあわせる。一九九〇年一一月五日にユダヤ人過激派リーダー、メイール・カハネがエジプト人イスラム主義活動家によって殺された事件で、犯人がアブドゥッラフマーンのモスクに頻繁に出入りしていたこと、エジプト大統領ムバーラクの暗殺計画、世界貿易センタービルへのテロ、そしてニューヨークでのその他のさまざまなテロや暗殺の計画……。アブドゥッラフマーンの説教の一部についての解釈や密告者との会話の録音や実行されたふたつのケースにかんする物証などにもとづきながら、告訴状はアメリカ法で非常にまれにしかつかわれない概念をもちいている。そのために弁護団はこの事件が「でっちあげ」であるという批判をする。US District Court, Southern District of New York, *Indictment* S3 93 Cr. 181（MBM）, 25 août 1993（27 pages）参照。

（12）　ＦＢＩのエジプト人密告者イマード・サーリムは元エジプト軍下士官だったが、かれの役割にかんしては特に P. Thomas, E. Randolph,《Informer at Center of Case; Hero or Huckster, Salem Shaped Charges》, *Washington Post,* 26 août 1993, p. A1 参照。

（13）ラムズィー・ユースフはイラクのパスポートをもって、一九九二年九月一日、カラチ発の飛行機でニューヨークに到着し、政治亡命をもとめてアメリカに入国した。すぐにアブドゥッラフマーンの側近グループに参加したかれはヨルダン出身の文無しの建設作業員サラーマと共同生活をはじめる。サラーマはとつぜん金回りがよくなり、爆弾を買って、それをストックする。ユースフはサラーマに運転も教えるが、サラーマがあまりにも不器用だったので乗っていた車で事故をおこし、二人は短期間、入院せざるをえなくなる。サラーマは住所はジャージー・シティーのアブドゥッラフマーン師のモスクにして自分名義で小型トラックを借りる。このトラックが世界貿易センタービルの駐車場で爆発することになるのだが、トラックを借りるとき、かれは現金で三〇〇ドルの保証金をおいていく。爆発から二時間後、サラーマはレンタカー会社にもどり、車が盗まれたと申告して、保証金の返却を要求する。金は三月四日にうけとることになったが、そのあいだに爆発につかわれた車を特定したFBI捜査官が店でかれを待ちうけていた。ユースフの方は二月二八日にアメリカをはなれていた。かれは一九九五年二月にパキスタンで逮捕され、国外退去処分になり、アメリカで裁判をうける。一九九八年一月、判決は下されるが、かれをとりまく謎が公的にあきらかになることはなかった。《The Bombing: Retracting the Steps》, *The New York Times*, 26 mai 1993, p.B1 参照。この事件でユースフはテロと工作の「プロ」であるのにたいして、サラーマは知能のひくい人物とされる。サラーマがこんなにたくさんの痕跡をのこしたのは、わざと逮捕されるように指示をうけていたのではないかという疑問がのこる。

（14）ジャージー・シティーの「リトル・エジプト」のみじめな街並みから、沼沢地帯をはさんで、とおくにツインタワー・ビルがみえる。それはマンハッタンの高層ビル群の稜線からひときわたかくそびえ、まるで異教のモニュメントのようにその高さと豪華さでアブドゥッラフマーン師のサラーム・モスクのせまい建物のなかで祈る貧しい移民たちを圧倒する。おなじ頃、アルジェリアでは、アルジェの高台にあるリヤード・アル゠ファトフ商業センターが体制の異教徒的性格の象徴とかんがえられ、フバルという侮辱的な名前をつけられ、爆破するという脅迫もうけていた。フバルというのはメッカにあった前イスラム無明時代《ジャーヒリーヤ》の異教の偶像である。

（15）たとえば《ジハード団》の会報『ムジャーヒドゥーン』の発行場所はロンドンで、組織の二人の責任者が監修をおこなっていた。一方、別のメンバーは《被迫害者擁護国際委員会》を組織し、人権擁護の分野で活動していた。*Taqrir 1996*, p. 279 参照。

（16）敵対者たちはこのグループを「ファックスの前衛」という渾名で呼んでいた。社会的基盤がよわく、またきわめて大量の文書をファクスで方々におくりつけていたためである。グループのリーダーはロンドンにいたヤースィル・タウフィーク・スィッリーで、ネットで会報『情報のイスラム的観察者』も発刊していた。この会報にはコミュニケや国際イスラム主義運動（チェチェンなど）にかんする党派的で偏った情報が掲載されていた。

(17) 本書二八九ページ以降を参照。

(18) 一九九六年、ロンドンにおける《イスラム団》と《ジハード団》の和解については *Taqrir 1966*, p. 283 参照。

(19) ロンドンに滞在した「欧米における《ムスリム同胞団》国際スポークスマン」カマール・ハルバーウィー氏はシリア国籍で、こうしたポストについた最初の非エジプト人である。

(20) 一九九九年、ガンヌーシー氏はアルジェリア大統領アブドゥルアズィーズ・ブーテフリカとイスラム主義運動リーダーの仲介役となり、九月の国民投票で承認されることになる「国民和解」を準備するために重要な役割をはたす。

(21) この機関については G. Kepel. *A l'ouest d'Allah, op. cit.*, 第二章参照。これはまたヨーロッパのさまざまな国のイスラム主義指導者の教育や連携のための機関としても機能している。ここに滞在して論文や著作を執筆することも可能である。たとえばアルジェリアの元首相でＦＩＳに近い立場をとるようになったアブドゥルハミード・ブラヒーミーは *Justice sociale et développement en économie islamique*, La Pensée Universelle, Paris, 1993 をそこで執筆しているし、《スイス・ムスリム協会》の代表で、現在、フランス語圏ヨーロッパにおけるイスラム主義運動の代表的なカリスマ的指導者であるターリク・ラマダーンもそこで最近の著作をねりあげている。

(22) 過激なプログラムでインド・パキスタン系青年をあつめ、スタジアムを一杯にさせたバクリー氏はこれによって過激イスラム主義者とイギリス当局のあいだの暗黙の紳士協定——つまり、こうした勧誘は外国にむけてしかおこなわない——をやぶったことになる。一九九六年、かれは《ムハージルーン》という組織を設立する。その次の集会には《ムスリム同胞団》の国際スポークスマンも参加する予定だったが、この集会は一九九六年八月、開催を禁止される。

(23) これらの人物にかんしては本書三五九ページ参照。

(24) ロンドンの役割についての詳細な分析は Dominique Thomas, *Genèse et structure du Londonistan*, Mémoire, IEP, Paris, 2001 参照。この論文の内容は二〇〇一年一〇月二九日、『ル・モンド』に著者自身によって発表された記事に要約されている。

(25) ＦＡＦと『ラ・クリテール』にかんしては拙著 *A l'ouest d'Allah, op. cit.*, 第三章参照。

(26) GIAによってアルジェの三人のフランス人外交官が人質にとられた事件があったが、これをうけて警察はフランス在住イスラム主義者を捜索をした。この時、『ル・モンド』(一九九三年一一月一七日)からインタビューをうけた内務大臣は「FIS創設メンバーの一人でもあるサハラーウィー氏のようなパリ在住の有名な原理主義者が取り調べをうけなかったのはどうしてですか」という質問にたいして、こうこたえている。「サハラーウィー氏は常にきちんとした行動をしてきました。かれは法を尊重してきましたし、三人のフランス人人質の即時無条件解放を訴えています。――あなたの要請に応じてでしょうか。――そう言うと言いすぎでしょうが……。いずれにせよ、かれはそうしたということです。」一九九四年一〇月一五日の『ル・モンド』でフランス当局とIEFE(《FIS在外執行機関》)のスポークスマン、ラービフ・カビール氏との接触の実態について質問された内務大臣は「ラービフ・カビール氏と接触した事実はありません。それはアメリカがながしている噂です!それに、FISとコンタクトをとりたければ、わざわざそこまで行かなくてもパリにはサハラーウィー氏がいます。FISが何をかんがえているか知りたければ、それはすこしもむずかしいことではありません。」

(27) こうした政策はイギリスで実行され、現地のイスラム主義運動組織をおおいに満足させた。一九九〇年代にイスラム主義運動組織が開催したおおくの会議でかならずこのイギリスのモデルが例にひかれ、フランスははげしい批判の対象となる。

(28) 当時、クリスマスの時期におこなわれていたブルジェのUOIF大会はアルジェリア問題に言及することは決してなく、民主主義、共和国、政教分離原則など、フランス政府当局にたいして、フランスで有効な政治的ディスクールのカテゴリーを支持していることを表明するようなテーマのみがあつかわれていた。

(29) GIAが犯行声明をだした一九九三年一〇月のアルジェリア西部での二人のフランス人測量技師暗殺後、フランスで警察が大捜査網をしき、アルジェリアの武装イスラム主義運動と関係があるとされた一一〇名以上の人間が逮捕された。

(30) この時、国外退去処分をうけたひとびとの大部分は後にふたたびFISの亡命グループ指導者にかえりざき、GIAの行動を批判した(P. Denaud, *Le FIS... op. cit.*, 本書五八五ページの注四九に引用された元FAF委員長ジャアファル・フワーリーの宣言を参照)。しかし一九九四年五月、ムハンマド・サイードにひきいられた「ジャザリスト」はGIA司令官《アミール》シャリーフ・グスミーに忠誠を誓っている。そしてFAFは基本的に「ジャザリスト」グループに属していた。忠誠の儀式について語った「統一のためのコミュニケ」のビデオカセットは夏頃からヨーロッパのイスラム主義者のあいだでまわっていた。

(31) ケッシャト氏は協会運動やキリスト教会からよく知られた人物だったので、非常に大規模な支援キャンペーンがおこり、かれは無罪放免となる。この後、かれは自分のモスクを「交流の空間」とし、さまざまな傾向の講師があつまる講演会がひんぱんに組織されている。

(32) 《モロッコ・イスラム青年運動》（ＭＪＩＭ）の指導者たちは一九八〇年代初頭、おもい刑に処せられた。その一部がアルジェリアに逃亡したことを把握していたモロッコ政府当局はすぐさま、マラケシュのテロは隣国の情報機関が影で糸をひいていたのだと批判した。ちょうどアルジェリアはモロッコ政府が両国国境のモロッコ側でＧＩＡが活動しているのに目をつぶっていると批判していたからである。世界貿易センタービルの事件とおなじように、テロ事件には活動家の自発的行為と情報機関による工作がまざりあっており、その両者のもつれを明確にときほぐして解明することは困難である。

(33) この事件にかんしては、一九九六年一二月におこなわれた裁判の判決文原本の主要抜粋を *Le procès d'un réseau islamiste,* textes réunis par C. Erhel et R. de La Baume, Albin Michel, Paris, 1997 で読むことができる。また拙論《Réislamisation et passage au terrorisme: quelques hypothèses de réflexion》in Rémy Leveau (sous la dir. de), *Islam(s) en Europe. Approches d'un nouveau pluralisme culturel européen,* Les Travaux du Centre Marc-Bloch (N° 13), Berlin, 1998, p. 107-119 参照。

(34) ＧＩＡのコミュニケで行われたサハラーウィー師への脅迫については本書三五七ページを参照。ＧＩＡが影であやつられていたという説を支持するものは、その数日前、アルジェリアの日刊紙『ラ・トリビュンヌ』でまるでサハラーウィー師の死を予告するような記事が掲載されたことを指摘する。

(35) 一九九九年六月三日の裁判での被告ブアレム・ベンサイードの宣言を参照。かれはＧＩＡメンバーであると主張し、「アルジェリアの軍情報部」との関連を全面的に否定した（一九九九年六月五日の『ル・モンド』）。一九九九年六月一日付『ル・モンド』に裁判所移送決定書の要約、六月三日、四日付記事に公判要約が掲載されている。この裁判の被告たちは「十字軍裁判所」を否認し、「アッラーによる裁判」を要求して、法廷にたいし「横柄な態度」をとる一方で、一部の者はＧＩＡメンバーであること自体を否定している。

(36) 一九九九年六月の裁判の際、弁護団の一部がこうした説を主張したが、かれらは、一九九七年五月二七日に治安部隊にアルジェで射殺されたテロ組織のリーダーかつ調整役アリー・トゥシェント通称「ターリク」がアルジェリア軍情報部によって組織に潜入させられた工作員ではなかったかと疑っている。現在、私がこの文書を書いている時点（二〇〇二年冬）では、テロにかんする司法手続きは完全に終結したわけではないが、こうした見方を支持するにたる決定的な物証は存在しないし、逆にそれを決定的に根拠なしとする物証もない。そうした意味で、一九九五年の一連のテロをとりまく闇の部分は一九九六年一月にニューヨークでアブドゥッラフマーン師が有罪となった「陰謀」をとりまく闇を連想させるところがある。

(37) テロ事件の三年前、ドイツの社会学者ディートマル・ロッホがリヨン郊外の移民出身青年にかんする調査の過程で偶然、ハーリド・ケルカルに長時間のインタビューをおこなっていた。このインタビューは一九九五年一〇月七日の『ル・モンド』紙に全文が掲載された。

(38) 拙著 *A l'ouest d'Allah, op. cit.*, p. 55-56 のコメントを参照。マルコムは才能のある生徒で弁護士の勉強をしたいとおもっていたが、白人教師に大望をうちあけたとき、それよりは大工になる方がよい、その方が黒人にはふさわしい職業だと言われる。ボストンのゲットー、ロックスベリーの顔役のひとりになり、ついで盗難と盗品隠匿で逮捕され、刑務所で《ネイション・オヴ・イスラム》の指導者イライジャ・ムハンマドと文通をするようになる。そしてイスラムに改宗するが、これはかつての非行による社会との決裂を政治・宗教的決裂に変換する行為であった。

(39) Farhad Khosrokhavar, *L'islam des jeunes*, Flammarion, Paris, 1997 参照。

(40) これらの運動にかんしては拙著 *A l'ouest d'Allah, op. cit., passim* 参照。また Jocelyne Cesari, *Musulmans et républicains*, Complexe, Bruxelles, 1997 はこうした組織に参加した若い運動員の発言を収録している。

(41) K・ケルカルのインタビューに展開されているこうした点についての解釈は拙論《Réislamisation et passage...》, art. cité p. 108-109 参照。

(42) 一九九九年六月八日付け『リベラシヨン』参照。

(43) この点にかんしては、Michèle Tribalat, *Faire France*, La Découverte, Paris, 1996 の人口統計にもとづいた研究を参照。

(44) ＵＯＩＦとその関連の青年組織ＪＭＦのホームページ参照。クリスマス頃に開催されるブルジェの大会の運営はＪＭＦに委託されている。ＪＭＦのサイトは一九九九年末の時点で更新されていない。

(45) 一九九九年一〇月二六日のコミュニケでＵＯＩＦはフランスのイスラム共同体を統合した《フランス・ムスリム組織》創設の可能性を示唆した。ＵＯＩＦによればそうした組織が「公権力と協力して活動する可能性も排除されるべきではないどころか、好ましいことでさえある。ただし政府が組織への介入を避け、共同体の決定の自由を尊重するよう努力し、組織のモデルを強制せず、行動を阻害することがあってはならない。しかしこの点について内務大臣の宣言はむしろわれわれを安心させるものである。」

(46) ＣＯＲＩＦは「フランスにおけるイスラムにかんして熟考するための委員会」の略号である。拙著 *A l'ouest d'Allah, op.cit.*, 第三部参照。

(47) 二〇〇二年一二月二三〜二四日付け『ル・モンド』。《フランス・ムスリム集団》のスポークスマン、ヤミーン・ムクリー氏（かれはターリク・ラマダーンの思想に共鳴している）は『ル・モンド』のインタビューで世俗主義的かつ民主主義的なトーンの発言を展開し、「選挙の当選者があらかじめ決まっているこんなサッダーム・フサイン風の選挙をやるのはアラブ諸国だけでしょう。シュヴェーヌマンとサルコジはマグリブの片田舎のやり方を輸入してきたのです。我々はあまりにもフランス的なので、こうしたやり方を容認できません」と皮肉っぽく指摘している。

(48) 二〇〇一年九月一一日以後のフランスにおけるイスラムの状況については Xavier Ternisien, *La France des mosquées*, Albin Michel, Paris, 2002 が大いに参考になる。過激分子にかんしては Ali Laïdi（avec Ahmed Selman), *Le Jihad en Europe*, Seuil, Paris, 2002 に有益なデータがある。

(49) http://www.qoqazfr.lvo.info というサイトはアブドゥッラー・アッザーム専門のサイト（azzam.com など。本書、第十章、注三三参照）にリンクされているさまざまなサイトの内容を抜粋し、民衆的なフランス語で書きなおしているが、その他に、チェチェンのジハードにかんする熱狂的なニュースを掲載、さらにパリ郊外という環境に適合した予備的な肉体訓練について情報も提供している（どこでスポーツ用具を準備できるか、ランニングするにはどこがよいか、どんな靴を履くべきかなど）。サイトはこうした内容を単なる情報提供者として提示しており、ジハード戦士募集の仲介者であるとは決して名のらない。

(50) 二〇〇三年一月四日の『ル・モンド』の「ヨーロッパにおいてアル＝カーイダのネットワークはどのようにしてうまれ、生きているか」という題で発表された調査にはこうした組織の機能の仕方についていくつか正確な情報が提供されている。

(51) アフガニスタン・ジハード事務局支援を担当し、その後、スーダン支局長を務めたＣＩＡの元高官ミルトン・ビアーデンによれば、アメリカの司法やメディアによるビンラーディンのとりあつかい方はあまりにも物事を単純化しすぎている。「過去十年間にあったすべてのテロ行為をビンラーディンにむすびつけるというのは大部分のアメリカ人の知性にたいする侮辱だ。だから同盟国もこの問題にかんするアメリカの主張を本気にとろうなどとかんがえる気にはならない。」

(http://www.pbs.[…]bearden.html, *op. cit.*) 二〇〇一年九月一一日以前にこの人物を論じた書物はたくさんあるが、なかでもYossef Bodansky, *Bin Laden. The Man who Declared War on America*, Prima Publishing, Californie, 1999が注目される。アメリカ下院の情報専門家である著者によって書かれたこの本には、一部正確で検証可能な大量の情報と検証不可能な数おおくの情報（情報源をひとつも明示しない）とが渾然一体となっている。そのため、この本は急進的イスラム主義文筆家や《アッザーム軍団》のサイトによって常に批判の的となっている。たとえば一九九九年九月二七日、二九日の『アル゠クドゥス・アル゠アラビー』でロンドン在住のスーダン人作家アブドゥルワッハーブ・エフェンディはこの本の書評を書いているが、その題は「かれは一文あたり二度嘘をつく」である。

(52) たとえば《Osama bin Laden: An Interview with the World's Most Dangerous Terrorist》, *Esquire*, février 1999。雑誌のカバーは男性の下着姿のテレビ女優パメラ・アンダーソンの写真で飾られている。

(53) ビンラーディンにたいする民衆の崇敬をあらわす品物はたくさんあるが、著者も一九九九年用のカレンダーを所有している。これはイスラマバードの《イスラム平和維持協会》が出版したもので、スーフィーの聖人のようにビンラーディンが光輪にかこまれた姿をうつした写真（メッカの大モスクの写真もある）で、その上にアラビア語とウルドゥー語で「ユダヤ人とキリスト教徒をアラビア半島から追放せよ」（本章の注七〇参照）という文句が印刷されている。そしてぼろぼろになった星条旗のかたわらには英語で「ジハードはアメリカにたいする聖なる戦争である」とか「アッラーのみが唯一の超大国である」というスローガンがある。一九九九年春にパキスタンで入手したこの資料を私に提供してくれたJ・ベリヨン・ジュルダンに感謝の意を表したい。パキスタン当局は夏以降、こうしたタイプのポスターを街から撤去させた。

(54) 九・一一以降、事件でひとびとの関心があつまったために、ビンラーディンについて過剰なほどの数の本（その大部分はもともとはインターネットからえた情報をもとにしたものだが）が出版されている。なかにはいくつかきちんとした本もあり、そのなかでフランス語で書かれたものとしては、特にPeter Bergen, *Guerre Sainte, multinationale*, Gallimard, Paris, 2002がすぐれている。著者は実際にビンラーディンにあっており、人物についてながい間、詳細な調査をおこない、それをニューヨークとワシントンのテロ以前に終えている。またRohan Gunaratna, *Al-Qaida. Au cœur du premier réseau terroriste mondiale*, Autrement, Paris, 2002にはたくさんの情報が提供されているが、提示の仕方はかなり混乱している。

(55) 一九七九年、ジュハイマーン・ウタイビーをリーダーとしたグループがメッカの大モスクを襲撃した事件があった時（本書、五三一ページ、注一六参照)、ビンラーディンの兄弟の一人マフルースが取り調べをうけている。実際、かれのトラックは検査なしに大モスクに出入りでき、モスクを攻撃した者たちはそれを利用して聖域に侵入したらしい。しかし治安部隊は(そしてフランスの軍事顧問も)モスクをとりもどすためにビンラーディンの公共事業請負会社グループの協力が必要だった。というのもかれらだけが詳細な図面を所有していたからである。《About the bin Laden Family》(http://www.pbs.org/wgbh/pages/frontline/shows/binladen/who/family/html)を参照。「ウサーマ・ビンラーディンに近い」もうひとつ別のソース《A biography of Osama bin Laden》(ibid. who/bio/html)——われわれがここで示した伝記的事実の一部はこれからとった——によると、オーストラリア出身のユダヤ人過激派が一九六九年、エルサレムのアクサー・モスクを放火しようとした事件(本書、第三章、一〇三ページ参照)があった後、その修復を請け負ったのはやはりビンラーディン・グループである。この事件が《イスラム諸国会議機構》創設のきっかけとなった。

(56) グループのエジプト支店はウサーマの兄弟アブドゥルアズィーズが指揮をとり、四万人以上の従業員がいる。これはエジプトで事業を展開する外国の私企業としては最大の規模を誇る。(《About the Bin Laden Family》, *ibid.* 参照)

(57) 「ワッハーブ派サラフィー主義者」と《ムスリム同胞団》の関係については本書七二ページ参照。

(58) 本書二〇二ページ参照。

(59) 一九八一年のサダト暗殺事件とアスユート蜂起の容疑者の大部分が解放されたことについては本書三七五ページ参照。

(60) 本書二〇五ページ参照。

(61) 複数の人物の証言では、アッザームはスポンサーのサウディアラビアの指示に忠実に「ジハード戦士」をアフガニスタンにのみ投入することをのぞんでいたが、ビンラーディンはジハードを世界に展開することをのぞんでいた。この説はアッザームの文章や説教の分析とは一致しない(本書二〇三ページ参照)。かれは、かれがイスラムの主権を再建しなければならないとかんがえるすべての地に戦いを拡大すべきであると呼びかけていたからである。他のひとびとの証言によると、アッザームはジハードをまずパレスチナにむけようとしていたが、ビンラーディンの標的はサウディアラビアの政権とそれを支援するアメリカであった。この論争はいまだ結論がでていないが、二〇〇一年一〇月七日、ビンラーディンが宣言を発表したとき、再燃した。その時、一部の観察者たちはビンラーディンがこれまでパレスチナに関心を示したことはなく、宣言でのパレスチナにたいする言及はまったくのご都合主義にすぎないと主張した。

（62）イラクの《バアス党》政権は世俗主義的で汎アラブ主義的なイデオロギーを基礎につくられたもので、そのためイスラム主義グループのあいだで「不信仰」とか「背教者」というきびしい批判をうけていた。一九八〇〜八八年のイラン・イラク戦争のあいだ、アラビア半島の保守的アラブ国家はこうした批判をおさえたが、逆にホメイニーのイランが最大限にそれを利用した。（本書一六八〜一六九ページ参照）イラクがクウェートに侵入し、サウディアラビア国内に「十字軍」の多国籍連合軍がやってきたとき、「ジハード主義的サラフィー主義者」とイラク政権はサウディアラビア政権にたいする敵意という点で一致する。本書二七九ページ参照。

（63）本書二八七ページ参照。

（64）本書二八五ページ参照。

（65）一九九二年と一九九三年、元アフガニスタン・ジハード戦士たち（イエメン人だけではなく外国人もいた）は他の勢力と協同して、当時まだ国の南部（南北に分裂していたイエメンは一九九〇年五月に統一されてひとつの共和国となった）を支配していた《社会党》をゆさぶる行動に参加した。そのリーダー、ターリク・ファドリーはアデンの刑務所に投獄されたが、当時ハルトゥームにいたビンラーディンと頻繁に接触していると非難されていた。イエメンのイスラム主義については本書ではとりあげることができないが、特に以下の研究を参考にしていただきたい。J.M. Grosgurin,《La contestation islamiste au Yémen》, in G. Kepel（sous la dir. de）, *Exils et Royaumes..., op. cit.*, p.235 sq.; Paul Monet, *Réislamisation et conflit religieux à Aden*, mémoire de DEA, IEP, Paris, 1995; P. Dresch et B. Haykel,《Stereotypes and Political Styles: Islamists and Tribesfolk in Yemen》, *International Journal of Middle Eastern Studies*, vol. 27/4（1995）; F. Mermier,《L'islam politique au Yémen ou la "Tradition" contre les traditions?》, *Maghreb-Machrek*, 1997; L. Stiftl,《The Yemeni Islamists in the process of democratization》, in R. Leveau, F. Mermier et U. Steinbach（sous la dir. de）, *Le Yémen contemporain*, Karthala, Paris, 1999, p. 247 sq. 最後に言及した論文集中の B. Rougier,《Yémen 1990-94: la logique du pacte politique mise en échec》, p.112-14 にT・ファドリーの活動およびビンラーディンとの関係が言及されている。

（66）Mark Huband, *Warriors of the Prophet*, Westview Press, Boulder, 1998, p.37 にスーダン政権の国際戦略を構想した人物の一人バハッディーン・ハナフィーのインタビューが掲載されている。

（67）*ibid.*, p.40. また Indictment, US. Government, 4 novembre 1998（http://www.pbs […] alqaeda.html）と一九九六年八月二

三日の『ジハード宣言』（本章で後述）を参照。

(68) 特にかれは首都とポート・スーダンをむすぶ八〇〇キロにおよぶ高速道路（「挑戦高速道路」と呼ばれた）建設に主要な役割をはたした。この計画でかれは一億五〇〇〇万ドルの資金を投入したが、スーダン政府はかれにこの費用を支払わなかったと言われている。

(69) 本書五〇七ページの注四を参照。スーダン政府はすでに一九九二年、国内に逃亡してきたテロリストのカルロスをフランスにひきわたしている。かつてカルロスはフランスで殺人をおこなったのである。

(70) このスローガンはアラビア語で、少々「修正された」形（「アラビア半島からユダヤ人とキリスト教徒を追放せよ」）でビンラーディンを賞賛する文書、ビラ等々のおおくに引用されている。これは預言者が死の床で語ったとされる言葉に依拠している。『ジハード宣言』は預言者のその言葉をふたつの形で引用している。ひとつは「アラビア半島から多神教徒を追放せよ」（これはブハーリーのハディースによる）と、もうひとつは「もし私が生きのびるなら、そしてもしアッラーがそれをおのぞみなら、私はアラビア半島からユダヤ人とキリスト教徒を追放するだろう」（ブハーリーより後のハディース集『サヒーフ・アル＝ジャミーウ・アル＝サギール』による）である。ふたつの表現をひとつにまとめることによって、ビンラーディンはそれによりつよい意味をあたえ、預言者を「シオニストと十字軍の連合軍」にたいするジハードの最初の擁護者とする。『宣言』に引用されている預言者の言行録（ハディース）のおおくは通常ブハーリーのものより「信頼性は小さい」とされている『サヒーフ・アル＝ジャミーウ・アル＝サギール』からの引用である。「ジハード主義的サラフィー主義者」グループの文書において「信頼性のひくい」とされるハディース集の方が好まれる傾向は一般的である。ファックスでながされた『宣言』にはふたつの英語翻訳版があり、両者のトーンはかなり異なる。ひとつはより戦闘的で、《アッザーム軍団》のサイトに流された(http://www.azzam.com/html/body_declaration.html)。もうひとつはＣＤＬＲ（本書二八九ページ参照）によるもので、「きわめて正確」であることを心がけた翻訳である。これは「ビンラーディンの手紙」という題でＭＳＡＮＥＷＳのサイト(http://msanews.mynet.net.MSA-NEWS/199610/19961023.html)でみることができる。

(71) 順番に以下のような国（地域）があげられている。パレスチナ、イラク、レバノン、タジキスタン、ビルマ、カシュミール、アッサム、フィリピン、ファタニ、オガデン、ソマリア、エリトリア、ボスニア＝ヘルツェゴヴィナ。パレスチナをのぞくと、それ以外の列挙された例は近年発生した状況で、しかも言及された紛争の原因がきわめて多様であるにもかかわらずべて均一に「イスラムにたいする陰謀」としている点、著者が「メディアをとおした知識を皮相に活用」する傾向があることを示している。

(72) イスラム主義グループは利子付き貸しつけをコーランで禁止された不法利子《リバー》と同一視しているから、ビンラーディンもそれを批判すると当然予想されるところだが、『宣言』には、政府は国民に「三兆四〇〇〇億リャール以上借金をしている、毎日増加する利子を計算にいれないとしても」と書かれている。

(73) ファハド国王の他、名指しで攻撃されている二人の王族は国防大臣スルターンと内務大臣ナーイフである。特にナーイフ内相にたいする批判ははげしいが、かれはエジプトの元内務大臣ザキー・バドル（イスラム主義者にたいしてあまりにも苛酷な弾圧政策をとり、結局それが有効ではなかったために一九九二年に罷免された。本書五八九ページ注一三参照）の助言をうけて、サウディアラビアのイスラム主義者を弾圧した責任者である。それにたいして周囲から「敬虔な人物」と評価されている皇太子アブドゥッラーは言及されていない。

(74) 本書二八八ページ参照。

(75) イブン・タイミーヤがモンゴル軍に言及した一節が引用されているが、これはサダト暗殺グループのイデオローグであったアブドゥッサラーム・ファラジュがその小冊子『隠蔽された義務』でもちいたものと同一である（本書一一〇ページ参照）。またこうした類の宣言文では異例だが、引用文の巻数やページ番号が明記されている（『ファトワー集』の引用で「第五巻、五〇六ページ」とある）。これもファラジュのテクストでみられる現象である。

(76) 著者が誰にたいして団結を呼びかけているのかは不明である。おそらくサッダーム・フサインのイラクとその支持者にたいしてとかんがえてよいだろうが、イランはあまり想定されていないとおもわれる。基本的なワッハーブ派の教育ではほとんど克服しがたいほどつよい反シーア派感情があり、シーア派はほとんどイスラムの一部とさえ認められていないからである。著者はムスリムにたいしてジハードの際に石油には手をつけないよう長々と勧告している。というのも石油は「イスラムのおおきな財産であり、アラーの恩寵と許しがあれば、やがて樹立されるであろうイスラム国家に必要なおおきな経済的力となるからである。」

(77) 「おまえたちはアッラーの不興をこうむり、敗北して撤退したのだ。」

(78) 一九九八年二月二三日付けのこのテクストには英語の翻訳がある。ロンドンのアラビア語新聞『アル＝クドゥス・アル＝

アラビー』にアラビア語で出版され、英語版は『ユダヤ人と十字軍にたいしてジハードを推進する世界イスラム戦線声明』という題で <http://www.fas.org/irp/world/para/docs/980223-fatwa.htm> というサイトに発表されている。これにかんするバーナード・ルイスの解釈（と一部の文章の翻訳）はかれの論文《Licence to Kill. Usama bin Ladin's Declaration of Jihad》, *Foreign Affairs*, vol. 77, N° 6, novembre-décembre 1998, p.14-19 参照。

（79）ハルトゥーム郊外にある工場「シーファ」がビンラーディンむけの危険な化学物質を生産していたという批判に物証が提出されたことはない。だから、この工場の破壊はなによりスーダン政府にたいする圧力だったとかんがえるべきであろう。爆撃されたアフガニスタンのキャンプもビンラーディンのものではなく、インドのカシュミール地方で軍事行動をする訓練をしていたパキスタンのイスラム主義活動家のキャンプだった。アメリカの報復措置は大半のイスラム諸国から批判され、アメリカの伝統的同盟国のおおくも慎重な反応を示した。パキスタンではこうした事態の推移のためにビンラーディンにたいする「崇拝」とでも言うべき現象がおこり、急進的スンナ派イスラム主義運動が組織するデモではいたるところでかれの肖像をふりかざす人がいた。こうしたビンラーディン崇拝にたいするイスラム主義運動の他のグループの反応については本書「結論」、四九〇ページ参照。

（80）「我々の仕事は教唆することである。アッラーの恩寵により我々はそれをおこない、ひとびとがその教唆に応じた」（『タイム』紙のインタビュー、一九九八年一二月二三日）。同日のＡＢＣニューズへのインタビューで、かれはテロへのいかなる関与も否定するが、一部の容疑者をたかく評価していると述べる。

（81）たとえばルクソール事件の死者は大部分スイス人観光客で、アルジェリアのテロ事件の場合は貧困地区の住民、アフリカの二件のテロでも犠牲者の大部分がアメリカ人ではなかった。

## 第十四章

（1）こうした観点の紹介については J.-F. Legrain, 《Palestine: les Bantoustans d'Allah》, in R. Bocco, B. Destremau, J. Hannoyer (sous la dir. de), *Palestine, Palestiniens*, Cermoc, Beyrouth, 1997, p.85-10 参照。

（2）《ハマース》の社会的側面にかんするもっとも完全な研究は Shaul Mishal et Avraham Sela, *The Palestinian Hamas:*

*Vision, Violence and Coexistence*, Columbia University Press, New York, 2000である。この運動の政治思想の変遷についてはKhaled Hroub, *Hamas, Political Thought and Practice*, Washington DC, Institute for Palestine Studies, 2000参照。

（3）イスラエルからの情報（Elie Rekhess, *MECS 1993*, p.216に引用）によるとPLOが地域に配分する「毅然とした態度をとりつづけるための資金」はインティファーダのあいだは年間三億五〇〇〇万ドルだったが、一九九〇年のクウェート侵攻後一億二〇〇〇万ドルとなり、さらに一九九三年には四〇〇〇万ドルに減少した。MECSに掲載されたメイア・リトヴァックとエリ・レケスのコラムのうち、とりわけここで扱っている時期にかかわるものは、事態の推移の展望をえるために、著者には非常に参考になった。

（4）《ハマース》は一九九〇年一二月、禁止命令が出され、活動家は追求をうけた。組織への所属は禁固刑の対象となる。本書二一五ページ参照。

（5）それぞれ正式名称は《パレスチナ解放人民戦線》、《パレスチナ解放民主戦線》で、マルクス主義系組織である。

（6）エジプト同様、職業別組合選挙は、自由ということになっているので、とりわけ中産階級におけるイスラム主義の影響力のおおきさをはかる試金石になる。学生選挙についても同様で、これは大学での組織の力のバロメーターになる。

（7）《カッサーム旅団》の正確な発足時期や正体についてはネット上の《ハマース》のホームページでも矛盾したふたつの説が併記されている。『栄光の記録』というサイトは（調査した一九八九年秋の時点で）《ハマース》の活動家が実行した最初の八五件のテロ（一九八八年四月三日から一九九四年一〇月一九日まで）をリストアップしているが、《旅団》の名前が最初に言及されるのは一九八九年二月一七日、《旅団》に属するあるグループがイスラエル軍の軍曹を誘拐し、「殺害し、その死体を放置」した事件である。一方、「殉教者」ヤフヤー・アイヤーシュ（別名「技師」あるいは「《ハマース》の花火師」（一九九六年一月、おそらくイスラエル情報機関の仕業とおもわれるが、携帯電話に仕かけられた爆弾で死亡）の伝記では、《旅団》はアイヤーシュが「一九九一年末」に創設したとされる。『運動の概要紹介』というページでもおなじような記述がされている。活動の初期から《旅団》は《ハマース》指導部にたいしてかなりの行動の自由をもっている。これは《ハマース》を支持する民衆や青年層が指導部の政治的計算や敬虔な中産階級の利害にたいして自立性をもっていることを示している。

[http://www.palestine-info.org] 参照。

（8）本書一七二ページ以下を参照。

(9) 一九九二年一二月の決議七九九号を参照。

(10) パレスチナの企業家と政治権力との関係についてはCédric Balas,《Les hommes d'affaires palestiniens dans un contexte politique en mutation》, *Maghreb-Machrek*, N° 161, juillet-septembre 1998, p. 51-59 参照。

(11) イスラム主義組織は次のような言葉でパレスチナ自治政府の治安組織の機能を表現していた。「どんな名前で呼ばれるにせよ三万人の武装した人間が警察力を形成し、自治政府はそれに支えられることになるが、かれらはオスロ合意で決められた義務をはたさなければならない。その第一のものはレジスタンスの活動を抑圧し、その組織に打撃をあたえることである……。」([http://www.palestine-info] 参照)

(12) PLOは一九八三年、レバノンから追放されて以来、チュニスに本部をもっていたが、「チュニス・グループ」というのはこのチュニジアの首都からガザにやってきたPLO指導部のひとびとのことを言う。被占領地域のひとびとがPLO指導部をこう呼んだのは、かれらが現地の状況に無知なこと、特にインティファーダの試練に参加しなかったことを強調するためである。この問題にかんしてはLaetitia Bucaille, *Gaza. La violence de la paix*, *op.cit.* 参照。

(13) イスラエルとパレスチナ双方の合意実施にたいする難色や相互批判にかんしてはAgnès Levallois,《Points de vue israélien et palestinien sur les violations des accords d'Oslo》, *Maghreb-Machreck*, N° 156, avril-juin 1997, p. 93 sq. 参照。

(14) L. Bucaille, *op. cit.*; J. Grange,《Les forces de séurité palestiniennes. Contraintes d'Oslo et quête de légitimité nationale》, *Maghreb-Machrek*, N° 161, juillet-septembre 1998, p. 18-28.

(15) リビアからもどった一〇月二六日にマルタで暗殺されたファトヒー・シカーキーにたいしては運動内部でも批判があった。かれの後継者はフロリダに本拠をもった大学人だったが、組織をパレスチナのイスラム主義運動内部の重要な構成要素のひとつとして維持することに成功しなかった。F・シカーキーの生涯と著作についてはRif'at Sid Ahmed, *Rihlat al dam…*, *op. cit.* 参照。

(16) 一九九六年の自殺テロの後の地域の封鎖でガザ地区の就労人口の約四五パーセント、ヨルダン川西岸地域の三〇パーセントが失業に追いこまれた。その損害額はパレスチナ側で一日あたり一〇〇万から二〇〇万ドルにのぼると推定されている。Anat Kurtz (avec Nahman Tal), *Hamas: Radical Islam in a National Struggle*, JCSS, Université de Tel-Aviv, Memo N° 48, juillet 1997 [http://www.tau.ac.il/jccs/memo48.html], chap. 3, p. 9).

(17) 本章、注七参照。

(18) 一九九六年四月一五日から二七日にかけておこなわれたレバノンの《ヒズボラ》にたいする「怒りの葡萄」作戦では、イスラエル軍の爆撃のためにカナで九八人のレバノンの民間人が死亡している。これもまたシモン・ペレスの選挙での敗北の原因のひとつになった。エジプトにおける虐殺の反響については本書五九三ページの注三六参照。

(19) 報復として、九月二五日、イスラエル情報局員がアンマンで《ハマース》政治局長ハーリド・ミシュアルを暗殺しようとしたが、ヨルダンの治安機関によって逮捕され、イスラム主義組織の精神的指導者アフマド・ヤースィーン師の釈放と交換に釈放された。

(20) 一九九六年一月の選挙の詳細な分析と解釈についてはJ.F. Legrain, *Les Palestines du quotidien*, Cermoc, Beyrouth, 1999参照。

(21) 「自治政府にたいする《ハマース》の立場」（[http://www·palestine-info]）参照。

(22) こうしたパレスチナ人青年の希求とフラストレーションについてはLaetitia Bucaille, *Générations Intifada*, Hachette, Paris, 2002参照。

(23) 第二インティファーダの展開についてはGeorges Malbrunot, *Des pierres aux fusils. Les secrets de l'Intifada*, Flammarion, Paris, 2002参照。

(24) 拙著*Chronique d'une guerre d'Orient*, Gallimard, Paris, 2002, p. 69-79に収録された筆者によるカラダーウィー師のインタビューを参照。

(25) 軍事面からみたジェニン事件の分析はNahla Chahal et Hala Koudmani（sous la dir. de）, *Avril à Jénine*, La Découverte, Paris, 2002参照。これは非常に資料の豊富な研究書である。

(26) 状況の総決算については二〇〇三年一月二日付『ル・モンド』参照。。

(27) 「王座の擁護者」という言葉はもともとレミ・ルヴォーが『王座の擁護者としてのモロッコ農民』（Rémy Leveau, *Fellah marocain défenseur du trône*, Presses de Sciecnes Po, Paris, 1985[2e édition]）を賞賛するためにもちいた表現だが、ヨルダンの《同胞団》についてP.W. Glasman,《Le mouvement des Frères musulmans》はこの表現をわれわれとおなじようにヨルダンの《ムスリム同胞団》を指し示すためにもちいている。グラスマンのこの論文は現在のところヨーロッパの言語で書かれたもっとも詳細な専門論文である（R. Bocco et G. Chatelard（sous la dir. de), *Jordanie, le royaume frontière,* Autrement, Paris, 2001 所収)。出版前に内容をみせていただいた著者に感謝したい。またアラビア語では非常に資料が豊かで詳細な Ibrahim Gharaibeh, *Jama ʻat al ikhwan al muslimin fi-l urdun*（ヨルダンの《ムスリム同胞団》), *1946 - 1996,* Dar Sindbad, Amman, 1997 がある。著者はジャーナリストであると同時に、自身が《同胞団》団員である。この本を出発点とした共同研究が発表され、これには英語版も存在する（Hani Hourani（sous la dir. de）, *Islamic Movements in Jordan,* Dar Sindbad, Amman, 1997)。また Shmuel Bar, *The Muslim Brotherhood in Jordan,* The Moshe Dayan Center, coll. Data and Analysis, Université de Tel-Aviv, 1998 も近年出版されたすぐれた概説書である。ヨルダンの《ムスリム同胞団》については英米の大学研究者が好意的な研究をたくさん発表している。かれらは「『穏健』イスラム主義者＝民主主義者」という等式の解をヨルダンの《ムスリム同胞団》にみいだし、イスラム世界のどこでもこの潮流が政権につくようはたらきかけている。特に Glenn E. Robinson,《Can Islamists be Democrats? The Case of Jordan》, *The Middle East Journal,* vol. 51/3, été 1997, p. 373-387: Lawrence Tal,《Dealing with Radical Islam. the Case of Jordan》, *Survival,* vol. 37/3, automne 1995, p. 139-156. 特に一五二ページで「穏健イスラム主義者を政権にとりこみ、安定した民主主義的な秩序の維持に関心をもたせることが抑圧よりもよい選択肢になる」と指摘している。このふたつの論文は資料も豊富である。

（28）《同胞団》は議会選挙に参加し、いくつかの議席を獲得する。政府があまりにもイギリスや、後にはアメリカとの同盟関係に依存をつよめすぎる時にはそれに反対し、時にはそのために（少々）抑圧される場合もあったが、ナセル主義や左翼の反体制派に対抗して重要な体制支援勢力となり、そのために政府から庇護されていた。ヨルダン西岸地区については当時の詳細な分析が Amnon Cohen, *Political Parties in the West Bank under the Jordanian Regime, 1949-67,* Ithaca Press, Londres, 1982 にある。

（29）ヨルダンの《同胞団》における都市名望家家族の存在については Philippe Droz-Vincent, *Les notables urbains au Levant. Cas de la Syrie et de la Jordanie,* IEP, Paris, 1999, p.39-59 参照。

（30）本書二〇九ページ参照。

（31）一九六七年から一九七〇年のA・アッザームの生涯のエピソードについては [http://azzam.com] の伝記の他、Gharaibeh, *op. cit.,* p.77-79（および一九九八年一〇月、アンマンで著者がおこなったインタビュー）参照。

（32） Shmuel Bar, *op. cit.*, p.36-39 参照。一九九八年一〇月、シリアの《同胞団》の総長アリー・バヤーヌーニーは依然としてアンマンに在住し、そこから『ニュースと見解』という会報を発行していた。この会報はアラブ諸国のジャーナリズムの記事の抜粋と冒頭の短い論説で構成されている。バヤーヌーニーは民主主義的信念を我々に語り（ヨルダンの「ハト派」とおなじように）、《同胞団》がシリアで平和に活動できるようシリア政府と妥協点をみいだしたいという希望を表明した。一九九八年一〇月、アンマンでの著者によるインタビュー。

（33） 本書、第一部、第一、二および四章を参照。

（34） Glasman, *op. cit.* によると、宮殿と《同胞団》のあいだにはアド・ホックに制定する選挙規定を利用してあらかじめ《同胞団》がどの程度選挙で勝利するかについて合意があった。その後、一九九三年の選挙では選挙方法がまぎわに変更され、《同胞団》の当選者数がおさえられた。

（35） こうした側面についてはW. Hammad,《Islamists and Charitable Work》およびH. Dabbas,《Islamic Organizations and Societies in Jordan》, *in* H. Hourani（sous la dir. de）, *op. cit.*, p.169-263 参照。

（36） L. Gharaibeh,《Mu'adalat fi-l haraka al islamiya al urduniya》（「ヨルダン・イスラム主義運動内部の力関係」）, *Al Hayat*, 5 juillet 1997（および一九九八年一〇月、アンマンでおこなわれた著者によるインタビュー）は《同胞団》内部に競合するふたつの「利益集団」が存在すると指摘する。第一のものは「イスラム・センター協会」グループと呼ばれるが、アンマンのイスラム病院（私立で評価が非常にたかい病院）、アルカム初・中等学校（マレーシアに同名のグループがあるが名前以外は関係はまったくない。本書、第一部、一二七ページ参照）、そして「すくなくとも一億ヨルダン・ディーナールの価値の」投資資金を運営している。著者によれば一九七〇年代、一九八〇年代に「タカ派」がこうした施設を運営していたので現在も組織の「タカ派」の支持基盤になっている。私は一九九八年一〇月、こうした学校に付属した建物のひとつでこのグループのもっとも雄弁な代表者の一人であるムハンマド・アブー・ファーリス氏（後出）と会うことができた。ただし会見をとりついでくれた人物は私がユダヤ人ではないことを確認してから日時を指定したのだが。第二の利益集団は「イスラム大学」グループと呼ばれ、私立のザルカ大学をそのもっとも顕著なシンボルとする。ザルカ大学は一九九四年に創設され、イスハーク・ファルハーン氏が学長だった。イスハーク・ファルハーン氏は現在（一九九九年）《イスラム行動党》の議長で、一九九〇年代に《同胞団》を支配していた「ハト派」の中心人物の一人である。非常に暖かい人柄のファルハーン氏は中東の大学に（ヨーロッパのかなりの大学でもそうだが）目が慣れた者にはおどろくような豪華な大学の建物でファーリス氏とおなじ頃私にあってくれた。第一回生の卒業（一九九七～九八年）を記念する本が印刷されていたが、それは光沢紙に四色刷りで印刷され、厚紙表紙のついたすばらしいもので、教員と最初の学士号取得者の写真がならんでいた（アメリカの私立大学の習慣にならったものだ）。私にとって印象的だったのは、髭をたくわえた男性がネクタイをつけてとった写真がたくさんならんでいたことだ。ただしその髭の濃さは教えられる教科（シャリーアから英語まで）によって濃淡はあった。またヴェールをかぶった女性もおおく、七八名のうち五名だけがヴェールなしで、そのうち四名が学生、一名が教員だった。賞をもらった学生は長衣を着用していたが、その内三一名のみが髭をたくわえ（中には流行の刈りこみをしていて、信仰を連想させない者もいる）ているのにたいして、髭のない者は七三名であった。反面、全員がきわめて健康そうな様子をしていたが、これは親が支払う学費の額（年二万から三万フラン）に関係しているのだろう。学費からかんがえれば、学生が裕福な階級に属していることは想像できるが、キャンパスを散歩してその印象はいっそうふかまった。この大学はたしかにイスラム大学だが（とはいえ、大学名にそれは明記されていない）、同時に私立大学でもあって、他の非宗教の運営主体と競いあいながら《同胞団》が質のたかい有料教育サービスのマーケットにも投資していることがよくわかる。（J.C. Augé *Les universités privées en Jordanie*, mémoire de DEA, IEP, Paris, 1996）最後に、卒業アルバムの見開きには大学理事会メンバーが紹介されているが、重要なポストには《同胞団》の「ハト派」と言われるグループの代表者（とA・アカイレフやB・ウッムシュのように一九九七年に政権と協力することに同意し、《同胞団》から脱退させられたひとびと）が就任している。*Jamiat al zarqa al ahliyya / al kitab al sanawi / al faouj al awwal, 97-98-1419h* 参照。

（37） Beverley Milton-Edwards,《A Temporary Alliance with the Crown: the Islamic Response in Jordan》*in* J. Piscatori（sous la dir. de）, *Islamic Fundamentalisms, op. cit.*, p.88-108 に資料にもとづいたこの時期の記述がみられる。

（38） ただし《イスラム解放党》はのぞく。ナブハーニー師により一九四八年に創設されたこの党は、まずエリート層に浸透し、それから暴力活動をおこなうことにより政権を掌握することを主張していたが、ヨルダンでは一九五〇年代に壊滅させられた。この運動についてはSoha Taji-Farouki, *A Fundamental Quest, Hizb al-Tahrir and the Search for the Islamic Caliphate*, Grey Seal Books, Londres, 1996 参照。

（39） 《ムハンマド軍》についてはB. Milton-Edwards,《Climate of Change in Jordan's Islamist Movement》, *in* A. Ehteshami et

A. S. Sidahmed（sous la dir. de）, *Islamic Fundamentalism in Perspective*, Westview Press, Boulder, 1996, p. 127-130 参照。P.W. Glasman, *op. cit.* は一九九四年と一九九六年に別の「アフガニスタン・ジハード戦士」が逮捕された事件に言及している。かれらはテロやテロ未遂で告訴されたが、その真相はあまりはっきりしない。かれらが実際におこなった（あるいは単に「おこなったとされた」）犯罪行為が報道で大々的にとりあげられることで、政権は《同胞団》にたいしてこえてはならぬ限界があることを警告したのである。

（40） たとえばパレスチナ出身で、急進的グループのリーダーの一人であるムハンマド・アブー・ファーリスはいかなる「非イスラム」政権にも参加することに反対している。かれは議会を布教《ダアワ》、すなわち宗教的メッセージをひろめる場とかんがえているので、議会に代表をおくることは認めているが、民主主義という概念に肯定的な価値をあたえることはない（かれのパンフレット *Al mucharaka bi-l wizara fi-l andhima al jahiliyya*（『不信仰《ジャーヒリーヤ》な国家体制における政権への参加』）, Amman, 1991 参照）。それにたいしてイスハーク・ファルハーンはイスラム主義者がいくつかの条件のもとで政府に参加することに賛成であると宣言する。というのも「不正を止め、正義を樹立し、社会改革の度合いをたかめることは政治的孤立よりもずっと好ましく、ずっと必要なことである」からだ。かれはまた「民主主義」が「欧米の概念」であることを認めるが、それを実践することは合法的である、というのもそれは「イスラムにおける協議《シューラー》という根本的概念と矛盾しないからである」と述べる（Ishaq Farhan, *The Islamic stand towards political involvment [with reference to the jordanian experience]*, Dar el Furqan, Amman, 1997）。《同胞団》を代表するこの二人の人物の民主主義にかんする立場の対立は、双方の理論に「おおきなずれ」があることを示しているが、これをみても、既存秩序との決裂を表明して民衆を動員するような主張を《同胞団》が一致して形成することがいかに困難であるかわかる。

（41） ヨルダンの《イスラム行動戦線》は一九九五年、エジプトの《同胞団》の若い世代のメンバーによってつくられた《中央党》の構想といくらか類似点がある。（本書三九四ページ参照）

（42） 《ハマース》のテヘラン事務所開設と一九九四年以来，組織の国外在住指導者が定期的にイランの首都に滞在していることをパレスチナ自治政府がつよく批判していた。

（43） 特にハーリド・ミシュアル（一九九七年九月、モサドはかれの暗殺を企てたが未遂におわった）とスポークスマンのイブラーヒーム・ガウシェが拘禁された。一方、かつてアメリカで逮捕され、フサイン国王の仲介で釈放されたムーサー・アブー・マルズーク（ヨルダンのパスポート保有）はダマスカスに追放された。一一月二〇日、ヨルダン国籍を保有しているにもかかわらず、ミシュアル、ガウシェ両氏はカタールに国外追放になった。

（44）　一九九九年一一月二二日、投獄されていた四人の指導者が、ヨルダン国籍をもっているにもかかわらず、カタールに追放処分になったが、これはハーシム王国内のパレスチナ難民の「ヨルダン化」政策の幕開けだった。こうした政策決定がおこなわれた結果、ヨルダン国内に在住するパレスチナ難民がヨルダン川西岸にもどるという可能性はなくなった。

## 第十五章

（1）　現代トルコのイスラム主義にもっとも精通したジャーナリスト、ルーセン・ジャキールの著作は現在の所、トルコ語でしか読むことができない（*Ayet ve Slogan*（『コーランとスローガン』）, Mètis, Istanbul, 1990; *Ne seriat ne demokrasi: Refah Partisini Anlamak*（『シャリーアでもなく民主主義でもなく——繁栄党の理解のために』）, *ibid.*, 1994）。わたしはジャキール氏およびニリュフェール・ギョル教授とこれまで頻繁に議論をかわした。本章執筆にあたってわたしはそれにおおくを負っている。とはいえ、我々三人はイスラム主義という現象全般について常に見解をおなじくするわけではない。ギョル教授はトルコのイスラム主義の社会的側面にかんする先駆的研究を発表している。フランス語では特にかれのインタビュー《La ville: piège ou tremplin pour les islamistes turcs?》, *CEMOTI*, N° 19, 1995, p. 183 sq:《La mobilisation islamique en Turquie》, *Esprit*, août-septembre 1992, p. 130 sq を参照。トルコの社会・政治の全般的コンテクストのなかにイスラム主義運動がどんなふうにくみこまれているかという問題の分析は現代トルコにかんする必須の文献、Eric Zürcher, *Turkey. A Modern History*, Tauris, Londres, 1997（3^e édition）, 特に p. 269-342; Hugh Poulton, *Top Hat, Grey Wolf and Crescent. Turkish Nationalism and the Turkish Republic*, Hurst & Co, Londres, 1997 参照。近年の研究の集大成としては Nilüfer Narli,《The Rise of the Islamist Movement in Turkey》, *MERIA Journal*, vol. 3/3, septembre 1999.

（2）　一九二六年、黒海沿岸のシノプで高級官僚の息子としてうまれたエルバカン氏はイスタンブル男子高校（ドイツ学校）でドイツ語を学び、イスタンブル技術大学で勉学をつづける。その後、ドイツで機械工学専門技師となり、大学教授に就任（一九五三年）した後、帰国。イスタンブル大学で教鞭をとるが、当時の同僚にスレイマン・デミレルがいた。デミレルはトルコの右派政治家の大立者の一人で、《公正党》党首となる。エルバカン氏も一九六九年まではそのメンバーだった。一九九三年からデミレル氏は共和国大統領となっている。

（3）エルバカン氏はナクシュバンディー教団長老ザーヒド・コトクの弟子であった。一九二五年に禁止になった後、この教団は秘密裏に活動をつづけ、一九五〇年以降、Z・コトク（一八九七～一九八〇）がリーダーとなりふたたび重要な存在となった。コトクはトルコ社会の再イスラム化に努力し、互助・連帯組織網を構築した。そうした組織網のメンバーが、S・デミレルの《公正党》、オザル氏の《祖国党》（後述）さらにはエルバカン氏が次々と設立したイスラム主義政党など、いくつかの右派政党で重要な役割をはたすようになる。この問題にかんしてはSerif Mardin,《The Naksibendi Order in Turkish History》, *in* R. Tapper (sous la dir. de), *Islam in Modern Turkey, op. cit.*, p. 121-142; Thierry Zarcone,《Les Naksibendi et la République turque: de la persécution au repositionnement théologique, politique et social》, *Turcica*, XXIV, 1992, p. 99-107;《La Turquie républicaine》*in* A. Popovic et G. Veinstein (sous la dir. de), *Les voies d'Allah. Les ordres mystiques dans le monde musulman des origines à aujourd'hui*, Fayard, Paris, 1996, p. 372-379参照。

（4）これとおなじ「三位一体」への言及がこの数年後、エジプトの《ムスリム同胞団》の雑誌『ダアワ』にもみられる（拙著*Prophète..., op. cit.*, p. 118 sq.）。トルコの文脈では、フリーメーソンにかんする議論は軍上層部にたいする間接的な批判である。軍上層部にフリーメーソンへの参加者がとりわけおおいという噂がながれているからである。またシオニズムにたいする批判もアタテュルク攻撃の一種である。アタテュルクはイスラム主義者のあいだで、「救世主」を称したシャブタイ・ツヴィ（一六二六～一六七六年）の信奉者のセクト《デンメ》に属していたのではないかという疑惑がもたれている。かれらは表面上はイスラムを公言するのだが、心の内ではユダヤ教徒でありつづけているとされる。このテーマが最近ふたたびとりあげられるようになったことについては、たとえばAhmad al Na'imi,《*Yahoud al dawnama*》（『デンメのユダヤ教徒』）, Dar al Bashir, Amman, 1998を参照。この本のカバーは非常に論争的な性格の絵で飾られている。

（5）《国民救済党》の詳細な専門研究にかんしてはBinnaz Toprak,《Politicisation of Islam in a Secular State: The National Salvation Party in Turkey》, *in* Said Amir Arjomand (sous la dir. de), *From Nationalism to Revolutionary Islam*, SUNY Press, New York, 1984, p. 119-133参照。

（6）Serif Mardin,《La religion dans la Turquie moderne》, *Revue internationale des sciences sociales*, vol. 29/2, 1977, p. 317参

照。これはトルコにおける宗教現象の社会学的分析の先駆的業績である。伝統的で敬虔な小市民層を代表するギルドや同業組合の社会が運動に参加する事情は、同時期の七〇年代末にイランで市場《バザール》の商人がアーヤトッラー・ホメイニーをリーダーとして活動したのとまったくおなじである。

(7) おそらくこの政治的立場の曖昧さが、一九九七年六月の立法議会選挙での党の得票率低下の原因になったのだろう。その四年前には一一・八パーセントだったのが、この時、党は八・六パーセントしか獲得していない。

(8) おなじような戦略をヨルダンの《ムスリム同胞団》もとっている。《同胞団》のリーダーのひとりが（個人の資格で）一九七〇年代初頭に教育大臣、ついで宗教問題担当大臣に任命されている（本書四五八ページ参照）。この頃からのトルコの高級官僚の世界におけるイスラム主義者「ネットワーク」の影響力にかんしてはRusen Cakir,《La ville, piège ou tremplin pour les islamistes turcs?》, art. cité 参照。

(9)「説教師のための高校」には農村家庭の子弟が主として通っていた（本書七九ページ参照）。かれらは国家が推進した世俗化を好ましくおもっていなかったからであるが、これは《国民救済党》の支持基盤でもあった。一般的にこうした学校のレベルは他の高校にくらべ劣り、生徒の家庭が属する社会グループもより恵まれない階層であった。こうした特徴はエジプトのアズハル学院を頂点とする宗教教育システムやパキスタンの宗教学校でもみられる。両国でも宗教教育機関の卒業生が大学に進学し、高級官僚になる道がひらけるよう、宗教界のひとびとははたらきかけた。

(10) エルバカン氏は一九七〇年代に、党が産業推進におおきな関心をもっていることを示すために政治集会で飛行機の模型をふりかざし、有名になった。かれによれば、産業振興のみがトルコに往年の地位をもたらし、欧米への依存を減少させることができる。事実、トルコは旧ソ連の南という戦略的地理条件のためにNATOの枠内でアメリカから大規模な軍事援助をえている。

(11) 一九八〇年、政治的暴力の激化と議会の不安定の他、立法プロセスがブロックされ、とりわけアタテュルクの思想をうけついだ統制経済の破綻のために極度の不況におちいり、全国でストがあいついだ。

(12) 解散させられたイスラム主義政党と関係のあった青年民兵組織《前衛》の他にイランやレバノンの《ヒズボラ》をモデルとした群小グループ（イラン革命を賞賛した写真が満載された『セハデ』や『テヴヒト』などの雑誌を出版している）やパレスチナ＝ヨルダンの《イスラム解放党》を真似たグループ、さらにはオスマン帝国にノスタルジーを感じ、それを宗教的過激主義の観点から見直そうとする《イブダ（啓示）》のような運動まであった。《イブダ》は「偉大なるオリエント」（同名のフリーメーソン団体が存在するが、それとは無関係である！　イスラム主義はフリーメーソンが大嫌いである）の実現を希求し、活動を独占することを主張して、《ヒズボラ》の支持者と抗争事件をおこし、かれらを追いまわした。《イブダ》はこの有名になった抗争事件に勝利するが、かれらはこれを一五一四年にオスマン帝国のスルタンがペルシア国王をうちやぶった戦いにならって「小チャルディランの戦い」と名づけた。R. Cakir,《La mobilisation...》, art. cité p.135 参照。一九八五年から一九九〇年、超過激主義的雑誌『ギリシム（企図）』は世界のイスラム主義思想家（マウドゥーディー、クトゥブ、ホメイニー、シャリーアティー）の思想を借りて、現代イスラム普及のためのイデオロギーを概念化しようと試みている。一九九四年以降、このグループの活動家たちはイスタンブルの市政をあらたに《繁栄党》が担当することになったので、それに協力し、非イスラム知識人との対話を実践することにつよく配慮したより穏健な文化活動をおこなっている。テロ行為にはしり、数件の暗殺事件をおこしたイスラム主義グループのその後にかんしては Ely Karmon,《Islamist Terrorist Activities in Turkey in the 1990s》, *Terrorism and Political Violence*, vol. 10/4, hiver 1998, p. 101-121 参照。

(13) クーデタ後、国家安全評議会が結成され、実権をにぎって「公共秩序を再建」した後、一九八三年一一月六日、軍隊のきびしい監視下で選挙がおこなわれ、これによって民政移管がなされる予定だった。一九八二年一一月七日、国民投票であたらしい憲法が承認され、国家安全評議会議長のエヴレン将軍が七年任期の共和国大統領に選出された。政党は一九八三年一一月の立法議会選挙に参加するためには政府の承認をうけなければならなかった。政府は旧政党が名前だけ変更して再建されることを阻止しようとしていた。オザル氏はクーデタ直後の臨時政府で要職についていたが、承認された三つの政党のなかで《祖国党》は一番軍部から独立性がたかいとみられていた。かれの党は四五・一二パーセントの得票をえ、四〇〇議席中二一一議席を獲得し、絶対多数をえた。

(14) コルクト・オザル氏はナクシュバンディー教団に所属していることで知られていた。（本章、注三）

(15) このあたらしい「トルコ・イスラム」教育の内容にかんして H. Poulton, *op.cit.*, p. 182-183 で多くのデータをみることができる。

(16) 一九八二年、秘密に集会をひらいたり、無認可の宗教教育をおこなうという違反行為を現行犯で摘発されて、教団やイスラム主義グループのメンバーが何百人も逮捕されている。

（17）西欧のトルコ系移民社会でもまったくおなじ形でこうした現象がみられる。エルバカン氏に近いひとびとが西欧に《ヨーロッパ・ミッリー・ギョリュシュ》（《ヨーロッパにおける国民のヴィジョン組織》）を創設し、トルコ政府のコントロールをまったく受けずにさかんに活動を展開していたが、この組織はまた党首の頻繁な「募金活動ツアー」に協力して、トルコ国内の活動家への財政支援もおこなっていた。かれらはさらにトルコ移民が集中した四ヶ国（ドイツ、フランス、ベルギー、オランダ）にモスク、コーラン学校、イスラム協会の非常に効率的なネットワークを構築し、大部分がアナトリアの農村地帯出身で、宗教的言説に影響されやすい（すくなくとも第一世代は）ひとびとを組織化していた。在欧トルコ領事館はそれに対抗するために、首相直属の機関、宗教問題担当局が認可した「政府公認」イマームをヨーロッパに派遣したが、その相当数がエルバカン氏の主張に非常にちかい思想の持ち主だったことが判明する。ドイツのトルコ移民のイスラム実践についてはValérie Amiraux, *Itinéraires musulmans turcs en Allemagne*, thèse de doctorat en sciences politiques, IEP, Paris, 1997 参照。

（18）《トルコ・イスラム総合運動》（ＴＩＳ）の源泉は一九七〇年五月に右派系の大学人、ジャーナリスト、宗教家、実業家があつまって結成された圧力団体《知識人の炉端》である。かれらの役割はH. Poulton, *op. cit.*; B. Toprak, 《Religion as State Ideology in a Secular Setting: The Turkish-Islamic Synthesis》, *in* M. Wagstaff (sous la dir. de), *Aspects of Religion in Secular Turkey*, University of Durham, Center for Middle Eastern Studies, Occ. Paper, N° 40, 1990, p. 10-15で強調されている。

（19）一九九六年の時点で、トルコにはテレビ局が全国局一六、地方局三〇、地域限定局三〇〇存在する。Jenny B. White, 《Amplifying Trust: Community and Communication in Turkey》 *in* D. F. Eickelman & J. W. Anderson (sous la dir. de), *New Media in the Muslim World*, Indiana University Press, Bloomington, 1999, p. 169による。

（20）この現象の全貌についてはNilüfer Göle, 《Ingénieurs musulmans et étudiantes voilées en Turquie: entre le totalitarisme et l'individualisme》, *in* G. Kepel et Y. Richard (sous la dir. de), *Intellectuels et militants de l'islam contemporain*, Seuil, Paris, 1990, p.167-192; *Musulmanes et modernes*, La Découverte, Paris, 1993, et 《Secularism and Islamism in Turkey: the Making of Elites and Counter-Elites》, *The Middle East Journal*, vol 51/1, hiver 1997, p.46-58.

（21）《繁栄党》が最初に参加できた選挙は一九八四年三月の地方選挙だったが、その時、党は四・四パーセントの得票率しか獲得できなかった。また一九八七年の立法議会選挙では七・一六パーセント、一九八九年の市議会選挙では九・八パーセント、一九九一年には極右ナショナリストと連合を組んで一六・二パーセント（内、三分の一は極右）の得票率だった。一九九一年の選挙でも一九八九年にくらべ実際には党独自の得票はのびていないが、選挙協定戦術をもちいてこの選挙で勝利することで、《繁栄党》は組織が充実した議会政党となることができた。その結果、党は後の選挙戦を有利にすすめることができる。特に一九九四年の市政選挙では得票率をほとんど二倍にのばした。

（22）《繁栄党》は二一・四パーセント、《祖国党》は一九・七パーセント、オザル氏の後継大統領となったデミレル氏直系を自認する《正道党》は一九・二パーセント、そしてエジェヴィト氏の《民主左派党》は一四・六パーセントだった。

（23）ＦＩＳは一九九〇年には五四パーセント以上、一九九一年には四七パーセント以上の得票率をえた。

（24）A. Mango, dans *MECS*, 1989, p.659 に引用。

（25）複数の著者がヴェールの要求とフェミニストさらにはゲイの権利要求のあいだに奇妙な一致が存在していることを指摘している。とはいえゲイにたいしてはイスラム的な道徳概念が、原則的には、共感を示すことは決してないのだが。この点については Jean-Pierre Thieck, *Passion d'Orient*, Karthala, Paris, 1990, p.70 を参照。

（26）前に言及した *CEMOTI*, N° 19, janvier-juin 1995（世俗主義特集号）にフランスとトルコにおける政教分離原則にかんして興味深い比較研究がある。

（27）特に一九八〇年代以来、ワクフというイスラムの伝統的な形式がふたたびさかんになった。ワクフというのは、神に寄進された遺贈財産で、マグリブ地方ではハブスという名前でも知られているが、これを利用しておおくの財団が創設された。これによって最初は「緑の資本」（トルコではイスラム主義者が所有する資金をこう呼んだ）が蓄積されたが、やがて、この金融方式は別の経済・社会セクター（世俗主義者のそれもふくめ）にも利用されるようになった。Faruk Bilici,《Sociabilité et expression politique islamiste en Turquie: les nouveaux vakifs》, *Revue française de science politique*, vol. 43/3, juin 1993, p.412-34 参照。

（28）当時、イスラム世界全体でイスラム金融が発展し、敬虔なブルジョワジーがサウディアラビアの利害とむすびつきながら発展していったが、トルコの現象はそうしたイスラム世界一般の動向と軌を一にしている。先に言及した Clement Henry Moore,《Islamic Banks and Competitive Politics...》にはトルコの状況にかんする分析のための材料がいくつかふくまれている。

（29）ＭÜＳＩＡＤという略号は《独立系産業人・実業家連合》（Müstakil Sanayiciler ve Isadamlari Dernegi）の意味で、主と

してイスタンブルに本拠をおいた大実業家をあつめたTÜSIADの名称をモデルにした。TÜSIADの最初のTÜは「トルコ」の意味で、MÜSIADはその部分を「独立系」を意味するMüstakilに変えたものである。しかし略号部分MÜは公式には「独立系」の意味とされているのだが、実際には「ムスリム」を意味すると誰もが理解している。一九九〇年五月五日に、イスラム主義系の若い実業家たちによって創設されたこの組織は一九九八年には三〇〇〇人のメンバーを擁し、二八の地方支部をもつ。加入企業全体の総売上高は二七億九〇〇〇万ドルに上る（N. Narli, art. cité p.3参照）。Burcu Gültekin, *L'instrumentalisation de l'islam pour une stratégie de promotion sociale à travers le secteur privé : le cas du Müsiad*, mémoire de DEA, IEP, Paris, 1998は一九九八年四月（エルバカン政府崩壊と《繁栄党》解散の後）に実施された現地調査にもとづいたMÜSIADにかんするすぐれた専門的研究書である。

(30) Ali Bulaç *Din ve Modernizm. Referans-performans çtismasi*（『宗教と近代——効率探求と規範の対立』）, Beyan, Istanbul, 1992, p.68. B. Gültekin, *op. cit.*, p.77に引用と翻訳がある。

(31) Ayse Öncü,《Packaging Islam: Cultural Politics on the Landscape of Turkish Commercial Television》, *Public Culture*, vol. 8, N° 1, automne 1995, p.51-71は一九九一年の《繁栄党》の選挙戦の分析にもとづいて、そのメッセージが通常よくおこなわれるコーランの引用を避け、党に投票すると宣言するヴェールを着用していない女性の写真を意図的にふくむようにしていたことを実証している。

(32) アメリカをモデルにして選挙民に投票を依頼するために《繁栄党》の運動員が電話を頻繁に使用したことについてはJ.D. White, art. cité　p.172

(33) 一九九四年におこなわれた《繁栄党》の支持層の分析Ferhat Kentel,《L'islam carrefour des identités sociales et culturelles》, *dans CEMOTI*, N° 19, *op.cit.*, p.211 sq.を参照。

(34) 他のすべてのイスラム主義運動同様、《繁栄党》も募金組織や慈善協会網をもっていた。それは庶民階級をコントロールするための道具のひとつになっていたし、また党が政権をとった時の見返りを期待した実業家はそうした団体にもさかんに寄付をおこなっていた。一九九五年の選挙のあいだ、この慈善協会網は「慈善は自分の家からはじまる」というスローガンをひろめ、党を政治的に支援する機関に変身した。このスローガンは党が、慈愛《ラフマ》という宗教的理想の名のもとに、困窮者を日常的に援助する必要にこたえる能力があるということを示していた。また、都市周辺部にできたバラック街ではクルディスターンの農村から来た人たちの割合がたかいが、そうしたところでは《繁栄党》のイスラム的側面はとりわけ魅力的だった。というのも、クルド人は極端なトルコ・ナショナリズム的言説には同調できないが、世俗主義政党はそれに依拠せざるをえない。それにたいして《繁栄党》はアイデンティティの核としてイスラムの理想を称揚する。それはクルド人としてのアイデンティティを否定することなく包括することができる。

(35) エルバカン氏とチルレル夫人のあいだでおこなわれた《繁栄党》・《正道党》連立交渉と、エルバカン政府の経験した事態の急変については Aryeh Shmuelevitz, *Turkey's Experiment in Islamist Government*, The Moshe Dayan Center, Université de Tel-Aviv, Data & Analysis, mai 1999 参照。

(36) 《正道党》は外務大臣（チルレル夫人が大臣就任）、防衛大臣の他、特に、内務大臣、教育大臣（このふたつは一九七〇年代に《国民救済党》がにぎっていた省で、そのおかげでおおくのイスラム主義活動家が警官や教員に採用された）、産業大臣などをとった。《繁栄党》は財務省、施設省、労働省、エネルギー省、司法省、文化相、環境省さらに非公式に外務大臣の職務をおこなったアブドゥッラー・ギュル氏の占める国務大臣職を獲得した。

(37) 未発表の論文《Foreign Policy of the Welfare Party》を参考にすることをお許しいただいたR・ジャキール氏に感謝の意を表したい。氏の論文にはこの問題にかんして豊富な資料に裏づけられた分析がなされている。最初の軍事協定は一九九六年に調印されたが、ギュル氏はこれを批判し、党が政権をとればそれを廃棄すると約束した。二番目の協定はトルコのファントム戦闘機五〇機をイスラエルで補修することにかんするものだったが、これはエルバカン氏によって八月に承認された。

(38) 批判と提案された措置の詳細については A. Shmuelevitz, *op. cit.*, p.24-27 参照。

(39) 一九九九年四月、一人の女性が《美徳党》のリストで議員に当選したが、彼女が議会にヴェールをかぶって出席しようとしたので、論争がおこった。イマームの娘で、トルコではヴェールをかぶったまま大学に登校することはできなかったからテキサスで勉学を修めて医者になったこの女性はアメリカでアラブ系イスラム教徒のアメリカ人と結婚し、アメリカ市民になっていた。ところが、トルコは原則として自国籍のものが他の国籍を所有することを禁止していた。（とはいえ、これまでそれが適用されたことはなかった）。議会でヴェールをとることを拒否したこの女性議員は議会から追放され、トルコ国籍も剥奪されてしまう。

(40) この申請は一九九七年秋のルクセンブルク・サミットでヨーロッパ連合から拒否された。皮肉なことに、トルコでもヨーロッパでもこの拒否の理由（明言されていないが）はトルコがイスラム系国家であるからだとおおくの者がコメントしている。

(41) エジェヴィト氏の《民主左派党》が二一・六パーセントを獲得して第一党となり、極右のナショナリスト政党ＭＨＰ（《民族主義者行動党》）が一八・四パーセント、《美徳党》が一四・九パーセント、中道右派の二政党（《祖国党》と《正道党》）がそれぞれ一三パーセント強の得票率をえた。トップに立ったふたつの政党は政界地図では左右両極に位置づけられるが、両者とも「主権論者」、さらには愛国主義的でさえある。両党が躍進したのは《クルディスターン労働者党》（ＰＫＫ）のリーダー、オジャランの逮捕と一九九七年秋、ルクセンブルクのサミットでのヨーロッパ連合によるトルコ加盟拒否のためであるという見方がつよい。政府はオジャランが亡命していたシリアにたいして恫喝的なキャンペーンをおこなった結果、その逮捕に成功したのだが、これは首相だったエジェヴィト氏に有利にはたらいた。

(42) 選挙直後の分析で民衆的地区とアナトリア地方南東部でイスラム主義政党への投票が目減りしていることがわかっている。民衆的地区では極右ナショナリストが経済的自由主義者である《美徳党》活動家を批判するキャンペーンをおこない得票をのばした。またアナトリア地方南東部ではかつて《繁栄党》はイスラムという共通の旗印のもとにトルコ人有権者とクルド人有権者の双方から支持をえていたが、オジャランの逮捕後、トルコ人有権者は極右の《民族主義者行動党》に投票し、クルド人有権者はクルド人政党《人民民主党》（ＨＡＤＥＰ）に投票した様子である。しかし、イスタンブルとアンカラのイスラム主義市政は再選された。都市中産階級がその市政運営をたかく評価したからである。Riva Kastoryano,《Les élections et les nationalismes en Turquie》, *Etudes du CERI*, 2000 参照。

(43) とりわけ *Turkey: Human Rights Watch World Report 2000*, 16 février 2000（<http://www.hrw.org/press/2000/02/tur0216.html>）参照。

(44) <http://www.turkeyupdate.com/tu2000/decree3.html> 参照。

(45) エルドアン氏はトルコ・ナショナリズムの「父」ズィヤ・ギョカルプの詩を公の場で読んだために一九九八年四月、禁固刑に処せられた。問題になったギョカルプの詩は信者を兵士に、モスクの尖塔を銃剣に、モスクを兵舎にたとえたものだった。エルドアン氏は一九九九年七月、釈放されたとき、民衆的な支持をえるようになっていたが、その後、トルコのエスタブリッシュメントのひとびとや欧米のパートナーとの接触をふかめていく。

（46） 《公正発展党》の勝利を過小視してはならないが、候補者をだした一八の政党の内の一六の党があわせて四五パーセントの得票をえているのに、議会に代表をおくるには一〇パーセントのラインをこえなければならないという規則のために議員をひとりもだせなかったことは特記すべきであろう。六〇パーセント以上の有権者が《公正発展党》や《幸福党》以外の政党に投票したのである。

（47） G.Dorronsoro, E.Massicard et J.F.Pérousse,《Turquie: changement de gouvernement ou changement de régime?》, *Critique internationale*, N° I, 2003 参照。

（48） トルコにおける「世俗主義者」と「イスラム主義者」のあいだの象徴をめぐる対立と、この「文化闘争」がいかに社会的対立を隠蔽する結果になっているかについては人類学者ジェニー・B・ホワイトの非常に資料の豊かな著書を参照。（Jenny B. White, *Islamist Mobilization in Turkey. A Study in Vernacular Politics*, University of Washington Press, Seattle & Londres, 2002）

## 結論

（1） バシール将軍がトゥラービー氏を権力から排除したクーデタについては特に《What does Bashir's Second Coup Mean for Sudan?》, *Mideast Mirror*, 14 décembre 1999 の詳細な分析を参照。ここにはロンドンのアラビア語新聞のおおくのコメントや現地の分析も再掲されている。また《Sudanese Leader Moves Against Rival: Bashir Dissolves Parliament, Dismisses Former Mentor Who Challenged Him》, *The Wasington Post*, 14 décembre 1999 はすぐれた事実関係紹介である。

（2） 本書五五五ページの注三〇参照。

（3） Abdel Wahhab al Effendi,《Al tajriba al sudaniyya wa azmat al haraka al islamiyya al haditha: durus wa dalalat.》, Al Quds al'Arabi, 29 décembre 1999.

（4） 「同性愛者」と誹謗されたアヌワール・イブラヒムの失脚とイスラム主義運動の展開にたいするその影響については本書一三三ページ参照。

（5） 一九九四年、ベイルートでひらかれた会議でイスラム主義者とアラブ・ナショナリストが一堂に会した。ここでかれらは日頃の対立を克服してオスロ合意ではじまった和平プロセスにたいして共同で戦うことを決めた。オスロ合意は帝国主義とシオニズムにたいする屈服とかんがえられたからである。ロンドンに亡命したチュニジアのイスラム主義運動指導者R・ガンヌーシーはこの潮流のもっとも雄弁な代表者の一人であるが、これについてはナショナリストの伝統的なシンクタンクであるベイルートのアラブ統一センターが編集した論文集 *Al hurriyyat al 'amma fi-l daoula al-islamiyya*（『イスラム国家における公的自由』）, Beyrouth, 1993 参照。この論文集においてイスラム主義者はナショナリストにたいしてある種の歩みよりを示している。

（6）論説でエフェンディ氏は「世俗主義者」全体ではなく「急進的世俗主義者」を批判する。この表現はフランスでは「ライシスト（laïciste）」という言葉で翻訳される。これはフランスのイスラム主義者や反世俗主義キリスト教徒が「ジャコバン的世俗主義」の支持者を否定的に指示するためにつかう言葉である。（特に一九八九年のイスラムのヴェール問題の際に非常によくつかわれた。）「急進的世俗主義者」だけを批判することで、エフェンディ氏は、かれの定義によれば「急進的ではない」世俗主義者にたいして門戸をひらこうとしているとかんがえてよいだろう。

（7）アヌワールにつながるイスラム主義者たちは石油生産や中国系企業にたいする税金でつくりあげられたマレーシアの富を自由に使用することができたので、世界中のさまざまな立派な事業に貢献し、特にアメリカの一部大学人グループのあいだで、資本主義と共存しうる「穏健派」というイメージをつくりあげていった。

（8）出獄後のムナッワル・アネスの発言については本書一三四ページ参照。

（9）アメリカにおけるこうした議論には知的・科学的立論と政治・経済的利害が密接にからまっているのだが、これについて一九九〇年代中頃からかなり豊富な資料があらわれはじめている。特に、Maria do Céu Pinto, *Political Islam and the United States. A Study of US Policy towards Islamist Movements in the Middle East*, Ithaca Press, Londres, 1999 を参照。この本は歴代政府が実施したさまざまな政策とそれを支援した圧力団体を総合的に検討している。また Fawaz A. Gerges, *America and Political Islam. Clash of Cultures or Clash of Interests?*, Cambridge University Press, Cambridge, 1999 や S.W. Hibbard & W.B. Quandt（ed.）, *Islamic Activism and Us Policy*, *op. cit.*, および M. Kramer, *The Islamic Debate*, *op. cit.*

（10）いくつも例はあるがひとつあげるとすると、『イスラム二一』は「ヒジャーブの政治化と基本的権利の否定」と題した論説でトルコ国会議員メルヴェ・カヴァクチの事件をとりあげる。彼女は一九九九年、《美徳党》から出馬して当選したが、ヒジャーブをかぶったまま就任宣誓をしたために国会から追放され、さらにトルコ国籍を剝奪された。論説はトルコの「世俗主義急進派《ライシスト》」を批判するが、ヴェールがイスラムにおける女性抑圧の印とされたことを紹介する。だから批判派に口実をあたえないように「我々はこうした問題を、伝統的あるいは政治的立場からではなく、『女性の選択する権利』という観点から論じるべきである」と筆者は記す。「女性の選択する権利」という表現は人工中絶容認派がもちいるものと完全に同一で、英語ではリベラルな「市民社会」支持という立場を示すサインとしてはっきりとしたコノテーションがある。*Islam 21*, N° 17, juin 1999 参照。

(11) <http://islam21.org>

(12) *Islam 21*, N° 15, février 1999.

(13) *Islam 21*, N° 16, avril 1999.

(14) Tariq Ramadan, *Aux sources du renouveau musulman: d'al-Afghani à Hassan al-Banna, un siècle de réformisme islamique*, Bayard, Paris, 1998, préface d'Alain Gresh. 序文を書いたアラン・グレッシュは『ル・モンド・ディプロマティック』の編集長である。ラマダーンの他の本はイスラム主義の出版社、リヨンのタウヒード書店から出版されている。この出版社はラマダーン氏を精神的指導者とするリヨンの《青年ムスリム連合》に近い。Franck Frégosi,《Tariq Ramadan ou les habits neufs d'une vieille rhétorique》, *Chemins de dialogue*, nov. 1999 参照。

(15) ヨーロッパにおけるＧＩＡ支援網にたいする裁判で告訴されたひとびとのなかには特にローヌ・アルプ州に本拠をおいたイスラム主義組織に出入りしていた者がいた。

(16) 《ヒズボラ》の変身については特にH. Jaber, *Born With a Vengeance*, *op. cit.* と Amal Saad-Ghorayeb, *Hizb'ullah, Politics and Religion*, Pluto Press, Londres, 2002 を参照。

(17) イスラム主義グループはこれらあたらしい指導者の動向を批判的に注意深くみまもり、かれらがしくじれば、それを利用して勢力をもりかえそうとかんがえている。こうした態度の一例として意味深いのはモロッコのイスラム主義指導者アブドゥッサラーム・ヤースィーンが一九九九年一一月一四日に「若い君主」ムハンマド六世にあてた「関係者へのメモ」である。「若むきの最新流行の」文体で直接フランス語で書かれたこのテクストは権力の座についた「魅力的なプリンス」にたいして意図的に皮肉な調子があるが、大衆迎合的なテーマをあやつって、君主にその父親がためた財産を民衆に返還するようもとめ、またモロッコを牛耳っている「ユダヤ人官僚たち」を糾弾する。この文書は《公正と慈善の団体運動》という組織のホームページ <http://www.yassine.net/lettres/memorandum.html> でみることができる。

# 付録

## サイイド・クトゥブ著「アッラーの道におけるジハード」という章の冒頭

ここにサイイド・クトゥブの『道標』中、ジハードに関する部分の抄訳を掲載する。

イマームのイブン・カイイム・ジャウズィーヤ(1)はその著書『来世への糧食』の「預言者の不信仰者や偽善者にたいするふるまい——啓示から全能のアッラーとの邂逅まで」と題された章でイスラムにおけるジハードをめぐる問題をつぎのように要約している。

預言の最初の頃、至高のアッラーは——神があがめられますように——預言者に創造主の名においてメッセージを語るよう命じられた。その頃、神は預言者に知らせを心の中にもっているように命じられた。ついで、神は預言者に「(大衣)包る者よ、立ち上がって警告しなさい」という節(2)を啓示された。次に神は預言者に最初は最も近い家族に、次に部族に、それから部族の周辺のアラブ人に、ついでアラブ人全体に、そして最後に人類全員にメッセージを伝えるよう命じられた。

預言者になったムハンマドは十年ほどのあいだ、戦うこともなく、また人頭税(3)をとりたてることもなかった。かれは対立を避け、忍耐を示すよう命じられていた。アッラーはつぎにメッカからメディナに移り、そして戦うことを許された。更に神は預言者に戦いを挑むものにたいしては戦い、かれに従うことがないとしても戦いを挑もうとはしないものは放置しておくよう命じられた。それから神は預言者に、すべての宗教がアッラーにもどってくるまで「多神教徒(4)」と戦うよう命じられた。ジハードを遂行するよう命令をうけた預言者は三種類の不信仰者が存在することに気がついた。猶予を与えることができる不信仰者と戦争をしかけなければならない不信仰者と人頭税をはらう不信仰者である。第一のグループの不信仰者とは協定をむすび、かれらが協定を遵守するかぎりそれを尊重するよう命令が発せられた。かれらが協定をやぶる恐れがあるときは、かれらがそれを破棄したという確信ができるまでは戦うことなく協定を中断し、協定を破棄した場合にはそれと戦うよう命令があった。「バラーア」の章(5)が啓示されたとき、それぞれの種類の不信仰者にたいする対処が明確化された。啓典の民の中で敵対的態度をとるものにたいしては、かれらが税を支払うか、イスラムに改宗するまで戦い、不信仰者や偽善者にたいしては容赦なくジハードを遂行するよう命じられた。預言者は不信仰者にたいしては剣と槍をもってジハードを遂行し、偽善者にたいしては論証と言葉によってジハードを遂行された。

## 注

(1) 一四世紀のイマーム。イブン・タイミーヤの弟子。

(2) 『コーラン』七四章第一～二節。ここで我々は *Al jihad fi sabil allah*（『アッラーの道におけるジハード』）, coll.《*Sawt al haqq*（真理の道）》Caire, Ed. al i'tissam et al jihad, 1977 という文集掲載のクトゥブのテクストを使用する。この小冊子にはバンナーとマウドゥーディーとクトゥブのジハードに関するテクストが集められている。クトゥブの章には『コーラン』の引用が完全な形で掲載されている。

(3) 啓典の民、特にユダヤ教徒とキリスト教徒が支払わなければならない税。これを支払えば、かれらはイスラムの支配下で自分たちの信仰を継続して実践することができる。

(4) 唯一の神に別の神々をつけくわえる人々

(5) 「改悛」という名前で知られている第九章で、「不信仰者」にたいする最も過激な命令がふくまれている。

# カバー掲載テクストの翻訳（1）

（……）

第三段階

《飛（2）》に搭乗する際、内部に足を踏み入れる時、その前に祈願・祈祷をせよ。そしてこれが神の道にかなった戦いであることをよく想起せよ。預言者が語るごとく――預言者に祝福と救済を（3）――「朝も夕もアッラーの道にいることは現世とそれがふくむすべてのものよりも価値がある（4）」――少なくとも預言者はほぼこのように語った――預言者に祝福と救済を。

《飛》に足を踏み入れ、座席についた時、以前に教えたよく知られた祈願・祈祷をとなえよ。それから常にアッラーに唱念することに専念せよ。アッラー――神があがめられんことを（5）――は言われた「あなたがた信仰する者よ、（敵の）軍勢と遭遇する時は堅固に持して、専らアッラーを唱念せよ。あなた方はきっと勝利を得るであろう（6）。」それから《飛》がうごきだし、《離（7）》の準備をしている時、旅の祈り（8）をせよ。というのもおまえたちはアッラー――神があがめれんことを――へむかう旅をするからである。この旅により祝福されんことを。

それからそれは停止し、離陸する。それはふたつの陣営の遭遇の時である。その時、アッラーが――神があがめられんことを――その書で述べているごとく、アッラー――神があがめられんことを――に祈念せよ、「主よ、わたしたちに不屈の精神を注ぎ込んで下さい。私たちの足場を固めて、不信心の民に対し、私たちを御助け下さい(9)」と。そして神――神があがめられんことを――の言葉「(どんな時でも)かれらが口にするのは、唯こういう言葉であった。『主よ、わたしたちの様々な罪やゆきすぎた行いを赦して下さい。わたしたちの足場を固め、不信心な者たちに対して力を与え助けて下さい(10)。』」を祈念せよ。

そして神の預言者――預言者に祝福と救済を――は言われた、「アッラーよ、書を啓示し、雲を動かし、同盟者達に勝利する者よ、かれらを打ち負かし、我らに勝利を与え給え。かれらを打ち破り、かれらを揺すぶらせ給え(11)。」おまえの兄弟とおまえが勝ち、勝利し、目標にあたるよう祈れ。恐れるな、そしてアッラーに、恐れをもってではなく正面から殉教者となることができるよう祈れ。忍耐し、耐えよ。

それからおまえ達の一人一人が、アッラーが満足されるように自分の役割を準備しなければならない。敬虔な先祖たち(12)――アッラーがかれらに慈悲をあたえられんことを――が戦争に参加する前におこなったように歯をくいしばれ。

格闘するときは、現世にはもどりたくない勇者のように相手を打て。そして「アッラーは偉大なり」と叫べ。というのもこの叫びは不信仰者の心に恐怖を吹きこむからである。実際、神――神があがめられんことを――は「あなたがたはかれらの首を刎ね、またそれぞれの指先を打ち切れ(13)」と語られている。

天国の庭はおまえたちのために最も美しい装飾で飾られており、美しい飾りをまとった天女たちが「来なさい、アッラーの友よ」とおまえたちを呼ぶだろう。

アッラーがおまえたちのひとりに犠牲者をさしだし、その首を刎ねるように命じられれば、父や母に対する贈り物としてこの生贄の行為を行え。それはかれらの権利なのだ。議論をするな、ただ命令を聞き、そして従え。そして首を刎ねれば、死体からすべてをはぎとれ。それが選ばれし者——かれの上にアッラーの祝福と救済を——のスンナ(14)による習慣だからである。ただし、戦利品に気をとられて一番大事な義務を忘れてはならない。すなわち敵とその卑劣さ、その攻撃に注意せよ。一番大事なことは、この点に注意することである。

(……)

## 注

(1) このテクストはアラビア語のままＦＢＩのホームページ（www.fbi.gov/pressrel/pressrel01/letter.htm）に掲載されている。このホームページによると九・一一直後、このテクストが三部、発見されたということである。一つはムハンマド・アタの荷物（間違ってアタが乗ったのとはちがう飛行機に積みこまれてしまった）のなかで見つかり、もうひとつはワシントン空港のハイジャック犯のひとりが借りたレンタカーのなかに残されており、三番目のものはペンシルヴァニアで墜落した飛行機の残骸のなかから見つかった。その内、四ページだけが公開された。手書きで削除もはいったテクストは解読が困難である。『ニューヨーク・タイムズ』掲載の英訳をもとに、二〇〇一年一〇月二日の『ル・モンド』に全文のフランス語訳が掲載された。その翻訳は内容一般はよく伝えているが、おおくの不正確な点をふくんでいた。これよりもずっとすぐれた英訳が『ニューヨーク・レヴュー・オヴ・ブックス』にカナン・マキヤとハサン・ムネイメフによる的確な注釈とともに「ハイジャック・マニュアル」と題して発表された。これは Robert B. Silvers & Barbara Epstein (éd.), *Striking Terror / America's War*, NYREV. New York, 2002, p.301-27 に再掲されている。本翻訳はカバーに掲載した断片の部分だけだが、アラビア語原文から直接我々がおこなったものであり、これまでの訳といくつか異なった点がある。また私はこうしたタイプの文書特有の文体をできるだけ忠実に反映させ、くりかえしや、アラーや預言者が言及されるごとに反復される祝別表現を一切、省略しなかった。アラビア語を解さない読者にイスラム主義者常用のレトリックや思考形態をおわかりいただきたいと思ったからである。

(2) 飛行機。アラビア語原文でTとなっているが、これは恐らくta'ira の略とおもわれる。
(3) 預言者ムハンマドに通常使用される祝別表現。
(4) ブハーリー（二七九二）やムスリムのハディース集に掲載されている預言者の発言。引用は不正確でいくつかの語順が逆転している。そのために最後の祝別表現の前に「すくなくとも預言者はほぼこのように語った」と書かれているのであろう。我々がこのように翻訳した部分をH・ムネイメフは「預言者は別な風にこれを語ったかも知れない」と訳している。この不正確な引用からみると、このテクストの著者はイスラムの聖典について少々不確かな知識しかもっていなかったことがわかる。「戦争」と訳すことができるアラビア語の ghazoua（フランス語の razzia「略奪」の語源）という単語と引用の ghadoua（朝）の間には音韻上の類似性がある。そのためこの文章を戦闘的な意味で解釈し、「朝も夕もアッラーの道で戦うことは現世とそれがふくむすべてのものよりも価値がある」（Al-Sayed Ahmad Al-Hachimi, *Recueil des hadiths prophétiques et des sagesses mahométanes*, traduit en français par Fawzi Chaaban, Dar alkutub al ilmiyah, Beyrouth, 1991, p.225-226）と読む者もいる。
(5) アッラーの祝別表現。
(6) 『コーラン』第八章「戦利品」第四五節
(7) H・ムネイメフの解釈にしたがえば恐らくiqla'すなわち「離陸」。アラビア語原文はQという一文字のみ。
(8) Du'at al safar. 預言者が言ったとされるコード化された祈りで、ムスリムのハディース集に掲載されており、敬虔な信者は旅を開始する前にこの祈りの言葉を発する。
(9) 『コーラン』第二章「雌牛」第二五〇節。『コーラン』はここでイスラエルの子孫たちのゴリアテとの戦いをあつかっている。アラビア語引用は不正確である（冒頭は『コーラン』では rabbana とあるのが Allahouma となっている）。これはこのメモの著者がウラマーではなく、聖典によく親しんだ活動家であることを示すと思われる（右記の注四参照）。ウラマーならばこのような誤りはおかさない。
(10) 『コーラン』第三章「イムラーン家」第一四七節。
(11) ブハーリーのハディース集（二九三三）に掲載された預言者の言葉。ただし、ここにある「雲を動かす」のかわりに「すばやく懲罰する」とする異本がある。「同盟者」はメディナを攻囲した預言者の敵で、ムハンマドはヒジュラ暦五年に「塹壕の戦い」でかれらをうちやぶった。この引用と『コーラン』第二章第二五〇節の引用は非常に優勢な「不信仰者」の軍隊を前にした少数の信者が奇跡的勝利をとげることに言及している。

(12) サラフ(優れた先人たち)のこと。こうした人たちを厳格に模倣することが活動家が依拠するサラフィー主義の基礎になる至上命令である。

(13) 『コーラン』第八章「戦利品」第一二節。

(14) 預言者の伝統。

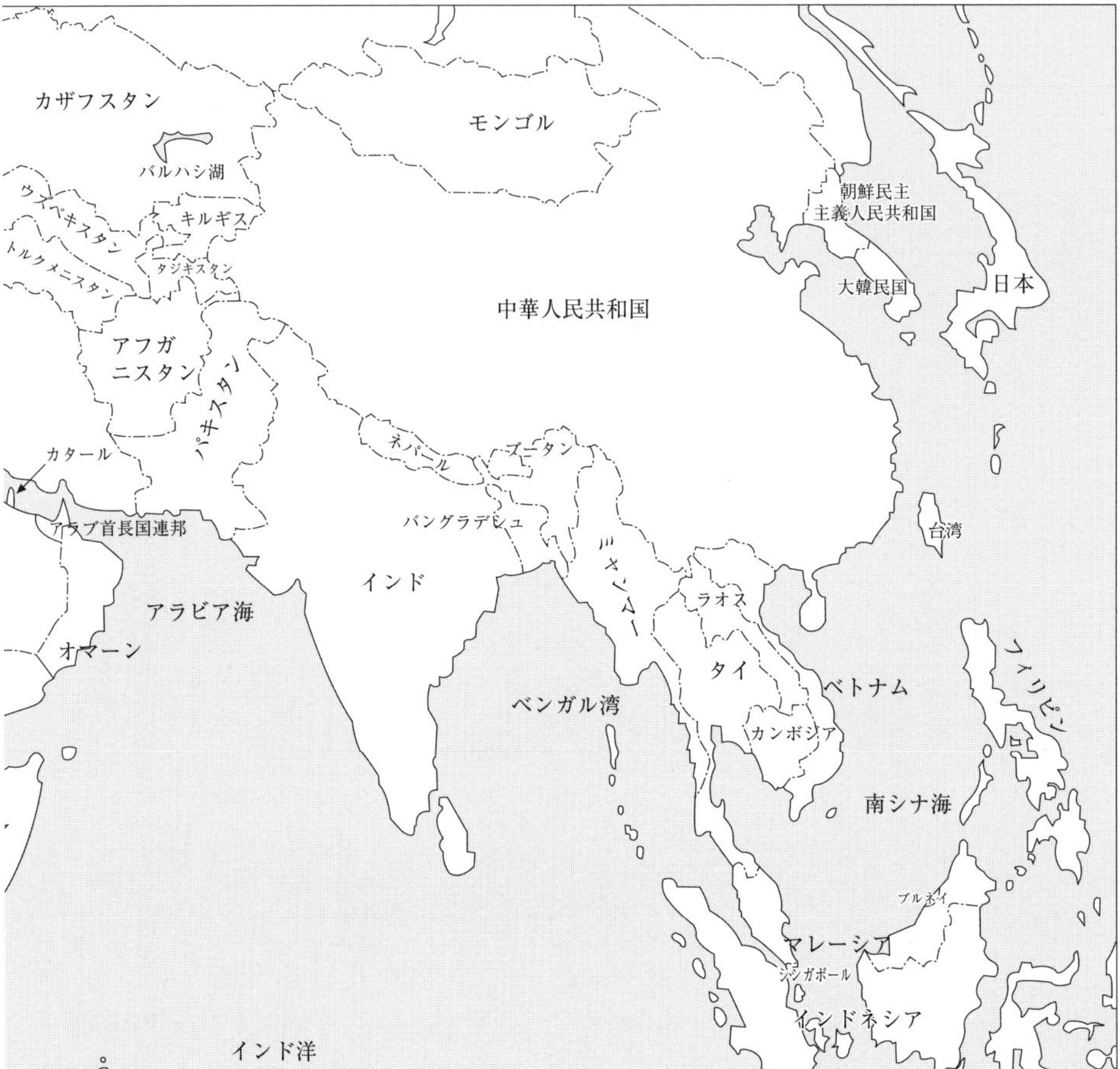
カザフスタン
モンゴル
バルハシ湖
ウズベキスタン
キルギス
トルクメニスタン
タジキスタン
朝鮮民主
主義人民共和国
大韓民国
日本
中華人民共和国
アフガ
ニスタン
パキスタン
カタール
ネパール
ブータン
バングラデシュ
アラブ首長国連邦
台湾
インド
ミャンマー
ラオス
アラビア海
オマーン
タイ
ベトナム
フィリピン
ベンガル湾
カンボジア
南シナ海
ブルネイ
マレーシア
シンガポール
インドネシア
インド洋

# 地　図

地図１：住民の多数がイスラム教徒である国々はインドネシアから南アジア、中央アジア、中近東、北アフリカをとおって西アフリカにいたる弧状の地域にほぼすべてが位置している。

ロシア連邦
カザフスタン
チェチェン
ダゲスタン
コーカサス山脈
グルジア
トビリシ
アナトリア
アンカラ
アルメニア
エレヴァン
アゼルバイジャン
バクー
トルコ
クルディスターン
タブリーズ
トルクメニスタン
ウズベキスタン
ブハラ
アシュガバート
タシュケント
ビシュケク
キルギス
アルマティ
タジキスタン
ドゥシャンベ
中国
シリア
レバノン
ベイルート
ダマスカス
テルアヴィヴ
イスラエル
アンマン
ヨルダン
カイロ
エジプト
バグダード
カルバラー
ナジャフ
イラク
シャイル・アラブ川
テヘラン
コム
マシャド
イラン
ペルセポリス
クウェート
ブライダ
ヒンドゥークシュ
カシュミール
カブール
ジャララバード
ペシャーワル
イスラマバード
アフガニスタン
ラホール
デーオバンド
カンダハール
クエッタ
ムールタン
パンジャーブ
ニューデリー

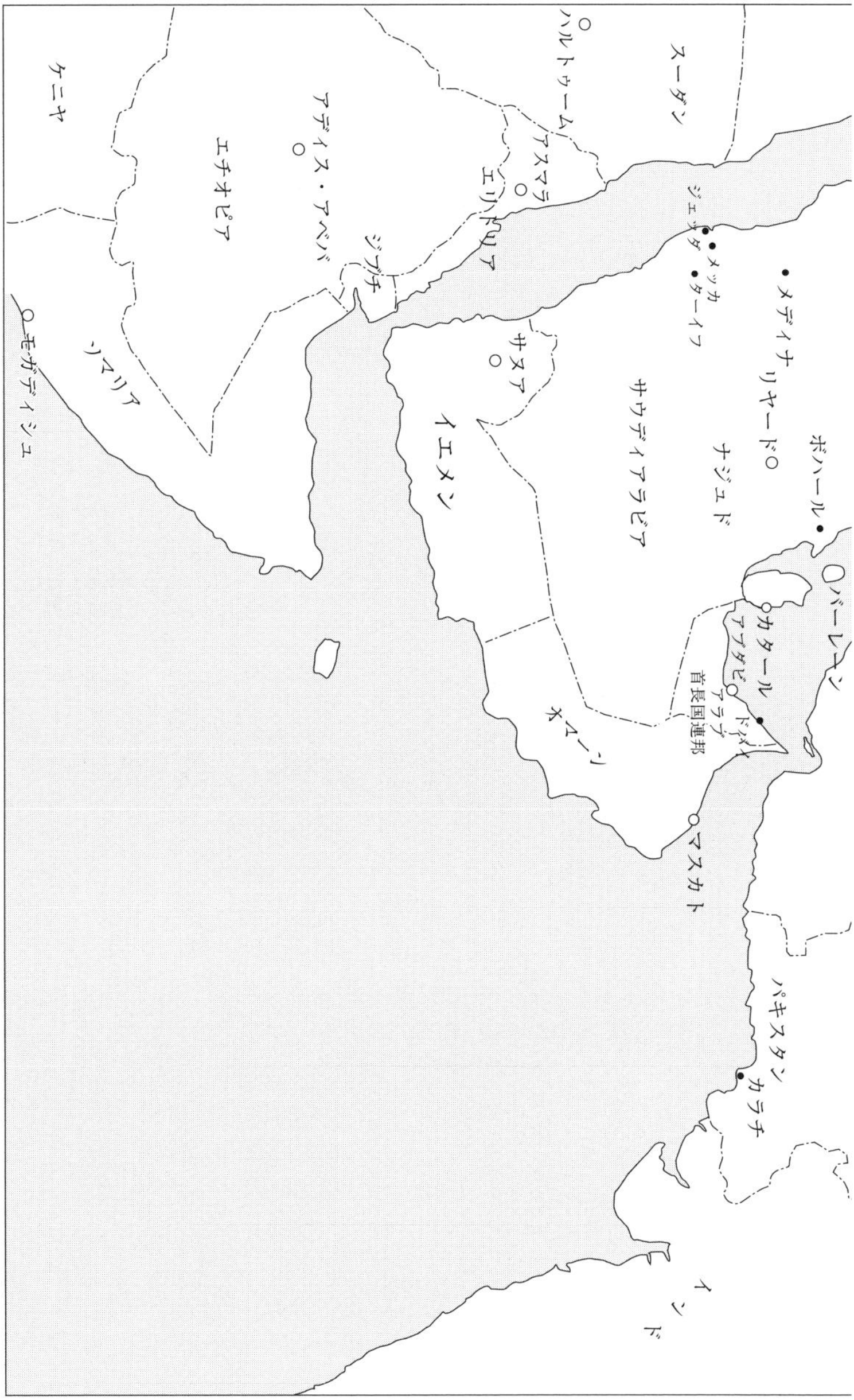


地図２：南西アジアと中東

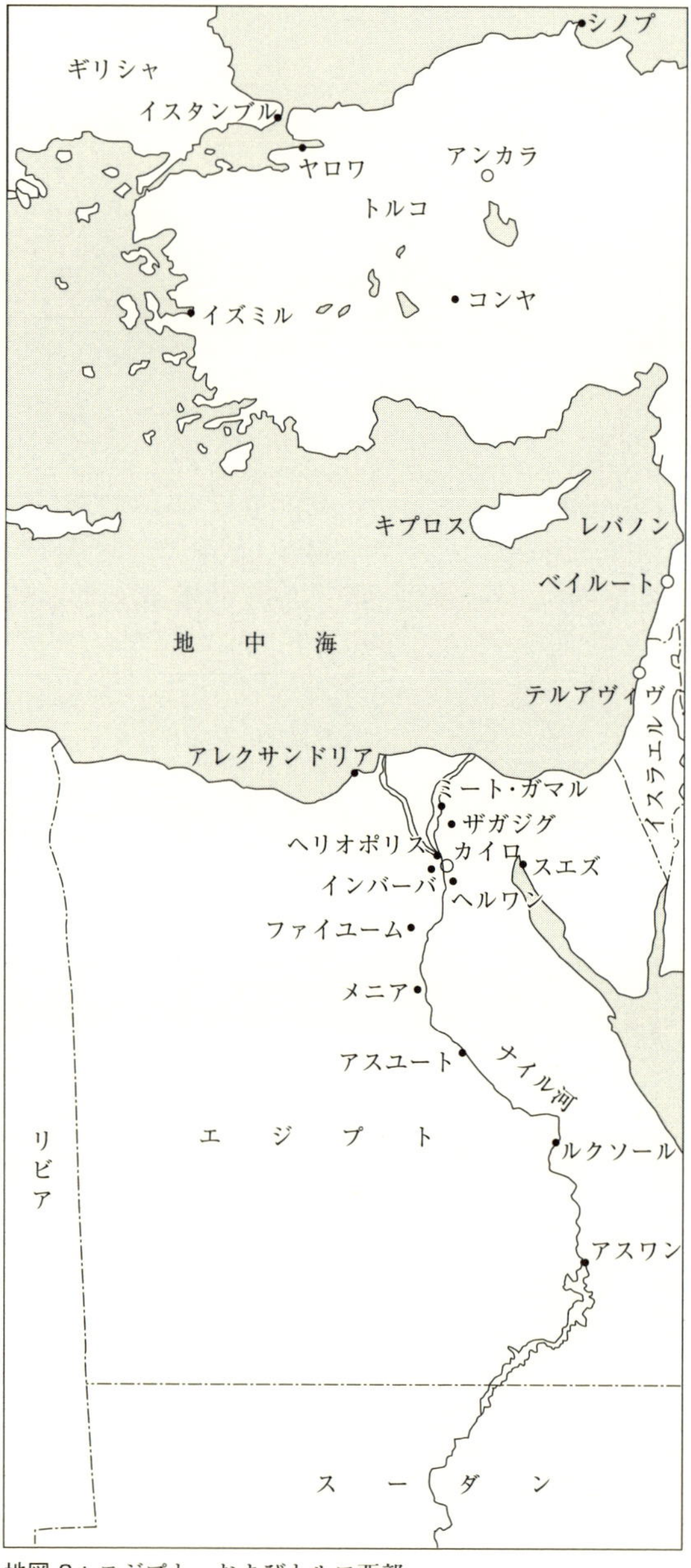

地図 3：エジプト，およびトルコ西部

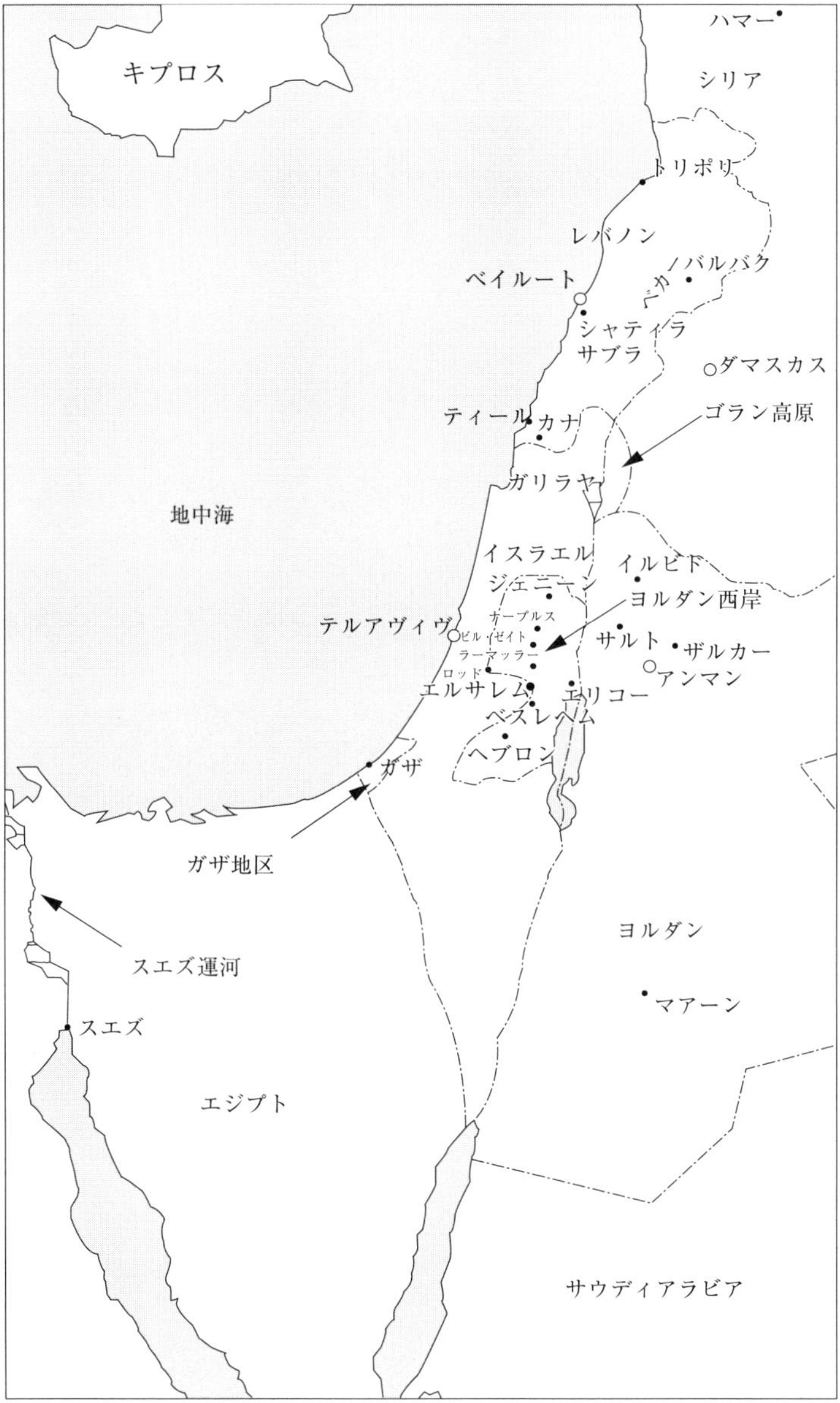


地図４：レバノン、シリア、イスラエル、パレスチナ、ヨルダン
注：ヨルダン西岸とガザ地区はパレスチナ自治政府に帰属

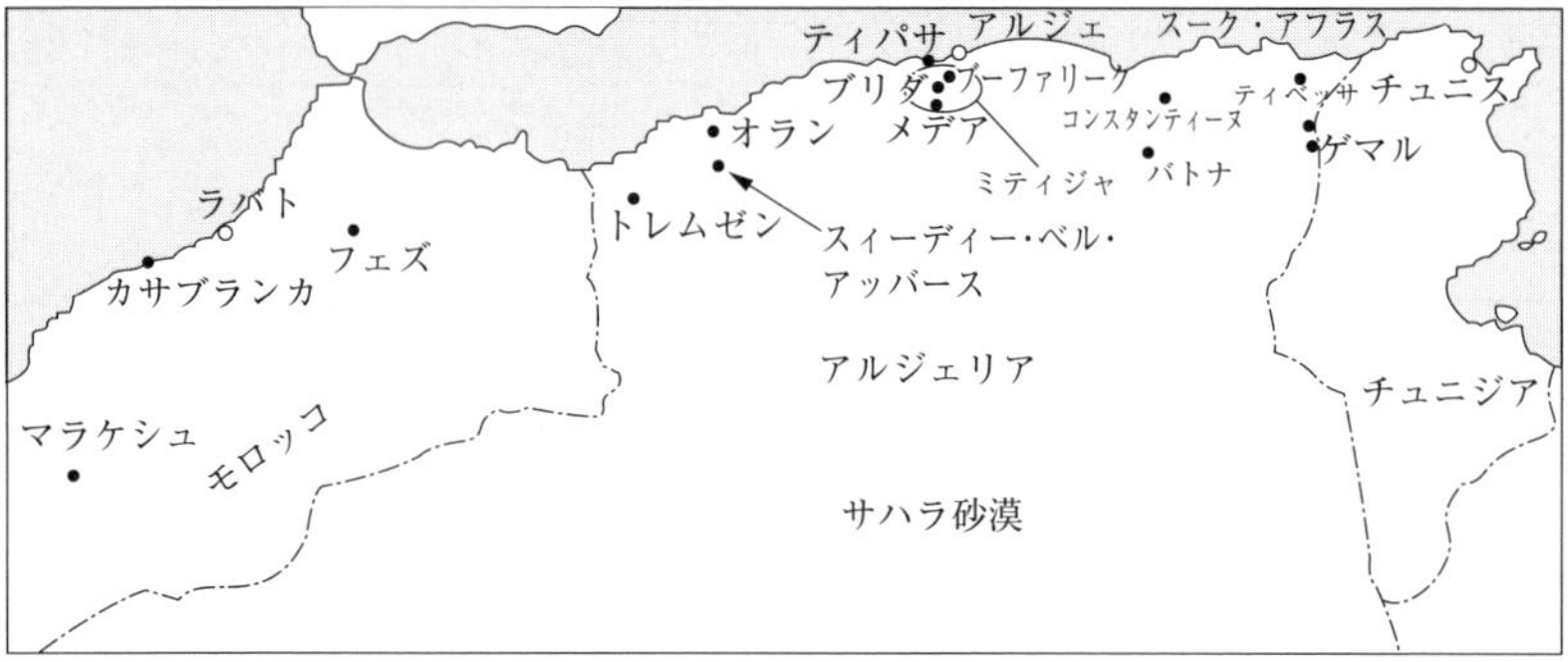


地図５

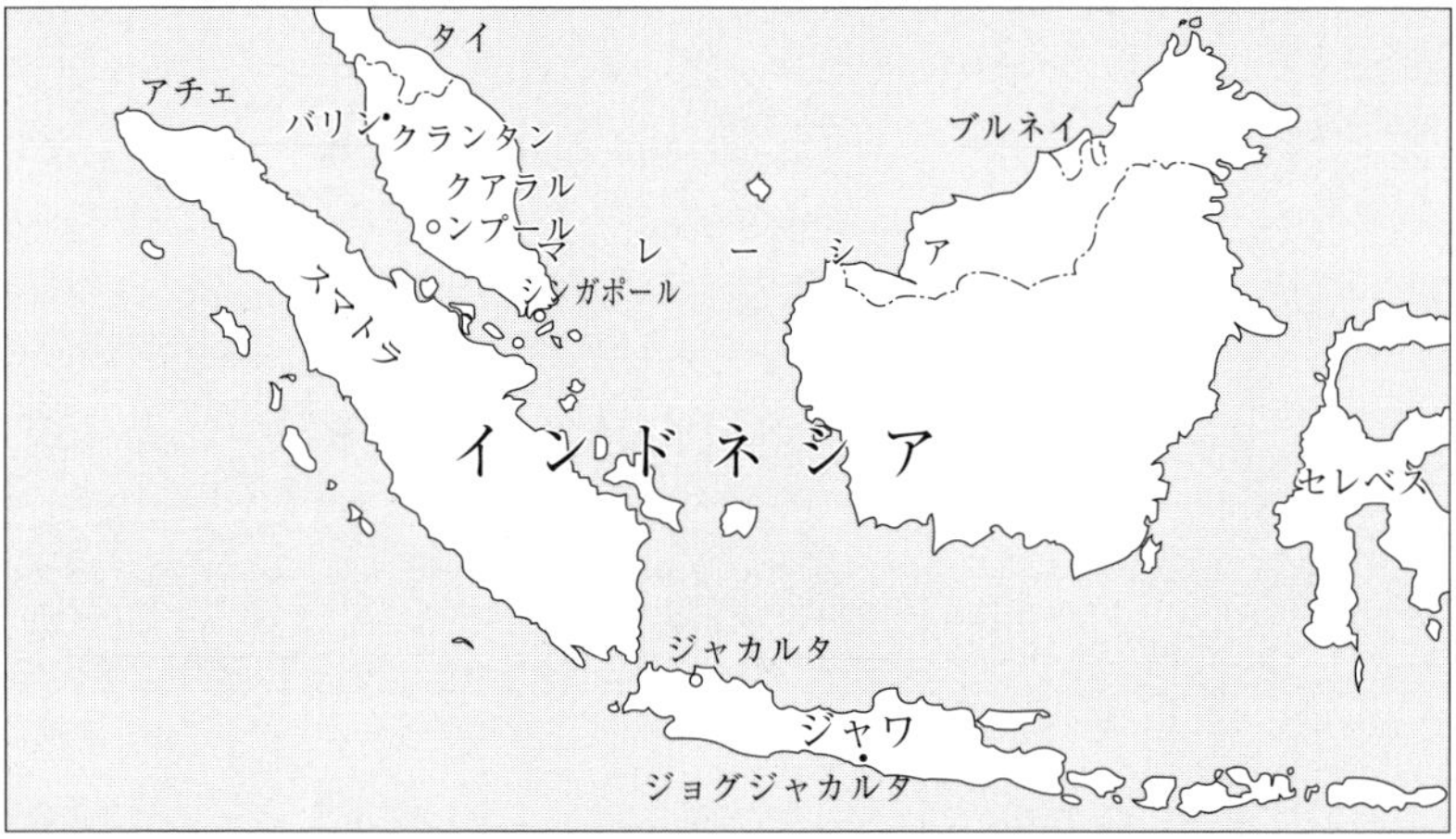


地図６

地図５：マグリブ地方

地図６：東南アジア：マレーシア、
　　　インドネシア

地図７：バルカン半島：クロアチア、
　　　ボスニア＝ヘルツェゴヴィナ、
　　　ユーゴスラヴィア、マケドニア、
　　　アルバニア

地図７

# 訳者あとがき

本書*Jihad : expansion et déclin de l'islamisme*は二〇〇〇年四月にガリマール社から初版が出版された。このような大部の著作であるにもかかわらず、『ジハード』はたちまちベストセラーのリストに名を連ね、さらにフランス国内のみならず、国外でも一〇以上の言語に翻訳され、世界のイスラム主義を包括的に分析した研究書として国際的にも高い評価をえた。

周知のように、その翌年九月一一日、アメリカでイスラム過激派による同時多発テロがおこり、その後、イスラム主義をめぐってさまざまな事件が急展開する――アメリカによるアフガニスタン侵攻、ターリバーン政権崩壊、イラク問題……。ケペルは二〇〇三年、こうした新しい事態の進展を初版の内容にくみいれ、さらに全体の構成自体を改変した形で改訂新版を出版する。その経緯については本書冒頭の「緒言」に書かれているとおりであるが、本訳書はこの二〇〇三年の改訂新版（フォリオ・アクチュエル叢書）を訳出したものである。

本訳書出版が決定されると同時にガリマール社から原著書評や著者インタビュー記事のコピーが大量に送られてきた。その量の多さは本書のフランスでの反響の大きさを如実に物語るものであるが、ともあれそうした記事をもとにケペルのプロフィールを紹介すると、著者ジル・ケペルは一九五五年生まれ、パリ政治学院大学院のイスラム世界研究部門のチーフをつとめる社会学者である。五〇才になったばかりだが、今やフランスにおける現代イスラム社会研究を代表するひとりと言ってよいだろう。青年時代、たまたま旅行で訪れた中東地域の魅力にとりつかれ、パリ第三大学や政治学院でアラビア語や社会学を学び、一九八〇年から一九八三年にかけてカイロに留学、そこでムスリム同胞団の研究をはじめる。かれは一九八一年のイスラム過激派によるサダト大統領暗殺をカイロで、言わば現場で経験するのである。カイロ時代の研究はサダト政権下のイスラム主義の活動を分析した博士論文として結実し、一九八四年、『預言者とファラオ』(*Le prophète et Pharaon*) という題で出版される。ついで一九八七年、ケペルはフランス国内に目を転じて『イスラムの郊外』(*Les banlieues de l'Islam*) を著す。戦後の高度成長期にフランスはマグリブ諸国から大量の移民労働者を導入し、その結果、フランス国内に何百万人ものイスラム系住民が存在し、イスラムは「フランス第二の宗教」となっていたのだが、ケペルはフランスにおいて多数のイスラム協会が設立され、イスラム復興運動が強力に展開されている状況を国際情勢やフランス政府の対応と関連づけながら克明に分析した。さらに一九九一年に出版された『神の復讐』(*La revanche de Dieu*) では宗教現象一般へ論点をひろげ、イスラムのみならず、キリスト教、ユダヤ教、ヒンドゥー教など、世界中で啓蒙主義的理性を否定する宗教運動が勢力をのばしつつあることを指摘し、そうした宗教の排他的イデオロギーが「文明の衝突」をもたらしかねない危険性をはらんでいることに警鐘をならす。(これは中島ひかる氏により『宗教の復讐』という題で晶文社から一九九二年に出版され、近年まではケペルの唯一の邦訳書であった。) そして一九九四年に発表された四番目の著作『アッラーの西』(*A l'ouest d'Allah*) でケペルはふたたびその視線をヨーロッパにむけ、アメリカ、イギリス、フランスにおけるイスラムと西欧社会との軋轢を詳細に記述する。こうした著作活動をとおしてケペルは現代イスラム社会の研究者としての地位を確立し、またさまざまな国際的事件や国内問題のためにイスラムにたいする関心が俄然たかまったフランスでイスラム研究の権威としてメディアにも頻繁に登場するようになる。そしてその後、六年の沈黙の後、満を持して発表されたのが本書『ジハード――イスラム主義の発展と衰退』である。『ジハード』においてケペルは四半世紀にわたるイスラム主義運動の展開をマレーシアからヨーロッパにいたるまで実にさまざまな地域について、それぞれの地域の特殊性に配慮しながら詳述し、それを比較対照することによってイスラム主義という現象の核心に迫ろうとする。

イスラム主義にかんしてわれわれは、そのもっとも過激なグループがおこなう華々しい事件に眩惑され、その脅威は増大する一方であるように思いがちである。しかしケペルによれば、政治的運動としての――つまり多少なりとも広汎な社会集団を支持基盤としてもち、社会に訴えかけるための組織化された機関をそなえた運動としての――イスラム主義は今や消滅の危機に瀕している。イスラム主義は七〇年代に形成され、八〇年代にめざましい発展をとげたのだが、その後、九〇年代になってその弱点を露呈し、政治的な有効性を急速に喪失してしまった。その結果、イスラム主義には二つの道しか残されていない。テロか、それとも民主主義かである。こうして一方ではセンセーショナルなテロ活動をおこない、欧米世界の反イスラム感情を煽りたててその反撃を誘発し、それによってイスラム民衆の反欧米感情をかきたてるという捨て身の行動にでるグループが出現し、他方で民主主義のルールをうけいれて、民主主義勢力のひとつとして自己を提示しようとするひとびとがあらわれる。しかし前者はその過剰な暴力のためにイスラム民衆自体から反感をもたれ、民衆を離反させる結果になる可能性がおおきいし、また後者の場合、イスラム主義は民主主義との対話をおこなう中でイスラム主義としての自己の独自性（それは「主権は民衆ではなく神にある」というスローガンに象徴されるであろう）を喪失していかざるをえない。だからいずれの場合でもイスラム主義の時代はおわったのであり、われわれは「ポスト・イスラム主義時代」に突入しているのである――これがケペルの本書における中心的なテーゼであり、また本書の副題「イスラム主義の発展と衰退」の意味でもある。

この「ポスト・イスラム主義時代」というテーゼにはもちろん反論もおおいことは付言する必要があるだろ

う。現在もなお一部の地域ではイスラム主義による社会支配が進行しているのではないだろうか。ケペルは「噴火」が終わった休火山ばかりとりあげているからそのような楽観主義を提示できるのではないか。(『マリアンヌ』書評、二〇〇〇年五月一五日号)イランで民主主義勢力が伸長していると考えるのは幻想で、宗教的最高指導者による支配はかえって強化されているのではないか。(『ラ・クロワ』書評、二〇〇一年一〇月一八日号)そして、とりわけ九・一一テロとその後におこった一連の事件は二〇〇〇年に出版された本書の主張を全面的に否定するものではないだろうか。(『ル・モンド・ド・レデュカシヨン』書評、二〇〇一年一一月号)こうした批判にたいしてケペルは明確に「否」と答える。(『ノトル・イストワール』著者インタビュー、二〇〇一年一〇月号)九・一一テロはわれわれの想像力を強く刺激し、パニックめいた恐怖心をおこさせるが、しかしテロ行為は結局は政治的行為に転換されることはないだろう。イスラム主義は今やイスラム系諸国の既存政権にとって直接的な脅威ではなくなった。テロがますます頻繁にくりかえされ、規模を拡大してそのおぞましさを増大させるのは、まさしくそれが政治的に無力であることの反映に他ならない……。ケペルが二〇〇三年に『ジハード』の増補改訂版を出版したのはそこに展開された主張が九・一一テロの後も全面的に有効であるという確信の表明であるにちがいない。ケペルは九・一一以後の新しい事態の展開もすでに描きだされたシェーマのなかに完全に収まることを実証しようとしたのだ。実際、過激派の暴力がおぞましさを増せば増すほど、イスラム主義穏健派は自分たちがそれとは無関係であることを証明するために民主主義的姿勢をますます強化せざるをえなくなるだろう。

しかし、本書を一読してわかるとおり、ケペルはイスラム主義「穏健派」の「民主主義的変身」についても、それを手放しで評価しているわけではない。そしてこの点について、先のイスラム主義の脅威を強調するひとびととは正反対の立場から、ケペルにたいして批判があることも指摘しておく必要があるだろう。《イスラムは本質的に民主主義的な宗教である、したがって純粋なイスラム信仰の復活をめざすイスラム主義は専制的な政治体制をとるイスラム系諸国を民主主義へむけて解放するための運動である》――こんなふうな主張をしてさまざまな民主主義的勢力との共闘をめざそうとするイスラム主義「穏健派」のひとびとにとってケペルの「ポスト・イスラム主義」というテーゼは認めがたい。かれらにとって、民主主義への転換はイスラム主義の本質的な部分の放棄に他ならないというケペルの主張は、イスラム主義がイスラム主義である限り（これはしばしば「イスラムがイスラムである限り」と言いかえられる）民主主義との衝突は必然的であるという「文明の衝突」論に他ならないということになる。

宗教や文化について本質主義をとらないケペルについて「文明の衝突」論という批判は少々無理があるように思われるが、ともあれ両側からのこうした異論の存在はケペルが現代社会の複雑で枢要な問題について、事態を単純化することなく微妙なバランスを保ちながら議論を展開していることの証でもあろう。実際、現代においてイスラムをめぐる言説は、いかに冷徹な学者によるものであれ、論争的であるしかない。ただ、豊富な資料に裏づけられながら複雑な現実を極めて明快に整理したケペルのこの浩瀚な著作はさまざまな見解が先鋭に対立するこの領域においてそれぞれの位置を確定するための準拠点として現代イスラム主義研究にかんする必読の書となったと言えるだろう。

＊＊＊

本書の後、ケペルは *Chronique d'une guerre d'Orient*（2002）と *Fitna : guerre au cœur de l'islam*（2004）をともにガリマール社から出版しているが、後者は昨年の末、ＮＴＴ出版から早良哲夫氏の翻訳で『ジハードとフィトナ――イスラム精神の戦い――』という題で出版された。後書きを書いているこの時点でも早良氏の翻訳はまだ入手しておらず、参考にできなかったのが残念である。

訳者はイスラムやイスラム社会の専門家ではないが、フランスにおける政教分離原則やイスラムの位置といった問題に対する関心からケペルのこの本に出会った。ケペルの該博な知識と語りの巧みさ、そして明快な論点には圧倒される思いがし、またイスラムがなにかと話題になることが多い現在、日本の読書人に本書を提供することの意義を確信して、翻訳を希望した。

人名・地名の表記にはたいへん困難をおぼえた。ケペルが一部の固有名にかんしてはアラビア文字の忠実な転記ではなく、フランス語の慣習にしたがっており、もともとの表記の復元が必ずしも容易ではなかったからである。カナ表記にあたっては岩波書店の『イスラーム辞典』の原則を踏襲し、この辞典のなかで発見できた固有名についてはそれをそのまま転記した。ただし日本語で習慣的に表記が確立しているものについてはそれに従わなかった。ビンラーディンをイブン・ラーディンとしたり、カブールをカーブルと表記するのはかえって混乱をしょうじさせるばかりだと考えたからである。とはいえ習慣的に表記が確立しているかどうかの線引きが最終的に恣意的になることはいたしかたなかった。固有名詞の表記にかんしては日本学術振興会特別研究員でモロッコ社会をフィールドとして人類学的研究をされている斎藤剛氏に協力していただいた。さらに氏には校正の段階で全文に目をとおしていただき、中東地域研究者の目から見て明白な誤りと思えるものについて、ご指摘をいただいた。斉藤氏の細心な作業には感謝の言葉もない。氏のご協力のおかげで本訳書の質をいくばくかは改善することができたと期待したい。とはいえご指摘いただいた点も含めて、最終的な判断は私自身がさせていただいたので、誤りがあれば私の責任であることは申しあげるまでもない。

原文には何ヶ所か誤植や誤記が見られた。明白な誤りと判断できたものは一々断わらずに修正して訳出した。

『コーラン』の翻訳にかんしては http://www.isuramu.net/kuruan/index.html というサイトに掲載された日本ムスリム協会の『日亜対訳注解聖クルアーン』を参考にさせていただいた。が、翻訳の都合でかならずしも全面的に忠実に転記したわけではない。

最後に編集・校正は鈴木正昭氏の手をおわずらわせした。心からお礼を申しあげたい。

二〇〇六年一月

丸岡高弘

＜訳者略歴＞

丸岡高弘（まるおか　たかひろ）

1975年　東京大学文学部仏文科卒業
1978年　東京大学大学院人文科学研究科修士課程修了
1986年　パリ第三大学第三課程博士
現　在　南山大学外国語学部教授

ジハード―イスラム主義の発展と衰退―

2006年4月5日　初　版

著　者　ジル・ケペル
訳　者　丸岡高弘
発行者　飯塚尚彦
発行所　産業図書株式会社
〒102-0072 東京都千代田区飯田橋2-11-3
電 話 03（3261）7821（代）
FAX 03（3239）2178
http://www.san-to.co.jp
装　幀　戸田ツトム


ISBN4-7828-0158-0 C0031

平河工業社・小高製本工業